中国古代行政管理概要

左言东　著

知识产权出版社
全国百佳图书出版单位

图书在版编目（CIP）数据

中国古代行政管理概要/左言东著. —北京：知识产权出版社，2014.12

ISBN 978-7-5130-3099-1

Ⅰ.①中… Ⅱ.①左… Ⅲ.①行政管理—研究—中国—古代 Ⅳ.①D691.2

中国版本图书馆 CIP 数据核字（2014）第 241139 号

内容提要

本书在收集与整理历史文献的基础上，从行政管理、综合管理、经济管理、文化管理、军事管理、司法管理、外事管理、官吏管理等方面，系统地阐述中央集权制体制下中国古代的行政管理概况、机构、官职、人才评价等。各章自秦汉论至清末，这种在专题论述的基础上按照历史演进顺序写作的方法，颇具独特性。书中不仅详细介绍相关知识，而且从制度史的角度探讨了中国古代行政管理体系的形成、演变及其若干特点，为我们提供了有关行政管理体制改革的历史镜鉴。

责任编辑：石红华　　**责任校对**：董志英

装帧设计：曹　来　　**责任出版**：刘译文

中国古代行政管理概要

ZHONGGUO GUDAI XINGZHENG GUANLI GAIYAO

左言东　著

出版发行：知识产权出版社有限责任公司	**网　址**：http：//www.ipph.cn
社　址：北京市海淀区马甸南村 1 号	**邮　编**：100088
责编电话：010-82000860 转 8130	**责编邮箱**：shihonghua@sina.com
发行电话：010-82000860 转 8101/8102	**发行传真**：010-82000893/82005070/82000270
印　刷：三河市国英印务有限公司	**经　销**：各大网上书店、新华书店及相关专业书店
开　本：787mm×1092mm　1/16	**印　张**：31.5
版　次：2014 年 12 月第 1 版	**印　次**：2014 年 12 月第 1 次印刷
字　数：562 千字	**定　价**：88.00 元

ISBN 978-7-5130-3099-1

目　录

绪 论

第一节 什么叫行政管理

行政管理，有广义、狭义之分。本书所要探讨的，是指国家对社会的管理活动。所谓行政，即国家管理职能的具体实施。马克思说：“行政是国家的组织活动。”❶ 而所谓管理，则含有管制、理顺之意。行政管理的范围非常广泛，诸如国防、外交、军事、经济、文化、教育、科技、体育、治安、环境、资源、人口等，都包括在内。行政管理又是一个能动的过程，大致有规划、组织、用人、指挥、控制等几个有机的部分。

行政管理是从属于政治的。国家的国体、政体和其他一些根本制度对行政管理有着决定性的制约作用。但行政管理又不是单纯的、被动的、消极的执行过程，而是一个自始至终需要决策的过程。著名经济管理学家、诺贝尔奖获得者西蒙说：“管理就是一系列的决策。”❷ 美国著名政治学家达尔说：“决策是行政的心脏。”❸

行政管理是一种宏观管理。它是以国家的整体利益和长远利益为最高出发点。它与社会上具体的生产组织既有联系又有区别。它对整个社会的生产活动及其他各种事业起着控制和引导的作用。

行政管理是自上而下的通过行政组织和行政命令强制执行的管理活动。这是它和社会团体、群众自治组织、经济联合体管理的基本区别。

行政管理的效能，对国家的独立、安全和经济文化的发展关系极大。好的行政管理，能促进社会经济文化的发展、社会的安定与国家的强大，而坏的行政管理则阻碍经济文化的发展，甚至能导致国家的灭亡。

---

❶ 《马克思恩格斯全集》第 1 卷 469 页。

❷ 转引自夏禹龙等：《领导科学基础》，广西人民出版社 1985 年版，273 页。

❸ 转引自 1986 年 10 月 25 日《光明日报》第 4 版。

第二节 中国古代行政管理的性质和特点

中国古代的国家，经历了奴隶主专政和封建主专政两个阶段。国家对社会的管理，即行政管理，是由奴隶主阶级和封建主阶级执行的。而实际的管理权，高度集中在君主一个人手里，是一种家长制式的管理。

中国古代的行政管理，都是依靠暴力建立起来的，并且是依靠暴力来维持的。但单纯依靠暴力，容易造成行政权力恶性膨胀，失去控制，结果导致王朝的灭亡。统治者为了长治久安的根本利益，从春秋时期开始，逐渐培养出专门从事管理的官僚阶层——士大夫。士大夫是古代文化科学的掌握者，他们对君主虽有愚忠的一面，但他们不同于教士，在行政管理中又往往包含有科学的成分。专制君主和封建士大夫的结合，是中国古代行政管理的最大特点。但是这种结合，只不过是主人与奴仆的结合。文化的发展，从总体上看，成为巩固君主统治、愚弄人民群众的工具。无论是自然科学，还是社会科学，都没有形成真正意义的科学体系。文化知识对广大人民来说，非但没有起到启蒙的作用，反而成为劳动人民的精神枷锁，这是中国古代行政管理的又一特点。

中国古代行政管理，从管理对象来说，主要是对土地和农民的管理。土地是古代社会最基本的生产资料，是衣食之源，“农业是整个古代世界的决定性的生产部门”❶。谁掌握了土地，谁就掌握了社会的经济命脉。农民占全国人口的绝大多数，他们依赖土地生存但却又没有土地或只有很少土地，必须依附于地主阶级，忍受地主阶级的剥削与压迫，别无其他出路。把农民束缚在土地上，从农民身上榨取尽可能多的血汗，是中国古代行政管理的核心和基础。农民的贫穷愚昧，是专制统治的温床。农民没有人身自由，也不觉悟，彼此间很少交往和联系，在统治阶级的眼里，他们不过是会说话的工具，可以任意蹂躏甚至处死。对农民的管理，主要依靠强制性的行政手段和残酷的刑罚，同时辅之以封建礼教的欺骗和愚弄。对土地和农民的管理权越来越集中到君主一个人手里，使中国的古代文明获得了最充分的发展。这里面包含有两重性：一方面，通过中央集权，统一管理，把分散的有限的财力集中起来，以维持庞大的官僚机构，创造出高度发展的古代文化，修建大规模的工程，同时也提供了有利于生产发展的统一安定的政治局面。另一方面，以暴力为后盾的高度集权，

---

❶ 《马克思恩格斯选集》第4卷145页。

使君主的统治权力不断加强，因而剥削之重和压迫之深也为世界所罕见。农民要“将收获的四成、五成、六成、七成甚至八成以上，奉献给地主、贵族和皇室享用”，而自己“过着贫穷困苦的奴隶式的生活”。[1] 整个社会经济发展缓慢，并且出现周期性的大震荡、大破坏。

利用宗族、家族伦理关系进行统治，是中国古代行政管理所特有的。西周时对维护王权曾起过一定的作用。春秋以后形成的儒家学派，就是把父权家长制的伦理关系和专制君主统治融为一体的思想体系，对中国历史发展的消极作用愈来愈明显。但人是具有社会属性的，是生活在一定的人际关系（包括亲属关系）中的，行政管理中的感情因素是不能完全排除的。因此，对中国古代行政管理中的伦理因素要采取科学的分析态度。

第三节 中国行政管理的历史和现状

中国是世界四大文明古国之一，有连续四千多年的历史，曾经长期（约二千七百年）走在世界的前列。在古代，中国的行政管理是卓有成效的：统一国家的形成并不断发展巩固，有一套分工比较明确、层次分明的行政管理机构，有比较细致完备的行政法典，有比较先进的选官和监察制度，组织了长城、运河、都江堰、京师建筑等大型工程，涌现出大量的科学技术发明，积累了极为丰富的文化典籍，造就了一大批杰出的行政管理人才，在管理思想和理论方面也有不朽的建树。

近二三百年来，世界上一些国家成功地发展了资本主义，科学技术也取得了辉煌成就。特别是20世纪以来，经营管理科学在美、日、德、法等国蓬勃发展起来，大大促进了经济和科学技术的突飞猛进。而在同一时期，中国的变化却比较缓慢，逐渐从先进转化为落后。其根本原因在于君主专制制度的顽固、腐朽以及与外界的隔绝。1911年辛亥革命，结束了存在两千多年的君主专制统治，但资产阶级民主制并没有在中国建立起来，代之而起的是帝国主义扶植的封建买办的军阀统治。就在辛亥革命这一年，现代管理科学的奠基著作——泰罗的《科学管理原理》一书出版了。科学管理法被誉称为第二次产业革命。科学管理法是以把被管理者看作有独立人格的人为前提的，因此它与政治上的民主是分不开的。科学管理法首先出现在资产阶级民主制比较发达的

---

[1] 《毛泽东选集》第2卷587页。

美国，不是偶然的。第二次世界大战后，政治民主和经营民主在资本主义世界得到进一步的发展。1949 年，中国推翻了蒋家王朝的反动统治，建立了社会主义的民主共和国。新中国成立后，特别是 1957 年以后，由于理论指导的失误，把本来就很微弱、经过三大改造已不存在的资本主义和资产阶级，当作主要的对象进行斗争、打击，而对几千年来封建专制制度的影响却缺乏应有的警惕。“反右派”、“反右倾”、“文化大革命”都是在反对资产阶级的“革命”口号下发动起来的。“反”的结果，是社会主义的民主与法制遭到严重的破坏，封建专制制度的残余和影响泛滥成灾，使中国和发达国家的差距拉得更大了。粉碎“四人帮”以后，中国又拨正了航向，向着现代化的目标前进。在经济、科技、教育等方面的体制改革取得一定成效之后，政治体制改革愈来愈引起党、政府和全国人民的关注。政治体制改革的关键是清除封建专制遗毒，发展社会主义民主，而它的中心环节就是行政管理特别是人事管理的改革。只有抓住行政管理民主化、科学化、法制化、服务化这一环，才能把各方面的改革大踏步地推向前进。

第四节　为什么要学习和研究中国古代行政管理

行政管理成为一门科学，是 19 世纪末特别是 20 世纪 20 年代以后的事。1887 年，美国的年轻学者、后来做了总统的威尔逊发表了《行政学之研究》的文章，被人们公认为行政学即行政管理学的起点。1926 年，美国出版了怀特的《公共行政学研究入门》，次年，又出版了威洛比的《公共行政学原理》，从此，行政学开始成为独立的学科。第二次世界大战以后，行政学吸收了管理学、系统论、控制论、信息论、社会学、心理学、行为科学等学科的成果，发展成为体系完整的有重要发展前途的最受重视的时髦学科之一。

我国对行政管理学的重视和研究，是 20 世纪 80 年代开始的。在最初几年里，以介绍和研究国外的成果为主，这是很有必要的。通过介绍、引进，开阔了眼界，吸收和借鉴了有益的知识。但行政管理学是一门实用性很强的科学，再好的理论，如果不结合本国的历史和现实的实际，生搬硬套是根本行不通的，而且会带来极为严重的消极后果。因此，必须在批判地吸收、消化外来成果的基础上，深入系统地研究我国自己行政管理的历史、制度和思想，借鉴、继承其有益的东西，克服、清除其有害的东西。

中国有全人类历史最长、人口最多的行政管理经验，并且有极为丰富的文化典籍，精彩生动的“行政案例”不计其数，有如世界上一座罕见的富矿，有待研究工作者去开掘。在一定意义上说，一部二十四史，就是一部行政管理史；一部《资治通鉴》，就是行政管理经验的结晶。这些丰富的行政管理的实践经验，值得认真研究和借鉴。一位澳大利亚学者运用定量方法对中国汉代吏治进行分析，得出这样的结论：汉朝的吏治是当时世界上最有效率的，超过了当时的罗马帝国。中国历史上著名的“贞观之治”，其行政管理的成功经验是很多的，而最值得称道的是大刀阔斧地精简机构，把中央各官府的文武官员，从二千人减为六百四十三人，后来定制为七百三十人。在《唐律》中，对不按制度乱置机构、私设官员的人，规定了惩罚条款。元朝学者在评论“贞观之治”时指出：“贞观之善政，当以省官为首。”战国时秦国蜀郡太守李冰领导的都江堰工程和北宋真宗时三司使丁谓领导的皇城建筑都包含有系统思想。中国古代在选官方面，更积累了丰富的经验，特别是以考试为主要特征的科举制度，对近代西方各国的文官制度，产生了积极的影响。日本东海大学人事管理教授铃木博说，现代管理科学的人事管理中许多原理，几乎都能从中国历史上找到根据。在中国古代学者、思想家、军事家、政治家的著作中，包含有丰富的科学管理思想。《孙子兵法》、《论语》、《周礼》、《三国演义》等在日、美等国都受到高度重视。美国哈佛大学商学院和日本的许多大公司都把《孙子兵法》作为培训企业经理人员和中层以上管理人员的必读教材。美国著名管理学家乔治在《管理思想史》中说：“你若想成为管理人才，必须读《孙子兵法》。”总之，为了我国行政管理的科学化、现代化，必须下功夫研究中国古代行政管理的实践和思想。

中国古代行政管理，虽然有其科学合理的成分，但从总体来讲，是君主制下的行政管理，其弊端也是很多的，并且是很严重的。第一，被管理者不被当人看待，而被视为牲畜一样供其奴役，生产、生活、人身安全无丝毫的保障。管理者和被管理者的矛盾异常尖锐，农民的起义、反抗几乎没有间断过。在四千多年的历史中，经济文化的发展是很缓慢的，而且由于统治者的残酷压迫造成的多次社会大动乱，给社会经济文化和人民的生命财产造成灾难性的大破坏。愈来愈强化的君主专制制度，成为发展商品经济和资本主义生产方式的严重障碍。第二，在中国古代国家中，暴君、昏君多而贤君、明君少，贪官污吏多而清官循吏少。在绝大多数情况下，行政管理不仅凭经验，而且是按照君主和长官的好恶行事。第三，行政管理的方法以强制手段为主，辅之以愚弄、欺骗。长期的压迫、奴役，使广大农民贫穷落后、愚昧麻木。第四，机构臃肿，效率极低。绝大多数官吏以权谋私，贪赃枉法，对上司奴气十足，对百姓官气凌人，等等。以上这些积弊，直到现在还有其深刻的影响。邓小平指出："高高在上，滥用权力，脱离实际，脱离群众，好摆门面，好说空话，思想僵化，墨守陈规，机构臃肿，人浮于事，办事拖拉，不讲效率，不负责任，不守信用，公文旅行，互相推诿，以至官气十足，动辄训人，打击报复，压制民主，欺上瞒下，专横跋扈，徇私行贿，贪赃枉法，等等。这无论在我们的内部事务中，或是在国际交往中，都已达到令人无法容忍的地步。"他还明确指出："这种现象，同我国历史上封建专制主义的影响有关。"[1] 要清除封建专制主义的影响，实现行政管理的民主化、科学化，也必须对我国历史上的行政管理进行深入细致的研究。

---

[1] 《党和国家领导制度的改革》，《邓小平文选》287－289页。

第一章 行政决策

第一节 决策的含义

决策是行政管理的心脏，贯穿于行政管理的全过程，是行政管理成败的关键。

自从有行政管理，就有行政决策。决策的观念，中国古代早就有了，为决定计策之意。《韩非子·孤愤》："智者决策于愚人，贤士程行（评定）于不肖，则贤智之士羞而人主之论悖（bèi，谬误）矣。"《史记·高祖本纪》："韩信说汉王曰：'……军吏士卒皆山东之人也，日夜跂（qǐ，通'企'）而望归，及其锋而用之，可以有大功。天下已定，人皆自宁，不可复用，不如决策东乡（向），争权天下。"这个词后来在汉语中使用不多。现代行政学中决策一词，是从外语翻译过来的。决策问题直到 20 世纪 30 年代才为行政学所重视，到 50 年代才成为正式学科。

那么，决策的科学含义是什么呢？"所谓决策，就是对若干个准备行动的方案进行选择，以期优化地达到目标。"❶ 而"行政决策就是决策者在发现和处理行政问题中，根据一定的情况和条件，对可供选择的方案，作出最优化的对策，来达到预定的目标"。❷

决策是人类有意识的行动，目的是达到预定的目标。没有目标就无从决策。在阶级社会中，行政管理的长远目标，总是和统治阶级的根本利益联系在一起的。目标确定是否正确，对事业的成败关系极大。确定目标，是决策的首要问题。而目标是否能实现，又主要依赖于行动方案的选择。

决策是指导、规定组织或个人行动的，完成于行动开始之前。决策大致要经过确定目标、拟制方案、最后决断几个阶段。决策是人的一种思维活动，有

---

❶ 夏禹龙等：《领导科学基础》，广西人民出版社 1985 年版，234 页。

❷ 周世逑：《行政管理》，人民出版社 1984 年版，60 页。

理性决策和非理性决策的不同。理性决策又有经验决策和科学决策之分，非理性决策则有求神问卜、抽签、感情好恶等区别。在科学决策中，根据模式的不同，还可分为确定型决策、风险型决策、不确定型决策和竞争型决策等几种。决策的主要依据是客观、全面、准确的信息。没有信息，就不可能进行科学的决策。在整个决策过程中，任何阶段都脱离不了信息。信息本身是分散的、无系统的、真伪混杂的，须要经过分析、辨别、筛选、研究，然后才能归纳出有用的系统的信息。中国有一句古语叫做“审时度（duó）势”，意思是审察时机，忖度形势，然后据以作出正确的决策。洪仁玕在《资政新篇》一书中对“审时度势”作了很好的解释：“夫事有常变，理有穷通。故事有今不可行，而可豫定者，为后之福；有今可行，而不可永定者，为后之祸。其理在审时度势与本末强弱耳。”诸葛亮的《隆中对》是分析综合了各种信息以后提出的战略决策，被刘备采纳，并付诸实施。

所有的决策，都是为了实行。决策一经作出之后，就要立即执行。在执行过程中，决策者要不断了解执行的效果以及新出现的各种问题，并用它作参考来调整或改进原有的决策。有时必须根据新的情况，对原有决策作重大的或根本性的修改，这种修正性的决策叫做“追踪决策”。至于一些非根本性的修正则是会经常发生的。决策在实施过程中，通过不断反馈，不断修正，变得更加完善。因此，决策不仅存在于执行之前，而且贯穿于整个执行过程之中。

在行政管理中，决策是分系统的，又是分层次的。每一个国家的行政管理是个大系统，其下有军事、经济、文化、外事等子系统。系统不同，决策也不同。任何国家的行政管理，都是分层次的，各个层次都有它自身的决策。单纯的执行实际上是不存在的。

第二节　决策者和决策机构

（一）最高决策者

从夏初到清末的四千多年历史中，行政管理的最高决策权属于君主（帝王）一个人，是一种个人独裁的管理体制。决策是高级智力活动，没有一定的智力是不行的。历代开国君主，几乎都是军事领袖，大都具有超群的决策能力。在登上帝王的宝座之前，决策目标主要是战胜军事上的对手，争得对土地和人民的控制权。取得君主的桂冠以后，决策目标主要是维护和扩大君主自身和家族的利益。决策能力是正确决策的必要条件，但不是唯一的条件。在一件事上决策正确，并不能保证事事正确。由于阶级利益的局限和居功自傲等因素，由英主变为昏君是不乏其人的，秦始皇、明太祖是比较典型的例子。

君主的权位是世袭的，但决策能力不能遗传。在帝王的后继者当中，暴君、昏君、庸君占十之七八，明君如汉文帝、唐太宗、康熙皇帝是不多的。有的帝王，则根本没有决策能力。一种是年幼无知，如周成王十二岁即位，秦宁公十岁即位，汉元帝九岁即位，东汉甚至有两岁（冲帝）、三个月（殇帝）的小皇帝。另一种是白痴，如晋惠帝。还有的帝王，虽有决策能力，但自动或被迫放弃了决策权，前者如明代中后期的某些皇帝，后者如魏晋南北朝时期权臣控制下的皇帝。

在君主实际上不能行使最高决策权的情况下，最高决策权则由其他人来代其行使，大致有下列几种情况：（1）由君主的宗族长老“摄政”，如西周成王时的周公，清世祖（顺治）时的多尔衮。（2）由君主的母后摄政，如秦昭王时的宣太后，东汉和帝时的窦太后，清朝同治、光绪两帝时的慈禧太后。（3）朝廷权臣受先帝遗诏辅政，代幼主处理政事，如西汉昭帝时的霍光，曹魏齐王芳时的曹爽、司马懿，蜀汉后主时的诸葛亮，清朝同治帝时的肃顺、端华等辅政八大臣。

在君主制下，最高决策权力的交接，一般按照世袭制的原则进行，即由前任君主把决策权力遗交给儿子或弟侄等。但争夺决策权的斗争时常发生，大致有以下几种情况：（1）父子相争。儿子不等父死，就杀父抢权，如春秋时楚国商臣逼杀其父成王自立，隋朝杨广杀其父文帝抢先即位。（2）兄弟相争。西周以后，嫡长子继承是一项基本制度，但常发生次子与长子争夺继承权而酿成宫廷政变，如秦二世与其兄扶苏之争，隋炀帝与其兄杨勇之争，唐太宗与其兄李建成之争等。（3）权臣逼帝让位，这种情况在魏晋南北朝时期最为常见。（4）用暴力手段推翻旧的君主统治，新君主登位，如商代夏，周代商，汉代秦，明代元等。

在专制君主的统治之下，人民是没有丝毫政治权利的。但人民的起义反抗对最高决策者的影响最大。西周初年的“成康之治”，西汉初年的“文景之治”，唐初的“贞观之治”，其君主的决策之所以收到比较好的效果，除君主的个人素质外，主要是由于人民大规模的反抗斗争对决策者的深刻影响。其次是辅臣、“智囊”的作用发挥得比较好。从总体来看，最高决策者的素质比较差，又是个人决定国家大事，君主的决策都被奉为“圣旨”，不允许有半点怀疑和非议，因此重大失误是非常多的，加上缺少有效的监督和信息反馈机构，往往是错上加错，很少有矫正的可能，结果只有把最高决策者推翻，问题才能得到一定程度的解决。中国秦汉以后农民起义次数之多，规模之大，所造成损失之惨重，在世界历史上是罕见的，这主要是专制独裁、个人决策一切的恶果。

（二）辅助最高决策的官职和机构

个人的智慧总是有限的，且不说昏君、庸君，即使是最高明的君主也是如此。秦始皇削平群雄，统一中国，称得上英明伟大的君主。但他做了皇帝以后，盲目自信，神化个人，容不得半点批评，大小政事都由他一个人决策，结果作出一系列错误决定。如不顾民力，大修宫殿和陵墓；滥用刑罚；焚书坑儒；重用宦官赵高等，为秦的二世而亡种下了祸根。商纣王自恃“资辨捷疾，闻见甚敏；材力过人，手格（击打）猛兽；知（智）足以拒谏，言足以饰非；矜人臣以能，高天下以声，以为皆出己之下”❶；纵情恣欲，任杀无辜，结果落得自焚身死的下场。隋炀帝“自负才学，每骄天下之士”❷，容不得比他强的人，听不得任何规谏的话，“除谏官以掩其过”❸，也落得身死国亡的可悲结局。

中国古代绝大多数最高决策者，都比较重视辅佐或“智囊”，注意发挥他们在决策中的作用。夏、商两代，辅助君主决策的，主要是宗族长老和巫史。西周巫史的作用下降，宗族长老更受君主的重视。宗族长老和巫史都是世袭显贵，腐败无能的趋势日益严重。从春秋初年开始，一些谋求国家富强的君主，破格使用出身卑贱而有治国才能的人为主要的决策者，委以重任，信而不疑。如齐国的管仲、邹忌，秦国的百里奚、范雎、蔡泽，楚国的彭仲爽、吴起，魏国的李悝，韩国的申不害等。战国时期，有的国家设置一些不治而议的职称，如齐国的学士、博士，魏国的师、博士、中大夫，赵国的博闻师，楚国的左徒等，充当君主的谋臣、智囊，辅助君主决策。汉代光禄勋所属的光禄大夫、太中大夫、谏大夫、议郎，少府所属的侍中、中常侍，都是辅助皇帝决策的职务。汉武帝还招揽一些文人学士，以“待诏”的名义为皇帝谋划献策。魏晋以后的中书省、门下省，是辅助皇帝决策的高级机构，而在内廷供职的学士，

---

❶ 《史记·殷本纪》，中华书局1982年版，105页。

❷ 《纲鉴易知录》，中华书局1963年版，1079页。

❸ 《隋书·炀帝纪下》，《隋书》95页。

则是侍从皇帝的智囊班子。唐玄宗时建立学士院，学士尤受宠信。唐宋两代，辅助皇帝决策的机构最为发达。

（三）将相、行政部门和地方行政长官的决策

在君主制下，一切权力属于君主，决策大权操于君主一人之手。君主以下各级长官的决策权，取决于君主的授予，并无法定的等级层次。各级长官在决策过程中也往往有参谋、智囊以相辅助。下面分别加以叙述。

1. 将帅

春秋以前，军事统帅由王或公卿等高级贵族担任，无专职的将帅。王率军亲征时，以公卿参与谋议。如周初文王、武王时，姜太公是最重要的军师。三叔与武庚叛乱，以周公为主帅，率师东征。春秋时期，开始有非贵族出身的军事将领，著名的将领有晋国的先轸（zhěn）、齐国的司马穰苴、吴国的孙武、越国的范蠡等。将领一般官称为“将”或“将军”，晋国将中军并指挥上、下军的称“元帅”。将军受命之后，握有最高军事指挥权，根据当时具体情况行事，不拘泥于君主的成命。孙武说：“臣既已受命为将，将在军，君命有所不受。”[1] 战国时期各大国对军事将领的任命非常重视，有的国家（如魏国）要举行隆重的授权仪式。将领有职有权，军事才能能得到充分的发挥。齐国在将军之外还设置军师，与将军共同谋划，指挥作战。历史上著名的桂陵之战和马陵之战，就是军师孙膑协助将军田忌指挥的。

秦以后，历代皇帝无不对军事指挥权控制甚严，对立有战功的将领猜忌、防范尤深，害怕他们威胁皇权，这就是君主制下“兔死狗烹”、“勇略震主者身危”的道理。秦朝建立对将军的监护制度，如以公子扶苏监督将军蒙恬。汉以后，皇帝或以亲信，或以御史，或以宦官，监督统兵将领。这对统兵将领的决策权是很大的牵制。为防范指挥才能卓越并立有战功的将领，皇帝常捏造罪名将他们杀害或贬黜，如汉朝的韩信、周勃、周亚夫，南朝宋的檀道济，宋朝的岳飞，明朝的蓝玉；或给予优厚待遇而解除兵权，如宋朝的石守信、王审琦、高怀德等。开国后军事的决策权，或操于外戚、宗室、宦官之手，或由皇帝直接控制，将领的决策权往往比较小。唐、宋、明等朝，为防止将领拥兵权重，实行将、兵分离的制度：战时临时任命将领，军队临时调集；战事结束，将领交印，兵士回营。这种制度给将领的决策人为地造成困难，难以做到知己

---

[1] 《史记·孙子吴起列传》，《史记》2161 页。

知彼。

为使将领及时正确地决策，也设置过一些谋议的官职或僚属。汉代将军幕府有从事中郎一职，其主要职务就是辅助将领决策。魏晋南北朝时期，将军府皆置参军，以幕僚的身份参与谋议。唐代元帅府设行军参谋，参与军中机密谋议。

秦以后，由将领指挥、决策成功的战争，有西汉周亚夫、窦婴指挥的平定吴楚七国之乱的战争；卫青、霍去病指挥的抗击匈奴的战争；三国吴陆逊指挥的抗击刘备的彝陵之战；魏邓艾指挥的灭蜀战争；东晋谢安、谢石、谢玄指挥的抵抗前秦的淝水之战；隋杨广、贺若弼、韩擒虎指挥的灭陈战争；唐李靖、苏定方指挥的平定东、西突厥的战争；郭子仪、李光弼指挥的平定安史之乱的战争；宋岳飞指挥的抗金战争；虞允文指挥的抗金采石之战；蒙古拖雷指挥的灭金三峰山之战；忽必烈指挥的攻灭大理之战；明于谦指挥的击退瓦剌军的战争；戚继光、俞大猷指挥的抗倭战争等。

2. 巫史、公卿、宰相

在中国古代，辅助君主决策的最高政务官，夏商是巫史，西周春秋是公卿，战国以后是宰相。

巫史是神权的体现者，他们用卜筮等迷信方式进行决策，君主一般都得敬从。公卿是君主宗族中担任师保职务的长老和执掌军政大权的成员，三公在决策中的地位几乎与君主相等，卿士可随时向君主提出建议和规谏，君主可以不予采纳，但卿士的职位一般是世袭的，权势很大，他们有时直接控制朝政，有时甚至废立君主。宰相是由君主的家臣发展起来的，由君主随时任免，也可由君主任意处置，他们在君主决策中的地位、作用很不稳定，差别很大。

宰相制萌芽于春秋初期，战国以后成为一项常设的制度。宰相的主要职能就是辅助君主决策。大致有下列几种情况：一、宰相一经任命之后，君主授宰相以实际的决策权，并由宰相贯彻执行。如齐桓公时的管仲，魏文侯时的李悝，楚悼王时的吴起，秦孝公时的商鞅，蜀汉昭烈帝（刘备）时的诸葛亮，前秦苻坚时的王猛，北宋神宗时的王安石，蒙古窝阔台汗时的耶律楚材，明神宗（万历）时的张居正。这些宰相都有较高的决策能力，作出比较显著的政绩。二、宰相提出建议，由君主决断。这一类宰相如齐威王时的邹忌；隋文帝时的高颎；唐太宗时的魏征、房玄龄、杜如晦；武则天时的狄仁杰；玄宗时的姚崇、宋璟、张九龄；德宗时的杨炎；宋太祖时的赵普；太宗时的吕蒙正、吕端；真宗时的寇准等。三、为迎合、体察君主的旨意，提出一些主张，很容易被君主采纳，实际上并无主见。属于这一类的宰相，有秦始皇时的李斯；唐玄宗时的李林甫；宋徽宗时的蔡京；高宗时的秦桧；清乾隆时的和珅等。四、君主对宰相不信任，宰相徒有虚名，在决策中作用甚微。汉代的宰相大多如此，宋朝这种情形也较为常见。

宰相辅助君主决策，东汉以前为独相制，有时为二相，分左右，以右为上；东汉至隋唐为集体宰相制；宋以后有正副、主次之分。

宰相为履行自己的职责，有时也设置属官或自聘僚属协助谋议。战国时魏相公叔痤（cuó）的中庶子公孙鞅，秦相吕不韦的舍人李斯，都属于私人谋臣之类。汉代丞相府有长史，略当于丞相的秘书长，协助丞相谋议和处理日常事务。另外丞相还可自行聘请僚属，俸禄由官府支出。西汉丞相公孙弘又以私费招揽宾客，参与谋议。隋唐以后，宰相的僚属全部由朝廷选任。

3. 中央各部门长官

从西周开始，行政管理开始有所分工：司徒管农业、林业及畜牧业，司马管军事，司空管工程建筑，司寇管司法，大行人管外事，太史管文化，宗伯管王族事务。部门长官一般由大夫担任，对其管辖的部门有决策权。当时的所谓中央部门，主要管王畿以内的事，对诸侯和大夫的领地没有垂直的领导关系。那时的国家大事，主要是祭祀和战争。这两方面的决策权，属于周天子，部门长官不能自行决定。

秦汉时期的中央行政部门通常称为九卿，但其中有一些是负责皇帝警卫和为皇室生活服务的，如光禄勋、卫尉、少府等。中央行政部门主要有：太尉（级别高于九卿，与宰相平级）管军事，太常管文化教育，大司农管经济，太仆管马匹，廷尉管司法，宗正管皇族事务，大鸿胪管外事。中央各行政部门的职权面对全国，可以管辖地方。如太尉管理全国军事，太常从全国各地选拔博士弟子，大司农管理全国的粮仓、水利，廷尉负责审理地方上交的疑难案件等。各部门长官直接对皇帝负责，而不是宰相的下属。

从汉武帝开始，逐渐将中央各行政部门的决策权收归皇帝的秘书处——尚书台。尚书台分曹处理政务，每曹设尚书郎起草政令文书。九卿的职权大部分移于尚书各曹，至唐代定型为吏、户、礼、兵、刑、工六部。六部成为宰相直属的中央主要政务部门。

中唐以后，皇帝为加强对重要部门的决策控制，另设特使直接掌握。如户部之下原有户部、度支、金部、仓部四司，分掌田赋、财政收支、库藏贸易等事。在四司之外，另行委派朝廷重臣任判户部、度支使、盐铁使，分别管理租赋、财政收支和盐铁专卖事务，侵夺了户部的大部分决策权。

宋朝开国后一百多年，三省六部形同虚设，在政事上无任何决策权。皇帝另设一套直接控制的机构，分别处理行政事务。在三省之外，设立宰相办事机构，称为“政事堂”或“中书门下”，简称“中书”，地点在宫禁之中，为最高行政中枢。唐代宰相集体议政的制度被取消了。又设枢密院掌管军事行政，只负责根据皇帝的命令调动军队，但不能管理或指挥军队，实际取代了兵部的职权。还设立三司使（地位略低于中书、枢密二府）掌管财政，实际取代了户部的职权。六部之外，设审官院（由中书吏房分置）掌文武官考选、勋封、考课的政令；设礼仪院掌礼乐、祭祀、朝会等事，长官称判院，以枢密使、参知政事充任；设审刑院（由中书刑房分置）掌审议涉及命官的重大案件，然后下大理寺详断。神宗元丰年间改官制，又大体恢复三省六部的职权。

明初废除传统的宰相官职和机构，尚书六部直属皇帝，直接对皇帝负责。为控制、审核六部的决策，设六科给事中分管六部，协助皇帝处理章奏，稽察驳正六部之违误。清代六部的决策权限很小。如吏部只是办理任免手续备案而已，兵部不过稽核名册、考察升员而已。

4. 地方长官

夏商两代，地方长官不是由王朝分封或任命，而是本部族的世袭头领，因此拥有很大的决策权。

西周时期，实行分封制：天子分封诸侯，诸侯分封大夫。地方为两级政权。除礼乐制度、军队编制由周天子统一规定和一两个执政的世卿由周天子策命外，诸侯在封国内拥有军事、经济、司法、外事等方面的决策权，有很大的独立性。

从战国开始，在君主专制集权的体制下，地方行政实行郡、县两级制。郡、县长官和主要佐官（如丞、尉）由朝廷任命，可随时调任或撤换，不能世袭。赋税上交中央，劳役归中央统一调用，军队由君主任命将领统一指挥。郡的长官有征聘僚属、管理农业和水利、管理地方兵役、审理案件等权力。汉代的郡县长官有处决罪犯的权力。战国秦汉时期，善于决策、治理有方的地方长官，有西门豹、李冰、文翁、郅都、兒（ní）宽、龚遂、赵广汉、韩延寿、严延年、召（shào）信臣、黄霸、魏相、张敞、杜诗、第五伦等。这些地方长官之所以有较好的政绩，与他们有较大的决策权是分不开的。

魏晋南北朝时期，地方政权分为州、郡、县三级，辖区日渐缩小。在州之上，有都督诸州军事管辖的军区，称府。都督往往兼任所驻在之州的刺史，置府、州两套机构。都督总管几个州的军政事务，拥有很大的决策权。不掌兵权的州刺史，称为“单车刺史”，决策权很小。从隋代起，地方长官不能自行选用属吏，都由中央选派。死刑案件须报请皇帝核准。唐代中期以后，地方的决策权主要操于节度使之手。

宋代大力削弱地方长官的决策权。路是最高一级政区，同时设四个长官，互不统属。府、州、县等不正式任命长官，而由朝廷临时差遣的文官负责，称为知府、知州、知县等。其决策权较正式命官为小。在州、府还设置通判一职，以牵制主官。地方的兵权、财权等都集中到中央，地方长官的决策权限很小。元代以中书省的派出机关行中书省管理地方，地方实权掌握在蒙古贵族手中。

明代省一级设承宣布政使司、都指挥使司和提刑按察使司，分掌民政、军政和司法。清代以总督、巡抚为省级主要长官，有较大的决策权。从省到州县长官，可以自己选聘若干幕僚，俗称“师爷”，协助谋划与处理日常事务。

第三节　决策目标、过程和效果

中国古代的君主，在登上帝王宝座之前，主要目标是夺取全国最高统治权；一旦称王称帝之后，其主要目标就变为巩固既得的权力，并世世代代传给子孙。所谓最高统治权，就是对土地和人民的管理权。通过政治权力，占有尽可能多的土地，驱使人民为统治者创造各种物质财富，以满足其无止境的贪欲，这是君主决策所要追求的基本目标。

中国古代的决策，有多种形式，每种形式的过程很不相同，下面分别加以论述。

（一）占卜

占卜是商代决策最常见的一种方式。君主在每做一件事情之前，先让巫史用火把甲骨臼穴处灼热，使其出现裂纹，叫做“兆”。兆是神意的显现，巫史根据对兆的判断，决定事情是否该办。同时占卜的往往是两三个巫史，如果意见不一，服从多数。这是最落后的一种决策方式，带有很大的盲目性。但巫史的判断，往往包含着他们自身经验的成分，因此也有一定合理的因素。伊尹、巫咸、傅说、甘盘，是巫史中比较杰出的。占卜决策对君主的权力有很大的制约作用，巫史在决策中的地位实际上超过君主，致使君主有时难以容忍，因而常常出现君主亲自占卜之事。

（二）贵族长老议政

国家重要政务，由掌权的贵族长老议定。这种决策方式由来已久。据史书记载，夏代有“四辅”，西周有三公，金初有勃极烈，蒙古有库烈尔台，清初有议政王大臣会议，都属于贵族长老议政的形式。西周初年，就如何统治商族等异族的问题，武王征询了太公、召公、周公的意见。三位长老提出三个方案：太公的方案，是进行大规模的屠杀；召公的方案，是杀掉反抗者，保存顺从者；周公的方案，是分化瓦解，争取一部分商族人（包括贵族）为周族人服务，打击、消灭少数反周意识强烈的“顽民”。武王采纳了周公的意见，并获得了成功。[1] 成王时，也是长老辅助决策。据《纲鉴易知录》三卷记载：“周公归政于王，王中立听政，而四圣维之。周公常立于前，导天子以道；太公常立于左，辅天子之意；召公常立于右，拂（bì）天子之过；史佚常立于后，承天子之遗忘：是以虑无失计而举无过事。”礼乐制度就是根据周公的意见决策制定的。对长老的议论，君主也可以不听。厉王以卫巫监视批评他的人，并加以杀害，召公力谏，厉王不听，即其一例。清初的议政王大臣会议，权力很大，重要军政事务，都由诸议政王集体决策。

（三）宰相参与决策

从春秋初年开始，巫史和宗室贵族的势力逐渐削弱。随着君主专制权力的加强，君主宠信的近臣在决策中的地位日趋重要。辅助君主处理政务的，称为宰相。宰相的重要职务之一，就是参与决策。

宰相参与决策的方式不完全相同，大致有下列两种情况。

委托决策。君主对宰相给予充分的信任，把实际的决策权授予宰相，这种情况可称为委托决策。如齐桓公之于管仲，秦孝公之于商鞅，楚悼王之于吴起，蜀后主之于诸葛亮，宋神宗之于王安石等，都属于这种情形。委托决策大多出现于国势危难、君主无策之时。宰相个人的智慧和胆略对决策起关键性的作用。

集体议政。唐代为集体宰相制，最少两人，多至十人，轮流秉笔。宰相议事的地点在政事堂。议论结果，经整理后奏皇帝裁决。

---

[1] 参考李亚农：《西周与东周》，《李亚农史论集》，上海人民出版社 1962 年版，645 - 660 页。

（四）大臣廷议

秦以后，有些重要政事，先经大臣在朝廷集体议论，然后奏请皇帝作出决策。秦统一之初，嬴政命大臣议改君主称号。他说："寡人以眇（miǎo）眇之身，兴兵诛暴乱，赖宗庙之灵，六王咸伏其辜，天下大定。今名号不更，无以称成功，传后世。其议帝号。"参加廷议的有丞相、御史大夫、廷尉、博士等。议论的结果是："古有天皇，有地皇，有泰皇，泰皇最贵。臣等昧死上尊号，王为'泰皇'。命为'制'，令为'诏'，天子自称曰'朕'。"嬴政根据廷议，作出最后决策："去'泰'，著'皇'，采上古'帝'位号，号曰'皇帝'。他如议。"关于是否继续实行分封制的问题，多数大臣持肯定意见，只有廷尉李斯认为应该废除，结果秦始皇采纳了李斯的意见。❶

汉代廷议是一项经常性的制度。廷议的内容涉及立君、储嗣、宗庙、郊祀、典礼、功赏、民政、大臣、边事等。汉武帝以后，廷议有内朝与外朝之分。外朝廷议结果一般由丞相领衔上奏，报请皇帝决策。如成帝时，大臣议论祭祀天地的坛址是否迁到长安的问题，丞相匡衡、御史大夫张谭上奏说："今议者五十八人，其五十人言当徙之义，皆著于经传，同于上世，便于吏民；八人不案经艺，考古制，而以为不宜，无法之议，难以定吉凶。……宜于长安定南北郊，为万世基。"❷ 此项议案，得到了皇帝的批准。内朝议事是秘密的，往往具有更大的效力。有时外朝廷议被内朝官操纵，徒有其名。有的大臣在议论中触犯了忌讳，受到惩处。

唐、明两代，廷议也经常举行。唐朝廷议，形式比较灵活。有时在皇帝上朝时举行，有时由宰相主持，有时在尚书省召集百官议事。明代遇有重要政事或选任重要官员，往往召集阁臣、九卿、六科给事中、监察御史以及与议题有关的官员先行议论，然后集体会奏，也可单独上奏，报皇帝批准。

（五）臣下上书提出政见，被帝王采纳

战国以后，臣下上书帝王，陈述政见，被帝王采纳，形成决策。秦统一前夕，秦王政听信宗室大臣的议论，下逐客令，李斯也在被逐之列。李斯在途中上《谏逐客书》，论述客卿对秦国由弱变强的历史功绩，并指出"逐客"对秦

---

❶ 《史记·秦始皇本纪》，《史记》236－239 页。
❷ 《汉书·郊祀志下》，《汉书》1255 页。

国的危害。秦王嬴政看后，有所感悟，撤销了逐客令，并对李斯予以重用。这一决策的改变，对秦完成统一大业起了决定性的作用。西汉文帝时，贾山、贾谊、晁错等上疏陈述广招贤士、广开言路、重视农业、抑制诸侯王等政见，都被文帝采纳。文帝十五年，还主动策问贤良文学之士。汉武帝也很重视策问文士，使其各抒己见。董仲舒一人就被策问三次，这就是著名的“贤良三策”。董仲舒的对策对形成罢黜百家、独尊儒术、兴办儒学、确立三纲五常的封建礼教等重大决策，产生了重大影响。

北宋仁宗时，王安石上万言书，提出变法主张，后来为神宗所接受。

（六）以谋士、谏臣参与决策

春秋以后，一些有作为的君主和高级官员，招揽一些有才智的文学之士和谋臣，充当顾问和谏职，如大谏、中大夫、博士、左徒、中庶子、舍人等。齐桓公时的鲍叔牙，秦穆公时的由余，楚怀王时的屈原，齐国的稷下学士以及孟尝君、平原君等所养之士中的一部分，都属于这一类人物。

汉武帝时，国势强盛，政务繁多。为及时对军政大事作出决策，避免失误，汉武帝选拔一批贤良文学之士，侍从左右，在决策之前参与谋划、辩论。据《汉书·严助传》记载：“郡举贤良，对策百余人，武帝善助对，繇（通‘由’）是独擢助为中大夫。后得朱买臣、吾丘寿王、司马相如、主父偃、徐乐、严安、东方朔、枚皋、胶仓、终军、严葱奇等，并在左右。是时征伐四夷，开置边郡，军旅数发，内改制度，朝廷多事，娄（屡）举贤良文学之士。……上令助等与大臣辩论，中外相应以义理之文，大臣数诎（通‘屈’）。”如主父偃提出设置朔方郡的建议，武帝交大臣讨论，御史大夫公孙弘等都表示反对。武帝让朱买臣等与公孙弘辩论，公孙弘理屈认输，于是决定置朔方郡。

唐太宗是中国历史上最重视谋士谏臣作用的杰出君主。他在即帝位之前，就开设文学馆，以杜如晦、房玄龄、虞世南等十八人为学士，分为三班，与他们随时讨论政事。唐太宗对谏官的作用尤为重视。他登基伊始，就建立了谏官随宰相入阁议事的制度。他曾重赏魏征，并说：“魏征一言，胜十万之师，不可不赏。”[1]

朱元璋在建立明王朝以前，也很重视谋士的作用。攻克婺（wù）州后，他设置分中书省，召儒士许元、叶瓒玉等居中谋事。克处州后，又招揽刘基、

[1] 《纲鉴易知录》42卷。

章溢、叶琛、宋濂等名士，创礼贤馆以处之。这是他能开创明朝基业的一个重要原因。

（七）君主直接决策

在中国古代国家中，最高决策权属于君主。以上所举几种形式，都属于决策的辅助手段。在许多情况下，君主直接对国家事务作出决策。凡是凭借个人智慧、好恶进行决策的君主，不是暴君，便是昏君。

夏桀杀关龙逄（páng），商纣王杀比干，周厉王监杀谤者，秦始皇坑埋儒生，隋炀帝杀谏者，几乎都是君主在一怒之下作出的决策。秦始皇做了皇帝以后，国家大事几乎都由他一个人决策处理。《史记·秦始皇本纪》："博士虽七十人，特备员弗用。丞相诸大臣皆受成事，依辨于上。……天下之事无小大皆决于上。"隋炀帝专横跋扈，听不得任何不同意见。他曾严厉告诫臣下说："我性不喜人谏，若位望通显而谏以求名者，弥（更加）所不耐。至于卑贱之士，虽少宽假（宽容），然卒不置之地上。"❶ 唐太宗曾总结说："自古帝王多任情喜怒，喜则滥赏无功，怒则滥杀无罪。是以天下丧乱，莫不由此。"❷

明清两代，取消传统的宰相机构和官职，也不设谏官和内廷智囊班子，除少数事交大臣廷议外，绝大多数国家政务都由皇帝独断。

综上所述，中国古代国家的决策权操于君主一人之手，决策的总体目标是君主及其家族、宗族的最高利益。但决策的效果大不相同。凡一味追求君主无止境的贪欲，不顾广大人民死活的，往往激起人民的强烈反抗，导致王朝的覆灭。魏征对这一点曾作过深刻的阐述："驱天下以从（通'纵'）欲，罄（尽）万物而自奉，……民不堪命，率土（四海之内）分崩。遂以四海之尊，殒于匹夫之手，子孙殄（tiǎn，灭绝）绝，为天下笑，可不痛哉！"❸ 这就是说，君主种种决策所追求的目标，其效果适得其反。另一种情况是：君主鉴于前朝灭亡的教训，比较注意人民起码的生产、生活条件，使经济、文化有所发展，决策所追求的目标得以实现，出现长治久安的"盛世"。唐太宗对这一点有清醒的认识，他说："为君之道，必须先存百姓，若损百姓以奉其身，犹割股以啖（dàn，给……吃）腹，腹饱而身毙。……朕每思此，不敢纵逸。"❹

---

❶ 《纲鉴易知录》41 卷。

❷ 《贞观政要·求谏》。

❸ 《贞观政要·君道》。

❹ 《贞观政要·君道》。

第四节 决策的执行和信息反馈

君主的决策作出之后，必须立即传达和执行。夏代有一种叫做遒人的官，就是摇着木铎宣布君主政令的。军事命令的执行最为严格。夏后启决策讨伐有扈氏，出征誓师时宣布："用命（听命），赏于祖；不用命，僇（通'戮'）于社，予则帑（通'孥'）僇女。"但君主的行政命令对所属各部落的约束力，程度比较轻，有的部落"叛服无常"。西周天子的政令主要属于礼仪和军事两个方面，而且执行的范围主要限于王畿和同姓及亲属诸侯国。天子的话，句句都得执行。成王跟他的弟弟叔虞开玩笑，拿一片桐叶当作珪送给叔虞，说："以此封若（你）。"太史尹佚听到此话要成王选择吉日封叔虞。成王说："吾与之戏耳。"尹佚说："天子无戏言。言则史书之，礼成之，乐歌之。"于是封叔虞于唐。❶ 诸侯、大夫在其封地内拥有较大的决策权。

从春秋初年开始，逐渐形成君主集权制的管理体制。公卿制被宰相制所代替，分封制被郡县制所代替。君主的权力越来越强化。齐桓公时，君主命令一经发出，传达执行迟缓的、抵制的、走样的，都"罪死不赦"。❷

秦统一中国后，皇帝的命令称为"制"、"诏"、"赦"、"圣旨"等。除极少数开明君主外，在通常情况下，不准议论，不准批评，甚至表情上有一点保留都是不许可的，都构成极大的犯罪。李斯建议秦始皇焚烧书籍的主要理由，就是以维护皇帝命令的绝对权威为出发点的。他说："今皇帝并有天下，别黑白而定一尊。私学而相与非法教，人闻令下，则各以其学议之，入则心非，出则巷议，夸主以为名，异取以为高，率群下以造谤。如此弗禁，则主势降乎上，党与成乎下。禁之便。"❸ 坑儒之举则是由两个术士议论、批评皇帝引起的。为确保皇帝的神圣地位，秦朝制定了"偶语诗书者弃市"、"以古非今者族"、"诽谤者族"等严酷的法律。

秦以后，由首都到全国各地，都修了驿道。有专供驿使骑的马。在当时的交通条件下，皇帝的命令以最快的速度传达到全国各地，一直到达偏僻的农村和边远地区。除少数藩镇割据的情况外，皇帝的命令是行之有效的。

中国古代政治事务的决策，君主是制定者，各级官吏是执行者，广大的人

---

❶ 《史记·晋世家》，《史记》1635 页。

❷ 《管子·立政》。

❸ 《史记·秦始皇本纪》，《史记》255 页。

民群众是承受者。决策是否正确，主要不是看执行程度如何，而是主要看人民群众的承受程度如何。如果君主的决策能够被广大人民所接受、拥护，并产生促进经济、文化发展的效果，那么这样的决策基本上就应该给予肯定；如果君主的决策使得广大人民群众无法承受，并起而反抗，直到推翻决策者的政权，那么这样的决策就应该被否定。中国古代的君主都打着君权神授的旗号。君主的一切决策，都罩上一层神圣的灵光，被看做是不容怀疑、绝对正确的，因此修正、改变、否定都是极为困难的。在同一个王朝，根据信息反馈作出追踪决策是极为罕见的。

夏、商两代，由于根深蒂固的神权观念，人民群众处于奴隶的地位，不被当做人看待，因此君主是根本不考虑民意的。商朝在短时间内迅速瓦解，使西周统治者开始认识到民意对政治统治的重要性，在一定程度上把人看成人。在贵族和“国人”当中，由于传统的原始民主制的影响，君主对来自贵族乃至庶民的反映、呼声，还是比较重视的。由于以上两个因素，西周是中国历史上最重视信息反馈的王朝。搜集民间歌谣以观民风，是重视信息反馈最重要的措施，《诗经》就是这项措施的产物。《礼记·王制》说：“命太师陈诗以观民风。”《汉书·食货志上》追述周制说：“孟春之月，群居者将散，行人振木铎徇于路，以采诗，献之太师，比其音律，以闻于天子。故曰王者不窥牖（yǒu，窗）户而知天下。”顾镇的《迹熄诗亡说》也有这样的论述：“盖王者之政，莫大于巡狩述职，巡狩则天子采风，述职则诸侯贡俗，太师陈之，以考其得失，而庆（奖赏）让（责备）行焉，所谓迹也。”厉王作出一项有利于王而不利于民的决策（具体内容不详），遭到国人的批评，这个信息反馈到厉王那里，厉王企图用暴力加以压制。卿士邵公说：“防民之口，甚于防川。川壅而溃，伤人必多，民亦如之。是故为川者决之使导，为民者宣之使言。故天子听政，使公卿至于列士献诗，瞽献曲，史献书，师箴，瞍赋，矇诵，百工谏，庶人传语，近臣尽规，亲戚补察，瞽、史教诲，耆、艾修之，而后王斟酌焉，是以事行而不悖。”❶ 厉王不听劝告，一意孤行，不及时修正决策，结果引起国人暴动，他本人遭到被驱逐的惩罚。这种情况在西周是极为少见的。有一种叫做行人的官职，其主要职责就是到各地访问咨询，把信息反馈到天子那里。《诗·小雅·皇皇者华》：“载驰载驱，周（忠实）爰（于）咨诹（zōu，问事）。”这里描写的正是行人工作的情形。春秋时期，一些开明的君主和执政

❶ 《国语·周语上》。

的大臣，对信息反馈仍是十分重视的，如卫武公、齐桓公、子产、齐威王等。

秦以后，君主被神化，权力高度集中，国土辽阔，天高皇帝远。对皇帝的任何命令，只能一味颂扬，不准议论、批评。在政府机构中，也没有类似西周行人那种采诗或征询民意的官职。因此，皇帝几乎听不到真正来自人民中间的意见和呼声，往往要到矛盾激化君主才能有所觉察。嬴政做了皇帝以后，号令定于一尊，通行无阻，只能听歌颂、赞扬之声，听不得批评、规谏之音。焚书坑儒，更堵塞了一切言路。但人民群众反抗的声音是无论怎样的高压也压不住的。坑儒的第二年，东郡的一块陨石上刻有“始皇死而地分”几个字，公然咒骂秦始皇。秦始皇得到这个信息后，把石头烧掉，把石头周围居住的百姓全部杀掉，但这丝毫也阻挡不住人民反抗这座火山的爆发。秦始皇死后第二年，陈胜、吴广领导贫苦农民揭竿而起。谒者把真实情况报告秦二世，秦二世却把谒者关进监狱。这样，所有真实的信息都反馈不到君主的脑子里，错误的决策不可能有丝毫改变，最后只得把错误的决策者送进坟墓。贾谊对秦亡的教训作了深刻的总结，他写道：“秦王足己不问，遂过而不变。二世受之，因而不改，暴虐以重祸。子婴孤立无亲，危弱无辅。三主惑而终身不悟，亡，不亦宜乎？……秦俗多忌讳之禁，忠言未卒于口而身为戮没矣。故使天下之士，倾耳而听，重足而立，拑口而不言。是以三主失道，忠臣不敢谏，智士不敢谋，天下已乱，奸不上闻，岂不哀哉！先王知雍蔽之伤国也，故置公卿大夫士，以饰法设刑，而天下治。”❶ 秦的速亡，从决策的角度看，就是决策者不懂得根据信息反馈而修正决策的道理。

汉以后的历代统治者，对来自下层的信息，有的也比较重视，提倡直言极谏，设立公车司马令、谤木、肺石函、知匦（guǐ，小箱子）使、登闻鼓、通政使司等机构、官职或装置，以通达下情。或派出使者考察民情民俗。但是第一，农民几乎都不识字，表达自己意见的机会是很少的。第二，农民往往把皇帝看得很神圣，对皇帝抱有不切实际的幻想。遇到盛世，对圣君明相感恩戴德；遇到难以忍受的苦难，以为仅仅是贪官污吏造成的。而地方上的长官是“父母官”，直接掌握着人民的生命财产，是反不得的。第三，在君主制下，君主对官吏的要求，主要是忠，而不是廉。只要忠于君主，欺压百姓是算不了什么的，为民做主而惩办贪官污吏的圣君贤相是极罕见的。由于以上几点原因，来自人民群众的信息，仍然是很难反馈到皇帝那里的。因此根据信息反馈

❶ 《史记·秦始皇本纪》，《史记》278 页。

修正或改变既定决策的事依然极为少见。汉武帝天汉年间，社会矛盾日趋尖锐，东部地区爆发农民反抗的斗争，汉武帝用加强镇压的办法暂时平息下去。武帝末年，才对以往的决策有所悔悟。征和四年，他下诏“深陈既往之悔”，停止军事行动，并宣布：“当今务在禁苛暴，止擅赋，力本农。”[1] 以田千秋为丞相，封富民侯。又以赵过为搜粟都尉，推行他总结的“代田法”。承认既往的决策有失误，并对决策有所修正，这在古代帝王中是难能可贵的。

从理论上认识到帝王的决策也会发生谬误，唯有唐太宗。他说：“日断十事，五条不中（zhòng），中者信善，其如不中者何？以日继月，乃至累年，乖谬既多，不亡何待？”[2] 他认为隋朝的灭亡，主要是君主的决策错误造成的。他对侍臣这样说：“隋炀帝暴虐，臣下钳口，卒令不闻其过，遂至灭亡。”[3] 贞观十一年，唐太宗诏：“令百官上封事，极言朕过。”[4] 唐太宗唯恐臣下不敢直言，贞观十八年，他对长孙无忌等说：“夫人臣之对帝王，多顺从而不逆，甘言以取容。朕今发问，不得有隐，宜以次言朕过失。”[5] 马周批评说：“陛下比来赏罚，微以喜怒有所高下，此外不见其失。”唐太宗还曾派李靖等为黜陟大使，分行天下，考察吏治，问民间疾苦。唐太宗对信息反馈体察相当细致。贞观二年，他决定纳郑仁基女为妃，诏书已出，策使未发。魏征听说郑氏女已许嫁陆爽，紧急进谏道：“陛下为人父母，抚爱百姓，当忧其所忧，乐其所乐。……今郑氏之女，久已许人，陛下取之不疑，无所顾问，播之四海，岂为民父母之道乎？臣传闻虽或未的，然恐亏损圣德，情不敢隐。君举必书，所愿特意留神。”太宗听后立即停派策使。而房玄龄、温彦博等大臣却为太宗辩解说：“女适陆氏，无显然之状，大礼既行，不可中止。”陆爽本人更矢口否认：“外人不知，妄有此说。”太宗又问魏征。魏征认为，陆爽之所以否认婚事，主要是怕皇上暗地报复。太宗于是废止已经作出的诏书，又出敕令说：“今闻郑氏之女，先已受人礼聘，前出文书之日，事不详审，此乃朕之不是，亦为有司之过。授充华（嫔妃称号，正二品）者宜停。”[6] 在帝王当中，根据新的信息而改变既定决策，实属罕见。

---

[1] 《汉书·西域传下》，《汉书》3912－3914页。
[2] 《贞观政要·政体》。
[3] 《贞观政要·君臣鉴戒》。
[4] 《纲鉴易知录》44卷。
[5] 《贞观政要·纳谏》。
[6] 《贞观政要·纳谏》。

更常见的情况是：为了维护君主的神明和尊严，君主即使确有过失，也加以掩饰和推诿。秦朝有一个特殊的官职叫“秘祝”，就是在发生灾变的时候，把过错推到臣下的身上。《汉书·郊祀志上》说：“（秦）祝官有秘祝，即有灾祥，辄祝祠移过于下。”西汉元帝时，对萧望之、周堪、刘更生等作了错误处理，事实弄清之后，非但不作更正，却将错就错，罢了萧望之的官，更把周堪、刘更生免为庶人。遇到灾荒等异常情况，为了平息人民群众的不满情绪，汉代常常用迫令大臣免职或自杀的方法来转移人民的视线。

总之，在君主专制制度下，由于阶级利益和决策方法的局限，谬误是经常的、大量的，而且是难于纠正的，往往要经过大规模的农民起义，才能停止错误决策的执行。

第二章　行政管理机构

第一节　行政管理机构的建立及演变

行政管理是通过一定的国家组织进行的。行政管理机构是随着国家的产生而建立起来的，是国家管理社会的一种组织形式。

社会是人类按照一定关系结合成的群体。在国家产生以前，社会的所有成员，都是社会的主人，相互间的地位是平等的。社会的管理机构非常简单，是根据社会的需要而设置的。社会公职人员是根据社会成员的意志产生的，是服务性的，无报酬的，并且仍然是社会成员中的一分子，没有任何特权和强制手段。国家是阶级矛盾发展到不可调和程度的产物。国家机构是根据统治阶级特别是最高统治者的利益设置的，国家官吏也是根据统治阶级特别是最高统治者的需要而选拔的。社会的一般成员丧失了政治权力，成为被剥削者和被压迫者。国家官吏脱离社会，凌驾于社会之上，有其自身的特殊利益，成为一个相对稳定的社会阶层。他们以社会主宰者的身份，用强制和宗教手段对社会成员进行管理。这种管理是统治、是镇压、是奴役，而决不是服务。虽然国家官吏也要尽一定的社会职能，如治水、制定历法、维护社会秩序等，但其出发点仍然是为官，而不是为民。

中国从夏代起，有了国家组织。从夏、商、西周几个朝代看来，国家君主主要是由强大部族的军事首领转化来的，他们既是军事领袖，又是主祭者，又是土地的最高所有者，集立法、司法与行政权于一身。国家机构大致分为两部分：一部分是为管理社会而设置的，一部分是为君主及其家室服务的。前一部分即是行政管理机构；后一部分虽是君主的家臣，但也常常受君命参与行政管理。

在古代社会中，农业是主要的经济成分，土地是最基本的生产资料，这种特点在中国尤其特出。中国古代是一个封闭型的内陆国家。在中原地区，既无条件大规模地发展畜牧业，又没有充分发展商品经济的条件。农业始终是整个国民经济的命脉。以农立国，以农为本，是历代统治者的基本国策。土地国有是所有制的基本形式。土地私有的成分一直比较微弱。农业生产的基本条件是土地和直接从事耕作的农民二者的结合。行政管理的核心内容是对土地和农民的管理。农民大都没有土地或仅有少量的土地。农民的人身和少量的财产都不受法律的保护。所谓法律，主要就是刑法，是为了维护统治阶级对农民的剥削和压迫服务的。行政与司法紧密结合，司法不过是行政长官进行管理的一种手段。

在中国历史上，随着土地所有权的变化，行政管理机构也相应地发生变化。夏商时期，土地基本上归各个氏族所公有。王朝的财政来源，一是靠各氏族或部落的贡献，二是靠藉田（即公田，名义上为祭神而设）的收入。当时的国家大事主要有两项：一个是祭祀，一个是战争。祭祀主要由巫史掌管，军事指挥则主要由王族成员负责。对藉田的管理主要由王的妻妾子弟和家臣承担。王与所属各部落的首领之间，还没有形成确定的上下级关系。王的地位实际上相当于部落联盟长。由于以上种种原因，夏商两代的行政机构非常简单，既没有明确的职务上的分工，也没有明确的管理层次。行政管理人员数量很少。

西周的土地制度有很大的变化。土地名义上归以周王为代表的国家所有，实际上是王族公有。周王以国君同时也是族长的身份，按血缘亲疏关系对土地进行分配。周王、诸侯、大夫和有爵位的士，都是数量不等的土地占有者。占有土地同时也就占有依附于土地的农奴。土地占有权和行政管理权是一致的。西周的行政管理开始有明确的职务分工和层次。在周王室，行政管理部门大致有六个，即通常所说的六卿：太宰、宗伯、司徒、司马、司空、司寇。太宰管理王室内部事务，为王室服务的臣仆和各种工匠，都归其管辖。司徒（又称司土）管理土地（包括山地和池泽）和农奴。司寇掌管农奴的刑罚。司马掌管贵族内部的军事行政事务。司空掌管筑城、修路等营建工程。宗伯掌管贵族内部的祭祀礼仪。地方管理分为国、邑两个层次，享有较大的自主权。

春秋战国时期，土地制度又发生新的深刻变化。铁器的使用，牛耕的出现，使个体耕作成为可能。土地的大量开垦，单位面积产量的增长，使农业生产获得飞跃性的发展。封建领主之间展开了争夺土地和人口的兼并战争。土地所有权集中到最强大的家族手中，最后导致统一局面的出现，皇帝成为最高地主。适应这种社会发展的需要，形成一个拥有文化知识、专门为最高君主服务的官僚阶层。皇帝主要依靠这一阶层进行行政管理。秦汉的行政管理机构一般认为是九个，一说十二个，即九卿或十二卿：太常（奉常）、光禄勋（郎中令）、卫尉、太仆、宗正、廷尉（大理）、大鸿胪（典客）、大司农（治粟内史）、少府、执金吾（中尉）、将作大匠（将作少府）、大长秋（将行）。其最大的特点是：为皇室服务的机构大大膨胀。太常掌宗庙礼仪，宗正掌皇族一般事务，少府掌皇室内部事务，光禄勋掌皇宫警卫，卫尉掌宫门警卫，太仆掌皇帝车马，将作大匠掌宫室、陵墓等建筑，大长秋掌皇后事务。主要管理全国性行政事务的只有：大司农掌农业税收和官营工商业，廷尉掌司法行政，大鸿胪掌外事。对土地、农户的管理则主要交给由中央任命的郡县长官负责，郡县长官对土地和农民只有行政管理权而没有占有权。

魏晋以后，形成一批出身儒生的士族地主和出身庶族的军功地主，形成较大的地主庄园，土地私有经济有所发展，对皇权造成一定的威胁。皇帝为巩固其君主专制统治，越来越重视官吏的选拔。把官吏的任命权集中到中央，并用公开竞争考试（科举制）作为选拔官吏的基本方法。至唐宋，形成新的行政管理体制。行政管理部门主要有六个，即吏、户、礼、兵、刑、工六部。新体制的最大特点是：建立了独立的管理官吏的部门，并且居六部之首。科举考试由礼部的副长官负责，亦受到相当的重视。皇室内部事务从行政管理部门分出去，是机构设置上的又一重大进步。以六部为主干的行政管理体制，一直沿用到清末。地方行政管理一般为二至三级，其自主权总的趋势是逐渐缩小。

第二节　行政管理结构

中国古代行政管理的结构，从宏观上看，是宝塔形的。居于宝塔顶端的，是帝王。帝王权力的取得，靠的是武力，靠武力获得对土地和人民的占有权。在观念形态上，帝王的权力来自神授，与民意毫不相干。在秦以前，神权的体现者巫史和王族的长老对君主的权力有一定的制约作用。秦以后，君主的权力被绝对化、神圣化，没有任何权力能够制约它。中国从有国家的时候起，以血缘关系为特征的宗族、家族组织，始终没有从根本上瓦解。政治统治实际上是帝王一族或一家的统治。国和家紧紧地融合在一起，而且帝王的家高于国。在全国范围内，所有的臣民都是君主的子孙和奴仆。君主和官僚的关系，不仅是行政组织的上下级关系，而且是父子、主仆关系。所有的臣民，在君主的面前，是没有独立人格和个人权利的，是没有人身及思想言论等自由的。

从中央到地方的各级机构，其长官与下属的关系，基本上也是家长制型的。一个部门的长官就是那个部门的主人和家长。只要不谋反，其功绩和才干不构成对君主和上司的威胁，其行政权力实际上也是不受限制的，因而有“土皇帝”之称。战国以后，县一直是最低一级地方政权，是直接管理普通百姓的。县长官的级别虽比较低微，只能算个“芝麻官”，但在小民的眼里，却是“父母官”、“县太爷”。

在农业社会，土地是最宝贵的财产，是衣食之源。但这种财产暴露于光天化日之下，是最不好保存的。明火执仗的强盗，随时都可以轻而易举地霸占它，并强迫农民为他耕种。因此，在中国古代，是行政权力支配一切。权力愈大，地位就愈高，占有财产就越多。反之，没有行政权力做护身符，财产再多，也有可能在顷刻之间倾家荡产。“官本位”的经济根源就在于此。

金字塔形的行政管理结构，是一种静态的、封闭的不稳定结构。它要求权力、地位、财产长期不变。它是以侵蚀、剥夺下属的利益来维持和扩大上司的利益的。被统治被奴役者的贫困和愚昧正是统治者荣华富贵的必要前提。在这种管理结构中，来自下层的积极性大多要受到压制和摧残。因此，整个社会的发展是停滞的、缓慢的，并且有周期性的大震荡。

第三节　行政管理的幅度和层次

有效的行政管理，必须有一定的幅度和层次，职责分明，令行禁止。

夏、商时期，行政管理的幅度和层次是模糊的、不稳定的。到目前为止，我们既不知道当时的职务是怎样划分的？也不知道究竟管辖多少个地方政区？地方政区的确定名称叫什么？那时有效的行政管理主要限于部落或部族的范围内。行政管理的基层组织与农业生产组织密切结合，同时又以家族、宗族组织为基础。管理者与被管理者大都是同一家族（或宗族）的成员。异族的俘虏大部分被杀死，只有少数人变为君主及其他统治者的家内奴隶。

西周时期的行政管理带有宗族统治的性质。周王的家族乃至宗族成员，以及世代通婚的姜姓宗族成员，绝大部分都变成了统治者即管理者，成了贵族。原商族统治地区的成员，绝大部分都成为被统治者即被管理者。从分封的层次看，行政管理有天子、诸侯、大夫三级，并且有明确的君臣隶属关系。但实际上，天子对诸侯，诸侯对大夫的管理权力是非常有限的。所以迄今为止，我们并不知道周天子究竟管辖多少个诸侯国和附庸国。在日常行政管理中，周天子很少对诸侯国发号施令。王室机构有一定的分工，如司徒、司马、司空等，但这些职务对诸侯国的相应职务并没有领导的关系。诸侯跟大夫的关系也大致如此。实际上，有效的行政管理，主要局限于天子、诸侯、大夫的直属领地内。西周时期的行政管理以城市为中心。天子、诸侯的所在地都筑有防御性的城池。贵族住在城内和近郊，农奴住在郊外的农村。对贵族和农奴分别进行管理。天子的直属领地称为王畿。城区和近郊的行政区划分为乡、州、党、族、闾、比六级，具体组织是五家为比，五比为闾，四闾为族，五族为党，五党为州，五州为乡。军队组织与行政组织完全一致，即五人为伍，五伍为两，四两为卒，五卒为旅，五旅为师。农村的行政区划分为遂、县、鄙、酂、里、邻六级，具体组织为五家为邻，五邻为里，四里为酂、五酂为鄙，五鄙为县，五县为遂。总共为六乡六遂。管理幅度在四至六之间，而以五为多。诸侯国也有乡、遂之制，乡的数目在三至五个之间。作战时，一般分为中左右或中上下三军。总起来看，西周时期的管理幅度比较小，适应于军事需要。管理的权力主要在下层。

经过几百年的土地兼并战争，土地的所有权由君主的宗族所有变为家族所有，行政管理的权力集中于君主。至秦统一，形成中央、郡、县三个管理层次。郡、县的主要长官和佐官，都由皇帝任命，代表皇帝对农民进行管理。全国上下，听命于皇帝。皇帝是中央最高行政长官，宰相只处于辅助的地位。由于疆土的广阔和事务的繁多，中央管理机关急剧膨胀。秦汉中央机关设九个主要的行政管理部门，每一部门再分设若干个下属机构，成为两个管理层次。如西汉时，太常为全面管理文化的部门，下设太乐、太祝、太宰、太史、太卜、太医六个主要的属官，分别管理六个下属机构。秦统一之初，全国置三十六郡，后增至四十多个，每郡派一个监察御史，进行监督。这样的管理幅度显然是过大了。汉武帝时，全国郡（国）增至一百零几个，如再不进行调整，势必有难以控制之势。于是在郡之上，有州的设置。州初为监察区，每州辖四至十郡不等。每个郡辖十个县左右。每县管理农户一万左右。这样的管理幅度和层次是比较适宜的。

魏晋南北朝时期，管理的幅度与层次日益混乱。在中央机关，秦汉以来的行政管理部门依然存在，但职权范围逐渐缩小。原皇帝的文书机构尚书台，逐渐发展为全国最高行政管理机关尚书省。尚书省下分四至六曹，其实权在传统的行政机关之上。这样，中央行政部门增多，职权范围不清。地方管理为州、郡、县三个层次。这一时期，初级政区县的建置，不但没有增加，反而有所减少。而中、高级政区郡和州，特别是州，建置却大大增加。西晋时，州十九个，郡一百七十三个，都超过汉代；县一千一百零九个，少于汉代（汉代县、邑共一千三百多个，加上侯国则有一千五百多个）。南北朝时期，州、郡滥置的现象更为严重。南朝梁武帝时，有州一百多个。陈亡时，有州四十二个，郡一百零九个。北魏辖州六十个左右。北齐亡时有州九十七个，郡一百六十个。北周亡时有州二百十一个，郡五百零八个。州、郡、县的实际管辖范围越来越小，有一些仅虚有其名。在北齐境内，有一个百户人的地方也立个州名，三户人的小村也要给个郡称。一州辖二郡、一郡辖二县的情形相当普遍。南齐有很多郡不辖县甚至荒无民户，还有在同一个地方立两个郡名的，成为双头郡县，梁朝一百多个州中有二十多个州的长官不知辖区所在。❶ 中央管的州达到一二百个，势必导致失控；而州管郡、郡管县的幅度太小，又必然导致机构臃肿、重叠，行政管理效率很低。这是魏晋南北朝时期政局不稳的一个重要原因。

隋唐对行政管理机构大力加以整顿。在中央，把行政管理的权力集中到尚书省。三师、三公皆不置僚属，无实权。“朝之众务，总归于台阁。”❷ 至唐代，在尚书省内，形成六部二十四司的行政管理体制。行政决策由宰相集体议定，经皇帝批准后实行。尚书省是行政管理的总枢纽，“众务皆会决焉”。尚书省长官管理六部，各部长官皆管四个司。机构设置整齐，职务分工明确。寺、监分掌一些具体行政事务。地方行政管理由三级裁减为两级，即将州、郡合并为一级。隋初有州二百四十一个，郡六百零八个，县一千五百二十四个。炀帝大业五年，全国有郡一百九十个，县一千二百五十五个。不仅层次少了，机构也大为精简，把中级管理机构六百多个全部取消，其决心和魄力是很大的。但中央直接管理一百九十个郡也是很困难的。隋炀帝仿照汉武帝的办法，设司隶台大夫（相当于汉代的司隶校尉）一人，刺史十四人，分部巡察，但无确定的监察区名称。唐代州县数多于隋代。太宗贞观十三年，共有州府三百五十八个，县一千五百五十一个。为加强对全国的行政管理，唐太宗根据山川的自然形势，将全国划分为十道，分道设按察使巡察。道成为一种监察区。至玄宗时增为十五道，每道有固定治所，从此道成为州以上的一级行政区。从唐初到玄宗年间，管理幅度和层次是适宜的，收到了良好的效果。

中唐以后，管理体制又走向混乱。皇帝临时派遣的种种特使，如盐铁使、度支使、两税使等，侵夺了正常行政机构的职权。道本是监察区，唐中期以

❶ 参考《中国古代史常识·历史地理部分》，中国青年出版社 1981 年版，30 页。

❷ 《隋书·百官志下》，《隋书》773 页。

前，只有十个道，且权力较小。中唐以后，节度使管辖的镇与道基本上合而为一，从而节镇也称道。道增加到四十多个。节度使权力很大，集军权、政权、财权、监察权于一身，并且多兼任朝廷的特使。管理的幅度增大，层次增多，因此又出现失去控制的局面。

宋以后，中央以六部为主的管理体制，基本不变。北宋神宗以前，将六部的实权收归直属皇帝的机构，元丰改制后恢复旧制。地方行政管理一般为三至四级，变化主要在高级政区。北宋以路取代唐朝的道。路的设置时分时合，初为二十一路，太宗至道年间为十五路，徽宗宣和年间增至二十六路。路一级的机构有四个，即漕司、宪司、仓司、帅司，以漕司、宪司、帅司为主，互不统属，辖区也不完全相同，具有三权分立的性质。元朝的高级政区为行中书省。除中书省直属的“腹里”地区外，全国划分为十一个行中书省。行省首脑丞相总揽一省军、政、财三方面的大权，而主要是行政权。地方监察机构和镇戍军另成系统，对行省长官起到制约的作用。明朝改行中书省为承宣布政使司，习惯上仍称行省，简称省。省级长官承宣布政使只管民政，军事机构自成系统。清朝内地置十八省，光绪时增至二十三省。宋以后，君主集权制度逐渐巩固、加强，地方权力相对削弱，没有再出现藩镇割据的局面。但偌大的中国，管得过严过死，发展的活力也就没有了。资本主义萌芽在中国难以产生和发展，权力的过分集中是个重要的原因。

第四节　机构成员的数量和质量

中国古代行政管理机构是由官吏组成的，机构成员的数量和质量直接影响到管理效能的高低。

行政管理是国家对社会的管理，是社会管理的一种形式，而不是唯一的形式。并不是社会的一切事务都必须由国家进行管理。国家是阶级社会的产物，是阶级统治的工具。随着阶级的消灭，国家是要逐渐消亡的，但社会却要伴随着人类存在下去。剥削阶级的行政管理机构，虽然也要履行一定的社会职能，但从总体来看，它对社会的发展起着阻挠和束缚的作用。马克思在分析 19 世纪中叶的法国时指出：“这个行政权力有庞大的官僚机构和军事机构，有复杂而巧妙的国家机器，有五十五万人的官吏队伍和五十五万人的军队，——这个俨如密网一般缠住法国社会全身并阻塞其一切毛孔的可怕的寄生机体，是在君主专制时代，在封建制度崩溃时期产生的，同时这个寄生机体又加速了封建制度的崩溃。"❶ 在谈到巴黎公社的伟大意义时，马克思又指出："公社制度将把靠社会供养而又阻碍社会自由发展的寄生赘瘤——'国家'迄今所吞食的一切力量归还给社会机体。仅仅这一点就会把法国的复兴向前推进了。"❷ 中国古代国家有四千多年的历史，君主专制的政权体制存在了两千多年，而且越来越完备。

中国在夏商两代，国家机构简单，官吏数量有限，大约只有一二百人。主要由巫史、王室贵族和君主的家臣组成。西周官吏以王族成员为主体，加上巫史和臣仆，总数约为三四万人。秦统一后，以有军功的武士充实各级官吏，以马上得天下而又以马上治天下，结果很快就失败了。汉以后，以儒生为国家官吏的主体。皇族成员和嫔妃大都享受官的待遇而并不直接参与行政管理。汉代各种机构的员额有明确的规定。西汉吏员自佐史至丞相，十二万二百八十五人，东汉为十五万二千九百八十六人。

从东汉开始，形成一批世代做官的新贵族，称为士族或世族。魏晋南北朝时期，士族势力恶性膨胀，控制了仕途。儒学新贵加上传统的血缘贵族，以及立有军功的武臣，充斥官场。为满足上述三种人的自身要求，朝廷不得不大量增设机构和官职：（1）设立散官称号和员外官，以优待老臣和求官的士人，让他们借以领取官俸，实际并无职事。散官如光禄大夫，就是这样。《晋书·职官志》说："光禄大夫……汉时所置无定员，多以为拜假赗（fèng）赠之使，及监护丧事。魏氏以来，转复优重，不复以为使命之官。其诸公告老者，皆家拜此位；及在朝显职，复用加之。……其诸卿尹中朝大官年老致仕者，及内外之职加此者，前后甚众。由是或因得开府，或进加金章紫绶，又复以为礼赠之位。"因为尚书省逐渐成为中央最高行政管理机构，秦汉以来的公卿职位大多也是禄位高而职事轻。所谓员外，初指正员以外的官，始于晋朝。晋武帝设置员外散骑常侍，员外散骑侍郎，简称员外郎。（2）大量增加地方机构和将军称号。各种机构官吏的数量，不是决定于职事的需要，而仅仅是为了满足有资格做官的人的欲望。实际上，这一时期官吏的素质大大下降。很多官员文不能办理公务，武不能骑马射击，丧失了统治能力，成为地地道道的"寄生赘瘤"。

隋唐以后，以科举考试作为选拔官吏的主要途径。由于公开竞争，官吏的来源增加了，素质也有很大的提高，得官后的荣誉、地位及其他待遇也比较

---

❶ 《路易·波拿巴的雾月十八日》，《马克思恩格斯选集》第 1 卷 691 页。

❷ 《法兰西内战》，《马克思恩格斯选集》第 2 卷 377 页。

高，做官几乎成为士人追逐的唯一目标。除少数皇帝（如唐太宗）对官吏的员额严格控制外，大多数皇帝则尽量满足士人的做官要求，冗官问题越来越严重。《通典·选举典》叙述武则天时的情况说："及武太后临朝，务悦人心，不问贤愚，选集者多收之，乃令吏部大置试官以处之，故当时有车载斗量之谣。……及神龙（中宗年号）以来，复置员外官二千余人，兼超授阉官为员外官者又千余人。于是内外盈溢，居无廨署，时人谓之三无坐处，言宰相、御史及员外官也。"为了巩固君主专制统治的需要，以儒家经典为士人的主要课本，严重束缚了知识分子的思想。官场的种种特权，腐蚀了大多数知识分子的灵魂，使他们甘心情愿地做专制君主的奴才，同时又成为吮（shǔn）吸人民血汗的"官老爷"。庞大的行政管理机构是压在中国古代劳动人民身上的沉重负担。

第三章　综合管理

第一节　综合管理的官职和机构

综合管理是指全局性的管理，或者说是全系统的管理。在中国古代的国家机构中，负责全国综合管理的是君主，地区性的综合管理则由地方行政长官负责。综合管理事务繁多，仅靠一个人的智力当然难以胜任，因此从君主到地方长官，都有辅助官职或机构协助处理各种事务。

综合管理的职能主要有两项：一项是决策，一项是用人。管理的效能取决于君主和长官的素质和辅助人员选择是否得当以及他们的作用是否得到充分的发挥。

夏商时期，王负责整个国家的综合管理，辅佐是执政的巫史和王族长老；负责地区性综合管理的是部落或部族的首领。西周的综合管理者分别是天子、诸侯、大夫。公卿辅助天子和诸侯。

秦以后，皇帝是最高综合管理者，辅佐皇帝的是宰相。地方长官有郡守、县令、刺史、都督、节度使、知府、知州、知县、丞相、总督、巡抚等，佐官有丞、别驾、治中、判官、长史等。

第二节　君主的综合管理

历代君主的综合管理，所管的内容不尽相同，方式也不完全一样，效果更有明显的悬殊。

夏商君主管理的国家大事，主要有两件：一件是祭祀，一件是战事。商代祭祀名目繁多，有条不紊，周而复始，一年叫做一祀。祭祀敬神的目的在于牢固地树立君主的统治地位。君权神授是君主权力的支柱。君主的一切决策，都以占卜的形式出现。君主是最高军事指挥官，征伐大都是在护神的名义下进行的。选拔优秀的巫史担任辅佐，是贤明君主最重要的标志。西周君主以礼乐和征伐为国之大事，但在管理上有所发展。礼乐是在敬神的基础上引申出来的一套管理制度。这套管理制度主要用以调节统治阶级的内部关系，以与天神地祇的亲疏关系决定等级身份，维持稳定的统治秩序，来巩固对广大农奴的统治。军事管理的最大变化是武士的职业化，对武士进行经常的军事技术和文化教养两方面的训练。贵族的军事组织和行政组织密切结合。在礼乐、征伐之外，西周君主把农事放在很重要的位置。每年春耕、除草、收获等重要季节，天子要亲自参加典礼。辅助天子的公卿，其职位一般是世袭的，君主很少有选择的余地。天子的决策主要根据公卿的谏议。

春秋战国时期有作为的君主，其共同特点是任用贤能，且信而不疑。如齐桓公任用管仲，秦穆公任用百里奚、蹇叔，魏文侯任用李悝，秦孝公任用商鞅，齐威王任用邹忌，楚悼王任用吴起，燕昭王任用乐毅等。秦国君主大胆任用异国人治理国家，更是由弱变强、最后完成统一大业的关键因素。

秦统一后，君主的地位被提高到天神的高度。秦始皇在建立统一的中央集权国家上是有贡献的，但他企图以严刑峻法和文化专制两种手段建立起专制君主的绝对统治。君主个人包揽一切决策，丞相、博士等都不受信用。秦始皇一死，阴险狡猾的宦官赵高窃取了朝廷实权，爬上宰相的高位，连二世皇帝也受其控制。皇帝决策和用人的错误，很快把秦王朝推到了绝境。

汉高祖刘邦以善于用人著称，他领导起义军推翻了秦朝的暴虐统治，重建了统一国家，开创了新的局面。汉朝的综合管理是在总结秦亡教训的基础上建立起来的。鉴于秦朝的前车之覆；汉初皇帝在综合管理上有一些重要改变：在决策上，减省刑罚，减轻赋税和徭役，让人民休养生息，发展生产。在用人上，对儒生的态度有根本性转变：由秦朝的消灭转变为利用，广开选拔人才之路，广开言路。因而出现了“文景之治”的盛世。汉武帝时，进一步作出几项有深远意义的管理决策：（1）建立皇帝私人的智囊班子，就一些重大政策问题与朝廷大臣进行辩论，并以侍从官组成的“中朝”为实际的决策机关。（2）把铸币、盐铁等重要手工业收归政府，由国家垄断经营，并建立官营商业，对私营工商业者征收财产税。（3）罢黜百家，独尊儒术，把《易》、《尚书》、《诗》、《仪礼》、《春秋》五种书定为儒家的经典，称为“五经”，分经置博士传授，博士弟子就是当时的大（太）学生。把读经与做官结合起来，建立起以三纲五常为核心的思想统治。在中央和地方开办官学，培养为封建专制统治服务的人才。（4）建立以学士、儒生为主要对象，察举、征召为主要方式的选拔官吏的制度，涌现出大批统治人才，充实官僚机构。（5）建立战斗力较强的警卫皇宫内外的常备武装，由侍从官率领。（6）建立强有力的监察系统，设立司隶校尉、部刺史、丞相司直、绣衣御史等监察官，监督中央和地方机构的官吏。汉武帝在综合管理方面颇具开创性，对后代影响很大。由他制定的管理模式，基本上为后来的历代君主所遵用。

中国古代行政管理的根本问题，是对官吏的管理，包括君主的自身管理。在中国古代的国家机构中，君主居于至高无上的地位，是不受别人管理和约束的。但君主的欲望无节制的膨胀，却会带来身死国亡的严重后果，因此稍微清醒的君主，不得不有一定程度的自我约束。秦的速亡，最根本的原因是皇帝自身欲望的恶性膨胀，毫无节制。《汉书·食货志上》说："竭天下之资财以奉其政，犹未足以澹（赡）其欲也。海内愁怨，遂用溃畔。"官吏的暴虐，也是导致秦王朝覆灭的一个重要原因。秦朝的官吏，非常残暴，刑戮妄加于百姓。"税民深者为明吏"，"杀人众者为忠臣"。[1] 秦末农民起义，首先就杀死那些为人民所痛恨的官吏。"诸郡县苦秦吏者，皆刑其长吏，杀之以应陈涉。"[2]

汉代皇帝的奢侈欲望有所节制，赋税徭役比秦代大为减轻。但官僚地主特别是皇帝宠信的外戚、宦官，依仗权势兼并百姓土地的问题非常严重。外戚田蚡（fén），官至太尉、丞相，横行乡里。"治宅甲诸第，田园极膏腴，市买郡县器物相属（zhǔ）于道。"[3] 哀帝宠臣董贤，二十二岁官至大司马，家产价值达四十三万万钱。东汉宦官"皆剥割萌藜，竞恣奢欲"。单超"兄弟姻戚宰州临郡，辜较（霸占）百姓，与盗贼无异"。侯览"贪侈奢纵，前后请夺人宅三百八十一所，田百一十八顷。……破人居室，发掘坟墓，虏夺良人，妻略妇子"。其兄为益州刺史，"民有丰富者，辄诬以大逆，皆诛灭之，没入财物，前后累亿计。"黄巾起义爆发后，郎中张钧上书灵帝说："窃惟张角所以能兴兵作乱，万人所以乐附之者，其源皆由十常侍多放父兄、子弟、婚亲、宾客典据州郡，辜搉财利，侵掠百姓，百姓之冤无所告诉，故谋议不轨，聚为盗贼。"[4] 一般的官僚也大都依仗权势，广占良田。如丞相张禹，在渭水、泾水边，买沃田四百顷。对官僚侵害百姓的行为，汉代皇帝基本上采取放任不管的态度。这是导致汉朝灭亡的主要原因。

在农民大起义的烽火中，历时约四百年的汉帝国瓦解。此后的四百年，除

---

[1] 《史记·李斯列传》，《史记》2557 页。

[2] 《史记·陈涉世家》，《史记》1953 页。

[3] 《汉书·田蚡传》，《汉书》2380 页。

[4] 《后汉书·宦者列传》，《后汉书》2507－2539 页。

出现过短期统一的局面外，或群雄割据，或南北对峙。最高管理者皇帝的权威受到很大的削弱，而且极不稳定。从三国开始，历朝统治者大都是手握兵权的军阀依靠士人的支持登上皇位的。为了取得士人的支持，对士人采取放纵的政策，结果导致地主庄园的发展和官僚的腐化，削弱甚至丧失管理能力。这一时期的行政管理，主要是通过武官进行的。掌握军政大权的重臣，又往往篡位自立。对官吏的管理成为摆在皇帝面前的头等迫切问题。

隋唐两代，君主集权的统一国家又得到恢复和发展。皇帝在综合管理上有新的重大突破，其中心环节是从制度上加强对官吏的管理。(1) 隋文帝、唐太宗都严于律己，节制自身的欲望。(2) 精简机构，严格控制官吏人数，严惩贪污。(3) 创立科举制度，打破士族垄断官场的局面，在公开竞争中选拔人才。(4) 把任用官吏的权力集中到中央，取消传统的高级官员任用僚属的权力。(5) 中央行政管理的权力集中到三省。军政分开，不设位高权重的单一宰相和大将军，从制度上堵塞权臣篡位的漏洞。(6) 把吏部放在六部之首，建立对官吏的全面管理制度。(7) 通过清查户口、减轻赋税等办法，把更多的农民从依附官僚地主的地位解脱出来，变为国家的编户农民。盛唐的出现，首先应该归功于官吏管理的卓有成效。

在封建君主制下，从皇帝到一般官吏，按其本性来说，都是贪得无厌、靠掠夺人民来养肥自己的。由于农民起义的打击，统治者的本性只能暂时有所收敛，而不可能改变。唐太宗后期，赋税、徭役已日趋繁重，逼得有些农民卖掉田宅，甚至卖儿鬻女，小规模的反抗已开始出现。高宗时，先后爆发了陈硕真、白铁余等领导的农民起义。中唐以后，以皇帝为首的统治集团越来越腐化。唐玄宗本人怠于政事，沉湎酒色。下面的官吏放肆地侵渔百姓，使阶级矛盾日趋尖锐，终于酿成唐末的农民大起义。

宋朝的综合管理，是从防止藩将拥兵称帝、巩固皇权这个总目标出发的。它采取的主要措施是：(1) 剥夺节度使的兵权，把全国的正规军都编为禁军，由皇帝通过三衙和枢密院管理与指挥。(2) 在三省之外，另置中书（政事堂）于禁中，直接受皇帝控制，以枢密院、三司使分割宰相兵权、财权。(3) 设置三司使和转运使，把财权集中到中央。(4) 皇帝亲自主持最高一级科举考试，直接控制选用官吏的权力，优崇文臣，抑制武臣。(5) 地方官都派遣朝官担任。路一级同时设置几个机构，互相制约。州府在正官之外，另设通判以相牵制。宋朝对官吏的管理，主要用分权制约、以文抑武的办法来达到巩固皇权的目的。朝廷对官僚地主兼并土地的行为，采取放任的态度。为防止发生大规模的农民起义，北宋沿用始于唐后期的雇佣兵制度，把破产的农民收容到军队中去，因而使军队的数额不断增加，仁宗庆历年间达到一百二十五万人。专制皇帝用庞大的官僚机构和军队，来维持对广大人民的统治。

明清不设宰相府、枢密院之类的高级管理机构，中央各军、政部门直接对皇帝负责，使君主集权达到顶峰。但明朝中后期的皇帝多不问政事，实际管理由宦官负责。对官吏的管理采取怀柔与高压相结合的政策。通过科举考试的途径，可以获得最高级的职位，如大学士之类。但对思想上的异端、贪官污吏等的惩治也极为严厉。

第三节　宰相的综合管理

宰相是辅助专制君主进行综合管理的最高官职，由君主随时任命，直接对君主负责。宰相的任用大都根据才能，即使有再大的功绩，也不能世袭。在中国历史上，明君少而贤相多。宰相在综合管理中占有特殊的地位。

宰相在综合管理中的作用得到最好的发挥，大都是在历史的转变关头或政权的倾危之际。君主在任命宰相之后，授予宰相以管理全权，往往能取得卓著的政绩。中国历史上的名相很多，如：管仲、李悝、吴起、商鞅、诸葛亮、谢安、王猛、高颎（jiǒng）、房玄龄、姚崇、王安石、耶律楚材、张居正等。

宰相的作用，主要也表现在两个方面，即决策和用人。宰相大都有较高的决策才能和知人善任的能力。

春秋初年是中国历史上的一个转折时期。当时的形势是：世袭贵族腐败无能，农奴逃亡，公田荒芜，传统的管理维持不下去。管仲在取得齐桓公的信任并登上相位以后，作出了一系列明智的决策。如：调整国家机构；改变赋税制度；按职业划分乡、属组织，打破贵族和农奴、奴隶的界限，建立起君主集权的管理体制；设立啧室，广开言路等。同时，他按照才能向齐桓公推荐了隰朋、宁戚、王子城父、宾胥无、东郭牙等担任政府各部门主要官职。由于决策的正确和用人的得当，齐国的改革获得了成功，成为春秋初年的头等强国，并成为中原各诸侯国的领袖。战国初期魏文侯相李悝，在综合管理上颇富于开创性，他特别重视数量分析和法制。他提出“尽地力之教”的主张。据他估算，在百里见方的范围内，有九万顷土地。除山川、村落约占地三分之一外，有六百万亩耕地（相当于今一百八十万亩）。如果农民精耕细作，每亩可增产粟（小米）三斗（约合今六升）。反之，就会减产三斗。一进一出相差一百八十八万石（约合今三十六万石）。因而他在总结经验的基础上，提出三项具体措施。[1] 为了稳定农业经济，他创建了平粜法。他汇集了各国的刑典，编成了我国历史上第一部比较系统的法典——《法经》。在用人方面，他向魏文侯提出识别贤才的五个方面，即："居视其所亲，富视其所与，达视其所举，穷视其所不为，贫视其所不取。"[2] 吴起辅佐楚悼王，商鞅辅佐秦孝公，都能切中时弊，采取坚决措施，收到显著效果。他们的共同缺陷是不重视选拔人才，君主一死，他们失去靠山，孤立无援，最后都惨遭旧贵族杀害。诸葛亮是中国宰相行列中最光辉的代表。他既雄才大略，深思熟虑，巧智多谋，善于决策；又知人善任，赏罚分明，严于律己，博选众才。他的不足之处是事必躬亲，抑制了属下在决策中的能动作用。

李悝说过这样一句名言："家贫则思良妻，国乱则思良相。"[3] 反过来说，在国家安定、君主的地位比较巩固的时候，君主或者大权独揽，宰相仅受成事；或者任用近臣，对宰相采取疑忌的态度。秦汉四百多年，建功立业、名垂史册的宰相几乎连一个也找不出。秦统一后的第一任宰相王绾（wǎn），鲜为人知。汉朝的开国宰相萧何，功高身危，违心欺压百姓，皇帝反而窃喜，真心做点官、民两利的好事，立即逮捕入狱。其后终两汉之世，宰相几乎都碌碌无为。《汉书·申屠嘉传》说："自嘉死后，……为丞相备员而已，无所能发明功名著于世者。"《后汉书·仲长统传》说："光武皇帝……虽置三公，事归台阁，自此以来，三公之职，备员而已。"之所以会出现这种情况，主要是由于君主专制制度的本质决定的。

宰相的基本职责是参与决策并付诸实施。君主对宰相是否信任、尊重，是宰相能否在综合管理中发挥作用的前提条件。在多数情况下，宰相的作用是有限的。为防止宰相权重，从三国到唐前期，曾将宰相的职权分解为取旨、审议、执行三项，既有所分工又相互牵制，这样的管理体制难以持久，因为决策和实施是不可能截然分开的，对高级管理者尤其是如此。

隋唐时期比较著名的宰相有高颎、房玄龄、杜如晦、姚崇、宋璟、陆贽。高颎，隋初任尚书左仆射，执掌朝政。他善于发现人才，苏威、杨素、贺若弼、韩擒虎等，均为他所推荐。隋朝加强中央集权的各项措施，如"大索貌阅"、"输籍法"等，多由他主持贯彻。房玄龄，贞观元年任中书令，后调任

---

[1] 参考杨宽《战国史》，上海人民出版社 1980 年版，172 页。

[2] 《史记·魏世家》，《史记》1840 页。

[3] 《史记·魏世家》，《史记》1840 页。

尚书左仆射，居宰相位十五年。他参与制订律令，选拔人才，贞观时有关重大政策措施、施政方针，他都是重要谋划者和执行者。他任相期间，“夙夜勤强，任公竭节，不欲一物失所。无娼（mào 嫉妒）忌，闻人善，若己有之。明达吏治，而缘（yuàn）饰（给某些言论、措施找出处，找根据）以文雅，议法处令，务为宽平。不以己长望人，取人不求备，虽卑贱皆得尽所能。或以事被让（责备），必稽颡（sǎng）请罪，畏惕，视若无所容”❶。杜如晦，贞观时任尚书右仆射，与房玄龄共管朝政。“台阁制度，宪物容典，率二人讨裁。……如晦长于断，而玄龄善谋，两人深相知，故能同心济谋，以佐佑帝，当世语良相，必曰房、杜。”杜如晦也善于举用人才，“引士贤者，下不肖（不贤），咸得职，当时浩然归重”❷。姚崇，历任武则天、睿宗、玄宗朝宰相。玄宗时，奏请禁止宦官、外戚干预朝政，禁止佛寺道观的营造，奖励群臣劝谏等十事。淘汰僧尼，强令归农者一万二千人。纠正当时不敢捕杀蝗虫的陋俗，推行焚埋之法，减轻了灾情。与宋璟同为开元时名相。宋璟，以刚正闻名。睿宗时，以吏部尚书同中书门下三品，革除前弊，选用人才。开元四年，继姚崇为相。主张限制女宠，疏远谄臣，精简刑法，减轻苛政，严格控制边将轻动干戈，都切中时弊。陆贽，在德宗时任中书侍郎、同平章事。为相期间，勇于指陈弊政，废除两税外一切苛敛，以布帛为计税标准，并建议积谷边境，改进防务等。

宋代的宰相有正副之分。神宗元丰改制以前，正相称同中书门下平章事，简称同平章事，副相称参知政事，正副相一般都不止一人。元丰改制以后，名称几次变化，正相二人，副相一至四人。宋代对宰相的权力限制较多，几乎都由科举出身的文人担任。宋代实行重文抑武的政策，文人受到最高统治者的优宠。在宰相当中，忠君报国、勇于尽职的不乏其人。宋朝一直面临着两大问题：一是吏治腐败，阶级矛盾尖锐；一是外患严重。凡有作为的宰相和副相多对这两件事抱积极态度。他们当中有：吕蒙正、吕端、寇准、范仲淹、王安石、李纲、文天祥、陆秀夫等。

元代以左右丞相、平章政事为宰相，左右丞、参知政事为副相。明清两朝在制度上不设宰相，但明代的内阁大学士，清代的军机大臣，无宰相之名，却有宰相之实。在内阁大学士和军机大臣中，政绩可数的唯有张居正。

---

❶《新唐书·房玄龄传》，《新唐书》3857 页。

❷《新唐书·杜如晦传》，《新唐书》3859 页。

第四节　地方长官的综合管理

在中国历史上，地方管理经历了联盟型、分封型和郡县型三种体制。在联盟型（夏商）和分封型（西周）体制下，地方首领拥有很大的自主权。郡县制是专制君主管理地方的一种制度。郡县长官由君主随时任命，按照君主的法令对所辖地方进行管理，自主权较小。

战国至秦汉时期，郡是最重要的一级政区。郡的长官称太守，或单称守。郡太守全面管理辖区的军事、经济、文化、司法。有中央任命的丞（秘书长）、尉（佐掌军事）协助处理军、政事务，无副职。郡内的办事人员由太守自行署置。郡守的实权是很重的。战国时期郡守所管主要是军事和农事，以吴起、李冰最为著名。吴起为魏西河守，他“亲万民，实府库”，修德而不恃险，使“秦兵不敢东乡（通‘向’），韩、赵宾从”❶。李冰为秦蜀郡守。他征发民工在岷江流域兴办许多水利工程，以都江堰最有名，灌溉面积达三百余万亩，从此郡内沃野千里，为发展当地农业生产建立了不朽功绩。汉代尤其是宣帝，很重视地方官的选用。郡国守相，必由大臣推举，并亲自召见，询问治安之术，给予较大的机动处置的权力，然后注意考察其言行，对政绩优异者给予褒奖。西汉著名的地方长官有文翁、郅都、黄霸、王成、龚遂、郑弘、召信臣、韩延寿、尹翁归、赵广汉、严延年、张敞等。文翁是景帝末年的蜀郡守。他派小吏至长安就学于博士，学成回郡，予以重用；又在成都办学校，入学得免除徭役，并以成绩优良者为郡县吏。黄霸为宣帝时颍川太守。他“力行教化而后诛罚”，“外宽内明得吏民心，户口岁增，治为天下第一”❷。龚遂是宣帝时渤海太守。他赴任前，渤海及附近各郡发生饥荒，农民纷起反抗。他到任后，开仓借粮，奖励农桑，狱讼减少，农民归田。召信臣在元帝时历任零陵、南阳太守。他躬耕劝农，好为民兴利，曾在南阳征发民工利用郡中水泉，开通沟渎，筑堤闸数十处，灌溉农田达三万多顷，深得民众信爱，被尊为“召父”。有一些郡守，敢于惩治称霸乡里的豪族，使社会秩序安定。景帝时，郅都任济南太守，诛杀豪族瞯（xián）氏首恶，郡中安定，道不拾遗。他为人公正廉洁，“问遗无所受，请寄无所听。”严延年、赵广汉亦以镇压豪强著称。

❶《史记·孙子吴起列传》，《史记》2167 页。

❷《汉书·循吏传》，《汉书》3631 页。

东汉著名的郡太守有杜诗、王景、第五伦、杜密。杜诗东汉初任南阳太守。他创造了冶铁用的水力鼓风机，用力少而见效快；又征发民工修治陂（bēi）池，广开田地，有利于当地农业生产的发展。当地民众称誉说："前有召父（召信臣），后有杜母。"王景任庐江太守时，推广牛耕和铁犁，教民养蚕织帛，兴修芍陂水利，均取得明显的效果。第五伦历任会稽、蜀郡太守。在会稽时查禁巫祝，禁止妄杀耕牛，裁遣富吏。杜密历任太山太守、北海相。对宦官子弟为县官作恶的，皆加收捕。

从东汉末年起，州由监察区变为行政区。州的长官刺史或牧，成为管理地方的高级行政长官。刺史或州牧，多兼军职。据《南齐书·百官志》载："魏晋世州牧隆重，刺史任重者为使持节都督，轻者为持节督。……都督治军事，刺史治民。……非要州则单为刺史。"就是说，这一时期的地方综合管理，主要由武官负责。持节都督握有生杀大权，兼掌军事、行政、司法、监察等各种权力。魏晋时期，政绩著闻的州刺史和京师长官有梁习、张既、贾逵、司马芝、杨沛、陶侃等。梁习任并州刺史时，"边境肃清，百姓布野，勤劝农桑，令行禁止。贡达名士，咸显于世"。"政治常为天下最"。"在州二十余年，而居处贫穷，无方面（四面）珍物"❶。张既历任雍、凉二州刺史十余年，"政惠著闻"，其所礼辟贤士，"终皆有名位"❷。贾逵任豫州刺史时，敢于纠举不法官吏，"外修军旅，内治民事"，皆卓有成效。❸ 司马芝任河南尹（京师长官），"抑强扶弱，私请不行"。"家无余财，……为河南尹者莫及芝。"❹ 杨沛官至京兆尹，他"前后宰历城守，不以私计介意，又不肯以事贵人，故身退之后，家无余积"❺。陶侃历任荆、广、江等州刺史，勤于职事，四十年如一日，珍惜寸阴，"综理微密"❻。

隋唐州、郡并为一级。如称州，则其长官称刺史；如称郡，则其长官称太守。州、郡长官掌管一般行政和司法，不掌军事，不能判决死刑案件，且不能自行署置僚属，实际权力比不上汉代的郡太守。中唐以后，地方综合管理的大权落到节度使之手。节度使本为武职，所管地区称镇，辖数州，后多兼按察

❶ 《三国志·魏书·梁习传》，《三国志》469 页。
❷ 《三国志·魏书·张既传》，《三国志》477 页。
❸ 《三国志·魏书·贾逵传》，《三国志》482 页。
❹ 《三国志·魏书·司马芝传》，《三国志》387－389 页。
❺ 《三国志》15 卷注，486 页。
❻ 《晋书·陶侃传》，《晋书》1773－1774 页。

使、安抚使、支度使等，兼掌行政、军事、财政等方面的大权，且可自置僚属，辖境内的州刺史都归其所管。节度使持有皇帝特赐的旌节，又往往兼领中央官职，位高权重。其职位，或传子，或委其部下充任，或被其部下所杀而代领其众，中央无力过问。唐太宗非常重视地方长官的作用，他曾对侍臣说："朕每夜恒思百姓间事，或至夜半不寐，唯恐都督、刺史，堪养百姓以否？故于屏风上录其姓名，坐卧恒看，在官如有善事，亦具列于名下。朕居深宫之中，视听不能及远，所委者唯都督、刺史，此辈实理乱所系，尤须得人。"❶唐代著名的地方长官有狄仁杰、张守珪、裴耀卿、韦坚、李皋、柳宗元等。狄仁杰历任宁、豫等州刺史。任宁州刺史时，"抚和戎夏，人得欢心，郡人勒碑颂德"❷。张守珪于玄宗时任瓜州刺史，修筑州城，连败吐蕃兵，并修复渠堰，以利灌溉。裴耀卿历任济、宣、冀等州刺史及京兆尹，皆有善政。韦坚于天宝元年任陕郡太守、水陆转运使。在咸阳附近渭水旁作堰，截断灞水、浐（chǎn）水，作一与渭水平行的漕渠，至华阴的水丰仓附近，与渭水合。又在禁苑东望春楼下开广运潭，以便漕运。李皋是唐的宗室，历任衡州、潮州刺史及荆南节度使，对保卫江汉地区卓有成效，曾修复古堤二处，辟良田五千顷，架江为二桥，合钱开井以利人，又造战舰，用脚踏二轮前进，翔风鼓浪，疾如挂帆席。柳宗元，官至礼部员外郎。因参与王叔文等人的革新运动，被贬为柳州刺史。在任四年，带领当地人民种柳种柑，释放奴婢，革除陋习，修整城郭、巷道、渡船、挖井，开垦荒地等。他死后三年，柳州人民便修建了罗池庙（后改为柳侯祠）以纪念他。

宋代的地方管理有很大变化：（1）路（相当于唐代的道）一级不设节度使之类握有军、政、财等大权的高官，而同时设置四个机构，以分其权。（2）州（府）的长官不再称刺史（尹），而是以京官本职临民，即带着中央机构职官的头衔去做地方官，称为"权知州事"，简称"知州"（知府）。权知，就是暂时管理的意思，一般是三年一任。知州（知府）之外，又设置通判的职务，州（府）的文书要由知州（知府）和通判连署才能生效。（3）州、府长官由文臣担任。（4）加强中央对地方的控制，地方在军事、财政、司法等方面的权力都大为削弱。宋代地方管理总的出发点是加强皇帝直接控制的中央集权，防止藩镇割据的出现。皇帝的集权达到这样的地步："民自徒罪以上，

❶《贞观政要·论择官》。

❷《旧唐书·狄仁杰传》，《旧唐书》2887页。

吏自罚金以上，皆出于天子。藩方守臣，统制列城，付以数千里之地，十万之师，单车之使，尺纸之诏，朝召而夕至，则为匹夫。”❶皇帝高度集权的结果，结束了唐末五代以来长期分裂割据、军阀混战的局面，对经济文化的发展和各族人民的友好往来，提供了有利的条件。但权力过分集中，统得过多过死，对地方长官处处加以防范、约束，使地方长官多因循苟安，消极应付，难以发挥作用。然而文臣做地方官，亦不乏正直有为之士，如：柳开、向敏中、陈尧佐、庞籍、包拯、欧阳修、赵抃（biàn）、曾巩、苏轼、宗泽、洪迈、范成大、辛弃疾等。柳开历任贝州、全州、桂州、代州、沧州等地长官，皆有政绩。向敏中任广州等地长官，以清廉著称。他在广州兼掌市舶，“预市药物以往，在任无所须”，“避市舶之嫌而全其廉”。❷陈尧佐知寿州时，“岁大饥，出奉米为糜粥食饿者，吏人悉献米至，振（‘赈’的本字）数万人”。黄河决堤，命陈尧佐知滑州，他“造木龙以杀水怒，又筑长堤，人呼为‘陈公堤’”。又知并州时，“每汾水暴涨，州民辄忧扰，尧佐为筑堤，植柳数万本，作柳溪，民赖其利”❸。庞籍知延州，兼鄜（fū）延都总管、经略安抚缘边招讨使，他重用名将狄青，修筑寨堡，募民耕种，使边境得以安宁。包拯曾知江宁、开封等府，清廉，明断，执法严峻，平冤狱，抑豪强，贵族宦官无不惮惧。欧阳修，出知地方十一年。嘉祐年间，加龙图阁学士、知开封府，“承包拯威严之后，简易循理，不求赫赫名，京师亦治”❹。赵抃知益州。“蜀地远民弱，吏肆为不法，州郡公相馈响，抃以身帅之，蜀风为变。穷城小邑，民或生而不识使者，抃行部无不至，父老喜相慰，奸吏竦（通‘悚’）服。”又知虔州。“虔素难治，抃御之严而不苛，召戒诸县令，使人自为治。令皆喜，争尽力，狱以屡空。”史家评论他：“其为政，善因俗施设，猛宽不同，在虔与成都，尤为世所称道。”❺曾巩历任越州、齐州、福州等地地方官，颇有政绩。苏轼，两次谪贬杭州，任知州。遇大旱，奏请减本路上供米三分之一，并减价粜常平米，救活很多灾民。后领导当地人民修浚河道，建造堰闸，控制湖水。他献出自己的俸禄，在众安桥设立惠民的医院——安乐坊。他组织人工修六井以通水源，疏运河以畅货运。他还组织二十万人疏西湖，挖葑（fèng）泥，修长堤，据

---

❶ 范祖禹：《范太史集》22卷《转对条上四事状》。

❷ 《宋史·向敏中传》，《宋史》9554－9556页。

❸ 《宋史·陈尧佐传》，《宋史》9582－9583页。

❹ 《宋史·欧阳修传》，《宋史》10378页。

❺ 《宋史·赵抃传》，《宋史》10322－10325页。

说他亲自设计长堤图样。堤成，植芙蓉、杨柳，杭人名为“苏公堤”。因有德于民，百姓家有画像，并作生祠，饮食必祝。宗泽，历任地方官，颇有政绩。靖康元年，知磁州，募集义勇，抗击金兵。李纲为相，荐他知开封府，时年近七十。他整顿纪律，荡平盗贼，加强战备，选拔岳飞为统制，屡败金兵，威声日著，北方称他为“宗爷爷”。洪迈，先后知泉州、吉州、赣州、婺州等地，皆有政绩。范成大，历任知处州、知静江府等职。知处州时，整修堤闸，灌溉有序。知静江府时，裁抑漕司强取盐利之弊。辛弃疾，长期出任地方官，颇有建树。知滁（chú）州时，“州罹（lí）兵烬，井邑凋残，弃疾宽征薄赋，招流散，教民兵，议屯田”❶。

辽代的地方管理，分为两个系统，即部族制和州县制。契丹人和其他游牧居民地区是部族制，汉人包括渤海人则编入州县制。契丹人的各部长官称大王（原名夷离堇）。汉人州的长官称刺史，县的长官称令。州之上，以五京为中心，分成五道。道与宋朝的路相仿，也采取三权分立的制度。金的地方政区基本上是路、州、县三级。路设兵马都总管统领军兵，路治所在的府称为总管府，由兵马总管兼任总管府府尹，其余的府只置府尹，隶属于路。各地州、军设节度使、防御使、刺史，领军兵兼管政事。县一级不专设军兵，县令只管民政。女真人保留猛安、谋克组织。猛安相当于防御州，职掌修理军务，训练武艺，劝课农桑。谋克相当于县，职掌抚辑军户，训练武艺。

元朝在全国划分十三个行政区。首都及附近地区称“腹里”，直属中书省。又置十一个行中书省（简称行省）。行省首脑丞相掌军、政、财三方面大权，主要是行政权。吐蕃地区归宣政院管辖。行政长官兼选蒙、汉人，大权操于蒙人之手，汉人处于副贰的地位。行中书省长官的权力很重，不同于汉以后的州、道、路等长官。凡一省钱粮、兵甲、屯种、漕运、军国重事，无不领之。行省之下，有路、府、州、县等政区，皆设达鲁花赤（蒙语长官之意）一员，一般由蒙古人担任。另外，路设总管，府设府尹或知府，上州设州尹，中下州设知州，县设县尹，多由汉人担任。元代政绩著闻的地方长官很少，可以提到的有回回人赡思丁和汉人王桢。赡思丁历任四川、陕西、云南等行省长官，其中以在滇六年政绩颇多。他设置州县令长，由行省统一管辖；开展屯田，修昆明六河，传播先进耕种技术，发展生产；建孔庙，创庙学，传播儒

❶《宋史·辛弃疾传》，《宋史》12162页。

学；争取诸未臣服的酋长，使云南日趋安定；立驿站，加强云南与中原地区的联系。王桢历任旌德、永丰县尹。为官清廉，办学、修桥、施药、劝农，颇受称赞。提倡种植桑、棉、麻等经济作物和改良农具，并撰写《农书》二十三卷，是从全国范围总结农业生产经验的第一部农书。

明朝对元的行省制作了很大的改革。洪武九年，改行省为承宣布政使司，且只管民政，与提刑按察使司、都指挥使司三权并立。府、州、县的长官为知府、知州、知县。巡抚、总督初皆因事暂设，后渐变为固定官职，成为地方的最高长官。明代著名的地方长官有周忱、况钟、项忠、余子俊、海瑞。周忱，巡抚江南二十二年，他亲自调查江南积欠赋税原因，革除积弊，使豪强不敢欠税，粮长不能中饱。后又以赈贷余资，兴修水利，民困渐疏，流移复业，逋（bū，拖欠）负全除，粮仓始有储备。况钟，宣德五年任苏州知府。至任，严惩贪诈的属吏。与巡抚周忱奏请减免江南重赋。抑制豪强，使织造采办的宦官和卫所将卒有所收敛。他兴利除弊，不遗余力，为著名清官。秩满当迁，郡民二万余人乞留，诏进二秩留任。项忠，正德七年巡抚陕西。曾开龙首渠及皁河，引水入城，改善西安城内引水；又疏郑、白二古渠，溉田七万余顷。余子俊，巡抚延绥，亲自督筑边墙城堡；后移抚陕西，主于西安城西北开渠，经汉故城以达渭河，称余公渠。又于泾阳凿山引水，溉田千余顷。海瑞，嘉靖年间任淳安知县，抑权豪，清丈地亩，均赋徭，行“一条鞭法”，有政绩。隆庆三年，以右佥都御史巡抚应天十府，兴利除弊，疏浚吴松江，抑制豪强，扶植贫弱，均赋役，颁行“一条鞭法”。

清代以总督、巡抚为最高地方长官，掌管一省或二、三省，总揽军事、行政、监察诸方面大权。省以下有道、府、州及县等政区。道的长官为道员，府、州、县的长官分别为知府、知州、知县。清代著名的地方长官有施世纶、郑燮（xiè）、尹继善、陈宏谋、林则徐等。施世纶，康熙年间历任泰州知州、扬州知府、湖南布政使、顺天府尹等职。以清廉著称。在任期间，戒游荡，讲农工，革徭费，轻民困，禁包揽词讼、捐纳、娼妓。为官不袒权贵，摧抑豪强，民称“青天”。小说《施公案》，即假托其名，宣扬“清官”事迹。郑燮，又名郑板桥，乾隆年间，官山东潍县知县，有政声。后因荒年请赈而获罪，辞官回乡。尹继善，历任江苏巡抚、两江总督，对河工、漕务、政事、兵制皆有建树。曾清查出官吏侵蚀钱粮四百七十二万两，并令众犯官供认退赔。黄河泛滥，他亲往勘察，并制定治理方案，实施后，颇有成效。任封疆大吏达三十余年，政绩显著。陈宏谋，历任扬州知府、云南布政使、甘肃巡抚、陕西巡抚等职。所任皆兴利除弊，重视水利，发展生产。林则徐，从嘉庆二十五年起，先后在浙江、江苏、湖北、河南、山东等地任职，办理过军政、漕务、盐政、河工、水利等事，重实际调查，干练有绩，由道台升至巡抚。道光十七年任湖广总督，严禁鸦片，卓有成效。

第五节　综合管理人才评介

在古代的综合管理中，君主及其宰辅起着主导的作用，同时也涌现了一批有德于民的好地方官。

姬旦（周公）

西周初政治家。文王第四子，武王弟。因采邑在周（今陕西岐山北），故称周公。公元前1027年，周公协助武王灭掉了商朝，建立了周朝。灭商以后，在如何统治商王朝遗民的问题上，周公向武王建议：实行武力监视与笼络安抚相结合的分化瓦解政策。武王死后，成王年幼，暂由周公代替成王治理国家，历史上称为“周公摄政”。摄政之初，王室内部产生疑忌与流言，商纣王的儿子武庚乘机勾结管叔、蔡叔、霍叔等发动大规模武装叛乱。周公首先向召公等人作了解释，消除了疑忌，安定了王室内部。然后以成王的名义，与太公望、召公奭（shì）等带兵东征，用了三年多的时间，彻底平定了叛乱，扩大并巩固了周王朝的统治。东征胜利以后，为了加强对原商朝统治区域的统治，周公主要采取了两项重要措施：（1）营建东都雒邑（今河南洛阳市），把“殷顽民”迁到那里，派八个师的兵力严加控制，随时准备镇压敢于反抗的殷人和东方各民族。同时进行政治瓦解，凡顺从周王朝统治的，就大加赏赐，并选取一部分人到王廷中继续做官。（2）进一步扩大分封制。在武王分封的基础上，进行第二次大规模分封诸侯。据传周公分封了七十一国，姬姓国占五十三个。普遍推行分封制的结果，加强了王权，结束了商朝那种小邦林立的局面，是一个历史的进步。摄政七年后，周公归政成王，把主要精力用于制礼作乐，建立各项典章制度。周公参照了商王朝的制度并结合周族的氏族传统，制定了一整套区别君臣、上下、父子、亲疏、尊卑的礼仪制度。这套制度以宗法制为基础，并把宗法制和等级制密切结合起来，从政治上文化上进一步巩固周朝的统治，并对后来的历代王朝产生了深远的影响。在周公的一生中，非常注重礼贤下士，爱护人才。他告诫其子伯禽说：“我文王之子，武王之弟，成王之叔父，我于天下亦不贱矣。然我一沐三捉髮，一饭三吐哺（bǔ，口中所含的食物），起以待士，犹恐失天下之贤人。子之鲁，慎无以国骄人。”[1] 他主张“明德慎罚”，即使对待殷人，也实行所谓“义刑义杀”。经过周公的治理，周王朝得到了巩固，封建的经济文化都有所发展，社会安定，为“成康之治”的出现奠定了基础。

姜小白（齐桓公）

春秋初期齐国君主。齐襄公弟。襄公被杀后，齐国内乱，他被世卿国子、高子立为国君。桓公即位后，决心振兴齐国。他打破传统的世卿执政的旧制，准备把国政交给近臣鲍叔牙主持。鲍叔牙辞谢，向桓公推荐了友人管仲。管仲出身低贱，是桓公的政敌，且有一箭之仇。为了建立齐国的霸业，他采纳了鲍叔牙的建议，不念旧仇，用计把管仲从鲁国接回，并亲自到近郊迎接，以厚礼相待。桓公把治理齐国的重任，授予管仲，并虚心问政，信用不疑。他又接受管仲的推荐，任用宁戚、隰朋、宾胥无、鲍叔牙等担任要职，组成新的领导集团。根据管仲的计谋，齐国进行了一系列循序渐进而又卓有成效的改革，使齐国成为春秋初期的头等强国。在内政、外交上，齐桓公都注意到传统的习惯势力，因势利导。他重用管仲，使其地位和权力在世卿国子、高子之上，但同时仍基本上维持国子、高子的地位不变，让他们掌握较大的行政权力。在外交上，他以“尊王攘夷”相号召。当时，周天子已失去号令诸侯的能力，但名义上毕竟还是天下的共主和宗法上的大宗，影响还很大，公开地取而代之，就不能得到诸侯国的同情和支持，反而会使自己陷于孤立。在国势强盛的基础上，在尊王攘夷的旗帜下，齐桓公“九合诸侯，一匡天下”，成为名副其实的霸主。他团结了中原地区的华夏诸国，驱逐了夷、狄的侵扰，保卫了中原地区先进的经济和文化。齐桓公是中国历史上杰出的政治家之一。

魏斯（魏文侯）

战国初魏国君主。三家分晋后，他一度满足于先人的业绩，依靠家族成员治理魏国。随着大国竞争的日益激烈，他开始重视知识和人才。他礼贤下士，招揽人才，委以重任，渐渐闻名于诸侯。他尊孔子弟子卜子夏、子贡弟子田子方、子夏弟子段干木为师。他向子夏学习经艺，咨询政事；每次路过段干木的门前，都要凭轼（车箱前面供人凭倚的横木）致敬。有一次，魏文侯亲自登门访问段干木，段干木逾墙躲避，他仍在门前行礼。他的车仆问为什么要这样做，文侯回答说：“段干木贤者也，不趋势利，怀君子之道，

[1] 《史记·鲁周公世家》，《史记》1518 页。

隐处穷巷，声驰千里，吾安敢勿轼！干木先乎德，寡人先乎势；干木富乎义，寡人富乎财。势不若德贵，财不若义高。”后来魏文侯请段干木担任相，段干木仍然不肯。魏文侯屈尊也要见段干木，与他谈话，自己站累了也不敢休息。❶ 又有一次，魏文侯的儿子击在朝歌遇到田子方，击下车谒见，田子方不还礼。击问田子方：“富贵者骄人乎？且贫贱者骄人乎？”田子方回答说：“亦贫贱者骄人耳。夫诸侯而骄人则失其国，大夫而骄人则失其家。”❷ 这是从另一个侧面反映了魏文侯求贤若渴的时代背景。魏文侯晚年，选用了才华出众的李悝为相，吴起、乐羊为将，西门豹为邺（今河南省临漳西南）令，都取得了卓越的成绩。李悝等人的才干都得到了充分的发挥。秦国曾企图进攻魏国，有人说：“魏君贤人是礼，国人称仁，上下和合，未可图也。”❸ 魏文侯成为战国初期著名的知人善任的英主。魏国在他的治理下，日益富强，称雄于诸侯。

田因齐（齐威王）

战国时齐国君主。他即位后的前九年，只知吃、喝、玩、乐，不理政事，出现“诸侯并伐，国人不治”的危险局面。后来由于接受了淳于髡（kūn）特别是邹忌的讽谏（不直指其事，而用委婉曲折的言语进谏），才决心改革齐国政治。齐威王以善于纳谏而闻名于诸侯。齐国的强盛，也正是通过广泛纳谏、博采众议而得以实现的。为了使齐国强盛起来，他大胆选拔人才，以人才为宝。他任用邹忌为相，田忌、孙膑为将和军师，淳于髡为诸侯主客（掌外事），檀子等守卫边境要地。同时赏罚严明，根据政绩的好坏对地方官进行奖惩。他把治国之才比做光照千里的珠宝。为了招揽人才，从威王之父桓公时起，就在国都临淄设置学宫，威王对学宫更加重视。一些当时著名的学者，云集稷下，受到尊宠，赐予上大夫爵位，住着高门大屋，生活优裕，在那里尽可以聚徒讲学，著书立说，谈论政事，“不治而议论”，成为战国时期百家争鸣的一个重要学术中心。齐威王还根据邹忌的建议，奖励臣民进谏。他下令：凡能当面指出他的过错的，得上等赏；能书面指出的，得中等赏；能在大庭广众之中公开议论的，得下等赏。命令刚公布，来提意见的人很多，门庭若市；几个月后，还常有人来提建议；一年之后，虽有人想进谏但已无过错可提了。于是，齐国大治。燕、赵、韩、魏知道后，都来朝贡。

---

❶ 《史记·魏世家》注引皇甫谧《高士传》，《史记》1839 页。

❷ 《史记·魏世家》，《史记》1838 页。

❸ 《史记·魏世家》，《史记》1839 页。

刘恒（汉文帝）

西汉皇帝。高祖刘邦中子，初封代王，后周勃等诛灭诸吕，迎立为帝。在位期间，继续执行汉初与民休息和轻徭薄赋政策。在刘邦“十五税一”的基础上，减田租为“三十税一”。甚至有十一年完全免除全国田租。算赋（人头税）由每年百二十钱减为四十钱。丁男徭役由一年一次减为三年一次。同时，他重视发展农业生产，强调以农为本的指导思想，多次发布诏令劝农。工商业政策也有所放宽，开放山泽，准许民间经营盐铁、铸钱，取消过关用传（zhuàn，符信）的制度。在财政开支方面，则力求俭省。他在位二十三年，宫室、苑囿、车骑、服御等，都没有增加。后妃的穿着也不华丽。为了节省漕运费用，他一再下令，让当时居住在长安的列侯，统统回到自己的封国去。遇有灾害，发仓赈济。由于采取了以上措施，农民的生产与生活相对安定，户口增加，粮价便宜。《史记·律书》叙述当时的社会状况说：“百姓无内外之徭，得息肩于田亩，天下殷富，粟至（石）十余钱，鸣鸡吠狗，烟火万里。”在大力发展社会经济的同时，文帝还注意减省刑罚。明令废除了一些严刑苛法，如诽谤妖言法、妻孥连坐法、伤残肢体的肉刑（黥、劓）等，并减轻笞刑。许多官吏断狱从轻，不求苛细。因有“刑轻于它时而犯法者寡”，❶“断狱数百，几致刑措”❷之誉。在治理国家活动中，文帝重视用贤纳谏。他诏令诸侯王、公、卿、郡守荐举贤良能直言极谏者，并亲自加以策问，选拔人才，为科举考试制度的萌芽。他要求臣下指出他的过失。他下诏说：“令至，其悉思朕之过失，及知见之所不及，丐以启告朕。及举贤良方正能直言极谏者，以匡朕之不逮（意虑所不及）。”❸

刘彻（汉武帝）

西汉皇帝。景帝子。年四岁为胶东王，七岁立为皇太子，十六岁即帝位，在位五十四年。他管理国家的主要目标是：削弱王国的割据势力，把权力集中于中央；削弱以丞相为首的政府机构的权力，把大权集中于皇帝，建立起统一的君主专制统治。拿汉武帝与秦始皇相比，所要达到的目标，两者是一致的，但手段和效果却有很大不同。秦始皇个人专断一切，取消学校，坑埋儒生，焚烧典籍，依靠狱吏治理国家；汉武帝则重视“智囊”和儒生的作用。他从征召的士人中，经过挑选，把其中特别优异的留在左右，备随时顾问，并就一些

---

❶ 《汉书·贾山传》，《汉书》2335－2336页。

❷ 《汉书·文帝纪》，《汉书》135页。

❸ 《汉书·文帝纪》，《汉书》116页。

政策问题与朝臣开展辩论，然后由他最后裁决。他设立学官（五经博士），招收博士弟子，培养为统治阶级服务的人才。他还下令州、郡荐举贤良、孝廉等人才，亲自策问，选拔任用。“汉之得人，于兹为盛。”[1] 但汉武帝把人才完全看成是皇家的私产，稍不合意，动辄诛杀。《纲鉴易知录》十四卷说：“上（指汉武帝）招延士大夫，常如不足，然性严峻，虽素所爱信者，小有犯法，辄按诛之。汲黯谏曰：‘陛下求贤甚劳，未尽其用，辄已杀之。以有限之士，恣无已之诛，臣恐天下贤才将尽，陛下谁与共为治乎！’上曰：‘何世无才，患人不能识之耳。且才，犹有用之器也，有才而不肯尽用，与无才同，不杀何施！”在专制君主的淫威下，朝廷大臣多庸庸无为。公孙贺被任命为丞相，他吓得“不受印绶，顿首涕泣”。[2] 在思想上、学术上，汉武帝“罢黜百家，独尊儒术”，实行文化专制主义。而他所尊的儒术，是以先秦的儒家学说为主体，并按照统治阶级利益的需要，兼收法、阴阳五行等家的思想，糅为一体，使其为专制皇权服务。对有利于巩固君主专制统治的言论、计策，汉武帝尽量加以采纳并付诸实施；而对专制皇权有丝毫不利的言行，则毫不容情地加以制裁、镇压。经过一系列的调整，汉武帝建立起统一、集中、有效的行政管理体制。他还围绕加强中央集权和突出皇权，采取了一系列的措施。经济上：盐铁官营；建立均输、平准官，由国家控制商业；由国家统一铸币；大规模兴修水利，推广先进农具和耕作技术；在边疆地区进行屯田。政治上：削弱诸侯王势力，设置刺史监察地方，巩固中央集权；用“内朝”控制“外朝”，用尚书台逐渐取代丞相府的权力，以加强皇帝的专制权力。军事上：加强皇帝和京师的警卫力量，把军事指挥权交给宠信的外戚。外交上：对匈奴的侵扰进行反击，派遣使者通西域和西南夷等。汉武帝统治期间，西汉王朝达到了鼎盛时期。但由于连年对外用兵，财政开支很大，再加上皇室挥霍无度，农民负担沉重。官僚地主又凭借权势，肆意兼并，进一步加重了社会危机。汉武帝晚年，在表面繁荣的背后，成百万农民流离失所，甚至出现“民相食”的惨象。难能可贵的是：在严重的历史关头，汉武帝没有一意孤行，把错误的东西坚持到底，而能有所悔悟，改弦更张，大力发展农业生产，使已经趋于激化的阶级矛盾有所缓和，经济得以继续发展。

刘询（汉宣帝）

西汉皇帝。戾太子孙，武帝曾孙。幼时生长民间，出入三辅，略知闾里奸

---

[1] 《汉书·公孙弘传》，《汉书》2634 页。

[2] 《纲鉴易知录》14 卷。

邪，吏治得失。昭帝死，霍光迎立为帝。在位期间，励精图治，任贤用能，贤相循吏辈出。“汉世良吏，于是为盛”。[1] 他特别重视地方官的选用，补刺史、守、相，必由大臣推荐，并亲自召见，询问治安之术。政绩卓著者予以褒奖。公卿大臣多从有政绩的地方官中选拔。史称“是时黜陟有序，众职修理，公卿多称其位。”[2] 宣帝广开言路，使朝臣敢于尽职。夏侯胜曾以“非议诏书”罪，黄霸以“不举劾”罪，同时下狱。后皆获释，重受任用，以夏侯胜为谏议大夫，迁长信少傅及太子太傅，黄霸为扬州刺史。旧制，上书者皆交两份，其一为“副”本，领尚书者先开副封，上书的内容有不相宜的，留住不奏。宣帝采纳魏相的建议，去掉副封，以防止壅蔽。对法律的执行，宣帝予以高度重视。他废除一些汉武帝时的酷法，选用执法公平宽和的黄霸担任廷尉正，又任命决狱审慎的于定国为廷尉，还新设廷尉平一官，专门协助廷尉决疑案、平冤狱。另在御史府增设治书侍御史二人，掌以法律评决疑案。通过以上措施，改变了武帝末年人人自危，大臣“安危不可知”的恐怖局面。在发展经济方面，执行汉初期“轻徭薄赋，与民休息”的政策，多次颁布减免田租、口赋和其他杂税的诏令，把都城和各郡国的苑囿、公田假给贫民耕种，降低盐价，禁止官吏“擅兴徭役”。由于农业连年丰收，谷价下降到每石五钱，边远地区也不过八钱，为西汉以来最低的谷价纪录。在沿边许多地方设立常平仓，谷贱则籴，谷贵则粜，以调剂边地的需要。在西域设置都护，辖西域三十六国，加强边防。匈奴呼韩邪（yé）单于称臣降服，对外战争停止，西汉兴盛达到了顶点。刘向称赞汉宣帝“政教明，法令行，边境安，四夷清，单于款塞（叩塞门，塞音 sài），天下殷富，百姓康乐，其治过于太宗（文帝）之时。”[3]《汉书·宣帝纪》也给以很高的赞誉：“孝宣之治，信赏必罚，综核名实，政事文学法理之士咸精其能，至于技巧工匠器械，自元、成间鲜能及之，亦足以知吏称其职，民安其业也。遭值匈奴乖乱，推亡固存，信威北夷，单于慕义，稽首称藩。……可谓中兴，侔德殷（高）宗、周宣矣。”

刘秀（汉光武帝）

东汉皇帝。西汉皇族之后。刘秀建国后，鉴于西汉权臣当政，外戚篡权，以及地方权重、尾大不掉等历史教训，极力加强皇权，强化专制主义中央集权制度。他对功臣、宗室诸王和外戚防范甚严。大多数功臣皆以列侯奉朝请，让

---

[1] 《汉书·循吏传》，《汉书》3624 页。

[2] 《汉书·魏相丙吉传赞》，《汉书》3151 页。

[3] 《风俗通·正失篇》。

他们享受优厚待遇，而不参与政治。严禁王子、诸王交通宾客，结党营私。不让外戚干预政事，不给他们尊贵地位。对在职官员，督责尤严。《后汉书·申屠刚传》说："时内外群官，多帝自选举，加以法理严察，职事过苦，尚书近臣，至乃捶扑牵曳（yè），群臣莫敢正言。"为了加强皇帝的专制权力，光武帝在削弱三公权力的同时，扩大尚书台的权力。对地方的管理，把西汉时监察地方政情的刺史，固定为州一级的地方长官。刺史处理地方政务，不通过三公，可直接上奏皇帝，使地方郡县也直接置于皇帝的控制之下。他还废除内郡的地方兵，裁撤郡都尉，取消郡内每年征兵操练的都试，国家军队常常招募农民或征发刑徒组成，指挥权完全集中在中央和皇帝之手。为了减少开支，光武帝裁并四百多个县，相当于西汉县、邑、道、侯国数的四分之一。吏职减去了十分之九，边塞的亭侯吏卒也陆续罢省。光武帝特别重视从儒生中选择统治人才。"未及下车，先访儒雅，表行义，兴学校。"❶ 对隐居山林，不仕王莽的人，多方搜求，重礼征聘，表示他对封建名节的表彰，企图以此使"天下归心"。为了发展农业生产，增加农业劳动力，光武帝先后九次发布释放奴婢和禁止残害奴婢的命令。他在诏书中说："天地之性人为贵。其杀奴婢，不得减罪。"❷ 他还多次下诏书，免罪徒为庶民，减轻租税徭役，发放赈济，兴修水利。为抑制地方豪强势力的扩张，光武帝下诏州郡检核垦田顷亩和户口年纪，名为度田。度田虽取得一些成就，但豪强势力没有从根本上被削弱，土地兼并仍在继续发展。

诸葛亮

三国时蜀国丞相。隐居隆中时，胸怀大志，躬耕读书，结交名士，谈论古今，常自比管仲、乐毅，被称为"卧龙"。刘备建立蜀国，任命他为丞相。刘备临死前，把蜀国的军政大权完全托付给他。诸葛亮担起了辅助后主刘禅治理蜀国的重任。政事无论大小，都由他决定。诸葛亮执政之初，蜀国面临非常严峻的形势：北面受曹魏的威胁，东面和孙权的关系破裂，西南少数民族乘机叛乱，国内由于猇（xiāo）亭之战（即吴蜀彝陵之战）的惨败，军事力量大为削弱，人心浮动。诸葛亮首先恢复了联吴抗魏的方针，主动派人到东吴言好，与吴国重新结盟，共同抗魏。接着，诸葛亮对西南少数民族采取"和抚"的方针。在率军南征平定叛乱后，诸葛亮制定了不设官，不驻军，利用少数民族的上层进行统治的策略，对当地少数民族首领孟获七擒七纵，终于使孟获心服

---

❶ 《纲鉴易知录》19 卷 477 – 478 页。

❷ 《后汉书·武帝纪下》，《后汉书》57 页。

投降。同时，诸葛亮大力进行蜀国内部的整顿。他严明法纪，赏罚必信，任人唯贤，选拔一批有才干的人充任各级官吏，对一些庸禄无能、贪污不法的官吏，则坚决撤换。他以身作则，责己严、责别人公平，因此连被他处罚的人也都信服。诸葛亮对发展经济给予高度重视，非常注意务农殖谷，关心水利事业，在都江堰设置堰官，经常派一千多名士兵保护、维修都江堰工程。对手工业、商业也积极扶植发展。诸葛亮还是著名的军事家，注重整顿军纪和加强军事训练，以增强军队的战斗力。他积极进行兵法、武器、运输器械的研究和改进。在三国中，蜀国是治理得最有条理的。诸葛亮身居高位，手握重权，但不搞个人专断，比较能虚心听取部下的意见，谦虚谨慎。更为可贵的是：他为官清正，不谋私利。他曾上表后主说："成都有桑八百株，薄田十五顷，子弟衣食，自有余饶。至于臣在外任，无别调度，随身衣食，悉仰于官，不别治生，以长尺寸。若臣死之日，不使内有余帛，外有赢财。"❶ 他用自己光明磊落的一生，实践了"鞠躬尽力，死而后已"的诺言。❷

杨坚（隋文帝）

隋朝开国皇帝。北周外戚。北周宣帝死，静帝八岁即位，不能亲政。杨坚以后父入宫辅助，总揽大权，次年代周自立。开皇九年，隋文帝派兵灭陈，结束了东汉末年以来近四百年（中间仅有西晋短期统一）的分裂割据局面。他在位期间，继续推行北魏以来的均田制，扩大垦田面积，减轻租税徭役，免除盐、酒商税，清查人口（"大索貌阅"），从士族手中把隐漏人口搜括出来，重编户籍（"输籍法"），用预定纳税额（比私人地主的租低）的办法把一大批士族控制的依附农民争取到政府一边，削弱豪强的势力。在国家机构的设置上，三师（太师、太傅、太保）三公（太尉、司徒、司空）皆不置僚属，把行政权力集中于尚书、门下、内史（中书）三省，三省分工合作，又互相牵制，使皇权增长，相权削弱。尚书省下设"六曹"亦即六部。地方机构废郡一级，仅设州、县两级，并省了不少州县，裁汰了一些冗官，并规定九品以上地方官吏都由中央任免。在官吏的选任制度上，废除魏晋以来的"九品中正制"，剥夺士族把持仕途的特权，开始用考试选拔人才。开皇十八年，"诏京官五品已上，总管、刺史，以志行修谨、清平干济二科举人"，❸ 开创了科举制的先声。隋文帝注意节俭，勤于政事，在他统治的开皇时期，政治比较清明，社会秩序

❶ 《三国志・蜀书・诸葛亮传》，《三国志》927 页。

❷ 《三国志・蜀书・诸葛亮传》裴注，《三国志》924 页。

❸ 《隋书・高祖纪下》《隋书》43 页。

较为安定，经济有较大发展，国家富庶强盛，被赞为“开皇之治”。

李世民（唐太宗）

唐朝皇帝。李渊次子。年轻时有大志，屈节下士，结纳豪杰。隋末劝其父起兵反隋，并屡建战功。唐建国后，封秦王，任尚书令，还特授天策上将，位在王公之上。李世民收罗文武才智之士，作为羽翼，扩大自己的势力。武德九年，发动“玄武门之变”，夺得帝位。李世民掌握了最高权力之后，立即起用太子李建成的谋士魏征、王珪等；置弘文馆于殿侧，选文学之士虞世南、褚亮、姚思廉、欧阳询等，以本官兼学士，轮流宿值，与之商讨政事；并规定谏官随宰相入阁议事的制度。唐太宗以隋为鉴，从建立长治久安的封建统治这个最高目标出发，不拘一格选用人才，不以个人亲疏好恶招揽人才，广开言路，虚心纳谏。他曾问魏征：“朕观炀帝文辞奥博，亦知是尧、舜而非桀、纣，然行事何其相反也？”魏征回答说：“人君虽圣哲，犹当虚己以受人，故智者献其谋，勇者竭其力。炀帝恃其俊才，骄矜自用，故口诵尧、舜之言，而身为桀、纣之行，曾不自知，以至覆亡也。”❶ 唐太宗听说景州录事参军（刺史属官，掌管文书）张玄素有名气，亲自召见，问以政事。张玄素回答说：“隋主自专庶务，不任群臣。以一人之智决天下之务，借使得失相半，乖谬已多，下谀上蔽，不亡何待！陛下诚能择群臣而分任以事，高拱穆清而考其成败，何忧不治！”❷ 唐太宗对魏征“兼听则明，偏信则暗”的诤言非常赞赏。为充分发挥政府机构的管理效能，唐太宗很重视选官用人。史书中说他“拔人物则不私于党，负志业则咸尽其才”❸。同时他又很重视政府机构人员的精干。他曾对房玄龄说：“官在得人，不在员多。”❹ 他大刀阔斧地整顿政府机构，并省了很多州县，把中央各官府的官员从二千多人精简到六百四十三人。唐太宗管理国家所采取的主要政策措施，有以下几个方面，经济上，轻徭薄赋，节省开支，剥削有所节制；政治上，抑制士族，尽力吸收庶族地主参与政权，发展科举制，减省刑罚，加强对地方的监督；文化上，提倡儒学，经常到国子监听讲学，命颜师古、孔颖达等编撰《九经正义》❺，设立史馆，命群臣编撰晋、梁、

---

❶ 《纲鉴易知录》42 卷。

❷ 《纲鉴易知录》42 卷。

❸ 《旧唐书·太宗纪下》，《旧唐书》63 页。

❹ 《纲鉴易知录》42 卷。

❺ 九经，指《易》、《诗》、《尚书》、《三礼》（《周礼》、《仪礼》、《礼记》）、《春秋三传》（《左传》、《公羊传》、《穀梁传》）。

陈、北齐、周、隋六部史书，并亲自参加。贞观年间，人口增长，封建经济得到较快恢复，社会安定，民族团结，被旧史家誉为“贞观之治”。

赵匡胤（宋太祖）

北宋开国皇帝。后周时任殿前都点检，领宋州归德军节度使，掌握兵权。周世宗柴荣死，恭帝年幼即位。赵匡胤乘机发动陈桥兵变，在士兵拥立下黄袍加身，遂建立宋朝。北宋政权建立后，宋太祖赵匡胤面临的主要问题是：如何使唐末以来长期存在的藩镇跋扈局面不再继续出现，如何防止“黄袍加身”的事变重演，建立起长治久安的赵家王朝。赵匡胤和他的谋士们认识到：唐末以来战乱频繁，政权像走马灯一样换来换去，原因就在于“方镇太重，君弱臣强”[1]。因此，赵匡胤管理国家的主要目标，就是从制度上分割重臣特别是武臣的权力，并使其相互制约，从而把军、政、财等各种权力，牢牢地掌握在皇帝一个人的手中。第一，他采纳赵普的计谋，用“杯酒释兵权”的方式，削夺石守信、高怀德、王审琦等禁军将领和藩镇兵权，并从此不再设置禁军最高统帅，取消殿前都点检、副都点检及侍卫马步军正副都指挥使的职位，把禁军两司（殿前司和侍卫马步军司）分为“三衙”（又称“三司”），即殿前司与侍卫马军司、侍卫步军司，设殿前都指挥使、侍卫马军都指挥使和侍卫步军都指挥使分别率领，互不统属。三衙的将领，起用一些资历较浅、容易驾驭的人担任，且时常加以调动。禁军的调遣、移防等事则听命于枢密院。军队的驻屯地点，每隔几年更调一次，将领也经常调动，使得“兵无常帅，帅无常师”，防止将领拥兵自重，专横跋扈。赵匡胤还大大扩充禁军的名额，从地方军队中把身体强壮、骁（xiāo）勇善战的人都挑选到开封当禁军，并经常亲自检阅、训练，这样既加强了中央的军事力量，又极大地削弱了地方的军事力量，使地方在军事上无法同中央抗衡。在禁军的部署上，京城开封集中了大部分禁军，同时又在外地配备了一定数量的禁军，与中央的禁军互相牵制。第二，削减地方官的权力，加强中央对地方的控制。州郡（府、州、军、监）一级长官，不得兼任一个州郡以上的职务。州郡的兵权、财权和司法权都收归朝廷。州郡长官由文臣担任，另设“通判”（大郡设两人）以相牵制。把州府的马步院改为司寇院，过去由节度使派牙校（侍卫武官）担任的马步院都虞侯和判官，一概罢免，改由中央政府直接委派的经过科举录取的文官去当司寇参军。州郡之上逐渐有路的设置，每路设转运使等官，掌管财赋等事。州、县

[1] 《续资治通鉴长编》2卷，建隆二年七月庚午条。

长官都由中央临时委派，带着中央机构职官的头衔去“权知”（暂时管理）某地方事，三年一任。第三，分割宰相的事权。在宰相之下添设相当于副相的“参知政事”，而且宰相和参知政事一般都不止一人。另设枢密使统领全国军政，分割宰相的军权。又设三司使掌全国财政，分割宰相的财权。形成“中书主民，枢密院主兵，三司主财，各不相知”的局面，[1] 一切都要通过皇帝。第四，发展隋唐以来的科举制度，增加录取名额，提高被录取人的待遇，广泛吸收地主阶级的知识分子参加政权。赵匡胤晚年亲自在讲武殿主持科举考试，以后殿试成为制度，科举及第的人都成了“天子门生”。通过采取上述一系列措施，赵匡胤建立起高度专制集权的管理体制，从制度上根除了藩镇跋扈的可能，有利于封建国家的统一和稳定，有利于经济文化的发展和各族人民的友好往来。但以文抑武，对地方统得过死等，又种下“积贫积弱”、官僚机构和军队恶性膨胀、外忧内患不断的祸根。

爱新觉罗·玄烨（康熙皇帝）

清朝皇帝。清世祖第三子。八岁即帝位，康熙六年（十三岁）亲政。康熙帝亲政时，有两个亟待解决的社会问题：一个是一部分保守的满洲贵族顽固维持和继续推行满族入关前的早期奴隶制度；一个是生产倒退，经济萧条。为进行改革，康熙帝首先逮捕了擅权跋扈的鳌拜，革职拘禁。然后推行适合汉族经济关系的政策，宣布永停圈地，准许壮丁“出旗为民”，逐步完成了满族从奴隶占有制向封建制度变革的过程。为恢复和发展生产，康熙帝奖励垦荒，凡新开垦的荒田给以印信执照，永准为业。对广大农民实行轻徭薄赋的政策。康熙年间，捐免钱粮的次数和数量都远远超过前代。康熙五十一年宣布，以上年丁额为准，以后额外增丁，不再加赋，叫做“盛世滋丁，永不加赋”。他任用靳辅等治理黄河，减轻水患，保证大运河的畅通。他还进行全国性土地测量，完成《皇舆全图》的绘制。他注意节俭，严惩贪官污吏。由于采取以上措施，生产发展，户口增加，财政收支状况大为好转，出现了相对安定繁荣的局面。在政治、军事和对外关系方面，康熙帝平定了三藩（平西王吴三桂、平南王尚可喜、靖南王耿精忠）的叛乱，统一台湾，击败噶尔丹（准噶尔部首领），平定西藏，完成了全国规模的统一，使中国形成一个疆域辽阔、民族众多而且牢固统一的国家。康熙帝还出兵驱逐盘踞黑龙江流域雅克萨的沙皇侵略军，遏制了沙皇对华侵略的野心，派索额图等与俄国订立《中俄尼布楚条约》，确定

---

[1] 《续资治通鉴长编》179 卷，至和二年四月乙卯条。

了中俄之间的东段边界。在文化方面，他提倡儒学，开博学鸿儒科，设馆纂修《明史》，命儒臣编纂《古今图书集成》、《全唐诗》、《佩文韵府》、《康熙字典》等。同时，他又屡兴文字狱，残酷镇压反清思想。

西门豹

战国初魏文侯时任邺县县令。西门豹到任后，会见长老，问民间疾苦。长老反映了乡官以河伯娶妇为名榨取钱财、坑害民女的陋习。西门豹以巧妙的办法，严惩了大巫、乡官和豪富者，废止了愚民害民的恶劣做法，为人民除一大害。接着，西门豹发动当地人民，开凿十二条渠，引河水灌溉粮田，使人民富足起来。从此，西门豹“名闻天下，泽流后世，无绝已时”[1]。今邺镇（在临漳西南）三十里漳河南岸，为西门渠闸口。西南十里有大夫村，即当年投巫之处。

李冰

战国秦昭王时任蜀郡守。在蜀郡内，有一条岷江流过。每到夏秋洪水季节，岷江常泛滥成灾。李冰到蜀郡后，亲眼看到当地的严重灾情，倾听到民众要求治水的强烈呼声，便下决心治理岷江。李冰和他的儿子二郎，沿岷江两岸进行实地考察，弄清了水情、地势等情况，然后制订了治理岷江的规划方案。经过艰苦的努力，修成了都江堰水利工程。整个工程由分水堰、飞沙堰和宝瓶口三个主要工程组成。都江堰总计分支河流有五百二十多条，分堰有二千二百多道，渠道总长一千一百多公里，灌溉面积合古制三百多万亩（古制每亩合今一亩五分二厘）。它规模宏大，地点适宜，布局合理，兼有防洪、灌溉、航行三种功用，在世界水利工程史上是罕见的奇迹。都江堰建成后，彻底改变了成都平原十多个县的农业生产面貌，把原来水旱灾害频繁的地区变成了“沃野千里”的富饶粮仓。从此，成都平原就获得“天府”的美称。除都江堰外，李冰还主持了凿平青衣江的溷（hùn）崖（今四川夹江县境）；治导什邡（fāng）等县的洛水和邛崃（qióng lái）等县的汶井江；又穿广都（今双流县境）盐井诸陂（bēi）池等工程。为纪念李冰父子的不朽功绩，后人在离堆和都江鱼嘴附近，建立有李冰父子的祠庙，有关李冰的故事和传说，世世相传，至今不衰。

召（shào）信臣

西汉元帝时历任县长、郡守。初以明经甲科为郎，出补谷阳长，迁上蔡

[1] 《史记·滑稽列传》，《史记》3213 页。

长，皆有治绩。越级提升为零阳、南阳太守。召信臣为官勤勉有谋略，好为民兴利，使民富足。他经常出入田间，很少居官府。曾在南阳利用水泉，开通沟渎，筑堤闸数十处，灌溉农田达三万余顷，并订立灌溉用水制度。提倡节俭，禁止婚丧事奢侈浪费。官府子弟游手好闲，轻者训斥，重者绳之以法。郡中莫不耕稼力田，百姓归之，户口倍增，盗贼争讼大为减少。吏民爱戴召信臣，尊称他为“召父”。荆州刺史奏报朝廷，奖赏黄金四十斤。后又调任河南太守，政绩常为第一。召信臣死后，家乡和南阳郡都立祠纪念他。

杜诗

东汉初官吏。历任郡功曹、侍御史、成皋令、沛郡都尉、汝南都尉等职。建武七年，被任命为南阳太守。时值战乱之后，土地荒芜，缺少农具。而冶铸业因鼓风机具落后，发展缓慢，远不能适应发展生产的需要。杜诗到任不久，就召集冶铁工匠，“造作水排，铸为农器，用力少，见功多，百姓便之”[1]。水排的出现，不仅为进一步发展冶铁技术创造了条件，而且对后来的机械设计制造具有深远的影响，在我国乃至世界科技史上都占有重要地位。杜诗又征发民工修治陂池，广拓土田，使郡内殷足。南阳的人民把杜诗比做西汉的召信臣，因有“前有召父，后有杜母”之语。杜诗虽政绩显著，但仍自觉无功，求任小职。他举贤荐能，数进知名士清河刘统及鲁阳长董崇等。杜诗官至要职，却“贫困无田宅，丧无所归”。

柳宗元

唐德宗贞元进士，授校书郎，调蓝田尉，后升监察御史，参与王叔文等人的革新运动，擢礼部员外郎。王叔文等失败，柳宗元被贬为邵州刺史，于贬官途中，又贬为永州司马。宪宗元和十年，迁柳州刺史，任职四年，死于柳州。柳宗元在担任柳州刺史期间，带领当地人民种柳种柑，释放奴婢，革除陋习，修整城郭、巷道、渡船，挖井，开垦荒地等，为柳州人民做了不少兴利除弊的事。他死后三年，柳州人民便修建了罗池庙（后改为柳侯祠）以纪念他。柳宗元在调任柳州刺史时，适逢挚友刘禹锡调任播州刺史。刘禹锡有老母，播州比柳州更苦。柳宗元曾奏请朝廷以柳州授禹锡，而自往播州。因裴度亦奏此事，刘禹锡遂改任连州。他与刘禹锡相交甚笃，人称“刘柳”。柳宗元在贬谪期间，除为当地人民做了一些好事外，还写作大量诗文，抒发个人情感及进步的政治、哲学见解。他与韩愈同倡古文运动，并称“韩柳”。后被列为“唐宋

[1] 《后汉书·杜诗传》，《后汉书》1094 页。

八大家”之一。

苏轼

北宋哲宗时，以龙图阁学士出知杭州。遇大旱，奏请减本路上供米三分之一，并减价粜（tiào）常平米，救治很多灾民。后领导当地人民修浚河道，建造堰闸，控制湖水。他组织人工修六井以通水源，疏运河以畅货运。他还组织二十万人疏西湖，挖葑泥，修长堤。据说他亲自设计长堤图样。堤成，植芙蓉、杨柳，杭人名为苏公堤。他献出自己的俸禄，在众安桥设立便民医院——安乐坊。苏轼因有德于民，百姓家有画像，并作生祠，饮食必祝。

况钟

明朝宣宗、英宗时任苏州知府。苏州赋役繁重，豪强勾结奸吏，舞文作弊，最为难治。况钟到任后，首先诛杀奸吏数人，并严密制度，全府为之震动，皆奉公守法。他还协力巡抚周忱，奏免赋米七十余万石。况钟在任期间，抑制豪强和权贵，使织造采办的宦官和卫所将卒的不法行为，有所收敛。为民兴利除害，不遗余力。他虽出身刀笔吏，但重视学校，对儒士以礼相待，常给孤门寒士以救济，并乐于荐举人才。正统六年，况钟任期满例当提升，州民二万余人请求朝廷留任。结果升两级仍继续担任原职。况钟为官“刚正廉洁，孜孜爱民，前后守苏者莫能及”。[1] 他死于苏州知府任上，吏民聚哭，为之立祠。

海瑞

明嘉靖举人。初任南平县教谕，后升浙江淳安知县。他身为一县之长，但穿布袍，吃糙米饭，让仆人种菜自给。在知县任上，海瑞抑制权豪，清丈地亩，均衡赋徭，颇有政绩。只因供给权贵不厚，谪贬兴国州（今湖北阳新）判官。后任户部主事时，上疏陈时政之弊，直言指出：“陛下之误多矣，其大端在于斋醮。”“吏贪官横，民不聊生。”“今大臣持禄而好谀，小臣畏罪而结舌，臣不胜愤恨。”[2] 海瑞上疏时，明知必触怒皇帝，所以预购一棺，诀别妻子，待罪于朝。世宗见疏，果然大怒，将海瑞逮捕入狱，罪当处死。世宗死，方获释。穆宗隆庆三年，海瑞以佥都御史巡抚应天（今江苏南京）十府，兴利除弊，疏浚吴淞江，抑制豪强，扶植贫弱，颁行“一条鞭法”。他调任时，人民“号泣载道，家绘像祀之”。海瑞死后，家无余财，“葛帏（wéi，帐子）

---

[1] 《明史·况钟传》，《明史》4381 页。

[2] 《明史·海瑞传》，《明史》5928 – 5930 页。

敝籯（yíng，竹笼），有寒士所不堪者。”“丧出江上，白衣冠送者夹岸，酹（lèi）而哭者百里不绝。”❶

施世纶

清朝康熙时地方官，历任江苏泰州知州、知府、湖南布政使、顺天府尹等职。他重视发展生产，力戒游荡，注意减轻民众负担，革除包揽词讼、捐纳、娼妓等陋习。为官清廉正直，不袒权贵，摧抑豪猾，民称“青天”。小说《施公案》，就是假托他的名义，宣扬“清官”事迹。

尹继善

清朝雍正、乾隆间高级地方官，先后任江苏巡抚、两江总督等职。对河工、漕务、政事、兵制皆有建树；曾清查出官吏侵蚀钱粮四百七十二万两，并责令众犯官供认退赔。乾隆时，黄河泛滥，他亲往勘察，并制订治理方案，实施后，颇见成效。担任封疆大吏达三十余年，政绩显著。

---

❶《明史·海瑞传》，《明史》5932 页。

第四章 经济管理

第一节 经济成分与所有制

经济是国家存在和发展的物质基础。经济的成分、发展水平和所有制，在很大程度上决定国家的阶级性质和政体类型。国家对经济的管理又反过来给予经济发展以极大的影响。恩格斯说："在政治权力对社会独立起来并且从公仆变为主人以后，它可以朝两个方向起作用。或者按照合乎规律的经济发展的精神和方向去起作用，在这种情况下，它和经济发展之间就没有任何冲突，经济发展就加速了。或者违反经济发展而起作用，在这种情况下，除去少数例外，它照例总是在经济发展的压力下陷于崩溃。"❶ 在具体论述我国古代的经济行政管理之前，我们首先对古代经济的成分、生产力发展水平和所有制，做一个大概的分析。

我国古代的国家，首先是从中原地区建立和发展起来的，黄河是中华民族的摇篮，农业是主要的经济成分。以木石器为主的农业生产工具，粗放式的耕作，集体劳动，土地归氏族或部落所有；畜牧业占一定的比重；手工制作主要为王室及其他贵族服务；商品经济很微弱，这就是夏商两代经济的大致情形。

从西周起，农业进入稳定发展的时期。土地归以王为代表的国家所有，实行以血缘亲属关系为依据的分封制。农奴有自己简单的生产工具和份地，生产兴趣大为提高。"工商食官"，主要为领主贵族服务。用来交换的商品主要是奴隶、牛马、兵器和珍宝。几乎没有独立的手工业者和商人。民间有少量的手工业和物物交换。《诗·卫风·氓》中说的"抱布（麻织品）贸丝"，就是属于这种情形。

铁器的广泛使用是春秋战国时期经济发展中的革命性变化。由于有了铁制农具，大量荒地开垦出来了，牛耕出现了，大型水利工程兴建起来了，农作物

❶ 《马克思恩格斯选集》第 3 卷 222 页。

的产量成倍地增长，农业生产由集体的粗放经营转变为个体的精耕细作，土地私有发展起来。但这种土地私有是很脆弱的，毫无保障的。土地私有者只是暂时的占有者，而并没有获得受法律保障的土地所有权。土地的最高所有权属于以专制君主为代表的封建国家。秦始皇曾授意刻石上写道：“六合之内，皇帝之土。”❶ 马克思说：“在这里，国家是最高的地主。在这里，主权就是在全国范围内集中的土地所有权。”❷ 农民不仅对他们耕种的小块土地没有所有权，随时都有可能被豪强兼并掉，而且连他们的人身也是毫无保障的，不过是皇帝、官僚或地主的奴隶、半奴隶。春秋战国时期，还出现了一批个体手工业者和商人。手工业以煮盐业、冶铁业、漆器业比较兴盛。鲁班是手工工匠中的优秀代表。墨家学派主要就是从手工业者中形成的。官府手工业仍占统治地位。私人商业由不合法的田野交换发展为合法的城市经营。出现了弦高、子贡、范蠡、白圭、吕不韦等一些著名的商人，还出现了邯郸、临淄等大的商业城市。但商业主要是贩卖性的，商人利用地区差异或供需失调来谋取高利。

秦统一后的较长时期内，农业、手工业、商业、科学技术都有发展，并且由北向南，由中原向边远地区，经济发展水平普遍有所提高。但以农业为主，皇帝是土地最高所有者，农业生产靠个体、手工经营，自给自足的自然经济，工商业在国民经济中所占比重甚微等这些基本的方面，都没有发生根本性的变化。

汉代农业的发展，主要表现在铁制农具和牛耕的推广，水利工程的兴建，农业技术的进步和耕地面积的扩大。到西汉末年，垦田面积已达八百二十七万五百余顷，人口达五千九百余万，比战国时期增加两倍以上。从西汉末到东汉后期，全国人口大致保持在五千万人上下，其中农业人口约占四千万，按一家五口有两个劳动力计算，约有劳动力一千六百万。平均每个农业劳动力年产粮约两千斤，每亩单产约一百四十斤，全年粮食总产量约为三百二十亿市斤上下。每个农业人口每年口粮四百八十六斤，全国每人每年占有粮食六百四十斤。汉代的农业生产率，一直保持了两千多年。❸ 汉代农业的优点是精耕细作，缺点是忽视畜牧业、林业。汉代土地主要归以皇帝为总代表的地主阶级所有，农民有少量的土地。由于土地兼并的发展，很多自耕农失去了土地，造成

---

❶ 《史记·秦始皇本纪》，《史记》245 页。

❷ 《资本论》第 3 卷，人民出版社 1953 年版，1032 页。

❸ 参考宁可：《汉代农业生产漫谈》，《中国社会经济史论丛》第一辑，山西人民出版社 1981 年版，186 – 189 页。

农业生产的危机。手工业以冶铁、制盐和纺织为主。有官营作坊，也有封建地主型的私营作坊。在官营手工业作坊中，生产者主要是工奴和刑徒；私营作坊的劳动者主要是奴隶；只有家庭手工业者是编户农民。造纸是汉代手工业的新兴行业。汉代的商业有较大的发展，形成一些大的商业都市，著名的有长安、洛阳、邯郸、临淄、宛（南阳）、成都、番（pān）禺等。开始发展对外贸易。陆路由河西走廊经塔里木盆地南北边缘通向中亚、西亚乃至更远的地区。出口大宗丝织品，西方人称陆路贸易经过的地方为“丝绸之路”。番禺是海上贸易的重要港口。汉初，私营工商业曾有过相当大的发展。《史记·货殖列传》说：“汉兴，海内为一，开关梁，弛山泽之禁，是以富商大贾周流天下，交易之物莫不通，得其所欲。”对国计民生有重大影响的铸钱、冶铁、煮盐等手工业部门都掌握在私人手中。武汉帝时，国家垄断了这三大部门。官府工商业重新重要起来。继春秋、战国之后，西汉是个工商业生气蓬勃的大发展时期。在钢铁冶炼、丝织、漆器等手工制作方面都远远走在世界的前列。造纸术的发明更是对人类文明的不可估量的贡献。❶ 从地区来看，南方经济从东汉开始发展起来。

唐代的农业生产比汉代有一定的发展。生产力的提高主要表现在农具的改进、河渠陂塘的兴修和劳动熟练程度的提高。天宝十四年（755 年），全国户数为八百九十一万四千七百零九，人口为五千二百九十一万九千三百零九。实有耕地在八百万顷至八百五十万顷（依唐亩计）之间，略高于西汉时的最高垦田面积。❷ 亩产量比汉代增加百分之五十或者一倍。唐代和两汉一样，封建土地国有制处于支配地位。土地所有权掌握在国家手中，封建国家或帝王是土地的最高所有者。均田制是土地国有制的一种形式。中唐以后，随着均田制的破坏，南北朝时期就已出现的庄园经济在全国范围内发展起来。唐代的庄园有两种：一种是私人大土地占有制下的庄园，包括官僚豪族等地主庄园和寺院庄园；一种是封建土地国有制下的庄园，包括国家和帝王直接掌握的官庄和皇庄。这两种庄园与欧洲领主制下的庄园有一定的差异。欧洲领主的庄园由封赐而来，不能买卖；农民被固定在庄园土地上，不能自由转移。中国中世纪的庄园，在一定限度内准许买卖，庄园中的农民在一定情况下可以转移。在庄园经济下，封建土地国有制依然居支配地位，封建国家和帝王仍然是最高的土地所

❶ 参考杨生民：《略论西汉官、私工商业生产关系问题》，《中国社会经济史论丛》第二辑，山西人民出版社 1982 年版，136－151 页。

❷ 参考朱绍侯主编：《中国古代史》中册，福建人民出版社 1982 年版，186－187 页。

有者，封建国家对私田继续有收夺籍没等权力。[1] 唐代的手工业仍然以官府手工业为主，主要的手工业部门如丝织业、造船业、矿冶业等，大都掌握在官府手中，但私人手工业也在缓慢地发展，出现了手工业行会。最大的私人纺织作坊，有绫机五百张。唐朝前期，由于国家统一，交通便利，农业、手工业都有发展，因此在商业上出现繁荣的局面。京师和一些地方性的政治军事中心和水陆交通的要冲，往往成为较大的商业都市。各州治和多数的县治，都设有市。农村集市也有发展，多是隔三五日定期交易一次。当时城市的商业和手工业主要为贵族、官僚和地主服务，与农民的需要很少关联。最大的商人是经营珠宝珍玩的。大商人和封建官僚常常勾结在一起。有的大商人转化为官僚地主，有的官僚、地主也经营商业。官僚、地主、商人三位一体。国际贸易也有发展，广州、福州、扬州等城已成为著名的国际市场。

宋代南方的农业获得很大的发展，水稻的种植面积大量增加，水稻的单产约比粟、麦高一倍甚至两倍，总产量超过粟、麦跃居全国首位。据徽宗崇宁元年（1102 年）统计，全国总户数为二千零二十六万四千三百零七，人口数为四千五百三十二万四千一百五十四。北宋垦田最多时为一千四百余万顷，私人地主占一千万顷左右。由于生产技术的提高，农具的改进和水利灌溉事业的发达，北宋时期单位面积产量有所提高。一般年景，亩产米一石，福建、江浙地区亩产米达二至三石。北宋佃客对地主的人身依附关系有所减轻，但政府对农民所征赋役很重。北宋的手工业生产也有很大进步。各种手工业作坊的规模和内部分工的细密，都超过前代。生产技术有明显提高，产品的种类和数量大为增加。官府开办的矿冶场和其他作坊，分布全国各地，独立手工业者的数量较前代增多。在丝织业中，出现了一些从事商品生产的“机户”，机户中的劳动者大都是一个家庭中的成员。纺织业的重心逐渐由丝织业转移到棉织业。制瓷业大放异彩，所产瓷器之精美，数量和品种之多，都大大超过了前代。印刷技术大为提高，发明了活版印刷。造船技术在世界上居于领先地位，并把指南针应用于航海。在北宋的手工业生产中，工匠的身份发生一些值得注意的变化。有的私营作坊雇佣工匠，工匠领取钱米作为雇值，封建人身束缚有所松弛。在农业、手工业都有很大发展的基础上，北宋的商业也较前代有更大的发展。都市中坊、市的界限逐渐消失，商店可以随处开设，营业时间也不受限制。农村中有些集市逐渐发展为固定的市镇，成为城市和乡村之间的桥梁。北宋创印

---

[1] 参考韩国磐：《隋唐五代史论集》，三联书店 1979 年版，133 - 184 页。

“交子”，是我国使用纸币的开始，也是世界上最早的纸币。在农产品商品化方面，以茶业和糖最为突出。宋代的国内外商业，是中国历史上最发达的一个时期。

元代的农业生产，总的来说，是有所发展的。人口是增加的。据估计，元顺帝初期，人口总数超过八千万。元代的官办手工业空前发达，其规模和产量远在宋金之上。

明朝的农业生产达到一个新的水平。明朝人口的最高统计数字为洪武二十六年的六千六百五十九万八千三百三十七，最低统计数不下于五千万。垦田数以神宗时为最多，平均数为一千一百六十一万八千九百四十八顷。一般稻田亩产量为两石到三石，有些地区达五六石。番薯和玉蜀黍等高产作物在此时开始种植。棉花已普遍种植。粮食和经济作物的总产量有所提高。全国各地仓储相当充裕，“米粟自输京师数百万石外，府县仓廪蓄积甚丰”❶。明代的手工业有明显的发展，其中以棉纺织业、制瓷业、矿冶业和造船业的发展最为迅速。棉纺织业已成为普遍的家庭副业，也是当时产量最多、销路最广的手工业。有些农民已把织布作为自己的专业，完全从农业中分离出来。在冶铁业和其他手工业中，官营衰落，民营发展。明初的造船业曾居世界前列。明中叶，在某些纺织业的作坊中，出现了资本主义生产方式的萌芽。有的作坊主拥有织机二十余张，多的到四十余张，雇用人工数十人。机户与机工之间，形成“机户出资，机工出力”的新型关系。江南地区的浆染业、造纸业、榨油业、制瓷业等，也有类似的情况。不过总的说来，资本主义还处在萌芽状态，发展艰难。作坊主一般都经常受到封建官府重税的榨取，雇佣工人也不能进一步摆脱行会的束缚和封建国家的控制，人身还不可能得到完全的自由。明中叶以后，商业十分活跃。全国各地有许多商人和商业资本集团。最著名的是徽商，不仅人数多，而且资本雄厚，经营多种商业。商人在各地设立会馆，组织各种商帮。他们的贸易活动已不单纯为满足王公勋戚、官僚地主奢侈生活的需要，而是更多地贩卖手工业原料、粮食和劳动人民的生活用品了。手工业和商业的发展，促进了城市经济的繁荣。

清代农业继续有一定的发展。雍正三年，耕地面积最高达八百九十万顷。由于注意精耕细作，农田的单位面积产量有明显的提高。稻米产量在两三石至六七石之间。棉花、甘蔗、烟叶等经济作物有更大的发展。清代的人口增加很

---

❶ 《明史·食货志·赋役》，《明史》1895 页。

快。乾隆六年（1741 年），全国人口总数为一亿四千三百多万，二十七年（1762 年）增加到两亿多，五十五年（1790 年）又增加到三亿一百多万，道光二十年（1840 年）更增加到四亿一千二百多万。人口的大量增加，表明了农业生产的发展，同时也给社会造成巨大的压力。清朝初期，小土地所有者和自耕农户较多，农业中使用雇工的现象日益增加，雇主与雇工之间的关系比较松弛。康熙中期以后，手工业有一定程度的发展。与农业紧密结合的家庭手工业是鸦片战争以前最主要的手工业。各种手工业作坊，如磨坊、油坊、酒坊等，遍布全国各大小城市和市镇之中。手工业的生产率和生产水平都超过了明代，商品的产量和品种更加丰富。在农业和手工业发展的基础上，商业也出现了繁荣的局面。当时销售量最大的是同广大人民日常生活有密切关系的商品，如粮食、布匹、棉花、食盐和铁器等。各地中小市镇发展迅速。对外贸易也有所发展，嘉庆以前，中国在国际贸易上始终保持着出超的优势。资本主义萌芽有缓慢的发展。

第二节 经济管理的目标、原则和机构

管理经济是国家的基本职能之一。在奴隶社会和封建社会中，生产资料和劳动者归奴隶主和封建主所有。在中国古代，土地是最基本的生产资料，农业是主要的经济形式。对土地的所有权，是政治统治的基础；而这种所有权，是以强大的军事力量和庞大的官僚机构为后盾的。农业是整个国民经济的基础，农业劳动生产率的高低制约着全部社会经济的发展。马克思说："超过劳动者个人需要的农业劳动生产率，是一切社会的基础。"[1] 土地的直接生产者或土地的经营者主要有两种人：一种是佃农，一种是自耕农。不论是佃农还是自耕农，其生产和生活的条件都是非常恶劣的。加上整个社会生产工具的落后和技术水平的低下，以及地主阶级剥削的残酷，他们连简单的再生产都难以维持，为社会提供商品粮的扩大再生产更不可能。恩格斯指出：在近代工业和农艺学出现以前，"利用奴隶或劳役制农奴来征服自然界和开垦土地的大地主，纯粹是幻想的产物。……只是在近代，自从比较稠密的人口抬高了地价以来，特别是自从农艺学的发展使坏的土地也较能适于耕种以来，大地产占有者才开始大

[1] 《马克思恩格斯全集》第 25 卷 885 页。

规模地加入荒地和牧场的开垦，而这主要是通过夺取农民的公地进行的。”❶在中国，土地分散的个体经营，不仅是发展资本主义的严重障碍，而且是君主专制制度的深厚基础。自耕农和半自耕农，不仅是封建国家赋役剥削的主要对象，而且是军队的主要来源。封建国家管理经济的最高目标，是从农民身上剥削尽可能多的粮食、布帛、货币等，来满足皇帝和官僚无止境的奢侈欲望。为了实现这一目标，经济管理的主要原则，是把农民束缚在土地上，用强制手段征收赋税，调派劳役，抑制商品经济的发展，并用国家的力量直接控制工商业，把工商业纳入为封建统治阶级特别是帝王和大官僚服务的轨道。

在古代的国家机构中，经济管理机构占有很重要的地位。夏商时期，经济管理的职能主要是由王的妻妾子女和家臣来执行的。西周设立司徒管理农业和劳役，为王室服务的工商业由王的管家头目宰来管理。汉代九卿当中，管理经济的部门有三个，即大司农、少府和太仆。大司农全面管理国家的农业和官营工商业；少府专门管理直接为皇室服务的经济，包括粮食加工、各种手工制品等；太仆管理皇室和军用马匹。隋唐以后的六部，户部和工部是主管经济的部门。户部掌管农业和贸易，工部掌管建筑、屯田、水利等。皇室所需物品由少府监或其他内侍机构负责筹办或监造。此外，经济管理也是帝王、公卿宰相以及地方长官的主要职责之一。

第三节　农业管理

夏商时期，国家对农业的管理，主要做了三件事：（1）祭祀天神、地祇，祈求神灵保佑。遇有大灾，君王亲自以身作祷。传说商初连续七年大旱，商汤以身祷于桑林之野，以六事自责，感动了上帝。祝词还没说完，就下了大雨。（2）由太史颁布时历，预告日食等灾变，指导农业生产。（3）君王派遣妻妾或家臣监督耕作。

西周对农业的管理进行一些重大改革，主要内容有：（1）土地归国家所有，由王进行分封，授土与授民同时进行。（2）实行封建制剥削方式，公田、私田分开。公田由农奴集体耕种，收获归领主；私田由农奴自己耕种，收获归己。农奴的生产兴趣有所提高。（3）设立专门的官职司徒管理土地和役徒，并设立田畯具体监督农奴耕作。同时还设置司空负责整修道路，疏通沟洫，司

---

❶ 《反杜林论》，《马克思恩格斯选集》第3卷216－217页。

寇负责惩罚怠工、违法的农奴。（4）每年耕种、除草、收获季节，都要举行隆重的藉田礼，王和朝廷官员都要参加，并且都要参加一定的耕作以示重视。厉王被逐后，藉田礼废，宣王即位不予恢复，卿士虢（guó）文公规谏说："不可。夫民之大事在农，上帝之粢盛（盛在祭器内供祭祀的谷物）于是乎出，民之蕃庶于是乎生，事之供给于是乎在，和协辑睦于是乎兴，财用蕃殖于是乎始，敦厖（páng）纯固于是乎成。……王事唯农是务，无有求利于其官，以干（冲犯）农功，三时（春、夏、秋）务农而一时（冬）讲武，故征则有威，守则有财。"❶ 虢文公的这一段话，充分反映了西周统治者对农业的高度重视。西周初年出现的"成康之治"，其基础是农业的发展和稳定。

春秋战国时期，农业管理经历了巨大的改革。其中最重要的，是废除了分封制，允许农民占有土地，使用土地，开垦荒地，农民按土地的好坏直接向国家交纳赋税。农民的生产积极性进一步提高。魏国李悝推行"尽地力之教"，挖掘土地潜力，鼓励农民精耕细作，提倡同时播种多种粮食作物，增加产量。并实行"平籴法"，年成好的时候，政府以平价购入粮食，灾年再以平价出售，用这个办法来平衡粮价。秦国商鞅变法，奖励努力耕作、交纳租税多的农民，惩罚弃农经商的人。提倡父子分居，发展小农经济。齐威王根据农业的实绩决定对地方官的奖惩。有的国家建立了上计制度：地方长官于年终将赋税收入写于木券，呈送国君考核。为了发展农业生产，许多国家大兴水利事业。齐、魏、赵等国为防止黄河泛滥，离黄河二十五里修筑长堤。魏国开凿大沟运河，引河水南行。又开凿鸿沟系统运河，使济（jǐ）、颍、淮、泗和黄河互相贯通，在黄淮平原上形成以鸿沟为主干，以自然河流为分支的完整的运河网。西门豹做邺县县令时，破除"河伯娶妇"的迷信，开凿十二条水渠，引漳水灌溉农田，使漳河由水害变为水利。他还使邺县一带的盐碱地得到改良。秦国蜀郡太守李冰主持兴修的都江堰，是一个防洪、灌溉、航运相结合的综合水利工程，保证了大约三百万亩良田的灌溉，使成都平原成为旱涝保收的"天府之国"。秦国还兴修了另一项著名水利工程——郑国渠，干渠总长近三百华里，灌溉面积四万余顷，使关中成为沃野。

秦统一后，"令黔首自实田"，即命令人民将占有的土地如实向政府呈报，政府根据呈报的数额征收田租。在农业生产上，则几乎没有采取有益的措施。相反，却不顾农民的生产，生活的需要，超限度地征收田赋和劳役。据史书记

❶ 《国语·周语上》。

载，秦的田租口赋、盐铁之利二十倍于古，力役三十倍于古，服兵役、劳役的人数超过二百万，使农业生产无法进行。农业管理的失败，是导致秦王朝迅速崩溃的主要原因之一。

汉代吸取秦亡的教训，重新重视农业生产的稳定发展。文帝即位后的第二年，就下诏说："夫农，天下之本也，其开藉田，朕亲率耕，以给宗庙粢盛。"同年，他再次下诏说："农，天下之大本也，民所恃以生也，而民或不务本而事末，故生不遂。朕忧其然，故今兹亲率群臣农以劝之。其赐天下之民今年田租之半。"❶ 景帝后二年，也下诏说："雕文刻镂，伤农事者也；锦绣纂（zuǎn）组，害女红（gōng，通'工'）者也。农事伤则饥之本也，女红害则寒之原也。夫饥寒并至，而能亡（wú，通'无'）为非者寡矣。朕亲耕，后亲桑，以奉宗庙粢盛祭服，为天下先；不受献，省徭赋，欲天下务农蚕，素有畜（蓄）积，以备灾害。"❷ 文景时期，管理农业的基本指导思想，是轻徭薄赋，与民休息，也就是保证农民有起码的从事农业生产的条件和积极性。国家直接掌握的土地，由大司农和少府管理。同时，政府在兴修水利和推广先进耕作技术方面也做了一些工作。西汉太常、大司农、少府的属官皆有都水长丞，是专管水利的官。武帝时，设置左右都水使者，总管水利方面的事务，主要负责黄河的治理，并开凿一些大的灌溉渠。武帝曾亲自巡视治河工地，并命随从官员"自将军以下皆负薪填决河"。武帝末年的搜粟都尉赵过，总结了西北地区抗旱斗争的经验，推广了"代田法"。赵过还发明了播种用的耧车。武帝下令在全国范围内推广这种新式农具和先进播种技术。为发展边远地区的农业生产，由国家组织军队或民户，进行开垦种植，即屯田，这种做法也是从武帝时开始的，为后代的许多王朝所采用。成帝时议郎氾胜之曾在三辅教田，据说关中因此而获得丰收。他还总结农业生产实践中的丰富经验，写成我国历史上第一部完整的农学著作——《氾胜之书》。

在地主制经济条件下，农业生产常常出现周期性的危机。这种危机是由地主制本身造成的，带有明显的规律性。农业生产危机除了自然灾害的因素外，政治、社会方面的因素主要有两个：一个是国家赋税徭役过重，使正常的农业生产无法进行；一个是官僚豪强的土地兼并，使大批农民失去土地，变成"流民"。在这两种情况造成的危机面前，封建国家虽也能采取某些改良措施，

❶ 《汉书·文帝纪》，《汉书》117－118页。

❷ 《汉书·景帝纪》，《汉书》151页。

但无法从根本上消除这种危机。大都要经过大规模的农民起义，危机才能暂时地得到克服。东汉吸取了秦末和西汉末年农民起义的教训，一方面，继续实行轻税政策，精兵简政，组织军队屯田，减轻人民的负担；另一方面，把国有的荒地和苑囿以及山林川泽租借给流民耕种，若干年后收取百分之四十以上的租税，并且清丈土地，核实户口。但后一方面的措施遭到豪强地主的抵制和破坏。

魏晋南北朝时期，国家对国有土地的管理，主要采取了三种形式：(1) 屯田制。三国时期实行较为普遍。曹魏的屯田制分为民屯和军屯两类。民屯的生产者，是曹魏政权通过召募和强制迁移来的流民。民屯有自上而下的管理机构，中央是大司农，郡一级是典农中郎将或典农校尉，县一级是屯田都尉。直接指挥民屯生产的是屯司马，每屯的生产者大约为五十人。屯田农民自成系统，不属州郡管辖。军屯的生产者，主要是士兵和他们的家属（所谓“士家”）。军屯的基本单位是营，每营六十人。军屯由度支中郎将、度支校尉、度支都尉等官员管理。吴国也实行屯田制，设典农校尉、典农都尉管理民屯生产。(2) 占田制。主要实行于西晋。在这种制度下，允许农民占垦荒地，然后向国家交纳租税。(3) 均田制。主要实行于北魏。这种制度是在我国北方土地大量荒芜、自耕农民稀少的特定条件下实行的。国家把荒地、无主地授给农民耕种，以榨取赋税徭役。

隋朝管理农业的最重要措施是清查户口和从轻确定纳税标准，把大批世家大族的属民变为均田制下的国家编民。

唐前期，继续推行均田制。在赋税制度中，“输庸代役”（每丁每年服徭役二十天，如不服役，每天输绢三尺或布三尺七寸五分）成为一项普遍的制度。这种制度的实行，使农民有较多的时间来进行生产，具有积极意义。为发展农业生产，唐政府非常重视农田水利灌溉。在唐前期的一百三十多年中，修建水利工程达一百六十多项，分布全国广大地区，对农业生产起了重要的作用。唐中叶以后，均田制濒于崩溃，庄园经济发展起来。面对新的经济形势，唐政府在农业管理上不得不随之而做出重大改变。皇帝和官府也大量建立庄园，称为皇庄、官庄。皇庄是皇帝的私人庄园，其土地多是籍没（登记并没收所有的财产）犯罪者的土地而来，设内庄宅使、内园使或内宫苑使来管理。内庄宅使等多由宦官担任。官庄是封建官府掌握的庄园。在司农寺和工部屯田郎中下，掌握着许多屯田和营田，还有许多官司的职田、公廨田等。这些土地在安史之乱后，多成立庄园，设立庄宅使、宫使、宫苑使等管理。官庄中也有不少土地是由籍没私人的庄宅而来。皇庄和官庄的土地，都是封建的国有土地，大都租给佃户耕种。在皇庄、官庄之外，封建国家还掌握大量的屯田和营田，由宰相遥领营田使。玄宗以后，节度使多兼营田使，进行营田或屯田。对皇帝和封建官府直接控制以外的土地，按田亩征税。

北宋从一开始，土地问题就非常严重。总的形势是：私人大地主势力大增，国家直接掌握的土地锐减。北宋垦田最高数字为一千四百余万顷，私人地主常占一千万顷左右，约占百分之七十。官僚豪绅大地主享有免税免役的特权。中小地主和自耕农占有的土地约占百分之三十。没有土地的农户（主要是佃农）约占总户数的百分之三十四点五。官田（包括官庄、御庄、屯田）数量有限，营田（军屯）和庄田两项合计为六万顷左右，国家在这方面的直接收入不多。这种土地占有状况，造成两个严重后果：一是阶级矛盾尖锐，二是政府财政收入短缺。神宗年间，宰相王安石主持变法。与农业有关的措施，主要有四项：（1）方田均税法。清丈土地，按土质好坏均定税额高低，清除隐瞒田产和逃避赋税之弊。（2）青苗法。每年在夏秋农作物收获之前，由各州县政府分两次贷款给农民。此法旨在抑制兼并之家的高利盘剥，对青黄不接的农民（主要是自耕农）暂救燃眉之急。（3）农田水利法。规定水渠不得为豪强地主所独占。用民办官助（政府发放低息贷款）的方法，兴办水利。在法令颁布后的七个年头，全国兴修水利工程达一万多处，灌溉民田三十六万多顷和官田近两千顷。（4）募役法。规定按财产分等交纳免役钱，由政府雇人服徭役，取消豪强大地主不服徭役的特权。这样可以使很多农民免除苛刻的差役，使农业生产得到较多的劳动力。抑制豪强、发展农业生产是王安石变法的中心环节。由于触犯了豪绅大地主的利益，变法遭到强烈的抵制和反对。新法从公布施行到罢废，只经历了十五年的时间。

元朝蒙古统治者本是游牧民族，不重视农业。在入主中原过程中，大量屠杀汉人，把许多耕地变为牧场。从元世祖忽必烈开始，重视农业生产，并采取了一系列措施。《元史·食货志一》说："农桑，王政之本也。太祖起朔方，其俗不待蚕而衣，不待耕而食，初无所事焉。世祖即位之初，首诏天下，国以民为本，民以衣食为本，衣食以农桑为本。"中统元年（1260年），忽必烈即位不久，即设十路宣抚司，命各路宣抚择通晓农事者，充随处劝农官。二年，设劝农司，命该司官员分道考察农业生产情况。至元七年，设立司农司，同年又改为大司农司，专掌农桑水利。各道提刑按察司兼管农事，县达鲁花赤或县令兼劝农事。司农司还奉命遍求古今农家之书，删繁撮要，结合实际，编成

《农桑辑要》一书，颁行全国，指导农业生产。元朝前期的统治者，对兴修水利非常重视。中央设都水监，地方置河渠司。有时为了某一项工程的需要，专门设置行都水司、都水庸田司等临时机构。著名科学家郭守敬，曾主持过都水监的工作。在产棉区，置浙东、江东、江西、湖广、福建等木棉提举司，管理棉花生产。元代官田（《元史》称为“系官田”）在宋、金的基础上有较多的增加。官田包括屯田（军屯、民屯）、职田、学田、草场、牧地以及封建皇帝给予贵族、官僚、寺院的大批赐田。元代赐田数量之多，滥赐之盛，为历史上所罕见。

明朝从一开始就高度重视农业。明太祖朱元璋认识道：“农为国本，百需皆其所出。”[1] 因此采取一系列措施发展农业生产。这些措施主要有：(1) 鼓励农民归耕，承认已被农民耕垦或即将开垦的土地归农民自有，并分别免除三年徭役。额外开荒，不征赋税。(2) 大力推行屯田政策。屯田有民屯、军屯和商屯三种。凡移民屯种，由官府供给耕牛、种子，免除三年租税，其后每亩纳税一斗。军屯是让卫所士兵屯耕自给。商屯是由盐商在边地募人屯垦，就地交粮，向政府换“盐引”领盐贩卖。(3) 组织农民大规模兴修水利。仅洪武二十八年（1395 年），全国府县计开塘堰四万零九百八十七处，浚河四千一百六十二处，修陂渠堤岸五千零四十八处。[2] (4) 鼓励农民种植经济作物。政府规定：有田五亩至十亩者，种桑、麻、棉各半亩，十亩以上加倍。(5) 在南京和全国各州县设立“预备仓”，储粮备荒，“多者万余石，少者五千石”。遇有水旱，即用以贷给贫民。明代官田的数量很大，约相当于全国私田的七分之一。官庄由管庄的官及校尉管理，皇庄由太监或呼为旗校者管理。明中叶以后，土地集中过程加剧，农民逃匿，权贵隐户之风盛行，官僚营私舞弊，赋役不均相当严重。张居正任首辅时，进行了一系列改革。农业方面的改革措施有：(1) 清丈全国土地。(2) 任用杰出的治河专家潘季驯领导治理黄河、淮河。(3) 改革赋役制度，实行“一条鞭法”。张居正的改革，暂时缓和了阶级矛盾，促进了农业生产的发展。

清朝统治者入关之初，对农业很不重视。顺治元年（1644 年），下令圈地，共圈夺民田二十五万顷。清王朝在关内的庄田和一般旗地主要是通过“圈地”而形成的。圈地对农业生产造成很大破坏。直到康熙年间，才逐渐改

---

[1] 《洪武实录》243 卷。

[2] 据顾炎武《日知录》12 卷《水利》。

变原来的野蛮做法，下令停止圈地，并把明代藩王所占田地退还给农民耕种，称为“更名田”。并奖励垦荒。还整顿赋役制度，“摊丁入亩”，即把丁银摊入田赋银中一并征收。从此，中国历史上几千年来的人头税，基本上被废除。农民相对地减轻了一些赋役负担，并使封建国家对农民的人身束缚逐渐削弱，有利于农业的发展。

在秦统一后的两千多年里，封建统治者虽然一贯采取“重农抑商”的政策，但并没有找到稳定发展农业的道路和行之有效的一整套管理办法。农业生产一再出现无法克服的危机。这是由地主制封建社会的根本矛盾决定的。在地主制条件下，土地被以皇帝为首的地主阶级所占有，而广大直接从事农业生产的农民没有或很少土地。由于官僚豪强的掠夺和土地买卖的存在，土地兼并是秦汉以后封建社会无法根治的顽症。土地兼并的结果不是商品化的大农业，而是大批农民失去土地，无法生存，最终走上反抗的道路，导致农业生产的危机。但封建国家对土地兼并所能起的抑制作用是非常有限的，而必须经过大规模的农民起义才能有较大程度的缓和。封建国家对农业的管理主要体现在以下几个方面：（1）承认农民夺回或开垦的小块土地，轻徭薄赋，使农民能够进行正常的农业生产。（2）把荒地分给农民耕种或组织农民开垦。（3）用政权的力量组织兴修水利。（4）用贷款、建立常平仓、调节物价等方法使自耕农、半自耕农能维持简单的再生产。（5）派官吏检查、督促。（6）用政府的力量推广先进农业技术。

第四节　手工业管理

夏商时期，已经有一些手工工匠，专门生产各种手工制品，如青铜器、陶器、丝织品等。手工业生产都是为王室和奴隶主贵族服务的，由王或贵族的家臣进行管理。工匠的身份是奴隶。在殷墟和郑州商城遗址，都发现有为王室所专用的青铜器铸造作坊，内部有比较细致的分工，有世代从事生产擅长专精技艺的工匠。青铜器制品有二十多种，最常见的是礼器、酒器和用具。此外，在奴隶制的部落组织中，奴隶主迫使人民进行无偿的集体劳动，在男子从事农业劳动的同时，妇女集体纺织。

西周的官府手工业更为发达。工匠统称百工，由家臣头目宰总管，听命于王后。工匠有技师进行具体指导和管理，这种技师称为工师。又有监工进行监督。此外，还有专管制陶的官，称为陶正；有专管造酒的官，称为大酋。城市、宫廷建筑由司空负责。西周对手工业生产比较重视，对工匠比较优待。如周初严厉禁酒，唯工匠不在禁止之列。在农奴的家庭中，有简单的家庭副业，如织布等。

春秋战国时期，除官府手工业外，开始出现私营手工业者。他们一般在自己家内从事生产，也有的在城市市场内设立作坊店铺，就是《论语·子张篇》说的“百工居肆，以成其事”。个体手工业者主要从事木工、车工、陶工、皮革工等作业。战国时期，出现少数豪民经营的大手工业，主要是冶铁业和煮盐业，直接生产者是依附贫民、雇工和奴隶。鲁国的猗（yī）顿以煮盐起家，魏国的孔氏、赵国的卓氏和郭纵以冶铁致富。在官府手工业和个体手工业之外，还有作为农民家庭副业的手工业。官府手工业主要用来满足封建统治者本身的需要，如战争用品和奢侈品，设专门的机构或官职进行管理。春秋时鲁、齐、宋等国皆有工正，楚国有工尹，战国时燕国有工尹，韩国有大工尹，秦国有工室丞，都是掌管手工制造的官员。韩国的少府是掌管储藏王室私财的机构，其附属的作坊能制造射程较远的弓弩。官府手工业的直接生产者是官奴、刑徒和征发来的民工，有时还用雇工，即“佣客”。其产品常标出督造机构、司造的各级官工和生产者的名称。云梦秦简中有《工人程》，对官营手工业作坊中劳动的隶臣、妾，即官奴，定出具体计算劳动力和劳动时间的方法。战国时期，各国从中央到郡县地方政权，都拥有各种官营手工业作坊，并有一定的管理监造制度。秦和三晋的官营手工业，一般分为造者、主造者和监造者三级。秦国兵器的制造，由工师、丞、士上造、工大人等主造，中央一级由相邦（即相国）监造，郡一级由郡守监造，而直接制造者叫做“工”，“工”中包括鬼薪、城旦等刑徒，也有服兵役的更卒。三晋兵器的制造，主要由中央或县的武库所属的作坊制造，由工师、冶尹、左右校等主造，中央一级由相邦、守相、邦司寇、大攻（工）尹等监造，县一级由令、司寇监造，而直接制造者叫做“冶”。司寇原是掌管刑法的官，三晋官营手工业常用司寇来监造，说明所属工匠中必然有一部分是刑徒。齐国官营手工业同样有三级监造的制度，除直接生产者外，由“立（莅）事”者监造，工师主造。楚国官营手工业的情况稍有不同，所制造的铜器一般只刻上“冶师”以及“差（佐）”的姓名，没有直接制造者的名字。这种三级管理监造制度，后来为秦汉王朝继续采用。[1] 私营手工业作坊经营的主要是和国计民生有重大关系以及为统治者奢侈生活服务的

---

[1] 参考杨宽：《战国史》85 页。

部门，如冶铁、煮盐、酿酒、高级织物之类。个体手工业者主要拿他们的产品与农民交换农产品，有时被官府所雇用。作为农民家庭副业的手工业，主要是满足自身的需要，也有小部分用于交换。国家对私营手工作坊、个体手工业和家庭副业中的手工业，都征收一定的税。豪民开发的矿山和海池，大体上向官府租借而缴纳一定的租金。

汉代的官营手工业有很大的发展。官营手工业大致分为两类：自用类和营利类。所谓自用，主要是指专供皇室及军用的手工业。管理这种手工业的机构，最重要的是少府。少府是管理皇帝私人财产和生活服务的机构，下属机构最多，其中一部分就是负责管理官营手工业的。如：考工令掌制造弓、弩、刀、甲等兵器。制成后，刀甲等兵器藏在武库（属京师守卫官执金吾），弩藏在少府的另一下属机构若卢。考工令东汉转属太仆。尚方令掌制作御用镂镶金银珠玉等贵重物品，如鼎、壶、钟、弩机、宝剑等。东汉宦官蔡伦做尚方令时，总结西汉以来用麻质纤维造纸的经验，创造用树皮、麻头及敝布、鱼网等造纸的新方法，成为我国造纸术的发明人。御府令掌制做宫内所穿衣服。左、右织室令掌织作祭服。东园匠令掌制做丧葬用的器物，如金镂玉衣之类。左、右司空令掌制作陶瓦。少府所用工匠，主要是刑徒和奴隶。少府以外，皇帝又在著名手工业地区设工官，专做皇室所需物品。如在齐郡临淄设三服官，主作皇帝冠服。汉元帝时，三服官各有织工数千人，每年费钱数万万，专制冰纨（wán）、方空縠（hù）、吹絮纶等精细丝织物。《汉书·地理志下》说："故其（指齐地）俗弥侈，织作冰纨绮绣纯丽之物，号为冠带衣履天下。"又在陈留郡襄邑设服官，专造衮龙文绣等礼服。还在蜀、广汉设工官制造漆器、金银钔（kòu，镶嵌）器。[1] 将作大匠负责营建宗庙、宫室、陵园等。所谓营利，主要是一些社会所需要的产品，由官营手工业制作出卖，国家从中得到好处。这一类手工业最重要的有煮盐、冶铁、铸钱三项。汉武帝以前，这三项手工业被贵族官僚和豪富所操纵。汉武帝把这三种手工业都收归官府经营。其具体做法是：在全国产盐铁的地方设立盐铁专卖署，并任命当地的大盐铁商为盐官或铁官，管理煮盐、制造铁器和买卖盐铁事务。当时所设的盐官有三十七处，铁官四十九处。盐官雇募贫民，发给煮盐用的"牢盆"，按盆数给工价，产品由官家发卖。铁官经营采冶铸造，发卖铁器。在铁官里劳动的有徒、卒、工匠。盐铁官统属于大司农，东汉转属地方。《后汉书·百官志三》本注说："郡国

---

[1] 参考范文澜：《中国通史》第2册，人民出版社1978年第5版，75－76页。

盐官、铁官本属司农，中兴皆属郡县。”酒的酿造和专卖，也都是官营，由大司农的属官斡（guǎn）官长负责。铸钱由水衡都尉的属官钟官、辨铜、技巧三官负责。具体分工是：钟官负责铸造，辨铜负责审查铜的质量成色，技巧负责刻范。所铸钱币，统称五铢钱。五铢钱重如其文，质量很高，便于流通，成为当时唯一合法的货币。以冶铁为首的三大手工业，自汉武帝收归官营以后，私营全部衰落。剩下的民间手工业，一般是规模较小的“作”和称谓“女红（工）”的家庭手工业。在民间手工业特别兴盛的地区，朝廷特设工官，负责征税。汉武帝死后，经过贤良文学与桑弘羊等辩论，取消了酒的专卖和关内铁官，对汉武帝的官营政策作了限制和修改。东汉地方盐铁事业，归郡管理。《后汉书·百官志五》说：“其郡有盐官、铁官、工官……本注曰：凡郡县出盐多者置盐官，主盐税。出铁多者置铁官，主鼓铸。有工多者置工官，主工税物。”和帝即位后，下诏罢盐铁之禁。《后汉书·和帝纪》载诏令说：“昔孝武皇帝致诛胡、越，故权收盐铁之利，以奉师旅之费。……而吏不良，动失其便，以违上意。先帝恨之，故遗戒郡国罢盐铁之禁，纵民煮铸，入税县官（官府）如故事。”自此以后，大地主、大商贾又重新公开冶铁制器。但官府作坊仍有一定的规模，与私人冶铸并存。桓帝时，曾任五原太守的崔寔（实）说：“边民敢斗健士，皆自作私兵，不肯用官器。”❶ 在大地主的田庄内，有冶铁、织麻、木器、酿酒等手工业。

三国时期，常常设置一些专官（多为武官）管理盐铁等手工业生产。如魏国有监冶谒者、司金都尉、司金中郎将；蜀国有司金中郎将、司盐校尉（或称盐府校尉）、典曹校尉；吴国有司盐都尉、司盐校尉、典船校尉等。西晋将冶铁之事归卫尉管理，卫尉属官有诸冶令、南北东西督冶掾。有冶令三十九，户五千三百五十，皆在江北。江南梅根、冶塘二冶，属扬州管辖。少府成为以管理官府手工业为主要职责的机构，属官有材官校尉（领工匠土木之事）、中左右三尚方令（掌造皇室所用刀剑等兵器及玩好器物）、甄官令（掌制陶、瓦器）等。东晋、南朝和北魏，冶铁亦归少府（北魏太和年间改归太府）掌管。营造之事，归尚书起部和将作大匠负责，有事则置，事毕即省。南朝各州设作部，掌制造各种手工业品。北周有司织下大夫掌织染，铁工、冶工中大夫掌冶铸，匠师中大夫掌城郭宫室营建，司木中大夫掌管木工，新设军器监掌造武器。在整个魏晋南北朝时期，手工业仍有官府和民间之分，而官府

❶ 《政论》，见《群书治要》45 卷。

手工业占优势。在官府手工业中，直接从事生产的是官府工匠，工匠的地位低于编户农民。官府手工业主要有纺织业、矿冶业、造纸业、造船业、制盐业、制瓷业等。地主庄园中有纺织、酿造、制造生产工具等手工业生产。北魏对手工工匠控制很严，不准改业，必须世袭，禁止私人占有工匠。私家较大规模的手工作坊，主要掌握在官僚豪族手中。从东汉末年起，在官府向农民征收的租税中，有一种征收纺织品的户税，也称户调。这种税制对促进家庭手工业的发展，有很大的影响。

隋初沿袭北魏、北齐制度，以太府寺管理官府手工业。隋炀帝从太府寺分置少府监，太府寺专管府藏，少府监专管官府手工业。少府监的下属机构有左尚方、右尚方、内尚方、司织、司染、铠甲、弓弩、掌冶等署。官府工匠地位很低，极少人身自由。隋炀帝营建东都洛阳时，任命尚书令杨素为营建东都大监，纳言（即侍中）杨达、将作大匠宇文恺为副监，每月役使丁匠二百万人。次年建成。尚书省工部总管城建、工匠等政令。

唐代手工业主要掌握在官府手中，由官府直接经营，其产品主要供给宫廷、贵族、官僚、官府的消费和使用。官府手工业的管理机构有工部、少府监、将作监、军器监。工匠以州县为团，五人为火，五火置长一人。受官府雇佣的，每天绢三尺，其中技巧好的工匠，无工作时也给一定的佣金。除工匠外，在官府手工业作坊中劳动的，主要有官奴婢、刑徒、番户和杂户（官奴婢赦免者）等。唐代的私营手工业比较普遍，最大量的是个体农民的家庭副业。其产品在自用和纳税有剩余时，也可拿到市场出售。私营手工业作坊大多集中于城市，有织锦坊、纸坊、染坊、铜坊等。定州富豪何明远，资财巨万，有绫机五百张。作坊主多是技艺熟练的师傅。还有地主经营的茶园。如张守珪经营的茶园，每年招男女采茶工一百多人。武器禁止私人铸造，违者处以流刑或死刑。盐的经营唐初本归州县。肃宗乾元元年（758 年），第五琦任盐铁使时，曾实行官产官销；刘晏兼管盐铁转运时，主要令盐户自行生产，在盐官的监督下出售给盐商，政府从中抽税，“天下之赋，盐利居半”。

宋朝前期，官府手工业总领于三司使下的盐铁使。盐铁使下设胄案、都盐案、铁案等。另外户部使下属有修造案。元丰改制后，恢复工部、少府监、将作监、军器监等机构的职权。南宋将少府监、将作监、军器监都并归工部。北宋太宗太平兴国三年（978 年），在少府监内附设文思院，为制造宫廷所用器物的手工工场。内有四十二种官府手工业作坊，从金银犀玉到各种丝织以及奢侈品，无所不有。此外，下属机构还有绫锦院、染院、裁造院、文绣院等。内侍省又有一个造作所，领有八十一种手工业作坊，主要制造禁中及皇属婚娶名物。另有后苑造作所。宋徽宗时，在苏州、杭州特设造作局，掌供应宫廷所需珍巧器物的制造。后在苏州加设应奉局，专门搜罗花石造作供奉之物。南宋时，苏州、杭州、成都都开办官营织锦院，各有织机数百台，工匠数千人，规模宏大，产品精致美观。将作监所属有修内司（掌宫城、太庙缮修之事）、东西八作司（掌京城内外缮修之事）、窑务（掌制砖瓦）等。官营手工业以矿冶业、造船业、制瓷业、印刷业、造纸业、纺织业等最为发达。官府所办各种矿冶场，分布于全国各地。官营作坊所造的纲船（漕运船），真宗时年产量达二千九百一十多艘。最大的内河航行船，可载米一万二千石，约六百六十吨，最大的海船，载重量超过千吨。国子监刻印的书版，有十多万块。宋代独立手工业者的数量比前代增多。在纺织业中，出现一些独立丝织业作坊，叫做“机户”。茶叶制造业大都是私人经营，北宋初年仅建安（今福建省建瓯县）一地就有茶叶作坊一千三百三十六所，私人经营的一千三百零四所，官营的三十二所。在开封有拥有五十余炉的制饼工场。农村中有些豪绅地主经营的作坊，除满足自身需要外，也有一定数量的产品用于出售。私营作坊使用雇佣工匠，支付钱米作为雇值。丝织业是农村中最常见的家庭手工业，但已不只是为了自给，有些已在从事商品生产了。当时农村丝织业的盛况，李觏（gòu）曾有过生动的描述：“平原沃土，桑柘（zhè）甚盛，蚕女勤苦，罔（不）畏饥渴。……茧箔山立，缲（sāo）车之声连甍（méng，屋脊）相闻。非贵非骄，靡不务此。……争为纤巧，以渔倍息。”❶ 对民营手工业，官府一般不加限制，矿冶、造船、印刷、纺织、制瓷等，民间都可经营。政府用征税与和买的办法，对民营手工业进行榨取。博买务、市买院就是北宋时期设置的管理民营手工业的机构。南宋初年，宋朝官府在东南诸路搜括的丝织品，计绸三十九万匹，绢二百六十六万匹，绫、罗、绝（shī，粗绸）三万余匹。北宋金属产品的征税率是十分之二。据《文献通考》十八卷《征榷考·坑冶》高宗建炎七年条记载，神宗熙宁时，以“金银坑冶召百姓采取，自备物料烹炼，十分为率，官收二分，其八分许坑户自便货卖”。按官方统计数字，几种金属岁课所得如下：铁，北宋初年为六百多万斤，中期增至八百多万斤，而唐宪宗元和初年约为二百万斤；铜，太宗末年是四百多万斤，神宗元丰元年猛增至一千四百多万斤，而唐宣宗时只有

---

❶ 《李直讲文集》16 卷《富国策》三。

六十五万斤；银，神宗时为二十多万两，超过唐朝数倍。[1] 从总体来看，宋朝的手工业有很大的发展，但各种手工业产品中的绝大部分，都被皇室、官府、地主、富商掠夺了去，广大手工业劳动者和把手工业作为家庭副业的农民，不仅无权享受这些物质财富，而且仍过着悲惨的生活。这种极不公平的情况，在一些诗中得到了反映："遍身罗绮者，非是养蚕人。"[2] "陶尽门前土，屋上无片瓦。十指不沾泥，鳞鳞居大厦。"[3] 封建地主阶级对手工业劳动者的残酷掠夺和高度中央集权的管理体制，是当时手工业进一步发展的严重障碍。

元代手工业管理的最大特点是官府对手工业及手工业者控制的加强。官办手工业空前发达，垄断了很大一部分手工业生产，其规模和产量远在宋、金之上。官营的手工业手坊，有的属于封建政府管辖，有的属于皇亲贵族经营。皇亲贵族经营的手工业，是官手工业的补充。工匠受国家严格控制，被官府固定地编籍为匠户。匠户大致有两种：系官工匠和民匠。系官工匠编隶于各种手工业局院，从官库支领物料或物料钱，支领口粮、衣袋以及盐、钞，为局院完成定额的产品。在完成定额以外，可以自行造作。民匠自备物料和工具，自行造作售卖；官府可派给一定的工作，或临时招入局院造作。此外，又有隶属于军籍的军匠和隶属于贵族、勋臣的投下工匠。系官工匠分别属于工部、将作院、大都留守司、武备寺和地方官府几个系统。具体管理官匠的机构有院、局、提举司，一般以行业划设。世祖至元二十四年（1287 年）元政府规定，在南方，五百户以下设院，二千户以下设局，二千户以上设提举司。院有院长，局有大使、副使，提举司有提举、同提举、副提举：这些都是匠官。院、局、提举司的上面有时设总管府，下面都有"作头"（工长）。官手工业都是为了封建政府统治人民和皇帝、贵族挥霍浪费的需要而设置的，种类繁多，由官府、贵族直接经办，拥有充足的人力和物力，虽然生产效率不高，但由于能工巧匠多，物资原料充沛，因而生产出许多精美的产品。官手工业经营的主要行业有：毡罽（jì）业、丝织业、兵器业、矿冶业、制盐业等。矿冶业、制盐业的生产者单独编户，称为窑冶户和盐户。元代手工业的进步主要表现在生产技术的提高上，但这种进步是在严格封建控制下通过驱使工匠进行强制劳动取得的，投入的人力、物力和技术代价过多、过高，成本昂贵。管理非常混乱，缺乏会计核算，产品没有统一规格，验收不严。匠官贪污严重，营私中饱。而对手工业发

---

[1] 参考朱绍侯主编：《中国古代史》中册 353 页。

[2] 张俞：《蚕妇》，《宋文鉴》26 卷。

[3] 梅尧臣：《宛陵先生集》4 卷《陶者》。

展影响最大的，是对匠户奴隶般的管理。匠户皆掌握专门的手工艺技术，子孙世袭，由政府发给一定的口粮，长期被聚集在官营手工作坊或工场内工作，经常受官吏的鞭打和奴役，昼夜不得休息，又不能自由离开或改业，不仅失去了营业自由，而且失去了人身自由，其处境和奴隶、半奴隶差不多。这种情况，不仅阻碍了当时私营手工业的发展，而且使官手工业也受到很大的限制。元代的民间手工业也有一定程度的发展。民间手工业大致有两种：一种是家庭手工业，一种是手工业作坊。家庭手工业是农民自给的生活必需品和完纳赋税的重要来源，具有普遍性。这种家庭手工业主要限于丝织、棉织、麻织等行业。特别是棉纺织业，是元代从民间开始兴起的一项手工业，发展很快。世祖至元二十六年（1289 年），元政府在浙东、江东、江西、湖广、福建等省设置木棉提举司，"责民岁输棉布十万匹"❶。后来，元政府又规定南方某些地区用木棉布代替地税，并在南方一些省大量和买木棉布。这样又反过来促使江南地区家家户户必须生产木棉和棉布。民间手工业作坊的经营范围主要是纺织、陶瓷、酿酒等。出现了一些专门以机织为生的机户。杭州城内，有的丝织业手工作坊，拥有织机四五架，雇工十余人。私营作坊规模较小，工人的劳动条件差，强度大；产品由作坊主作为商品向市场出售。作坊主和工人之间除了雇佣关系外，没有其他关系，工人可以自由选择作坊，工人的工资根据技术高低而有所不同。在这一类作坊中，封建压迫较少，工人的生产积极性较高，因而与规模大、条件好的官手工业作坊相比，反而效率高、成本低，有些部门的产品质量和生产技术超过了官手工业。但这种新式手工业作坊不可能充分发展起来，原因是缺少必要的历史前提。恩格斯说："包含着整个资本主义生产方式的萌芽的雇佣劳动是很古老的；……但是只有在历史前提已经具备时，这一萌芽才能发展成资本主义生产方式。"❷ 元朝是靠军事征服建立起来的封建集权政府，对民间手工业限制很严，如严禁私人开采铜矿，铁产品全部由政府控制，用和买、赋税等办法强征民间纺织品，强迫民间工匠服官府差役等。富民也常常依靠官府势力，垄断手工业产销。

明王朝建立后，继承元代工匠世袭制度，把全国所有工匠分别隶属于工部、内官监（宦官衙门）和五军都督府，称为工匠和军匠。工匠按服役形式的不同分为轮班、住坐、存留三类。军匠从事军械生产，一切活动都按军事制

---

❶ 王逢：《黄道婆祠》（序），《梧溪集》3 卷。

❷ 《马克思恩格斯选集》第 3 卷 311 页注。

度的规定进行。轮班工匠，即按规定时间应征服役，称为班匠。班匠约有二十三万，占工匠总数的百分之八十。班匠三年服役一次，为期三个月，平均每年服役一个月。其余时间可自己掌握，从事不同技术行业的生产活动。景泰五年（1454年），改为四年一班。嘉靖四十一年（1562年），朝廷又发布轮班工匠以银代役的法令，规定四年一班的工匠，每人每年出银四钱五分，用以代役。这些变化，使封建统治者对工匠的人身控制有所松弛，有利于手工业生产的发展。存留工匠是因特殊需要在地方做工的工匠，直接由本地官府负责管理，不必到京师应役。住坐工匠则全部是由民间征集调发的具有一定工艺技术的农民，服役时间为一月十天，有明确的生产定额。总之，明代工匠的待遇，较元代有很大的改善。❶ 官营手工业的产品，主要是供给皇室的消费和封建国家的急需，与市场几乎没有任何联系，不具有商品的性质。如官营铁冶业生产的铁绝大部分都送往工部虞衡司所属的军器局和宝源局及有关官府手工业作坊，用以制造武器和御用器皿。明代的民营手工业有较大的发展。以冶铁业为例：明初官营铁冶所全国共十五所。以河北遵化铁冶厂的规模最大，役使工匠达二千五百六十人。民营铁冶业则比比皆是，仅福建就有六十八处，广东的惠州、潮州有四十三处。民营冶铁业的规模也相当大，就其使用劳动力而言，广东南海县的炼铁厂，崇祯年间达三五千人。铁产量创历史最高纪录，永乐初年就达到一千九百多万斤（内含民营铁产量一百一十多万斤）。嘉靖年间，仅广东一省的年铁产量，就达到六百多万斤。明代的钢铁产量在当时世界上居于领先地位。而明代钢铁生产的高度发展是以民营冶铁业为基础的。从永乐元年到宣德九年的三十一年间，民营冶铁的产量提高了六倍。民营冶铁业有两种：一种是定税执照方式；一种是政府招商承办方式。定税执照方式，即由政府批准，定税发给执照，才能采矿冶炼。政府招商承办方式，是一种由政府管理、商民进行采矿冶炼生产的形式。此外，还有一些是未经法律准许的商人自己经营的冶铁业。民营冶铁业除了交纳矿课之外，基本上是商品生产。但由于封建政府的严格控制，窒息了其中资本主义因素的发展。❷ 一般民间手工业的产品，首先要作为贡课上缴给官府。明政府不仅牢牢控制官手工业，如在南京设立内织染局、神帛堂和供应机房，在苏、杭等地设立织染局，直接控制丝织业生产；而且对民营手工业，特别是民营的采矿、制瓷、纺织、制盐、制茶等手工业，实

---

❶ 参考《中国古代史常识·明清部分》，中国青年出版社1980年版，38－40页。

❷ 参考黄启臣：《明代钢铁生产的发展》，见山西省社会科学研究所编：《中国社会经济史论丛》，山西人民出版社1982年版，431－445页。

行种种限制和野蛮掠夺。如明政府一再禁止民间开采煤、铁等矿。嘉靖以后，在景德镇实行“官搭民烧”制度，将一部分原由官窑生产的瓷器，搭民窑烧造，给价很低，烧不成要按价赔造，许多民窑因此而破产。丝织业中有领织制度，政府以钱粮银两或预先买好的丝料发给机户，机户织毕交官取酬。机户常常赔本破产。盐、茶更归政府专卖，商人未经许可，不得染指。万历时，明政府为解决财政困难，派遣大批太监充当税使、矿监，四出课敛诛求，向民矿、民窑、机户等大肆勒索，激起手工业工人和作坊主的强烈反抗。

清朝的官手工业，主要由工部和内务府管理。工部的下属机构有营缮、虞衡、都水、屯田四个清吏司和制造库等。营缮清吏司掌管都城、宫苑、坛庙等项营缮工程及琉璃瓦的烧造等。虞衡清吏司掌制备官用器物，包括铜锡器、铁器、陶器、木器等，供备衙门领用；并制备军装、军火及旗帜等物，供在京军营及近京旗营领用。都水清吏司掌管船只的修造。屯田清吏司掌管陵寝工程及所用材物（灰、石、砖、木等）的开采烧造。制造库所属有银作、镂（sōu，刻镂）作、皮作、绣作、甲作及帘子库、门神库等，分别制造册宝、车驾、仪仗、祭器及宫殿金铁饰件、帘幕、棕毡、更鼓、门神等项。另设工部钱法堂，掌宝源局铸钱事务（户部亦有钱法堂，掌宝泉局铸钱事务）。特设管理火药局，掌火药制造与存储。内务府广储司银、皮、瓷、缎、衣、茶六库之下，设有七作二房，即银作、铜作、染作、衣作、绣作、花作、皮作、帽房、针线房，分别承做交办各项物品。与广储司性质相近的单位有三织造处、织染局和绮华馆。三织造处分别设于江宁、苏州、杭州，各设织造（官名）一人，掌织造“上用”、“官用”绸缎布匹，每年解京一次。织染局设专管大臣，掌织染绸缎事务。绮华馆由内务府大臣兼管，专门织造绸绉（zhòu）。内务府所属又有营造司，掌宫庭缮修工程。内设铁作、漆作和炮作，掌制造铁器、油漆、花炮等物。另外，由内务府管辖的武备院，内设四库，负责督造与收储伞盖、鞍甲、刀枪、弓矢、靴履等物。还有一个设于内廷的养心殿造办处，也是负责造办宫廷所用器物的机构，辖有金玉作、铸炉处、造钟处、炮枪处、鞍甲作、弓作、珐琅作、玻璃厂、铜镂作、匣裱作、油木作、灯裁作、盔头作等。清朝的工匠管理制度发生了根本性的变化。顺治二年（1645 年），清政府曾一度宣布取消匠籍和免征代役银，但不久又予恢复。康熙以后，把工匠代役银（即班匠银）一概并入田赋内征收，工匠代役银和匠籍的制度才逐渐废除。从此以后，手工业者对封建国家的人身依附关系又有进一步的松弛。但手工业者的行会都是政府直接控制下的组织，行会的成员要向政府服役和纳税。官手工业使用工匠，都是按日计工。官手工业使用的工匠，分为十六类，即金工、木工、竹工、藤工、石工、瓦工、土工、丝工、帛工（裁缝）、革工、角工（以牛角制器物）、筋工、纸工、漆工、画工、染工。每一类各按工序的不同，再行分工，共分五十三种。❶ 清朝对民营手工业的管理较为宽松，除军器、铸钱外，都准许民间经营。康熙、雍正时，允许民间开采铜、铁矿，把冶铜和煮盐都改为私营或官督商办，原来私人织机不得超过一百张的禁令也予取消。在全国各大小城市和市镇中，普遍存在着磨坊、油坊、酒坊、机坊、纸坊、酱坊、弹棉花房、糖坊、木作、铜作、铁作、漆作等大小手工业作坊。手工业生产水平超过明代，具有资本主义性质的作坊和手工工场也比明代增多。但这类手工业作坊和工场，不仅数量少，而且仍不能完全摆脱政府的控制和行会的束缚。而手工业中的绝大部分，仍是小商品生产，在农村占重要地位的依然是与农业紧密结合的家庭手工业，在城市则几乎还都是行会的手工业。行会的存在，严重阻碍着手工业的进一步发展。

从 17 世纪上半期开始，西方资本主义国家开始同中国贸易。直到鸦片战争前，清政府一直实行闭关政策，限制对外贸易。但资本主义国家的工业品，包括毛织品、棉布、棉纱、金属制品等已陆续进入中国市场。鸦片战争后，中国门户洞开，洋布等工业品大量入口，使沿海地区的手工业首先受到打击，但内地的自然经济，依然起着极大的抵抗作用。从 19 世纪 50 年代开始，英、美、德、俄等国资本家在中国开办工厂，如船厂、磨粉厂、制药厂、制酒厂、砖茶厂、肥皂厂、榨油厂、缫丝厂、造纸厂、香烟厂、铁锅厂等。与此同时，“洋货”的进口量迅速地逐年增加，除棉纱、棉布、煤油等大宗商品外，连各种日用杂品如染料、油漆、铁、铁钉、针、火柴等（被称为“洋漆”、“洋钉”、“洋火”等）也涌入中国市场。这种情况，对中国传统的手工业是致命的打击。有人惊呼：“洋布、洋纱、洋花边、洋袜、洋巾入中国，而女红失业；洋油、洋烛、洋电灯入中国，而东南数省之柏树皆弃为不材；洋铁、洋针、洋钉入中国，而业冶者多无事投闲，……所以然者，外国用机制，故工致（细密）而价廉，且成功亦易；中国用人工，故工笨而价费，且成功亦难。华民生计，皆为所夺矣。”❷ 清朝统治者为了维持其自身的统治和镇压人民革命

---

❶ 参考张德泽：《清代国家机关考略》第 2 章第 6 节及第 3 章第 2 节。

❷ 郑观应：《盛世危言》7 卷，光绪二十一年刊本 20 页。

斗争的需要，从19世纪60年代到90年代，兴起了洋务运动。购买洋枪洋炮，使用机器，开矿办厂，是洋务运动的重要内容。在办洋务的封建官僚们主持下，中国开始有了一批不同于传统的官营手工业的新式官办企业。这些企业使用新式机器，雇用大量工人，大体按照西方机器工厂的组织形式来进行生产。但其产品只供应给国家和军队，并不作为商品出售。这些企业不仅为封建官僚所控制，而且对外国资本帝国主义有很大的依赖性。官办企业大部分是军事工业，著名的有上海江南制造局、天津机器局、福州马尾造船局、广州机器局、湖北枪炮厂等。这些官办军事企业的产品，不计成本，不管盈亏。工厂所用机器全部买自外国，技术依靠外国，原料、材料以至产品的许多部件、零件，几乎也都是从外国买的。经营管理极其腐败，用封建官僚衙门的习气办企业。管理机构庞大，讲究排场，不顾实效。有的官员挂名坐食高俸。除官办企业外，还有官督商办和官商合办两种形式的企业。官督商办企业如轮船招商局、开平矿务局、大冶铁矿、汉阳铁厂、上海机器织布局等。轮船招商局是经营民用航运的，采掘冶炼工业和纺织工业的产品全部或大部分是作为商品出售的。这一批企业中，少数完全由官方投资，大部分除了官资外，还召募私人资金入股。这类企业的领导权全都掌握在洋务派官僚手中，也是用封建官场习气管理。这些企业虽然享有某些特权，但许多还是由于经营不善而亏损倒闭。不管亏本还是赢利，承办官员都从中饱了私囊。官商合办企业如湖北纺纱局等，名义上是官商各出股份，共负盈亏，但是实际上管理权仍然完全属于官方。官办和官督商办的民用企业，总是企图利用官势造成垄断局面。纯粹的私营企业受到官府种种限制（如不准购买进口纺织机器），并且要交纳苛重的官税和遭受层层官衙的勒索，因此很难发展起来。❶ 中国传统的民间手工业作坊，在鸦片战争后的几十年间，纷纷倒闭。清朝政府在中日甲午战争中的失败，宣告了洋务派官僚官办工业的彻底破产。帝国主义列强通过资本输出和商品输出加紧对中国的掠夺。本来已经趋于解体的中国自然经济，在许多地区进一步面临崩溃瓦解的境地。上述种种情况，为中国民族资本主义的发展创设了条件。农民家庭手工业的倒闭，使农村日用必需品进一步依赖城市，为资本主义的发展扩大了商品市场。农民和手工业者倾家荡产，纷纷流入城市，为资本主义提供了劳动力市场。农产品自给性质的衰退，商品性质的加强，则为资本主义的发展扩大了原料来源。甲午战争后，中国民族资本主义有了初步的发展。据不完全统计，从

❶ 参考胡绳：《从鸦片战争到五四运动》，人民出版社1981年版，308－328页。

光绪二十一年到二十六年（1895—1900 年）六年间，全国各地新办的私人资本工矿企业，其创办时资金在一万元以上的，共有一百零四个，资本总额为二千三百多万元。在民族资本家中，有一小部分是由手工业作坊转化来的，这部分资本家居于民族资本的中下层，他们不但无力抵抗外国资本和本国封建势力的压迫，而且受到民族资本的上层势力（由地主、官僚、封建大商人转化而来）的排挤，发展十分艰难。

第五节　商业管理

商业和农业、手工业一样，也是很古老的经济形态。社会经济的分工，是商业存在的基础。恩格斯说："游牧部落从其余的野蛮人群中分离出来——这是第一次社会大分工。游牧部落生产的生活资料，不仅比其余的野蛮人多，而且也不相同。同其余的野蛮人比较，他们不仅有数量多得多的牛乳、乳制品和肉类，而且有兽皮、绵羊毛、山羊毛和随着原料增多而日益增加的纺织物。这就第一次使经常的交换成为可能。"❶ 最初的交换是在氏族之间进行的，交换方式主要是以物易物。中国古籍中有关于"祝融作市"的传说，市就是交换货物的处所。夏商时期，商业有进一步的发展。商品交换主要在奴隶主之间进行。主要商品是奴隶和家畜——尤其是奴隶。商业上使用的交通工具主要有舟、车、牛、马和象。贝是当时比较通行的货币。❷ 有不定期的集市。《易·系辞下》说："日中为市，致天下之民，聚天下之货，交易而退，各得其所。"由市发展成最初的城市，成为政治统治的中心。城是国家的象征。传说"夏鲧作城"，是有一定历史根据的。进入阶级社会并产生国家以后，商业为奴隶主服务，并在奴隶制国家的直接控制之下，是中国商业发展的一个特点。而欧洲古希腊的雅典，是在商品经济有了比较充分的发展以后才出现奴隶制国家的。

西周的商业仍由官府控制。商贾和百工一样，隶属于官府。《国语·晋语》说那时的情形是："庶人工商，各守其业，以共其上（供给官府和贵族的需要）。"开始设立管理市场的官，称为市或治市。交换的商品主要有奴隶、牛马、兵器和珍宝。在商业交换中，主要的货币仍是以朋为计算单位的贝，并且使用布帛币、玉币、金币（铜块）。西周统治者对商业采取保护的政策。❸

---

❶ 《家庭、私有制和国家的起源》，《马克思恩格斯选集》第 4 卷 156 页。

❷ 参考吕振羽：《殷周时代的中国社会》，三联书店 1962 年版，56－68 页。

❸ 参考张鸿才等：《西周的市场管理》，《西周史研究》74－77 页。

贵族也有少数经商的。《诗·大雅·瞻卬》："如贾（gǔ）三倍，君子是识。"说的就是王朝贵族只知道做买卖获三倍利润的事情。

春秋时期，"工商食官"的局面逐渐被打破，出现了独立的个体商人。这些商人不属官府所有，自己能支配自己的经济，有私有的运输工具，如果经营得好，可以很快致富。他们"察其四时，而监其乡之资（视其贵贱有无），以知其市之贾（价），负、任、担、荷，服牛、轺（yáo，一马驾驶的轻便车）马，以周四方，以其所有，易其所无，市贱鬻贵"❶。私商是从田野发展起来的，最初是不合法的，后来禁止不住，官府只得承认其合法存在而征收商税。《孟子·公孙丑下》说："古之为市也，以其所有易其所无者，有司者治之耳。有贱丈夫焉，必求龙断（四面隔绝的独立高冈）而登之，以左右望，而罔（同'网'）市利。人皆以为贱，故从而征之。征商自此贱丈夫始矣。"春秋初期，在有的国家，如郑国，商人已成为与官府分庭抗礼的势力。郑桓公曾与商人订立盟约：商人不背叛公家，公家也不干涉商人的经营，更不夺取商人的货物。有的商人还参与政治、军事活动。各国政府对商业基本上采取开放政策，"毁关"、"去禁"。郑国商人的足迹，南到楚，北到晋，东到齐。孔门弟子子贡，"结驷连骑，束帛之币以聘享诸侯，所至，国君无不分庭与之抗礼。（以彼此平等的礼节相待）"❷。总之，在整个春秋战国时期，商人是一个新兴的活跃的阶层，并且有较高的社会地位和政治地位。越国将军范蠡，功成后弃官经商，"十九年之中三致千金"。卫国商人吕不韦，后来做了秦国的丞相。春秋战国时期的商业，虽然有突飞猛进的发展，但那是一种早期的贩运性的商业。它不是由于生产物商品化的结果形成的，而是相反地由于有了商业，才把已经存在的生产物变成商品。这种商业，利用地区差异、季节差异或供需失调等经济落后状态所造成的价格差额来赚取高额利润。它虽有促进产品交流的作用，但对社会经济又有一定的破坏作用。马克思说："商人资本的独立发展，是与社会的一般经济发展成反比例的。"❸ 当时的经济、政治都处在一个大变革时期。经济上由领主制变为地主制，个体农业和手工业逐渐成为社会生产的基础。政治上由分裂割据走向集中统一。各国统治者对商业的管理经历着逐渐认识并积累经验的过程。管理商业的方法和措施主要有：（1）齐桓公时，把商人列为四民（士、农、工、商）之一。工、商集中居住，集中管理，设置六

---

❶ 《国语·齐语》，上海古籍出版社 1978 年版，227 页。

❷ 《史记·货殖列传》，《史记》3258 页。

❸ 《资本论》第 3 卷，人民出版社 1966 年版，367 页。

个工商之乡。商人的子弟仍然经商。(2) 设立管理市场的官，如郑、卫、宋等国设褚师，吴国设市正，鲁国设贾正，秦国设盐铁市官等。(3) 征收商税。商税有三种：一是廛（chán，屋基）税，二是营业税，还有一种是关税。征税的情况各国甚至同一国家的不同时期都不一样。齐国桓公时一般商品五十税一，鱼盐完全免税。景公时则“逼介（界）之关，暴征其私”❶。秦国商鞅变法时，提高市上酒肉的税额，税额比成本高十倍，更规定加重关卡和市场上的商品税。(4) 由国家铸造金属货币。公元前524年，周景王铸造大钱，是我国文献中关于铸钱的最早记录。战国时期，各大国都铸造铜币。情况大致是这样：三晋和齐的钱币铸造权属于中央政权和各大商业城市的地方政权，秦、楚等国统一由中央政权铸造。秦国法律禁止民间私铸钱币，并规定：官府铸造的钱，不论好坏，一律通用，不准百姓挑选使用，也不准商店和官吏随意挑选。(5) 战国魏文侯时，李悝为相，实行“平籴法”。年成好时，政府以平价购入粮食，灾年再以平价出售。其目的是用官府的力量稳定物价，防止商人垄断粮价，以免造成“谷贱伤农，谷贵伤民”的现象，以稳定小农经济，巩固封建的经济基础。(6) 秦孝公时，商鞅实行变法，采取重农抑商政策：“僇力（尽力）本业，耕织致粟帛多者复其身（免除本身徭役）。事末利及怠而贫者，举以为收孥（连同妻子、儿女没入官府为奴隶）。”❷ 本业指农桑，末利是工商。还规定商人必须向官府登记各种奴隶（厮、舆、徒、童）的名字和数目，以便官府摊派徭役。

秦始皇统一中国后，继续实行重农抑商政策。琅邪台刻石写道：“皇帝之功，勤劳本事。上农除末，黔首是富。”❸ 对一般商人采取抑制打击的政策，对他们征收重税，并给予种种限制。把一部分商人及其子弟迁往岭南戍边。但对极少数大商人则采取拉拢的办法，甚至给予极高的荣宠。商业由官家和大商人操纵。他们独占工商大利，“盐铁之利，二十倍于古。”私人普通工商业者则受压迫，不得发展。但统一币制（黄金为上币，铜钱为下币）和统一度量衡，客观上又有利于商业的发展。

汉代的抑商政策有进一步的发展。刘邦即皇帝位后，令商贾不得穿丝织衣服，不得携带兵器自卫，不得乘车骑马，不得做官吏，商贾买饥民子女为奴婢，无偿释免，算赋（人丁税）比常人加倍。孝惠、高后虽稍有放松，但抑

---

❶ 《左传·昭公二十年》。

❷ 《史记·商君列传》，《史记》2230页。

❸ 《史记·秦始皇本纪》，《史记》245页。

商的基本政策并未改变。《汉书·食货志下》说:“天下已平,高祖乃令贾人不得衣丝乘车,重租税以困辱之。孝惠、高后时,为天下初定,复弛商贾之律,然市井子孙亦不得为官吏。”文帝、景帝都曾重申商人不得为吏的禁令,企图限制商人的发展。但是,当时的政治环境和管理商业的某些具体措施,又有利于商业发展的一面。《史记·货殖列传》说:“汉兴,海内为一,开关梁,弛山泽之禁,是以富商大贾周流天下,交易之物莫不通,得其所欲。”汉初,盐铁为私人经营,国家仅设官收税而已,特别是文帝时,对盐铁经营采取放任政策,富商大贾往往占山据海,或采矿冶铁,或煮海制盐,垄断国计民生。文帝“除盗铸钱令,使民放铸”❶。一些贵族官僚、富商大贾便操纵铸币之权,富埒(liè,等于)天子,威胁中央。文帝还曾取消过关用传(zhuàn,过关的符信)的制度,有利于商品流通。其结果正如晁错所说的那样:“今法律贱商人,商人已富贵矣。”❷针对这种情况,晁错提出“入粟拜爵”的办法,即准许富人(主要是商人)买粟输边,按所输多少授予爵位。输粟达六百石者爵上造,达四千石者爵五大夫,达一万二千石者爵大庶长。这样做的目的,是想让商人出钱买粟,提高粮价,缓和谷贱伤农的现象。但在客观上又有助于商人政治地位的提高,并在中国历史上首开把官爵变成商品的先例。一些“以末致财”的大商人,在有了家资以后,也须要“用本守之”。就是说,要掠夺土地,成为大地主,并进一步交通王侯,寻找靠山。同时,大地主、大官僚也多经营商业,谋取暴利。商业成为助长土地兼并和诸侯王割据的重要因素,与封建中央政权存在着尖锐的矛盾。汉武帝时,采取一系列重大措施,加强封建国家对商业的控制和管理。其主要内容有:(1)禁止郡国和私人铸钱,违者处死。把铸币权收归中央,由国家统一铸造五铢钱。从汉武帝到西汉末年的一百多年中,政府共铸五铢钱约二百八十亿枚。(2)盐铁官营。把生产和销售盐铁的权利收归国家垄断。同时把酒的酿造和销售也收归国家垄断经营。(3)实行均输法和平准法,控制物价。所谓均输,就是调剂运输。负责均输的官员,把应由各地输京的物品,从出产地转运他处出卖,再在卖处收购其他物品,易地出卖,这样辗转交换,最后把朝廷所需货物运抵长安。所谓平准,就是平衡物价。京师设平准官,接受均输物资,除去皇帝贵戚所用外,作为官家资本经营商业,按长安市场的价格涨落情况,贵则卖之,贱则买之,用以调剂供需,节

❶《汉书·食货志下》,《汉书》1153页。
❷《汉书·食货志上》,《汉书》1133页。

制市场，防止富商大贾从中谋取巨利。(4) 算缗（mín，原指穿钱的绳子，亦指成串的钱，一千文为一缗）和告缗。算缗就是向商人征收财产税。规定商人财产每二千钱抽税一算，即百二十钱。轺车一乘一算，商人轺车加倍；船五丈以上一算。商人有产不报或报而不实，罚戍边一岁，没入资产。有市籍的商人及其家属，不许占有土地，违令者没收其土地和奴僮。告缗，就是对隐瞒不报或自报不实者，鼓励知情者揭发。凡揭发属实，奖给被没收财产的一半。此法一行，各地争相告缗。在杨可主管告缗事务时，告缗之风，遍及全国，中等以上商人大都破产，对商人是一次严重打击。汉武帝在限制、打击商人的同时，又允许一部分商人充当盐铁官，为封建统治服务。如：任用盐铁商东郭咸阳和孔仅为大农丞领盐铁事，任用洛阳贾人子桑弘羊主持计算。经过汉武帝采取上述各项措施以后，官商占了绝对优势，国家增加了财政收入，但广大人民却并未从中得到什么好处，甚至在某些方面受害，如盐铁产品往往质量低劣，价格昂贵，贫民购买不起。汉武帝以后，还开展对外贸易，对外贸易也主要由官府经营。昭帝始元六年（前 81 年），朝廷下令，征求地方贤良文学对“民间疾苦”的意见，一致回答：“愿罢盐铁、酒榷（què，专卖）、均输。”于是召开了“盐铁会议”，进行政策辩论。桑弘羊在会上代表朝廷进行答辩，不同意贤良文学的意见。结果只罢了郡国酒酤和关内铁官，其他盐铁等政策不变，仍遵武帝之旧。宣帝时诏令减低盐价。西汉中期以后新起的大商人，多经营加工制造等大手工业，经营囤积和高利贷。他们都与贵族、官僚相勾结，以求得政治上的保护。西汉末年，阶级矛盾日益尖锐，商人势力抬头。他们厚赂外戚、幸臣，“依其权力，赊贷郡国，人莫敢负”❶。王莽改制时，实行五均、赊贷及六筦（管），企图以此节制商人对农民的过度盘剥，制止高利贷的猖獗活动。五均是在长安以及洛阳、邯郸、临淄、宛、成都等大城市设立五均司市师，管理市场物价，征收工商业税。每季的中月，司市官评定本地物价，叫做“市平”。物价高过“市平”，则把库存物资按平价出售；价格低于“市平”，则任其出售。赊贷是政府办理贷款。民因祭祀或丧葬需钱，可向政府借贷，不取利息；欲经营生业而缺乏本钱的，也可低利借贷。六筦是由国家掌握盐、铁、酒、铸钱、收山泽税和五均赊贷六项经济事业。王莽用来推行五均六筦的，也多是一些富商大贾，但并未收到预期的效果。因大工商主早与权贵结合一体，有的市令本人就是大商人，他们正好打着官府的旗号，乘机上下其手，

❶ 《汉书·货殖传》，《汉书》3690 页。

买贱卖贵，攫取暴利。他们对老百姓则严格限价，压制正常交易，严重损害了小工商者和农民的利益，而真正得利的只是王莽集团和大工商主。东汉和帝时，废除盐铁官营，让民间自由煮铸，由国家收税。自此以后，大地主和大商贾又重新公开冶制铁器，甚至私造兵器。豪强富室操纵了大商业，大放高利贷。一些官僚贵戚凭借权势，从事西域贸易和国外贸易。从发展趋势来看，东汉商品货币关系的规模，比西汉缩小。西汉时，黄金的使用，总数量在百万斤以上；至东汉，黄金使用的总数量，见之于记载的，不过数万斤。❶

经过东汉末年的大动乱，社会经济受到极大的破坏，商业急剧凋蔽，货币近于废弃。魏文帝黄初二年，诏令废止五铢钱，规定布帛谷粟为法定货币。这是自战国以来商业经济的大倒退。东晋南北朝时期，商业经济稍有恢复。东晋南朝以来古钱、新钱并用，还有盗铸的钱充斥市场。梁武帝一度改用铁钱，物价猛升，交易者以车载钱，无法计数。南方内地除杂用金银外，始终是物物交易。南朝市集商品，以粮食及纸、席、绵、绢、漆等居多。货物买卖，由政府征税。买卖奴婢、马牛、田宅有文券者叫做输估，其余无文券者叫做散估，都是值百抽四。此外还有市税和各种“道中杂税”。荻、炭、鱼、薪之类过津者，并十分税一。商税是南朝收入的大宗。国家有时把商税交给官吏承包，承包人额外增添，无端勒索，成为发展商业的严重障碍。大宗商业被官僚贵族操纵，他们遍设邸店，囤积居奇。士人因享有免税特权，因之多兼营商业。官僚罢官时，更以“还资”为名搜括货物，易地出卖。北朝商业不及南朝活跃。魏孝文帝以前，交易用布帛谷当货币。孝文帝开始铸钱，称为太和五铢。官僚贵族普遍经商。官吏易地调遣也成了营贩的良机。大官僚李崇，“贩肆聚敛，家资巨万”。大宦官刘腾，“剥削六镇，交通（交接）互市，岁入利息，以巨万计”。

隋唐时期，商业又进入一个新的繁荣时期。隋朝对商业的管理，首先是统一钱币。杨坚称帝后，改铸新五铢钱，便利了商品的流通。大运河的开凿，也促进了商业的发展。管理商业的机构，在内地都市设有市署，长官为市令。缘边对少数民族和国外贸易，设置交市监机构，有监和副监。炀帝在鸿胪寺下，置东夷、西戎、南蛮、北狄使者各一人，“掌其方国及互市事”。炀帝还曾特派裴矩驻于张掖，主持对西域少数民族和西方各国的商业。隋朝的商业，主要操纵在政府和官僚手中。对国外和边境少数民族的贸易，则完全由官府经营，禁止私人买卖。唐代的商业仍由政府集中管理。在首都长安，在坊（王侯勋

---

❶ 参考王仲荦:《魏晋南北朝史》上卷，上海人民出版社 1979 年版，25 页。

贵和大小官员的住宅区）之外，有东、西两市。市是手工业和商业活动的场所。凡市，皆由官设或由官家批准，除两京外，非州县不得设市。在市内，出售同类货物的店肆，集中排列在同一区域，叫做“行”。堆放商货的货栈，叫做邸。各州治和多数县治（三千户以上的县和要闹处）都设有市，市有市令，负责市场管理，按时启闭市门，唐的关市令规定：“凡市，以日午击鼓三百声而众以会，日入前七刻击钲（zhēng）三百声而众以散。”❶ 管理市的官吏除市令外，还有丞、史、壁师及主人、牙子。市的各行都有行头，负责一行的事务，主持对官府纳税和交涉其他事项。官府通过行头控制各个行户。凡买卖奴婢、牛马、驼驴等，均需立契，不立契是违法的。商旅通过关、津，要持有官府发给的“过所”（汉代称“传”），交纳商税。唐初沿隋代设互市监，管理对外贸易。不过东南海上的对外贸易，实际由地方长官或副贰掌管。玄宗时，在广州设立市舶使，专门管理海上贸易。随着商业的发展，唐代铸钱量不断增加。唐废除隋五铢钱，铸开元通宝。玄宗天宝时，全国有九十九个铸钱炉，每年用铜二百万斤，铸钱三十二万贯。唐朝对度量衡的统一也非常重视。政府规定：“凡官私斗称量尺，每年八月诣太府寺校印署，无或差谬，然后听用之。”❷ 唐朝商业的一个重要变化，是商业已不再是偶然的交换和土特产品的贩运，而发展为固定的城市商业，有了经常开设的市肆和店铺。商业经营的内容，也在发生变化，即由特产品和珍奇品的贩运，而转向经营普通日用品。有些店铺与手工业作坊在一起，店铺自行销售其作坊的产品，商业为商品生产服务，也就是流通过程开始与生产过程相结合。唐代都市中除普通商店外，还有一种资本雄厚、经营大宗贸易的中间商人组织，叫做邸店。邸店是一种兼营货物存放批发和银钱保管拨兑的货栈。外来的“客商”或“沽客”将其所携货物寄存邸店，由邸店的行头、主人、牙人代客买卖，而取佣金。有时邸客把客商的货物包买下来，然后再批发给开设店铺的零售商。经营邸店的，除富商大贾外，有官吏，有贵族，还有外国商人。当时“邸店遍海内”，大小都市都有。后来由邸店分化出代为保管财物的柜坊，即以柜租赁于人存放钱物，而收取一定的费用，类似后世的当铺。柜坊所藏物品，主要是钱帛、粟麦。钱，一部分是柜坊自备资金，一部分是别人的存款。钱以外的帛、粟、麦，是农民借钱的抵押品。开设柜坊的人，都是巨富，还必须与权贵有关系。长安大商小贩

---

❶ 《唐六典》20卷《太府寺》。

❷ 《唐六典》20卷《太府寺》。

多列名于神策军（宦官统领的禁军）籍。求官人通过柜坊等富商向宦官买官职，宦官也通过柜坊等富商成为工商业者的政治代表。随着商业的发达，大宗商货经常要由一个市场转到另一个市场，商人也要经常到全国各地去贩运商货，而当时的货币则是体积笨重的布帛和铜钱，既不便于携带，也不便于运输。而且钱币缺乏，铸造不敷需要。为了解决钱币缺乏和携带不便的矛盾，唐宪宗时出现一种汇票制度。其办法是：各地到长安的商人，把货款交给本道的进奏院（驻京办事处）或交给某府、某使节、某富家，取得文券，回到本地，合券领取。这种文券叫做“飞钱”或“便换”。最初实行这种汇兑办法的是政府机关，后来富商大贾群起仿效，致使汇兑票据竟直接在市面流通，现钱反而壅滞不用，政府于是不得不下令取缔。在唐代的商业中，有一些是官府直接参与的，叫做“和市”、“宫市”等，或由政府垄断经营。官府常常把不用的物资或没收财物拿到市场出售。如太府寺所属的平准令，“掌供官市易之事，丞为之贰。凡百司不任用之物，则以时出货，其没官物亦如之”❶。唐前期，产生一种和买制度，实际上是官府以购买为名掠夺民财的一种变相赋税。唐中叶以后，政府常强制农民贱价出售粮食，或先收而后给钱。宪宗时白居易上疏说：“配户督限，蹙迫鞭挞，甚于税赋，何名和籴。”❷ 唐德宗贞元末，宦官到民市强行买卖，付价甚少或竟不付价，使卖者空手而归，这种买卖叫做“宫市”。最初由官吏办理，德宗时，派宦官采购，任意压低价格。德宗末年，派出“白望”（使人在宫前左右看望，白取其物，不还本价）数百人到东西两市热闹街道，看到有可买的东西，便说皇帝要买，人们只好拱手付给，所付价常常只有几十分之一，实际上是公开的掠夺。白居易的新乐府诗《卖炭翁》，就是对这种宫市制度的揭露和控诉。诗中写道：“两骑翩翩来是谁？黄衣使者白衫儿（两个骑马的宦官，一个穿黄衣，一个穿白衣）。手把文书口称敕，回车叱牛牵向北（长安东、西市在南边，皇帝的宫殿在北边）。一车炭重千余斤，宫使驱将惜不得（炭车被宫使赶去了，顾惜不得）；半匹红纱一丈绫，系向牛头充炭值（宦官拿走一车炭，只给了半匹红纱一丈绫）。”唐中叶以后，为增加政府的财政收入，设盐铁使主要掌食盐专卖，设榷酤使掌酒类专卖，设榷茶使掌茶叶专卖。唐后期的商人多与官府有联系，而官吏和军将也有很多参加了商业的活动，并与富商相勾结。商人用钱买官的很多，大商人往往转化为官僚

---

❶ 《旧唐书·职官志三》，《旧唐书》1889 页。

❷ 转引自《辞海》“和籴”条。

地主。特别是中叶以后，富商往往依靠宦官而得入仕途。反过来，官僚经商的也很多，许多大官僚也就是大商人。官商渐渐合流。官商合流使官僚和商贾都增加了剥削的手段和能量，广大农民深受其害，而商人的政治地位却因之而大大提高了。

宋朝是中国历史上商业空前繁荣的时期。商业活动的范围大大增加。适应新的情况，市场管理制度发生了很大的变化。北宋以前的城市，一般是坊、市分区，即住宅区与商业区严格分开。商业区的营业时间有严格的限制，交易只能在白天进行，只是到唐后期才出现了夜市。北宋时，彻底打破了坊、市的界线，商店可以随处开设，营业时间不受限制，既有日市，又有夜市和晓市。城内另有固定市场和定期集市。除经常性的商业活动外，还有定期的规模盛大的庙会（唐代已有，因一般都在寺庙内或其附近举行，所以叫庙会）。庙会热闹非常，成为全国性的物资交流场所。市区的基层组织是坊，坊之上有厢，一厢辖一坊至二十多坊不等。这种厢、坊组织，除协助官府防火、防盗、维持社会秩序外，还有检查物价和走私、漏税等非法活动的职责。由于旧的坊、市制度被打破，城市中行业分区性逐渐消失，因此行会的地位更显得重要，组织更加严密。商业行会叫“行”、“团”或“铺”。政府通过行会来控制商人和商业。商人必须加入一种行会。这样做有三个目的：一是为了便于科索，二是为了便于“和买”，三是为了征收免行钱（将各种负担改用现钱缴纳，不缴纳的不许在市内营业，而且要治罪）。宋代的地方性商业也远比唐代发达。唐代的草市（农村集市），到了南宋有很多发展为镇市，有的发展为全国性的大镇。镇在宋初还都是驻军地点，到南宋时大都变为商业兴盛的地方市场。宋朝在广州、泉州、明州、杭州、扬州等城市设置市舶司，专门负责对进出口船舶的检查和收税。市舶司从进出口的船只征收的税款和实物，是宋政府的一项重要财政收入。南宋初年，曾一度达到“岁得息钱二百万缗”的巨大数额。❶ 宋政府对商税特别重视，在全国各地设置场、务等机构，专门征税。商税分为过税和住税两种。过关，每关值百抽二，是对行商抽的；住税，值百抽三，是对坐贾抽的。正税之外，还有杂税。商税越来越成为政府重要财源之一。真宗景德年间，商税每年只有四百五十万贯（每贯一千文，又叫一缗）；到仁宗嘉祐三年前，即增加到二千二百万贯，五十年增加近五倍。以后每年平均为一千万贯左右。宋政府为搜括更多的钱财，对盐、茶、酒、矾等实行专卖，即由官府控制

---

❶ 《建炎以来朝野杂记》甲集15卷《市舶司本息》。

这些物品的生产并垄断销售。盐的专卖有官鬻和通商两种形式。官鬻是官府控制当地盐的生产，并直接主持运往行销地区售卖，一律不许私人插手。通商是商人将钱财或刍粟运缴京师或边地，然后在官府指定的地区取盐销售。官府在茶叶盛产区，设置“山场”，管理茶叶专卖。场官先将官府收购茶叶的钱发放给园户，称为本钱。园户在茶叶收获后，必须将全部茶叶卖给山场，严禁私售。同时，在若干城市设立“榷货务”，负责茶叶专卖。酒的专卖称为榷酤。各州县都设置酒务，专管酿酒、卖酒。矾是印染的媒剂，又是冶铜所必需的材料，由政府统一收购并出售，不准民间私卖。随着交换的发达，货币流通额大大增加，铸钱数逐渐上升。唐玄宗天宝年间每年铸币三十二万贯，北宋太宗时增加到八十万贯，神宗熙宁六年更达到六百余万贯。除铜、铁钱外，金银也作为半流通性货币使用。真宗时，开始出现纸币，当时称为“交子”。最初起源于四川地区。四川地区一向使用铁钱，一千个大钱重二十五斤，携带极不方便。在政府许可下，由成都十六家富户共同印刻纸造的“交子”，代替铁钱在市场流通。交子上印有房屋、树木、人物等图样，签了押字，作了暗记。收到某人交来多少钱，就在交子上登记数目，可作现钱使用。使用交子的人向交子铺兑换现钱，每千钱扣除百分之三作佣金。仁宗天圣元年（1023 年），政府看到发行交子有利可图，正式创立“交子务”，改交子为官办。流通区域仍限于四川。徽宗时，改交子为“钱引”，扩大流通区域，政府大量印发，钱引不断贬值。管理商业的全国性机构，北宋前期为三司使。元丰改制后，主要归户部金部司，太府寺掌管一些具体事务。南宋初撤销太府寺，以其职务划归金部司。在路一级，设提举常平司、提举茶盐司、都大提举茶马司、提举市舶司等机构，掌内外贸易等事。王安石变法的内容之一，是实行市易法。在开封、杭州等地设置市易务，由政府拨给资金，供收买货物和各行商借贷之用。市易务收购市场上滞销的货物，待至市场上需要时，商贩即可向市易务交纳抵押物品，成批地赊购出去，进行贩卖、贷款和货价，都于半年或一年后，加息一分或二分，偿还市易务。

元初的商业曾遭受到严重的破坏。随着国家的统一，使用统一的货币，陆运、内河航运和海运的畅通无阻，商业又逐渐兴盛起来。元世祖忽必烈即位后，开始由政府统一发行纸钞。至元十七年（1280 年），废宋铜钱，从此上自政府的财政收支，下至民间贸易，都以元宝钞为准，全国货币实现了统一。这对商业的发展，客观上起了推动作用。元代的商业，以官营为主，官营的范围超过唐、宋。由政府专卖的商品，包括金、银、铜、铁、盐、茶、水银、矾、铅、锡、酒、醋，以至农具、竹木等。专卖有不同的形式：或由政府直接经营；或由政府卖给商人，再由商人运往市场出售；或由商人、手工业主经营，政府抽分其利。其中最重要、最典型的是盐的销售。盐课收入大约占全国财政收入的一半以上。除政府控制商业外，蒙古贵族、大小官吏、色目商人、寺院僧侣等，他们得到元政府的特殊保护，有的持有圣旨、令旨、懿旨乘驿，依仗特权占据行市，获取暴利。有的色目商人因善于经营，不仅致富，而且做了高官。阿合马、桑哥都是由色目商人而入为宰相的。民间商人绝大多数是小商小贩，他们受到官府和大商人的压制，处境艰难。商税大致是三十取一，税额不断上升。至元二十六年（1289 年）比至元七年（1270 年）增加十倍，达四十五万锭，到天历年间（1328—1330 年），更增加到九十三万余锭。极少数大商人拥有雄厚的资金，勾结官府，牟取暴利。海外贸易由政府直接控制，在泉州、庆元、广州等处设置市舶司。至正三十年（1293 年），政府制定了市舶法则二十二条，延祐元年（1314 年）修订后重新颁发。规定市舶抽分，粗货十五分取一，细货十分取一（延祐元年各增一倍），另纳舶税三十分取一。出海贸易的船只、人员、货物，均需经市舶司审核批准，发给公验、公证，始能成行。外国商船（番船）所载货物，也依例抽分，然后由市舶司差人发卖其货物；番船回国时，也由市舶司发给公凭、公验。从至元二十一年（1284 年）起，实行官本商办的方法，“其所获之息，以十分为率，官取其七，所易人得其三”❶。

明朝恪守传统的抑商政策，对工商业者的管制之严和干涉之多，以及对工商者剥削之残酷，较之过去历代王朝，都有过之而无不及。所有在城市开业的铺户，都必须在主管衙门登记注册，由主管官吏定期调查它们的资本数目、营业状态和盈利多少。然后分别等第，立案造册，名曰“编审”，作为征调科敛的依据。铺户的开业、歇业，都必须经政府核准。官府对物价、度量衡、行市、违禁物品等，都有严格的管制。官府对工商业者的剥削掠夺非常残酷，其剥削方法无所不有，有时竟无异于公开抢劫。对商人的剥削主要有三种：（1）征银。略似宋代的免行钱。免行钱本来是应供物品或应服劳役的代价。但明代于征银之后，仍照旧令铺户供纳和祗应，于是征银遂成为商人的一种额外负担。不仅如此，在正额之外，还有各项年例、杂费及胥吏的上下勒索，又使这种负担格外沉重。（2）和买。这是一种沿袭前代的剥削方式。凡是宫廷官府所需的一切

❶ 《元史・食货志二》，《元史》2402 页。

物品，除由官手工业制造及以上供方式（明代叫“岁办”）直接取之于民外，其余则出钱购买，名曰和买，又叫“采办”。和买的方法是由铺行每月向官府申报时价，由主管官吏评议审核，然后备案，并申报上司。遇官府有所需求，即根据议定价格，下行收买。表面上是公平交易，实际上是一种赤裸裸的掠夺。(3) 当行（应服的差役）或当官。这是一种合法的强取，是不用买卖形式作掩饰的一种直接掠夺。不论何种物品或技艺，只要官府需要，就可以直接向行户索取或征调，行户必须无偿地向官府供应物资或劳役。一个行户只要在政府审编的册籍上有名，就成为一个在劫难逃的牺牲者。万历年间，神宗派出许多宦官担任税使。税使专门在重要城镇、关隘和水陆交通线上设卡征税。如长江沿线，每隔几十里就有税使或其爪牙拦江截税。仅万历二十九年，由宦官直接送往北京的税款就有白银九十余万两，黄金一千五百七十五两。结果使商店纷纷倒闭，商业萎缩。明代盐、茶等归政府专卖，商人未经许可，不得染指。明政府还厉行海禁，不许民间私造海船，不许下海通商。杭州有绸缎商到暹罗、吕宋等地贸易，回国后竟被判刑。对外贸易由官府垄断。永乐时恢复了洪武年间废除的广州、泉州、宁波三个市舶司，管理对外贸易事务，命内臣提督之。明成祖还派内官监太监（掌营造宫室、陵寝及木、石、瓦等器材）郑和七次下西洋。每次统率水手、军卒两万多人，分乘宝船五六十艘。船队满载中国的瓷器、茶叶、铁器、农具、丝绸、金银等物品，用以换回亚非各国的特产，如象牙、香料、宝石等奇珍异宝。郑和下西洋，是世界航海史上的壮举，比哥伦布航行早半个多世纪。但由于其目的不是着眼于发展生产，有利于国计民生，而是为宫廷寻找珍宝，因此并没有收到促进社会生产发展的效果，反而招致民穷财尽的怨声。嘉靖元年（1522 年），给事中夏言奏称倭祸起于市舶，遂撤销泉州、明州两市舶司，仅存广州市舶司。与外国贸易之事，由官设牙行具体负责。因牙行是官设，所以又称“官牙”，行商则称为“官商”。这些官商大都捐有官衔。行中有“纲”、“纪”之类的头目。万历以后，广东有所谓十三行，代市舶提举盘验纳税。明朝，中国封建社会进入后期，君主专制制度更加强化。在国内，商品经济有进一步的发展，出现了资本主义生产方式的萌芽，但由于封建制度的桎梏，发展艰难。在国外，欧洲资本主义生产方式已经越过了萌芽时期，进入蓬勃发展的时期，一些资本主义性质的商人，已经来叩中国的大门了。而中国的统治者，对震撼世界的巨变，昏昏懵懵，一无所知，依然故我，仍陶醉于伟大天朝的乐土之中。明政府对外来的通商要求，基本上采取闭关主义，对外商力拒坚却，千方百计地要把正常的贸易关系切断，力图把国门闭得更紧更严。明初曾一度采取严格的闭关政策，一举切断了长期在市舶制度下与阿拉伯等国的贸易关系，并把“通蕃下海”悬为厉禁。永乐以后虽有一定的恢复，但总的说来，明代的对外贸易，无论是内容上、数量上还是范围上，都远逊于宋元两代的市舶贸易。马克思说：“一个人口几乎占人类三分之一的幅员广大的帝国，不顾时势，仍然安于现状，由于被强力排斥于世界联系的体系之外而孤立无依，因此竭力以天朝尽善尽美的幻想来欺骗自己，这样一个帝国终于要在这样一场殊死的决斗中死去。在这场决斗中，陈腐世界的代表是激于道义原则，而最现代的社会的代表却是为了获得贱买贵卖的特权——这的确是一种悲剧，甚至诗人的幻想也永远不敢创造出这种离奇的悲剧题材。”❶

清代鸦片战争以前，全国商业税分别由户部和工部负责。户部贵州清吏司兼管征收百货之税，称为“户关”。全国共设四十五个关。工部的营缮清吏司兼管征收木税和苇税，称为“工关”。木税七处，苇税一处。这两项税收，每年共征银三万三千七百多两。内地商人出口贸易，须凭理藩院（管理蒙、回、藏事务的机构）发给的“院票”前往。到互市地方，由当地之大臣或札萨克（旗长）随时稽察，并按照颁定的禁令进行贸易。另在伊犁、塔尔巴哈台（今塔城）设立官市，以绸缎、布匹等物与哈萨克交换牲畜，均设官经理。康熙三十三年（1694 年），建立俄罗斯馆，属理藩院管辖，为安置来京俄商之所。当时规定：“尔后二百人以内之俄国商队，每三年一回至北京，寓俄罗斯馆，八十日间，许以免税通商。”❷ 其他中外商人贸易，由礼部主客清吏司管理。鸦片战争以前，外国商人来华通商，不能自由进入中国市场。外商输入中国的商品，不能自行在中国市场上公开出售；其所要获得的中国商品，也不能自行在中国市场上直接购买。一切交易都必须通过中国商人所组织的一种牙行，即有名的“广东十三行”，普通简称为洋行，意即外洋商行。洋行是一种半官性质的组织。虽非官设，然其开设——“承商”都要在官府立案，由户部领取“部帖”，所纳费用，少则三四万两，多至二十余万两。洋行商人都捐有官衔，故外商皆以某官称之。如同文行称“潘启官”，万和行称“文官”，怡和行称“浩官”等，可见清代的行商事实上都是“官商”。各行于行主之外，设有通事、买办、管店、司事及工役等人。洋行的作用有四：（1）垄断贸易。外商

---

❶ 《鸦片贸易史》，《马克思恩格斯选集》第 2 卷 26 页。

❷ 《清朝全史》44 章。

运来的货物由其包销，拟购的货物由其代购。(2) 保纳税饷。外商应行缴纳的出入口船钞货税，必须通过洋行承保代缴。(3) 管理约束外商。(4) 代政府向外商传达政令，办理一切交涉事宜。总之，洋行实具有商务和外交两种作用，既是中外通商的中间组织，又是政府处理外交事务的一个代办机构。乾隆二十五年（1760 年），各家洋行统一组织公行，规定各会员洋行之间不许竞争。外商货物完全以公行名义承揽，然后平均分配，不得抬价争揽。外商采购之货，不得减价招徕，亦不许以劣货顶替，或拖欠货款。由参加公行的各行推举一人为首领，以处理公行的公共事务。[1] 清朝的对外贸易，其基本政策是闭关自守。清初承明制，实行海禁政策，海外贸易几乎完全中断。顺治时，对外通商的口岸只有澳门一地。康熙二十三年（1684 年），宣布废除海禁。自此直至鸦片战争，海外贸易的管理，主要通过海关和行商进行。康熙时，在广东澳门、福建漳州、浙江宁波、江南云台山（在今江苏省连云港市）设立権关，与外国通商。闽粤各关皆设正副监督各一人，相当于以前的市舶使，来船经监督盘验许可后，才能进行贸易。具体贸易则通过牙行即十三行进行。乾隆、嘉庆时期，对外贸易的限制日益严格。从乾隆二十二年（1757 年）起，外国商人只准在广州一口通商，不得再去宁波、厦门等地。同时又加强对内地商人的限制，设立保商制度（洋行于乾隆三十五年被裁撤）。保商受政府委派，拥有对外贸易的特权。凡外来的一切人员、船只、货物及纳税等事，皆由保商负责。清政府对外贸易的限制政策，对殖民主义者的侵略起过一定的自卫作用，但同时也使中国失去了对外贸易的主动权，不利于资本主义萌芽的发展。清朝还有一种直接为皇帝服务的商人，属内务府广储司银库（储存皇庄钱粮银的机构），专门替宫廷采办购置各种用品。《熙朝纪政・采办》说："我朝无均输和买之政，凡官府所需，一出时价采办。"民间把给皇室采办的人称为"皇商"，如《红楼梦》第四回写的薛蟠就是。小说及注文中有这样的话："现领内府帑（tǎng）银行商"，"现领着内帑钱粮，采办杂料"。1840 年，英国发动了鸦片战争，用大炮轰开了中国的大门。从 1842 年到 1843 年，英国迫使清政府签订了《南京条约》、《虎门条约》。与商业有关的内容有：割让香港；开放广州、福州、厦门、宁波、上海五处为通商口岸；进出口货税须同英方共同议定；废除原在广州实行的行商制度（即只有中国官方指定的商人有权经营出入口贸易的制度），英商直接与中国商人贸易。条约签订后，清政府设置五口通商大

---

[1] 参考付筑夫：《中国古代经济史概论》，中国社会科学出版社 1981 年版，245－274 页。

臣，初由两广总督兼任，1858 年改由两江总督兼任，管理五口通商事务。外国资本家为了同中国人做生意，雇用一些中国人为他们服务，这些中国人被称为“买办”。买办这种人，鸦片战争前就有了。那时在唯一对外开放的广州港口，给外国商人充当翻译员和经济事务助手的人被称为“通事”和“买办”。但这些通事和买办，按例要由中国的行商选派和作保，受行商控制，外国商人不能自由雇用。五口通商后，公行制度已被取消了，外国商人可以自由地直接雇用中国人，充当他们的买办。买办成为外国商人直接操纵的工具。清政府在镇压太平天国革命期间，为了解决急剧增长的军费开支，从 1853 年起，准许各地设卡抽取“厘金”，就地供应军费。厘金是一种货物通过税，初设时，大体按百分之一征收，但不久即无限制地增加。而且遍地设卡，一省之内的厘卡往往多至百余处。这种苛税严重妨碍了商品经济的发展。第二次鸦片战争后，清政府在外国资产阶级的压力下，设立总理各国事务衙门和南、北洋通商大臣。总理各国事务衙门（简称“总理衙门”）是清政府掌管对外事务的总机关。通商贸易、关税等事也在其管辖范围之内。总理衙门成立后，即设南、北洋通商大臣。南洋通商大臣办理江、浙、闽、粤内江各口通商事务，以江苏巡抚兼领。北洋通商大臣办理牛庄（营口）、天津、登州（蓬莱）三口通商事务，初为专职，后为直隶总督兼职。总税务司是掌管海关征税的机关，属总理衙门管辖。它的前身是 1854 年在上海成立的江海关。总税务司是 1861 年成立的，设正、副总税务司各一人，都由洋人担任。1901 年《辛丑条约》签订后，帝国主义对中国的侵略进入一个新阶段，外国商人深入到中国内地。1903 年，英、美、日三国在《辛丑条约》的基础上，和清政府分别订立了新的《通商行船条约》。这些条约规定，中国开放长沙、万县、安庆、惠州、江门和东北的沈阳、大东沟为通商口岸，并且整顿内河水道以便外商轮船航行。还规定中国民间使用机器进行纺织和制造一切有外国进口货的工业品，都要由海关征收加倍于洋货进口税的所谓“出厂税”。1903 年 9 月，清廷设立商部，兼管工矿业和铁路。商部成立后，着手制定商律，并提出“奖励公司章程”，以示重视商政。1906 年，改商部为农工商部。

第六节　财政管理

财政是国家产生以后才有的。恩格斯说：“为了维持这种公共权力，就需要公民缴纳费用——捐税。捐税是以前的氏族社会完全没有的。”他又说：

"官吏既然掌握着公共权力和征税权，他们就作为社会机关而驾于社会之上。"❶ 一切政务都离不开财务，必要的经费是政府开展各项工作的前提条件。

夏代国家赋税的来源，比较单纯，主要就是各部落向国家贡献大约十分之一的农产品。《孟子·滕文公上》说："夏后氏五十（以五十亩为单位）而贡，殷人七十而助，周人百亩而彻，其实皆什一也。"贡就是自下而上进献之意。贡献物品名义上是为了祭祀社神。《左传·宣公三年》说："昔夏之方有德也，远方图（画）物，贡金九牧（部落首领），铸鼎象物，百物而为之备，使民知神、奸。"祭祀用的钟鼎遂成为国家权力的象征。实际上，贡赋是国家官吏生活的唯一来源，正如《盐铁论·未通篇》所说的："〔禹〕平水土，定九州，四方各以土地所生贡献，足以充公室，供人主之欲。"负责征收、管理贡献的官吏叫"啬夫"。

商代开始有藉田。藉田在名义上亦为祭神而设。《汉书·文帝纪》前二年诏："夫农，天下之本也，其开藉田，朕亲率耕，以给宗庙粢盛。"注："藉，借也。借民力以治之，以奉宗庙。"藉田的收获，全部归王室所有。为商王耕种藉田的奴隶，不仅有商族人，也有外族人。商王经常派家臣（"小藉臣"、"多尹"）或妻妾去管理藉田的生产，监督奴隶的劳动。还亲自向上帝、祖先、河神祈求降雨和得到好收成，有时到田间察看庄稼。商代也有贡，主要来自外族。《诗·商颂·殷武》说："昔有成汤，自彼氐羌，莫敢不来享，莫敢不来王。"享就是贡献之意。战争掠夺也是获取财富的重要手段。商代的财政支出，把祭祀放在首位，祭祀活动非常频繁。每次祭祀，都要用大量的祭品，祭品中有牲畜、粮食、酒等，有时用奴隶作牺牲。财政的另一项重要支出是供养王室、官吏和侍卫武装，还要养活一部分直接为王室服务的奴隶。商后期，由于统治者奢侈无度，又发动对东夷的战争，使财政发生了严重危机。商纣王"以酒为池，悬肉为林"，大修离宫别馆，终日和贵族们饮酒作乐。他在对东夷的多年战争中，消耗了大量人力、物力。为了克服财政危机，更加重对人民的剥削，"厚赋税以实鹿台之钱，而盈钜桥之粟"❷。弄得民怨沸腾，终于导致商王朝的崩溃。

西周的财政实行分级管理的办法，即王、诸侯、大夫三级。王、诸侯、大夫都有自己的藉田，也称公田、大田、甫田。藉田的收获是其财政收入的主要

---

❶ 《家庭、私有制和国家的起源》，《马克思恩格斯选集》第4卷167－168页。

❷ 《史记·殷本纪》，《史记》105页。

来源。藉田由农奴共耕。农奴各有一份私田。《孟子·滕文公上》说："方井而里，井九百亩，其中为公田。八家皆私百亩，同养公田；公事毕，然后敢治私事。"这实际上是一种劳役地租制剥削。各地诸侯和臣服部族要拿出一定的特产，贡献给周王。《诗·大雅·韩奕》："献其貔（pí）皮，赤豹黄罴（pí）。"这里叙述的就是韩侯入觐时向周王所作的贡献。[1] 各地的贡献是王室财政的另一重要来源，但这项来源不很稳定。西周吸取商亡的教训，在贵族当中力戒淫逸，特别是严厉戒酒。在积极方面则重视民心，重视生产。因此，西周时期的生产发展了，财政收入也增加了，但在支出方面却比较注意节俭。财政支出主要有三项，即祭祀、军事和贵族消费。西周的祭祀费用，与商代相比，大为减少。祭品主要用牲畜，有太牢、少牢之分。太牢，牛、羊、豕（猪）三牲全备，或单指用牛，只用于王、诸侯祭祀社稷的场合，一年只用一次。《公羊传·桓公八年》："冬曰烝。"何休注："礼，天子、诸侯卿大夫，牛、羊、豕凡三牲曰大（太）牢。"《大戴礼记·曾子天圆》："诸侯之祭，牛曰太牢。"少牢，只用羊、豕，无牛。主要用于卿大夫祭祖之时。《仪礼·少牢馈食礼》："少牢馈食之礼。"郑玄注："羊、豕曰少牢，诸侯之卿大夫祭宗庙之牲。"祭祀中不用人牲，保存了大量的劳动力。军费由贵族内部筹集，称为"赋"。《孟子·滕文公上》说："国中什一使自赋"，国中即城中，是贵族居住的地方；赋指军费。《左传·隐公四年》："君（指宋殇公）为主，敝邑以赋与陈、蔡从，则卫国之愿也。"服虔注："赋，兵也，以田赋出兵，故谓之赋。"《国语·鲁语下》："自伯子男有大夫无卿，帅赋以从诸侯。"注："赋，国中出兵车甲士，以从大国诸侯也。"贵族的消费，除严禁群饮（违者杀）外，主要用礼来加以节制，即其物质、文化享受的水平要与爵位及职官等级相称，不得僭越。西周二三百年，财政状况总的来说是稳定的。

春秋战国时期，财政制度发生重大的变革。国家的土地允许农民或地主耕种，然后按土质的好坏征税，矿山、河海、林木对人民开放，允许经营工商，国家从中征税。军费也直接由人民负担。赋、税逐渐合一。《汉书·食货志上》说："有赋有税，税谓公田什一及工商衡虞之入也。赋共（供）车马甲兵士徒之役，充实府库赐予之用。税给郊社宗庙百神之祀，天子奉养百官禄食庶事之费。"注："赋谓计口发（征）财，税谓收其田入也。什一，谓十取其一也。工、商、衡、虞虽不垦殖，亦取其税者，工有技巧之作，商有行贩之利，

[1] 参考沈长云：《金文所见西周王室经济》，《西周史研究》78－88页。

衡虞取山泽之材产也。”税是春秋以后才出现的，征收的主要是实物，与西周时的劳役地租不同。赋在西周由贵族负担，春秋以后改由农民负担。赋税制度的改变，是生产力和生产关系发展的结果，对生产力的发展又起了促进作用。但人民的负担也大大加重了。赋税的名目主要有两种：田税和户口税。户口税是新增加的。有的国家还征收山泽税、宅园税、牲畜税、农具税、蚕桑税等杂税。对私营工商业者征收关市税。赋税除征收谷物外，还有纺织品、柴禾、蔬菜、土特产、货币等。税率超过十分之二甚至半数以上。经过一系列变革，财政权集中到中央。财政支出占首位的是军费。由于兼并战争的不断扩大，大国军队的人数急剧增加。春秋初期，大国（齐、晋等）的军队一般只有两三万人。到战国时期，各大国的兵额就有三十万至一百万之多。七雄之中，秦、楚都是拥兵百万的大国。战争的规模越来越大。春秋战国间，用兵的数量在十万左右。战国时，一场大战，双方往往都动用几十万人，耗费是非常大的。❶ 官吏的俸禄是财政的另一项重要支出。除少数封君、封侯的高级官员外，绝大多数官吏都由国家发给俸禄。俸禄一般都支付粮食。各国计算俸禄的单位很不一致，卫国用“盆”，齐、魏等国用“钟”，秦、燕等国用“石”、“斗”，楚国用“担”。为了达到富国强兵的目的，一些大国、强国在财政管理上有所创新、进步。主要有以下几点：（1）从发展生产入手增加财政收入；（2）限制贵族特权，奖赏有功劳、有贡献的人；（3）储备、优待各种人才；（4）运用国家的财力稳定粮价。

秦始皇统一全国后，君主专制制度在全国范围内正式确立起来。君主的权力被神圣化，不受任何制约。秦始皇把全国人民都看成是为他一个人服务的奴仆、牛马，根本不考虑他们的死活。他横征暴敛，无止境地向人民榨取。秦代的赋税分为田租、口赋、力役三种。田租按亩计征，约占收获物的三分之二。口赋是人头税，每口约一千钱。这种人头税也是很重的。《史记·张耳陈馀列传》说：“头会箕敛，以供军费。”注：“家家人头数出谷，以箕敛之。”力役的征发，更为严重。当时全国人口约为两千万，劳动力以五分之二计算，约为八百万，其中男劳力约四百万；而每年所征发的徭役起码不下三百万人❷，占男劳力的百分之七十五。所以董仲舒说：“（秦）力役三十倍于古；田租、口赋、盐铁之利，二十倍于古。”❸ 秦朝的赋税除维持庞大的军事开支和官吏的

---

❶ 参考杨宽：《战国史》285－287 页。

❷ 参考林剑鸣：《秦史稿》，上海人民出版社 1981 年版，393 页。

❸ 《汉书·食货志上》，《汉书》1137 页。

俸禄外，主要供皇帝个人的挥霍。秦始皇在与东方六国的战争过程中，就已在咸阳大修宫殿；消灭六国后，更是大肆修建。举世闻名的阿房宫，就是那时修建的。又据《史记·秦始皇本纪》记载："关中计宫三百，关外四百余。""咸阳之旁二百里内，宫观二百七十，复道甬道相连。"秦始皇初即位，就在骊山为自己修墓，统一后，又征发全国刑徒七十余万人继续建造，直到他自己被埋在里面才结束，历时数十年。他后宫列女万余人，还有宫女侍者千余人。秦始皇轮流在各宫作乐，各宫的奢华不相上下，皆以"帷帐钟鼓美人充之"。秦中央管理财政的机构有两个，一个是治粟内史，一个是少府。按其职务分工，治粟内史管国家财政，少府管皇室财政。但实际上，有些本应属于国家财政的收入，如人头税，也供皇帝享用。由于秦始皇挥霍无度，使秦朝的财政面临崩溃的局面："男子力耕不足粮饷，女子纺绩不足衣服。竭天下之资财以奉其政（zhēng，通'征'），犹未足以澹（shàn，通'赡'）其欲也。"❶"始皇帝以千八百国之民自养，力罢（pí）而不能胜其役，财尽而不能胜其求，一君之身耳。"❷广大劳动人民则"常衣牛马之衣，而食犬彘（zhì，猪）之食"❸。

秦末农民大起义，推翻了秦王朝的统治。这一历史事实，给了汉朝统治者以深刻的教训，对汉朝的财政管理带来深远的影响：赋税有所减轻，统治阶级的消费不得不有所节制。同时，西汉初年面临的严重经济形势，也迫使统治者在财政政策上必须有所改变。当时的情况是："汉兴，接秦之敝，诸侯并起，民失作业，而大饥馑，凡米石五千，人相食，死者过半。……无下既定，民亡（无）盖臧（cáng，通'藏'），自天子不能具醇（通'纯'）驷，而将相或乘牛车。"❹民穷财尽，在死亡线上挣扎，无可榨取。于是采取减轻赋税和节省开支并行的政策，基本上贯串于汉朝的始终。汉代的田租，初为十五税一，文帝时减为三十税一，还曾一度免除田租，景帝以后仍为三十税一，成为定制。汉代的口赋即人头税，分为两种：一种叫算赋。凡民年十五到五十六岁，每人每年向国家交纳一百二十钱，称为一"算"。文帝时曾减为四十钱。一种叫口钱，凡七岁至十四岁，每口每年缴二十钱。汉代的更赋即徭役，包括"更卒"、"正卒"、"屯戍"三种力役或兵役。农民每年在地方服一个月的劳役，称为"更卒"。男子二十三岁至五十六岁，须服兵役两年。一年在本郡服役，

---

❶《汉书·食货志上》，《汉书》1126页。

❷贾山：《至言》。

❸《汉书·食货志上》，《汉书》1137页。

❹《汉书·食货志上》，《汉书》1127页。

称为“正卒”；另一年戍守边境或到京师守卫皇宫，称为“戍卒”或“卫士”。西汉初期六七十年间，财政支出严加控制。“量吏禄，度官用，以赋于民。而山川园池市肆租税之入，自天子以至封君汤沐邑，皆各为私奉养，不领于天子之经费。……文帝即位，躬修俭节，思安百姓。”❶ 至武帝即位之初，国家的财政状况大为好转。《史记·平准书》说：“汉兴七十余年之间，国家无事，非遇水旱之灾，民则人给家足，都鄙廪庾皆满，而府库余货财。京师之钱累巨万，贯朽而不可校。太仓之粟陈陈相因，充溢露积于外，至腐败不可食。”汉武帝在位期间，为加强中央集权，抑制地方豪强势力，反击匈奴的侵扰，同时也为了满足自身的奢侈欲望，因而在财政上作了一系列重大变革。其主要内容有：（1）加重对农民的剥削。田三十亩按一百亩征收租税。口钱二十改为二十三，七岁起算改为三岁起算，弄得贫民生子多杀死。（2）将铸钱、冶铁、煮盐、酿酒等收归官营。（3）由政府经营运输和贸易，即所谓“均输、平准”。（4）向商人和手工业者征收财产税，就是所谓“算缗”。又鼓励“告缗”，弄得许多工商业者破产。（5）国家在边疆地区开垦荒地，种植粮食。这些措施增加了政府的财政收入，限制和打击了富商大贾及豪强的经济势力，暂时解决了由于战争和奢侈浪费所造成的困难，加强了中央集权的经济力量，但也造成了严重的后果。《汉书·夏侯胜传》说：“武帝虽有攘四夷广土斥境之功，然多杀士众，竭民财力，奢泰亡度，天下虚耗，百姓流离，物故（死亡）者半。蝗虫大起，赤地数千里，或人民相食，畜积至今未复。”不少地区爆发了农民起义。武帝晚年才有所悔悟，下轮台罪己之诏，宣布：“当今务在禁苛暴，止（废除）擅赋，力本农。”❷ 表示与民更始（除旧布新），发展生产，与民休息。昭、宣二帝统治时期，继续执行汉初以来的轻徭薄赋、与民休息的政策，同时也坚持汉武帝时期的盐铁官营政策。先后七次颁布减免田租、口赋及其他杂税的诏令，六次颁布赈贷种、食和“勿收责（债）”的诏令。凡遇郡国遭受地震、水旱等灾害，当年租税徭役皆免。宣帝还下令“勿行苛政”，减盐价，禁止官吏“擅兴徭役”。他并且采纳大司农中丞耿寿昌的建议，在沿边地区设立常平仓，谷贱则籴（dí），谷贵则粜（tiào），以调剂边地的需要。宣帝时，农业连年丰收，谷价下降到每石五钱，边地每石不过八钱，是西汉以来最低的谷价记录。西汉后期，财政状况又日趋恶化。官僚、贵戚、豪强依仗政

❶ 《汉书·食货志上》，《汉书》1127 页。

❷ 《汉书·西域传》，《汉书》3914 页。

治、经济特权，疯狂兼并土地，强占民田，使大批农民破产流亡。而元、成等帝，昏庸无能，把朝政大权都交给外戚、宠臣，只顾自己纵情享乐。成帝时，国家财政已临近崩溃的边缘。《汉书·谷永传》说："今陛下轻夺民财，不爱民力；……大兴徭役，重增赋敛，征发如雨，……百姓财尽力竭，怨恨感天，灾异屡降，饥馑仍（频繁）臻（至）。流散冗食（犹坐食），餧（něi，通'馁'，饥饿）死于道，以百万数。公家无一年之畜，百姓无旬日之储，上下俱匮，无以相救。"外戚王莽是上层豪强的代表，他企图用五均六筦等办法克服财政危机，结果失败。西汉的财政，由大司农（即秦治粟内史）和少府分管。大司农掌国家财政，少府掌皇室财政。大司农所属的太仓令负责储存粮食，都内令负责保管钱财。汉武帝时，从少府分置水衡都尉，掌管皇帝苑囿及铸钱等事。少府、水衡都尉的钱财都归皇室使用。而供皇帝直接消费的私财往往比整个国家财政经费还要多。桓谭《新论》说："汉定以来，百姓赋敛，一岁为四十余万万，吏俸用其半，余二十万万，藏于都内，为禁钱，少府所领园地作务之八十三万万，以给宫室供养诸赏赐。"❶《汉书·王嘉传》说元帝时"都内钱四十万万，水衡钱二十五万万，少府钱十八万万。"东汉初年，人口锐减，仅及西汉末年的三分之一。光武帝为发展农业生产，释放奴隶和囚徒，以增加社会劳动力；把国有的荒地和苑囿以及山林川泽租供给流民进行生产，几年之后，国家向租种者征收百分之四十以上的"假税"；一般耕地的租税仍为三十分之一；赈济贫苦农民等，收到一定的成效。但光武帝有关丈量土地和检查人口的诏令，因遭到豪强地主的抵制，而被迫取消。由于财政来源有限，东汉政府不得不大规模精兵简政，以节省开支。和帝十岁即位，窦太后临朝，外戚窦宪总揽大权。为取得豪强的支持，宣布取消盐铁官营，这更大大缩减了国家的财政来源。东汉中后期，朝政实权轮流掌握在外戚与宦官手中，政治腐败，财政混乱。和帝时，由于窦宪等滥施赏赐，已使东汉政府"仓帑为虚"。顺帝死后，梁冀当政二十年，对郡县的调发比过去增多十倍，人民被大批地榜掠割剥，死于箠（棰）楚之下。桓帝、灵帝统治时期，一方面，国家财政枯竭，经常削减百官俸禄，借王侯租税，以应付军国急需；另一方面，皇帝纵欲挥霍，耗费惊人。桓帝、灵帝后宫彩女都有数千人，衣食之资日费数百金。为满足其奢侈欲望，桓、灵二帝公开卖官鬻爵，大肆聚敛。卖官爵之事，始于西汉文帝之时，当时是为了解决边疆戍兵的粮饷，实行卖虚爵的办法。入粟得以

❶《新论》已佚，引文见《太平御览》627卷《赋税》。

拜爵，或得以除罪。武帝时，能入奴婢和财物的，可以补实官，或授予一定的武功爵称，但都限于较低级官爵，数量也不多。东汉后期则变本加厉，最为严重。桓帝时，“占卖关内侯、虎贲、羽林、缇骑、营士、五大夫钱各有差。”到灵帝时，开西邸公开卖官，公布卖官价格，二千石级官二千万，四百石级官四百万，县令长按县土丰瘠各有定价，富者先交钱，贫者到官后加倍缴纳。连最高级别的三公官都标价出卖。政府为了多卖官，就经常调换官吏，甚至一个地方，一个月内就调换几个人。灵帝还规定：郡国向大司农、少府上交各级租税贡献时，都先抽一分交入宫中，叫做“导行钱”。又在西园造万金堂，调发司农金钱、缯帛充积其中，作为他的私藏。他还巧立名目，任意科派。如官吏升迁都要缴纳“助军钱”、“修宫钱”，大郡数至二三千万。在东汉的财政支出中，军费开支也十分可观。仅镇压羌族的战争，就耗资四百亿之巨。[1]

东汉末年，军阀混战，人口锐减，土地荒芜，粮食奇缺。谷一斛五十万钱，豆麦一斛二十万钱。袁绍的军队在河北靠采桑椹充饥，袁术的军队在江淮摸蚌蛤当饭吃。曹操在群雄争战中，所以能站稳脚跟，并进而统一北方，其子曹丕建立魏国，主要依靠两条：一是招揽了一批人才，二是较好地解决了财政问题。曹操在财政上采取的主要措施是：广泛地推行屯田；对一般自耕农民实行租调制，即每亩土地交纳租谷四升，叫作田租，每户人家交纳绢二匹、绵二斤，叫作户调。户调是一种新的赋税制度，更适应自耕农民农业和家庭手工业密切结合的特点，代替了以前的人头税。田租、户调之外，不许官吏擅自兴发。到曹魏后期，北方经济有较大的恢复和发展。从皖北到河南洛阳一带，又逐渐成为人口稠密的富庶地区。但统治阶级的腐败也日益严重。明帝时，宫人众多，后宫所费与军费略等。大修洛阳、许昌宫殿，征役急迫，农民脱离土地的现象又严重起来。蜀国丞相诸葛亮，不仅是大政治家、大军事家，也是大理财家。他十分重视发展农业生产，经常派一千二百人维护都江堰的水利工程，保证了川西平原农业的连年丰收。他还根据蜀国的特点，大力发展井盐、蜀锦，同时积极开发南中的物产资源。蜀国的财政比较充裕，直到亡国时，国库尚有锦、绮、彩、绢各二十万匹。吴国的赋（租税）、调（兵役）在三国中是最繁重的，也大力实行屯田，并重视发展盐业、丝织业和造船业。西晋废止屯田，实行占田制，即允许农民占垦荒地。国家财政收入主要依赖田租、户调。

---

[1] 参考中央财政金融学院财政教研室编：《中国财政简史》，中国财政经济出版社 1980 年版，47 页。

与曹魏相比，田租增加一倍，户调增加二分之一。晋朝统治者从一开始就奢侈成风。晋武帝后宫有万人。收入不敷支出，便卖官鬻爵，“钱入私门”，比东汉末年的桓、灵二帝，有过之而无不及。东晋南朝各代，无固定赋税制度。“其军国所需杂物，随土所出，临时折课市取，乃无恒法定令。列州郡县，制其任土所出，以为征赋。”❶ 由于赋敛无时，所以人民负担很重，不堪其命。因土地多为豪强所夺，田租来源有限，于是向手工业和商业横征苛敛，杂税随之而起。北魏实行均田制及与之相联系的新租调制。新租调制规定：一夫一妇每年出帛（麻乡出布）一匹，粟二石。从制度来看，农民的负担比魏晋时轻。但在实际征收时，有的官吏用大斗、长尺、重称变相加重剥削量。许多富商和官吏勾结，在征收租调时逼民借贷。政府还经常向农民调发绢帛、粮食等物资，有时调发粟米达三十石、五十石之多。因此农民的实际负担仍是极其沉重的。北魏后期，政治腐败，卖官鬻爵，皆有定价：大郡二千匹，次郡一千匹，下郡五百匹。吏部专以卖官为职务，故被人称为“市曹”。魏晋南北朝时期，中央管理财政的机关，逐渐由大司农、少府转到尚书省度支尚书手中。

隋朝开国皇帝杨坚，是用宫廷政变的方法轻易夺得最高统治权的，因此也最担心轻易失去。他总结历代统治经验，寻求保国之法。他得出两条保国法，最主要的一条是节俭（另一条是诛杀）。他告诫太子杨勇说：“历观前代帝王，未有奢华而得长久者。”❷ 节俭，成为文帝统治时期的一项基本国策。这一点对隋代财政的影响很大。隋朝的赋税分为租、调和力役三种。开皇二年规定：一夫一妇为一床，交纳租粟三石。调视桑田和麻田不同而纳物不同，桑田缴纳绢绝（shī，粗绸）一匹（四丈）和绵三两，麻田则缴纳布一端（六丈）和麻三斤。丁男每年服役一个月。开皇三年，成丁年岁由十八岁提高为二十一岁，每年服役期限由一月减为二十天，调绢由一匹改为二丈，并且规定不役者收庸（用布帛代替力役）。开皇十年又规定，丁年五十免役收庸。为了使更多的农民从士族豪强的荫庇户变为国家掌握的纳税农民，隋王朝进行了大规模清查户口和预先确定纳税等级的工作，称为“大索貌阅”和“输籍定样”。使农民感到：“为浮客，被强家收大半之赋，为编甿（méng，农村居民），奉公上，蒙轻减之征（原注：浮客，谓避公税，依强豪作佃家也。……高颎设轻税之法，浮客悉自归于编户，隋代之盛，实由于斯）。”❸ 隋代的轻徭薄赋，其背景、动

❶ 《隋书·食货志》，《隋书》673－674页。

❷ 《隋书·杨勇传》，《隋书》1230页。

❸ 《通典·食货典·丁中》。

机，与西汉相比，是有所不同的。不仅如此，在文帝统治时期，还废除了官卖盐、酒的制度，连盐税、酒税也停止征收。为减轻农民的负担，隋文帝命令长城沿线的驻军屯田垦荒，以充实边塞的粮食储备，减少粮食调运。开皇四年，又开凿广通渠，以便利京师漕运，大大节省了转运粮食的劳役。在财政支出方面，文帝以身作则，厉行节俭。《隋书·食货志》说："帝既躬履俭约，六宫咸服浣（huàn）濯之衣。乘舆供御有故敝者，随令补用，皆不改作。非享燕之事，所食不过一肉而已。"在国家财政上，他大力紧缩机构，裁汰冗员，节省开支。开皇十年，隋文帝对府兵制进行了改革，令"军人可悉属州县，垦田籍帐，一与民同，军府统领，宜依旧式"[1]。就是说，府兵一面在州县落籍，从事生产；一面仍保留军籍，轮番宿卫。这种兵农合一的制度，大大减少了军费的支出。由于采取了以上一系列措施，国家"中外仓库，无不盈积"。[2] 京师粮仓所储存的米粟，多的达千万石，少的也有数百万石，府库储存的布帛，各有几千万匹。隋文帝末年，"计天下储积，得供五六十年。"[3] 所以马端临说："古今称国计之富者莫如隋。"[4] 但封建国家之富，完全是榨取人民血汗来的，而人民却依然忍饥受饿。开皇十四年大旱，人民没有饭吃，当时官府仓库堆满了粮食，隋文帝竟不许开仓救济。这充分反映了封建国家财政制度的本质。隋文帝晚年，奢侈之风已略有抬头。开皇十三年，他命令杨素等人负责营建仁寿宫，工程浩大，役期紧急，丁夫死者成万。隋朝第二代皇帝杨广，是个荒淫无道的君主。他一反文帝时轻徭薄赋的政策，横征暴敛。租赋之外，任意征敛，甚至预收未来十年的田租。徭役、兵役更是繁重。他不断征发农民筑西苑，营洛阳，缮离宫，修长城，开运河。每项工程，大的要经年常役一二百万人，较小的也要征发一二十万人。他还三次发动大规模的对高丽的战争。男丁不够用，妇女也被逼服役。他为了满足自己的享乐欲望，多次巡游，仪仗及侍卫队伍一二十里。随行的士兵、宫女、官吏，最多的一次竟达五十万人。出游江都时，所用的龙舟等各式各样的船有几千艘，拉纤船工有九千多，都身穿锦彩袍。沿途几百里内的州县，都要供献食物。隋炀帝的倒行逆施，搞得民穷财尽，激起了声势浩大的农民起义。

唐朝是在隋末农民大起义之后建立起来的。唐太宗深知："为君之道，必

---

[1] 《隋书·高祖纪下》，《隋书》35 页。

[2] 《隋书·食货志》，《隋书》672 页。

[3] 吴竞：《贞观政要·辩兴亡》。

[4] 《文献通考》23 卷《国用一》。

须先存百姓，若损百姓以奉其身，犹割股以啖（dàn，给吃）腹，腹饱而身毙。”[1] 因此唐初的财政也实行“去奢省费，轻徭薄赋”的政策。[2] 唐前期的财政收入主要有租、庸、调、杂徭四项。丁男每年向国家交纳粟二石，称作租。交纳绢二丈、绵三两或布二丈五尺、麻三斤，称作调。每丁每年服徭役二十天，如不服役，每天输绢三尺或布三尺七寸五分，称作庸，也叫“输庸作役”。租庸调之外，还有杂徭，以及按户等高下所征收的户税和按每亩交纳二升的地税。玄宗开元年间，是唐朝财政状况最好的时期。据《新唐书·食货志一》记载：“天下岁入之物，租钱二百余万缗，粟千九百八十余万斛，庸、调绢七百四十万匹，绵百八十余万屯（一屯六两），布千三十五万余端。天宝时，户税收入每年二百余万贯，地税一千二百四十余万石。”[3] 据文献记载，天宝八年官仓存粮共九千六百万石。[4] 唐太宗非常重视节省政府开支。他省并了许多州县，把中央机构的官员从二千多人精简到六百多人。并严惩贪赃枉法的官吏。由于财政稳定，物价便宜，社会秩序安定。至开元十三年，“东都斗米十五钱，青、齐五钱，粟三钱。”[5] 贞观三年以后，其社会秩序之好，为中国历史上所罕见。《贞观政要·政体》说：“商旅野次，无复盗贼，囹圄常空，马牛布野，外户不闭。又频致丰稔（rěn），米斗三四钱，行旅自京师至于岭表（五岭之外），自山东（古冀州之地）至于沧海，皆不赍（jī，携带）粮，取给于路。入山东村落，行客经过者，必厚加供待，或发时有赠遗（致送）。此皆古昔未有也。”但封建社会的“盛世”，也只是地主阶级的天堂，广大劳动人民的处境不可能有根本性的改善。杜佑说：“府藏虽富，闾阎（里巷，借指平民）困矣。”[6] 地主阶级奢侈淫逸的本性，在农民起义的打击下，只能暂时收敛、抑制，也不可能有根本的改变。贞观后期，唐太宗已逐渐抛弃轻徭薄赋的政策，修离宫，征高丽，徭役日益繁重。武则天大修佛寺、佛像、宫殿，浪费无度，并滥设官职，使官僚机构恶性膨胀。中宗、韦后竞起宅第，以侈丽相高，使国库空虚。中宗还滥置官职，纳贿卖官，只要纳钱三十万，就以墨敕（不盖中书印）授官，用斜封付中书执行，当时人称为斜封官。玄宗虽做了一

[1] 《贞观政要·君道》。
[2] 《资治通鉴》，中华书局 1956 年版，6026 页。
[3] 《通典·食货典·赋税下》。
[4] 《通典·食货典·轻重》。
[5] 《资治通鉴》212 卷。
[6] 《通典·食货典·赋税下》。

些改革，但政治、经济危机已越来越严重。中唐以后，随着均田制的破坏，租庸调法实行不下去，国家财政来源急剧减少。建中元年（780 年），为解决财政危机，德宗根据宰相杨炎的建议，开始实行新的赋税制度——两税法。两税法是以唐初以来的户税、地税为主，统一各项税收，分夏秋两季征收。两税法以资产、田亩为主要的纳税依据。依户等纳钱，依田亩纳米粟。田亩税以大历十四年（779 年）的垦田数为准，均平征收。没有固定住处的商人，所在州县依照其收入征收三十分之一的税。实行两税法后，“赋入一千三百五万六千七十贯”❶。除征收两税外，唐政府主要通过垄断工商业来增加国家收入。开元元年，开始征盐税。天宝、至德年间，每斤盐征十钱。肃宗乾元元年，实行官收官卖，斗盐卖价一百一十钱。代宗大历末年，盐的税利收入达六百万缗，占国家赋税的一半。代宗广德二年，开始征酒税。德宗建中时，禁止人民卖酒，由官府建置酒肆酿酒，每斛收钱三千。建中三年，对茶、漆、竹、木各取税十分之一。开元十五年，对伊阳五重山的银、锡征税。德宗时，矿产都归盐铁使管。天宝以后，还有各种苛征杂敛层出不穷。据史书记载：“通津达道者税之，莳（shí）蔬艺果者税之，死亡者税之。”❷ 中唐以后，财政支出大大增加。主要支出有四项：（1）军事费用。府兵制瓦解后，军队改为募兵制，八十多万军队的粮饷，都由国家财政负担。杜佑《通典》说：“每岁军用，日增其费，籴米粟则三百六十万匹段，给衣则五百三十万，别支计则二百一十万，馈军食则百九十万石，大凡一千二百六十万。”（2）官府机构经费。贞观初年，朝廷文武官吏不过六百四十三人。玄宗时，内外文武官员达一万八千八百零五人，加上流外官（不入九品的胥吏），全国共有官吏三十六万八千六百六十八人。（3）贵族勋臣的食封。中宗时，宰相韦嗣立已感到这一问题的严重性。他说：“食封之家，其数甚众……国家租赋，太半私门，私门则资用有余，国家则支计不足。”❸ 中唐以后，问题更为严重。（4）皇室的挥霍。唐玄宗为满足杨贵妃的奢欲，专供贵妃院役使的织绣工就有七百人，雕刻熔造工又数百人。杨贵妃的姊妹兄弟五家，竞修华丽的第舍，一堂之费，动逾千万。唐玄宗视金帛如粪土，赏赐无度。唐懿宗每次出行，内外诸司扈从人员十余万人，所费不可胜计。他的女儿同昌公主出嫁，也极尽奢靡之能事，“赐钱五百万贯，仍罄内府宝货，以实其宅。至于房栊（lóng，窗上櫺木）户牖（yǒu，

---

❶ 《旧唐书·德宗纪上》，《旧唐书》327 页。
❷ 《旧唐书·食货志上》，《旧唐书》2087－2088 页。
❸ 《旧唐书》2871 页。

窗），无不以珍异饰之。”同昌公主死后送葬，又“出内库金玉驼马凤凰麒麟各高数尺，以为威仪”，送葬队伍“繁华辉焕，殆二十余里”。[1]安史之乱以后，节度使多兼度支、营田使，原属国家所有的屯田或营田，其财赋收入完全控制在节度使手中，事实上成为节度使所有，不上交朝廷，使唐王朝的财政更加困难。唐朝管理财政的机构，主要是户部和太府寺，刑部所属的比部司，负责财务的审核、监督。《新唐书·食货志一》说：“天下财赋归左藏（属太府寺），而太府以时上其数，尚书比部覆其出入。”玄宗时，王鉷（hóng）为户口色役使，将租庸正额以外的收入，进奉皇帝，储于百宝大盈库（皇帝私库），供其私用。安史之乱后，京师豪将向左藏借取财物，难以禁止。度支盐铁使第五琦建议，将左藏财物皆归大盈库，供皇帝给赐，由宦官掌管。从此天下之财都成为皇帝的私藏。德宗时，根据杨炎的建议，又把国家财政和皇室财政分开。中唐以后，皇帝在户部之外，常另设特使掌管财政，如租庸使、两税使、盐铁使、度支使等。

北宋建立后，财政上最重要的改革就是把地方的财权收归中央。中央财权由仅次于宰相的三司使（盐铁、度支、户部合称三司）掌管，直属于皇帝。为剥夺地方财政，调运赋税，太宗至道三年，把全国划分为十五路，每路设转运使，为中央财政特派官员。各州赋税收入，除留一小部分作为必要开支外，其余全部调到开封或指定地点，由中央政府掌握。北宋初期的农业税，大致沿用唐中期以后的两税法，分夏秋两季征收，夏税纳钱，秋税纳米。但在征收时，外加“支移”（粮食运输费）、“折变”（以钱折物或以物折钱）等名目，使农民实际负担加重几倍。北宋又把五代十国时期的苛捐杂税继承下来，总其名叫做丁口之赋和杂变之赋，并须同两税一并缴纳。北宋还把沿袭前代的“和买”、“和籴”变为“官不给钱而白取之”，成为一种以买为名的强征。纳税户还要轮流到各级政府去服差役（也称为职役）和夫役。差役有以下几种：衙前——主管运送官物或看管府库粮仓之类；里正、户长、乡书手——掌管督催赋税；承符、人力、手力、散从官——供州县衙门随时驱使；耆（qí）长、弓手、壮丁——逐捕盗贼。差役主要由大小地主负担。夫役又叫杂徭，主要由自耕农、半自耕农负担。田赋、力役之外，对盐、茶、酒、矾等产品，实行专卖，以增加财政收入。对一般的商人，征收商税。商税分两种：一种是过税，值百抽二；一种是住税，值百抽三。正税之外，还有杂税，如计算商船所载货

---

[1] 苏鹗：《杜阳杂编》下卷，转引自韩国磐：《隋唐五代史纲》382 页。

物多少，向船主课税，称力胜钱。商税在财政收入中所占比重越来越大。宋代还有契税（始于东晋，隋、唐曾废止），宋太祖开宝二年（969 年）开始征收。如典卖田宅，须交纳印契钱。税契期限为两个月。仁宗时规定：每贯收税钱四十。北宋末年，宋徽宗公开推行入粟补官法，把卖官作为朝廷的一项重要财政收入。当时称“三千索，直秘阁；五千贯，擢通判”❶。发行钞票是宋代开始实行的一种隐蔽的搜括民财的方法。从仁宗开始，发行“交子”，虚行印刷（没有准备金或实物），以备军粮。北宋末和南宋时期，都曾大量发行纸币。北宋赋税之重，名目之多，超过以往历代。南宋朱熹说：“古者刻剥之法，本朝皆备。”❷ 实际上是有过之而无不及，并且还有前代所无而宋朝独有的。宋朝财政收入虽然很多，真宗景德年间，岁入四千七百二十万一千匹贯石两，仁宗庆历八年，岁入一千三百五十九万六千四百匹贯石两，四十年间增加一倍以上。但支出更多。支出有以下几大项：第一，军费。宋代的军队都是由召募而来，一切费用都由国家负担。军队的人数最多达一百二十五万九千人，养兵的费用，占去财政支出的十分之七八。第二，官吏的俸禄。宋代官吏人数之多，也超过以往任何一个朝代。真宗时，一次裁减各路的冗员就有十九万五千八百多人。官吏待遇之优厚，也为历朝所罕见。第三，皇室的耗费。宋真宗不惜竭尽国库积蓄，大兴土木，每天役使三四万民工，集中各地的珍物，用五年多时间在京城修建了规模宏大的“玉清昭应宫”。每次祭祀活动，都要给各级官员大量赏赐。宋徽宗搜罗奇花异石，一块石头的运费，竟达三十多万贯。第四，对外的贡款、“赠”款。宋朝与辽、金、西夏交战，都以失败求和告终，然后拿出大量贡款、“赠”款。“澶（chán）渊之盟”后，宋每年向辽输银十万两，绢二十万匹。后来对金的贡纳，每年银二十五万两，绢二十五万匹。唐以前的历代帝王，一向是享受地方或异国君长贡纳的；向异国贡纳，是从后晋石敬瑭开了先例，宋朝步其后尘。太祖、太宗两代，开支比较俭省，财政状况尚好，“上下给足，府库羡溢”。❸ 真宗以后，财政日趋紧张，仁宗宝元中，天章阁侍讲贾昌朝说：“计江淮岁运粮六百余万石，以一岁之入，仅能充期（jī）月（期月，指一整年）之用，三分之二在军旅，一在冗食（官吏俸禄）。先所积聚，不盈数载。天下久无事，而财不藏于国，又不在民，傥有水

❶ 朱弁：《曲洧旧闻》10 卷。

❷ 《朱子语类》6 卷《治道》，清初重印嘉善陈氏原刊本 15 页。

❸ 《宋史·食货志下一》，《宋史》4350 页。

旱军戎之急，计将安出？”❶ 庆历二年以后，年年入不敷出，财政危机日益严重。“国用殚竭，民力空虚”❷。神宗即位后，财政危机更加严重，每年财政亏空达一千五百七十余万缗❸，连英宗的治丧费也不得不削减。正是在这种背景下，王安石受命进行变法。变法的一个重要内容，就是整顿财政。在王安石看来，国家贫困的症结不在于开支过多，而在于生产过少。解决的办法是动员所有的劳动力去从事生产，发展经济。而中心环节是要通过发展农业以达到富国的目的。新法实施将近十五年，基本上收到了预期的效果，财政状况大为好转，中央政府和各州县的府库都积存有充足的粮食和钱物。积剩钱五千余万贯，谷、帛二千八百余万石、匹。据当时官员估计，这些储蓄可供朝廷二十年的财政费用。但国家的财政困难并没有根本解决，因为积剩的钱物大都来自责负变法的司农寺系统，并归皇帝亲自掌握，以待急需。而管理政府财政收支的三司，仍然财用不足。到宋徽宗时，把变法以后积聚的钱物全部耗光犹嫌不够，一年的全部财政收入，只能供八九个月支用，因此用铸大钱、卖官等方法来弥补。南宋控制的地区比北宋小，但财政支出反而比北宋增加，因此南宋的赋税更为繁重。北宋时财政岁入最高额为六千多万贯，南宋时达到八千万贯。土地减少三分之一，税收却增加四分之一。农民的赋税负担增加六七倍。

元朝赋税的征收，南方与北方有所不同。南方沿用南宋的两税法，主要是“税随地出”，秋税征粮，夏税征木棉、布绢、丝绢等物。税粮从一升到三斗甚至更多，差别很大。元代两税的税额大致比南宋超出百分之五十。北方有“税粮”和“科差”之分。税粮又分为丁税和地税，主要是丁税，又叫“丁石”。实际征收时，丁多地少的纳丁税，地多丁少的纳地税。按规定：丁税，全科户每丁粟二石，驱丁（奴隶、仆役）一石；减半科户每丁一石。地税，每亩粟三升。科差又分丝料和包银，按户征收。丝、银全科户，丝料一斤六两四钱，包银中统钞四两；减半科户，丝、银都减半；止纳丝户，丝料一斤六两四钱，包银不纳。除上述赋税内容以外，南北方都还有杂泛差役。元代税粮总数为一千二百余万石，约有三分之一出自江南。元代对盐、茶实行专卖。元世祖至元十六年（1279 年）灭南宋之初，盐一引（四百斤）中统钞九贯；到武宗至大年间，每引增至一百五十贯。元灭宋初，茶课为一千三百余锭；四十年

---

❶ 《宋史·食货志下一》，《宋史》4351 页。
❷ 富弼：《乞选任转运守令以除盗贼疏》，《续资治通鉴长编》134 卷，庆历三年九月丁丑。
❸ 《文献通考》24 卷《国用考·历代国用》。

间增至二十八万九千余锭，增长了二百多倍。元初商税，规定为三十取一，以银四万五千锭为额。到文宗天历时，全国商税总额增加了将近一百倍。此外，对河泊、山场、池塘等，也都按照惯例征税。元代还靠滥发钞票作为解决财政困难的补充手段。元顺帝时，钞票十锭，买不到一斗粮食。每天供给军储的钞票用舟车装运。元朝末年，财政危机愈来愈严重，官府标价卖官鬻爵。元朝的财政支出，以佛教活动和对贵族的赏赐所占比重最大。元朝皇帝崇奉喇嘛教（佛教的一派），每年用于佛事的经费，愈来愈多，比官俸兵饷或宫廷耗费都多。武宗时，一度高达政府收入的三分之二。据仁宗延祐四年（1317 年）宣徽院统计，仅供佛饮食一项，该年共用面四十三万九千五百斤，油七万九千斤，蜜二万七千三百斤，每天宰羊至万头。泰定帝泰定元年（1324 年），中书平章政事张珪上奏说：当时佛事上的开支，“岁用钞数千万锭，数倍于至元间”❶。元朝统治者企图用巩固贵族、官僚间团结的办法来维护自己的统治，因此对贵族、官僚的赏赐既多且滥。每一新帝即位，赏赐贵族们的金银钞币，都在数百万锭以上，土地的赐予也动辄千顷。如顺帝赐丞相伯颜的土地，一次就达五千顷。武宗时，政府年入钞二百八十万锭，但他即位不到一年就用掉八百二十万锭。仁宗即位后支出更达二千万锭，其中大部分用于赏赐蒙古贵族。宫廷的费用也十分惊人，仅皇后的开支就相当可观。文宗天历二年（1329 年）中政院臣说：“皇后日用所需钞十万锭，币五万匹，绵五千斤。”❷ 宫廷宴会次数频繁，奢侈浪费。由于开支没有节制，以致“朝廷未尝有一日之储”，经常亏空，只得用滥发纸币的办法来弥补。其结果导致恶性通货膨胀，物价飞涨，使社会经济陷入严重的危机。

明朝初年，地多人少。土地大致有两类：民田和官田。据洪武二十六年（1393 年）统计，全国共有耕地八百五十万七千六百二十三顷，比元末增长四倍多。赋税制度基本上沿袭唐宋以来的两税制。农民每年分夏秋两季向政府交纳赋税，夏交麦，称“夏税”；秋交米，称“秋粮”。税率比较低，一般是官田五升三合，民田三升三合。1381 年，全国征收麦、米、豆、谷二千零八十八万九千六百一十七石。到 1393 年，增至三千二百七十八万九千八百石。与元代岁入税粮一千二百十一万四千七百余石相比，增加了将近两倍。永乐年间，“宇内富庶，赋入盈羡，米粟自输京师数百万石外，府县仓廪蓄积甚

---

❶ 《元史·张珪传》，《元史》4080 页。

❷ 《元史·文宗纪二》，《元史》728－729 页。

丰”。[1] 田赋之外，成丁（十六岁至六十岁）要服役。明初的役有甲役、均徭、杂泛三种。在鼓励农民垦荒的同时，明初大规模地组织屯田。屯田有军屯、民田和商屯三种。屯田总计九十万三千三百余顷，约占洪武二十六年全国耕地总面积八百五十余万顷的十分之一强。洪武年间，全国军屯田不下六七十万顷。永乐元年（1403 年），得屯粮二千三百四十五万余石，而该年全国官民税粮总额为三千一百二十九万余石。凡移民屯种，由官府供给耕牛、种子，免征三年租税，其后每亩纳税一斗。商屯是为了解决边军粮饷不足问题。其办法是：允许商人运粮到大同仓和太原仓，分别用米一石和一石三斗，换取两淮“盐引”（领取和贩卖盐的凭证）一小引（二百斤），然后凭引到两淮都转运使司所属盐场领盐，在指定地区贩卖。这种制度叫“开中”。商人为节省粮食运费，于粮仓附近开荒雇工屯种，就地获粮输纳开中，这就是商屯。明代冶铁业中，官矿衰落，民矿发展。铁课三十取二。永乐元年，民间交课铁七万九千八百多斤；宣德九年，增加到五十五万五千二百六十七斤。洪武、永乐时，一般的商税是三十取一。海关的税收和外商租地税，也是财政的来源之一。明代中期以前，军费主要靠军屯解决。官吏的俸禄，是历代最低的。《明史·食货志六》说：“自古官俸之薄，未有若此者。”财政支出以皇室的消费和皇族的岁禄为大宗。以亲王岁禄为例，洪武九年初定为年俸米五万石，钞二万五千贯。因皇族人口增加太快，朝廷负担不了，洪武二十八年就改定亲王年俸为万石。从总体来看，明前期的财政状况是比较好的。全国各地的仓储都极为充裕。永乐时，福建、陕西某些地区的仓储可支当地的俸饷十年、二十年、三十年或四十年，四川长寿县的仓储足支当地俸饷百年。到了明中期（宣德以后），由于土地兼并越来越严重，国家实际征收赋税的土地面积急剧减少，仅及明初的一半。军屯制度遭到破坏。财政来源越来越少，支出却不断增加：（1）皇室挥霍无度。武宗仅婚礼一项，就花费黄金八千五百二十两，白银五十三万三千八百四十两。（2）皇族人口恶性膨胀。开国一百多年后，皇族人口已达五万多人，嘉靖二十九年增加到近十万人。（3）官僚机构不断扩大。嘉靖时，文武官员十多万人，宦官十多万人，锦衣卫等特务机构又是十多万人。（4）军费都由国库开支。嘉靖二十九年，俺答（鞑靼部首领）进逼北京，明政府添兵设饷，军费大增。据户部统计，嘉靖三十年，各边境饷银达五百多万两，修边塞等工役所需又是八百余万两，两项合计约一千三百万两。而当年正赋及其他

---

[1] 《明史·食货志二》，《明史》1895 页。

加派总共才一千万两。因收入少而开支大，经常出现财政亏空。从嘉靖七年至隆庆元年的四十年间，政府每年都要亏空二三百万两。隆庆元年，太仓银仅存一百三十五万两，只够三个月的开支。为了弥补亏空，政府不断加重赋役的剥削。成化年间，农民的负担比以前增加了三倍，到了不堪忍受的地步，因此不断爆发农民起义。神宗万历元年，张居正出任首辅，针对当时的积弊，他推行一系列改革。改革的重点是整顿赋税制度，扭转财政危机。在清查全国土地的基础上，张居正在赋役制度上推广一条鞭法。一条鞭法的主要内容是：把原来按照户、丁派役的办法改为按照丁、粮派役，或丁六粮四，或粮六丁四，或丁粮各半，然后再与夏秋两税和其他杂税合编为一条，无论粮税、差役一律改为征银，差役统一由政府雇人充当。经过改革，财政状况有明显好转。万历十年到十五年，太仓积粟达一千三百余万石，国库积银六七百万两。史称"太仓粟可支十年，冏寺（即太仆寺）积金（节约养马的经费），至四百余万"❶。但张居正死后，改革的措施就逐渐被破坏。此后，财政状况又日益恶化。明朝统治者在收入日减而支出倍增的情况下，借口边防需要，在田赋之外进行加派。万历四十六年（1618 年），明政府以辽东战事为由，向人民加派"辽饷"，前后三次，共征银五百二十万两，相当于全年总赋额的三分之一以上。以后又有各种名目的加派。其中最突出的是关税、盐课的加派，一年总计达二千万两左右。穆宗以后，即从隆庆元年（1567 年）起，凡桥梁、道路、关津，都设卡收税。神宗时，因两宫三殿失火，营建费用很大，开始征矿税。从万历二十四年（1596 年）开始，于通都大邑增设矿监，以宦官主管。又在两淮设盐监，广东设珠监。万历二十九年，由宦官直接送往北京的税款，就有白银九十余万两，黄金一千五百七十五两。财政虽入不敷出，而昏庸的皇帝仍恣意挥霍。神宗诸子成婚，诏取太仓银二千四百万两，而当时一年的赋税收入，只有四百万两。

清初统治者总结了明朝亡国的教训，认识到："当明之初，取民有制，休养生息，至万历年间，海内殷实，家给人足。及乎天启、崇祯之际，因兵增饷，加派繁兴，贪吏滋奸，民不堪命，国祚随失，良足深鉴。"❷ 入关后，宣布以明代的一条鞭法征派赋役，并免除一切杂派和"三饷"。康熙五十一年宣布，以上一年全国的丁银额为准，以后额外添丁，不再多征。雍正时，又进一

❶ 谷应泰：《明史纪事本末》61 卷《江陵柄政》。

❷ 《清朝文献通考》1 卷《田赋一》。

步采取“地丁合一”、“摊丁入亩”的办法，把丁银平均摊入各地田赋银中，一并征收，称为“地丁制”。每年地丁税收入约为三千万两。地丁税之外，还有漕粮、白粮、经费、火耗以及各种杂项的差徭。火耗是从明代继续下来的在正粮项外的一种额外的加征。雍正二年，规定火耗每两不过二钱，由政府划一征收入库。清初的盐课，是按照明代万历年间的旧额，按引征课。乾隆时，盐课岁入五百余万两，较开国之初增加十倍。康熙十四年（1675 年），制定开采铜铅的条例，允许人民申请开采，以产品的十分之二纳官。织机每张每年纳税五十两。关税分为正税、商税、船料税三种。征税范围广，税率特别重。如木植十分取二，缎布皮张十分取一。鸦片战争前，每年财政收入约四千八百万两。财政支出有军费、官俸、治河费、驿站费四大项及修缮、织造、采办等，全年三千四百多万两。大部分年度有财政盈余。如康熙四十八年，收支相抵，还结余历年库存银五千万两。乾隆中叶以后，库存日见减少。正常年景，财政结余仅二百万两左右；遇到灾年，即无办法。补救之策是变相加赋，并大开捐纳之门，公开卖官。嘉庆时，为了镇压白莲教起义，支出军费猛增到一亿两以上，使清室财政陷入困境。清初期的统治者，比较注意节俭。康熙五次南巡，每次所费不过一二万金。到了乾隆时期，朝廷上下，日趋腐败。国家资财往往落入贪官污吏的私囊。大学士、军机大臣和珅，是个特大号贪官，仅被没收的家产，就有折银二亿二千三百八十九万两之多，全部家产约值八亿两。乾隆末年，实征岁入银四千三百五十九万两，岁出银三千一百七十七万两。和珅被没收的财产，几乎相当于清朝二十年的财政收入，二十五年的财政支出，六十多年的财政盈余。鸦片战争后，由于大量的对外赔款，镇压农民起义的巨额军费，再加上关税自主权的丧失，使清政府的财政状况急剧恶化。为了挽救财政危机，清廷主要采取了三项办法，即：加重对人民的搜括；卖官鬻爵；征收厘金（商品通过税）。咸丰还先后下令铸铁钱、铅钱、大钱和发行纸币。赔款是清政府最沉重的财政负担。第一次鸦片战争失败，赔偿英国两千一百万银元。第二次鸦片战争失败，又赔偿英、法各八百万两，共计一千六百万两。甲午战争失败，中国赔偿日本高达二亿两，而当时清政府的全年财政总收入只有八千多万两。八国联军侵占北京后，勒索清政府赔款四亿五千万两，分三十九年偿付，每年按四厘起息，本息共九亿八千二百二十三万八千一百五十两。清朝统治者在镇压太平天国革命的时候，开始举借外债。洋务运动时期，又多次向外国借债，总数达一千五百九十五万两。甲午战争后，外债大量增加。仅 1894 年至 1898 年这五年内，清廷所借的甲午战费和赔款的借款，合计为三亿五千余万两，比甲午战前所借外债的总额，超过六点六倍，而铁路借款还未计算在内。清朝末期的几十年，财政年年亏空，不得不靠借外债勉强支撑。就是在这种情况下，帝室和官僚的腐败也越来越严重。清廷举办的洋务，赔了不少钱，其中大部分塞到官僚们自己的腰包里去了。有大量军事经费被挪用于清室的奢侈享受上。甲午战前每年有四百万两海军经费。慈禧为了修建颐和园，从光绪十四年（1888 年）起停止添船，十七年（1891 年）以后又停购军火。修建颐和园耗费了三千万两白银，相当于七年半的海军经费。

财政问题不仅是个经济问题，而且是最敏感的政治问题。财政状况的好坏，对政权的兴衰存亡关系极大。在剥削阶级统治的国家中，财政收入主要来自对人民血汗的榨取，财政支出则主要用于帝王、官僚的消费和维持镇压劳动人民的国家机器。劳动人民的人身每获得一次解放，生产的每一步发展，都必然伴随着劳动人民所受剥削的加重。恩格斯曾经说过："当实际劳动的人口要为自己的必要劳动花费很多时间，以致没有多余的时间来从事社会的公共事务，例如劳动管理、国家事务、法律事务、艺术、科学等的时候，必然有一个脱离实际劳动的特殊阶级来从事这些事务；而且这个阶级为了它自己的利益，永远不会错过机会把愈来愈沉重的劳动负担加到劳动群众的肩上。"[1] 在中国历史上出现过几次"盛世"，从财政上看都和统治者的"轻徭薄赋"政策有关，而统治者之所以实行"轻徭薄赋"的政策，则主要是劳动人民斗争的成果。

第七节　经济管理人才评介

管仲

春秋初年，齐国公田荒芜，农奴逃亡，领主经济出现危机。管仲出身低贱，曾经过商，游历过很多地方，积累了丰富的社会经验，富有才干。由于鲍叔牙的推荐，被齐桓公任命为相。在他相齐的四十多年中，对经济、内政、军事等方面进行了一系列成功的改革，使齐国较快地富强起来。在指导思想上，他十分重视经济的发展，特别是农业的发展。强调统治者应该"务在四时，守在仓廪。国多财则远者来，地辟举（尽）则民留处，仓廪实则知礼节，衣

[1] 《反杜林论》，《马克思恩格斯选集》第 3 卷 221 页。

食足则知荣辱”。[1] 在农业方面，打破井田制的限制，允许土地私有，鼓励垦荒，实行“相地而衰（cuī，依照一定的标准递减）征”的新税收制度，即按照土地的好坏，分等征税，提高了农民发展农业生产的积极性，促进了农具的改良和土地的开垦。在手工业方面，设置铁官，组织大批工匠开采铁矿，制造农业和手工业工具，使齐国成为春秋前期使用铁器较早、较普遍的国家，对生产力的发展起了不可估量的作用。又设置盐官，大量地用海水煮盐。还由官府铸造钱币。在商业方面，采取鱼盐出口不纳税的办法，鼓励鱼盐贸易。并设“轻重九府”之制，根据年成的丰歉和人民的需要，来收散货物，以调剂物价的贵贱，达到通货积财，增加国家收入的目的。由于管仲管理的成功，齐国积累了大量财富，成为当时中原地区经济最发达的国家，为齐桓公的霸业奠定了物质基础。《汉书·食货志下》说：“桓公遂用区区之齐合诸侯，显伯（bà，通‘霸’）名。”

李悝（kuī）

战国初期魏国人，孔子弟子子夏的学生。任魏文侯相，主持变法。当时魏国人口密度高，地少人多，农民生活困难。李悝算了两笔账：一是土地及产量账，一是农民的收支账。根据李悝的估算，在百里见方的范围内，有九万顷土地，除去山川、村落占三分之一以外，有六百万亩耕地（相当于今一百八十万亩）。如果农民精耕细作，每亩可增产粟（小米）三斗（约合今六升）。反之，就会减产三斗。一增一减要相差一百八十万石（约合今三十六万石）。李悝又计算，一个五口之家的农民，种地百亩（合今三十一亩多），每亩岁收一石半（一石约合今三十公斤），百亩总共收粟一百五十石。除去十一之税十五石，还剩一百三十五石。五口人全年口粮需九十石，余四十五石。每石卖三十钱，得钱一千三百五十。祭祀用钱三百，五人穿衣尚须一千五百，不足四百五十，疾病死丧之费还未计算在内。根据以上情况，李悝实行的管理措施主要有两条：一是“尽地力之教”，一是“平籴法”。所谓“尽地力”，就是通过精耕细作，挖掘土地潜力，增加粮食等作物产量。他首先针对当时残存的井田制，提出了“废沟洫”的主张，彻底铲除了井田的疆界，有利于农田水利建设的发展。在农民具体耕作上，他作出三项具体规定：（1）同时播种稷（小米）、黍（黍子）、麦、菽（大豆）、麻（麻所结的实），以防止某种作物发生灾害。（2）要促使农民努力耕作，勤于除草，庄稼成熟时加紧抢收。（3）充分利用

---

[1] 《管子·牧民》。

土地，住宅周围要栽树种桑，菜园里要多种蔬菜，田埂上要多种瓜果。❶ 所谓“平籴法”，就是用“收有余以补不足”的办法，平衡粮食价格。李悝认为：粮价太贱，农民入不敷出，生活困难，国家就要贫困；粮价太贵，城市居民负担不起，生活困难，就要流徙他乡。因此粮价太贵或太贱，都不利于巩固封建统治。为使粮价保持基本稳定，他把好年成与坏年成都分为上、中、下三等。在大丰之年，由官府籴入粮食四分之三，留四分之一；中丰之年，籴入三分之二，留三分之一；下熟之年，则籴入二分之一，留二分之一。当年成歉收时，由官府卖出粮食，大饥之年把大丰之年买的粮食全部卖出，余类推。李悝管理经济的办法，“行之魏国，国以富强”❷。

商鞅

出身于卫国破落贵族，初为魏相公叔痤（cuó）家臣，应召入秦见孝公，被任命为左庶长（约当其他国家的相），主持变法。变法之前，秦国地广人稀，约有五分之三的土地尚未开发，农业生产远不如东方各国。商鞅采取的主要措施有：废除井田制，把原来“百步为亩”的“阡陌”（田间的小路）和每一顷田的“封疆”统统破除，开拓为二百四十步为一亩，重新设置“阡陌”和“封疆”。确认地主和自耕农的土地所有制，在法律上公开允许土地买卖，按土地多少抽税。重农抑商，奖励耕织，特别奖励垦荒。凡努力从事农业生产，使粮食和布帛超过一般产量的，可以免除本人的劳役和赋税；不安心务农而从事工商业或游手好闲而贫穷的，全家罚为官奴。韩、赵、魏等邻国无地农民到秦国垦荒，给他们土地和住宅，免除三世的劳役，也不要他们当兵，让他们安心务农，为秦国生产粮食。鼓励个体小农经营。规定一户有两个儿子以上的，到成人年龄必须分家，各自独立门户，否则要征收双倍的赋税。开始按户按人口征收军赋。统一度量衡，促进国内经济联系。经过商鞅变法，贫穷落后的秦国，一跃而成为各诸侯国中最富强的国家，为以后秦始皇统一中国奠定了基础。

桑弘羊

出身商人家庭。十三岁就给汉武帝做侍从官。后来官至治粟都尉，领大司农，为汉王朝管理经济达三十年之久。他积极推行重农抑商政策，制定并执行盐铁酒类的官营专卖，设立平准、均输机构，控制全国商品，平抑物价，增加

---

❶ 参考杨宽：《战国史》172 页。

❷ 《汉书·食货志上》，《汉书》1125 页。

国家财政收入。其具体做法是：在产盐区设立盐官，备置煮盐用的“牢盆”，募人煮盐，产品由国家收购发卖。在产铁区设立铁官，经营采冶铸造，发卖铁器。在郡国设置均输官，把原来要郡国缴钱然后再从商贾手中购买的货物，改由郡国作为贡赋上交，由工官制造运输工具，运至京师；中央不需要的贡品，地方可以运到行市高的地方去卖，把卖得的钱上交中央。在京师设置平准官，专管收集各地的货物。物价贱时买进，贵时卖出，以调剂有无，平抑物价。酿酒、卖酒的营业也收归官营，由地方官吏管理，禁止民间自行酿卖。桑弘羊还组织六十万人屯垦，储备军粮，以防御匈奴的袭击。桑弘羊的理财，从富商大贾手里夺回了盐铁和贸易的控制权，打击了富商大贾的势力，增加了西汉政府的经济实力，巩固了中央集权。但也存在一些问题和弊病，如官盐价昂味苦，农具质量低劣等。

赵过

赵过是汉武帝晚年的搜粟都尉（掌管军粮）。武帝晚年，“悔征伐之事”，决心大力发展农业，下诏说：“方令之务，在于力农。”[1] 赵过就是在这一政治背景下被授予重任的。赵过对农业的管理，主要做了两件事：一是总结、推广先进的耕作技术，一是改进农具。他总结了西北地区抗旱斗争的经验，推广“代田法”。推行“代田法”以前，我国北方实行的耕作方法，是翻地之后，即在地上播种五谷，不分行列，叫做“缦田法”。这是一种比较原始的耕作方法。代田法是在地上开沟培垅，作物种在沟内。随着作物的生长，在中耕的同时，将垅上的土培到苗的根部。这样，作物根深且固，不畏风旱。最后，沟变成垅，垅变成沟。明年沟垅再互相轮换。代田法的优点是：能够经常保持地力，有利于抗旱保墒，防止庄稼倒伏，也节省了人力。这种耕作方法在长安附近试验的结果，每亩产量增加一斛到两斛（汉代一斛等于一百二十斤，一斤合二百五十克左右）。赵过在推广“代田法”的同时，还改进了农具。赵过创制、推广一种二牛三人的耦犁，每年可种田五顷。他还在过去一脚耧和二脚耧的基础上，改进成三脚耧。三脚耧是一种播种机，能同时播种三行。一人牵牛，一人扶耧，一天可以播种一顷。在赵过的建议下，大司农增设由赵过主持的手工作坊，选取有技巧的手工业工人专门生产新农具，又令全国郡守派遣县令、三老（乡官）、力田（地方小农官）和老农到长安学习新农具和新的耕作方法。赵过在科学管理农业方面作出了杰出的贡献。

---

[1] 《汉书·食货志上》，《汉书》1138 页。

耿寿昌

西汉历算家，尤精通数学。宣帝时任大司农中丞。当时，每年由关东漕运谷四百万斛供给京师，用卒六万人。耿寿昌建议，改由三辅、弘农、河东、上党、太原郡购买粮食，供应京师，省关东漕卒过半。他还建议在西北各郡设置常平仓，于边郡筑仓储谷，谷贱时增价收进，贵时减价售出，以利农业。

王景

东汉水利家。少时好学，通天文、术数，以治水著称。明帝命王景与将作谒者王吴修浚仪渠，王景用墕（yàn，堰）流法，水患得到治理。西汉平帝以来，黄河、汴渠决坏，多次洪水泛滥，灾害严重。永平十二年（69 年），明帝命王景领导数十万民工治理黄河。他排除任水自流的保守思想，反对恢复"禹河"故道，与助手王吴相度地势，开凿山阜，截断沟涧，采取筑堤、修渠、建水门等措施，控制淤积、洪水，使黄河、汴渠分流，流量相对稳定，收到防洪、航运和稳定河道等巨大效益。此后八百年，黄河未再发生重大改道。王景由此知名，因功被任命为河堤谒者。后任庐江太守时，推广牛耕和铁犁，教民养蚕织帛，兴修芍陂（què bēi）水利，以发展农业生产，都收到显著效果。

蔡伦

东汉宦官。明帝永平末年，开始在宫内任事。章帝建初中，为小黄门。小黄门经常在皇帝左右，接受尚书奏事。和帝即位，提升为中常侍，参与国家机密大事的谋划。后兼任尚方令，负责皇宫内的手工作坊，专门为皇帝制造刀、剑和其他玩好器物。他监造的刀、剑及各种器械，"莫不精工坚密"，为后世所效法。他总结西汉以来用麻质纤维造纸的经验，改进造纸术，利用树皮、碎布、麻头、旧渔网等原料，经过精工细作，制作出优质纸张。元兴元年（105 年），奏报朝廷，受到汉和帝的称赞，从此造纸术得到推广。造纸开始成为独立的行业，纸的生产得到了迅速的发展。

宇文恺

隋朝建筑家。出身于贵族世家。因有精湛技艺，多次受命设计、监造大型土木工程。历任营建宗庙副监、营建新都副监、检校将作大匠、仁寿宫监、将作少监、营造东都副监、将作大匠以及工部尚书等职。他一生中的最大功绩是主持规划、修建了长安城和洛阳城。长安城是西汉惠帝元年（前 194 年）开始修建的，历时五年完成，是我国历史上第一座规模宏大的城市。经过东汉末年的战乱，遭到了毁灭性的破坏。开皇二年（582 年），隋文帝下令营建新都，命高颎（jiǒng）、宇文恺主持这项工程。宰相高颎只是挂个虚衔，负实际责任的是宇文恺。为营建新都，宇文恺首先对汉朝长安城的周围形势进行了勘察。在勘察的基础上，选定了新城城址，拟定了详细规划，并且绘制了平面设计图样。这个新城在开皇二年六月开始破土兴建，到第二年三月初步竣工，只用了九个月时间。新城命名为大兴城。大兴城气象雄伟，规模宏大。全城分宫城、皇城和外廓城三部分。总面积大约八十三平方公里。新城实行了科学的分区设计，宫殿、衙署、住宅、商业各有不同的区域。城内街道宽直，整齐划一。大兴城规模之宏大，规划之完整、严谨，在我国历史上十分突出，在当时世界上也是独一无二的。大业元年（605 年），宇文恺又主持规划建造了另一座大型城市——东都洛阳城。洛阳气势宏伟，宫殿比大兴城更加富丽堂皇。宇文恺还负责过大型水利工程。开皇四年（584 年），他受命主持开凿广通渠，把渭水导入黄河，以利运输。这条渠从大兴城到潼关，全程三百多里，要经过许多崇山峻岭。宇文恺亲自踏勘河流，考察地理环境，制订了周密的施工计划。几万民工经过艰苦努力，终于完成了这一项工程。这项工程完成后，既大大改善了当时的漕运，又灌溉了两岸农田，因此被人称为“富民渠”。[1]

刘晏

唐朝理财家。肃宗时，任户部侍郎，兼御史中丞、度支铸钱盐铁等使。代宗即位后，升任吏部尚书、同中书门下平章事（宰相），领度支、盐铁、转运、铸钱、租庸使。不久罢相，以御史大夫领东都、河南、江淮转运、租庸、盐铁、常平使。曾自比贾谊、桑弘羊。当时，安史之乱后不久，京师粮食供应困难，每斗米价千钱。他致力于疏浚汴水，经实地考察后，并取得宰相元载的支持，采用分段转运的方法，每年漕运江淮粮食四十万斛，以解决关中粮食的不足。经刘晏整顿后，从扬州到长安，每石米只需七百文运费，由官府出钱。由于粮食增多，京师米价立即平抑下来。为保证漕运的顺利进行，他在扬子（今江苏仪征县）设置十个造船工场，造大船以运输江淮财物，并改善航道，提高漕运能力。他又大力整顿盐政，把原来的官运官销制改为就场专卖制，即亭户所生产的食盐，由盐官统一收购，不许私自卖给商人；盐官所收的盐，就在盐场转卖给盐商，食盐的流通税包括在盐价之中；商人缴纳盐款后，可以自由运销，不受限制。他还采取以绢代钱的办法，有意地把绢对盐的交换价格定得高些，鼓励商人纳绢。因为当时军用绢的需要量很大，以绢代钱，既推销了

---

[1] 参考张润生等：《中国古代科技名人传》，中国青年出版社 1981 年版，162 – 173 页。

食盐，又掌握了必要的军用物资，并省去了转购的麻烦，是一举三得的好办法。刘晏管理财政非常精细，把着眼点放在培养民力上。他在各道所设的巡院内，选派干练的人员担任知院官。每旬、每月把州县的雨、雪、丰、歉等消息报告给刘晏。丰年则贵籴，歉年则贱粜，使物价经常保持稳定。只要某一地方刚刚出现歉收的征象，知院官的报告马上送来，政府及时作出减免租税或救济的安排。这样，农民安居其业，户口繁息，财政收入随之而增加。刘晏开始主管财政时，每年财政收入六十万缗，后来增加到一千二百万缗，而人民的负担并没有加重。他善于选拔人才。对权贵的请托，不予迁就。他选用的理财官，都有政绩。刘晏本人勤于职事，“质明（天亮）视事，至夜分止，虽休浣（假日，唐代官吏每十天休息洗沐一次）不废。事无闲剧，即日剖决无留”❶。而生活却很俭朴。“所居修行里，粗朴庳（bēi，低下）陋，饮食俭狭，室无媵（yìng，妾）婢”。后被杨炎构陷而死，“簿录其家，唯杂书两乘，米麦数斛，人服其廉”❷。刘晏是唐代乃至整个封建社会卓越的理财家。❸

王安石

北宋改革家。少好读书，进士出身。淡于名利，而胸怀“矫世变俗之志”。他在担任鄞（yín，今浙江宁波）县知县期间，就重视管理经济。他积极督修水利，在青黄不接之际，将官仓里的存粮贷给农民（主要是自耕农），以减少高利贷的盘剥，又使官仓存粮不断更新。仁宗嘉祐四年（1059 年），他上万言书（即《上仁宗皇帝言事书》），提出系统的变法主张。他管理经济的总方针是：“因天下之力以生天下之财，收天下之财以供天下之费”❹，把国家财政同社会生产紧密联系起来，以发展社会生产作为充裕国家财政的前提条件。他还一再强调；“理财以农事为急，农以去其疾苦、抑兼并、便趋农为急”❺。熙宁二年（1069 年），宋神宗任命王安石为参知政事（副相），并按王安石的建议创立了“制置三司条例司”这一主持变法的机关，由王安石亲自负责，开始实行变法。第二年，神宗又任命王安石为同中书门下平章事（宰相）。王安石变法以发展农业生产、振兴经济为中心，在经济方面所采取的主要措施有：（1）均输法。由朝廷责成东南六路（淮南路，江南东、西路，两浙路及

---

❶ 《新唐书·刘晏传》，《新唐书》4796 页。

❷ 《新唐书·刘晏传》，《新唐书》4796－4797 页。

❸ 参考《中国财政简史》86－90 页。

❹ 《宋史·王安石传》，《宋史》10542 页。

❺ 《续资治通鉴长编》220 卷熙宁四年二月庚午条。

荆湖南、北路）发运使，熟悉六路的生产情况和宫廷的需求情况，按照“徙贵就贱，用近易远”的原则，尽可能在路程较近的生产地采购，以节省价款和转运的劳费。均输法实施以后，使北宋政府的物资需求和东南财富地区的物资供应得到了较好的配合，纳税户的许多不合理负担，稍稍有所减轻，政府的财政收入较前增多。（2）青苗法（又称常平法）。每年正、二月和五、六月，各州县政府把常平、广惠仓储存的钱谷，分两次贷给农村住户，利息二分。贷款数目依户等高下分为五等，一等户每次贷款不得过十五贯，五等户和客户不得过一贯半。到夏秋两季收成后随两税归还。推行此法的目的在于抑制高利盘剥，对青黄不接时期有困难的自耕农民给以暂时的救济，以保证简单再生产的正常进行。（3）农田水利法。各地兴修水利工程，其工料费用由当地住民照户等高下分派；凡单靠民力不能兴修的，其不足部分可向政府贷款，取息一分；一州一县不能胜任的，可联合若干州县共同负责。此法颁布后七年间，全国兴修的水利工程达一万多处，灌溉民田三十六万顷和官田近两千顷。（4）募役法（又称免役法、雇役法）。废除此前依户等轮充州县政府职役的办法，改由州县政府出钱募人应役。募役的费用，由管辖区内的主户按照户等高下分担。原来享有免役特权的官户、寺观户以及女户、单丁户、未成丁户，也按同等人户减半输钱。募役法的实行，使很多农村居民免除苛刻的差役，有利于农业生产的发展。（5）方田均税法。对各州县已经垦种的土地作一次清查，丈量后，先核定某户土地若干，然后按土地的高下、肥瘠，分为五等，分别规定每亩的税额。通过方田均税法的实行，把产权履亩查明，使赋税的负担与土地占有的实况相符合，政府的田赋收入得到了保证。到神宗元丰八年，已经丈量过并规定了税额的土地，将近二百五十万顷，约为当时纳税土地的一半。（6）市易法。由政府拨出资金一百万贯，在开封设“市易务”，平价收购商贩不易脱售的货物，等到市场缺货的时候再卖出去。商贩向市易务交纳抵押品，即可成批赊购政府仓库里的某种货物到各处销售，半年出息一分，一年出息二分。市易法的推行，使垄断市场的豪商大贾受到了抑制，稳定了物价，政府从中也增加了收入。王安石变法实施近十五年，国家财政状况有明显的好转，中央和各州县积存的钱粟都很充裕，部分实现了富国的目标。

潘季驯

明代杰出的治黄专家。嘉靖二十九年进士。从嘉靖末到万历间，四任总理河道，先后达二十七年。他提出既要免除运道梗阻，又要解除受害百姓痛苦，“民生、运道两便”的积极治黄方针。为了能真正防止河患，他亲自到海口踏勘，沿黄河、淮河、运河岸边实地调查，向官吏、居民、船工、篙师请教。他治黄的做法是：筑堤防溢，建坝减水，以堤束水，以水攻沙。他吸取了劳动人民的实践经验，采用了多种堤防综合治河的办法，建立了一整套堤防建设和养护方法。他把堤分做缕堤、月堤、遥堤、格堤四种。在河道几个要害的缕堤处修筑减水坝。当洪水过大的时候，可以从减水坝顶溢出。在堤坝后面还能够形成淤滩，既使大堤更加稳固，又可以种植庄稼，发展农业生产，是一项巧妙的创造。在实际施工过程中，潘季驯非常重视大堤的质量，并制定了“四防”（昼防、夜防、风防、雨防）“二守”（官守、民守）和栽柳、植苇、下埽（sào，护岸和堵口的工事）等严格的护堤制度。潘季驯以河道总理或总督的高官身份，亲自参加工地劳作。有一次，连日暴雨，堤防多处决口，他带病忍痛赶到工地，督率民工，抢堵决口，终于化险为夷。他七十岁的时候，骨瘦如柴，身体很坏，仍坚持在泥泞中劳动，至劳累咯（kǎ）血。他告老退休后，以七十二岁高龄还对神宗说：“去国之臣，心犹在黄。”他所写的《河防一览》，总结了他的治河理论和丰富的实践经验，是一部伟大的水利科学专著。《明史·潘季驯传》总结他的一生说：“季驯凡四奉治河命，前后二十七年，习知地形险易。增筑堤防，置官建闸，下及木石桩埽，综理纤悉，积劳成病。”

第五章　文化管理

第一节　我国古代文化发展概况

文化，广义地讲，是指人类在历史实践过程中所创造的物质财富和精神财富的总和；狭义地讲，则专指社会的意识形态，以及与之相适应的制度和组织机构。文化与政治、经济并列为人类社会的三个子系统。毛泽东同志说："一定的文化是一定社会的政治和经济在观念形态上的反映。""文化革命是在观念形态上反映政治革命和经济革命，并为它们服务的。"[1] 本书所说的文化，是指它的狭义而言。但文化与政治、经济又是互相渗透的，文化虽由一定的经济条件和政治条件所决定，它的成果和影响又反过来浸透到经济和政治中去。

中国古代的文化，就其总体而言，密切联系于农业经济的发展，并为农业生产服务；在政治上，则以君权为核心，为巩固和维护君权服务。

夏代已经有了我国最早的历法。保存在《大戴礼记》中的《夏小正》，就是现存的有关"夏历"的重要文献。日食和流星雨的记载，已见于夏代。夏代有文字和文献典籍，是无可怀疑的，只是大多失传了。先秦学者经常引证的《夏书》、《夏训》，就是当时还保存着的有关夏代的典册。君权神授，崇拜天神、地神和君主的祖先，是夏代占统治地位的意识形态。夏代用干支纪日，并以天干用于君主的命名，如孔甲、胤甲、履癸等。

商代的文字已比较成熟。现在所见到的商代文字材料主要保存在甲骨、铜器及其他器物上，其中以甲骨为最多，就是通常所说的甲骨文。此外还有史官记载和收藏的典册，大部分已经散失。现存《尚书》中的《商书》，只是留传下来的一小部分。商代的历法逐渐趋于完备。商人将一年叫做一祀，分为十二个月，大月三十天，小月二十九天，每逢闰年加一个月，称为"十三月"。商历为我国传统历法奠定了基础。卜辞中有世界上最早的新星观测记录。上帝的

[1] 《新民主主义论》，《毛泽东选集》第2卷655、659页。

观点在商代统治阶级中已牢固地形成。在统治者的心目中，“帝”或“上帝”是自然界和社会的主宰，一切政事都要听命于上帝，甲骨文中的绝大部分，就是卜问上帝的记录。统治者还崇拜日月、星辰等自然界的神灵和祖先。各种祭祀名目繁多，礼仪十分隆重。商代的雕塑、音乐、舞蹈都达到了较高的水平。

从西周开始，我国开始进入漫长的封建社会。与夏商两代相比，西周的文化有质的飞跃。在统治思想方面，对天命的观念，既有继承，又有怀疑。周族统治者对异族，特别是对殷人，仍不厌其烦地宣扬敬天，作为一种愚弄民众的工具。对本族人却从来不宣扬“天”，而提出“保民”、“明德”的思想。所谓“保民”，就是重视民心，甚至把民心看得比天意还要重要。“民之所欲，天必从之”[1]，就是这种认识的集中反映。所谓“明德”，就是“欲修其身者，必正其心”的意思，要求统治者加强自我克制的功夫，不随心所欲，荒淫暴虐。周人把血缘亲疏关系和统治者内部的等级关系巧妙地结合起来，用礼对贵族的行为加以约束。周人产生了朴素的唯物主义和辩证法的哲学思想，主要表现在《尚书·洪范》和《周易》当中。《洪范》把水、火、木、金、土五种物质称为“五行”。五行观念是我国较早的朴素唯物主义的萌芽。《周易》本是关于占卜的记录，与商代的甲骨卜辞属于同一性质，但它从当时人们的生活实践和社会实践来解释占卜的卦爻（yáo），因而其中含有一些比较科学的思想因素。西周重视对贵族的教育，从幼童开始，就教以礼、乐、射、御（驾驭马匹）、书（写字）、数等基础知识和基本技能，号称“六艺”。在天象观测和历法制定上，西周有很大的进步。把黄道（太阳和月亮所经天区）的恒星分成二十八个星座，称为二十八宿（xiù），用来确定天体的位置和许多天象，由太阳在二十八宿中的位置，知道一年的季节。大约在周初，已知用日圭观测日影，测定冬至和夏至的时日。由于军事、政治和经济等方面的需要，地图的绘制在西周已达到一定的水平。西周时期由史官记载并保存的典籍是比较丰富的，有政治的、历史的、哲学的，也有文艺的。现存《尚书》中的《周书》和《逸周书》等，是经过后人选编而保存下来的政治历史文献的一部分。《周易》是一部包含丰富哲学思想的书。《诗经》是我国现存最早的一部诗歌总集，其中的《周颂》、《大雅》、《小雅》和《国风》中的《周南》、《召南》、《豳风》等，是西周时期的作品。诗歌与音乐、舞蹈密切配合，应用相当广泛。

春秋时期，随着周天子地位和权力的衰落和生产力的提高，“尊神”、“敬

[1] 《左传·襄公三十一年》引《泰誓》。

天”的传统观念进一步动摇，重视民心和人事的思想进一步抬头，出现了“礼崩乐坏”的局面。社会大变革势在必行。在意识形态领域，一方面，出现重民轻天的进步政治思想；另一方面，又出现了留恋过去的保守思想，幻想回到西周时的政治局面，甚至回到“小国寡民”的氏族社会。老子是道家学派的创始人，他的《道德经》（即今本《老子》）一书，其政治观、社会观，是幻想倒退到氏族社会去，但在哲学上却提出了矛盾的对立而又互相依存、互相转化的命题，具有朴素辩证法的合理因素。孔子是儒家学派的创始人，他的思想和言论主要保存在《论语》一书中。他以维护周天子的权威和重建文武周公的事业为己任。他理想的政治局面是：“天下有道，则礼乐征伐自天子出”；“天下有道，则政不在大夫”；“天下有道，则庶人不议”。[1] 他把君臣、父子有机地结合在一起，把治家和治国有机地联系在一起。他重视调整人与人之间的道德伦理关系。在统治阶级内部，用礼乐来规范、约束，以达到贵贱有别、尊卑有序的目的。对被统治者施行“仁政”或“德政”，做到“节用而爱人，使民以时”。[2] 仁政的思想，在一定程度上反映了对人（包括劳动者在内）的重视，有一定的进步意义。孔子在教育方面的贡献更大。他以《诗》、《书》、《礼》、《乐》、《易》、《春秋》作教材，这些文献大都经过他搜集、整理、删定或改编，后称“六经”或“六艺”。他开创私人讲学，打破了西周“学在官府”、贵族垄断教育的局面。孙武是大军事家，他所著《孙子兵法》一书，是具有朴素辩证法观点的优秀军事著作，不仅在我国军事理论史上有重要地位，而且在世界军事理论史上也享有极大的声誉。春秋时期，科学技术也取得一些成就：数学和几何知识被运用于城市建筑、土地测量和赋役征收等方面；鲁文公十四年（公元前614年），有世界上最早的“哈雷彗星”记录，比欧洲的记载早六百七十多年；发现了十九年七闰的法则；医学开始从巫术中解放出来，出现缓、和等名医。

战国是我国历史上“百家争鸣”、学术繁荣的时代。参加争鸣的主要有儒家、墨家、道家、法家、阴阳家、名家以及农家、纵横家、杂家、兵家等。孟子是战国时期儒家学派的主要代表人物。他进一步强调统治者得民心的重要。他认为，对商纣王那样的暴君，臣下把他杀死，不算弑君行为。荀子是战国末期儒家学派中最有影响的人物。他接受了道家的自然观，把天看作没有意志的

---

[1] 《论语·季氏》。

[2] 《论语·学而》。

自然界，并进一步提出人定胜天、“制天命而用之”的著名论点。荀子认识到人民力量的强大，可以决定国家的命运。他把君主和人民比喻为“舟”和“水”，提出“水则载舟，水则覆舟”的精辟思想。他认为要求得国家安定，就须“平政爱民”，“轻田野之税”，“罕兴力役，无夺农时”，“节用裕民，而善藏其余”。韩非子是法家思想的集大成者。他提出君主集权的理论，主张法、术、势三者并重。认为仁义只适用于古代，而当今必须依靠法治和暴力。他主张实行极端的专制主义，不允许法家以外各个学派的存在，不允许有思想、言论的自由。他一再强调要用严刑峻法进行残酷的镇压，才能防止人民的反抗。他的这些思想，被秦始皇采纳并实际运用。由吕不韦门客集体著述的《吕氏春秋》，糅合了阴阳五行家、道家、儒家、兵家、墨家的部分学说，企图用来作为秦实现统一的指导思想，未被秦始皇采用。《战国策》一书，是纵横家游说辞和权变故事的汇编。以屈原《离骚》为代表的楚辞和《左传》、诸子散文，是文学上的主要成就。在自然科学方面，战国时期出现了天文学的专家和专著。齐国甘德著《天文星占》，韩国石申著《天文》，后人把这两部书合为一部，叫《甘石星经》。甘德已发现木星的三号卫星，比意大利伽利略和德国麦依耳的同一发现早近两千年。甘德、石申测定的恒星纪录，是世界上最早的恒星表，它比欧洲第一个恒星表希腊伊巴谷的星表早约二百年。历法的最大成就是“月令”的出现，人们已经测知了一年二十四个节气，并知道根据节气的变化来安排农业生产。战国末年，发明了世界上最早的指南仪器——“司南”。医学已有较多的分科，如内科、外科、妇科、小儿科等，并出现一些医学专著，留传下来的有《黄帝内经》中的《素问》和《灵枢经》等。齐人扁鹊是春秋战国之际的名医。《墨经》中有点、线、面、方、圆等几何概念和对光直线传播的第一次科学解释。

统一后的秦朝，只存在了十五年，又由于实行极端的文化专制主义，焚书坑儒，文化几乎是个空白。

汉初，刘邦鄙视儒学和儒生，儒家学术源流几乎断绝。“独有一叔孙通略定礼仪，天下唯有易卜，未有它书。”[1] 在学术思想发展的低潮中，道家的黄老无为思想为汉初统治者所提倡，占居支配地位。黄老学说是道家中的一派。黄老学说的主要特点是：在政治上肯定新的封建统一王朝的统治秩序，承认君臣关系不可改变的前提下，极力主张“无为而治”。道家“清虚以自守，卑弱

---

[1] 《汉书·刘歆传》，《汉书》1908 页。

以自持”的思想[1]，适应农民战争后的政治形势和恢复生产、稳定封建秩序的需要。汉初黄老政治思想的代表作，是陆贾的《新语》。陆贾认为：“道莫大于无为，行莫大于谨敬。”[2] 但陆贾兼有儒家及其他诸家思想，他主张无为是为了有所为。他强调行仁义，实行文治。系统阐明道家哲学思想的著作是《淮南子》（亦名《淮南鸿烈》），是武帝时淮南王刘安邀集宾客写成的。文景时期，政治思想上出现了由无为到有为、道家向儒家嬗（shàn）变的趋势。武帝建元元年（公元前140年），董仲舒在《举贤良对策》中提出：“诸不在六艺之科、孔子之术者，皆绝其道，勿使并进。”[3] 他把孔子的学说宗教化，把封建专制制度的理论系统化。《春秋繁露》是他的代表作。建元五年，武帝设置五经（《易》、《尚书》、《诗》、《礼》、《春秋》）博士，把儒家学说经典化，确立儒家思想在官学中的统治地位。建元六年，武帝起用好儒术的田蚡（fén）为相。田蚡把不治儒家五经的太常博士一律罢黜，排斥黄老刑名百家之言于官学之外，并且优礼延揽儒生数百人，这就是有名的所谓“罢黜百家，独尊儒术”。从此，儒家思想便成为统治人民的封建正统思想。汉代的儒术，在先秦儒家的“仁义”学说之外，吸取了阴阳家神化封建君权的学说，极力鼓吹封禅（祭天地之礼），宣扬天命论，麻痹人民的意识；同时还吸取了法家尊君抑臣的思想，力图用刑法来加强统治。董仲舒是新儒学的奠基人。他提出人君受命于天，“天人合一”，“天人感应”等学说，主张“屈民而伸君，屈君而伸天”。[4] 如果人君无道，天就降灾异来谴告或威慑。董仲舒在宣扬君权神授说的同时，也企图假天之威，对皇帝的过分残暴加以限制。他还主张德刑并用，以德为主，以刑辅德。他的宇宙观是形而上学的。他曾对汉武帝说：“道之大原出于天，天不变，道亦不变。”他提出三纲五常的道德伦理体系。他力图把政权、神权、族权、夫权紧密地结合起来，而这四种权力代表了全部封建宗法的思想和制度，是束缚中国人民特别是农民的四条极大的绳索。董仲舒的学说，基本上是借用阴阳家的思想重新解释儒家经典。西汉末年，又出现一种谶（chèn）纬之学。谶是一种预言，即用隐语来预决吉凶；纬是与经相对而得名的，是假托神意解经的书。谶纬是庸俗经学和封建迷信的混合物。东汉初，光武帝把谶纬作为一种重要的统治工具，谶纬的实际地位超过了经书。中

[1] 《汉书·艺文志》，《汉书》1732页。
[2] 《新语·无为篇》。
[3] 《汉书·董仲舒传》，《汉书》2523页。
[4] 《春秋繁露·玉杯》。

元元年（公元56年），光武帝“宣布图谶（即“谶书”）于天下”，更使图谶成为法定的经典。汉章帝会群臣于白虎观（guàn），讨论经义，由班固写成《白虎通德论》，又称《白虎通义》或《白虎通》。这部书系统地吸收了阴阳五行和谶纬之学，是董仲舒以来儒家神秘主义哲学的进一步发展，是一部把儒家思想法典化的著作。白虎观会议的举行和《白虎通》一书的编撰，使儒家独尊的地位通过政治权力最后确定下来。封建王朝又进一步用政权的力量普及、灌输儒家思想。东汉顺帝时，博士弟子（太学生）多达三万人，经学的昌盛和博士弟子众多，主要是由于经学从理论上为封建统治辩护，而封建统治者又对儒生广开“禄利之路”的缘故。就在经学昌盛、占统治地位的时候，东汉卓越的思想家王充，对儒学进行了批判。王充出身于“细族孤门”，曾做过短时期的州郡吏。其余的岁月，都是“贫无一亩庇身”，“贱无斗石之秩”❶。居家教授，专力著述，写成《论衡》一书。他自称其思想“虽违儒家之说，合黄老之意”❷。他以道家的自然之说立论，而对自然作了唯物主义的解释，揭露了统治者及其辩护士神道设教、天人感应等邪说。西汉末年，印度佛教传入中国内地。东汉统治者在利用儒学进行封建统治的同时，又利用佛教作为麻醉人民思想的工具。早期的佛教信徒多为帝王贵族。当时人们把佛当作一种祠祀，近于神仙方术，并且把佛教教义理解为清静无为，“省欲去奢”，与黄老学说相似。东汉时期，民间流行的巫术与黄老学说的某些部分结合起来，逐渐形成了道教。《太平清领书》，即后世所谓《太平经》，是道教最早的经典。《太平清领书》的作者于吉，自称著书的目的是要成为“帝王良辅，相与合策，共理致太平”。其中大量的是宣扬儒家纲常伦理，维护封建统治阶级利益的言论。《太平经》推尊图谶，多以阴阳之说解释治国之道，还采摭了一些佛教义理加以缘（yuàn）饰。但也夹杂一些曲折反映劳动人民不满剥削、要求均等的思想。道教的初创阶段，东汉统治者并不重视，主要在受苦受难的被压迫人民中流行。东汉末年，黄巾起义军曾利用这种原始道教，在宣传鼓动和组织群众各方面，发挥了重大作用。汉代开始有通史和断代史的编修，代表作是司马迁的《史记》和班固的《汉书》。刘歆的《七略》，不仅是中国目录学的鼻祖，而且是一部宝贵的古代学术史。汉代的文学作品，主要有赋、散文和乐府诗三种。赋是韵文、散文并用的一种文体，是直接从骚体演变而来。西汉赋

❶ 《论衡·自记》。

❷ 《论衡·自然》。

家以枚乘、司马相如等最著名，枚乘的《七发》、司马相如的《子虚赋》、《上林赋》是其代表作；东汉则以班固、张衡最有名。汉赋是典型的宫廷文学。西汉的散文，有很大的成就，贾谊、晁错的政论文，如《陈政事疏》、《过秦论》和《论贵粟疏》等，都是言辞激切，富于文采的杰作，而司马迁的《史记》，是其最高成就。汉代的乐府民歌，是我国文学宝库中一份极有价值的遗产，它广泛而深刻地反映了当时的社会生活。东汉时期，在乐府民歌的影响下，出现了模仿乐府诗写成的五言诗，古诗十九首是其中的杰作。长篇叙事诗《孔雀东南飞》，是汉代诗歌中最优秀的作品。汉代的绘画、坟墓壁画、乐舞等也都有很高的成就。汉代天文学方面的著作，有张衡关于天体结构的论著《灵宪》。张衡还设计了浑天仪和候风地动仪。候风地动仪是世界上第一台测定地震方位的仪器，比欧洲创造的地震仪早一千七百多年。汉武帝命司马迁与邓平等共造《太初历》，于太初元年颁布施行。《太初历》以正月为岁首，采用有利于农事的二十四节气，是我国历法上的一个划时代的进步。在《汉书·五行志》中，有精确的太阳黑子的记载，是现今世界上公认的最早的黑子记录，比欧洲早九百多年。《周髀（bì）算经》是我国第一部算学著作，而《九章算术》则代表着汉代算学的主要成就，它是许多数学家研究的结晶，它的出现，标志着我国古代数学完整体系的形成。《氾胜之书》是我国历史上第一部完整的农学著作。西汉时最后写定的《黄帝内经》，是我国最早的一部医书。东汉出现的《神农本草经》，是我国第一部完整的药物学和植物分类学著作。东汉末年的张仲景、华佗，是病理、医术造诣很高的名医。张仲景的《伤寒杂病论》，是后世医学的重要经典。华佗是著名的外科医生，他创作的“五禽戏”，模仿虎、鹿、熊、猿、鸟五种动物的活动姿态来锻炼身体，是世界上最早的健身操。

东汉后期以来，皇权衰落。在意识形态上居于支配地位的儒家今文经学和谶纬，内容空虚荒诞，丝毫无助于解决实际的社会政治问题。在这样的情势下，一部分士大夫杂采儒、名、道、法思想，撰论著书，主张重法治，核名实，举贤才，饬吏治，企图消除危机，重新稳定东汉统治。黄巾起义后，东汉王朝瓦解，儒家思想因之受到打击，这对名家、法家、道家思想的传播更为有利，逐渐形成了魏晋玄学。曹魏正始年间（240—248 年），何晏、王弼等人研究老、庄学说，用道家思想解释《周易》，这是魏晋玄学思潮的开端。何、王的理论在当时主要是为曹爽一党垄断政权服务的。以后的玄学代表人物有阮籍、嵇康、向秀、郭象等。魏晋玄学是儒家唯心主义哲学在新的历史条件下的变种，与老庄哲学相表里而不是相排斥，它给僵化了的儒家哲学加进了新解。魏晋时期，士大夫把道家的《老子》、《庄子》和儒家的《易》，称为三玄。所谓玄学，就是糅和儒、道而形成的一种新的唯心主义思想体系。玄学是士族地主的意识形态，一开始就强烈地反映了士族的腐朽性。东晋玄学在很大程度上渗入了佛教教义。玄学一面宣扬“贵无”，一面又肯定礼教，对封建专制统治从未提出异议。两晋之际的唯物主义思想家鲍敬言大大前进了一步，他发表了《无君论》，主张不要国君，不要国家。东汉末年农民战争的失败，以及随之而来的战乱，给佛教的传播提供了社会条件；玄学与佛理的彼此渗透，也便于佛教的宣扬。佛教在魏晋南北朝时期有很大的发展。佛教宣传人的肉体死亡，灵魂永在，可以转生来世。如果今生能够忍受众苦，虔诚信佛，把财产尽量施舍给佛寺，死后就会升入天堂，来世就可以得到幸福。东晋以来，南方许多帝王名士，也持孔、老、佛殊途同归之说，提倡佛教，欺骗人民。南朝士族中笃信佛教的很多。北朝佛教也很兴盛。专制皇权和儒家礼教的传统力量与佛教也有一些矛盾，使佛教没有取得国教的地位（仅梁武帝一度定佛教为“国教”）。在玄学、佛学合流的南朝，也产生了反佛的思想，其杰出的代表是齐梁时的范缜（zhěn），他的著作《神灭论》轰动一时。黄巾起义失败后，道教仍在南北各地流传。道教的符咒，在北方民间的影响仍很大。道教也开始在统治阶级中间发展，形成了一些与民间道教有所不同的内容。两晋之际，葛洪宣扬道教与儒学，著《抱扑子》一书，此书被历来的统治者奉为道教的经典。葛洪的目的，在于使道教完全依附于封建帝王的礼法权威，消除道教中可以被农民用来组织起义的教义和仪式，使之成为统治者的长生之术和奴役人民更可靠的工具。东晋南朝时期，道教在南方广泛传播，士族大姓信奉道教的人很多。北魏道武帝笃信道数，置仙人博士，立仙坊煮炼百药。太武帝以道家寇谦之为国师，让他辅佐国政。道教产生于中国的封建社会中，它的某些教义与儒家思想契合，所以具有比佛教更易传播的特点。不过道教教理杂乱，哲学思想比较贫乏，其势力不如佛教那样巨大。魏晋南北朝时期，私家修史之风很盛。在二十四史中，这一时期编修的有：西晋陈寿的《三国志》、南朝宋范晔的《后汉书》、梁沈约的《宋书》、萧子显的《南齐书》、北齐魏收的《魏书》，共五部。这几部书，思想性都不足取，史料价值较高的是《后汉书》、《三国志》和《宋书》。魏晋南北朝时期的地理学名著，有杨衒（xuàn）之的《洛阳伽（qié）蓝记》和郦道元的《水经注》。文学方面的成就比较丰富，诗、文、小说、文学批评都有创新或发展。曹氏父子（曹操、曹丕、曹植）和“建安七子”（孔融、陈琳、王粲、徐幹、阮瑀、应玚〔yáng〕、刘桢）的诗，直接继承了汉代乐府民歌的现实主义精神，生动地反映了动乱时期的社会面貌。女诗人蔡琰（文姬）的五言《悲愤诗》，也是建安文学的一篇杰作。两晋南朝时期，重要的诗人有左思、陶渊明和鲍照。左思出身寒微，政治上受门阀大族的压抑，他在《咏史诗》中借古人抒发自己的情怀，对现实极为不满。陶渊明的田园诗真切动人，抒发了不齿流俗的情怀。他的名作《桃花源诗》和诗序《桃花源记》，虚构了一个人人怡然自得、不纳王税的理想境界，实际上是对君主政治的间接否定和批判。鲍照的乐府诗词藻华丽，骨力强劲，题材广泛。同时，南方和北方都有许多乐府民歌传诵至今。北方民歌《敕勒歌》、《木兰辞》，脍炙（kuài zhì）人口，思想艺术价值都很高。南北朝时期，骈文盛行。骈文是从汉赋发展来的。骈文偏重形式上的技巧，缺乏实际内容，成为统治阶级的娱乐工具，价值不高。比较有价值的散文是史书和地理专著的某些部分。由于佛、道的广泛流传，神话和志怪小说开始兴起。著名的有东晋葛洪的《神仙传》、干宝的《搜神记》和梁吴均的《续齐谐记》。宋刘义庆的《世说新语》，则是一部文人逸事小说，是士族玄谈的产物。随着文学的发展，出现了文学批评、文学理论和文学选集专著。魏文帝曹丕的《典论·论文》，首开文学批评之风。梁刘勰的《文心雕龙》，是一部文学批评和文学理论的名著。著名的文学选集有梁昭明太子萧统的《文选》，选录了自先秦到梁的许多诗、文。魏晋南北朝是绘画、雕塑、书法艺术大放光彩的时代。北方的石窟寺艺术，是雕塑和绘画的综合艺术。书法艺术形成于东汉末年，著名学者蔡邕是那时书法的能手。东晋王羲之被称为“书圣”，其子王献之被称为“小圣”。汉末以来，中国传统的雅乐衰落。十六国北朝时期，所谓“胡乐”，包括西域乐和外国乐，陆续东来，开始形成中国古典乐舞的一大变革。北朝的太常雅乐，大量参用“胡声”，胡乐的乐章、乐器、乐舞，在民间也颇流行。秦汉的角抵戏（也称“百戏”，乐舞杂技表演的总称），魏晋以后继续有所发展。戏剧是三国以后开始形成的。魏晋南北朝时期的乐舞、杂技、戏剧等，主要限于宫廷表演，在民间影响不大。在自然科学方面，祖冲之求出的圆周率，精密程度很高，比欧洲德国数学家鄂图得出的同样数值，早一千多年。祖冲之还把岁差应用于历法，制定了《大明历》。西晋太医令王叔和是一位著名的医学家，他著有《脉经》一书。北魏末年贾思勰的《齐民要术》，是我国现存的第一部完整的农书。

唐朝的文化，呈现出多元的形态。封建统治者尊儒，也崇佛、道，三教一家。在遇到国家大典的时候，三教的代表人物都请到宫殿参加演讲。隋朝时，由于南北统一，南北儒学逐渐合流。唐太宗尊孔丘为“先圣”，颜渊为“先师”。有通儒经的，就准予参加科举考试。“是时四方儒士，多抱负典籍，云会京师”，“儒学之盛，古昔未之有也”。[1] 唐太宗命颜师古考订《五经》文字，撰《五经定本》，颁行全国，作为学生的标准读本。又命孔颖达等撰《五经正义》，作为经学注疏的“定本”，科举考试经学的准则。国子博士陆德明撰《经典释文》，通行于世，受到唐太宗的嘉奖。中唐以后，为适应封建统治者强化思想统治的需要，韩愈吸收佛教思想中有利于封建统治的因素，建立了新的儒学理论。韩愈特别强调天命的权威。在他看来，封建帝王都是天生应当发号施令统治人的上等人，劳动人民则是天生应当受统治的下等人，这就是天命，也是永恒不变的圣人之道。韩愈的弟子李翱，仿效佛教的修行来改造儒学，提出了“复性”说。他主张人性本善，圣人不为情欲所累，故未丧失本性，一般人则往往溺于情欲而迷失本性。因此，他要人们灭掉情欲，从“弗思弗虑”中求得“至诚”的境界。道教尊老子李耳为教主，因唐朝的皇帝也姓李，所以从李渊起就以教主的后裔自居，积极扶植道教，企图借助神权来巩固皇权。高宗下令尊老子为太上玄元皇帝。玄宗教人画老子像颁布天下，并亲注《道德经》，叫人学习。科举中增设老、庄、文、列四子科。唐朝统治者还大力提倡佛教。佛教把众生世界分为天、人、阿修罗（容貌丑恶的一种鬼神）、地狱、饿鬼、畜生六类，因各自所作的善恶业因不同，于此六道中升沉异趣，轮回相续。它进行灵魂不灭、因果报应、六道轮回等迷信说教，引导人们逆来顺受，安心做奴隶，为封建剥削制度服务。由于南北朝以来新的佛经不断传入和对教义的不同解释，所以到唐代逐渐形成了许多佛教宗派。在诸派别中，以天台宗、法相宗、华严宗、禅宗影响较大。玄奘（zàng）是法相宗（亦名唯识宗）的创始人。唐初，佛教盛行，但众说纷纭，且佛经的译文颇多讹误。为彻底解决佛性的问题，并寻求佛经的真本，玄奘毅然西行求法，赴天竺（今印度）学习。他历游天竺各地，与当地僧众辩论，名震五天竺。历时十七年，携带大批佛教经典返回长安，专心翻译，译出经、论七十五部，共一千三百三十五卷，丰富了祖国文化宝库。所著《大唐西域记》，是研究印度、尼泊尔、巴基斯坦、孟加拉国以及中亚等地的重要历史资料。法相宗教义烦琐，不易为一般人接受，虽在唐初曾风靡两京，但不久就衰落下去。以慧能为

---

[1] 《旧唐书·儒学传序》，《旧唐书》4941 页。

代表的禅宗，兴起较晚，影响却远远超出其他各派。“禅”的意思是静虑。静坐沉思，称为“坐禅”或“禅定”。通过长期苦修，排除杂念，然后渐悟成佛。唐代是个开放的社会，统治者不仅提倡儒、道、佛三教，而且对西方传来的其他宗教，也都一概欢迎并加以提倡，如祆（xiān）教、景教、摩尼教、伊斯兰教。祆教又名拜火教，从波斯传入。唐政府中设萨宝府，是专管祆教的机构。祆教教义是：宇宙间有光明的善神和黑暗的恶神互相斗争，以火代表善神而加以崇拜，也崇拜日月星辰和天。景教是基督教的一个别支，后来又称也里可温教。基督教认为上帝创造了世界，人类从始祖开始就犯了罪，并在罪中受苦，人们只有信仰上帝以及上帝的儿子耶稣基督才能获救。耶稣基督的母亲玛利亚是由于上帝“仙灵”而怀孕，耶稣是上帝的亲子，是为了拯救人类而来到世间的“救世主”（即“基督”的原意）。景教的特点是不拜圣母。景教亦从波斯传入。摩尼教为波斯人摩尼所创，一称明教，武则天时传入中国。其教义是：宇宙间有明和暗二宗的斗争。初际天地未分，明暗各殊，势均力敌；中际暗来侵明，后际明暗各复本位。现时处于中际，人应助明斗暗。教徒应制欲，不吃荤，不饮酒，不祭祖，白衣白冠，死后裸葬。伊斯兰教为阿拉伯人穆罕默德所创。伊斯兰意为“顺从”。其基本教义是：信奉安拉是唯一的宇宙之神，是唯一真主，天地万物皆属安拉。穆罕默德是安拉的使者，是“先知”，是到世间传达安拉旨意，来教育人类的。《古兰经》是安拉“启示”的经典，世间一切事物都是安拉的“前定”。信仰“死后复活”、“末日审判”等。规定念清真言、礼拜、斋戒、纳天课、朝觐等为教徒必遵的“功课”。在唐代，祆教、景教、摩尼教和伊斯兰教主要在西域胡商中流传，唐人信仰的主要是儒、佛（释）、道三教，其中以佛教的信徒最多，势力最大，影响最深。唐朝开始建立官修史书的制度。二十四史中的《晋书》、《梁书》、《陈书》、《北齐书》、《周书》、《隋书》、《南史》、《北史》八部都是唐初编修的。修史由此前的私家著述变为官修，反映出封建统治者更加重视政治历史经验的总结。刘知几的《史通》，是我国第一部系统的史学批评和史学理论的著作。玄宗时编纂的《唐六典》，是我国第一部比较完备的行政法典。它以官制为纲，把当时的各种令、式，加以简括，分别系在有关官吏的职掌下面。杜佑用三十多年时间编写的《通典》，是我国第一部记述典章制度的巨型政书，共二百卷。该书把食货列为九门之首，反映编撰者对社会经济的重视；但礼仪占了全书内容的一半，说明编撰者的根本目的，是维护封建礼教，巩固封建统治。李吉甫撰写的《元和郡县图志》，是一部历史地理专著，是我国现存最古的舆地总志，史料价值很高。唐代是我国古典诗歌的黄金时代。流传到现代的，就有两千二百多位诗人创作的近五万首诗歌。贞元、元和之际，出现了古文运动。古文就是散文，是相对于魏晋以至唐初盛行的骈体文（也称近体文）而言。这个运动的核心人物是韩愈、柳宗元。同时，传奇小说也繁荣起来，代表作有沈既济的《枕中记》、陈鸿的《长恨歌传》、元稹（zhěn）的《会真记》等。唐朝还流行一种变文，与佛教的传播有关。唐代的石窟艺术是为宗教服务的，在洞窟的塑像中，占主要地位的是佛像。敦煌千佛洞是世界上罕见的艺术宝库。三彩陶俑非常精美，习称"唐三彩"。绘画以宗教人物画为主。盛唐时画家吴道子，擅画佛教、道教人物及鬼神和龙等，世人誉为"画圣"。唐代的书法艺术大放光彩，其杰出代表是颜真卿和柳公权。唐代宫廷乐舞中占主导地位的是宴享时演奏的燕乐。音乐的主要成就，是称为"大曲"的歌舞音乐高度发展。科学技术方面，唐玄宗时的高僧一行，在世界上首次发现恒星位置变动的现象，比英国天文学家哈雷 1918 年提出的恒星自行的观点早了将近一千年。著名医药学家孙思邈（miǎo），撰《备急千金要方》三十卷、《千金翼方》三十卷，被后人称为药王。唐高宗时，苏敬等人受命重修的《本草》，称《唐本草》，是世界上第一部由国家编定颁布的药典，比欧洲最早的 1494 年意大利佛罗伦萨药典早八百三十五年。唐代发明了雕版印刷术。

支配两宋三百多年的哲学思想是理学，又称道学。两宋理学是佛教哲学和道家思想渗透到儒家哲学里面出现的一个新儒家学派，是封建专制主义中央集权统治不断加强形势下的产物。理学的代表人物有程颢（hào）、程颐、朱熹、陆九渊等，习惯上称为程朱理学。程朱理学特别强调纲常名教。二程哲学体系的核心是"理"或"天理"。理既能产生万物，又能统辖万物。这种哲学的要害在于用精神世界来支配物质世界，把自然界道德化。他们提出"灭私欲，则天理存"的命题。❶ 程颐主张寡妇不应再嫁，为亡夫守节。他说："饿死事极小，失节事极大。"❷ 朱熹为《论语》、《孟子》、《大学》（《礼记》中的一篇）、《中庸》（《礼记》中的一篇）作注释，合称《四书集注》。他系统地解释孔孟之道。《四书集注》成为此后读书人的必修课，科举考试的标准依据。朱熹把人欲说成是一切罪恶的根源，主张以天理克制人欲，以道心来主宰人心。他要人们"去人欲，存天理"❸，完全遵守三纲五常的封建道德规范。在

---

❶ 《二程遗书》24 卷。

❷ 《二程遗书》22 卷下。

❸ 《朱文公文集》37 卷《与刘公父书》。

程朱理学兴盛的同时，也出现一些与之对立的思想家，如吕祖谦、陈亮、叶适等。他们最注重的，是一些能够在政治、军事、经济等方面见之实用的学科。陈亮是反对理学家们空谈道德性命最力的一人。他要做一个“成人”，而不做一个“醇儒”。他要做一个“推倒一世之智勇，开拓万古之心胸”的人物，而不肯去“穷究义理之精微”，成为一个“枯木死灰”的人物。佛教对宋代理学的影响极大。理学家的哲学思想、修养工夫以及语录体裁，都受到佛教的影响。北宋尤重视道教，道教的势力超过佛教。宋代的史学取得很高的成就。司马光编撰的《资治通鉴》，是我国第一部编年体通史。作者编写此书的目的，是“专取关国家盛衰，系生民休戚，善为可法，恶可为戒者”[1]，为封建统治者提供成败的借鉴。郑樵编撰的《通志》，是继《通典》之后又一部巨型政书。宋政府设官编修本朝会要，这是以前历朝所不曾有过的。现存的《宋会要辑稿》，是清朝嘉庆年间从《永乐大典》中辑出的。李焘的《续资治通鉴长编》，是当代人写当代事的历史巨著。李心传的《建炎以来系年要录》，专记宋高宗一朝史事。李心传的另一巨著《建炎以来朝野杂记》，专记南宋前期的典章制度，体例实同会要。专记一州一县的历史和风土人情的地方志书，在宋代特别是南宋，也大量出现，著名的有范成大的《吴郡志》等。其总志全国州县地理的，有乐史的《太平寰宇记》等。金石学是宋代学者在史学领域中开拓的一个新园地，它把历史学研究的范围，从古典文献扩大到金石器物。宋代还编纂了一些大型类书。类书是古代分类式的百科全书。北宋编纂的类书，重要的有《太平御览》、《太平广记》、《文苑英华》和《册府元龟》，号称四大部书，其中尤以《太史御览》和《册府元龟》的史料价值为高。宋代文学的主流是新兴的词。近人唐圭璋编的《全宋词》，著录词人一千三百三十多家，词作一万九千九百多首。著名词人有柳永、苏轼、陆游、辛弃疾和李清照等。宋代的话本，是从唐代的俗讲和变文发展演变来的。话本的内容，有的是演说佛经中的故事，有的是讲说历史故事。话本的出现，在中国文学史上开辟了一个新纪元。戏剧艺术在宋代有较大的发展，比较流行的有傀儡戏（即木偶戏）、影戏、杂剧等。五代时，西蜀、南唐开始设立画院。北宋在宫廷中设立翰林图画院。宋徽宗时画院发展到极盛。徽宗本人就是第一流的书画家。画院张择端画的《清明上河图》，是当时风俗画中具有代表性的作品。宋代科学技术的新成就，突出地表现在印刷术、指南针和火药三大发明的完成和发展

[1] 司马光：《进通鉴表》。

上。北宋仁宗庆历年间，布衣毕升在唐代雕版印刷术发展的基础上，发明了活字印刷术。北宋时，指南针的使用已很普遍，至迟在北宋末，已把指南针应用于航海。宋代火药、火器的制造技术，发展到一个新阶段。北宋时，在汴京有专门制造火药和火器的官营手工业作坊。当时，利用火药制造的火器，主要是燃烧性的，随后爆炸性的火器也大量地制造和应用。到了南宋，更发明了管状火器，是世界上最早的原始步枪，标志着火器制造史上一个划时代的进步。北宋末年李诫编写的《营造法式》，是一部建筑学巨著，是我国和世界建筑史上的珍贵文献。南宋宋慈的《洗冤集录》，是世界上第一部司法检验专著，对法医学的发展有很大影响。天文学家苏颂、韩公廉等人，创造了世界上第一座结构复杂、自动运转的"天文钟"——水运仪象台，并编写了一部图文并茂的详细说明书——《新仪象法要》。沈括的《梦溪笔谈》，总结了我国古代特别是北宋时期自然科学的辉煌成就。

理学是我国封建社会中后期儒学的正宗。元朝把儒学作为维护封建统治的官方哲学，把儒学定为"国是"。从朝廷科举考试一直到州、县学校的教学，一律以程朱对孔孟理论的注释为准，把朱熹的《四书集注》称为《圣经章句》。元朝统治者对各种宗教也都予以保护和利用。在元大都，各种宗教礼拜场所林立，而其中最盛行的是佛教中的喇嘛教。喇嘛教是佛教传入西藏后与西藏原有的本教相互影响、融合而形成的一个教派。元世祖尊喇嘛八思巴为国师，此后历代皇帝、后妃都尊喇嘛为国师，并亲自受戒。元代道教有几个流派，以全真教势力最大，其地位仅次于佛教。元代称基督教为也里可温，亦称也立乔，全国各地都有信徒。尽管元朝统治者提倡理学和其他宗教思想，但仍出现一些反理学、反佛学、反道学的"异端"思想家，邓牧是其中突出的一个。邓牧自号"三教外人"，表示不列入儒、佛、道三教正宗。他著有《伯牙琴》一书，猛烈抨击暴君酷吏。他指出，皇帝是最大的掠夺者和剥削者，大小官吏都是吃人的豺狼。主张在得不到"才且贤者"去治理天下的情况下，应该"废有司，去县令，听天下自为治乱安危"。[1] 他还描绘了一个理想国，那里的皇帝、官吏都是民选出来为群众办事的人，而不是特权阶级。在理想国里无盗贼，无战争，人人劳动，自食其力。元代的史学成就是多方面的。马端临的《文献通考》，是一部着重叙述历代典章制度沿革的巨型政书。《宋史》、《辽史》、《金史》，都是元顺帝时编写的。元代文学的主要成就是戏曲，关汉

[1] 《伯牙琴·吏道》。

卿、白朴、马致远、郑光祖，世称元曲四大家。在科学技术方面，郭守敬制定的《授时历》，是我国古代推算最精确、使用最久的历法。元世祖时，为督促农桑，推广先进农业技术，由司农司编纂《农桑辑要》一书，颁发各地。王祯编著的《农书》，是一部重要的农业科学著作。

明代，理学仍然是占支配地位的哲学。明初，属于客观唯心主义的程朱学派盛极一时。朱熹注释的《四书》、《五经》是官定读本，科举取士的准绳。明中叶，又出现了以王守仁为代表的属于主观唯心主义的王学。王守仁提出"心外无物"、"心外无理"等命题，并得出"破山中贼易，破心中贼难"的结论。地主阶级进步思想家李贽，虽是王学的传继人，但在他的思想中已包含有唯物主义的因素。他坚决反对传统束缚、封建礼教和等级制度，提出不能以孔子的是非为是非的著名观点。明末清初之际，出现了一批具有唯物主义思想的学者，他们大都反对空谈，倾向于经世致用之学，并具有反对专制主义统治和民族压迫的思想。他们当中有王夫之、黄宗羲、顾炎武、方以智、唐甄、傅山、陈确、吕留良等。王夫之反对君主专制，要求改革政治，提出土地不是帝王的私产，而应当归耕者所有的主张。黄宗羲的名著《明夷待访录》，对专制的暴君政治和现存的封建秩序进行了激烈的批判。指出："为天下之大害者，君而已矣。"臣对君的关系，不是奴仆而应是师友。治天下"不在一姓之兴亡，而在万民之忧乐"。主张做官的应该是"为天下，非为君也；为万民，非为一姓也"。具有一定的民主主义思想。他还提出"工商皆本"的主张。顾炎武也反对专制主义的政治，认为"天下兴亡，匹夫有责"。稍晚于以上三大思想家的唐甄，在他的《潜书》中提出"自秦以来凡为帝王者皆贼也"和"杀人者众手，实天子为之大手"的光辉思想。清朝统治稳定以后，客观唯心主义的程朱理学又占据支配地位。从顺治开始，就尊奉孔子，推崇南宋理学家朱熹，利用他们的学说来巩固封建专制统治。康熙亲政后，更是提倡儒学，进一步表彰孔孟程朱，宣扬三纲五常。同时严禁王学。清代有一些学者，既反对程朱学派，又反对王学，戴震是这些学者中杰出的一个。他认为物质世界是人们感觉的来源。在《孟子字义疏证》一书中，提出以法杀人犹可救，以理杀人无可活的看法。清朝考据学很盛，乾嘉时期达到顶点，发展成为专门的学问。清政府屡兴文字狱，迫使一部分学者不得不在古书中寻章摘句，考证字义，这是考据学发达的政治原因。乾嘉考据学派在文禁森严的形势下，终日埋头书本(主要是经书)，学术研究完全脱离实际，思想闭塞，排斥一切进步思想。乾嘉学派一直延续到清末，在学术界造成厚古薄今，舍本求末，烦琐考证的不良倾向。明清时期的历史学有一定的成绩，官修的史书有《元史》、《明史》、《明实录》、《清实录》等。黄宗羲的《宋元学案》和《明儒学案》，是学术史方面的论著，带有开创性。钱大昕的《廿二史考异》、赵翼的《廿二史札记》和王鸣盛的《十七史商榷》，是清代三部考史的名著。章学诚的《文史通义》，是一部重要的史学批评著作，提出了"六经皆史"的观点，在中国史学史上占有重要的地位。明清两朝纂修方志之风很盛，今传方志六千余种，大部分皆清人所修。明清两朝曾组织大批学者，编辑了很多卷帙（zhì）浩繁的类书和丛书。举世闻名的《永乐大典》和《四库全书》，就是在这一时期编成的。《永乐大典》共二万二千九百三十七卷，装成一万一千零九十五册，是我国古代最大的一部类书。目前在国内外保存下来的仅三百余册。清朝康熙、雍正时，编辑了《古今图书集成》一万卷。《四库全书》是乾隆时编辑的，分经、史、子、集四类，共收书三千四百五十七种，七万九千零七十卷，装成三万六千余册，是我国最大的一部丛书。共抄录七部，完整保存下来的还有四部。《四库全书总目提要》是一部重要的目录学著作。明清两代文学上的成就主要是小说和戏剧。《水浒传》、《三国演义》、《西游记》和《红楼梦》，是闻名于世的四部长篇小说。戏剧艺术以《牡丹亭》、《桃花扇》最著名。自然科学方面，以李时珍的《本草纲目》、徐光启的《农政全书》、宋应星的《天工开物》、徐宏祖的《徐霞客游记》等最享有盛名。

鸦片战争后，代表传统封建文化的"旧学"日益萎靡不振，主要代表资产阶级文化的"新学"逐渐发展。先进的中国人，以洪秀全、康有为、严复、孙中山为代表，学习西方社会学说，希望用它来挽救中国的危亡。鸦片战争前后的进步思想家有龚自珍、林则徐、魏源和包世臣等。他们敢于讥弹时政，揭露当权派官吏的腐朽，主张抵抗侵略，反对妥协。他们还要求了解西方，学习外人"长技"，改进防御力量。但他们仍属于封建的知识分子，并没有提出改变封建制度的主张。19 世纪后半期，在传统文化的研究方面，以孙诒让的《周礼正义》和俞樾的《群经平议》较有成绩。清末甲骨文的发现和研究，丰富了古文字学的内容。直至 19 世纪末叶，中国还没有真正的近代科学可言。对西方资产阶级文化作比较系统的介绍，是从 19 世纪末的资产阶级改良派开始的，严复是其主要代表人物。资产阶级改良派的思潮一度比较活跃。康有为著《新学伪经考》、《孔子改制考》、《大同书》等。他把孔子说成是大同学说的创始人，实际上是利用孔子的名义来阐述他的学说，作为他"离经悖道"的挡箭牌。谭嗣同在他的《仁学》中接受了西方自然科学的一种见解，认为

“以太”构成客观物质世界，并认为自然界是在不断更新的。梁启超提出“中学为体，西学为用”的主张。20 世纪的最初十年，西方资产阶级的社会学说和文学作品大量输入中国，大都是由中国留日学生从日文译本转译过来的。社会学说的主要译著有卢梭的《民约论》、孟德斯鸠的《万法精理》、约翰·穆勒的《自由原理》等。天赋人权说和资产阶级共和国方案逐渐灌输到群众中去。梁启超提出“史学革命”的口号，提倡“新史学”，要求打破旧史书以帝王将相纪传为主的体例和“正统”观点。他反对单纯排比史实的写作方法，要求解释历史，叙述“人群进化”的现象，找出“公理公例”。在文学方面，出现了一些谴责小说，如李宝嘉的《官场现形记》、吴沃尧的《二十年目睹之怪现状》和曾朴的《孽海花》等。

在阶级社会中，“任何一个时代的统治思想始终都不过是统治阶级的思想”。❶ 中国古代的文化，绝大部分是在封建社会创造的，占统治地位的是地主阶级的文化。在地主阶级文化中，存在着唯物与唯心、进步与保守的斗争。占人口大多数的农民群众，总的来说处于愚昧无知的状态。但他们的阶级利益、思想体系产生一种不同于地主阶级文化的文化，列宁称之为民主主义和社会主义的文化成分。列宁是这样说的：“每个民族的文化里面，都有一些哪怕是不大发达的民主主义和社会主义的文化成分，因为每个民族里面都有劳动群众和被剥削群众，他们的生活条件必然产生民主主义和社会主义的思想体系。”❷ 农民的思想、情绪，在古代文化中，也有一定的反映。早在奴隶社会，人民群众对奴隶主的残暴统治，就表现出反抗的情绪。如夏朝末年，人民发出“时日曷丧，予及汝皆亡！”的誓愿。商朝后期，人民把统治者敬神的祭品拿过来就吃，表现出对神的不敬。在武王伐纣的关键时刻，商纣王的徒卒倒戈反击，加速了商王朝的灭亡。战国时期形成的各种学派中，墨家和农家基本上反映了劳动群众的思想。春秋战国之际，儒、墨齐名。墨家学派的创始人墨子，名翟（dí）。墨并非姓，而与黑、黥（qíng，墨刑的异称）等字同音假借，当为后来黔首和黎民的初义。墨子自称“贱人”，是一个能制造器械的木工。他的弟子多是来自社会下层的手工业者。墨家的思想部分地反映了小生产者的利益和愿望。墨家否认天命，反对宿命论，但又宣扬“尊天事鬼”。所谓天，是指有意志的上帝，以“天志”作为地上统治者的标准。墨家心目中的鬼神形象，也和上帝一

---

❶ 马克思、恩格斯：《共产党宣言》，《马克思恩格斯选集》第 1 卷 270 页。

❷ 《关于民族问题的批评意见》，《列宁全集》第 20 卷第 6 页。

样，不危害人民，而是为人民谋利的。他们按照小生产者的愿望，塑造出代表人民利益的上帝和鬼神。在政治上，墨家主张“兼爱”、“非攻”，反对兼并战争。他们提出“尚贤”的主张，认为“官无常贵，民无终贱”，应当“有能则举之，无能则下之”。由于墨家思想代表的是小生产者阶级的利益和愿望，不适合封建统治者的需要，因此到了秦代，尤其是汉代独尊儒家以后，就被压抑、排斥而消沉下去。农家学派的代表人物叫许行。许行有门徒几十人。这些人生活极简朴，靠打草鞋、编席子为生，是农村中的赤贫者。许行的主张，主要有两点：一是主张君民并耕，二是提出“市贾不二”的价格论。他的主张，反映了农民向往一个没有剥削、人人劳动的理想社会的要求和愿望。战国时期广泛流传的有关三皇五帝的传说，其中也包含着个体小农的思想意识。

秦朝的暴虐统治，激起农民群众的强烈反抗，爆发了中国历史上第一次大规模的农民起义。起义领袖陈胜、吴广，都是贫苦农民。他们敢于“伐无道，诛暴秦”，推翻秦朝的统治。他们不相信统治者是天生贵族的说教，提出“王侯将相宁有种乎”的革命思想，认为贫苦人也可以称王。正是在上述思想指导下，建立了中国历史上第一个农民革命政权。不过那时农民由于自身意识的局限，不可能完全摆脱迷信落后的思想。在陈胜称王之前，他们用“鱼腹丹书”、“篝火狐鸣”等手法，制造舆论。他们还借用已被赐死的秦公子扶苏和已故楚将项燕的名义，号召农民反秦。汉朝建立者刘邦，出身农民，是秦末农民起义领袖之一。他反对秦的暴政，但又羡慕皇位。起义前，他曾到咸阳服徭役，看到了秦始皇，感慨说：“大丈夫当如此矣！”他登上帝位以后，虽具体政策有所改变（如徭役繁重变为轻徭薄赋），但基本的政治制度与秦朝是一脉相承的。这就是说，由农民到地主，由平民到帝王，并没有不可跨越的鸿沟。文景之治的出现，不是皇帝恩赐的产物，而是广大农民斗争的结果，是农民的利益和愿望的部分反映。汉代的乐府诗，大多是由乐府机构搜集并经过整理润色的民歌，其中著名的有一百三十八首。这些民歌，反映了人民的思想和愿望。西汉末年的绿林、赤眉农民起义军，他们劫富济贫，除霸安民，深受广大群众拥护，但他们对刘姓皇帝充满幻想。绿林军为扩大影响，竟拥立刘姓宗室中已经没落的刘玄作皇帝，并恢复“汉”的国号。赤眉军的领袖樊崇等人曾一度接受刘玄的列侯封号，后来，赤眉军的领袖在地主和巫师的怂恿下，竟从军中找一个没落的汉宗室后裔、十五岁的牧童刘盆子作皇帝。原始道教形成于东汉。顺帝时，琅玡人宫崇到洛阳投献《太平青领书》，朝臣认为此书“妖妄不经”，未引起重视，但把书留下了。桓帝时，在宫中设立黄老祠，加以敬奉。灵帝即位后，肯定了《太平青领书》即《太平经》。《太平经》的中心思想是宣扬阶级调和，用所谓勤惰掩盖阶级对立和剥削阶级的罪恶。它反对人民的反抗斗争，攻击人民的起义。同时，原始道教的两个著名教派在民间又广泛流传，这就是太平道和五斗米道。黄巾大起义就是利用太平道进行宣传和组织的。在太平道的教义中，有揭露统治者的贪婪、虚伪的词句和一些主张平等、平均、反对不劳而获等思想。《太平经》中有这样的话："人无贵贱，皆天所生。"五斗米道的教义与太平道相似。他们朴素的平等观念和反对地主阶级剥削的思想，深受农民群众拥护，成为农民进行斗争的思想武器。张角在组织黄巾大起义的过程中，提出了"苍天已死，黄天当立，岁在甲子，天下大吉"的革命口号。意思是说，汉朝的天下已经灭亡，农民的天下应当建立，要变地主阶级的"天"为农民的"天"。其思想认识比西汉末年的绿林、赤眉起义军有很大的提高。张鲁按照五斗米道教义在汉中建立的政权，置祭酒治民，不置长吏。在沿途设义舍，置义米肉，行路者量腹取足。民犯法，原谅三次而后用刑。

隋末农民起义的领袖之一窦建德，建立了夏国农民革命政权。窦建德称王后，仍保持劳动人民艰苦朴素的本色。每次打胜仗所得财物，全部分给将士。他吃青菜、小米饭，不吃肉，妻曹氏不穿绸缎。由于他以身作则，不搞特权，在夏国境内，一扫隋政权"长吏多赃污"的弊政，出现了"劝课农桑，境内无盗，商旅野宿"的局面。❶ 唐代人给窦建德立的碑中说："夏氏为国……无暴虐及民，无淫凶于己，故兵所加而胜，令所到而服。"❷ 但窦建德有浓厚的封建正统思想，宇文化及缢死隋炀帝，他认为是"大逆不道"。他后来甚至替隋报仇，出兵击杀宇文化及。他还派人到洛阳朝见皇泰帝（杨侗在隋炀帝死后称皇泰帝）。皇泰帝被王世充废后，他自称皇帝，表示自己是隋的继承者，反隋的斗志完全消失。

唐朝末年黄巢领导的农民大起义，攻占了唐都长安，建立了大齐农民政权。在起义过程中，王仙芝、黄巢先后以"天补平均大将军"、"冲天大将军"的称号发布檄文，打出"平均"、"冲天"的旗号，这在农民战争史上还是第一次。平均财富的思想是小农经济的产物，是不可能实现的。但在反对专制制度的斗争中，"平等思想是最革命的思想"❸，是和封建制度政治不平等、财富不平均直接对立的口号，有划时代的伟大意义。冲天，就是要冲破地主阶级封

---

❶ 《资治通鉴》188 卷。

❷ 殷侔：《窦建德碑》，《全唐文》744 卷。

❸ 《列宁全集》13 卷 217 页。

建统治的天。王仙芝在檄文中指斥唐朝“吏贪沓，赋重，赏罚不平”。黄巢在向节度使发布的文告中，更把打击的主要锋芒指向以僖宗为首的唐朝最高统治者。文告说：“各宜守垒，勿犯吾锋，吾将入东都，即至京邑，自欲问罪，无预众人。”❶ 这是农民战争史上前所未有的战略思想。起义军攻占长安后，唐宗室大都被杀。大齐政权没收官僚、富豪的财产，救济贫苦人民。有一首反动诗从反面道出了大齐政权建立后翻天覆地的变化：“自从大驾（指唐僖宗）去奔西，贵落深坑贱出泥。……扶犁黑手翻持笏（hù），食肉朱唇却吃齑（jī，切碎的腌菜或酱菜）。”黄巢本人贩过私盐，有很高的武艺，又有相当的文化知识，参加过科举考试。他的两首菊花诗，传诵至今。皮日休是地主阶级知识分子，中过进士，做过小官，后参加黄巢领导的农民起义军，担任大齐政权的翰林学士。在他的诗中，反映了一些人民的疾苦。唐末农民起义军也表现出农民阶级的局限性：满足于已经取得的胜利，麻痹轻敌，没有乘胜追歼残敌，习惯于流动作战，未建立巩固的根据地，导致最后失败。

五代时期，后梁毌（guàn）乙利用明教为掩护，组织农民起义。明教是由摩尼教发展而成的秘密宗教组织，混合有道教、佛教等成分。而摩尼教在唐武则天时由波斯传入中国，教义中有光明战胜黑暗的说法，又主张过俭朴的生活（不吃酒肉、裸葬），信徒之间互相帮助，这些都适合穷苦人民的生活条件，容易为劳动人民所接受。

宋朝从一开始，阶级矛盾就相当尖锐。朝廷对土地兼并采取纵容的政策。北宋前期王小波领导的农民起义，明确提出“均贫富”的战斗口号，反映了农民群众对封建社会财产不均的痛恨心情和对以土地为主的生产资料的迫切要求，因而得到广大农民群众的热烈拥护。在起义过程中，大力贯彻“均贫富”的具体措施。义军所到之处，把富人大姓的多余财物，赈济贫苦农民。“均贫富”的口号和行动，不仅使唐末农民起义处于萌芽状态的平均思想具体化、明确化，而且对后来的农民起义产生了巨大影响，是我国农民战争进入一个新阶段的标志。北宋末年方腊领导的农民起义，亦利用明教组织群众。起义军所到之处，劫富室，杀官吏。在方腊起义的前后，还有宋江领导的起义军出没于河北、东京、淮南一带。他们打出“劫富济贫”的旗号，杀贪官，除恶霸，并将他们的财产分给贫苦农民。南宋初年，洞庭湖畔爆发了钟相和杨么（yāo）领导的农民起义。早在北宋末年，钟相就以行医为名，利用宗教作掩护，组织农

---

❶ 《资治通鉴》254 卷。

民，酝酿起义。他鼓动说："法分贵贱贫富，非善法也。我行法，当等贵贱，均贫富。"❶"等贵贱，均贫富"的口号，深受农民群众的拥护。起义军所到之处，坚决镇压官吏、地主、僧道、巫医、卜祝等剥削者和寄生虫，其中"以官吏为最"，而对"执耒之夫"则加以保护。钟相牺牲以后，起义军在杨么等领导下，继续战斗。农民起义军实行"兵农相兼"、"陆耕水战"的方针，建立根据地。境内人民安居乐业，物产丰富，乡村有酒坊，人家养有猪羊鸡鸭之类，和南宋统治区荒凉萧条的情况，形成鲜明的对照。

元朝各族人民反抗蒙古统治者的斗争，大多利用具有宗教性质的秘密会社。当时北方民间最流行的是白莲教。白莲教亦称"白莲社"，是混合有佛教、明教、弥勒教等内容的秘密宗教组织，起源于宋代。其教义崇尚光明，认为光明定能战胜黑暗。元代白莲教教主韩山童宣称："明王出世"即"弥勒佛下生"。"明王"、"弥勒"（佛教大乘菩萨之一）是当时人民幻想中的救世主。只要明王出世，弥勒下生，人民就可以翻身。这一通俗、简明的号召，有力地吸引了陷于贫困境地的农民。在发动起义过程中，他们又从民族主义角度进行宣传："山童实宋徽宗八世孙，当为中国主。"在起义正式开始时，他们又打出"虎贲三千，直抵幽燕之地；龙飞九五（喻称帝王之位），重开大宋之天"的旗帜。❷另一支起义军首领彭莹玉，原是江西袁州的一名和尚，在农民群众中宣传弥勒教，同时给群众治病。起义胜利后，建立天完国政权。宣传"弥勒佛下生，当为世主"❸，并提出"摧富益贫"的政治斗争口号。出身贫苦、曾为游方僧的朱元璋，也是起义军领袖之一。攻下集庆后，他对地主阶级分子逐渐采取了优容的态度，注意吸引和重用儒士。在起义前期，朱元璋身先士卒，把缴获分给部下，军纪严明，开仓济民，得到广大群众的热烈拥护和支持。但朱元璋不可能对旧的生产关系和政治制度作根本性的改变。不久以后，在他的文武官员中培植了一批新的封建地租剥削者，而他本人，也变为封建地主阶级的代理人，登上了皇帝位，成为新的封建专制君主。

明朝末年，各地农民纷纷利用白莲教组织起义。李自成是明末农民起义军最杰出的领袖。他出身于陕北的一个农民家庭，生活艰苦朴素，待人谦和，善于采纳别人建议，打仗时身先士卒，平日"席地并坐"，领导成员间"同坐共食"，"尔我"、"兄弟"相对，对李自成以"大哥"、"老李"相呼。李自成自

---

❶《三朝北盟会编》137 卷。

❷ 陶宗仪：《辍耕录》27 卷《旗联》。

❸《明太祖实录》8 卷。

己不贪财货，粗茶淡饭，与战士同甘共苦，因此深受广大群众和士兵的爱戴。起义军提出“贵贱均田”、“迎闯王，不纳粮”等口号，以“均田免粮”为基本的斗争纲领。“均田”的口号是第一次提出来的，它把唐宋以来农民的平等要求，集中到土地问题上，标志着农民战争进入以反对封建土地所有制为主要斗争目标的新阶段。起义军纪律严明，不掠人财物，不欺压百姓，但对地主豪绅王公贪吏则绝不宽赦。起义军还提出“平买平卖”、“公平交易”等口号，反映了工商业者的利益和要求。李自成在西安建立了农民政权，国号大顺，起义军占领北京后，领导集团的思想发生分化，出现了流寇主义思想、官僚地主思想、政治改革思想等不同派别。

清代，白莲教在民间仍很流行。分成天理教（一名八卦教）、清水教等支派。主要活动地区在北方。农民起义仍多利用宗教进行组织、发动。乾隆年间山东王伦领导的清水教起义是其中比较著名的一次。成立于康熙年间的天地会，纲领是“反清复明”，主要活动于南方。乾隆五十一年，林爽文领导的台湾人民起义，就是利用天地会组织群众的。嘉庆年间，在川、鄂、陕一带，爆发了白莲教起义，坚持了八年之久。嘉庆十八年，在河北、山东等地，又爆发了李文成和林清领导的天理教起义。天理教在教徒之间搞经济互助，凡入教，要交纳入教钱，叫做“种福钱”，又叫“根基钱”，宣布起义成功之后，可以据此获得土地。上述几次农民起义有鲜明的特点：（1）土地要求；（2）反对满洲贵族；（3）利用民间秘密团体组织起义。

19世纪40年代后半期，广东人洪秀全、冯云山创立拜上帝会。洪秀全自称接受上帝的“天命”，故称拜上帝会。他动手打毁了私塾的孔子牌位。不久，洪、冯到广西农民中进行艰苦的宣传组织工作。洪秀全撰写了《原道醒世训》、《原道觉世训》等作品，把地主阶级用以从精神上统治人民的各种神仙菩萨，总称为“阎罗妖”，把清朝皇帝也当作阎罗妖的化身（后来直斥咸丰帝为“咸丰妖”），而把农民反对压迫剥削的理想神化为“皇上帝”。他还提出朴素的平等口号，如“天下多男子，尽是兄弟之辈；天下多女子，尽是姊妹之群”，鼓舞人们为实现“天下一家，共享太平”的理想而斗争。后来，他和冯云山又共同制定了十款天条等宗教条规，规定切禁奸淫、嗜杀、贪财、赌博、吸烟、饮酒等，要求严格的道德生活和组织纪律。金田村起义后，建号太平天国。起义军分别组织男营和女营，在军中实行大体平均的供给制度。从一开始就提出要打到南京和北京的口号，明确了推翻清朝统治的目标，斗志非常旺盛。太平天国建都南京后，立即颁布了《天朝田亩制度》。其基本思想是反对地主占有土地的制度，按人口分配土地。并进一步提出了天下“有田同耕，有饭同食，有衣同穿，有钱同使，无处不均匀，无人不饱暖”的奋斗目标。这是一幅绝对平均主义的理想图案。其具体做法是：以二十五家为农村中社会组织的基本单位。收成时，二十五家除留足所食可接新谷外，其余皆归国库。其他钱物亦如此。这种把个体小农的产品收归公有的平均分配办法，是一种农业社会主义的空想。这种空想显然不可能实现，违背社会发展方向。太平天国起义时所创立的“圣库制度”，一直在军队中实行，官员与士兵、百姓的供给标准，一般差别不多。这种制度对保持革命队伍的团结和纯洁性有很大的积极作用。太平天国还颁布了其他一些革命措施，如官员的升贬赏罚以是否“遵命令尽忠报国”为标准；实行男女平等；科举考试以具有革命意义的试题来选拔人才，废除或删改儒家经典等。但是，农民阶级不是新生产力的代表，在革命发展过程中，太平天国领导人逐渐暴露出自己的弱点。一些高级领导人滋长了追求权力地位的不良倾向，相互间产生了疑忌和不满。洪秀全猜忌有杰出政治军事才能的石达开，多方加以抑制，使石达开在天京难以立足。洪秀全族弟洪仁玕，由于接受了若干资本主义的思想影响，提出《资政新篇》，主张仿效西洋，兴办工厂、矿山、铁路、银行、报馆等。这些主张在当时是很先进的，但缺乏实施的具体条件。与太平天国同时，还有天地会、小刀会、哥老会、白莲教、捻军等起义。清朝末期的义和团运动，是以农民为主体的反帝反封建的革命运动。义和团本称义和拳，和白莲教有源流上的关系，但本身不是一个教门，而是以设厂练拳作为组织群众的方法，同时宣传持符念咒可以“降神附体，刀枪不入”的迷信，企图以此来鼓舞斗志。

辛亥革命推翻了清朝统治，结束了在中国延续两千多年的封建君主制度。但这个革命很快就失败了。除民族资产阶级自身软弱的因素外，广大人民群众特别是农民的文化落后也是一个重要因素。“国民革命需要有一个大的农村变动。辛亥革命没有这个变动，所以失败了。”❶ 农村变动不仅要解决土地问题，而且要有一个文化运动。

第二节　历代文化和知识分子政策

我国古代的文化，主要是知识分子阶层创造的。而文化的兴盛或衰落，则

❶ 毛泽东：《湖南农民运动考察报告》，《毛泽东选集》1卷17页。

和统治阶级的政策有密切的联系。

在夏商奴隶制社会，由于经济发展水平的低下和神权政治的影响，文化主要掌握在巫史的手中。巫史是当时社会上垄断文化知识的阶层，享有很高的政治地位和社会地位，大多是世袭的贵族。他们首先是神权的体现者，在很大程度上操纵着政治事务的决策权，比君主有更大的权威。祭祀、占卜是他们的主要职能，天文历法由他们制定和掌握。他们还常常担任君主的教师和顾问。总之，他们是上帝（天）的使者，而不是君主的奴仆。科学、教育、历史、音乐、舞蹈、医术等各个领域，其源头差不多都要到巫史的活动中去寻找。

周族以劣势的兵力一举战胜了殷商大国，建立了周王朝。周代商，不仅是王朝的更替，而且是奴隶制变为封建制的深刻变革，政治、经济、文化都发生了巨大变化。王国维说过："中国政治与文化之变革，莫剧于殷周之际。"❶ 政治思想上的变化带来文化政策和知识分子政策的一系列变化。商代统治者迷信"天命"，西周统治者表面上也讲"天命"，主要是利用人民对"天命"的迷信传统，借以造成一种虚假现象，好像周灭商是"天命"安排的，借此确立自己统治的心理上的"理论根据"。实际上，西周统治者根据历史经验（如商纣灭亡）和社会现象，已怀疑"天命"的可靠、可信。他们对"天命"作出新的解释："天命"是通过民意表现出来的。并进而提出"裕民"、"保民"和尊重民意的思想，为要做到这一些，关键在于从统治者的"敬德"做起。❷ 由重视客观实际和民心向背这些基本思想出发，西周在文化政策和具体措施上就表现出多方面的进步：（1）在政治实践中，注意客观实际内在变化规律的探讨，因而产生了《周易》、《洪范》等哲学著作。（2）重视政治统治经验的总结，并注重文献资料的搜集和保存，因而有《尚书》、《逸周书》等典籍的形成。（3）派专人搜集民歌民谣，以考查政治得失，使得许多诗歌得以保存，从而产生了《诗经》。（4）在贵族中普及教育，学习内容有礼、乐、射、御、书、数六项，号称"六艺"。（5）制定周密的礼乐制度，用以调整统治阶级内部的关系，造成稳定、和谐、统一的政治局面。（6）充分利用殷商贵族中有文化的人，给以保护、信任和使用。❸（7）广开言路，对民众中思想言论方面的问题，采取疏导而不是压制的政策。"使公卿至于列士献诗，……百工谏，庶人

---

❶ 《殷周制度论》，《观堂集林》10 卷。

❷ 参考匡亚明：《孔子评传》，齐鲁书社 1985 年版，127－128 页。

❸ 参考李亚农：《西周与东周》，《李亚农史论集》650－655 页。

传语。”“为民者宣之使言。”❶ 听到民众中有怨恨的话，应“皇自（更加）敬德”，而不是“乱罚无罪，杀无辜。”❷ 由于采取以上政策措施，西周时期的文化有很大的发展，大大超过商代。但西周典籍的数量还很少，且集中收藏于官府，职业的知识分子仍限于巫史，人数不多。

春秋时期，从非贵族或没落的贵族中产生一个士的阶层，这个阶层掌握一定的文化知识或专门技能，是新兴官僚的主要来源。齐国把士放在四民（士、农、工、商）之首，让他们集中居住在清净的地方，专心学业，世代相袭，“士之子恒为士”。❸ 一些有作为的君主，大胆从士当中选拔人才，委以重任。有的士人从政后居家讲学或著述，开私学和个人著书的风气。儒家学派和道家学派都是在春秋末期创立的。战国时期，各大国之间竞争激烈。人才的争夺成为各国兴衰成败的关键。各大国对士人一般都采取优礼的政策，尽量吸引、招揽人才。齐国开办稷下学，秦国实行客卿制度，都卓有成效。当时人才可以自由流动，来去自由。形成“诸侯并争，厚招游学”的生动活泼局面。❹ 在学术上，各国允许不同学派并存并开展争鸣。君主对各种政见兼收并蓄，有的加以采纳，有的不予接受，但不加歧视、迫害。对各种不同学派采取“兼而礼之”的政策。当时的士，各持一说或身怀一技，到处奔走游说，“合则留，不合则去”，人身比较自由。各个学派聚徒传授，学派之间则争辩热烈，出现了百家争鸣的学术繁荣局面。不过在法家的学说中，已提出文化专制主义的主张。慎到主张“民一于君”，“臣下闭口，左右结舌”❺。韩非则提出不仅要“禁其事”、“禁其言”，而且要“禁其心”。甚至提出从根本上取消文化，禁止私学。他说：“明主之国，无书简之文，以法为教；无先王语，以吏为师。”❻ 商鞅在秦国实行变法过程中，“燔诗书而明法令，……禁游宦之民而显耕战之士”❼，是文化专制理论的实行和运用。

秦始皇统一中国后，确定“皇帝”为新的君主称号。君主的权势被抬到至上神的地位。君主的意志就是一切，文化成为绝对专制统治的障碍。秦朝文化和知识分子政策的基本点是：毁灭文化和知识分子，实行极端的愚民政策。

---

❶ 《国语·周语上》。
❷ 《尚书·无逸》。
❸ 《国语·齐语》。
❹ 《史记·秦始皇本纪》，《史记》255页。
❺ 《慎子》逸文。
❻ 《韩非子·五蠹篇》。
❼ 《韩非子·和氏》。

其集中表现就是“焚书坑儒”。秦始皇这样做的结果，非但没有巩固秦朝的专制统治，反而加速了它的灭亡。贾谊在《过秦论》中作了如下的分析：“秦王足已不问，遂过而不变。……三主惑而终身不悟，亡，不亦宜乎？当此时也，世非无深虑知化之士也，然所以不敢尽忠拂（bì）过者，秦俗多忌讳之禁，忠言未卒于口而身为戮没矣。故使天下之士，倾耳而听，重足而立，拑口而不言。是以三主失道，忠臣不敢谏，智士不敢谋，天下已乱，奸不上闻，岂不哀哉。”❶

汉朝建立后，不断总结秦亡的教训，因而在文化政策和知识分子政策上发生很大的变化，主要表现在以下几个方面：（1）对儒学和儒生，由秦的禁止、坑杀转变为改造、利用甚至“独尊”。所谓“独尊”，是文化专制主义的另一种表现形式，是把儒学改造成为专制皇权的奴婢，把儒生培养成为巩固专制皇权服务的工具。从公孙弘以儒生登相位开始，“汉家宰相，无不精通一经，朝廷若有疑事，皆引经决定”❷。同时，儒生也就成为皇家地地道道的奴才与工具，动辄丧命。汉武帝曾说：“才，犹有用之器也，有才而不肯尽用，与无才同，不杀何施！”❸（2）从中央到地方，普遍设立学校，传播儒家经典，培养新的儒生。武帝建元五年，设立五经博士，担任中央太学的教师，从此，儒家的基本著作被奉为经典。（3）大力搜集、整理图书。汉武帝时广开献书之路。成帝命谒者陈农到全国各地搜求遗书，并派刘向等将藏书分别门类整理校订。（4）在尊儒的同时，提倡佛教和原始道教。东汉明帝时，在洛阳城西兴建了中国历史上第一所佛教寺院白马寺。桓帝时，在宫中建立了黄老浮屠祠（当时黄老道与佛教不分，浮屠为佛的音译）。桓灵时代，西域名僧安世高、支谶等先后到了洛阳，翻译佛经多种，佛教的影响越来越大。（5）重视礼仪的制定和实行，主要是制定封禅（祭天地）、祭祖和朝会等仪法，通过这些礼仪使天命和皇权至上等观念深入人心。在制定礼仪的过程中，充分发挥了儒生的作用。（6）尊奉孔子。汉高祖封孔子九世孙孔腾为奉祀君。元帝征聘孔子十三世孙孔霸为师，赐爵关内侯，号褒成君。追谥孔子为褒成宣尼公。利用文化为巩固封建统治服务，把文化建设纳入封建政治需要的轨道，是汉代文化和知识分子政策的基本点。朝廷对士人的思想言论控制很严。在正式法律条文上，虽然取消了秦的“诽谤妖言”罪，但在实际上，对皇帝及其诏书仍不许有任何

---

❶ 《史记·秦始皇本纪》，《史记》278 页。

❷ 《旧唐书·儒学列传》，《旧唐书》4939 页。

❸ 《纲鉴易知录》14 卷。

形式的批评、非议，在案例中有“不敬”、“大不敬”、“非议诏书”、“腹非”等罪名。东汉官僚和太学生等议论朝政，批评外戚宦官，也被加上“诽讪朝政”等罪名，受到禁锢和追捕。对批判占支配地位的儒学、谶（chèn）纬神学等言论和著作，朝廷也加以禁止。桓谭在刘秀面前公开说自己不读谶，对谶纬表示轻蔑。刘秀非常恼火，说桓谭“非圣无法”，要杀他的头。结果桓谭被贬了官。王充批判儒学的论著《论衡》，在当时无法公诸于世，直到东汉末年才得以流传。汉代儒生在国家机构中虽占有一定的地位，但受到外戚和宦官的排挤和压制。

魏、蜀、吴三国，都是依靠士族的支持建立起来的。曹操提出“唯才是举”的用人方针。刘备为了聘请诸葛亮出山，不惜屈尊三顾茅庐。东吴政权的主要支柱周瑜、鲁肃、顾雍、陆逊等都是出身士族。晋朝奠基人司马懿（被追尊宣帝）本身就是士族。东晋建立之初，元帝司马睿命大士族王导升御床同受百官朝拜，因此有“王与马，共天下”的谚语。魏晋时期实行的“九品中正”选官制度，使士族操纵了用人大权，做官成为士族的世袭特权。士族的政治地位达到极点。但是，物极必反，世袭特权造成了士族自身的腐败，逐渐丧失了统治能力。对不与统治者合作的士人，魏晋统治者则往往用严厉的手段加以制裁。如曹操杀孔融、杨修、华佗。荀彧（yù）因反对曹操称魏公，亦被迫自杀。司马氏杀何晏、桓范、嵇康等。魏晋南北朝时期，除短期外，两个以上皇权同时并存，朝代更迭频繁，对秦汉以来神圣的独尊的皇权构成了严重的挑战。如何在意识形态领域建立起新的思想统治，成为摆在最高统治者面前的新课题。黄巾起义后，东汉王朝瓦解，传统的儒家思想因之受到打击，儒学独尊的地位不再存在。但统治者仍要依靠儒家的思想治理国家，因此儒学还是有一定的地位和影响。曹魏的王肃，为《尚书》、《诗》、《论语》等作解，皆列于学官。孙吴的韦昭、虞翻、陆绩等，亦曾注经。司马氏以传统儒家的卫护者自居，排斥异己。晋杜预作《春秋左氏经传集解》。南朝梁武帝提倡儒学，制礼作乐，恢复太学。北魏迁都洛阳后，特别重视儒学，选名儒为博士，立国子、太学、四门学，传授儒家经典。魏晋以后，在儒学之外，兴起一种玄学。玄学用道家思想解释儒家经典，是糅合儒、道而形成的一种新的唯心主义思想体系。从文化和政治的关系来看，玄学有两重性。一方面，它从“无为”出发，为维护封建的纲常名教进行辩护。他们说“名教出于自然”，或“名教即自然”。就是说，封建的尊卑、上下关系，合乎自然，生而固有，不能否定。这是把儒家的“名教”（以正名定分为主的礼教）和道家的“自然”结为一体。比两汉时期单纯的儒家说教，具有更大的欺骗性。另一方面，玄学又有逃避政治的倾向。因为热心政治的许多名士，皆在政治斗争中死于非命。一些世家大族，为保持禄位，远离现实，坐而论道，整日谈说玄理，标榜“清高”，以参与俗务为耻，以无所事事为荣。有的人在政治上不明确表示是非，却用猛烈抨击名教和蔑视礼法的行为，对朝廷表示消极的抗议，成为当权者的一种离心力。魏晋南北朝时期的统治者，还提倡佛教和道教，作为统治人民的精神工具。孙吴有支谦、康僧会等，专门从事佛经翻译工作，译有《般若》等经。曹魏有天竺人昙（tān）柯迦罗，来到洛阳，译出《僧祇戒心》等，这是中国有戒律之始。颍州人朱士行，出家后研习《般若》，并西行至于阗（tián），求得《大品般若》，后派弟子送回洛阳。西晋时，洛阳已有佛寺四十二所。与玄学相通的般若学说，得到比较迅速地传播。东晋南朝时期，佛教发展更为迅速。东晋有佛寺一千七百六十八所，刘宋有佛寺一千九百十三所，南齐有二千零十五所，萧梁有二千八百四十六所，侯景乱后的陈朝，还有佛寺一千二百三十二所。东晋名僧法显，矢志赴天竺求经，历时十五年，途经三十余国。回国后，译出佛教百余万言，并将其见闻写成《佛国记》。南朝的宋明帝、梁武帝、陈后主等，都崇敬佛法，尊礼高僧。对于佛教，从政治上保护，从经济上支持。南齐宰相竟陵王萧子良，为众僧设斋，亲自给他们端水送饭。梁武帝一度定佛教为国教。他本人几次到同泰寺舍身作“寺奴”。然后每次又由群臣筹集一万万钱或两万万钱的巨款把他赎回。梁时僧尼达十余万，仅建康就有寺院五百多所。北方十六国时期的胡族统治者，对佛教也高度重视。后赵重用佛图澄，前秦苻坚重用释道安，后秦姚兴重用鸠摩罗什，南燕慕容德重用僧朗，这些名僧都可参决国家大事。北朝时，除魏太武帝拓跋焘和周武帝宇文邕两度毁佛外，其他都大力提倡佛教，佛寺遍布各地，僧尼多到惊人的地步。北魏时，有寺院三万所，僧尼达二百多万。在天官寺铸造佛像，耗铜十万斤，黄金六百斤。开凿洛阳龙门石窟，历时二十三年，费工八十多万。北齐统治的区域内，良田沃土都为寺院所有。寺院享有免役、免税的特权。东汉后期形成的原始道教，晋以后开始分化。一些地主阶级人物把道教推向贵族化，和在民间流行的原始道教相对抗。两晋之际，葛洪著《抱朴子》一书，内篇言道，外篇属儒。葛洪企图使道教完全依附于封建帝王的礼法权威，消除道教中可以被农民利用来组织起义的教义和仪式，使之成为统治者的长生之术和奴役人民的更可靠的工具。东晋南朝时期，道教在南方广泛传播，世家大族信奉道教的很多。宋齐之间，道教经典大出。陶弘景的《真灵位业图》，把封建王朝的官僚等级制度引入神仙世界，反映了道教与地主阶级统治的进一步契合。北魏道武帝笃信道教，置仙人博士。太武帝时，道士寇谦之改革原始道教，使之变为贵族道教。他把许多封建伦理教条变成道教的教义。这种新道教得到统治阶级的赏识。拓跋焘（即太武帝）以寇谦之为国师，使他辅佐国政。寇谦之劝说太武帝登坛受箓（lù，道教的秘文秘录），此后北魏诸帝躬受符箓成为传统。北齐时期，道教继续发展，寺观（guàn）遍于各地，道士的人数超过编户农民。魏晋南北朝时期的统治者，比较重视图书的收藏和研究。在藏书之所，大都有一些学者负责图书的整理、校勘和研究，称为学士。如蜀以许慈、胡潜并为学士，南朝梁有寿光殿学士、士林馆学士，陈有西省学士，北齐有文林馆学士，北周有麟趾殿学士等。这一时期，书籍的整理、校雠、分类等工作，共进行过十多次。从西晋开始，重视对官僚子弟的教育，晋武帝在太学内另置国子学，专收五品官以上的子弟。北齐设立国子寺，为中央管理教育的官署。魏晋南北朝是战乱时期，朝政大权几乎都掌握在武臣手里，但士这一阶层总的来说处于特殊优宠的地位。一些门阀士族，独占清流美职，即那些职闲廪重，可以无所用心的职位。在思想文化、科学技术等各方面，都在不同程度上有所发展，有的还有长足的进步。但在思想控制方面，仍是极其严厉的，不利于君主统治的异端思想，是不容许发表和传播的。在玄学思想盛行的时候，产生了来自两方面的反玄学思潮。一方面是从玄学阵营内部分化出来的倒戈派即玄学异端，以嵇康、阮籍为代表。另一方面是从玄学阵营外部进攻的反对派，以杨泉、欧阳建、鲍敬言为代表。这些人都为当权者所不容，结局都比较悲惨。嵇康、欧阳建被杀，杨泉、鲍敬言的著作世所不传，阮籍纵酒佯狂以避祸。在佛教盛行的南朝，齐梁之际的杰出反佛思想家范缜（zhěn），敢于坚持真理，绝不随波逐流，他写出了充满战斗气息的唯物主义著作《神灭论》，立即受到围攻，竟陵王子良采取软硬两手企图使范缜屈服，范缜不为所动。梁武帝即位后，宣布佛教为国教，并亲自给范缜加了一个“违经背亲”的罪名，借故把他流放到广州。梁陈两朝还在法律上规定士人不得议论政事，违者终身不许做官。

隋唐用文化考试的方法选拔人才，对文化的发展产生了多方面的影响。国子学、太学以传授儒家经典为主，儒家经典是科举考试的基本内容之一。以《礼记》、《春秋左氏传》为大经，《诗》、《周礼》、《仪礼》为中经，《易》、《尚书》，《春秋公羊传》、《穀梁传》为小经。考试以记忆经文为主。唐太宗时，令颜师古考订五经经文，以《五经定本》颁布全国，作为官定的统一课本。又令孔颖达与诸儒撰五经义疏，成《五经正义》。应科举考试的士子必须依据《正义》作答，不允许自由发挥。唐太宗大力宣传孔丘之学，下令在京师国子学立孔丘庙，尊孔丘为“先圣”，自己还常到国子学听讲。学生能通儒家一经以上，都可以作官。“是时四方儒士，多抱负（手抱肩负）典籍，云会京师。……儒学之盛，古昔未之有也。”❶ 不过唐代科举考试的内容不限于儒家经典，还考时务策和诗赋，而当时的士人对诗赋尤为热衷。唯进士科考诗、赋。唐代重要官员大多出身于进士科。进士科是封建士大夫入仕的主要途径。唐朝尊儒，但不是独尊，同时尊崇佛、道。唐代皇帝对道教的尊崇，超过以往历代。唐朝皇帝姓李，而道教尊老子李耳为教主。从高祖李渊起，皇帝以教主的后裔自居，积极扶植道教，企图借助神权来巩固皇权。高宗下令尊老子为太上玄元皇帝。玄宗时，两京和各州府都建有玄元皇帝庙，道观也很多，长安有三十所，全国有一千九百余所，道士一万五千余人。佛教是外来文化，唐朝皇帝也大力提倡。唐朝佛教比南北朝时期更为盛行，形成几个宗派。唐初，佛经大量传入，太宗、高宗都曾亲自宣扬佛教。武则天为反李唐皇室，把佛教置于道教之上，为佛造大像。安史乱后，社会动乱，统治阶级更大力提倡佛教，僧尼越来越多。文宗、武宗时，僧尼不可胜数，封建国家的财政收入受到严重影响，因而有武宗灭佛毁寺之举，还俗僧尼二十六万人。宣帝即位后，仍提倡佛教。唐朝统治者对其他外来宗教如祆（xiān）教、景教等，也一概欢迎。唐朝在政治思想和学术思想方面的禁锢和忌讳比较少。对皇帝可以直言规谏、批评，魏征谏唐太宗是最著名的例子。朱敬则为相期间，对武则天弊政直言无讳。徐敬业起兵反对武则天，骆宾王撰写声讨檄文，武则天见后大加赞赏，认为遗漏如此人才乃宰相之过。对时政可以议论，学术思想比较自由、开放。陈子昂屡次上疏指陈时政，不避权贵。唐初思想家傅奕，曾多次上疏请求废佛，指责佛教是“妖幻之教”。吕才在佛教“因明学”上与僧侣进行辩论。玄宗时宰相姚崇，坚决反对佛教，在他的建议下，勒令部分僧尼还俗。中唐以后的韩愈，站在传统儒家的立场上，用唯心论来反对佛教和道教。他主张止塞佛道，勒令僧道还俗，烧掉佛经道书，把寺观改作民房。元和十四年（819 年），唐宪宗迎佛骨，韩愈上书表示反对，触怒宪宗，几乎丧命，后遭贬斥。柳宗元、刘禹锡和韩愈在哲学思想和政治思想上有尖锐的对立和争论。从总体来看，唐代文人的精神面貌是奋发向上的。诗歌的繁荣是唐代精神面貌的一个缩影。在

---

❶ 《旧唐书·儒学列传》，《旧唐书》4941 页。

诗歌中，既有对“盛世”的赞颂，又有对社会矛盾和黑暗面的揭露。杜甫既歌颂了“稻米流脂粟米白，公私仓廪俱丰实”的开元盛世❶，又深刻揭露了“朱门酒肉臭，路有冻死骨”的社会危机。❷ 白居易在《重赋》、《卖炭翁》、《杜陵叟》等诗中，无情地揭露了剥削者的贪暴，发出了“剥我身上帛，夺我口中粟，虐人害物即豺狼，何必钩爪锯牙食人肉”的愤怒呼声。❸ 散文方面的古文运动，也是从内容到形式的革新运动。唐朝统治者非常重视决策研究和政治性的学术研究。在门下省设弘文馆，收藏四部书及其他图籍，着重研究历代制度沿革和各种礼仪，供审核决策时参考。在中书省设集贤殿书院，根据皇帝的旨意撰写文章，整理典籍。又将史馆移置于宫禁之中，由宰相兼领，负责编修史书。还设置直属于皇帝的翰林院，其中学士院负责起草任免将相等的机密诏令，并备咨询要政。唐代对教育很重视，从中央到地方，都有学校，既有一般学校，又有专科学校。对科技人才的使用限制较多，一般只能担任较低职务。高宗时，由国家颁布药典《唐新本草》，反映出唐王朝对医药学的重视。

宋朝是北周禁军统帅赵匡胤用发动兵变的方式建立起来的。宋朝统治者为防止类似事件的重演，重文轻武，优宠文臣，抑制武臣，是宋朝的一项基本国策。赵匡胤认为：用一百个儒臣，即使都贪污，也没有一个专权武臣的危险大。宋代的官方统治哲学是理学，又称道学。理学是吸取佛、老思想营养而建立起来的、以儒家的纲常伦理为核心内容、以精巧的哲学思辩为理论基础的唯心主义思想体系，是以经学为核心的适应新形势需要的新儒学。但理学在宋代有一个酝酿、争辩到逐步定型的过程。北宋时期，地主阶级内部的不同政治集团和不同学术流派，都在通过对经籍作出新的解释，来形成自己的理论观点。当时思想界比较活跃，学派林立，崇尚“新奇”。比较著名的思想流派，有王安石的新学和周敦颐的濂学、张载的关学、程氏兄弟（程颢、程颐）的洛学等。周敦颐、张载、二程都是客观唯心主义的理学家，他们的学说虽得到一定的传播，但并不占优势。影响最大的是王安石的新学，也称王学。王安石在推行新政时，将自己的《三经义》颁之学官，学者无不传习，科举用以取士。王学在思想界风靡一时。南宋初期，王学、理学并行，朝廷中当权者喜恶不一。到了南宋中期，王学日趋衰落，理学才真正兴盛起来。朱熹是理学的集大成者。朱熹和陆九渊同为当时著名的理学家。南宋中期的理学虽然兴盛，但内

---

❶ 《忆昔》其二。

❷ 《自京赴奉先县咏怀五百字》。

❸ 《杜陵叟》。

部有不同派别，其代表人物常常公开进行辩论。同时还有一些对理学持批判态度的思想家，著名的有陈亮和叶适。理学是当时政治斗争的工具。理学家们有时受重用，有时遭禁锢，地位变化不定。宋宁宗时，韩侂（tuō）胄专权，他为了打击对手赵汝愚（理学的积极支持者），指使追随者对道学（即理学）大加攻击。宋朝政府宣布道学（理学）为伪学，订立伪学逆党籍，列名籍中共五十九人，朱熹亦在其中。这就是历史上有名的“庆元党禁”。不久解除“党禁”。韩侂胄死后，宋政府明令追崇朱熹。宋理宗时，接连掌握朝廷大权的史弥远、郑清之等人，都对道学（理学）加意尊崇。宋理宗本人也信尚道学（理学），专门写了一篇《道统十三赞》，对道学（理学）大加吹捧。理学成了钦定的官方哲学。不少理学家相继入朝，参预大政。科举考试以理学为依据。从此理学初步确立起在思想界的统治地位。但理学兴盛了，宋朝也在元朝的进攻下灭亡了。[1] 宋朝统治者对佛教实行保护的政策。宋太祖赵匡胤下令在益州开雕《大藏经》（汉文佛教经典的总称），是中国佛教史上的一件大事。有人著书反对佛教，被决杖流配沙门岛。但也采取了一些限制性措施，如禁止用铜、铁铸佛像，各州每僧尼百人许岁度（佛教以离俗出生死为度）一人。宋太宗赵炅（jiǒng）崇尚佛教，在开封建立了译经院（后改传法院），又置印经院。还亲自作《新译三藏圣教序》，载在每部新译佛经的前面。在他的支持下，开封、五台山、峨嵋山、天台山等处新修了不少寺院。宋真宗赵恒更加热衷佛教，亲作《崇释论》，对各地寺院屡加赏赐。他还广设度僧的戒坛，出家为僧尼者日益增多。到天禧五年（1021 年），宋朝统治区内共有僧三十九万七千余人，尼六万一千余人。真宗以后的几代皇帝，都继续实行保护佛教的政策。南宋佛教政策相沿不变。政府大量出卖度牒（国家颁发的僧尼凭证），作为一项重要的财政收入。佛教寺院和僧尼人数不断增多。佛教对宋代理学影响极大，理学家的哲学思想、修养工夫以及语录体裁，都受有佛教的影响。道教在北宋也有一定的地位，其势力和影响一般不如佛教，但真宗、徽宗两朝例外。真宗伪造天书，说赵姓始祖是轩辕皇帝，这位“赵之始祖”奉玉皇大帝（道教中地位最高、职权最大的神，全称昊天金阙至尊玉皇上帝，简称玉帝或玉皇大帝）之命，授给他以天书，并在京师修建了玉清昭应宫，供奉玉皇、圣祖（即“赵之始祖”轩辕皇帝）、太祖、太宗四像，这座道教的宫观同时也成了皇帝的祖庙。徽宗时。道教声势更盛。徽宗自称教主道君皇帝，是上帝的

---

[1] 参考《中国史稿》第 5 册 555－564 页。

长子，下降人间。他信任道士林灵素，奉之如神明。又将佛教的“沙门”（指依照戒律出家修道的人）改为道教的“德士”。南宋道教稍衰，但道教宫观已遍于名山，文官以主管宫观的名义领取半退休祠禄的制度，终宋一代，没有改变。北宋的某些农民起义，利用摩尼教作为组织和发动群众的工具。因此，宋政府在北宋末年下令取缔摩尼教，南宋时禁令更严。总的说来，宋代的学术思想比较自由，文人比较受重视。对上疏言事者一般采取提倡和保护的政策。但政策不很稳定，常常是国家多难时加以提倡，政局稳定时又加以抑制。因此北宋末年有“城门闭，言路开；城门开，言路闭”之语。[1] 对“伏阙上书”的则往往采取镇压的措施。如北宋末、南宋初，太学生陈东和布衣欧阳澈伏阙（宫门）上书，被高宗、黄潜善（宰相）以“鼓众伏阙”的罪名同时处死。南宋宁宗时，太学生杨宏中等六人伏阙上书，被以“罔（虚妄）乱上书，扇摇国是（国事）”的罪名，受到流放的处分。宋代官僚派别之间的斗争异常激烈，互相倾轧，往往对在官的士人和学术研究带来深刻的影响。北宋仁宗时，范仲淹、富弼、欧阳修等被反对派指为“朋党”，均遭贬斥。王安石执政期间，与其子雱（páng）及吕惠卿重新注释《周官》、《尚书》、《诗经》，时称《三经新义》，颁之学官，作为太学的正式教材，同时作为科举考试的准绳。宋神宗死后，哲宗年幼即位，由宣仁太后（神宗母）垂帘听政，起用保守派领袖司马光担任宰相，尽废王安石新法，排除新党。在科举考试中，禁用王安石的《三经新义》和《字说》，并禁止用老、庄书命题，参加科举考试的士人不得以申、韩、佛书为学，贬黜熙宁、元丰时参与变法的朝臣。哲宗亲政后，又起用新党，将保守派七十三人定为元祐党人，官职皆被剥夺。已经死去的司马光、文彦博等人被追夺官职，活着的人被流放到偏远地区。宋徽宗即位后，任用蔡京为相，以崇奉熙宁新法为名，两次籍定元祐党人（其中包括少数新党），第一次一百二十人，第二次三百零九人，御书刻石于宫殿门壁，并由蔡京手书刻石于各州县。入碑籍者皆受迫害。实际上，宋徽宗和蔡京等一伙，不过是把行新政作为一根大棒，以打击那些不对他们阿谀奉承、不同他们狼狈为奸的朝臣。在宋徽宗的支持下，蔡京把所有“背己者”，统统都扣上“元祐党人”的帽子。南宋时期，权臣几度专权，排斥异己。秦桧当权期间，以台官为工具，罗织罪名，打击陷害正直之士。当时趋炎附势之徒，承望风旨，只要有一言一字稍涉所谓“忌讳”，无不争先告密邀功。“轻儇（xuān，巧佞）之

[1] 《纲鉴易知录》76卷。

子，辄发亲戚箱箧（qiè）私书，讼于朝廷，遂兴大狱，因得美官。缘是以后，相习成风，虽朋旧骨肉，亦相倾陷。收出（疑当作书字）牍于往来之间，录戏语于醉饱之后，况其间固有暧昧而傅（通‘附’）致其罪者。薄恶之风，莫此为盛。”❶ 在这样恶劣的政治气氛下，反对和议的张浚、胡铨等人，名声越大，越遭秦桧的疑忌。不但他们自己身受窜谪，几乎被置于死地，而且和他们有来往的人，也受牵连得祸。宁宗时，韩侂胄专权，打击、排挤宰相赵汝愚等人。汝愚被迫自杀。以朱熹为代表的理学家被称为“伪学”、“逆党”，颁“伪学逆党”党籍，列名者五十九人。朱熹病死时无人敢为他写行状。科举考试中，稍涉义理者，全部黜落，六经、《论语》、《孟子》、《大学》、《中庸》等书为世大禁，稍以儒自名者无所容其身。宋代重视学校教育。学校有两种：一种是书院，一种是官学。宋初，政府无暇顾及教育，一些私人创办的书院兴盛起来，官府给予支持和资助。几个著名的书院（白鹿洞、岳麓等）收归官办，先后得到皇帝的赐书、赐匾额和赐田。南宋书院数量多，规模大，地位高，影响广，讲学的内容、形式比较自由。书院与统治集团内部的派别斗争有密切的关系。各个政治派别大都以一个学派作为制造舆论、争取人心的工具，借以反对或压制另一个派别。书院常常成为政治派别斗争的策源地和不同学派活动的中心。官学从神宗起受到重视。熙宁初，对太学加以整顿，建立三舍法的管理方法，将学生分成上舍、内舍、外舍三等，上舍生优异者直接授官。官学的一切费用都由国家负担。宋朝对科举制度更加重视。太祖开宝三年，建立殿试制度，由皇帝直接给合格者“赐及第”，并赐钱二十万以举行宴会。太宗宴进士于琼林苑，宠之以诗。宋初取士，每年只有一二十人，至真宗时多达一千八百余人。一经录取，赐绿袍靴笏，立即授官。名公巨卿，大多科举出身。名列榜首的，不数年就赫然显贵。以仁宗朝为例，共十三举，每次甲第三人，共三十九人。其后未至公卿者，仅五人。宋朝对皇帝宠信的文臣，加以“学士”、“直学士”、“待制”等职称，表示一种特殊的荣誉，意为侍从皇帝，备顾问咨询。宋太宗曾对侍臣说：“学士之职，亲切贵重，非他官可比，朕常恨不得为之。”❷ 宋太祖曾传下秘密“誓碑”：“不得杀士大夫及上书言事人”，“子孙有违此者，天必殛之。”宋代的文臣和太学生，大都敢于上书陈述政见。徽宗时，权给事中任伯雨，半年之间上疏一百零八。宋朝重视统治经验的总结和本

---

❶ 《建炎以来系年要录》170 卷，绍兴二十五年十一月辛未，三省枢密院言。

❷ 《纲鉴易知录》65 卷。

朝历史的研究。宋太宗命李昉（fǎng）等编纂《太平御览》，真宗命王钦若等编纂《册府元龟》（册府：帝王藏书之所；元龟：大龟，古代用以占卜，引申为借鉴之意），以及受到英宗、神宗支持，由司马光主持编写的《资治通鉴》，都是总结历代统治经验的巨著。宋政府设置专门的史官，分别纂修实录、国史、会要等书，内容都比前代同类书详细。而编修本朝会要，则为前代所无。会要是有关典章制度、政治、经济、军事等政府档案的汇编，是很珍贵的原始资料。在修实录前，先修日历（按日记载朝政事务的册子），日历是由宰执时政记和左右史起居注会集而成。为加强官府对修史的控制，南宋初诏令禁写野史。北宋的散文大都出于当权人物之手。这是因为，当权人物多科举出身，他们写文章主要是为政治服务，并且注意艺术性。宋朝重视宫廷绘画，在宫廷内设置翰林图画院，宋徽宗时画院发展到极盛，名画《清明上河图》的作者张择端就是翰林图画院的。

理学是我国封建社会中后期儒学的正宗。它创始于北宋，至南宋末期才钦定为官方哲学。蒙古占领北方后，蒙古贵族逐步领会到“今日能用士而能行中国之道，则中国之主”❶ 的道理，因而对儒生采取特殊优待的政策。如攻克德安（今湖北安陆）时，蒙古军大肆杀戮，唯对儒生另行看待。有一个儒生叫赵复，全家都遭杀害，只有他本人因为精通程、朱理学，被俘后立即受到重视，请他到燕京（今北京）开办太极书院。忽必烈曾在“潜邸”召见过赵复。忽必烈还大事招徕汉族地主士大夫，为自己出谋划策，其中有理学家窦默、姚枢等人。忽必烈称帝后召见窦默，任用他为翰林侍讲学士，又任用另一个理学家许衡为集贤大学士兼国子祭酒。耶律楚材为相时，曾奏封孔子五十一代孙孔元措为衍圣公。设编修所、编籍所，编印儒家典籍，召名儒讲儒家经典。元武宗给孔子加上“大成至圣文宣王”的头衔。元朝统治者把儒学定为“国是”，从朝廷考试到州县学校的教学，一律以程朱对孔孟理论的注释为准，把朱熹的《四书集法》称为“圣经章句”。❷ 科举考试的内容，以程、朱注解的《四书》、《五经》为主。许多理学著作，都由政府明令雕版印行。元朝还以宋朝理学家周敦颐、程氏兄弟等九人，加上许衡，从祀孔庙。由于官方大力提倡，以至于“海内之士非程、朱之书不读”。❸ 个别敢于非议程朱理学的作品，一

❶ 郝经：《与宋两淮制置使书》，《陵川集》37 卷。

❷ 《通制条格》6 卷《传习误差》。

❸ 欧阳玄：《圭斋集》9 卷《许文正公神道碑》。

出现就被当作“邪说”毁掉。[1] 甚至连理学的另一派系——心学也受到打击，趋于衰微，“其学几绝”。正是在元代，完全确立了程朱理学在我国思想文化界的绝对统治地位。除尊崇理学外，蒙古统治者对各种宗教采取兼包并容、广事利用的政策。蒙古人原来信奉萨满教，这是一种原始的宗教，还没有形成一套完整的教义和仪式。在对外征服的过程中，蒙古贵族接触到了许多宗教，如佛教、道教、基督教、伊斯兰教等。成吉思汗对各种宗教采取优容的态度，不取此舍彼，不尊此抑彼，只要不危及其统治，都予以保护和利用。在元大都，各派宗教礼拜场所林立，其兴旺繁盛，在中国历史上是少见的。而以佛教中的喇嘛教最为盛行，势力最大。喇嘛教是佛教传入西藏后与西藏原有的本教相互影响、融合而形成的一个教派。元世祖本人信奉喇嘛教，尊喇嘛八思巴为国师，命他制蒙古新字。其后每朝皇帝都要亲受佛戒，营建新寺，大做佛事，并对寺院颁发巨额的赏赐。用于佛事的经费，最高时达财政支出的三分之二。许多佛教寺院都得到皇帝颁赐的“护持”诏书，享有种种特权。高级僧侣享有帝师、国师的称号，以及太尉、司空、司徒等荣誉头衔，声势显赫，在政治生活中占有重要地位。一般僧尼可以免税免役。元朝中央政府中设有宣政院，管理佛教事务。据至元二十八年（1291 年）统计，全国共有寺宇四万二千三百一十八所，僧尼二十一万三千一百四十八人。道教在元朝的政治地位仅次于佛教。元代道教有正一教、全真教、真大道教和太一教等流派，以全真教势力最大，教主丘处机曾应成吉思汗之召到过中亚等地。成吉思汗称丘处机为神仙，下令免除全真道寺院的差发税赋。道教各派系的领袖，常常出入宫廷，得到各种封号，受到宠遇，有的甚至参与某些重大政治问题的决策。中央政府中设有集贤院，负责道教事务。基督教在元朝称也里可温，也受到元政府的保护。也里可温（教士）和僧、道一样享有免除杂泛差役的权利。元政府中设崇福司，专门管理基督教事务。元政府还保护伊斯兰教，答失蛮（伊斯兰教士）也享有免役的权利。伊斯兰教由地方官兼管。元大都是各种宗教活动的中心。各教的僧侣经常到宫廷内为皇帝祈祷，形形式式的宗教活动使大都笼罩在一片神秘的气氛之中。宗教以其特殊的手段佐理着元朝皇帝的统治。白莲教因有秘密结社性质和反抗思想，被元政府下令禁止。元代重视举遗逸以求隐迹之士，“又屡诏求言于下，使得进言于上，虽指斥时政，并无谴责，往往采择其言，任用

[1] 黄溍：《金华先生文集》26 卷《邓公神道碑》。

其人。……其他著书立言、裨（bì）益教化、启迪后人者，亦斟酌录用”。[1]但后来对文学作品的思想内容控制很严，规定：“诸妄撰词曲诬人以犯上恶言者处死”，“诸乱制词曲为讥议者流。”[2] 元朝对修史比较重视。各帝死后，都由翰林院或指定史官编纂《实录》。宋、辽、金三朝的历史，世祖、仁宗时就已开始修撰，都是到顺帝时才脱稿的。《元朝秘史》是由翰林国史院用蒙文编写的蒙古皇室的秘史。元政府对科学技术也给予相当的重视。元世祖时，为了督促农桑，推广先进农业技术，由司农司编纂了一部《农桑辑要》，颁发各地。先后担任旌德、永丰县尹的王祯，编撰了重要农业科学著作《农书》。安丰路肃政廉访司官员、畏兀儿人鲁明善，撰写了记述我国各族人民农事活动的专著《农桑衣食撮要》。饮膳太医忽思慧，编撰《饮膳正要》，是一部讲究营养与食疗的著作。至元四年（1267 年），元政府用西域人札马鲁丁修订历法。至元十三年灭宋后，又命郭守敬等重新修订历法，编成《授时历》，颁行天下。对科学技术人员的退休，采取灵活政策。从成宗起，翰林、太史院司天官不致仕。

明朝，理学仍然是占支配地位的哲学。明前期，属于客观唯心主义的程朱学派盛极一时。朱熹注释的《四书》、《五经》是官定读本、科举取士的准绳。同时还对文章的形式作了规定，“其文略仿宋经义，然代古人语气为之，体用排偶”[3]。这就是所谓八股文。八股文由破题、承题、起讲、入手、起股、中股、后股、束股八个部分组成，形式非常死板。明成祖敕令胡广等纂修《四书大全》、《性理大全》等书，以采辑宋元理学诸儒之说。当时的理学家薛瑄（xuān）、吴与弼等也受到明政府的重视。明中叶，出现了以王守仁为代表的带有明显佛教禅宗色彩的主观唯心主义的心学，亦称王学。嘉靖以后，王学得到广泛传播，几乎取代了官方的程朱理学。国子监的学习课程有《大诰》（朱元璋亲自编撰的惩治官民犯罪的案例）、《大明律》、《四书》、《五经》、《说苑》（西汉刘向撰，分类纂辑先秦至汉代史事，借以阐明儒家的政治思想和伦理观念）。明代的学校与科举制度，实际上是一种文化专制制度。它把知识分子的思想束缚在孔孟之道和程朱理学之中，使知识分子成为甘心替君主专制统治服务的忠顺奴仆。对知识分子中一切不利于专制统治的言论和行为，则毫不留情地进行残酷镇压。明初，朱元璋对不肯俯首称臣的士大夫，用杀、关、徙

[1] 《元史·选举志一》，《元史》2035 页。
[2] 《元史·刑法志》，《元史》2651、2685 页。
[3] 《明史·选举志二》，《明史》1693 页。

等刑法加以惩治。对归顺明朝的地主文人，朱元璋也不放心，处处敏感猜疑。因为他当过和尚，参加过红巾军，生怕别人揭他的老底。如看到“作则垂宪”、“垂子孙而作则”之类的话，“则”与“贼”同音，朱元璋就认为是骂他做过贼，作文者一概处死。又如，看到“睿性生知”这样的词语，朱元璋把“生”读作“僧”，认为是骂他做过和尚，作者也被处死。为了维护绝对皇权，视人命如草芥，兴起了一桩又一桩骇人听闻的文字狱，使许多知识分子无辜遭祸。文字狱，是从著作中摘取所谓违碍字句，罗织罪状，施以酷刑的野蛮做法，是专用以镇压知识分子的反抗情绪的。明朝以前，文字狱比较少见。大兴文字狱，是从朱元璋开始的。方孝孺不肯为明成祖起草登极诏书，本人被杀，株连十族（九族及学生），死者达八百七十余人。明后期，以皇帝、宦官、王公、勋戚、权臣为代表的大地主集团，已成为统治阶级内部最腐朽、最反动的集团。另一些中小地主、中下级官吏和一部分地主阶级知识分子，在政治上处于受压抑、受排斥的地位。顾宪成、高攀龙等在无锡东林书院讲学。他们在讲学中，往往议论朝政，抨击一些失职的大官僚和为非作歹的太监等，因此得到社会上对现实不满的地主、官僚、知识分子和商人等的拥护。东林书院成为一个社会舆论的中心。顾、高等因此而被称为“东林党”。东林党人主张开放言路，实行改良，遭到在朝权贵的嫉恨。宦官魏忠贤专权时，党人杨涟、左光斗等都遭杀害。魏忠贤指使爪牙按黑名单捕杀东林党，东林党人及与东林党人关系较近的人都被免官、放逐或杀戮。差不多与东林党人同时，出现了进步思想家李贽，他把批判的锋芒指向封建礼教和等级制度。晚年在通州讲学，引起统治者很大的恐慌，把他称为“敢倡乱道，惑世诬（欺骗）民”的“妖人”[1]，诬以“纵淫（惑乱）勾引”的罪名，逮捕入狱。李贽在狱中割喉而死。在极端的文化专制的情况下，有一些读书人，为了猎取功名，埋头于四书、五经，写空洞的八股文，一切有用的知识概不留心，“与之交谈，两目瞠（chēng）然视，舌木强（jiàng）不能对”[2]，成为统治阶级所需要的奴才与工具。但另一方面，也产生了一批封建专制制度和封建礼教的叛逆者、大思想家。除上面提到的李贽外，明末清初还有王夫之、黄宗羲、顾炎武、方以智、唐甄等。在文学艺术作品中，也出现了一些描写农民起义、批判封建专制和封建礼教的作品。元末明初创作的《水浒传》，是一部直接描写北宋末年梁山农

[1] 《明神宗万历实录》369卷，万历三十八年闰二月。
[2] 宋濂《銮坡集》7卷《礼部侍郎曾公神道碑铭》。

民起义的作品。作者通过李逵之口，几次高呼“杀去东京，夺了鸟位”。但《水浒传》的思想内容比较复杂，不同阶级、不同立场的人可以从不同角度去理解它、欣赏它，一度广泛流传。从明朝末年开始，朝廷严禁《水浒传》流传。成书于明中后期的《西游记》，主要写孙悟空保唐僧去西天取经的故事。孙悟空大闹天宫，高呼“皇帝轮流做，明年到我家”，决意推翻玉帝。孙悟空的形象是人民反封建压迫斗争在幻想世界中的反映。与《西游记》大致同时出现的戏剧作品《牡丹亭》，通过杜丽娘和柳梦梅的神奇爱情故事，鞭挞了吃人的封建礼教。总体来看，明朝的文化政策是极端的专制主义，知识分子政策是笼络利用和残酷镇压相结合。朱元璋在起义过程中就注意吸引和使用儒生，这是他取得成功的一个重要原因。明成祖组织三千名文臣儒士编纂《永乐大典》，其用意之一就是笼络知识分子。翰林院是知识分子集中的地方。科举考试的前三名，都照例授予翰林院官职。明英宗以后，非翰林不入内阁，因此宰辅几乎都是翰林出身。内阁大学士是政府中的最高荣衔，虽无宰相之名，却有宰相之实。对知识分子的镇压也极严厉，朱元璋大兴文字狱，明成祖诛灭方孝孺十族，魏忠贤把东林党人逮杀殆尽，李贽惨死狱中，都是突出的事例。

清代的文化和知识分子政策基本上沿袭明代，某些方面还有所发展。从顺治开始，就尊奉孔子，推崇南宋理学家朱熹，利用他们的学说来巩固封建统治。康熙帝亲政后，更是提倡儒学，进一步表彰孔孟程朱。康熙帝利用儒家思想进行统治，最突出地表现在宣扬三纲五常。清朝对汉族地主阶级的知识分子，尽量加以笼络：在内阁、六部等中央机构中实行满、汉并设的复职制度；扩大科举录取名额；诏举“山林隐遗”，不经考试直接授官；实行捐纳制度，使地主子弟可以通过捐纳得官；开设博学鸿词科，给地主阶级知识分子中的所谓“名士”以更高的优待，一经录取，便授翰林院官职；组织儒士编纂各类大部头图书等。在笼络利用知识分子的同时，对知识分子的控制、束缚、镇压更远远超过历代。对清朝统治稍有不利的思想言行，进行极其残酷的镇压。在康、雍、乾三朝，尤其是雍、乾时期，曾连续大兴文字狱。对一切文字著述，只要清朝统治者认为触犯了君权，或者有碍于自己的统治，便被视为“狂吠”、“异端”、“悖逆”，必加重罪，予以严惩，动辄诛连数百人。其文网之密，处刑之重，规模之广，都是前所未有的。文字狱是专门对付文人的“特刑庭”，处置特别残酷。一旦落入法网，逮捕、抄家、坐牢、受审，判罪极重，至少是终身监禁，流放边远，充军为奴，大多数是杀头凌迟。已死的人，则开棺戮尸。作者犯了罪，株连亲属，并且写序跋、题诗、题签的人都有罪，所有与刻印、买卖、赠送书籍有关的人，也都有罪。地方官有牵连的自然有罪，没有牵连的也犯了“失查”罪。而对告发的人，则施以重赏。因此形成以检举、揭发为猎官敲门砖、有仇隙的利用文字狱陷人于死地的恶劣风气。乾隆朝的文字狱，极为频繁，不胜枚举。其中大都是牵强附会，任意解释，其荒谬程度，简直难以想象。从康熙到乾隆，仅见于文字记载的文字狱，就有七、八十起之多。就在清朝统治者挥起屠刀，一批又一批地杀害知识分子的时候，皇帝却又在表面上装出宽宏大量的样子。乾隆一再申明：“朕从不以语言文字罪人”，“文字之间亦偶有不知检点者，朕俱置而不论，从未尝以语言文字责人。”[1] 甜蜜的谎言掩盖不了血淋淋的事实。在令人窒息的恐怖气氛中，弄得知识分子人人自危，无所措手足。当时有个告老还乡的协办大学士梁诗正，总结了一个保全自己的处世“秘方”，即“从不以字迹与人交往，即偶有无用稿纸，亦必焚毁”。为加强思想文化统治，在康熙、乾隆时期，曾进行了大规模的图书整理和编纂工作，如编纂《古今图书集成》和《四库全书》等。在修《四库全书》时，大量销毁和删改旧书。在严酷的文化专制下面，有一些知识分子，逃避现实，把时间和精力都用在古代典籍的整理、考证、诠释上，形成所谓乾嘉考据学派。有少数知识分子，仍能以隐蔽、曲折的方式，迸发出真理的火光。生活在康熙时代的颜元、李塨（gōng），对宋明理学进行了尖锐的批判。乾隆时期的考据学家戴震，晚年所写的《孟子字义疏证》一书，是一本用训诂疏证儒家经典形式来发挥反对程朱理学观点的哲学书，具有反抗儒家正统观念和反动黑暗统治的思想意义。它深刻揭露了程朱理学“以理杀人”的本质。蒲松龄借妖狐鬼怪的故事，编写了一部短篇小说集——《聊斋志异》，对贪官污吏的残暴、科举制度的腐败等，进行了揭露；同时蔑视理学家“男尊女卑”的说教，刻画出一批才智过人的妇女形象，具有反封建的意义。吴敬梓写的长篇讽刺小说《儒林外史》，以批判科举制度的腐朽为中心，对各种类型的地主阶级知识分子欺世盗名的丑恶灵魂，作了充分的暴露和抨击，从而在一定程度上揭露了当时社会的黑暗和丑恶。曹雪芹的长篇小说《红楼梦》，通过对贾宝玉、林黛玉这一对贵族青年的恋爱婚姻悲剧和贾、史、王、薛“四大家族”衰亡史的描写，暴露了地主阶级的罪恶，揭示了封建制度的腐朽及必然崩溃灭亡的趋势。乾隆年间出现的所谓“扬州八怪”（汪士慎、黄慎、金农、高翔、李蝉、郑燮、李方膺、罗聘），则以绘画、书法、诗歌等形式，

---

[1] 《清代文字狱档》第1、2辑。

曲折地表现出作者不满现实、傲岸不驯的思想性格。黄慎是“八怪”中的佼佼者。他的诗歌清新自然，草书苍劲浑厚，绘画以草书入画，自成一格。最可贵的是他的作品具有强烈的人民性，他画“群乞图”，也画纤夫、渔民和樵夫，与当时画富贵人物的风尚大不相同。郑燮（即郑板桥）喜画兰花、墨竹、怪石，秀丽苍劲，傲放不俗。鸦片战争后，西方文化随着资本主义的侵略传到中国来，对中国的传统文化产生了巨大的冲击。在如何对待西方文化的政策上，统治阶级中的顽固派，采取一概拒绝的态度，而改良派则主张“中学为体，西学为用”，即以“中国之伦常名教为原本，辅以诸国富强之术”。戊戌变法《定国是诏》中明言“以圣贤义理之学植其根本，又须博采西学之切于时务者实力讲求，以救空疏迂谬之弊”。梁启超草拟的《京师大学堂章程》更明确规定：“中学为体，西学为用，中西并用观其会通。”❶

中国古代的文化和知识分子政策，主要是为政治统治服务的。秦朝的“焚书坑儒”，汉朝的“独尊儒术”，明清两朝的文字狱，都是文化专制的突出表现。相对来说，西周至春秋战国，魏晋南北朝至唐宋，文化比较开放，知识分子比较受到尊重，经济文化的发展呈现出上升的趋势。历史证明：文化专制严重阻碍社会的发展，而且并不能消灭一切异端思想和反抗思想。人民群众是真正的历史主人，他们的生产活动和反抗斗争，推动着历史车轮的前进。不管专制暴君如何残暴、凶狠，人民是斩不尽、杀不绝的，进步思想的火花也是扑不灭的。统治阶级的文化政策和知识分子政策对文化的发展有着决定性的影响，但文化的真正鉴赏者是人民。

第三节　历代管理文化的官职和机构

对文化的管理，最初是由巫史来承担的。夏商时期的巫史，职权非常广泛，不仅祭祀礼仪、天文历法、记载国事、保管典籍、教育贵族子弟等归其掌管，而且掌握着政治、军事、司法等方面的实权。

西周时期，军事、行政、司法、外事等职权，从巫史的手中分化出去，形成卿事寮、太史寮两大平行的部门。以太史为首的同僚，成为专门从事文化管理的官职。如太史掌管历法和记事，宗伯掌宗庙礼仪，内史掌策命文书，御史掌保管档案，太卜掌占卜，乐正掌音乐和教育等。

---

❶ 参考翦伯赞：《中国史纲要》第4册167－173页。

春秋战国时期，各国多有太史的设置，职务同西周。卜、祝之官及乐官亦较普遍。秦、晋、楚等国有侍医。齐国的稷下学，是官办的讲学与研究场所。

秦汉以奉常（太常）为管理文化事务的中央机构，列于九卿之首。其主要职务是掌管宗庙礼仪。奉常的属官有太乐、太祝、太宰、太史、太卜、太医六令丞，博士官及太学、秘书监（东汉始置，掌图书）也归其掌管。宫廷图书档案收藏于御史府。在皇帝的私府（少府）中，有太医、乐府、祠祀等令丞及画室署长等，是专为宫廷服务的。殿廷威仪由光禄勋所属的谒者仆射负责，外事礼仪由大鸿胪负责。

魏晋南北朝时期，随着文化事业的发展，成立一些新的中央机构进行管理。晋朝初设秘书寺，后改为秘书省，置监、丞等官，专门管理图书。东晋开始在尚书台设置祠部，掌祭祀之事，后演变为礼部。北朝开始设立管理宗教的机构。北魏设监福曹，北齐置昭玄寺，设大统、统、都维那等官员，管理佛教。在太常寺内新设崇虚局丞，管理道教。北周以司寂掌佛教之政，司玄掌道教之政，皆属春官宗伯。北齐设立国子寺，为管理教育的中央独立官署。北齐还以中书省兼掌西凉等外来音乐。

唐代以礼部为主管文化的机构，在六部中居第三位。礼部掌全国礼仪、祭享、贡举等政令，长官为尚书，副长官为侍郎。下辖礼部、祠部、膳部、主客四个司，司的正、副长官为郎中、员外郎。太常寺的职权已大为缩小，主要掌管礼乐、郊庙、社稷等事，下分郊社、太庙、诸陵、太乐、鼓吹、太医、太卜、廪牺八署。鸿胪寺掌管宾客及凶仪之事，领宾客、司仪二署。国子监掌管学校。秘书省管理图书。掌管天文历法的司天台，成为独立官署。宗正寺所属有崇玄署，为管理道教的机构。中书省、门下省、东宫皆有藏书馆兼研究、教育性质的机构。翰林院是非正式的文学、技艺人员的待诏之所。史馆是由宰相兼领的修史机构。内教坊为宫禁之中的音乐机构。殿中省有尚药局，掌御用医药。

宋朝翰林学士院为正式国家机构，负责起草皇帝诏敕文书及进讲经史等事。宋朝还设置殿阁学士，作为文臣的荣誉职称。有此职称者，可备皇帝顾问，参与议论，校雠典籍。曾设立礼仪院，有判院一人，以枢密院使或参知政事充任，直属皇帝，地位在礼部之上。从太常寺一度分置大晟府（音乐机构）。内侍省所属有御药院、翰林院，翰林院领天文、书艺、图画、医官四局。徽宗时，一度设立过议礼局，由执政兼领；另设礼制局，讨论历代宫室、车服、器用、冠昏（通“婚”）、丧祭等沿革制度。

元代管理文化的机构有礼部、翰林兼国史院、蒙古翰林院、集贤院（掌提调学校、征求隐逸、召集贤良等事，国子监、道教皆归其管理）、宣政院（管理佛教）、太常礼仪院、太史院、太医院、奎章阁学士院（掌进经史之书，考帝王之治）、艺文监（掌以蒙古语翻译儒家经典）、秘书监（掌历代图籍及阴阳禁书）、司天监（掌历象之事）等。

明代以翰林院为最重要的外廷文化管理机构，把图书、修史等皆合并其中。皇帝从翰林院挑选官员入阁协助处理政事。管理天文历法的机构称钦天监。礼部所属有教坊司，掌乐舞承应。宦官衙门有钟鼓司，掌管出朝钟鼓，及内乐、传奇（戏曲）、过锦、打稻诸杂戏，又有御药房。

清朝于乾隆时设立乐部，由礼部尚书一人兼理。所属有神乐署（掌管郊庙祠祭奏乐事务）、和声署（掌管殿庭朝会“华燕飨”奏乐事务）、什帮处（掌管演奏“掇尔多密”乐曲）。鸿胪寺成为掌管朝会与国家宴会赞导礼仪的机关。内务府所属有御药房、文渊阁（专藏《四库全书》）、武英殿修书处（掌刊印书籍）、咸安宫官学（掌教上三旗官学生学习满汉文及翻译）、景山官学（职同咸安宫官学）、长房官学（掌教太监学习满、蒙、汉文字）。清末设学部，改礼部为典礼院。

第四节　礼仪管理

礼仪，在中国古代文化中占有突出的地位，是维护奴隶主统治和封建主统治的重要思想工具。礼的本义是敬神求福。《说文解字》：“礼，履（实行，做）也，所以事神致（求得）福也。”敬神必须在行动上有所表示，举行一定的仪式。《释名》：“礼，体也，得其事体也。”敬神活动早在原始社会就存在了，那时的敬神以各氏族、部落的图腾崇拜为主，祭祀是敬神最主要的活动形式。国家产生以后，敬神的主要对象是上帝（天神）、社稷（地神和谷神），而国家的君主是上帝、社稷所生，是上帝、社稷的嫡子或长子。因此，上帝、社稷和君主的祖先，就成为尊敬、崇拜的主要对象。西周以前，礼仪主要沿袭氏族社会遗留下来的习俗。从西周开始，统治者自觉地运用礼来治理国家，把礼系统化、制度化，并且配之以乐，形成一套带有宗教色彩的礼乐制度。《史记·周本纪》说：“兴正礼乐，度制于是改，而民和睦，颂声兴。”制定礼乐成为周天子最重要的一项职权。《论语·季氏》：“天下有道，则礼乐征伐自天子出；天下无道，则礼乐征伐自诸侯出。”西周的礼，只适用于贵族，是用以调整、约束贵族行为的规范、准则。礼的内容，从敬神扩大到贵族之间的相互尊敬，特别是以下敬上。它把父权家长制时期形成的家庭伦理关系（父子、夫妻）与政治上的统治关系（君臣）紧密地结合起来。《孟子·滕文公上》："教以人伦：父子有亲，君臣有义，夫妇有别，长幼有序，朋友有信。"它强调宗族、阶级的整体利益，重视贵族之间的等级名分。尊敬、礼让以正名分为前提，不得僭越，否则就是失礼，就要受到谴责、惩罚。贵族成年以后，就进入浓郁的礼乐气氛之中。《礼记·昏义》说："夫礼，始于冠（guàn），本于昏（婚），重于丧祭，尊于朝聘，和于飨射，此礼之大体也。"礼的种类很多，大致可分为吉、凶、军、宾、嘉五种，称为五礼。《隋书·礼仪制一》："周公救乱，弘制斯文，以吉礼敬鬼神，以凶礼哀邦国，以宾礼亲宾客，以军礼诛不虔，以嘉礼合姻好，谓之五礼。"吉礼就是祭祀的典礼，用以敬事鬼神。祭祀的对象名目繁多，上帝、日月星辰、社稷、山林川泽、祖先，都在祭祀之列。丧礼主要指丧葬的礼仪，对天灾人祸（饥馑、战败、寇乱）的哀悼仪式，也属于这一类。军礼主要指与战事有关的礼仪，如检阅、蒐（sōu，打猎）狩、出师、乞师（讨救兵）、致师（挑战）、献捷、献俘等。宾礼指诸侯对天子的朝觐（jìn），各诸侯之间的聘问和会盟等。嘉礼包括婚礼、冠礼（成年礼）、飨燕、立储等。西周时期最常见的礼仪有藉礼、冠礼、大蒐礼、朝礼、聘礼、祭礼、婚礼、丧礼等。掌管礼仪的官职，主要是宗伯。在祭祀和接待宾客的场合，常常临时设置"相"掌管有关礼仪的事项，相多由诸侯、太史或大行人担任。西周的祭祀，主要有祭天、祭社稷、祭祖三种。这三种祭礼，天子都可举行，而诸侯不能祭天，大夫不能祭天和社稷。藉礼是与农事有关的国家盛典，《国语·周语上》有较详细的记载。在周人的同族之间，有飨礼或乡饮酒礼。臣见君，要行最恭敬的跪拜礼——稽（qǐ）首，即头至地多时。国君回答臣下行空首礼，即拜头至手。地位相等或平辈之间行顿首礼，即拜跪在地上，引头至地，只作短暂的接触，就立即抬起。在各种礼仪场合，卑者、贱者、晚辈、主人，要用"趋"即快步走的方式向尊者、贵者、长辈、宾客表示恭敬。贵族之间见面，要带一定的礼物，身份不同，所带礼物也不同。初次见面所送的礼物叫"贽"。《礼记·曲礼下》说："凡贽，天子鬯（chàng，祀神用的酒），诸侯圭，卿羔，大夫雁，士雉，庶人之贽匹（鹜）。"《左传·庄公二十四年》："男贽，大者玉帛，小者禽鸟，以章（彰明）物也；女贽，榛、栗、枣、脩（干肉），以告虔也。"在举行礼仪时，贵族都要穿礼服，称为章服。根据等级身份的不同，用龙、山、虫等图文作为区分的标志。据《后汉书·

舆服志下》注："（周）冕服九章，初一曰龙，次二曰山，次三曰华虫，次四曰火，次五曰宗彝（礼器），皆画以为缋（绘）；次六曰藻，次七曰粉米，次八曰黼（fǔ，礼服上白与黑相间的花纹），次九曰黻（fú，礼服上黑与青相间的花纹），皆绨（chī，细葛布）以为绣。"春秋后期，面对"礼崩乐坏"的局面，孔子以恢复、维护周礼为己任，对礼从理论上进行总结和阐明。他说："道（导）之以政，齐（约束）之以刑，民免（避免犯罪）而无耻（不知道犯罪是可耻的）；道之以德，齐之以礼，有耻且格（守规矩）。"❶ 把礼提高到治理国家的根本大计来认识。他要求统治阶级的成员都能"克己复礼"，即克制自己的欲望，使自己的言行符合西周时代的礼。做到"非礼勿视，非礼勿听，非礼勿言，非礼勿动。"❷ 他的理论、主张在当时虽到处碰壁，但却为汉以后的礼仪制度奠定了思想基础。

战国时期重视朝礼、祭礼和丧礼。秦始皇统一中国后，曾与鲁地儒生谋议，举行封禅礼（祭天地），并参照六国礼仪，"择其尊君、抑臣者存之"。但他愈来愈迷信于皇帝个人的权势，企图依靠刑杀威严来治理国家，以至演出"焚书坑儒"的惨剧，加速了秦王朝的崩溃。

刘邦起事之初，鄙视儒生。"诸客冠儒冠来者，沛公辄解其冠，溺（niào）其中。与人言，常大骂，未可以儒生说也。"❸ 他在灭秦和击败项羽的过程中，对儒生的态度逐渐转变。路过鲁地时，封孔子之后为奉嗣君。又拜儒生叔孙通为博士，号稷嗣君。刘邦称帝后的第二年，命叔孙通制订朝仪。次年岁首实行。朝仪是群臣朝拜皇帝的盛典，极为隆重庄严。其礼仪的具体情况，据《汉书·叔孙通》记载："汉七年，长乐宫成，诸侯群臣朝十月（汉时以十月为正月，故行朝岁之礼）。仪：先平明（天大亮），谒者治礼，引以次入殿门，廷（君主受朝布政的地方）中陈车骑戍卒卫官，设兵（兵器），张旗志（帜）。传曰'趋'（疾行）。殿下郎中侠（挟）陛（宫殿的台阶），陛数百人。功臣列侯诸将军军吏以次陈西方，东乡（向）；文官丞相以下陈东方，西乡（向）。大行设九宾（摈者九人，指九个接待宾客的人），胪句（上传语告下为胪，下告上为句）传。于是皇帝辇（niǎn，皇帝所乘之车）出房，百官执戟（指郎官）传警，引诸侯王以下至吏六百右以次奉贺。自诸侯王以下莫不震恐肃敬。至礼毕，尽伏，置法酒（朝廷的正式宴会，不得饮醉）。诸侍坐殿上皆伏抑首

❶ 《论语·为政》。

❷ 《论语·颜渊》。

❸ 《汉书·郦食其传》。《汉书》2105－2106 页。

（不敢平坐而视），以尊卑次起上寿。觞九行，谒者言‘罢酒’。御史执法举不如仪者辄引去。竟朝置酒，无敢讙（huān）哗失礼者。”朝仪结束后，刘邦高兴地说：“吾乃今日知皇帝之贵也。”臣下拜见皇帝时，不能佩带刀剑，不能穿鞋，并且要快步走，这是通常必须严格遵守的礼仪。如果皇帝特许不奉行这些礼仪，则是对臣下的一种特殊恩宠和礼遇。如萧何功最高，特“赐带剑履上殿，入朝不趋”。惠帝时，命叔孙通制订宗庙礼仪。所谓宗庙，是专指皇帝的先祖宗庙。汉代对宗庙祭祀非常重视。至西汉末，全国共建宗庙一百七十六所，又各有寝、便殿。“日祭于寝，月祭于庙，时祭于便殿。寝，日四上食；庙，岁二十五祠；便殿，岁四祠”。一年用于祭祀的费用和人员，“食上二万四千四百五十五，用卫士四万五千一百二十九人，祝、宰、乐人万二千一百四十七人，养牺牲卒不在数中”❶。文帝亲耕藉田，恢复西周时的藉田礼，以表示对农业生产的重视。又在渭阳建五帝（五天帝）庙，并亲自祭祀。祭祀天地之礼由来已久。《史记·封禅书》说：“自禹兴而修社祀，后稷稼穑，故有稷祀，郊社所从来尚（久远）矣。”西周时于冬至日祭天于南郊，称为“郊”；夏至日祭地于北郊，称为“社”，合称“郊社”。战国时齐、鲁有些儒士认为五岳中泰山最高，帝王应到泰山祭祀，登泰山筑坛祭天曰“封”，在山南梁父山上辟基祭地曰“禅”，合称“封禅”。秦始皇称帝后第三年，曾举行过一次封禅礼。汉武帝元封元年（前110年），举行汉朝建立后的第一次封禅大典。其后五年一修封。武帝共修封五次。汉朝管理礼仪的机构，主要是太常（奉常）。汉代对礼仪的管理非常严厉。高后时下令，敢有擅议先帝宗庙寝园官者，弃市。文帝时，有人偷盗高祖庙的玉环，廷尉按照法律判处弃市，文帝还嫌轻。宣帝与群臣议论为武帝立庙乐，夏侯胜表示不同意，便得罪入狱。担任太常（即奉常）职务时，不仅事务繁多，而且最容易获罪。临江王荣因侵蚀庙地，被迫自杀。御史大夫商丘成饮酒醉，侍祭时在堂下唱了一句“出居安能郁郁（忧伤）”，犯了“大不敬”罪，亦被迫自杀。以维护绝对皇权为核心的各种礼仪，成为束缚臣民的精神枷锁。

魏晋以后，尚书台（省）置仪曹郎，掌管礼仪方面的事务。东晋开始设置祠部曹，掌管祭祀。晋朝的朝会礼仪，更加完备复杂。❷但从总体来看，皇权相对衰微，士族势力上升，儒学独尊的地位已不复存在。东晋建立之初，元

❶ 《汉书·韦贤传》，《汉书》3115－3116页。

❷ 详《晋书·礼志下》，《晋书》649－651页。

帝命王导升御床共同接受百官朝拜，因而有“王与（司）马，共天下”之谚。南北朝时期，为提高皇帝的权威，特别加重监察官的威仪，因监察机关是皇帝的耳目之司。南朝御史中丞出行，足以使百官震恐。北朝御史台长官“出入千步清道，与皇太子分路，王公百辟使逊避，其余百僚下马弛车止路旁，其违缓者，以棒捧之。”❶ 魏晋时期兴起的玄学，崇尚自然，不拘礼仪。有的玄学名流，以“旷达”为名，走向极端的放荡无羁。他们虽不否定儒家的尊卑、上下关系，但实际上对封建的纲常名教起了冲击的作用。魏晋南北朝时期流行并受到统治者保护、提倡的佛教、道教，各有其比较完整的礼拜仪式，对劳动人民起到欺骗、麻醉的作用。南朝宋文帝时，开始建先农坛，祭祀先农，是沿袭西周藉田礼而来，其礼仪见《宋书·礼志一》。

隋唐以礼部为主管礼仪的机关，位列六部第三位。礼部“掌天下礼仪、祭享、贡举之政令”，宗庙礼仪已不占突出地位。礼仪的内容，大致沿袭西周以来的制度。“凡五礼之仪，一百五十有二：一曰吉礼，其仪五十有五；二曰宾礼，其仪有六；三曰军礼，其仪二十有三；四曰嘉礼，其仪五十；五曰凶礼，其仪一十有八。”❷ 祭祀名目有四：一、天神，二、地祇，三、人鬼，四、先圣先师。祭天地时皆以祖宗配享。从表面上看，变化不大；实际上，变化是比较大的。首先，天命观念在唐代有很大的削弱，皇帝对封禅礼已不大重视。前朝隋文帝，于开皇十五年勉强举行过一次封禅礼，“竟不升山而还”。唐太宗更视封禅礼为可有可无。他说：“议者以封禅为大典。如朕本心，但使天下太平，家给人足，虽阙（缺）封禅之礼，亦可比德尧、舜；若百姓不足，夷狄内侵，纵修封禅之仪，亦何异于桀、纣？昔秦始皇自谓德洽（浸润）天心，自称皇帝，登封岱宗；奢侈自矜。汉文帝竟不登封，而躬行俭约，刑措不用。今皆称始皇为暴虐之主，汉文为有德之君。以此而言，无假封禅。礼云，‘至敬不坛’，扫地而祭，足表至诚，何必远登高山，封数尺之土也！”❸ 其次，朝会之礼仪也趋于简单。“凡元日，大陈设于含元殿，服衮冕临轩，展宫悬之乐，陈历代宝玉舆辂（lù），备黄麾（huī）仗，二王后及百官朝集使（各道每年遣使者朝集于京师，谒见皇帝宰相，称朝集使）、皇亲，并朝服陪位。”❹ 第三，唐朝尊孔丘为“先圣”，颜渊为“先师”，推崇儒学。但儒学重在经典的

---

❶ 《通典·御史台》。
❷ 《旧唐书·职官志二》，《旧唐书》1829页。
❸ 《旧唐书·礼仪志三》，《旧唐书》881－882页。
❹ 《旧唐书·职官志二》，《旧唐书》1829页。

考订、注释，而缺乏理论上的阐明，更没有制定出一套以三纲五常为基本内容的礼仪制度。在儒学研究中，甚至出现通过注释儒书来批儒的情况。在实践上，皇族内部的伦理关系就相当混乱。如李世民与李建成、李元吉兄弟之间的残杀，唐高宗纳其父妃武则天为后，唐玄宗夺其子妃杨玉环为贵妃，皇后武则天自称圣神皇帝，安乐公主、太平公主干预朝政等。第四，信仰、礼仪的多元化。唐朝尊儒，同时也崇佛、道。由于尊儒，崇拜天神、地祇、祖先、先圣先师等。由于信奉道教，唐朝皇帝以道教教主老子李耳的后裔自居，高宗下令尊老子为太上玄元皇帝，玄宗又命人画老子像颁于天下，老子遂成为唐朝皇帝的至上神、始祖。由于敬佛，佛、天堂也成为人们崇拜、向往的对象。唐朝礼仪经过三次大的修订，成贞观礼一百卷，显庆礼一百三十卷，大唐开元礼一百五十卷。玄宗时，诏国子司业韦縚（tāo）为礼仪使，专掌五礼。

宋朝建立之初，对礼仪非常重视。太祖开宝年间，命御史中丞刘温叟、中书舍人李昉等撰《开宝通礼》二百卷，在唐朝开元礼的基础上稍有增损，又定《通礼义纂》一百卷。真宗时，宋与辽订立澶（chán）渊之盟，每年向辽纳银十万两、绢二十万匹。使宋王朝蒙受屈辱，真宗常为此不快。知枢密院事王钦若献计说："惟封禅可以镇服四海，诗示外国。"❶ 被真宗采纳。于是伪造天书，并导演群臣百姓诣阙表请行封禅礼的喜剧，大搞封禅活动。命翰林、太常礼院详定仪注，知枢密院王钦若、参知政事赵安仁为封禅经度制置使，又以宰相王旦为大礼使，王钦若为礼仪使，参知政事冯拯为仪仗使，知枢密院陈尧叟为卤簿使，赵安仁为桥道顿递使。得天书后，群臣上表尊真宗为"崇文广武仪天尊道宝应章感圣明仁孝皇帝"，接着追尊太祖、太宗谥号。封禅礼后，路过曲阜，谒孔庙，加谥孔丘为玄圣文宣王。西凉府、甘州、三佛齐、大食国、西南蕃等都来祝贺封禅。次年，丁谓上《封禅祥瑞图》，刘承珪上《天书仪仗图》。这一年，真宗又到汾阴祭祀后土。神宗时，命龙图阁直学士宋敏求等详定朝会仪注四十六卷，祭祀一百九十一卷，祈禳四十卷，蕃国七十一卷，丧葬一百六十三卷。徽宗政和三年，修定《五礼新仪》二百二十卷。真宗、徽宗还极力崇奉道教。真宗把轩辕皇帝奉为赵姓的始祖，说轩辕皇帝奉玉皇大帝之命，授给他天书。真宗在编造上述神话之后，在京师修建了玉清昭应宫，供奉玉皇、圣祖（轩辕皇帝）、太祖、太宗四像。这样，赵宋皇朝的合法性，又从道教找到了根据。宋真宗经常举行各种规模宏大的道教仪式。宋徽宗自称

❶ 《纲鉴易知录》66卷。

教主道君皇帝，是上帝的长子，下降到人间。后来徽宗让位于钦宗，又自称教主道君太上皇帝。宋朝的其他礼仪大都沿袭前代，但也有宋朝创新的，其中比较突出的是赐进士宴，又称闻喜宴。宋朝对科举及第的士人特殊优宠，由朝廷设宴招待新进士，皇帝及大臣赐诗贺喜。❶

元朝礼仪比较简略，且多采汉制。《元史·礼乐志一》说："元之有国，肇兴朔漠，朝会燕飨之礼，多从本俗。太祖（成吉思汗）元年，大会诸侯王于阿难河，即皇帝位，始建九斿（liú，旗旌的下垂饰物）白旗。世祖至元八年，命刘秉忠、许衡始制朝仪。自是，皇帝即位、元正、天寿节，及诸王、外国来朝，册立皇后、皇太子，君臣上尊号，进太皇太后、皇太后册宝，暨郊庙礼成、群臣朝贺，皆如朝会之仪。而大飨宗亲、锡宴大臣，犹用本俗之礼为多。"在各种礼仪中，以朝仪为最重要。朝仪由礼部侍仪司负责。祭祀礼仪有祭天、祭社稷、祭祖先等。皇帝亲遣使者致祭的，有社稷、先农、宣圣（孔丘），祭祀礼仪由太常礼仪院负责。

明朝在政治上加强君主专制、思想上加强文化专制的同时，对巩固封建统治的礼仪制度从一开始就给予高度重视。《明史·礼志一》说："明太祖初定天下，他务未遑，首开礼、乐二局，广征耆儒，分曹究讨。洪武元年命中书省暨翰林院、太常寺，定拟祀典。乃历叙沿革之由，酌定郊社宗庙议以进。礼官及诸儒臣又编集郊庙山川等仪，及古帝王祭祀感格（感通于天）可垂鉴戒者，名曰《存心录》。二年诏诸儒臣修礼书，明年告成，赐名《大明集礼》。"朱元璋在位三十余年，诏修礼书《孝慈录》、《洪武礼制》、《礼仪定式》等十四部。成祖时，颁《文公家礼》于天下。明世宗（嘉靖）更以制礼作乐为己任，编成《明伦大典》、《祀仪成典》、《郊祀考议》等书。从孝宗（弘治）朝开始集纂《大明会典》，以六部为纲，分述各行政机构的职掌，其中以礼制最为详细，冠服礼仪等并附有插图。明朝礼仪制度的特点是，把程朱理学及王学贯串到礼仪的各个方面，宣扬宗教式的信仰主义，使渗透封建伦理观念的礼仪普及于整个社会。除祭祀天地、宗庙、社稷等传统礼仪外，对品官和庶人的冠礼、婚礼、相见礼等都有细致的规定，如卑官与尊官相遇，有回避之礼。洪武三十年规定："驸马遇公侯，分路而行。一品、二品遇公、侯、驸马，引马侧立，须（等待）其过。二品见一品，趋右让道而行。三品遇公、侯、驸马，引马回避，遇一品引马侧立，遇二品趋右让道而行。"属官见上司，亦须行礼。

❶ 《纲鉴易知录》66卷。详《宋史·礼仪志十七》，《宋史》2711页。

“属官序立于堂阶之上，总行一揖，上司拱手，首领官答揖。”庶人相见，尊卑之礼也都有严格的规定，违者要论罪。“洪武五年令，凡乡党序齿，民间士农工商人等平居相见及岁时宴会谒拜之礼，幼者先施。坐次之列，长者居上。十二年令，内外官致仕居乡，惟于宗族及外祖妻家序尊卑，如家人礼。若筵宴，则设别席，不许坐于无官者之下。与同致仕官会，则序爵，爵同，序齿。其与异姓无官者相见，不须答礼。庶民则以官礼谒见。凌侮者论如律。二十六年定，凡民间子孙弟侄甥婿见尊长，生徒见其师，奴婢见家长，久别行四拜礼，近别行揖礼。其余亲戚长幼悉依等第，久别行两拜礼，近别行揖礼。”❶

清朝统治者从顺治开始，就尊奉孔子，推崇朱熹，利用儒学特别是宋代理学来巩固封建统治。康熙五十一年（1712年），把朱熹升入孔庙大成殿的十哲之次。从此以后，“朱子祠宇遍天下”。康熙特别重视宣扬三纲五常。强调“君之尊同天，亲同父”。凡“大朝”（元旦、冬至、皇帝寿日三大节之朝贺）、“常朝”（每月初五、十五、二十五三次之朝会）和“登极”（即皇帝位）、“亲政”（皇帝自理朝政）等，都要举行隆重的盛典。清朝把孝放在社会生活的首位，要求不分民族、不分官民、不分性别、不分年龄，都讲求孝道。孝道经过发挥和演义，扩展成为生活中不庄重是不孝，对官怠慢是不孝，对皇帝不忠也是不孝。总之，一切不利于统治者的言论和行为，都是不孝。清朝统治者还大力宣扬“夫为妻纲”。康熙以后，朝廷每年都要旌表夫死殉节、未婚守志之类的节妇，给银建坊，视为常例。忠孝节义是清王朝治国安邦的精神支柱，在礼仪上都有突出的表现。

第五节　音乐（舞蹈、戏曲）管理

音乐、舞蹈起源于劳动，原始社会就已经产生了简单的乐舞。传说舜时有个叫做夔的人，擅长乐舞。《尚书·尧典》说他“击石拊（fǔ，拍）石，百兽率舞”。意思是说，夔敲击着石头（原始乐器，磬之类），人们化装成各种野兽跳起舞来。在祭祀的时候，有一些巫以歌舞取悦于神。

国家产生以后，音乐、舞蹈主要为统治阶级服务，用于祭祀和君主的娱乐。传说夏代有《大夏》、《九歌》、《九辩》等乐曲。《大夏》是祭祀禹的一种歌舞。演出时，舞者八人一行，称为一“佾”（yì）。商周以来，《大夏》被

---

❶ 《明史·礼志十》，《明史》1427－1428页。

统治者用为祭祀山川的乐舞。《周礼·春官·大司乐》："舞大夏以祭山川。"《九辩》、《九歌》主要用于君主的娱乐。《楚辞·离骚》："启《九辩》与《九歌》兮，夏康（太康）娱以自纵。""奏《九歌》而舞韶（乐名）兮，聊假日以媮（通'愉'）乐。"乐师多用盲人，因此称"瞽"。《左传·昭公十七年》引《夏书》曰："辰不集于房，瞽奏鼓。"

商代祭祀时大都配有乐舞。伐鼓而祭叫"乡"，舞羽而祭叫"翌"。甲骨文中有"乐"字，像丝弦架在木上；又有"舞"字，象人身上挂有饰物婆娑起舞之状。甲骨文中常见"舞雩"的记载。雩（yú）是为求雨而举行的一种祭祀。传说商汤时有"大濩"（huò）、"晨露"、"九招"、"六列"等乐章。大濩又称"韶濩"，相传为商代纪念商汤伐桀功勋的乐舞。商代的乐器有陶埙（xūn，吹奏乐器）、石磬、铜铃、铜铙（náo，搥击之而鸣）、鼓等。掌管音乐的官称太师、少师。《史记·殷本纪》：之"殷大（太）师、少师乃持其祭乐器奔周。"在宫廷里则演出一些萎靡不振的乐舞。商纣王"使师涓作新淫声，北里之舞，靡靡之乐"❶。

西周把音乐和礼仪紧密结合在一起，合称"礼乐"。西周贵族统治者用于祭祀的乐舞，主要有六个，合称六舞，也称六乐，即《云门》、《咸池》、《大磬》、《大夏》，《大濩》、《大武》。前四个属"文舞"，后两个属"武舞"。舞队人数，按周礼等级制有严格的规定。《云门》，相传为黄帝时的乐舞，周代用以祭祀天神。《咸池》，相传为尧时代的乐舞，周代用以祭祀地神。《大磬》，亦作"大韶"，简称"韶"，相传为舜时的乐舞，周代用以祭祀四望（即四方，一说名山大川，或指日月星海）。《大夏》，相传为夏禹时代的乐舞，周代用以祭祀山川。《大濩》，相传为商代的乐舞，周代用以祭祀始祖姜嫄。《大武》是周初表现武王伐纣历史功绩的乐舞。西周称六舞为雅乐，儒家奉雅乐为乐舞的最高典范，认为它的音乐"中正和平"，歌词"典雅纯正"。雅乐是一种贵族音乐。除祭祀外，在一般贵族的社交宴享之中，也要应酬演唱一定的乐章。如国君宴会群臣和宾客，演唱《鹿鸣》诗。贵族宴会宾客或亲友，演唱《南有嘉鱼》、《伐木》等诗。西周时的乐器，除编钟、编镈（bó）、编磬和大小不同的打击乐器之外，琴、瑟等弦乐器，笙、竽头管乐器，也都出现。所谓金、石、丝、竹、瓠（hù）、革之音，大都齐备。西周的雅乐大致可分为颂、雅、风三种。"颂"是有舞蹈的祭神歌曲，伴奏乐器有琴、磬、钟、镈等。"雅"

❶ 《史记·殷本纪》，《史记》105 页。

原是一种竹筒状的节奏乐器，因为这种曲调用“雅”节奏，“雅”就成为曲调名称。“雅”的伴奏乐器有琴、瑟、笙、钟、磬等。“风”是指各国民间流行的曲调，伴奏乐器有琴等。[1] 西周掌管音乐的官称太师。由行人采来的诗，或由贵族献来的诗，都交给太师，由太师配上音乐，演奏给天子听。《汉书·食货志上》：“行人振木铎徇于路，以采诗，献之太师，比其音律，以闻于天子。”又《国语·周语上》：“天子听政，使公卿至于列士献诗，瞽（即太师）献曲，……而后王斟酌焉。”还有称为“钟鼓”的乐师和称为“龠龠”的舞师。一般的乐人称“工”，如《仪礼·乡饮酒礼》：“工歌《鹿鸣》、《四牡》、《皇皇者华》。”平民只有在社祭和腊祭时才能参加群众性的娱乐活动。

春秋时期，神权下降，君权上升，这一变化影响到音乐舞蹈的应用：用于祭祀的相对减少，用于为君主娱乐和招待宾客的增多。吴国公子季札访问鲁国，请求欣赏周乐，鲁国使乐工为他演唱“周南”、“召南”。宋国以桑林之乐招待晋侯。鲁国国君用饭时都得奏乐，因此乐师有“亚饭”、“三饭”、“四饭”之名。[2] 卫国国君令乐师教宫妾鼓琴。春秋后期，西周以来的礼乐制度逐渐瓦解，出现“礼崩乐坏”的局面。鲁国大夫季氏，用天子才能用的八佾乐舞娱乐，大大超出周礼的规定。雅乐日益衰微，兴起一种来自民间的乐舞，叫做“新声”。雅乐多是集体表演，音调比较简单；而新声则有个人的表演，特别有女优（女乐）的表演，其声调多激越。这种“新声”，首先是从中原地区郑卫两国民间产生的，因此也称“郑卫之音”。“新声”渐渐代替了“雅乐”。倡优侏儒是春秋时期新出现的专供国君娱乐的艺人。这种艺人善于歌舞，有的并且会说笑话、演笑剧，甚至演杂技。《国语·晋语》记载有“侏儒扶卢”。扶卢就是爬竿。《管子·小匡》说齐襄公“倡优侏儒在前，而贤大夫在后”。春秋时期各国管理音乐的官，称呼不完全相同，有太师、乐尹、伶等。

战国时期，“新声”流行于各国。魏文侯曾说：“吾端冕（穿礼服戴礼帽）而听古乐则惟恐卧；听郑卫之音则不知倦。”[3] 齐宣王也说：“寡人非能好先王之乐也，直好世俗之乐耳。”[4] 各国宫廷和大贵族、大官僚，大都供养一批倡优侏儒，供其消遣娱乐。这一时期，群众性的祭祀、娱乐活动日益活跃。楚辞中的《九歌》，原是楚国民间祭祀鬼神的乐曲。“成相”是民间喜闻乐见的一

---

[1] 参考杨宽：《战国史》510 页。

[2] 《论语·微子》。

[3] 《礼记·乐记》。

[4] 《孟子·梁惠王下》。

种曲调。“相”是用皮革制作、里面装着糠的小鼓，用手拍击，唱歌时用来调节节奏。成相是我国最古的鼓儿词，是后世大鼓书的开端。群众性娱乐生动活泼。淳于髡说：“若乃州闾之会，男女杂坐，行酒稽留，六博（一种掷采下棋的比赛）投壶（用矢投壶的比赛），相引为曹（集体游戏的分组）。”❶

汉代太常属官有太乐令（东汉改为大予乐令），掌祭祀音乐。各庙祭祀时都有特定的乐舞。如高祖庙奏武德、文始、五行之舞，文帝庙奏昭德、文始、四时、五行之舞，武帝庙奏盛德、文始、四时、五行之舞等。舞员共三百八十人，必须是吏二千石至六百石及关内侯至五大夫嫡子，身高五尺以上，年龄十二至三十，容貌端正温和的，才能入选。又在少府设乐府令，掌管宫廷音乐。“乐府”一名始于秦。秦及西汉惠帝时均设有“乐府令”。武帝时扩充乐府机构，设在长安西郊上林苑内，使其掌管朝会宴飨、道路游行时所用的音乐，兼采民间诗歌和乐曲。以大音乐家李延年（宦者）为协律（调谐音律）都尉，主持乐府。音乐家张仲春协同作乐歌。丘仲造笛，作为协律的乐器。乐府配乐的诗歌有两类：一类是朝廷专用的诗歌，作诗的人都是著名文学家如司马相如等多至数十人。《郊祀歌》十九章，是这一类的主要作品。《安世房中歌》十七章，也属于这一类。还有一类是从各地采集来的民歌。据《汉书·艺文志》记载，这一类民歌有一百三十八首。其中包括鼓吹曲辞、相和歌辞、杂曲歌辞等，既有汉族歌曲，又有少数民族和边疆地区的歌曲。配乐后的民歌，能吟能唱，艺术形式生动活泼。东汉光武帝、和帝时，也曾观风采诗。在乐府里，来自各地的相和歌、鼓吹、百戏等汉族音乐和西北、西南等地的少数民族音乐得到了广泛的交流与提高。相和歌在汉代最为流行。它是在民歌的基础上，继承了周代“国风”和战国“楚声”的传统发展而来。其特点是“丝竹更相和，执节者歌”。歌唱者自击一个“节”或“节鼓”的击乐器，与其他伴奏的管弦乐器相互应和。相和歌在发展过程中逐渐与舞蹈、乐器演奏相结合，产生了“大曲”（或称“相和大曲”）。东汉时期，琴的演奏艺术达到相当高的水平，产生了《广陵散》、《胡笳十八拍》等著名琴曲。杂技艺术在汉代有很大的发展。杂技在汉代称“百戏”，也称“角抵戏”。包括各种杂技幻术（如扛鼎、吞刀、吐火等），装扮人物的乐舞，装扮动物的鱼龙曼延以及带有简单故事的《东海黄公》等。汉武帝时极为盛行。《汉书·武帝纪》：“元封三年春，作角抵戏，三百里内皆来观。”当时杂技和歌舞一起表演，有乐器伴奏。它不仅继

❶《史记·滑稽列传》，《史记》3190页。

承了中原的传统技艺，还集中了少数民族以至汲取了外国的技艺，加以改进和发展，节目内容丰富多采，表演技巧水平很高。杂技节目有倒立、跳丸、飞剑、舞轮、舞盘……及盘舞、巾舞、长袖舞、折腰舞等。魔术是百戏中的一种，当时称魔术者为“眩（huàn）人”。汉代还出现了窟礧子，即现代的傀儡戏。《旧唐书·音乐志二》：“（窟礧子）作偶人以戏，善歌舞，本丧家乐也，汉末始用之于嘉会。”民间祭祀喜庆，接待宾客，也都载歌载舞。《盐铁论·散不足》：“富者钟鼓五乐，歌儿数曹，中者鸣竽调瑟，郑舞赵讴。”又《崇礼》：“家人有客，尚有倡优奇变之乐，而况县官（官府）乎。”

董卓之乱后，朝廷雅乐散失。曹操破荆州，获汉雅乐郎杜夔，任为军谋祭酒（魏时任协律都尉）。杜夔与歌师、舞师等增损旧制，恢复了庙堂乐舞。曹丕在位时，设立专门的音乐机构清商署，从事收集整理西汉以来相和旧曲和创作新曲工作。清商乐，简称“清乐”，是相和歌的一部分，声调比较清越。晋太常卿下置协律校尉及太乐令、鼓吹令。太乐令领清商署。西晋时，清商署由著名音乐家荀勖（xù）领导。东晋末年以至于南朝宋、齐之世，江南吴声，荆楚西曲，都进入乐府，被之管弦，并且普遍流行起来。梁太常寺所属有太乐令、鼓吹令，又有协律校尉、总章校尉监、乐正等官，太乐令下又别置清商署丞，皆分掌乐事。十六国北朝时期，所谓“胡乐”，包括西域乐和外国乐，陆续东来。北齐胡乐最盛。曹妙达、安未弱、安马驹等胡人，都以擅长音乐而封王开府。由中书省掌管“进御之音乐”，其中有胡乐和清商乐。太常寺属官有协律郎（掌监调律吕音乐）、太乐令（掌诸乐及行礼节奏等事）、鼓吹令（掌百戏、鼓吹乐人等事）。太乐令兼领清商部丞（掌清商音乐等事）。北朝的太常雅乐，大量参用胡乐。鼓吹是一种器乐合奏，即鼓吹乐，用鼓、钲、笛、笳等乐器合奏。源于北方少数民族，汉初边军用之，以壮声威，后渐用于朝廷。鼓吹乐有四种：（1）黄门鼓吹，列于殿廷，皇帝宴乐群臣时用之；（2）骑吹，皇帝出巡时奏于道路；（3）横吹，军中马上所奏；（4）短箫铙歌，军队凯旋时奏于社庙。汉代鼓吹被认为是最隆重的音乐，万人将军方可备置。魏晋以后，牙门督将五校均得用之。随着佛教的传播，佛教音乐也大为盛行。魏晋以后，是琴曲创作的全盛期。从事琴曲创作或表演的，有的进入宫廷为“待诏”，有的则进入乐府机构任“琴工员”。百戏，又名“散乐”，是杂技、歌舞及民间各种新的音乐技艺的总称，魏晋以后继续有所发展。北齐有鱼龙烂漫、俳优、朱儒、巨象拔井等名目。三国以后，戏剧开始形成。蜀学士许慈、胡潜由辩论文义而相忿争，终至斗打，刘备使倡家扮演许、胡，“效其讼阋（xì，争吵）之状，酒酣乐作，以为嬉戏，初以辞义相难，终以刀杖相屈，用感切之。”[1] 有人认为这是中国戏剧的开端。后赵石勒以俳优演出参军某的故事，以为笑谑，为唐代参军戏的由来。魏晋南北朝时期的乐舞、戏剧，主要限于宫廷表演，在民间影响不大。

隋朝音乐，由太常寺太乐、鼓吹、清商三署分别管理。太乐署、清商署，各有乐师员；鼓吹署有哄师。开皇时曾订七部乐，即国伎、清商伎、高丽伎、天竺伎、安国伎、龟（qiū）兹伎和文康伎。炀帝大业中，改定为九部乐，即清乐、西凉、龟兹、天竺、康国、疏勒、安国、高丽、礼毕（即文康乐）。九部乐中，唯清乐是汉来旧乐，其他大都来自西域或外国。乐器如曲项琵琶、竖头箜篌、答腊鼓和羯鼓等，几乎都是从北方少数民族和西域流传过来的。隋炀帝大业二年，曾于洛阳端门街大演散乐百戏。从此成为定制，在每年正月所谓“万国来朝”时，都要举行百戏演出。演出时，从端门外到建国门内八里之地，均为戏场，百官在路边搭满了看棚，演出从昏达旦。

唐朝在融合国内各民族乐舞的特点和吸收外来乐舞有益成分的基础上，创造了风格多样、优美和谐的中国民族乐舞。据《新唐书·礼乐志》记载，当时四方少数民族和外国乐传入的，东方有高丽、百济，北方有鲜卑、吐谷（yù）浑、部落稽，南方有扶南、天竺、南诏、骠国，西方有高昌、龟兹、疏勒、康国、安国，计十四种乐，其中八种列入唐朝的十部乐。十部乐是唐太宗时定下的，即燕乐、清商乐、西凉乐、天竺乐、高丽乐、龟兹乐、安国乐、疏勒乐、康国乐、高昌乐。高宗以后，艺术家根据民族传统并吸取了边疆民族和邻近国家乐舞的精华，创作了许多反映当时社会政治生活的新乐舞，逐渐形成坐立二部伎，十部乐逐渐废亡。坐部伎舞队规模较小，只有三人到十二人，乐队在堂上坐着演奏。立部伎舞队规模很大，有六十人到一百八十人，乐队在堂下站着演奏。坐部伎有六种乐，立部伎有八种乐。坐部贵，立部贱。唐朝的乐舞，仍主要由太常寺的太乐署和鼓吹署掌管。太乐令掌调钟律，以供祭飨。太乐署有文武二舞郎一百四十人，散乐三百八十二人，仗内散乐一千人，音声人一万二十七人。凡大宴会，则设十部乐。高祖时设内教坊于禁中，隶属太常寺，专掌雅乐以外的音乐、歌唱、舞蹈、百戏的教习、排练、演出等事务。武则天改内教坊为“云韶府”，以宦官为使。玄宗开元二年，置内教坊于蓬莱宫侧，洛阳、长安又各设左右二教坊，用宦官担任教坊使。从此不再隶太常。唐

[1] 《三国志·蜀书·许慈传》，《三国志》1023 页。

玄宗酷爱法曲，法曲是以清商乐为主并吸收外来音乐成分而形成的乐曲，以《赤白桃李花》、《霓裳羽衣》等曲最著名。玄宗选坐部伎子弟三百人和宫女数百人于梨园教习法曲，称“皇帝梨园弟子”。唐文宗开成三年，改法曲所处院为仙韶院。唐代将清商署合并于鼓吹署。鼓吹令“掌鼓吹施用调习之节，以备卤簿之仪。”[1] 唐代的乐曲，长的叫大曲，短的叫杂曲。大曲都是舞曲，每曲分十二大段，结构很复杂。唐朝舞蹈分为健舞和软舞两种，舞时配以音乐。健舞姿势雄健，软舞姿势柔软。盛唐时，流行于宫廷和官府的霓裳羽衣舞，是从西凉传来的。白居易《霓裳羽衣舞歌》：“虹裳霞帔（pèi，披肩）步摇冠，钿（tián，用金翠珠宝等制成花朵形首饰）璎（yīng，贯串珠玉而成的装饰品，多用为颈饰）累累佩珊珊（形容衣裾玉珮的声音）。”祭祀时，有文舞与武舞之分。唐朝自制三大舞：一为《七德舞》，本为《秦王破阵乐》，是武舞。二为《九功舞》，本名《功成庆善乐》，是文舞。三为《上元舞》，兼采《七德舞》和《九功舞》制成。俳优表演，至唐代发展成为“参军戏”，又名“弄参军”。一般是两个演员表演，一个机智，叫“参军”，一个愚笨，叫“苍鹘”（或“苍头”）。二人作诙谐的对话，有点类似现代的相声。唐朝在祭祀、大朝会等庄重场合，用太常雅乐，岁时宴享则用教坊诸部乐。宴乐、清乐、散乐，本隶属于太常，后渐归教坊。唐朝音乐、歌舞的发达，在中国历史上是少见的。从中央到地方，都设有专门的音乐机构。唐玄宗时，朝廷有太乐署、鼓吹署和四个外教坊、三个梨园。太乐署、鼓吹署主要负责祭祀和仪仗的音乐，教坊管理宫廷音乐，梨园是教练宫廷歌舞艺人的地方。玄宗时的梨园，一个设在蓬莱宫侧宜春院，由皇帝亲自指导；一个设在长安的太常寺内，称“太常梨园别教园”；一个设在洛阳的太常寺内，称“梨园新园”。在府、县等地方机构，盛唐以后普遍建立了“衙前乐”。皇帝直属的梨园弟子有数百人，外教坊和太常寺所属的梨园，共有乐工数千人。连同府、县的乐工，总数达数万人。为了满足统治阶级尽情享乐的需要，唐玄宗设立了“千秋节”，届时从中央到地方的文武百官，放假三日，欢宴歌舞。唐代宫廷乐舞达到了高峰。就艺术成就而言，《霓裳羽衣》又堪称盛唐乐舞的绝顶。

宋朝太常寺所属有大乐案，掌教习乐舞、鼓吹，备祭祀、仪仗之用。宋代雅乐，自建隆至崇宁，六次改作。宋初，以翰林学士窦俨兼判太常寺。窦俨改周乐文舞《崇德之舞》为《文德之舞》，武舞《象成之舞》为《武功之舞》，

---

[1] 《旧唐书·职官志三》，《旧唐书》1875 页。

改乐章十二“顺”为十二“安”，如祭天为“高安”，祭地为“静安”，宗庙为“理安”等。徽宗崇宁中，创立大晟府，制作新乐，名曰“大晟乐”。以周邦彦为提举，会集词人乐师，讨论古音古调，又增慢、引、近、犯等新的曲调。宫廷音乐机构有教坊、云韶部、钧容直等。教坊初属宣徽院，元丰改制后属太常寺。教坊及钤（qián）辖教坊所，“掌宴乐阅习，以待宴会之用，考其艺而进退之”❶。仁宗天圣五年，以内侍二人为钤辖。“凡国之庆事，皆进歌乐词”。云韶部掌管黄门音乐，“每上元（阴历正月十五日）观灯，上巳（阴历三月上旬巳日）、端午观水嬉，皆命作乐于宫中。遇南至（冬至）、元正、清明、春秋分社之节，亲王内中宴射，则亦用之”❷。钧容直掌军乐，是由军中擅长者乐的士兵组成的乐队，主要演奏大曲、龟兹、鼓笛等部的乐曲。“每巡省（xǐng）游幸，则骑导车驾而奏乐；若御楼观灯、赐酺（pú，特指诏令所特许的大聚饮），则载第一山车。”❸ 此外，开封底和诸州皆有“衙前乐”。由于地主经济的进一步发展，城市生活的更加繁荣，乐舞、戏剧活动逐渐走出宫廷、官府的圈子，而更多地走向社会。在宋代，不但宫廷内设有“教坊”，在较大城市中都有歌楼伎馆，有些贵族官僚豪绅的家里也有歌伎舞女，甚至还出现群众性的演出场所——“勾栏”。唐代的参军戏，至宋代演变为杂剧。宋杂剧仍以诙谐为主，但也往往借表演向当朝权贵致以讥讽。傀儡戏、影戏在宋代也十分流行。都市中群众娱乐场所集中的地方叫“瓦舍”，其中表演的游艺种类繁多，雅俗共赏，不论风雨寒暑，观众都很拥挤，成为“士庶放荡不羁之所，亦为子弟流连破坏之门”❹。宋代的杂技艺术，遍及城乡。北宋时，每年正月十五元宵节，京城都举行杂技表演。游人挤满御街两廊下，十分热闹。

元朝的祭祀音乐，由太常礼仪院的大乐署掌管，大乐署管理的礼生乐工有四百七十九户。蒙古早期的音乐比较简朴。元世祖以后，宋朝的雅乐在祭祀中被采用。礼部所属有仪凤司和教坊司。仪凤司初名玉宸院，属宣徽院，一度升为玉宸乐院，主要负责礼仪所用的音乐。下属音乐机构有云和署、安和署、常和署、天乐署和广乐库（保管乐器等物）。教坊司掌宫廷音乐，下属音乐机构有兴和署、祥和署和广乐库。宫廷举行宴会时，汉、回回、西夏的乐队，同阵并奏。从外国传入的风琴、火不思（拨弦乐器）、胡琴等，都是第一次在中国

---

❶ 《宋史·职官志四》，《宋史》3885 页。
❷ 《宋史·乐志十七》，《宋史》3359 页。
❸ 《宋史·乐志十七》，《宋史》3360 页。
❹ 《梦粱录》，转引自沈知白：《中国音乐史纲要》80 页。

出现。在宋、金各种戏曲形式基础上发展起来的元代杂剧，是一种包括歌唱、音乐、舞蹈，并具有完整故事情节的综合艺术，对各个阶层有广泛的吸引力。它不仅在教坊演出，而且更多地在民间勾栏演出。元朝统治者曾想利用戏剧这一艺术部门来作为愚民的工具，把一部分有利于封建统治的剧本颁诏推行，但实际上演剧目，很多就突破了统治者的限制，出现了一些反映人民疾苦、揭露封建统治黑暗的戏剧作品。如关汉卿在《窦娥冤》等作品中控诉权豪势要之家鱼肉百姓，尖锐指出："衙门从古向南开，就中无个不冤哉"；"为善的受贫穷更命短，造恶的享富贵又寿延。"他甚至通过窦娥之口，严斥封建社会奉为至尊的天神地祇："地也，你不分好歹何为地！天也，你错勘贤愚枉为天！"王实甫在《西厢记》中，塑造了出身卑贱但敢于坚持正义、蔑视封建权威的少女——红娘的形象。元中期以后，杂剧愈来愈被地主阶级利用作为宣扬封建礼教和消闲解闷的工具。同时对人民的思想行为严加控制。法律规定："诸妄撰词曲，诬人以犯上恶言者，处死。"❶ 又规定："诸民间子弟，不务生业，辄于城市坊镇，演唱词话，教习杂戏，聚众淫谑，并禁治之。""诸弃本逐末，习用角觝之戏，学攻刺之术者，师弟子并杖七十七。""诸乱制词曲，为讥议者，流。"❷

明代太常寺内设协律郎二人，司乐二十人，负责祭祀音乐。祭祀音乐分九奏、八奏、七奏、六奏四等，舞蹈有文、武之分。明代对古典雅乐，已知之甚少。《明史·乐志一》说："太祖初克金陵，即立典乐官。其明年置雅乐，以供郊社之祭。……太祖御戟门（宫门），召学士朱升、范权引乐舞生入见，阅试之。太祖亲击石磬，命升辨五音。升不能审，以宫音为徵（zhǐ）音。太祖哂（shěn，讥笑）其误，命乐生登歌一曲而罢。"立国之初，重要的祭祀活动有："洪武元年春亲祭太社、太稷，夏祫（xiá，合祭祖先）享于太庙。其冬祀昊天上帝于圆丘。明年祀皇地祇于方丘，又以次祀先农、日月、太岁（值岁的神名）、风雨、岳渎、周天星辰、历代帝王、至圣文宣王。"❸ 各种祭祀的乐舞都有明确规定。如圆丘祭天，"迎神，奏《中和之曲》。奠（献上祭品）玉帛，奏《肃和之曲》。奉牲，奏《凝和之曲》。初献，奏《寿和之曲》、《武功之舞》。亚献，奏《豫和之曲》。终献，奏《熙和之曲》，俱《文德之舞》。彻

❶《无史·刑法志三》，《元史》2651 页。
❷《元史·刑法志四》，《元史》2685 页。
❸《明史·乐志一》，《明史》1500 页。

（通‘撤’）豆，奏《雍和之曲》。送神，奏《安和之曲》。望燎，奏《时和之曲》。”❶ 属礼部管辖的教坊司，设奉銮一人，左右韶舞、左右司乐各一人，掌宫廷音乐，主要是朝会宴飨的音乐。“凡圣节（皇帝生日）、正旦、冬至、大朝贺，和声郎陈乐于丹墀（chí，台阶）百官拜位之南，北向。驾出，仗动。和声郎举麾，奏《飞龙引之曲》。乐作，升座。乐止，偃麾。百官拜，奏《风云会之曲》。拜毕，乐止。丞相上殿致词，奏《庆皇都之曲》。致词毕，乐止。百官又拜，奏《喜升平之曲》。拜毕，乐止。驾兴，奏《驾圣朝之曲》。还宫，乐止。百官退，和声郎、乐工以次出。”❷ 宦官衙门有钟鼓司，设掌印太监一员，“掌管出朝钟鼓，及内乐、传奇、过锦、打稻诸杂戏。”❸ 女官尚仪局有司乐司，亦掌音乐之事。在明代，杂剧已日益衰落，来自民间的南戏代之而起，各地的地方戏非常盛行。除官府音乐管理机构外，还有民间的戏班组织。戏班有两种：一种是私人的家乐，即当时的豪门贵族或地主富商私人所蓄养的戏班，专供一家或一姓使用，其演员多为家僮性质；另一种是由少数人合资组成的戏班，为营业性质，借演戏牟利。❹ 明神宗时，西洋音乐由意大利天主教传教士利玛窦传入中国。利玛窦献给神宗钢琴一架，并著《西琴八曲》一书。神宗对西洋音乐淡然置之。

清朝于乾隆七年（1742 年）设立乐部，为管理音乐事务的高级机关。长官叫“管理大臣”，也叫“典乐大臣”，由礼部满尚书一人兼任。其所属单位有神乐署、和声署和什帮处。神乐署掌管祭祀音乐，职官任免属太常寺。长官为署正，属员有协律郎五人，司乐二十五人，乐生一百八十人，舞生三百人。总人数是五百三十人。和声署，掌管殿廷朝会“华燕飨”（筵饮礼）奏乐事务。它的前身是教坊司，雍正七年（1729 年）改。长官为署正，属员有供用官三十人，经承四人，署史长十六人，署史（鼓手、乐工之总名）一百四十人，总人数是一百九十四人。什帮处是掌管演奏“掇尔多密”（音律平和）乐曲的。其职官有“掇尔契达”（内头领）一人，六品衔达（达是头领）二人，七品衔达二人，拜唐阿（无品级管事人）六十人。遇朝廷燕飨或出巡，或行围宴蒙古王公，都奏“掇尔多密”乐曲。❺ 此外，内务府所属有升平署，是掌

---

❶ 《明史·乐志一》，《明史》1501 页。

❷ 《明史·乐志一》，《明史》1502－1503 页。

❸ 《明史·职官志三》，《明史》1820 页。

❹ 参考周贻白：《中国戏曲发展史纲要》329 页。

❺ 参考张德泽：《清代国家机关考略》66－67 页。

管宫廷奏乐演戏事务的机构，管理大臣由内务府大臣内简派。掌仪司（内务府管辖）所属有中和乐（中和韶乐，大朝会、大祭祀用）处，设副首领太监二人，太监八十人，掌奏乐事务。銮仪卫所管有卤簿诸乐。内务府和銮仪卫的音乐事务，由乐部统一管理。清朝是戏剧的繁荣时期。清初，弋阳腔和昆山腔最为盛行。清朝统治者对昆腔中“谈忠说孝”的封建糟粕极力加以提倡，称昆腔为“雅部”；称弋阳腔和其他梆子腔、秦腔等为“花部”或“乱弹”，加以贬低。由于“御用”的结果，昆腔的内容日益僵化，形式日益雅化，走上了脱离群众、脱离生活的道路。正在昆腔日益衰落的时候，却出现了一个地方戏空前繁荣的局面。这些地方剧种以其新颖的内容，生动的表演，获得了观众的欢迎。清朝统治者一方面对民间戏剧的发展和剧本的创作横加干涉，并在整理图书中对涉及清朝的剧本进行销毁和篡改，使戏剧的发展受到极大的干扰和破坏。另一方面，又尽量利用戏剧供其娱乐、享受。乾隆六次南巡，所到之处，当地官绅们都竭力趋奉，搜罗有名的戏班和出色艺人为乾隆演出，乾隆在恣意享乐之余，还把一部分较好的伶工带回北京。清廷为演出大型戏剧，在三处建造了大型舞台。乾隆八十寿辰时，征调了以高朗亭为首的三庆、四喜、和春、春台四个徽剧班子进京。徽班后来与传入北京的湖北汉调密切合作，形成了一个新剧种：皮黄戏，即京剧。

第六节 天文历法管理

中国古代以农立国。农业收成的好坏，与天象的变化和季节的掌握关系极大。历代统治者和科学工作者，对天气等自然现象的认识，既有科学的一面，又有迷信的一面。所谓科学的一面，主要是指对季节、气候的认识和掌握上；所谓迷信的一面，主要是指对整个天体缺乏客观的科学的认识，天圆地方的观念，各种自然现象受神灵主宰的观念，长期统治着人们的思想。

对天象的观察和对日月星辰等的祭祀，原始社会就已经开始了。马端临说：“陶唐氏以前之官，所治者天事也，……自伏羲以至帝尧，其所命之官，大率为治历明时而已。”[1] 国家产生以前的所谓治历之官，不过是极少数年长的巫师而已。《尚书·尧典》说：“乃命羲和，钦（敬）若（顺）昊天，历（推算岁时的方法）象（观察天象）日月星辰，敬授民时。”又《左传·襄公

---

[1] 《文献通考·职官考》。

九年》说："陶唐氏之火正阏（è）伯，居商丘，祀大火（星名），而火纪时焉。"

夏代有了我国最早的历法，并且有掌管历法的官，称为羲和。保存在《大戴礼记》中的《夏小正》，就是现存的有关"夏历"的重要文献。当时已能依据北斗星旋转斗柄所指的方位来确定月份，以斗柄指在正东偏北所谓"建寅"之月为岁首。在《夏小正》中，按照夏历十二月的顺序，分别记述每个月中的星象、气象、物象以及所应从事的农事和政事。夏代已使用天干纪日法，即用甲、乙、丙、丁、戊、己，庚、辛、壬、癸十个天干周而复始地纪日，并有了"闰"的概念。在古代文献中，提到两件与夏代有关的天象观测上的大事。其一是《左传·昭公十七年》引《夏书》有"辰不集于房"的记载，是说某年某月朔日发生在房宿（xiù）位置上的一次日食。近代学者公认是世界上最早的日食记录。[1] 其二是《竹书纪年》谓夏桀十年"夜中星陨如雨"。如果这一记载可信的话，那么至迟在公元前16世纪初，我国就有了流星雨的记录。天文历法管理在夏代地位很重要，稍有疏忽差错，就会造成严重后果。《史记·夏本纪》说："帝中康时，羲和湎淫，废时乱日，胤往征之。"

商代的天文历法和夏代一样，仍是由巫史进行管理。商代对天象的观测，比夏代有较大的进步。在甲骨卜辞中，有日食和月食的记录，还有不少关于风、雪、云、雨和虹的记载，甚至有了世界上最早的新星观测记录，说明当时对天象的观察已相当细致。商代的历法，在夏历的基础上，加以调整，逐渐趋于完备。一年分为十二个月，大月三十日，小月二十九日。每逢闰年加一个月，称为"十三月"，是我国设置闰月的开端。从祖甲时起，置闰岁终为置闰岁中所代替。商代又把一年分为春、夏、秋、冬四季。用天干地支相配纪日，六十日一循环。商人把一日分为若干段落，并给予特定的名称。如清晨——旦，晚上——夕，黎明——明，中午——中日，下午——昃（zè，日西斜）日，黄昏——昏。同时还用"大采"表示朝，"小采"表示夕。

西周时期，职官开始有比较明确的分工。太史为史官之长，其主要职责就是掌管天文历法，因此又称"日官"、"日御"。《左传·桓公十七年》："天子有日官，诸侯有日御。日官居卿以底（zhǐ，致）日，礼也。日御不失日，以授百官于朝。"服虔曰："日官、日御，典历数（推算岁时节候）者也。"刘文淇曰："太史掌岁时以序事，颁告（gù）朔于诸侯。"杨伯峻注："天子日官盖

---

[1] 参考《中国大百科全书·天文学》561页。

即太史，职掌天象，朝位特尊。……天子之日官定历以颁于诸侯，诸侯之日御奉之以授百官。”西周用土圭观测日影。土圭是我国最早的天文观测仪器，而最早装置圭表的观测台是周初在阳城建立的周公测景（影）台（遗迹在今河南登封告成镇）。利用土圭观测日影，就能比较正确地规定二至（夏至、冬至）二分（春分、秋分），测定太阳年的长度。太史要按时准确地向天子报告历法，天子于每年秋冬之交，把第二年的历书颁给诸侯，叫做“告朔”。朔指阴历每月初一日，天子诸侯在这一天都要祭庙听政。每逢重要的农业季节，太史都要提前向农官报告，农官再向王报告，以便做好农事的安排。周代用十二地支记时，把一天分为十二时辰，并有了记时工具——漏壶。西周时对恒星有了较多的认识。在黄道（地球上的人看太阳于一年内在恒星之间所走的视路径，即地球的公转轨道平面和天球相交的大圆）带和赤道（环绕地球表面，和地球南北极距离相等的圆周线。延伸地球赤道面同天球相交的大圆称为天赤道）带的两侧，确定了二十八个星座作为标志，称为二十八宿（xiù）。它们的名称，东方七宿：角、亢、氐、房、心、尾、箕（jī）；北方七宿：斗、牛、女、虚、危、室、壁；西方七宿：奎、娄、胃、昴（mǎo）、毕、觜（zī）、参（shēn）；南方七宿：井、鬼、柳、星、张、翼、轸（zhěn）。依据这些星座，来确定天体的位置和许多天象，如日、月食发生的位置。由太阳在二十八宿中的位置，便可知道一年的季节。西周对行星也有一定的认识，《诗经》里的“明星”、“启明”、“长庚”等都是指的金星。《诗·小雅·十月之交》：“十月之交，朔日辛卯，日有食之，亦孔之丑。”这是我国最早的一次有确实日期的日食记录。这次日食发生在周幽王六年十月初一日，即公元前776年九月六日。

春秋战国时期，天文历法是由各国的史官分别管理的。涌现出一些杰出的天文科学工作者。《晋书·天文志上》说：“其诸侯之史，则鲁有梓慎，晋有卜偃，郑有裨（pí）灶，宋有子韦，齐有甘德，楚有唐昧，赵有尹皋，魏有石申夫（亦名石申），皆掌著天文，各论图验。其巫咸（商代史宫）、甘、石之说，后代所宗。”甘德著《天文星占》八卷，石申著《天文》八卷，后来的学者把这两部书合在一起，叫《甘石星经》。甘德、石申系统地观察了金、木、水、火、土五个行星的运行，发现了五大行星出没的规律。同时，他们还记录了八百个恒星的名字，测定了一百二十一颗恒星的方位。甘德、石申所测定的恒星记录，是世界上最早的恒星表。鲁国太史编撰的《春秋》一书，对日月食的记载非常翔实，在二百四十二年间，记录日食三十七次，其中有三十次已证明是可靠的。《春秋·文公十四年》："有星孛（bèi）入于北斗"，天文学家公认这是哈雷彗星在世界上最早的记录。天文学的进步，推动了历法的发展。约在春秋中期，史官们逐渐掌握了设置闰月的规律，规定十九年置七个闰月。从春秋末年开始，采用《四分历》。《四分历》规定一年为三百六十五天零六小时。这是当时世界上最先进的历法。当时各诸侯国分别使用黄帝、颛顼、夏、殷、周、鲁六种历法，都是《四分历》，只是所规定的历法起算年份（历元）和每年开始的月份（岁首）有所不同。战国时期，人们逐步掌握了气候变化的规律，创立了二十四个节气。二十四个节气是当时观测黄河流域的气候定下来的，是一年中气候寒暖变化的标记。用二十四个节气注历，是我国历法上的一项独创。战国时代，由于天文学的发达，开始用天文现象来规定年名。人们利用岁星（即木星）运行的规律来作为纪年之用。岁星在恒星星座中的位置是逐年移动的，循环一个周期，约需十二年。天文历法家把黄道周围平均划分为十二"次"（后称"宫"）。十二次是：星纪、玄枵（xiāo）、娵訾（jūzī）、降娄、大梁、实沉、鹑（chún）首、鹑火、鹑尾、寿星、大火、析木。以每年岁星在某一个"次"的天文现象来纪年，如"岁在星纪"等。战国中期，天文历法家又进一步根据天文现象创造出十二个太岁（纪年所用值岁干支的别名）年名，即：摄提格、单阏（chān yān）、执徐、大荒落、敦牂（zāng）、协洽、涒（tún）滩、作鄂、阉茂、大渊献、困敦、赤奋若。同时，天文历法家又把十二个太岁年名用十二辰名来代替，其次序是：寅、卯、辰、巳、午、未、申、酉、戌、亥、子、丑。❶

汉代在太常卿下设太史令一人，"掌天时、星历。凡岁将终，奏新年历。凡国祭祀、丧、娶之事，掌奏良日及时节禁忌。凡国有瑞应、灾异，掌记之"❷。具体工作人员有太史待诏三十七人，灵台待诏四十一人，分别负责治历和观测天象等事。汉代观测天象的仪器有很大进步。汉武帝时，落下闳（hóng）造浑天仪，太初三年立日晷（guǐ）仪下漏刻（水钟），以求二十八宿的位置。宣帝时，耿寿昌以铜铸浑天仪，用以观测天象。东汉安帝时，张衡设计了一种新的浑天仪，用漏水转动，其中星宿出没，与灵台观象所见完全符合。至顺帝时，张衡又创造了候风地动仪，以测定地震的方位。汉代观测天象的记录非常丰富。在《淮南子》和《汉书·五行志》中，都有太阳黑子现象

---

❶ 参考杨宽：《战国史》452－453页。

❷ 《后汉书·百官志二》本注，《后汉书》3572页。

的记载，这是现今世界公认的最早黑子记录。马王堆汉墓出土的帛书《五星占》，有五大行星运行的记载，是我国现存最早的天文著作。张衡著《灵宪》一书，讲述天体现象，书中记载了星座和微星数量，并正确地解释了日月食的原因及月亮发光等天文现象。汉初，沿用秦的《颛顼历》，以十月为岁首。汉武帝命太史令司马迁与射姓、邓平、唐都，落下闳等人共造《太初历》，于太初元年颁行。以正月为岁首，采用有利于农时的二十四节气，在无中气的月份，插入闰月，调整了太阳周天与阴历纪月不相合的矛盾，使朔（初一）望（十五前后）晦（阴历月终）弦（阴历初七、初八，月亮缺上半，叫上弦；二十二、二十三，月亮缺下半，叫下弦）较为正确，是我国历法上一个划时代的进步。成帝时，刘歆又依据《太初历》作《三统历》，规定一年是 $365\frac{385}{1539}$ 日，一月 $29\frac{43}{81}$ 日，十九年有七个闰月，这是当时最精密的历法。东汉末年，刘洪造《乾象历》，有推算日食月食的算法。

魏晋南北朝时期，仍以太常寺所属的太史令掌天文历法。《宋书·百官志上》说："太史令一人，丞一人。掌三辰（日、月、星）时日祥瑞妖灾，岁终则奏新历。"《隋书·百官志中》："太史掌天文地动，风云气色，律历卜筮等事。"掌管天文历法是一门专精的技术，虽战乱频繁，历朝仍给予高度重视。《历代职官表》三十五卷说："自汉末以天文为秘学，专门授受，具有源流，故虽十六国瓜分云扰之时，而为日官者尚多能工其术。"这一时期天文观测方面的最大成就是东晋民间天文学家虞喜发现了"岁差"。所谓"岁差"，就是冬至点每五十年向西退一度。后秦的姜岌，刘宋的何承天，也有类似的发现。魏晋南北朝时期的历法，历朝列国很不统一。蜀汉仍沿用东汉的《四分历》，魏明帝改用《景初历》，孙吴则用《乾象历》。刘宋元嘉时，何承天制定《元嘉历》颁行。宋齐间祖冲之，把岁差应用于历法，制定《大明律》，至梁武帝时经修订后颁行。北魏沿用曹魏的《景初历》，孝明帝时始制成《正光历》颁行，北齐、北周皆沿用《正光历》。《大明历》是当时最先进的历法，它规定一年为 365. 24281481 天，与近代科学测量的日数相差不到五十秒；将此前的十九年七闰改为三百九十一年一百四十四闰。

从隋代起，掌管天文历法的机构不再属太常寺，而改属秘书省，或成为独立官署。《隋书·百官志下》："（秘书省属）太史曹，置令、丞各二人，司历二人，监候四人。其历、天文、漏刻、视祲（jīn，阴阳相侵的灾祸之气），各有博士及生员。”掌管禁军的右武候府，置司辰师四人，漏刻生一百一十人。隋炀帝时，改太史局为监，进令阶为从五品。唐初置太史局，隶秘书省。其后机构名称屡变，有浑天监、浑仪监、司天台、太史监等。太史令“掌观察天文，稽定历数。凡日月星辰之变，风云气色之异，率其属而占候之”。[1] 肃宗乾元元年（758 年），改太史监为司天台，长官称监，级别由从五品下提高到从三品，与殿中省、秘书省长官平级，成为独立官署。这是天文历法管理的一个重要变化。唐代最杰出的天文学家是一行和尚，他和工程技术专家梁令瓒等合作，创造了一架黄道游仪，用来观测日、月、五星的位置和运动情况。一行通过观察，发现了恒星位置移动的现象。一行还倡仪在全国二十四个地方测量北极高度和冬夏至日及春秋分日的日影长度，并设计了一种叫做复矩图的仪器，用来测量北极高度。隋唐历法经过多次修订。隋代刘焯（zhuó）造《皇极历》。唐代历法共修订过八次。唐初傅仁均曾制定《戊寅历》。高宗时，李淳风造《麟德历》。玄宗命僧一行制定《大衍历》。《大衍历》系统周密，结构合理，比较符合天文实际，是当时的先进历法。

宋初置司天监，为管理天文历法的独立机构，“掌察天文祥异，钟鼓漏刻，写造历书，供诸坛祀祭告神名版位画日”[2]。元丰改制后，撤销司天监，改立太史局，隶属于秘书省。“掌观测天文，考定历法。凡日月、星辰、风云、气候、祥眚（shěng，灾异）之事，日具所占以闻。岁颁历于天下，则预造进呈。祭祀、冠昏（婚）及大典礼，则选所用日。……其别局有天文院、测验浑仪刻漏所，掌浑仪台昼夜测验辰象；钟鼓院，掌文德殿钟鼓楼刻漏进牌之事；印历所，掌雕印历书。南渡后，并同隶秘书省。”[3] 天文院设于禁中，归内侍省翰林院管辖。沈括《梦溪笔谈》：“国朝置天文院于禁中，设漏刻观天台、铜浑仪皆如司天监，与司天监互相检察。”神宗熙宁年间，司马光、沈括皆曾提举司天监。沈括在天文历法方面有突出的成就。他在兼管司天监期间，曾破格选拔平民出身的天文历算家卫朴进司天监任职。宋代天文学在仪象和历算两方面都有创新。仪象包括天象的观测，星图的绘制和天文仪器的创造。北宋共进行过六次恒星观测。元丰年间的观测，已被画成星图而闻名于世。仁宗至和元年的超新星观测，现驰名于全世界。英宗治平三年对哈雷彗星的观测记录也十分详细。哲宗元祐三年，苏颂、韩公廉等人，创造了世界上第

[1] 《旧唐书·职官志二》，《旧唐书》1855 页。
[2] 《宋史·职官志五》，《宋史》3923 页。
[3] 《宋史·职官志四》，《宋史》3879 页。

一座结构复杂、自动运转的“天文钟”——水运仪象台，已被国际上誉为天文钟的祖先。其设计的巧妙，制造的精细，内部结构的完善，在当时堪称世界之冠。宋代著名的历法，有北宋的崇天历、奉天历和纪元历，南宋的统天历。这些历法都有比较准确的天文常数，详尽的天文计算方法及许多新颖的改历意见。

元朝设置太史院，秩正二品，“掌天文历数之事”❶，长官为院使（初立院时为太史令）。太史院为管理天文历法的高级中央机构。又设司天监（初名司天台），秩正四品，亦为中央独立官署，“掌凡历象之事”。其分工是：“颁历之政归院，学校之设隶台。”❷ 太史院、司天监之外，还有回回司天监，秩亦正四品“掌观象衍历”。元世祖至元四年，用西域人札马鲁丁修订历法。札马鲁丁根据回回历制定出“万年历”，但不够准确。至元八年始置司天台，仁宗皇庆元年改为监。至元十三年，元灭南宋后，忽必烈决定制定新的历法，由太史院负责。实际主事的是许衡、王恂（xún）、郭守敬等人。许衡当时任集贤大学士兼国子监祭酒，领太史院事，王恂任太史令，郭守敬任同知太史院事。许衡懂得历理，负责研究天道。王恂业精算术，负责计算推演。郭守敬颖悟天运，负责制作仪器和进行实际观测。至元十七年，完成了历法的改造。忽必烈赐名新历为《授时历》，颁行天下。这是我国古代最优秀的历法。《授时历》的制定，郭守敬的贡献最大。他制作了简仪、高表等十二种新仪器；主持进行了一次空前规模的恒星位置的测量，测出了前人未命名的恒星一千余颗；主持了二十七个地点的日影测量以及北极出地高度和春分、秋分、夏至、冬至昼夜时刻的测定等。

明洪武元年设司天监，三年改为钦天监，长官称监正，正五品，“掌察天文、定历数（推算岁时节候的次序）、占候（根据天象的变化预测吉凶）、推步（推算历法）之事。凡日月、星辰、风云、气色，率其属而测候焉。有变异，密疏以闻。……每岁冬至日，呈奏明岁《大统历》，移送礼部颁行。其《御览月令历》、《七政躔（chán，日月星辰运行的度次）度历》、《六壬遁甲历》、《四季天象录》，并先期进呈。凡历注，御历注三十事（如祭祀、颁诏、行幸之类），民历三十二事，壬遁历七十二事。凡祭日，前一年会选以进，移知太常。凡营建、征讨、冠婚、山陵之事，则选地而择日。立春，则预候气于东郊。大朝贺，于文楼设定时鼓、漏刻报时，司晨、鸡唱，各供其事。日月交食，先期算其分秒时刻、起复方位以闻，下礼部，移内外诸司救之，仍按占书

---

❶ 《元史·百官志四》，《元史》2219 页。

❷ 《元史·百官志六》，《元史》2296－2297 页。

条奏”。规定：“监官毋得改他官，子孙毋得徙他业。”❶ 明朝的历法沿用元朝的《授时历》，最少改动。《明史·历志一》说：“黄帝迄秦，历凡六改。汉凡四改。魏迄隋，十五改。唐迄五代，十五改。宋十七改。金迄元，五改。惟明之《大统历》，实即元之《授时》，承用二百七十余年，未尝改宪。”熹宗年间，西方科学知识经传教士利玛窦等介绍到中国来，徐光启是最早接触、学习、研究西方科学的中国科学家。徐光启十分重视对天象的实际观测，注意改进天文仪器，率先提倡用西方的望远镜观测天体。他组织明朝“历局”工作人员，编制了当时可算很完备的整个天球的恒星图，并采用新的测算法，使日食月食的推算，较前大为精密。他奏请重修历法。熹宗命他为监督，诏李之藻、李天经及耶稣会传教士龙华民、邓玉函、罗雅谷、汤若望等共参其事，历时三年，成《崇祯历书》，为我国历法参用西法之始。

清朝顺治元年设钦天监，属礼部。长官称监正。雍正三年，以西洋人戴进贤为监正。乾隆十年，增设管理监事大臣一人，这时才算独立单位。钦天监掌管观测天文气象，编制历书。每年二月，以次年时宪书式呈皇帝阅后，正式编制，有颁行本，有御览本。十一月，将御览本及刷印的颁行本进呈皇帝，并将刷印本颁发各衙门。观测天文气象，是按规定日期占风占雷。推测有日、月食，要在前五个月报告皇帝，至期，会同礼部官登观象台测验。祭祀及各项典礼，皆由钦天监选择日时。有建筑工程，也要择吉开工。钦天监下设时宪、天文、漏刻等科。天文历算是清朝自然科学中成就最大的学术部门。康熙帝本人对天算学有很深的造诣，并聘请西方耶稣会教士南怀仁等制定《康熙永年历》、《历象考成》等书。当时最著名的历算家有王锡阐、梅文鼎等人。王锡阐通过实际观测，考究中西历法得失，首创日月食初亏和复圆方位角计算法，又创金星、水星凌日计算法。梅文鼎以毕生的精力，从事我国古代历算学的整理和阐发，著《古今历法通考》一书，是我国第一部历学史。康熙曾召见梅文鼎，畅谈历象算法。乾隆时，著名蒙古族历算学家明安图，曾担任钦天监监正。明末清初，是西方近代科学通过不同渠道传入中国的时期。当时，哥白尼的不朽著作《天体运行论》已经出版，但耶稣会士们不予介绍。明清统治者对西方近代科学，除少数吸收、采用外，大多则采取排斥的态度。在少数被采用的近代科学中，天文历算是最突出的一个方面。直到18世纪中叶，耶稣会士蒋友仁，才在《坤舆全图说》中介绍了哥白尼的日心说。鸦片战争后，哥

❶ 《明史·职官志三》，《明史》1810–1811页。

白尼学说才在中国得到进一步的传播。从17世纪70年代开始，近代天文台开始在中国出现，但直到19世纪末，都是由外国人设立和控制的。

第七节 教育管理

传说夏商已经有了学校。《孟子·滕文公上》说："设为庠（xiáng）序学校以教之，……夏曰校，殷曰序，周曰庠，学则三代共之。"《汉书·儒林传序》说法略有不同："乡里有教，夏曰校，殷曰庠，周曰序。"夏商的学校以教练武艺为主。西周时期教育在贵族中普及，有小学、太学之分。《白虎通·辟雍》说："八岁入小学，学书计；十五成童志明入太学，学经籍。"小学普及于贵族居住的乡里，太学设于天子、诸侯的都城。天子的太学叫"辟雍"，诸侯的太学叫"泮（pàn）宫"。在"辟雍"的四周，南有"成均"，北有"上庠"，东有"东序"，西有"瞽宗"，都是太学，因辟雍居中，又称"中学"。西周政教未分，太学与明堂（天子宣明政教之所）同在一处。在天子太学学习的，称为"学士"。教育的内容有礼、乐、射、御、书、数六种科目，合称"六艺"。《周礼·地官·保氏》："保氏掌谏王恶，而养国子以道。乃教之六艺：一曰五礼（吉、凶、军、宾、嘉），二曰六乐（云门、大咸、大韶、大夏、大濩、大武），三曰五射（举行射礼的五种射法：白矢、参连、剡注、襄尺、井仪），四曰五驭（鸣和鸾、逐水曲、过君表、舞交衢、逐禽左），五曰六书（六种造字条例：象形、会意、转注、指事、假借、形声），六曰九数（即九章算术）。"而以射、御为主课。担任教师的，主要是师氏、保氏和乐师。掌管学校行政的，称"大乐正"；以公卿兼管学校之事的，称"大司成"。

春秋后期，孔子招收门徒，首创私人讲学的风气，打破了"学在官府"、贵族垄断教育的局面，并破除了等级、地域和种族的界限，接收贾人、贱人和农家子弟入学，提出了"有教无类"的主张。孔子的私学以教授文化典籍为主，他以《诗》、《书》、《礼》、《乐》、《易》、《春秋》作为教材，亦称"六艺"。这些典籍大部分经过他搜集、整理、删定和改编。孔子办私学，鲁国政府是允许的，在整理和利用官府档案方面，还提供一定的方便。孔子的学生很多，"弟子盖三千焉，身通六艺者七十有二人"，发展为儒家学派。除孔子外，邓析在郑国聚徒讲习法律和诉讼。❶

---

❶ 《史记·孔子世家》，《史记》1938页。

战国时期，私人聚徒讲学之风更盛。一个学派，往往是由老师及其弟子组成的。如孟子“受业子思之门人”，晚年退居讲学。《孟子》一书，就是孟轲及其弟子们撰写的。《史记·孟子荀卿列传》说：“（孟子）退而与万章之徒序诗书，述仲尼之意，作《孟子》七篇。”墨家学派主要是由手工业者出身的“士”组成的，首领称“巨子”，墨翟（dí）是第一任。《庄子》一书，内篇大体上是庄周亲笔所写，外篇和杂篇则出自门徒的手笔，书中内容虽有重复之处，但仍自成体系，反映完整的思想。当时诸子百家的讲论，都具有私学的意义，著名的学者几乎没有不聚徒讲学的。百家争鸣是建立在私人讲学的基础上的。只有齐国的稷下学是官办的。儒、墨、道、法等学派的代表及其后学，皆聚集于稷下学宫，从事讲学活动。政府给著名的学者以很优厚的待遇，“皆赐列第，为上大夫”❶。对学者们的学术思想不加限制，不用行政手段干预学术活动。

秦及汉初，私学继续存在，齐鲁仍不失为文化教育中心。刘邦带兵包围鲁地时，“鲁中诸儒尚讲诵习礼，弦歌之音不绝”❷。伏生曾在齐、鲁一带教学，秦焚书时，壁藏《尚书》。私人教学的内容，不限于儒家的《诗》、《书》等，还包括黄老、刑名等学派的著作。汉景帝末年，文翁为蜀郡守，首先在成都办起了地方学校，为汉代设立官学之始。武帝建元五年（前136年），初置五经博士。元朔五年（前124年），根据董仲舒的建议，正式设立太学，为博士置弟子五十人，在长安城外兴建学校，隶属于太常。博士弟子由“太常择民年十八以上仪状端正者”充当，入学后免除本人徭赋。还有跟博士“受业如弟子”者若干人，由郡县择人入学。太学生学成经考试后，按等第录用。武帝还下令郡国设立学校官。昭帝时增博士弟子员满百人，宣帝末又增加一倍，元帝好儒增至一千人，成帝时又达到三千人。随着弟子人数的增加，博士也相应增加，设博士仆射一人为其首领。东汉博士十四人，设博士祭酒（即西汉仆射）一人。博士分五经（《易》、《尚书》、《诗》、《礼》、《春秋》）十四家讲授，同时也备皇帝咨询，“国有疑事，掌承问对”❸。东汉后期，太学生多至三万人，而政府每次录用的名额不过数十名，因而太学生的出路非常狭窄。汉代太学以儒家经典为官定教材，经术成为获取高官厚禄的途径。因此有“遗子黄金满籯（yíng，竹笼），不如一经”❹之谚。公卿的位置几乎都是以经术而

---

❶《史记·田敬仲完世家》，《史记》1895页。

❷《汉书·儒林传》，《汉书》3592页。

❸《后汉书·百官志二》，《后汉书》3572页。

❹《汉书·韦贤传》，《汉书》3107页。

被录用的。当时太学教师和社会上的父兄都是以做官来鼓励学生努力求学。汉代大小官吏都有点学问，差不多都要专一经。汉代的官学分为中央与地方两种。中央官学主要是太学，另外还有两种旁系的学校，一种叫官邸学（四姓小侯学），另一种叫鸿都门学，都是特殊学校。地方官学即所谓郡国学校，平帝时建立了地方学校体系。东汉明帝时是两汉教育最兴盛的时期。章帝以后，随着宦官权势的增长，政治腐败，教育也就逐渐荒废。到安帝时，博士不讲学，太学校舍破坏不堪。顺帝时，采纳左雄、翟酺（pú）的建议，重修了太学。质帝时，梁太后下诏书要求大将军以下至六百石都要遣子弟入学，太学生猛增到三万多人。这种情况，一直延续到东汉末。太学生人数虽多，但质量下降，学风日下。灵帝熹平四年（175 年），根据蔡邕等人的建议，将《五经》文字刻石于太学门外，作为学者的准则。太学的教师通称博士。博士任用的方法，大体说来，西汉多以名流充当，由征拜或荐举，没有选试的方法，而东汉则须经过考试。博士选试由太常卿负责。荐举博士要具保状，对被推举的人必须保证他具有封建道德和博深的学问，通五经中的一经，并具有足够的教学经验。东汉博士年龄必须在五十岁以上。博士的待遇，开始时俸禄相当于四百石，宣帝时增加到六百石。太学中有供博士住宿的校舍，又常有慰劳赏赐。太学的学生称为“博士弟子”，或简称“弟子”，东汉时常称“诸生”或“太学生”。博士弟子的来源，一是由太常挑选来的，二是由地方选送的特别生，还有由考选或因“父任”而入学的。太学的正式生都有官俸，特别生则费用自给。太学生参与政治生活，其中知名人士的言论对社会有相当影响，甚至可以左右朝政。太学的考试，西汉每年一次，即所谓岁试，东汉大约是两年一试。考试的方法，主要是射策。就是由主试者提出若干问题，根据难易分成甲、乙两等，把试题写在纸帛上面密封封紧，由被试者随意取出一二种题来解答。这个方法是汉代太学的首创。王莽时增加录取人数，改为甲、乙、丙三科。东汉恢复甲、乙两科。质帝时岁考不分甲乙科，只取高第。桓帝时因太学生人数猛增，考试的时间由一年变为两年。太学生的出路各不相同，大者可以为卿相，小者为吏，也有的收徒讲学。在任官员也有教授生徒的。在太学生中，有一些人重视自由研究，于读五经之外，还研究天文、数学等，因此成为大学问家，如王充、张衡等。太学在教学中，重视相互问难、辩论，并普遍提倡高年级学生教低年级学生。皮锡瑞说：“至一师能教千万人，必由高足弟子传授。”[1] 太学是

---

[1] 《经学历史》，中华书局 1959 年版，131 页。

最高学府，皇帝有时亲自到太学视察，叫做“视学”。太学生多能关心政事，最早的学生运动就开始于汉代的太学。西汉哀帝时，太学生王咸领导千余人挽救鲍宣，是我国教育史上太学生运动的最早记录。东汉桓、灵帝时，宦官专权，政治腐败，民众怨恨，这种不满在太学生中有强烈反映，他们和社会上正直派名士相结合，与宦官们进行了英勇的斗争。太学生上书请愿的事有数次。太学生运动的高潮集中表现在所谓党锢之祸即两次大搜捕党人事件中。宫邸学是政府专门为皇室及贵胄子弟创办的贵族学校，创始于东汉明帝永平九年，最初是为外戚樊氏、郭氏、阴氏、马氏四个大姓办的，称为“四姓小侯学”。因为他们不是列侯，所以称为“小侯”。后来招生对象扩大，凡贵族子弟都可以入学肄业。安帝时，由于邓太后的提倡，又为和帝弟济北王、河间王的子弟年五岁以上四十余人及邓氏近亲子孙三十余人开设另一所贵胄学校，教学经书并亲自监视。邓太后还命令中宫近臣于东观（洛阳宫的殿名）受读经传，教授宫人。东观既是藏书、校书的场所，又是一所宫廷学校。鸿都门学创设于灵帝光和元年，因校址在鸿都门（帝宫门）而得名。这是一所文学、艺术的专门学院。它的创立，是统治阶级内部斗争的产物，也是太学生政治运动的结果。统治者想另设一所大学来培养自己的知识分子，以与太学相抗衡。鸿都门学招收的都是士族看不起的所谓“斗筲（shāo）之人”，而善于书画诗赋的很受灵帝的爱幸，有的甚至封官拜爵。学习内容主要是辞赋、小说、尺牍、字画等文学艺术方面的东西，它是我国历史上也是世界上最早的文艺专门学校。汉代于郡国设立“郡文学”、“文学校官”、“五经百石卒史”等职，以管理地方学校。地方学校分学、校、庠、序四级。学、校属中学性质，庠、序属小学性质。永平二年，明帝亲率群臣行大射之礼于辟雍，郡、县、道祀周公、孔子于学校，这是汉代学校祭孔之始，自此以后一直沿袭到清末。汉代在兴办官学的同时，私人教学更加繁荣。私学中蒙学占重要地位，但也有相当于太学的“精舍”、“精庐”，由经师大儒传授。我国古代这种私学发达的情形一直延续到清末新式学校产生为止。全国私学的学生实际上比官学生还要多。私学学生有“及门弟子”和“著录弟子”之分：及门弟子是真正亲身受教的，著录弟子是只把自己的名字录在有名望的大师门下，不必亲自受业。私学中师生感情融洽，可以相互戏谑。私学除讲授经书外，也讲授黄老、法律、天文、星历等方面的知识。[1]

三国是动乱时期，学校教育受到很大影响，但并未完全停顿。魏黄初五

[1] 汉代教育主要参考程舜英：《两汉教育制度史资料》，北京师范大学出版社，1983 年 4 月版。

年，“立太学，制五经课试之法，置《春秋穀梁》博士”❶。博士最多时达十九人。乐详因能并授五经，而闻名当时。蜀国设置过学官，如以尹默为劝学从事，以谯周先后任劝学从事、典学从事，以许慈父子为博士等。吴至景帝孙休时才重视学校教育。永安元年（258 年）诏书说：“古者建国，教学为先，所以道世治性，为时养器也。自建兴（会稽王孙亮年号）以来，时事多故，吏民颇以目前趋务，去本就末，不遁古道。夫所尚不惇（dūn），则伤化败俗。其案古置学官，立五经博士，核取应选，加其宠禄；科见吏之中及将吏子弟有志好者，各令就业。一岁课试，差其品第，加以位赏。使见之者乐其荣，闻之者羡其誉。以敦王化，以隆风俗。”❷ 以韦昭为博士祭酒，盛冲等为博士。

晋朝是中国历史上唯一的由士族建立起来的王朝，从一开始就重视学校教育。《晋书·儒林传》说：“武帝受终，忧劳军国，时既初并庸、蜀，方事江湖，训卒厉兵，务农积谷，犹复修立学校，临幸辟雍。”西晋初就有太学生三千人，杂滥不精。咸宁四年（278 年），立国子学，专收五品以上官子弟。设国子祭酒、博士各一人，助教十五人，以教生徒。国子学与太学并建，称为两学。“国学以教胄子，太学以选贤良。”❸ 但名义上国子学隶属于太学。东晋元帝末，太学置博士十六人，不再分掌五经，而都称为太学博士。两晋南朝时期，因九品中正制的选官制度已变成维护门阀做官特权的工具，国子学不过是门阀大族子弟谋取清职高位的捷径，因此学风很坏。高门子弟，很少有真才实学的。南朝宋只置国子学（有时亦称太学），设国子祭酒一人，国子博士二人，国子助教十人。助教分掌十经。若不置学，则助教只置一人，而祭酒、博士常置。宋齐两朝，祭酒多由高级官员兼领，如竟陵王子良以司徒兼领，张绪以太常卿兼领，王俭以侍中、尚书令兼领等。与国子学同时并置的，有宫廷学馆。如明帝时，立总明观，征学士以充之。置东观祭酒、访举各一人，举士二十人，分为儒、道、文、史、阴阳五部学。这种学馆，带有研究性质。州郡学亦有修复。除官学外，私学馆多有兴办，官府亦给予重视。如文帝十五年，立儒学馆于北郊鸡笼山，聚徒教授，置生百余人。有时皇帝亲临学馆，会见诸生，并给赏赐。❹ 南朝梁学、馆并置。设五经博士，分主五馆。五馆皆吸引寒门俊才，不限人数，由官府供给膳食。射策考试合格，就授予官职。这又是对

---

❶ 《三国志·魏书·文帝纪》，《三国志》84 页。

❷ 《三国志·吴书·三嗣主传》，《三国志》1158 页。

❸ 《历代职官表》三十四卷。

❹ 参考《南朝宋会要》上海古籍出版社 1984 年版，227－230 页。

国子贵族学校的一种特殊形式的补充。北魏置国子学、太学、四门学，由国子祭酒总领。三学并立，实自北魏开始。但虽有其文，并未实行，实际上只有国子一学。四门为小学，仿西周时郊外设小学以教国人之法。北齐设国子寺，为中央独立教育行政管理机构，不再属太常寺。国子寺长官称祭酒，管理国子学、太学、四门学。国子学博士五人，助教十人，学生七十二人。太学博士十人，助教二十人，太学生二百人。四门学博士二十人，助教二十人，学生三百人。不过北齐的教育亦徒有虚名。《北齐书·儒林传》说："齐氏太学博士徒有虚名，惟国子一学生徒数十人耳。胄子以通经进仕者，惟崔子发、宋游卿而已。"

隋朝国子寺掌管国子学、太学、四门学、书算学，各学置博士、助教、学生等员。生员定额为九百八十人。祭酒多任用名儒硕学或其他高级官员兼判，故其位望特重。但各学风气很坏。隋文帝晚年，下诏说："国学胄子，垂将千数，州县诸生，咸亦不少。徒有名录，空度岁时，未有德为代范，才任国用。"❶ 于是只国子学留学生七十人，太学、四门学及州县学并废。隋炀帝时又加以恢复，并改国子寺为国子监，加置副长官司业一人。

唐代的教育事业最为兴盛、发达。中央设国子监为主管教育行政的机构，置祭酒一员，司业二员。龙朔二年，改国子监为司成馆，祭酒为大司成，司业为少司成。咸亨元年复为监。垂拱元年，又改国子监为成均监，神龙时复为国子监。国子监直属学校有六所，即：国子学、太学、四门学、书学、算学、律学。前三所为普通大学，后三所为专科大学。国子学置博士二人，助教二人，直讲四人，学生三百人。入学资格是文武官三品以上、国公子孙及二品以上官曾孙。太学置博士三人，助教三人，学生五百人。入学资格为文武五品官、郡县公子孙及从三品官曾孙。四门学置博士三人，助教三人，直讲四人，学生五百人。入学资格为文武七品以上官、侯伯子男之子及庶人子为俊士生者。国子学、太学、四门学都以儒家经典为主要学习内容。当时把儒经分成大中小三类。大经为《礼记》、《春秋左传》；中经为《诗经》、《周礼》、《仪礼》；小经为《易》、《尚书》、《春秋公羊传》、《春秋穀梁传》。大经和中经为必修科目，小经为选修科目。此外，《孝经》、《论语》为公共必修科目。修业年限：《孝经》、《论语》共学一年；《公羊传》、《穀梁传》各为一年半；《易》、《诗》、

---

❶ 《隋书·高祖纪下》，《隋书》47 页。

《周礼》、《仪礼》各为二年；《礼记》、《左传》各为三年。[1] 每年学生中有能通两经以上要求做官的及能够参加秀才、进士科考试的，上报于国子监。所谓通两经，是指一大一小或二中。四门学中，有能通四经的，上报到尚书省吏部，经考试合格，加阶放选。律学置博士一人，助教一人，学生五十人。入学资格为文武官八品以下及庶人子。以律令为专业，兼习格式法例。书学置博士二人，助教二人，学生三十人。入学资格为文武官八品以下及庶人子。以《石经》、《说文》、《字林》为专业，兼习其他字书。算学置博士二人，助教一人，学生三十人。入学资格为文武官八品以下及庶人子。二分其经以为业，学《九章》、《海岛》等十五人，学《缀术》、《缉古》十五人。六学之外，玄宗天宝九载曾建立广文馆，置博士二人，助教一人，是为准备参加进士科考试的学生特色的进修场所。肃宗至德后废。在中央部门，还有一些不属国子监管理的学校，主要有门下省直辖的弘文馆和东宫直辖的崇文馆。弘文馆有学生三十人，专收皇亲，由学士讲授。崇文馆有学生二十人，收皇太后、皇后亲属兼及官吏子孙，亦由学士讲授。弘文馆、崇文馆的教授、考试制度，与国子监所属学校相同。国子监所属的六学与弘文、崇文二馆，合称“六学二馆”。唐初学生总数为二千二百多人。太宗贞观年间，扩充学舍，增加学额，学生增加到三千二百人，最盛时达到八千多人，其中有一些是邻国派来的留学生。从贞观到开元，国力最为强盛，教育事业也最为兴旺。六学二馆之外，另有若干特别类型的学校，或不置学校而于官署师生传授。有为皇族子孙特设的小学。开元二十五年，玄宗于玄元皇帝庙置崇玄学，是一所道教学校。天宝元年，两京置博士、助教各一员，学生百人。玄宗时，内教坊置音声博士、第一曹博士、第二曹博士，掌教音乐。内侍省置宫教博士二人，掌教习宫人书、算及其他技艺。太常寺所属的太医署，设医博士一人，助教一人，针博一人，助教一人，按摩博士一人，咒禁博士一人，皆掌传授医术。守卫玄武门的屯营、飞骑，也置生员，派博士去进行儒学教育。在全国各地，都设有府、州、县学，县内又有市学和镇学。府、州还有医学。如京都府设经学博士一人，助教二人，学生八十人；医药博士一人，助教一人，学生二十人。都督府、州大致相同。各县都设有博士、助教、学生。地方官办学校，其性质近似中小学。毕业生可以应“乡贡”，亦可以升入中央四门学。在唐代的学校教育中，贯串着“重振儒术”的基本指导思想。贞观以后，全国学校无不遍设孔子牌位，每年于春、秋分之

---

[1] 参考王炳照等：《简明中国教育史》，北京师范大学出版社 1985 年第 1 版 142－143 页。

月祭奠。唐玄宗还在秦坑儒之处为遭难的几百名儒生立祠宗，以示重儒。皇帝多次到学校视学。教育在地主阶级中相当普及。凡贵族家庭出身的子弟及省试下第的举人，不必经过什么手续，可直接进入中央各学、馆学习。凡地方学校学生中的优秀者，由各州长史考选，汇送给中央，可入四门学学习。平民而能入中央四门学学习的，可称为特殊生，名为“俊士”。入学年龄一般学校以十四岁至十九岁为限，学习年限九年。唯律学为十八岁至二十五岁，学习年限六年。学生入学后的一切饮食服用皆由学校供给。政府规定，师生初次见面，行“束脩之礼”。国子学和太学学生每人送绢三疋，四门学及地方学二疋，律学、算学一疋。此外，还须赠送酒肉，分量不限。学生的束脩分做五分，三分送给博士，二分送给助教。这种做法主要是为了表示对教师的尊敬。学校的考试分为三种：旬考、岁考、毕业考。旬考考十日之内所学习的课程，分背诵、讲解两类。岁考考一年以内所学课程，口问大义十条，答对八条为上等，六条为中等，五条为下等，下等为不及格。毕业考试由博士出题，国子祭酒监考。凡各学生能通二经与“俊士”能通三经，方能参加。考试及格可出校应省试，欲继续求学的，四门学的毕业生补入太学，太学毕业生补入国子学。[1] 安史之乱以后，学校荒废，生徒流散，教育事业受到很大的破坏。唐代私学也很发达。当时名师大儒，如颜师古、孔颖达、韩愈等，多聚徒讲学，传授经业。官学教师也可在家另开私学。柳宗元贬柳州时，许多知识分子“不远数千里皆随宗元师法”。私学学生最多至千人。私学学生成绩优秀的，也可参加科举考试。农村中有大量的私立小学。作为讲学场所的书院，唐代已经萌芽。书院在唐代为官私藏书之所。在私人创建的书院中，开始有讲学、教授生徒的活动。

宋朝重视科举取士，但对学校不很重视。宋初八十三年间，官学状况与唐末、五代时期差不多。最初只有一国子监，至开宝八年（975 年）生徒才七十人。教育事业萎靡不振。仁宗以后，有过三次兴学之举，教育才得到一定的发展。范仲淹执政期间，第一次振兴学校，下令州县办学。规定应科举者，须在州县学读书三百日方准应试；曾经应过试的，亦须在学百日。推广胡瑗的苏（州）湖（州）教法。胡瑗在太学执教时，各地学生不远千里前来听讲。王安石变法，教育改革是其内容之一。熙宁四年，创立太学“三舍法”，即太学分为外舍、内舍、上舍。初入学住外舍，外舍生每月考试一次，年终一次总考，只要成绩合格，平时未违背学规，就可升入内舍。内舍生考试成绩达到优、

---

[1] 参考王炳照等：《简明中国教育史》136－144 页。

平，并参照日常表现，就可升入上舍。上舍生考试成绩分上、中、下三等，名列上等的，不经科举就可直接授予官职。同年，下令京东、京西、河东、河北、陕西五路设立学校，选置教官。王安石非常重视教材建设，特置经义局，由他本人亲自阐释《周礼》，称《周官新义》；其子王雱（páng）与吕惠卿共同铨释《诗》、《书》，合称《三经新义》。经神宗批准，颁发给各类学校，作为必读教材。教育改革中，还设置了武学、律学和医学等专门学校。北宋末年蔡京执政时，第三次振兴学校。崇宁元年八月，下令全国兴学，行三舍法。县学学生，经考试可升入州学；州学生每三年贡太学。十月，在城南外营建外学，称为辟雍，“以处贡士”，可容纳三千人。崇宁二年，各路设提举学事司，掌其所属州县学政。崇宁三年，于原有太学外，添置算学、书学、画学。宋朝中央官学，除少数外，都由国子监统一管理。国子监长官，初设判监事二人，元丰改制后，仍设祭酒、司业。《宋史·职官志五》说：“祭酒掌国子、太学、武学、律学、小学之政令，司业为之贰。”宋朝国子学徒有其名，四门学曾一度设置，不久即废，中央官学主要就是太学一所。《历代职官表》三十四卷说：“宋国子监所掌仿唐制以国子、太学为二学，各置博士、正、录、学谕等官，而肄习者实只太学一所。虽元丰初编修学制，所言监以国子为名，而无国子教养之实。乞令清要官亲戚并入监听读，然所置国子生额不过二百人，而太学生至四千余人。可知国子、大学分教已徒有虚名。究之入学者皆俊选之士。盖当时品官子弟多以荫叙入仕，不藉国学为出身之途，故虽国子名存而实与古异矣。”宋初设立广文馆，系讲习之所，凡四方来京应试的士人，皆可入馆听讲。哲宗元祐时，广文馆生达二千四百人。仁宗庆历三年（1043 年），诏置武学，培养军事人才，此为军事学校之始。数月即废。神宗熙宁五年恢复，置教授，习诸家兵法，历代用兵成败及忠义史实，愿试阵队者，酌给兵伍。元丰间改置博士、教谕，学生限百人，用三舍法补试。南宋绍兴间重建，分受成、贵谋、辅文、中古、经远、阅礼六斋。宋初于国子学中置博士，教授法律。熙宁六年曾单独设置律学，隶属于国子监。入学资格为命官和举人。学中分断案及律令两科，习古今刑书、新颁律令等。哲宗时，初置在京小学，叫“就傅”、“初篮”，共分两斋。小学置职事教谕二人，掌训导及考校责罚。不属国子监管辖的有算学、书学、画学、宗学等。算学建立于徽宗崇宁三年，隶属于太史局，学生定额为二百一十人。入学资格为命官和庶人。书学亦徽宗时建，由翰林书艺局管辖。习篆、隶、草三体字，兼习《说文》、《尔雅》、《论语》、《孟子》，入学资格及名额均无明确规定。徽宗时还设立画学，由翰林图画局管辖。学生分“士流”和“杂流”。医学，初属太常寺太医局，神宗时始置提举判局官及教授一人，学生三百人，分为三科：方脉科、针科、疡科。徽宗时，改属国子监。后又属太医局。神宗元丰年间设置宗学，后时建时废，建则属宗正寺。宋朝州、县有学，各学教官称教授，州学二人，县学一人。地方学校由政府拨给学田，作为教育经费的主要来源。徽宗政和间，在州、县学单独设斋教授道徒，每路于在职官员中挑选二人负责检察管理。宋朝私学亦很盛行。如刘颜居乡里，教授数十百人；石介以《易》教授于家；林光朝通六经，四方来学者常数百人。书院制度在宋代有很大的发展。宋初著名的书院有六个，即：白鹿洞、岳麓、应天府、嵩阳、石鼓、茅山。书院得到官府的承认和支持。太宗时，白鹿洞书院的学者多达千人，江州知州周述，奏请赐九经肄习，得到皇帝的批准。仁宗曾根据集贤校理的要求，赐石鼓书院以匾额和学田。北宋书院曾起过地方学校的作用，但至徽宗时尽废。南宋时期，私人书院又获得极大的发展，几乎取代官学而成为当时主要的教育机构。据《文献通考》记载，较有影响的书院有二十余处，其中最著名的是岳麓、白鹿洞、丽泽、象山四书院。孝宗淳熙六年，朱熹知南康军时，重修白鹿洞书院，为书院订立学规，并亲自教授生徒，对南宋书院的发展起了巨大的推动作用。南宋书院常成为理学家讲学之所，如白鹿洞书院是朱熹讲学之所，丽泽书院是吕祖谦讲学之所，象山书院是陆九渊讲学之所等。书院一般不设专职的管理人员和机构。书院主持人，通常称为“山长”或“洞主”，兼或有副山长、讲书协助工作，有的还分派学生兼任管理。其经费常设置院田作来源，院田或私人捐赠，或官方拨给。学生来院听讲，由院供给膳食。教材书籍，亦由私人捐赠或官府颁发。《四书集注》是各书院的主要教材。书院教学以学生自学为主，并与听讲和教师指导相结合。书院的讲学者即为主持人，但也经常聘请著名学者来院讲演。讲学也有以高第弟子代讲的。讲学的内容多为主讲人的专长。名师在书院讲学，听讲者不受地域和学派的限制。书院的教学方法，多采用问难论辩式，注意启发学生的思考，培养自学能力，提高学习兴趣。名师讲学常把所讲内容整理为“讲义”；而学者听讲，也将老师言行认真记录辑纳为“语录”。宋代共有书院三百九十七所，北宋约占百分之二十二，南宋约占百分之七十八。南宋书院主要集中于文化荟萃之地，以江西、湖南、浙江、福建等地为最多。

元朝中央政府没有统一的管理教育行政的机构。京师设国子学、蒙古国子学和回回国子学。

国子学创立于世祖至元六年（1269 年），至元二十八年改为国子监，隶属于集贤院。国子监置祭酒一员，司业二员，“掌学之教令，皆德尊望重者为之。”❶ 初以集贤馆大学士许衡兼任国子祭酒。学额初仅八十名，后增至四百人，另设陪堂生二十人。学生不分种族，其资格限宿卫大臣子孙，卫士世家子弟及七品以上朝官子孙。平民中之俊秀者，须经随朝三品以上官保举，始得为陪堂生。合太学生于国子生同读。置博士二员，掌教授生徒，助教四员，分教各斋生员。国子学实行“升斋积分法”和“贡生制”。学内分为六斋，东西相对。下两斋叫“游艺”、“依仁”，程度最低；中两斋叫“据德”、“志新”；上两斋叫“时习”、“日新”。每季考其所习，依次递升。一年内积至八分为及格，可充高等生员。坐斋三年即可参加科举考试，其中最优者六人可直接授官。另置兴文署，设署令一员，掌管生员膳食及文牍簿书等事。蒙古国子学由蒙古国子监管理，隶属于蒙古翰林院。从蒙汉官员的子弟中选俊秀者入学。教材用蒙文《通鉴节要》，学成考试，成绩优秀者，量授官职。回回国子学隶属于翰林兼国史院，学习亦思替非文字（即波斯文），培养翻译人才。入学资格为公卿大夫及富民子弟。元朝路、府、州、县四级，设相应学校，不过并未普及。路学设教授、学正、学录各一员。府学及上、中州学各设教授一员。教授由朝廷任命，其他学官命于礼部、各行省或宣慰司。各行省设儒学提举司，掌教育行政。江浙、湖广、江西三省设蒙古提举学校官，管理蒙古字学。诸路医学由太医院医学提举司管理。学习内容以《素问》、《难经》等医经文字为主，然亦须通“四书”，否则不准行医。诸路阴阳学隶属于司天台，学官有教授，所习有天文、术数等科，学有成就者录于司天台就职。元代学校教育比较发达，据大司农司向元政府的报告称：地方学校至元二十三年为二万零一百六十六所，至元二十五年为二万四千四百所，至元二十八年为二万一千三百所。❷ 按当时人口统计，至元二十七年共有一千三百一十九万户，五千八百八十三万人，每二万六千人就有一所学校。元政府对书院采取提倡、扶植和加强控制的政策，使书院逐渐官学化。太宗八年（1236年），行中书省杨惟中设立太极书院，请赵复等讲授其间，这是元代的第一所书院。有些南宋的名儒学者，不愿在元政府做官，也不愿到官学中去任教，自行建立书院讲学。元政府对此因势利导，积极加以扶植、控制。至元二十八年明文规定：“先儒过化之地，名贤经行之所，与好事之家出钱粟赡学者，并立为书院。”❸ 凡已建立的书院，由

---

❶ 《元史·百官志三》，《元史》2193页。

❷ 《文献通考》50卷。

❸ 《元史·选举志一》，《元史》2032页。

政府委派山长并授予官衔，发给官俸；书院的教授、学正等的任命、提升都由政府批准；学生经地方官员推荐、考核，可分配作学校学官。由于政府的扶植、鼓励，书院发展迅速。《日下旧闻》称：“书院之设，莫盛于元，设山长以主之，给廪饩（xì）以养之，几遍天下。”元代新建书院一百四十三所，兴复书院六十五所，改建书院十九所，合计二百二十七所。元代书院仍以民办为主，但官办书院有明显的增加。大部分书院由汉族的儒家学者主持和讲授。政府虽加以控制，但实际上对教育活动则多未加以干涉和过问。因此，通过书院，争取和团结了一些知识分子，为元朝统治服务。不论是私立还是官立书院，都采取自由讲学的形式，很少受到拘束。所以，那些淡于荣利，而志在讲求修身治人的儒家学者，都愿意到书院讲授。这样便缓和了他们的反抗情绪，起到了化消极因素为积极因素的作用。总之，元朝的书院政策是比较成功的。

明朝在建立之前，改应天府学为国子学。太祖建都南京，洪武十四年改建国子学于鸡鸣山下，次年改为国子监，监、学合一。明成祖迁都北京，在北京建京师国子监，把原来的国子监改名为南京国子监，遂有南、北监之分。国子监设祭酒、司业、监丞、博士、助教等官。国子监为中央官学，称国学。国子监的学生，称为监生。根据来源的不同，监生分为四类：举监、贡监、荫监和例监。凡在京会试下第的举人，由翰林院择其优者送入监内学习的，称“举监”。从地方官学的生员中选送国子监学习的，称“贡监”。洪武初年，规定府、州、县学每年贡举一名，嘉靖以后，改为府学每年举二人，州学二年举三人，县学一年举一人。三品官以上子弟或勋戚子弟入监读书，称为“荫监”。凡捐资于官府，其子弟得以入监读书的，称“例监”。国子监的学习内容，以“四书”、“五经”为主，同时读《理性大全》、刘向《说苑》及《御制大诰》、《大明律令》等。此外还有习字、习射等。教学活动，除朔望给假外，每日均升堂授业。课业分早、午两次：第一次在早晨进行，祭酒、司业在堂讲演，学生拱立静听；第二次在午餐后举行，进行会讲、复讲、背书，亦可相互研究。国子监内学习场。所分为六堂。初等生员通“四书”而未通经书的，入“正义”、“崇志”、“广业”三堂，修业一年半以上；修业期满、文理条畅的，升中等，入“修道”、“诚心”二堂，修业一年半以上；中等生修业期满，经史兼通，文理全优的，升高等，入“率性”堂。在率性堂学习期间，采用积分制。按月考试，一年积满八分为及格，但坐堂需满七百天，才可毕业。毕业后即安排相当官职。这种国子监直接授官的制度，促进了明初官学的发展与繁荣。洪武五年，为满足当时官吏不足之需，曾创行监生“历事”之制。凡在监十余年的，派至诸司实习吏事，历练事务三个月，进行考核，勤谨者送吏部附选，仍令继续历事，遇有缺官挨次取用；平常的再令历练；下等的送还国子监继续学习。明代府、州、县皆建儒学，为地方官学，通称府、州、县学。学校之盛，超过唐、宋。最盛时，全国共有学校一千七百余所。洪武二年规定：府设教授，州设学正，县设教谕各一员。各学皆设训导，府四人，州三人，县二人，协助同级学官教育所属生员。明初共有学官四千二百余员。学生名额，府学四十人，州学三十人，县学二十人。但不久，生员名额即命增广，不拘额数。宣德中，定增广名额：在京府学六十人，在外府学四十人，州、县依次减十。其后，又于额外增收。因此有廪膳生员、增广生员和附学生员之别。卫所亦置儒学，称为卫学。学习内容，规定生员专治一经，以礼、乐、射、御、书、数设科分教，务求实才。但实际上，自科举盛行之后，学校成为科举的附庸，科举以八股文取士，因此官学只教习八股范文而已。府、州、县学的生员出路有两条：一是升入国学，取得监生资格，"乃可得官"；二是参加科举考试，取得举人、进士等资格。朝廷对中央和地方儒学的教官和学生都进行严格的管理和控制。明初，国子祭酒宋讷，迎合朱元璋的旨意，在国子监中设"绳愆（qiān）厅"，该厅由监丞负责，对违规学生有执行刑罚的权力。国子监订有"监规"，其中规定：讲授经史，须站立静听，如有疑问，必须跪听。"在学生员，当以孝弟忠信、礼义廉耻为本，必先隆师亲友，养成忠厚之心，以为他日之用，敢有毁辱师长及生事告讦（jié，揭短）者，即系干名犯义，有伤风化，定将杖一百发云南地面充军"。洪武二十七年，监生赵麟，因受不了虐待，贴了"帖子"提出抗议，竟以毁辱师长罪被处以极刑，并在国子监前立一长竿，悬首示众。在为国子监制定学规的同时，又给地方官学颁发禁例十二条，刻在卧碑上，"其不遵者，以违制论"。禁例中规定："一切军民利病，农工商贾，皆可言之，唯生员不可建言。""生员听师讲说，毋恃己长，妄行辩难，或置之不问。"❶ 明朝除儒学外，还有宗学、社学和武学。宗学是皇族子弟学校。教师从王府长史、纪善、伴读、教授等官中选择学行优长者除授。万历时，规定宗室子弟十岁以上都入宗学。宗学学生诵习《皇明祖训》、《孝顺事实》、《为善阴骘》（骘 zhì；阴骘，积阴德）诸书，兼习"四书"、"五经"、《通鉴》等书。后宗学学生允许参加科举考试。社学是民间子弟学校。民间幼童十五岁以下可入学读书，讲习冠、婚、丧、祭之礼，兼读《御

❶ 见《续文献通考·学校考》。

制大诰》及本朝律令。学成后，许补儒学生员。武学创设于洪武年间，当初是附于卫学内的武学科目，教导武官子弟。英宗正统中，正式设立两京武学，入学资格是都司卫所应袭子弟年满十岁以上者。武学内分“居仁”、“由义”、“崇礼”、“宏智”、“惇（dūn）信”、“劝忠”六斋。设教授、训导各一人。学科分两类：以《小学》、《论语》、《孟子》、《大学》为一类；“五经”、“七书”、“百将传”为一类。每人于两类中任习一书，通晓大义。崇祯时，命全国府、州、县皆设武学，武学遂遍及全国。明朝初年，书院极不发达。洪武元年，只立洙泗、尼山二书院，后增加几所。经过一百多年至宪宗成化年间，才逐渐发展起来，至嘉靖时达到极盛。据统计，明代共建书院一千二百三十九所，嘉靖年间所建占百分之三十七点一三，万历年间占百分之二十二点七一。书院前衰后兴的原因是：明前期，政府重视官学，提倡科举，一般士子因官学待遇优厚，科举前程荣耀，遂不再热心书院。中期以后，科举越来越腐朽，教育空疏，官学逐步变成科举的附庸。在这种情况下，一理些学家为救治时弊，多立书院讲学，于是书院又渐渐兴盛起来，其中与王守仁、湛（zhàn）若水等理学大师的讲学尤有直接关系。明政府对书院采取利用和打击相结合的政策。一方面，尽量使“书院官学化”。在一千二百所书院中，官办书院占百分之六十以上。如白鹿洞书院，山长由儒学教官兼任，学生由政府按月发给钱银，每遇大比之年，给两个名额入试，后增为五个，最多时达四十二名。另一方面，在嘉靖书院兴盛之后，明政府曾四次禁毁书院。第一、二次的禁毁之举，主要是针对王、湛之学的传播，第四次禁毁则是针对东林书院。东林书院设在江苏无锡，万历时，顾宪成、高攀龙等在其中讲学，他们经常“讽议朝政”，抨击当权者，得到许多在野士大夫以至一些在职官吏的“遥相应和”，形成一股反对当朝的政治势力。东林书院特别重视清白、气节，培养出一批不畏权势、刚正廉洁的人物，如杨涟、左光斗等。经过激烈斗争，以魏忠贤为首的阉党，终于禁毁东林书院，逮捕、屠杀了一批东林党人。

清代教育管理基本上承袭明代旧制。中央官学设有国子监和特殊性质的宗学、旗学、觉罗学，还有算学馆及俄罗斯馆等，地方官学设有府、州、县等“儒学”。此外还有书院。清代学校制度比较完整，但因特别重视科举，所以较之前代更加有名无实，形同虚设。清政府在教育管理中，最为重视尊孔读经。顺治二年，给孔子加上“大成至圣文宣先师”的封号。康熙二十二年，御书“万世师表”匾额，悬于孔庙大成殿。乾隆帝九次到曲阜祭孔。清朝统治者在尊孔的同时，极力鼓吹读经，把“六经”说成是“帝人修身治人之道”。对各级学校的管理、控制比明代更严。顺治九年颁行新《卧碑文》，实际上是对生员的“戒律”。政府明文规定：“不许生员上书陈言。如有一言建白，以违制论，黜革治罪。”又规定：“生员不许纠党多人，立盟结社，把持官府，武断乡曲。所作文字，不许妄行刊刻，违者听提调官治罪。”完全剥夺了学生的思想、言论、出版、结社的自由，不许知识分子干预政治。康熙时，颁布《圣谕十六条》，雍正时又演进为“圣谕广训”。每月初一、十五两天，教官都要召集生员宣读，违者治罪。有时皇帝亲临国子监视学，发表“御论”，由国子监刊刻，颁发在京各衙门官学及各省儒学学习。清朝国子监，亦称太学。监内沿明制设六堂，为监生学习之所。在堂肄业学生，分成内班、外班。内班定额一百五十名，都在监内居住。外班定额一百二十名，在监外居住，每月赴监上课。内外班共二百七十名，分在六堂肄业。内班每堂二十五名，外班每堂二十名。按其出身不同，分别规定结业年限。雍正九年，准国子监祭酒孙家淦（gàn）奏请，将毗连国子街南官房一所，赐给国子监，供助教等官及肄业生等居住，称为南学；原国子监称为北学。凡入监学生，都发给印照。国子监生除由官府发给“膏火”外，还享有免役的特权。清朝国子监徒有其名，实际上只起了科举预备场所的作用。乾隆命方苞选集明清科举时文，成《钦定四书文》，分发给太学诸生，作为“举业指南”之用。康熙五十二年（1713 年），始设算学馆于畅春园，选八旗子弟入学学习算法。至乾隆四年以算学馆隶国子监，称“国子监算学”，招收算学生十二名。乾隆十年，钦天监奏准设天文生二十四名，交与算学馆附学肄业。凡满洲、蒙古、汉军算学生俱于八旗官学生中考取，汉人算学生由国子监会同算学馆考取。雍正六年，清政府在国子监下设立“俄罗斯学馆”，选派汉、满教师，教授俄罗斯来华学生学习汉、满语文及经史书籍。乾隆六年，又在理藩院下建立俄罗斯学堂，聘请驻京俄人教授满汉贵族子弟学习俄文。除国子监外，京城内为贵族功臣子弟设立的学校，名目繁多，有宗学、觉罗学、八旗官学等。如设在西华门内的咸安宫官学，为上三旗官学生学习满汉文的场所，额定学生三百九十二人。景山官学是上三旗官学生学习满汉书籍的场所，额定学生亦三百九十二人。地方官学有府学、州学、县学，统称“儒学”。府、州、县儒学皆由官府配置教官。教官的任务主要不是教书，而是管理生员特别是组织考试。生员不一定在学肄业，只要按时支领膏火，参加月课、季考或领取题目，回家作文，即可混取资格。各省都设有专职学官，称督学道、督学御史或提督学政。地方除儒学外，乡间设有社学、义学，还有一些特殊学校，如商学、卫学、土司学等。商学设于顺治十一年，为长芦、两淮、山东、陕西盐运司所属专科学校，而山西、河东则于运城另设运司学。卫学于顺治十六年在直隶山海、宣府设立。土司学设立于顺治十五年，为瑶族土司子弟而设。清初几十年间，统治者害怕书院讲学宣扬爱国主义精神，因而对书院采取抑制政策。直至雍正十一年，明末清初的大学者相继去世，清廷才下令各省省会建一书院，并赐帑（tǎng）金一千两，作为开办费用。不过此后的书院，实际上已成为官学的一种形式。到乾隆年间，书院简直成了省立“大学”。清代书院多为官立，与科举考试的联系更加密切。乾嘉以后，有少数书院以“朴学”（考据学）教授学生；或以讲授经史为主，并及小学、天文、地理、算法等科；或以诗词文章为重点：给沉闷的书院带来一些新的气氛。清代共有书院一千九百多所，其中民办的仅一百八十二所，不及总数的十分之一。

鸦片战争后，传统的官学已名存实亡。象最高学府国子监，已无管理制度，学堂丧乱，取消了“坐监”规定，允许监生在寓所肄业。监内案位空闲，书声无闻。随着资本主义列强的势力侵入中国，外国传教士在中国开办教会学校，这类学校首先建于与外国通商的五个港口。1844 年，英国东方女子教育协进会会员、传教士爱尔德赛在宁波创办女塾。课程有圣经、国文、算术等，并学习缝纫、刺绣。该校为外国人在华设立最早的教会女学。此后教会学校不断增加。据 1877 年“在华基督教传教士大会”的报告，从 1842 年至 1877 年，基督教在华办的学校共三百五十所，学生合计五千九百七十五人。列强最初在华办的教会学校，因招不到学生，一般规模比较小，级别比较低，并偏重女子教育。在课程上，以传播圣经为主，同时也将某些儒家典籍如《四书》、《女儿经》等掺合进去，以便有利于进行奴化教育。此外，重视自然科学的传授。他们认为，用基督教和科学来进行教育，就可以超过中国的传统教育，以适应帝国主义的需要。但外国列强在华所办的教育并不受欢迎，一直不能占主要地位。19 世纪 60 年代以后，在清朝统治集团内部，形成一个与顽固派略有区别的洋务派，他们从维护清朝统治者的根本利益出发，投靠外国侵略者，学习外国的“船坚炮利”，举办一系列洋务事业，洋务教育就是其中的重要组成部分。外国列强也开始插手中国的官办学校，扶植洋务派办的新式学校和吸引留学生。1862 年，清政府在北京开设京师同文馆，培养外语人才，这是中国第一所官办洋务学堂。同文馆先后分设英、法、俄、德及东文（日文）馆，从 1866 年起，添设各种学科。先设算学馆（包括天文），继设化学、格致（力学、水学、声学、气学、火学、光学、电学等）、医学三馆，成为综合性学校。继同文馆之后开办的洋务学堂，大致可分为三类：第一类是方言学堂，也就是外国语学堂，如上海广方言馆、广州同文馆、湖北自强学堂等；第二类是军事学堂，如福州船政学堂、天津北洋水师学堂、天津武备学堂等；第三类是技术学堂，如天津电报学堂、上海电报学堂等。洋务派除办学校外，还开了我国公费留学的先声。从 1872 年起，选派留学生到英、法、德、美、日等国学习军事、技术和自然科学。1888 年以后，资产阶级维新派为宣传变法主张，培养变法人才，开办一批新的学堂，如万木草堂、时务学堂、通艺学堂、浏阳算学馆等，其中影响最大的是万木草堂和时务学堂。万木草堂是康有为在广州设立的，是康有为宣传变法思想，形成变法理论，培养变法人才的重要阵地。开始只有二十多人，后来达一百多人。这个学堂中、西兼学，又分内课、外课。内课学科内容有：（1）义理之学，包括孔学、佛学、周秦诸子学、宋明学、泰西哲学等；（2）考据之学，包括中国经史学、万国史学、地理学、数学、格致学；（3）经世之学，包括政治原理学、中国政治沿革得失、万国政治沿革得失、政治经济学、群学；（4）文字之学，包括中国辞章学、外国语言文字学。外课学科分校中、校外两种。校中有演说、札记；校外有体操、游历。此外还有音乐和体育。康有为讲课十分生动，振奋人心，令人心悦诚服。教学管理机构非常简单，康有为自任总教授、总监督，在学生中选三至六人为学长，分别在各科协助他教学。图书、仪器由学生自己管理。康有为在教育学生中，特别重视激励气节，发扬精神，广求智慧。时务学堂是由熊希龄、黄遵宪、梁启超、谭嗣同等在湖南长沙创办的。梁启超被聘为中文总教习，谭嗣同、唐才常等任分教习。时务学堂的办学目的，是要使学生有变法思想，有广博的知识。这个学堂的功课分普通学和专门学。普通学的学科有诸子学、经学、公理学和中外史治及格算诸学常识。专门学分三部：公法学、掌故学、格算学。学生入学后一至六月皆学普通学，从第七个月开始，在继续学习普通学的同时增加专门学，学者各认一门学习。百日维新中，开办京师大学堂。同文馆原设的各种学科，都改由京师大学堂讲授。同文馆只讲授外国语言。清廷派孙家鼐为管学大臣，掌管大学堂事务。按规定，京师大学堂的任务，不仅在管理自身，还要成为各省学堂的表率，而且还有统辖各省学堂的大权。[1] 1905 年，设立学部。原国子监所管事务，都归学部掌管。学部置尚书一人，左右侍郎各一人，左右参议各一人，参事官四人。分设五司（总务、专门、普通、

---

[1] 参考王炳照等：《简明中国教育史》298－302 页。

实业、会计）十二科，共设郎中五人，员外郎十二人，主事十五人，视学官无定额。其翻译图书，调查学制，以及督理京师学务与本部会议、研究教育之事，特设国子丞一人管理，分设典守、奉祀等官，仍隶属学部。

第八节　图书档案管理

传说我国在夏代以前就有了书籍。《左传·昭公十二年》：“是能读三坟、五典、八索、九丘。”杜预注：“皆古书名。”孔颖达疏：“孔安国《尚书序》云：‘伏羲、神农、黄帝之书谓之三坟，言大道；少昊、颛顼、高辛、唐、虞之书谓之五典，言常道也。”夏代以前是原始社会，那时没有文字，因此三坟、五典之类的传说是不可靠的。

国家产生以后，进入文明时代。由于统治和管理的需要，出现了官文书。这些文书编辑并保存起来，就成为最初的档案和图书。夏朝是否已经有档案、图书，至今尚无确凿的证据。但《左传》中屡次引用《夏书》的话，这《夏书》不大可能都是凭空捏造。《大戴礼记》中有《夏小正》，是比较可信的夏代历书。《吕氏春秋·先识》还有这样的话：“夏太史令终古出其图法，执而泣之，夏桀迷惑，暴乱愈甚，太史令终古乃奔如商。”根据以上文献资料，大致可以这样认为：夏代已有了简单的典籍，由史官整理和保存。

商代有甲骨卜辞保存至今。甲骨卜辞是真实可信的王室档案，由史官记载并保管。除甲骨卜辞外，还有刻写在竹木简上并编辑起来的册书。卜辞中有称为“乍（作）册”的官名，简称“册”，是负责记事、编简的史官。《尚书·多士》说：“惟殷先人有册有典”。册是一般的记事简书，典则是记载法则、典章制度的重要典籍。传说商代有个著名的史官彭祖，姓篯（jiān）名铿（kēng），托病不问政事，专事保管典籍，称“守藏史”。又《吕氏春秋·先识》说：“殷内史向挚，见纣之愈乱迷惑也，于是载其图法，出亡之周。”

西周时档案、图书逐渐增多，由不同的史官分别保管。最重要的档案收藏于祖庙。收藏宝物与档案之处，称为天府。《周礼·春官·天府》：“掌祖庙之守藏与其禁令。……凡官府乡州及都鄙之治中（官府记载治绩的文书），受而藏之。”又《秋官·大司寇》：“凡邦之大盟约，莅其盟书，而登之于天府。”又《司民》：“掌登万民之数，自生齿（男八月，女七月）以上，皆书于版（书写用的木片）。……及三年，大比，以万民之数诏司寇，司寇及孟冬祀司民（星名）之日，献其数于王，王拜受之，登于天府。”《隋书·经籍志二》：

"卿大夫三年大比，考其德行、道艺，举其贤者、能者，而献其书，王再拜受之，登于天府。"贵重的秘密文书，藏于用金质的绳索捆束的匣子中。《尚书·金縢序》："武王有疾，周公作金縢。"孔颖达疏："郑云，凡藏秘书，藏之于匮（guì），必以金缄（jiān）其表。"保管档案、图书的官称御史，也称中史、中御史或柱下史。有的档案的副本，藏于太史、内史等官。《隋书·经籍志二》说："周官司寇，凡大盟约，莅其盟书，登于天府。太史、内史、司会、六官，皆受其贰而藏之。是则王者诛赏，具录其事，昭告神明，百官史官皆藏其书。"外史负责保管一般的图书和下达诸侯国文书的副本以及各诸侯国的史记。从各地采集来的诗歌，交与太师（乐官）配乐并收藏。《汉书·食货志上》说："孟春之月，群居者将散，行人振木铎徇于路，以采诗，献之太师，比其音律，以闻于天子。"又《礼记·王制》说："命太师陈诗以观民风。"

春秋时期，天子衰微，诸侯兼并，档案、图书主要保存于与周天子关系比较密切的诸侯国，特别是鲁国。鲁国原是周公的封地，保存西周及鲁国典籍最多。《左传·昭公二年》说："晋侯使韩宣子来聘，……观书于大史氏，见《易》、《象》（鲁国历代政令）与《鲁春秋》，曰："周礼尽在鲁矣。"又《哀公三年》："南宫敬叔至，命周人出御书，俟于宫。"杜预注："周人，司周书典籍之官。"孔子开办私学，将鲁国官府所藏的《诗》、《书》、《礼》、《乐》、《易》、《春秋》加以整理，作为教材。这是以个人之力对我国古代的档案、图书首次进行全面整理，得到了鲁国官府的允许和支持。晋国也有专管典籍的官。《左传·昭公十五年》："昔而（你）高祖孙伯黡（yǎn）司晋之典籍，以为大政，故曰籍氏。"周王室仍有管理档案、图书的官。《史记·老子韩非列传》："老子者，……周守藏室之史也。"索隐："藏室史，周藏书室之史也。"战国时期档案、图书的管理，主要集中于国君的近臣（御史、主书）之手。为考核地方官的政绩，各大国多有上计制度。地方长官于年终将赋税写于木券，呈送国君考核。上计的文书大多由君主的秘书御史保存，君主因此又派御史监察地方。魏国群臣宾客写给国君的文书，都交给主书保管。

秦朝设立御史府，以御史大夫为长官。有两丞，其一为中丞，"在殿中兰台，掌图籍秘书"。[1] 汉初丞相张苍，"秦时为御史，主柱下方书。……明习天

---

[1] 《汉书·百官公卿表》，《汉书》725 页。

下图书计籍”。[1] 丞相府亦有档案、图书。《汉书·高祖纪》：“萧何尽收秦丞相府图籍文书。”又《萧何传》：“何独先入收秦丞相、御史律令图书臧（藏）之。沛公具知天下阨塞、户口多少，强弱处，民所疾苦者，以何得秦图书也。”史官和博士官还有一部分藏书。秦始皇三十四年，根据李斯的建议，下令“史官非《秦记》皆烧之。非博士官所职，天下敢有藏《诗》、《书》、百家语者，悉诣（送往）守、尉杂烧之。……所不去者，医药卜筮种树之书。”这是中国历史上档案、图书的第一次大浩劫。

汉代沿秦置御史府，又称御史大夫寺。御史中丞在殿中兰台，掌管图籍秘书。萧何又造石渠阁、天禄阁、麒麟阁，为禁中藏书之所。惠帝时取消了私人藏书的禁令。汉朝重视图书的征集、整理。《汉书·艺文志》说：“汉兴，改秦之败，大收篇籍，广开献书之路。迄孝武世，书缺简脱，礼坏乐崩，……于是建藏书之策，置写书之官，下及诸子传说，皆充秘府。至成帝时，以书颇散亡，使谒者陈农求遗书于天下。诏光禄大夫刘向校经传诸子诗赋，步兵校尉任宏校兵书，太史令尹咸校数术，侍医李柱国校方技。每一书已，向辄条其篇目，撮其指意，录而奏之。会向卒，哀帝复使向子侍中奉车都尉歆卒业。歆于是总群书而奏其《七略》，故有辑略，有六艺略，有诸子略，有诗赋略，有兵书略，有术数略，有方技略。”汉武帝时，藏书总数达三万三千零九十七卷。成帝时，皇家“书如山积”。当时书籍的主要形式是简册。据刘歆《七略》说：“外则有太常、太史、博士之藏，内则有延阁、广内、秘室之府。”[2] 刘向父子第一次将图书进行分类，并进行编目。《七略》是我国第一部图书分类目录，共著录图书一万三千二百一十九卷。共分六个大类，三十八个小类，大小类皆有序，阐述其意义和学术源流、派别，总名为“辑略”。重要图书收藏于石室金匮，管理很严。《史记·太史公自序》：“迁为太史令，紬（chōu，缀集）史记、石室金匮之书。”《汉书·高帝纪下》：“丹书（皇帝的诏书）铁契，金匮石室。”颜师古注：“以石为室，重缄封之，保慎之义。”如保管不严，私借秘书，则要受处分。《汉书·百官公卿表下》：“苏昌为太常，十一年籍霍山书泄秘书免。”颜师古注：“以秘书借霍山。”后霍山“又坐写秘书”[3]，自杀。有的诸侯王（如河间献王、淮南王等），也大量藏书。西汉末年及王莽、更始之际，图书又一次受到大的破坏。《后汉书·儒林列传》说：“天下

[1] 《史记·张丞相列传》，《史记》2675－2676页。

[2] 《汉书·艺文志》注，《汉书》1702页。

[3] 《汉书·霍光传》，《汉书》2956页。

散乱，礼乐分崩，典文残落。”东汉迁都洛阳，图书主要收藏于东观。东观是皇帝、皇后及近臣读书之所。和帝“数幸东观，览阅书林”。❶ 邓太后“昼省王政，夜则诵读，……又诏中官近臣于东观受读经传，以教授宫人，左右习诵，朝夕济济。”❷ 东观图书初无专职管理官员。杜佑《通典》说：“后汉选他官入东观典校秘书，盖有校书之任，而未为官也。故以郎居其任，则谓之校书郎；以郎中居其任，则谓之校书郎中。当时重其职，故学者称东观为老氏藏室道家蓬莱山焉。”班固、马融、蔡邕等都曾以郎或郎中校书东观。《后汉书·蔡邕传》说：“（灵帝熹平四年），召拜郎中，校书东观。……以经籍去圣久远，文字多谬，俗儒穿凿，疑误后学……奏求正定六经文字，灵帝许之。邕乃自书丹于碑，使工镌刻立于太学门外。于是后儒晚学，咸取正焉。及碑始立，其观视及摹写者，车乘日千余两（liàng，同‘辆’），填塞街陌。”有时皇帝从在职官员中挑选一些著名学者，在东观从事著述。徐坚《初学记》说：“东汉图籍在东观，名儒硕学多著作东观，然皆他官假著作之名，而未立著作之官。”桓帝延熹二年，初置秘书监官，典司图籍，秩六百石，属太常。这是朝廷设立管理图书的专职官员之始。原属御史府的兰台，东汉转属少府，设兰台令史掌其事。兰台令史亦六百石，“掌奏及印工文书”，即国家档案。除东观、兰台外，辟雍、石室、宣明殿、鸿都门等处亦有图书或档案。东汉私人还有大量藏书，相传蔡邕藏书有万卷之多。东汉已有书肆。《后汉书，王充传》说：“（充）家贫无书，常游洛阳市肆，阅所卖书，一见辄能诵忆。”东汉末年，图书又一次遭到浩劫。《后汉书·儒林列传序》：“初，光武迁还洛阳，其经（典籍）牒（公文、凭证）秘书载之二千余两，自此以后，参倍于前。及董卓移都之际，吏民扰乱，自辟雍、东观、兰台、石室、宣明、鸿都诸藏典策文章，竞共剖散，其缣（jiān，双丝的细绢）帛图书，大则连为帷盖，小乃制为縢（téng，通“幐”，袋）囊。及王允所收而西者，载七十余乘，道路艰远，复弃其半矣。后长安之乱，一时焚荡，莫不泯（mǐn，灭）尽焉。”

三国时，曹魏置秘书监掌管宫廷图书，初属少属，后乃不属。以散骑常侍王肃领秘书监兼崇文观祭酒。崇文观建于明帝青龙四年，为国家藏书之所，“征善属（zhǔ，撰著）文者以充之”。❸ 又置秘书丞，并初置秘书校书郎。魏学者利用国家藏书，编辑成一部专供皇帝阅读的书，称《皇览》。该书分四十

---

❶ 《后汉书·儒林列传》，《后汉书》2546 页。

❷ 《后汉书·皇后纪上》，《后汉书》424 页。

❸ 《三国志·魏书·明帝纪》，《三国志》107 页。

余部，每部数十篇，共八百余万字，是我国最早的类书。蜀国宫廷藏书之所仍称东观，设东观令。并选派学士在其中进行研究。《三国志·蜀书·许慈传》："先主定蜀，承丧乱历纪，学业衰废，乃鸠（聚集）合典籍，沙汰（淘汰）众学，慈、（胡）潜并为学士，与孟光、来敏等典掌旧文。值庶事草创，动多疑议，慈、潜更相克伐，谤讟（dú）忿争，形于声色。"

晋武帝将秘书合并于中书省，省秘书监官，秘书丞改称中书秘书丞。惠帝时，复置秘书监，掌三阁图书，从此秘书成为外廷官署。秘书机构初称秘书寺，后改称秘书省。著作郎旧属中书省，元康二年改属秘书省，即改中书著作为秘书著作。西晋初，秘书监荀勖（xù）和中书令张华对国家图书进行校理。荀勖根据曹魏秘书郎郑默编制的藏书目录——《中经簿》，编制出西晋藏书目录——《中经新簿》，共著录图书二万九千九百四十五卷。分图书为甲、乙、丙、丁四部：甲部——六艺及小学等书，即经部；乙部——古诸子家及近世子家，即子部；丙部——史记、旧事、皇览簿、杂史，即史部；丁部——诗赋、图赞、汲冢书，即集部。汲冢书是太康二年汲郡人盗墓时发现的，得竹书数十车。武帝命荀勖编次，以为"中经"（指藏于皇帝秘府中的经籍）。每部各有秘书郎中一人掌管。"八王之乱"以后，晋王朝南渡，北方处于大混乱的局面。刘聪攻陷洛阳时，大肆焚烧劫掠，把魏晋时期聚集的图书化为灰烬。东晋元帝司马睿重行收集图书时，只得三千零一十四卷。著作郎李充根据这些藏书，编制了《四部书目》，把荀勖四分法的乙、丙两部变换了位置，变成甲部——经书，乙部——史书，丙部——诸子书，丁部——诗文集书。此后，这种分类体系成为我国古籍分类的主流，经过逐步的扩展、完善，一直延用了一千多年。从晋朝起，太子属官洗马改掌图籍。

南朝刘宋开国时，只有藏书四千卷。至文帝元嘉八年，秘书监谢灵运编制《四部目录》时，藏书增到一万五千七百零四卷，另有佛经四百三十八卷。齐永明中，秘书丞王亮、秘书监谢朏（pèi）编制《四部书目》，共录图书一万八千零一十卷。梁国家图书藏于文德殿，佛经藏于华林园。梁武帝时，文德殿藏书二万三千一百零六卷。秘书监任昉受命整理藏书，编成《四部目录》。梁元帝平定侯景之乱后，收文德殿藏书及其他公私经籍七万余卷藏于江陵。西魏军破江陵时，梁元帝怕书籍落入敌手，烧书十万余卷后出降，我国图书又受到一次重大损失。南朝时期，秘书郎被朝野视为美职，为士族起家之选，任此职者多无才学。各朝秘书皆有簿录。北魏迁都洛阳后，开始大规模收集图书。太和十九年，通令凡进献国家图书馆缺藏而有益于"时用"的图书者受奖赏。

同时派人前往建康借书抄录，充实国家藏书。北周保定初年，有图书八千卷，后增加到一万卷。南北朝时期，凡宫禁藏书之地，大都置学士掌著述。《南史·宋明帝本纪》："泰始六年九月，立总明观，征学士以充之。置东观祭酒、访举各一人，学士二十人，分为儒、道、文、史、阴阳五部。"《陈书·高祖本纪》："永定三年，诏依前代置西省学士，兼以伎术者预焉。"《唐六典》："（北）齐有文林馆学士，掌著述。"除国家图书馆外，太子、藩王也常有大量藏书。如梁武帝太子萧统，曾招纳才学之士，广集图书三万多卷，辑成《文选》三十卷。该书精选上自周代下迄梁朝的各种文体代表作，为我国现存最早的文章总集。南齐竟陵王子良集学士抄五经百家为《四部要略》。东晋以后，纸张代替了简帛，而成为书籍的唯一书写材料。从此书籍进入了卷轴时代。所谓卷轴，就是用一根竹竿或木棒做轴，把抄写好的纸张，围绕这根轴，卷（juǎn）成一卷，以便阅读和保存。纸书的卷轴一般高一尺左右，长度多则三四丈，短则几尺，通常为一二丈。书写时通常每行二十字左右。都是直写，写时自右到左。

隋朝建立后，便开始注意收集书籍。开皇三年，国家藏书只有一万五千多卷，且多残缺。隋文帝接受秘书监牛弘的建议，下诏征集图书，并规定奖励办法：凡献出异书一卷的人，都奖赏一匹绢，而且书籍经朝廷抄写后，仍发还原主。文帝还派出专使到各地搜罗。灭陈后，又得到许多书籍。藏书总共达三万卷。隋炀帝时，西京（长安）嘉则殿有书三十七万卷。炀帝命柳颜言等整编，除去重复、芜杂，得正御本三万七千卷，迁到东都（洛阳）修文殿保存。唐初修《隋书·经籍志》，是根据隋代的藏书目录，与唐初政府藏书进行核对，删去重复，分为经、史、子、集四部四十七类，共著录图书三千一百二十七部、三万六千七百八十卷。

唐朝对图书、档案的收藏、管理和利用非常重视。武德初，有书八万卷。贞观中，魏征、虞世南、颜师古相继任秘书监，"请购天下书，选五品以上子孙工书者为书手，缮写藏于内库，以宫人掌之"。[1] 并奏引学士对藏书进行校定，玄宗时，命左散骑常侍、昭文馆学士马怀素为修图书使，与右散骑常侍、崇文馆学士褚无量负责整理图书。公卿士庶之家，所有异书，官府都借来缮写入藏。开元九年，殷践猷（yóu）、王惬（qiè）等重修成《群书四部录》二百

---

❶ 《新唐书·艺文志一》，《新唐书》1422 页。

卷，共著录图书五万一千八百五十二卷。“藏书之盛，莫盛于开元”。[1] 经安史之乱，官藏图书几乎全部散失。肃宗、代宗又屡次诏令购募。至文宗开成初，四部藏书达五万六千四百七十六卷。唐代仍以秘书省（曾一度改为兰台、麟台）为管理国家图书的机构。长官为秘书监，副长官为秘书少监。以秘书郎分掌甲、乙、丙、丁四部图书，叫做“四库”。经库十类，史库十三类，子库十四类，集库三类。每一种书皆有三本：一曰正，二曰副，三曰贮。另置校书郎负责校勘。唐朝国家图书分藏于弘文馆、集贤殿书院和崇文馆等处。弘文馆隶属于门下省，置学士、直学士等。武后垂拱以后，以宰相兼领馆务，号为馆主，常令给事中一人判馆事。馆内收藏有四部书及图籍。“弘文馆学士掌详正图籍，教授生徒。凡朝廷有制度沿革，礼仪轻重，得参议焉。”[2] 集贤殿书院隶属于中书省，开元十三年置。置学士、直学士等，“掌刊缉古今之经籍，以辨明邦国之大典。”[3] 院内亦收藏有四部书。崇文馆隶属于东宫，贞观中置，为太子读书之所，亦设学士、直学士等。学士掌经籍图书，教授诸生，与弘文馆略同。另设司经局，置洗马二人，掌四库图籍缮写、刊缉之事。各亲王府也有一定数量的藏书，置文学二人，掌校雠典籍，侍从文章。唐朝统治者对图书的编纂、利用给予一定的重视。唐高祖命欧阳询等辑《艺文类聚》一百卷。该书根据一千四百多种古籍，分门别类，摘录汇编，分岁时、治政、产业等四十八部，事实居前，诗文列后。唐太宗命魏征等辑录经史百家中有关帝王兴衰的事迹记载，编成《群书治要》一书。唐朝大臣杜佑，有丰富的政治及理财经验，他以三十年之功，编成《通典》二百卷，分食货、选举、职官、礼、乐、兵、刑、州郡、边防九门，各门再分子目。此书上自黄帝，下至天宝，广采各种史籍，将历代典章制度以类编排，成为我国第一部记述各种制度的专书。把藏书之所与朝廷的决策研究紧密地结合在一起，并使之成为育才之地，这都是前代所没有的。唐代档案主要保存于史馆，作修史之用。《旧唐书·职官志二》说：“史官掌修国史，不虚美，不隐恶，直书其事。凡天地日月之祥，山川封域之分，昭穆继代之序，礼乐师旅之事，诛赏废兴之政，皆本于起居注、时政记，以为实录，然后立编年之体，为褒贬焉。”起居注是皇帝的言行录，始于汉代。唐代起居注记载甚详，由门下省的起居郎和中书省的起居舍人共同分工负责。《旧唐书·职官志二》说：“起居郎掌起居注，录天子之言

---

[1] 《新唐书·艺文志一》，《新唐书》1422 页。
[2] 《旧唐书·职官志二》，《旧唐书》1848 页。
[3] 《旧唐书·职官志二》，《旧唐书》1852 页。

动法度，以修记事之史。凡记事之制，以事系日，以日系月，以月系时，以时系年。……季终则授之国史焉。”“起居舍人掌修记言之史，录天子之制诰德音，如记事之制，以记时政损益。季终，则授之于国史。”时政记是每日廷议奏对的记录，由知印宰相撰录，月终封送史馆，此制始于武则天长寿二年。司天台所录的祥眚预兆，每季送中书、门下省，纪于起居注，岁终送史馆。全国其他各主要官府的档案，都要摘要录送史馆。实录是每一皇帝死后，由继嗣之君命史臣撰修的，如令狐德棻主持编撰《太宗实录》、《高宗实录》，吴兢、刘知幾等撰《武后实录》等。吴兢以《太宗实录》为基础，兼采太宗与群臣问答之语、大臣的诤议和所上劝谏的奏疏以及政治上的设施等，写成《贞观政要》一书。唐朝重视官员的档案。官员的职名、履历、考绩以及考选、授官等情况，都形成专门的档案文件，称为官甲、甲历或甲敕。保管这种甲历档案的专用库房称甲库。甲历要复制三份，分别存于尚书省吏部及中书、门下两省的甲库内，由甲库令史负责管理。玄宗时曾规定：吏部的甲库由员外郎、主事各一人专管，中书、门下的敕制甲库由主书、录事各一人专管，一年更换一次，中途不得调动。德宗建中元年吏部奏准除在吏部、中书、门下三库存放甲历外，加制一份送内库保存。吏部考选官员时，要核对官员的档案。《旧唐书·职官志二》说：“每岁选人，有解状、簿书、资历、考课，必由之以核其实，乃上三铨（尚书为尚书铨，侍郎二人分为中铨、东铨）。”

宋朝初年，沿唐制设昭文馆（唐称弘文馆）、集贤院、史馆，合称三馆。太宗太平兴国初，于左升龙门北建崇文院，将三馆书移置其中。以东廊为昭文馆书库，南廊为集贤院书库，西廊为史馆书库。端拱元年，在崇文院中别建秘阁，分三馆书籍真本万余卷并内出古画墨迹等藏之。淳化元年，于三馆置直阁、校理，掌缮写秘阁所藏。真宗天禧初，置检讨、校勘等员，以内侍二人为勾当官，通掌三馆图籍事。自直秘阁、直馆、直院至校理、校勘等，称为馆职；以其他官兼任的，称为贴职。神宗元丰五年，恢复秘书省职权，以崇文院隶属于秘书省。仁宗景祐年间，对崇文院藏书进行统一编目，参加这项工作有王尧臣、欧阳修等当时著名学者。经过八年的共同努力，编成《崇文总目》，分为四部四十五类，共著录图书三万零六百六十九卷。徽宗时，改《崇文总目》为《秘书总目》。宋朝对图书编纂工作较唐代更为重视。太宗时，李昉等奉敕编成《太平御览》一书，分五十五部、四千五百五十八类，共一千卷，引书达二千五百七十九种。真宗时，王钦若等奉敕编纂《册府元龟》一千卷。该书分三十一部、一千一百零四门。前五百卷纪君，后五百卷纪臣，可称得上是封建统治者的政治教科书。英宗至神宗年间，司马光历时十九年，编撰《资治通鉴》一书。是书以政治、军事为主，略于经济、文化。编写此书的目的，和《太平御览》、《册府元龟》一样，为封建统治者提供历史借鉴。宋朝重视档案的整理、编纂。置日历所，掌修纂日历，由著作郎、著作佐郎具体负责，将起居注和时政记按日整理成册。又置会要所，主要根据档案材料，分立门类，纂辑各种典章制度。前后共修十次，成书二千二百余卷，从未刊行。明朝修《永乐大典》，曾将《宋会要》中史事，分别采入各韵。清嘉庆时，徐松从《永乐大典》中辑录，成《宋会要辑稿》三百六十六卷。宋朝还置国史实录院，掌编修实录和正史。元丰以后，日历所、会要所、国史实录院都归属秘书省。宋朝除由秘书省管理的图书档案之外，还特设龙图阁、天章阁等，专用以存放某一皇帝生前所用图书及御制文集等。如龙图阁“奉太宗御书、御制文集及典籍、图画、宝瑞之物，及宗正寺所进属籍、世谱”[1]。每阁置学士、直学士、待制等，通称侍从官，作为加于宠信文臣的一种荣誉职称。《宋史·职官志二》说：“宋朝庶官之外，别加职名，所以厉行义、文学之士。高以备顾问；其次与论议，典校雠。得之为荣，选择尤精。”宋朝收藏图书、档案之所，通称“馆阁”。能在馆阁担任官职，至为荣耀。洪迈《容斋随笔》说：“宋朝馆阁之选，皆天下英俊，必试而后命，一经此职，遂为名流。”宋朝从中央到地方的各种机构，普遍设立了档案库（架阁库）。宋朝雕版印刷非常发达。中央刻书的机关主要是国子监，国子监刻印的图书叫“监本”。四部大的类书（《太平御览》、《册府元龟》、《文苑英华》、《太平广记》）都是由国子监陆续刻印而流传全国的。国子监所刻的书，是读书人的标准本。除国子监外，崇文院、秘书省、司天监等机构也可刻印书籍。地方刻书机关有公使库、各路的茶盐司、漕司、提刑司和府、州、县学等。此外，刻书书坊几乎遍及全国，南宋刻书地点有一百七十多处。由于书的大量刻印、普及，私人藏书大大增加，如叶梦得藏书十万余卷，陈振孙藏书八万一千一百八十卷，晁公武藏书二万四千五百卷。

元朝建立后，设立秘书监“掌历代图籍并阴阳禁书”。灭宋后，将宋朝图书由海路运至大都。图书的数量相当可观，但管理不善。在九十多年中，从未进行过图书的整理，藏书组织混乱不堪，藏书目标的编制也很拙劣。文宗天历二年，设置艺文监，负责以蒙古语翻译儒家书籍。内有艺林库，掌收藏保管书

[1] 《宋史·职官志二》，《宋史》3819页。

籍；又有广成局，掌刻印经籍等事。同时设立奎章阁学士院，置大学士、侍书学士、承制学士等员，多以他官兼领，其职责是研究经史之书，考查历代帝王之治，总结治理国家的经验和教训。元朝将编修史书的工作，合并于翰林院，成立翰林兼国史院。元朝的官府档案，分别收藏于中书省、六部、枢密院、御史台、通政院等衙门。由于印刷术的进步，书籍逐渐普及，私人手中往往占有大量图书。胡三省的《资治通鉴注》，马端临的《文献通考》，都是南宋遗民隐居不仕，利用个人藏书完成的巨著。

明初洪武三年，置秘书监，掌内府书籍。十三年并入翰林院典籍。珍贵图书及历朝皇帝御制文集，收藏于宫内文渊阁。成祖永乐年间，敕令大臣解缙组织三千名文臣儒士，编纂《永乐大典》，历时五年而成。该书辑入明以前图书七八千种，内容包括经、史、子、集、戏剧、平话、天文、地理、医术、农工技术及道教、佛教各方面的典籍。全书共三万二千九百三十七卷，约三亿七千万字，装成一万一千零九十五册，是我国最大的一部类书。《永乐大典》编成后，交文渊阁收藏。在明朝二百多年中，偌大的一部百科全书，它的读者不过是可数的两三个皇帝而已。他们主要翻阅其中医药、文艺之类的书。英宗正统年间，杨士奇等对文渊阁藏书进行整理，编成《文渊阁书目》，当时计有藏书四万三千二百册。此后由于不注重保管，更不进行整理，有些书往往被馆阁官员借没，藏书损失、虫蛀、霉烂也无人过问，损坏严重。至万历三十三年，张萱编制《内阁藏书目录》，所著录书仅及《文渊阁书目》的十分之二三。除翰林院、文渊阁等处藏书外，国子监亦有部分藏书，设典籍管理。明朝的六部、五军都督府、都察院、大理寺等中央机构内，都设有专门的档案库房——架阁库，还特设收藏全国黄册（户口簿册）的库房——后湖黄册库，另有专门收藏元朝官府档案的大本堂、存放诰封、铁券底簿及部分御用图书的古今通集库和收藏玉牒、实录、圣训等的皇史宬（仿古代石室金匮建造）。地方架阁库（或黄册库）有三百多处。明代的私人藏书很兴盛，藏书家有四百多。明初，以分封到各地的藩王藏书甚丰，有的藏书万卷以上，最多的达五万卷。嘉靖时，私人藏书楼陆续兴建，藏书往往有数万卷之多，并且都进行整理、校勘、编目，有些还对外开放。最著名的藏书楼有虞山（今江苏常熟）毛晋的“汲古阁”，藏书八万四千多册；浙江鄞（yín）县范钦的“天一阁”，藏书七万多卷。

清朝和明朝一样，没有统一的管理图书档案的机构。入关前，清政府有内三院，即内国史院、内秘书院、内弘文院。内国史院，负责记注皇帝的起居、诏令，收藏“御制”文字。内弘文院，负责注释古今政事得失，为皇帝进讲。顺治、康熙以后，将内三院改为内阁，另设翰林院。图书档案分别由内阁、翰林院及国子监等部门收藏与管理。内阁设有典籍厅和满本房。典籍厅分南、北二厅，北厅的职掌之一是收藏红本（题本用红笔批写谕旨，因此叫“红本”）图籍。收发红本处收回红本，交北厅贮库收藏。各项图籍，由典籍记册备查。满本房掌实录库及皇史宬之收藏。实录库所藏实录、圣训、起居注、史书等及皇史宬所藏实录、圣训、本纪、方略、玉牒与经略将军印信等，都由满本房掌管。内阁大库没有专设管理人员，由满本房与典籍厅分别掌管。内阁大库收藏有大量的珍贵档案，非常禁秘。嘉庆年间，内阁典籍厅对东大库贮存的近九万件档案进行过一次清理，并编制成《清理东大库分类目录》。翰林院内有典簿厅，掌管章奏、文移并保管图书。典簿厅所藏图书，是专供翰林官们阅读参考的。大部书有《永乐大典》、《古今图书集成》及《四库全书》副本等。翰林官们看书，须得到“领阁事”官的许可，由管理的办事翰林点明登记，不许私带出院。翰林院所属单位有起居注馆和国史馆等。起居注馆是记载皇帝言行编纂起居注的机构，由日讲起居注具体负责。凡皇帝坐朝及举行各种典礼，日讲起居注官都要随侍左右，回来就要记载档案，以备编纂起居注时查考。国史馆是负责修纂清王朝国史的。国子监内有典籍厅，掌保管书籍版片等事。乾隆三十九年，建文渊阁，专藏《四库全书》。派内务府大臣一人“提举”（管理）阁事。另有领阁事、值阁事、校理、检阅等官，掌典守、注册、点验等事，由内阁、翰林院、詹事府的官员兼任。清朝还设立武英殿修书处，长官为管理王大臣，掌刊印书籍各项事务，所出书称为“殿本”。清政府非常重视图书的整理和编纂工作。康熙、雍正时，清政府组织编纂《古今图书集成》一万卷。内容分历象、方舆、明伦、博物、理学、经济六编，下面包括三十二典，共六千一百零九部，五千册。是继《永乐大典》之后的又一部大型类书。乾隆时，清政府又选派纪昀（yún）等著名学者一百六十余人编辑《四库全书》。乾隆三十八年（1773年），清廷开设四库全书馆，任命皇室郡王及大学士为总裁，六部尚书及侍郎为副总裁。实际上主要的校纂者是总纂官纪昀、陆锡熊和总校官陆费墀（chí），而以纪昀之力居多。编纂《四库全书》所根据的书本，大约有六种，即：敕撰本和内府本（即清廷藏书）、《永乐大典》本（由残存的《永乐大典》中辑出之书）、各省采进本（由各地征集来的遗书）、私人进献本（各地藏书家进献之书）、通行本（坊市流行书籍）。清政府在编纂过程中，从加强思想文化统治的需要出发，大量销毁和删改旧书。《四库全书》分经、史、子、集四大类，各类又分许多子目，检阅比较方便。共收录书籍三千四百五十七种，七万九千零七十卷，装订成三万六千余册。书成之后，抄录七部，分藏于北京的文渊阁（皇宫）、文源阁（圆明园）、热河行宫的文津阁、奉天陪都的文溯阁（以上总称内廷四阁）、杭州西湖行宫的文澜阁、镇江金山的文宗阁、扬州大观堂的文汇阁（以上即所谓江浙三阁）。《四库全书》是我国最大的一部丛书，其中保存了许多珍贵的文献资料。《四库全书》编成后，纪昀等又写成《四库全书总目提要》二百卷，把每本书的渊源、版本、内容都作提纲性的介绍，是一部重要的目录学著作。清政府还组织编辑了实录、正史、政书、会典、方略、方志、目录、诗文总集等各种图书，这些书大部分也收入《四库全书》之内。清政府除特设修书馆外，还有一些常设修书馆，如内阁兼管的实录馆、明史馆、会典馆、三礼馆等，宗人府的玉牒馆，军机处的方略馆，刑部的律例馆等。清朝官修书籍，盛况空前，除上述《古今图书集成》、《四库全书》两部大书外，还有《皇朝文献通考》三百卷、《续文献通考》二百五十二卷、《大清会典》一百卷、《大清会典则例》一百八十卷、《清通典》一百卷、《清通志》一百二十六卷、《清通礼》五十四卷、《大清一统志》三百四十卷、《重修大清一统志》五百卷、《历代职官表》七十二卷，以及《渊鉴类函》、《子史精华》、《佩文韵府》、《康熙字典》等。每修一书，即设一馆，并例由皇帝钦定总裁官、副总裁官总领一切。编修过程中严行考课。每书修竣，必有奖叙。利用档案资料编修地方志，也以清朝为最盛。雍正以后，各府、州、县每六十年一修志书，成为定制。乾、嘉之际，《大清一统志》曾三次纂修，形成举国上下修辑志书的高潮。我国保存下来的地方志书共八千五百多种，十万多卷，其中百分之八十是清代纂修的。清代私人藏书家比以往历代都多，比较著名的有钱谦益、朱彝尊、阮元、孙星衍等。在私人藏书的基础上，出现一大批私人编辑的丛书，著名的有曹溶的《学海类编》、张海鹏的《学津讨原》、张潮等的《昭代丛书》、鲍廷博的《知不足斋丛书》等。

第九节　医药管理

在国家产生以前，原始的医治疾病的活动就已出现。最初的医生是由通神灵的巫担任的。繁体字的“毉”从巫，还可看出这种渊源关系。传说岐伯为黄帝之医，巫咸为尧之巫。[1] 那时治病除用祈祷等巫术外，也兼用草药。

国家产生以后，医药主要为君主、贵族服务。在商代甲骨文中，有关疾病的记载将近五百条，有专门为王治病的“小疾臣”。西周时，医药逐渐从巫术中分化出来，有专职的医官和医生。《周礼·天官》有医师，“掌医之政令，聚毒（气味辛苦酷烈）药以共（供）医事”。《逸周书·王令解》：“为诸侯有疫病者之医药所居。”

春秋战国时期，医药事业有很大的发展，出现了一些名医。既有为君主服务的侍从医生，又有在民间行医的医生。春秋时期，秦国官府有两个著名的医生，一个叫缓，一个叫和。战国后期秦王政有侍医夏无且（jū）。战国初期，出现了著名的民间医生扁鹊，他带领徒弟子阳等到各地行医。后为秦武王治病，遭太医令李醯（xī）嫉妒，派人把他刺死。

秦、西汉于太常（奉常）、少府同时置太医令，东汉唯少府置太医令。太常寺所属的太医令，掌普通医药的政令，曾集中民间药方，加以推广。少府所属的太医令，主要是为宫廷服务的。东汉少府太医令之下有药丞、方丞各一人，药丞掌药，方丞掌药方。有额定医生二百九十三人。《太平御览》所说则有很大不同：“少府太医令丞，无员，多至数千人。”少府的医生有侍医、医待诏、本草待诏等名目。《汉书·王嘉传》：“侍医伍宏等侍内案脉。”又《董贤传》：“伍宏以医待诏。”待诏亦侍从皇帝之意。又《艺文志》：“侍医李柱国校方伎。”为后妃治病的有女医，又称乳医。《外戚传》有女医淳于衍，入宫侍皇后疾，《霍光传》则称乳医淳于衍。汉代著名医生淳于意、张仲景、华佗，都不是官医，而是民间医生。西汉名医淳于意，曾做过齐太仓长，然弃官行医。“为人治病，决死生多验。”[2] 但为人所嫉致罪。东汉末年张仲景，据传曾任长沙太守。时瘟疫流行，他即辞官业医，勤求古训，博采众方，著《伤寒杂病论》。另一名医华佗，钻研医术，而不求仕进。精内、外、妇、儿、针灸各科，外科尤为擅长。行医足迹遍及今安徽、山东、河南、江苏等地。曾用“麻沸散”使病人麻醉，施行剖腹手术，为世界医学史上最早之全身麻醉。又仿虎、鹿、熊、猿、鸟等禽兽动态创“五禽之戏”，后因不为曹操治病被杀。死前，曾把一生行医经验的手稿交与狱卒，狱卒怕事不接，华佗愤而焚之。

三国时，魏太医令仍属少府。西晋时，太医令改属宗正，东晋又归门下

---

[1] 参考《历代职官表·太医院》。

[2] 《史记·扁鹊仓公列传》，《史记》2794－2795页。

省。南朝宋根据门下省太医令秦承祖的建议，创建了医学教育机构，教授生徒。齐太医令属尚书省起部（掌营造宗庙、宫室），同时又隶属领军（掌管禁军）。太医令属下有御师（医师）。梁、陈太医令重又归属门下省，太医令兼任尚药。北魏太医令属太常，增置太医博士、太医助教，掌管医学教育。门下省另有尚药局，置侍御师。北齐太常属官有太医令，掌医药政令。门下省有尚药局，置典御二人，掌御用药物。又有侍御师、尚药监各四人。中侍中省另有中尚药典御，管理后宫药物。魏晋南北朝时期的医官，以西晋太医令王叔初最著名。王叔和是东汉名医张仲景的弟子。他在担任太医令时，曾编辑张仲景的《金匮要略》和《伤寒论》等书。还对秦汉以来诸家切脉经验进行总结，著《脉经》十卷。西晋有一位民间医生皇甫谧（mì），终身不仕，长于针灸，著《针灸甲乙经》十二卷，是我国第一部针灸学专著。对药物进行精深研究并卓有成就的，则是两位道教大师。东晋葛洪有《金匮药方》一百卷，《肘后备急方》四卷，《肘后卒救方》三卷。《肘后卒救方》记录了当时许多用之有效的药方。梁陶弘景增补葛洪的《肘后卒救方》，著《肘后百一方》。他又对汉代流传下来的《神农本草经》作了增补，整理成《本草经集注》。《本草经集注》收集、记录药物七百三十种，比《神农本草经》多出一倍。陶弘景首创按药物的自然属性和医疗属性的分类法，把七百多种药物分为七大类。这种分类法，后来成为我国古代药物的标准分类法。

隋朝太常寺所属有太医署，设太医令二人，丞一人，主药二人，医师二百人，药园师二人，医博士二人，医助教二人，按摩博士二人，祝禁博士二人。隋炀帝增置医监五人，医正十人。门下省有尚药局，设典御二人，侍御医、直长各四人，医师四十人。尚食局又有食医四人。东宫门下坊有药藏局，设侍医四人。太仆寺有兽医博士一百二十人。隋炀帝时，太医博士巢元方，撰《诸病源候论》五十卷。计分六十七门，一千七百二十论，是我国第一部详论疾病分类和病因、病理的著作。尚药典御许澄，亦隋代名医。甄权是隋、唐之际的著名民间医生，尤以针灸见长。著有《脉经》、《针方》、《明堂人形图》各一卷。

唐代的医药管理、教育和科学研究都有很大的发展。医药行政管理和医学教育主要由太常寺太医署负责。太医署设令二人，丞二人，医监四人，医正八人，府二人，史四人，主药八人，药童二十四人，药园师二人，药园生八人，掌固四人，医师二十人，医工百人，医生四十人，典药一人，针工二十人，针生二十人，按摩工五十六人，按摩生十五人，咒禁师二人，咒禁工八人，咒禁生十人。医疗和教育都分为四科，即药医、针灸、按摩、咒禁。负责治疗疾病的称医师、医正、医工，以治愈病人多少进行考核。负责医学教育的称博士、助教、师（如针师、按摩师）。凡称师的都要经过学习并考试合格。医学教育又细分为五业：体疗（内科）、疮肿（外科）、少小（小儿科）、耳目口齿（五官科）、角法（相当于拔火罐等外疗法，一说理疗科）。根据各专业教学内容规定修业年限：内科七年，外科、儿科五年，五官科四年，理疗科三年。京师有药园一所，良田三顷，种植各种药材，由药园师负责。并招收十六岁至二十岁的庶人子弟充当药园生，学习药物的栽培、采集、炮（páo）制、制剂、使用等方面的知识，业成补药师。凡征收药材的州，置采药师一人。陵寝庙皆储备药材，备救灾之用。宫人患坊有药库，有医师、医监、医正轮流值守。每年发药以预防民间疾病。宫廷医药主要由殿中省尚药局负责。尚药局设奉御二人，直长四人，掌和（huò）御药、诊视；侍御医四人，掌供奉诊候；司医五人，医佐十人，掌分疗各种疾病；还有按摩师、咒禁师、主药、药童等。凡进奉宫廷的药物，中书、门下省长官及诸卫上将军各一人，与殿中监、尚药局奉御亲临监视。药做成以后，医佐以上先行尝试。开写药方，要写清楚年月日，由监临官员签署上奏。皇帝吃药之前，奉御先尝，殿中监次之，皇太子又次之，然后进奉。太常每季要检查送来的药，发现有腐烂的发回。左右羽林军，供给药品。飞骑、万骑有病的，赏赐给药品。尚食局另有食医八人。宫官（掌后宫事务）尚食局有司药、典药、掌药各二人，掌管药方。太子内官有掌医三人，掌方药。翰林院还有精通医术之士，备随时召见。府、州置医学博士，负责民间医疗，并教授生徒。高宗显庆年间，唐政府公布了世界上第一部由国家编修的药典——《唐新本草》。《唐新本草》是苏敬等人奉命修订的。收集药物八百四十四种，比陶弘景的《本草经集注》增加一百一十四种，并改正了《集注》中的许多错误，是当时最详备的药典。在医官中，以张文仲、李虔纵最有名。张文仲是武则天时的侍御医，善治风疾，撰《随身备急方》三卷，官至尚药奉御。李虔纵官至侍御医。唐代在医学上成就最大的是终身不仕的民间医生孙思邈（miǎo）。他著有《备急千金要方》三十卷、《千金翼方》三十卷，通常把这两部著作简称为《千金方》。孙思邈特别重视医疗态度，他说："人命至重，有贵千金，一方济之，德逾于此。"[1] 他对妇科和儿科特别重视，主张独立设科。他注意药物配伍和辨证施治，首创复方，提出一方

[1] 《千金要方》序。

治多病或多方治一病的方法。孙思邈以他的崇高医德和对药物学的巨大贡献，博得人民的尊敬和爱戴，被后世尊称为“药王”，他居住过和采过药的五台山，也被称为“药王山”。

宋朝太常寺设太医局（一度不属太常寺），主要掌管医学教育，有丞、教授及九科医生三百人。教授每科一人，选翰林医官以下与上等学生及在外良医充任。太学、律学，武学及诸营将士有病，可轮流就医。掌管医药政令的是内侍省的翰林医馆院。医官院设使、副各二人，直院四人，尚药奉御六人，医官、医学、祗（zhī）候无定员。该院的职责，是掌管供奉医药及承诏检查医疗之事。入内内侍省置御药院，设勾当官四人，掌管查验药方，修和药剂，以供奉禁中之用。徽宗崇宁二年，御药院并入殿中省。徽宗以后，定医官阶官称号：和安大（dài）夫、成和大夫、成安大夫、成全大夫、保和大夫、保安大夫、翰林良医、和安郎、成和郎、成安郎、成全郎、保和郎、保安郎、翰林医正、翰林医官、翰林医效、翰林医痊、翰林医愈、翰林医证、翰林医诊、翰林医候、翰林医学。宣和中，自和安大夫至翰林医官共一百十七人，直局至祗候共九百七十九人。后规定：大夫以二十员，郎以三十员，医效至祗候以三百员为额。宋代医学和治疗的分科比唐代更细，共分九科：大方脉科、风科、针灸科、小方脉科、眼科、产科、口齿咽喉科、疮肿兼折疡科、金镞书禁科。宋政府很重视医药典籍的收集、整理、校订和编纂。仁宗天圣四年，下令征集医书、医方，由晁宗悫（què）等人整理校订。嘉祐二年，设立“校正医书局”，并集中一批医生，由医官掌禹锡、林亿、高保衡等人领头，负责搜罗历代医书，加以考订和校勘。经过十多年的努力，出版、印行了一批古代医书，如《素问》、《伤寒论》、《金匮要略》等。北宋政府从太祖开始，几次修订药物书籍。宋太祖时编刻的《开宝本草》，比《唐本草》增加新药一百三十三种，仁宗时所修《嘉祐补注本草》又增加新药八十二种，到北宋末年编刻的《政和经史证类本草》又新增药品六百二十八种。宋政府几次组织力量，对处方进行收集、整理。太宗时，王怀隐为尚药奉御，三迁至翰林医官使。宋太宗令他和王祐、郑奇、陈昭遇等编《太平圣惠方》一百卷，共收集了一万六千多个处方。太宗在即位前就留意医术，得妙方千余首，即位后又征得经验方万余首，《太平圣惠方》即据此编成。稍后，贾黄中等人又编辑了《神医普救方》一千卷，集医方之大成。神宗元丰年间，太医局编《和剂局方》，由名医详加甄审，并通过试验由宋政府颁发。这是我国第一部由政府公布的配方手册，曾广泛流行。北宋末年，又有曹孝忠主编的《圣济总录》二百卷，也是一部医方汇编。仁宗初年，太医王唯一总结了历代针灸医家的实践经验，统一了针灸穴位，并在铜匠师的合作下，设计用铜铸成人体模型两具，刻划经穴，标注名称，作为针灸教学之用；同时写成《新铸铜人俞（shù）穴针灸图经》三卷，不久又把《图经》刻石流传。南宋医学家宋慈，曾任广东、湖南提点刑狱。他总结前人法医经验，著《洗冤集录》五卷，于验伤、验尸、血型鉴定、检骨、死伤的鉴别、毒物的分辨，以及急救法、治服毒药方等，均有记载。是世界上第一部司法检验专著。

太医院之名，始于金代，但还不是独立官署，也不再属太常寺，而是隶属于掌管宫廷事务的宣徽院。太医院的长官称提点、使、判官。医疗分为十科，医官分三等：正奉上太医、副奉上太医、长行太医，定额总共五十人。每十人设管勾一员，由技艺精良者担任。太医官分为十五阶，最高为从四品上，最低为从九品上。宣徽院下属机构还有御药院和尚药局。御药院掌进御汤药。尚药局掌进汤药茶果，已不完全属医药方面的事。

从元代起，太医院成为中央级独立医药管理机构，置院使十二员，同知二员，佥院二员，同佥二员，院判二员。下属机构有广惠司、御药院、御药局、行御药局、御香局、大都惠民局、上都惠民司、医学提举司，官医提举司等。广惠司是一种新型的医疗机构，是阿拉伯式医疗组织的移植。该司负责制作御用回回药物及和剂，并给卫士及在京孤寒者治病。御药院主要是接受各地送来的药材并加工成药。有时太医院派出使者到陕西、四川、云南等地征取药材。御药局、行御药局掌管大都、上都药物的保管和使用。御香局掌制做御用诸香。大都惠民局和上都惠民司是面向社会的经营性医药机构。医学提举司负责医学教育和校勘名医的著述。官医提举司掌管医户的差役、词讼。东宫置典药监，领东宫太医，并制作药剂。元代医学共分十三科：大方脉科、杂医科，小方脉科、风科、产科兼妇人杂病科、眼科、口齿兼咽喉科、正骨兼金镞科、疮肿科、针灸科、祝由科。在官医当中，学术上有卓越成就的甚少。因中国医学发展到宋代，主要由官方药局出版标准方剂，由官医请医检方，按方用药，用药成了公式化。同时，官府卖药主要是为了赚钱，不顾病者死活。医官中较有成就的是忽思慧和危亦林。忽思慧是饮膳太医，他著有《饮膳正要》三卷，是一部讲究营养和食疗的著作。危亦林曾担任过南丰医学教授。家世业医，积五世医方，著《世医得效方》，其中关于麻醉药物的使用，创世界最早全身麻醉纪录。在医学上有突出成就的多是民间医生。在中国医学史上有所谓金元四大家：刘完素、张从正、李杲（gǎo）、朱震亨。金人刘完素，自号通元处士，拒不做官。洞达医术，撰《运气要旨论》、《精要宣明论》等著作。另一位金代名医张从正，曾被召为太医，不久即辞去。他是具有革新思想的医学家，其代表作是《儒门事亲》。金元之际的李杲，创内伤学理论，代表作有《脾胃论》。元朝医学家朱震亨，创“阳常有余，阴常不足”之说，主重滋阴。有《格致余论》、《局方发挥》等著作。

明代太医院的规模比较小，设院使一人，院判二人，其下属有御医四人（最多时十八人），及生药库、惠民药局。各地上交的药材，收贮于生药库，由礼部委派一名官员按时进行检查。给皇帝看病，由院使、院判、御医会诊，然后会同宦官到御药房选药，并连名开写药剂，写明药性及服用之法，上奏皇帝审核。烹调皇帝服用的“御药”的时候，院官与内廷宦官同时监视。每次把两剂药放在一起烹调，药熟以后，分成两器，一器由御医、宦官先尝，一器送皇帝服用。王府医疗之事，由太医院奉旨派医官或医士前往处理。文武大臣及外国君长有病，也奉旨往视。其治疗结果，都要具本复奏。外府州县置惠民药局。边关卫所及人口集中居住的地方，各设医生、医士或医官，由太医院经考试合格后派遣。御药房是设在宫内的医药机构，有提督太监正、副各一员，近侍、医官无定员，主要掌管御用药饵，与太医院相表里。明代朝廷在医药方面几乎是无所作为，官医中以医术著称的也近乎没有。倒是在民间医生中，出现了滑寿、吕复、李时珍等名医。尤其是李时珍，更是闻名世界的大医药学家。李时珍自幼随父学医。三十四岁时，已是当时较为知名的医生，曾被楚王任用为王府奉祠正，掌管良医所事务。不久被推荐到太医院，任院判（略当于副院长），但淡于名利、怀有济世救民愿望的李时珍，不到一年就辞官回乡，仍过着行医和著述的生活。他用了将近三十年的时间，完成了不朽巨著《本草纲目》。《本草纲目》收载药物一千八百九十二种，比前增加三百七十四种，载入药方一万一千零九十六个，比前人增加四倍。同时绘制了一千一百一十幅插图，形象地表现了各种药物的复杂形态，便于人们辨认。全书共一百九十多万字，分为十六部，六十二类，五十二卷。这部书总结了我国人民几千年来的用药经验，成为人类药学史上最伟大的著作之一。

清代的医药管理机构和管理制度，基本上沿袭明制。长官仍称院使、院判，与明代不同的是，在院使、院判之上，设特简满大臣一人总领院务。太医院的编制比明代大，有御医十三人，吏目二十六人，医士二十人，医员二十人，医生三十人，经承（书吏）四人，总人数是一百十三人。太医院医疗部门，分为大方脉、小方脉、伤寒、妇人、疮疡、针灸、眼科、口齿、正骨九科。医务人员大致分为御医、吏目、医士、医员、医生几个级别，皆专精一科，依次升补。太医院内设教习厅，有教习二人，由御医、吏目内选任。学员为初进院医生及医官子弟，专为本院选补医官而设。太医院内的行政事务由首领厅负责，经承即是首领厅的办事人员。另外，内务府内设有御药房。御药房是专供宫内食用药品的机构，最高长官叫管理大臣。乾隆时，由官府组织力量，修撰了《医宗金鉴》九十卷，征集了不少新的秘籍及经验良方，是一部介绍中医临床经验的重要著作。19 世纪至 20 世纪初，西方国家陆续在中国开办西医医院和西医学校。我国自办西医方面的教育事业，开始于 1865 年同文馆内设的医学科，但当时每班只有几个人，而且不能实习，没有临床经验。1881 年，天津设立医学馆，1891 年改名为北洋医学堂。1902 年又在天津创办北洋军医学堂。1903 年京师大学堂设立医学馆，1906 年改为京师专门医学堂。

第十节　宗教管理

佛教产生于公元前 6 世纪至前 5 世纪的印度，创始人是释迦牟尼。原始佛教的教义是：人的生、老、病、死等一切皆苦，苦的根源在于各种欲望，由欲望而造业。必须消灭一切欲望，才能达到所谓“涅槃”即不生不灭的境界，修行是达到涅槃唯一的途径。修行以五戒为主，即戒杀、盗、淫、妄语和饮酒。佛教在西汉末年传入中国。最初来到内地的僧侣，几乎都是从西域或印度来的。东汉时，对佛教僧徒待以蕃客之礼。明帝永平十年（67 年），在洛阳城西原鸿胪寺旧地建造白马寺，是专供两个印度僧侣居住的。桓帝时，又在宫中建造了黄老浮屠祠（浮屠，佛的音译词）。当时的人（包括统治阶级）把佛当作一种祠祀，近于神仙方术；并且把佛教教义理解为清虚无为，“省欲去奢”，与黄老学说相似，因此浮屠与老子往往并祭。道教是中国本土的宗教，形成于东汉末年，它的前身是方术、巫术。原始道教最初产生于民间，有两大派别：五斗米道和太平道。五斗米道又称天师道，是汉顺帝时张陵于西蜀鹤鸣山创立的，奉老子为教主，以《老子五千文》（即《道德经》）为主要经典。张陵死后，其子张衡继续在川西北和陕南一带传道。后张衡子张鲁在汉中建立了政教合一的农民政权。在统治区域内设立义舍，为过往行人免费提供食宿。太平道是汉灵帝时张角创立的，以《太平清领书》（即《太平经》）为主要经典，以“中黄太一”为其奉祀的至尊天神。教徒数十万。所谓“太平”，是“极大公平”之意。后张角利用太平道，组织、发动了声势浩大的黄巾起义。天师道政权和黄巾起义都被地主阶级政权镇压下去。

魏晋南北朝时期，历朝统治者一方面提倡和保护佛教，使佛教逐渐中国化；同时对早期道教进行改造，使其上层化、贵族化，而对民间道教活动则严加禁止。经过改造的道教，宣扬禳（ràng）灾求福，服丹修炼，引导人们忍受现实社会的痛苦，把希望寄托于虚幻的神仙境界。对佛教、道教的管理，主要采取以下措施：（1）政治上扶植、保护。一些皇帝带头崇敬佛、道，尊礼高僧，道士。南朝梁武帝曾定佛教为国教，而道教在北魏正式成为国教。有的名僧、道士受到重用，参决国家大事。（2）物质上给予支持。大量兴建寺院、道观，僧尼、道士享有免役、免税的特权。（3）鼓励、支持佛经、道经的著述、翻译。佛教典籍，仅魏晋时期就翻译七百零二部，一千四百九十三卷。晋葛洪《抱朴子》，是贵族化道教（即御用道教）的奠基性著作。南朝刘宋道士陆修静奉命广泛搜集整理道经，撰写出最早的一部道藏书目——《三纲经书目录》。宋、齐之间，道教经典大出，顾欢加以搜求，编为《真迹》；陶弘景又重新编次增饰，成《真诰》二十卷。（4）建立宗教管理机构。北魏设置监福曹，后改为昭玄寺，为管理佛教的专门机构。北齐设立昭玄寺，长官有大统一人，统一人，都维那三人，掌管佛教事务，属官有功曹、主簿，管理各州郡县的沙门（出家修行之人）曹。鸿胪寺又有典寺署，设僧祗部丞一人，管理寺院。典客署又有京邑萨甫二人，诸州萨甫一人，管理祆教。还在太常寺太庙署设崇虚局丞，掌管祭祀山河之神及在京和各州道士簿账等事。北周以司寂掌佛教事务，司玄掌道教事务，皆属春官宗伯。

隋朝于鸿胪寺置崇玄署，设令一人。为总管佛教、道教的机构。又有道场、玄坛。隋文帝“诏境内之民任听出家”，于是“民间佛书，多于六经数十百倍”。❶

唐朝统治者特别尊崇道教，认道教教主李耳为其祖先。高宗时，追尊老子为太上玄元皇帝。玄宗教人画老子像颁于天下，命令两京和诸州置玄元皇帝庙和崇玄学。因为唐朝皇帝把道教教主李耳认作祖先，因此道教归宗正寺所属的崇玄署管理。崇玄署设令一人，掌管京都各道观、道士的账籍以及斋醮（jiào，道士为禳除灾祟而设的道场）之事。每三年编制一次道士、女官的名籍，一份留县，一份留州，一份上宗正，一份上吏部司封司。道士、女官在民家住宿，不得超过三夜，外出不得超过七天。佛教归礼部祠部司管理。全国寺

---

❶ 《资治通鉴·太建十三年》第175卷。

院有定数。各州寺院总数为五千三百五十八所，其中僧三千二百三十五所，尼二千一百二十二所。每寺立三纲：上座一人，寺主一人，都维那一人。僧、尼的簿籍，三年一造。在整个唐代，除唐武宗曾一度打击极度膨胀的佛教势力外，对道、佛二教一般都采取保护、优宠的政策。法律规定：道士、女官、僧、尼犯罪，所在州县不得擅行处理。唐朝还沿袭北齐、隋旧制，设置萨宝府，官员有萨宝、祆正、祆祝、率府、史等，管理祆教。祆教又名拜火教，十六国时由波斯、中亚传入中国，唐朝长安、洛阳等地都建立了祆祠。此外，唐政府还允许摩尼教建大云光明寺，景教建立波斯寺，伊斯兰教建立清真寺，但无专门的管理机构。

宋朝佛、道二教都归礼部祠部司管理。各宫观、寺院的道士、僧尼，有一定名额，根据实际名籍，发给度牒（凭证）。鸿胪寺所属有寺务司和提点所，掌寺院的修葺（qì）之事。传法院，掌翻译佛经并润色文字。左右街僧录司，掌寺院僧尼账籍及僧官补授之事。南宋撤销鸿胪寺，其所属机构皆并入礼部。宋朝最高统治者对佛教从一开始就采取保护和扶植的政策。宋太祖下令开雕《大藏经》，太宗建立译经院和印经院，亲自作《新译三藏圣教序》，并支持修建不少寺院。真宗作《崇释论》，说佛教与孔孟“迹异而道同”。真宗、徽宗两朝，大力尊崇道教。真宗奉轩辕皇帝为始祖，并编造轩辕皇帝奉玉皇大帝（道教的天帝）之命授给他天书的神话，还在京师修建了玉清昭应宫，供奉玉皇、圣祖（轩辕）、太祖，太宗像。徽宗更以道教教主自居，要群臣拥戴他为道君皇帝。宋代道教宫观遍于名山。地方官对道士以客礼相待。宋廷把宫观作为安置退职老臣的场所。老臣退职后，令其管理道教宫观，以示优礼，无职事，挂名领取俸禄而已，叫做“祠禄”。如王安石以观文殿大学士为集禧观使，吕公著以资政政殿学士提举中太一宫。《宋史·职官志十》说：“宋制，设祠禄之官，以佚老优贤。先时员数绝少，熙宁（神宗年号）以后乃增置焉。在京宫观，旧制以宰相、执政充使，或丞、郎、学士以上充副使，两省或五品以上为判官，内侍官或诸司使、副为都监，又有提举、提点、主管。”

元代各种宗教都比较兴盛，其中尤以喇嘛教（吐蕃佛教）势力最大。至元初，立总制院，以喇嘛教萨迦派领袖八思巴领总制院事，并先后被尊为国师、帝师，掌管全国佛教事宜和藏族地区军政事务，从此一直到元末，世世以吐蕃僧为帝师。至元二十五年，改总制院为宣政院。帝师例领宣政院事，为全国佛教最高统领。帝师的法旨通行于全国各地僧寺。帝师而外，元廷还封若干“西蕃僧”为国师。至元二十八年，设江南行宣政院，治杭州。至顺年间，废行宣政院，立广教总管府于各地，共十六所，隶属宣政院。府设总管及达鲁花赤。元统二年，又废总管府，恢复行宣政院。地方上的僧官有僧录、正副都纲、僧正等，一般由政府任命僧人担任。度牒出家须由官府批准，但实际上私度僧尼也很普遍。除喇嘛教和内地佛教的传统各宗（如禅、教、律等宗）外，由佛教派生出来的有白云宗和白莲教。白云宗为政府承认，得以公开活动，发展很快。其中心在杭州南山普宁寺。白莲教产生于南宋初，有时得到元政府承认，有时又被禁止，但其信徒一直在不断增加。至元末，白莲教为红巾军起义所利用。道教在元朝建立前几次受到蒙古统治者打击。元朝建立后，道教才得到官府的承认和重视。道教各宗掌教的人选，由本宗上层推定后经皇帝批准赐印，有时也直接由皇帝委派本宗中之孚众望者担任。北方全真、真大、太一等宗领袖，必得在宫禁附近，号其人曰“真人”。全国性的道教事务，中央由集贤院兼管。地方上的道官主要有道录、道正、道判、提点等，多由政府任命道士充任。各宫观置主掌。道教在元代的政治地位仅次于佛教。元朝还设立崇福司管理也里可温（即基督教）。分布在全国各地的也里可温掌教司，一度达到七十二所。也里可温和其他宗教士一样，享有蠲（juān）免差发的优惠。元政府曾在中央设立回回哈的司，由哈的大师领之，掌管伊斯兰教，并在各地设有相应的机构。❶

明朝设立僧录司管理佛教。僧官有左、右善世二人，左、右阐教二人，左、右讲经二人，左、右觉义二人。又设立道录司管理道教。道官有左、右正一、二人，左、右演法二人，左、右至灵二人，左、右玄义二人。另有神乐观掌乐舞，供祭祀用，官员有提点一人，知观一人，隶属于太常寺。各府、州、县有僧纲、道纪等官，分掌当地佛、道教事务。僧侣分三等：禅、讲、教；道士分两等：全真、正一。僧、道名额，府不得过四十人，州三十人，县二十人。男非四十岁以上，女非五十岁以上，不得出家。僧侣有法王、佛子、大国师等封号，道士有大真人、高士等封号，赐给银印蟒玉，加太常卿、礼部尚书及宫保衔。受到特殊宠幸的，有封伯爵的。明朝皇帝信奉道教的风气很盛。嘉靖皇帝躬亲斋醮，不理朝政。道士邵元节本龙虎山上清宫道士，封为清微妙济、守静修真等，总领道教，赐金、玉、银、象牙印各一。清朝京师设僧录司，道录司，府设僧纲司、道纪司，与明制大体相同。

16 世纪以后，欧洲殖民主义者到我国沿海地区进行武装掠夺，同时，传

---

❶ 参考韩儒林主编：《元朝史》下册 350 页。

教士也来到了中国，从事宗教活动。天主教（基督教的一派）耶稣会传教士利玛窦于明万历十年奉派来中国。万历二十九年到北京，买通了宦官马堂，进呈自鸣钟等物，并与士大夫交往，主张将孔孟之道和宗法敬祖思想同天主教融合，结果得到神宗允许在北京建立教堂。清政府定都北京以后，居留北京的一部分西方传教士如汤若望等人，得到清朝皇帝的信任，被授予官职，掌管钦天监。康熙初年，全国有二十八个城市设有天主教堂，共有教徒十万余人。但直至鸦片战争前，西方传教士在中国的活动受到极大的限制。鸦片战争以后，外国教会势力迅速扩张。外国教士以传教和办学堂、开医院等文化、慈善事业为招牌，从精神上麻醉和奴役中国人民。他们出入官府，包揽词讼，制造“教民”与群众的纠纷，并经常向清政府提出撤换地方官吏的要求。1907 年，在所谓“基督教新教来华一百周年”时，仅美国传教士就有一千四百多人，占外国在华传教士总数的百分之四十。美国教会开办的学校达一千一百九十五所，占外国教会学校的半数以上。外国政府通过宗教活动有效地控制中国，而腐败无能的清政府对外国的教会活动已经无能为力了。

第十一节　技术管理

中国是在生产技术比较落后的情况下建立起初期国家的。夏代的农业生产，主要使用原始的木、石工具，也使用一部分骨器和蚌器。农具主要有耒耜（耕地翻土的工具）、臿（chā，掘土的工具，即锹）等。有简单的水利设施，用人工开挖的沟洫引水或排水。简单的农具由农民自己制造，自己使用。手工业主要有铜器铸造、酿酒和造车，都是为统治阶级服务的。从事手工业生产的，全是官府的奴隶，由家臣进行管理。房屋建筑采用夯（hāng）筑技术。

商代的农业生产技术，与夏代相比，没有明显的变化。农具基本上仍是木、石制成的。耒耜是普遍使用的基本农具。石铲、骨铲也比较常见。收获谷物则主要用石制的镰、铚（zhì，短小的镰刀），也有的镰是用蚌壳磨制而成。普遍的耕作方式是劦田，即三人协力，三耒共耕。这种耕作，可以用较原始的农具，对较大面积的土地进行翻土碎土，收到相对的深耕效果。王室直接占有的土地，由王室成员或家臣管理。手工业技术比夏代有较大的进步。最明显地表现在青铜器铸造工艺上。商代的铜器铸造业，分工比较细致，世代相传的工匠技艺专精超绝。其生产规模之大和技艺水平之高，是当时世界所罕见的。商代铸造的青铜器，以礼器、酒器和贵族用具居多，如鼎、鬲（lì），甗（yǎn）、簋（guǐ）、彝、卣（yǒu）、罍（léi）、尊等。其次是兵器，如戈、矛、戚、钺、刀、箭簇等。生产工具如斧、锯、钻、铲等，则比较少。商代为贵族服务的丝织业已相当发达，不仅能织造各种平纹的绢帛，而且还采用比较高级的提花技术织成菱形花纹的暗花绸，还有绚丽的刺绣。宫殿建筑不仅规模宏伟，而且有较规则的布局结构。

西周时期的农业生产技术有较大的进步。生产关系的变化，农奴有一定的人身自由和归自己支配的经济，生产兴趣的提高，是推动农业技术进步的主要动力。西周的农具虽然仍以木器、石器、骨器、蚌器为主，但已开始使用金属农具（主要是青铜器，可能有少量铁器）。由于农具比较锋利，耕作方法就有了改变。由商代的三人简单协作进化为两人一组的耦耕，即一人用脚踏耒入土，一人用手拉耜坺（bá）土，合力而耕，既省力，动作又快。金属农具的使用和耦耕的推广，使更多的荒地得到开垦。在耕作制度上，为了合理地使用土地的肥力，根据土地的整治程度，西周实行休耕轮作制度。初垦的生荒地称为“菑”（zī），耕作了两年的称为“新”，三年以上的熟田称为“畲”（yú）。无须休耕的上等好田叫不易之田；耕作一年休耕一年的一般田地，叫一易之田；耕作一年休耕两年的生荒田，叫再易之田。由生荒地逐步整治成为熟田，是耕作技术上的一大进步。在田间耕作方面，西周已逐渐向精耕细作发展，农奴们不仅掌握了深耕、熟耘、壅本等技术，而且懂得施肥和防治虫害。周王的领地设置称做“田畯”的官进行管理。西周的官府手工业比商代更为发达，种类更多，分工更细，因有“百工”之称。手工业主要为满足贵族的需要而生产，生产者大多是奴隶，由贵族的家务总管宰统一管理。具体负责手工技艺的，称为工师。《荀子・王制》说：“论百工，审时事，辨功苦，尚完利，便备用，使雕琢文采不敢专造于家，工师之事也。”在手工作坊中，还设有监工对奴隶劳动进行监督。在西周官府手工业中，冶铸青铜器仍是主要的部门。西周时期新的手工技术，主要有两个：一个是出现了冶铁业[1]，一个是瓦的制作。

春秋战国五百年间，我国的生产技术取得了突飞猛进的发展。冶铁技术在当时世界上居于遥遥领先的地位，发明了冶炼“铸铁”（即生铁）、铸铁柔化、渗碳制钢等先进技术。铁制工具在农业、手工业中普遍使用。农具有犁、铲、锛、臿、镢等，手工具有削、凿、斧、锤等。在农业中，铁农具已排斥木、石

---

[1] 参考郭沫若主编：《中国史稿》第1册254页。

农具而取得主导地位。铁器的使用，带来了农业技术一系列的重大进步，而其中最重要的是使用牛耕和兴修大型水利工程。铁还广泛应用于兵器（如矛、戟、剑等）的制造。春秋战国时期，以冶铁业为中心的技术进步，是诸侯并争形势下的耕战需要促成的，个体农民和手工业工人的大量出现，为技术的进步提供了广阔的社会源泉。一些个体手工业者，独立经营木工、车工、陶工、皮革工等小商品生产，由于经常受价值规律的刺激，生产技术的改进比较快。春秋后期的优秀土木建筑工匠、杰出的发明家鲁班，就是一个个体手工业者。墨家学派的创始人墨翟，是一个与鲁班齐名的著名工匠，他的弟子也都是个体手工业者。在各国官营手工业作坊中，一般实行三级监造制度。所谓三级，是指造者、主造者和监造者三级。[1] 直接生产者叫做“工”，“工”中包括刑徒、服兵役的更卒和雇用的个体手工业者。官营手工业比较重视技术规范。《考工记》一书，就是记述战国初期齐国官营手工业各个工种的设计规范和制造工艺的文献。春秋战国时期，各种手工业的生产技术普遍有所提高，如青铜铸造技术、建筑技术、髹（xiū，以漆漆物）漆工艺、琉璃（即玻璃）制作技术、酿酒技术、纺织技术等。还出现了一些新的器械发明，如司南（指南器）、硙（wèi，石磨）、弩、云梯（攻城时攀登城墙的长梯）、钩拒（舟战的工具）、巢车（探察敌情的瞭望车）等。

汉朝至武帝晚年，才重视农具和耕作技术的改进。主管农业的搜粟都尉赵过，总结了西北地区抗旱斗争的经验，推广了“代田法”。所谓代田法，是一亩中每步分三甽（quǎn，田间小沟），每甽宽一尺深一尺，一步宽六尺，三甽每年换位一次，能常保地力。甽中发出的土放置甽旁，称为垅。谷种播甽中，苗逐渐长大，耨（nòu，除草）草时拨垅土培苗根，到盛暑垅、甽都平，根深不畏风旱。实行代田法，每亩能增加产量一斛至三斛。赵过还创制了耦犁和耧（lóu）车。耦犁是一种二牛挽（wǎn，牵引）二犁，二人各扶一犁，一人牵引二牛的新式犁。耧车是一种播种器，能同时播三行。一人一牛，一天可播种一顷地。汉武帝对新的耕作方法和新式农具积极加以提倡，他命令大农官选取有技巧的手工业奴隶制造新农具，又命令全国郡守派遣所属县令、三老、力田、乡里老农，到京师学习新农具使用法和耕种养苗法。西汉末年，氾胜之（先任议郎，后任御史）总结了关中一带农民的耕作技术，写成《农书》（后世称《氾胜之书》）十八篇，其中最突出的是“区种法”。区种法是一种园艺

---

[1] 参考杨宽：《战国史》85 页。

式的耕作技术，把土地划成许多小区，集中使用水肥，精耕细作，可提高单位面积产量。在汉代的手工业中，冶铁业占有重要的地位。铁器的使用更加普遍，不仅用铁冶铸农具和手工工具，而且广泛用于冶铸兵器和生活器皿，基本上完成了生产工具和兵器铁器化的进程。冶铁技术也有进步，发明了彻底柔化处理和炒钢等先进技术。东汉南阳太守杜诗，主持设计并制造了水排（水力鼓风机），对冶铁技术作出了重大贡献。汉代钢铁生产技术发展到较为成熟的阶段，封建时期手工业生产的技术条件所能容许和社会生产所需要的钢铁生产技术，除灌钢外已基本齐备。我国封建社会所能冶炼的八种金属（金、银、铜、铁、锡、铅、汞、锌），除锌以外，汉代都已掌握其冶炼工艺。汉代为皇室、贵族、官僚服务的纺织技术和漆器技术，都有所提高。主要为军事服务的造船工艺日臻完善，其标志是楼船的出现。汉代技术进步的最大成就是发明了造纸术。主持这项伟大发明的，是掌管宫廷御用手工作坊的宦官蔡伦。蔡伦当时担任的职务是中常侍兼尚方令。

魏晋南北朝时期，战乱频繁，管理混乱腐败，农业生产技术基本上没有新的变化。由于北方部分农民的南迁，给原来农业生产技术非常落后的南方，带去了北方比较先进的生产技术，促进了南方的开发。北方黄河流域中下游，是我国古代农业最发达的地区。北魏后期担任过郡太守的贾思勰，总结、记载了西周以来，特别是当时的农业生产技术，写成《齐民要术》一书，具有很高的科学价值和实用价值。这一时期手工技术的突出成就，是灌钢法的发明和应用。这种方法是将生熟铁混杂起来冶炼，到一定火候，生铁先熔化，渗淋入熟铁中，然后取出反复锻炼，就成为优质钢，用来制造宝剑和刀、镰。最早记述这种炼钢方法的，是南朝的陶弘景。而北朝的綦毋（qí wú）怀文，也是灌钢法的发明家和冶炼家之一。三国时魏国有一位大的机械发明家，叫做马钧。他发明了新的绫机，设计制造了一种新的灌溉工具——翻车，又设计了新式弩机和新的攻城武器——轮转式连续抛石机，还复制了已经失传的指南车。值得注意的是，灌钢法的发明和记载，马钧的种种发明，几乎与封建国家的技术管理没有关系。直到魏晋南北朝时期，国家还没有管理技术的机构和官职，除极少数例外，绝大多数统治者对技术漠不关心。对灌钢法作出重大贡献的陶弘景和綦毋怀文，都是著名的道家，喜爱“道术”。陶弘景曾做过南齐宫中侍读，綦毋怀文曾做过北齐的信州刺史，都与冶炼技术无关。马钧是一个天才的发明家，只做了一个无具体职事的宫廷侍从官——给事中，他的才能和技术发明无用武之地。他发明的翻车，仅能用于浇灌宫廷园地。两种新式武器，由于统治者不重视，都未能试制和推广。马钧的朋友、文学家傅玄深为感慨地说：“此既易试之事，又马氏巧名已定，犹忽而不察，况幽深之才，无名之璞（pú，蕴藏有玉的石头）乎？后之君子其鉴之哉，马先生之巧，虽古公输般（即鲁班）、墨翟、王尔，近汉世张平子（即张衡），不能过也。公输般、墨翟皆见用于时，乃有益于世。平子虽为侍中，马先生虽给事省中，俱不典工官，巧无益于世。用人不当其才，闻贤不试以事，良可恨也。”❶

隋朝在建筑技术和造船技术上有较大的进步。修建长安城和洛阳城，是隋朝的两项巨大的城市建筑工程。这两项工程的主要行政长官和总设计师，都是著名建筑家宇文恺。长安新城于开皇二年六月开始破土兴建，到第二年三月就初步竣工。其工程规模之宏大，规划之完整、严谨，施工速度之快，都是非常突出的，表现出宇文恺的高度建筑艺术和组织才能。洛阳城气势宏伟，宫殿比长安新城更加富丽堂皇。具有很高建筑艺术的赵州石拱桥，是一位普通工匠李春设计监造的。但杰出的建筑家李春和他设计的赵州桥，没有引起当时统治者的重视。直到唐朝开元年间中书令张嘉贞才在《安济桥铭》中提到李春的名字。隋代的造船技术，达到很高的水平。杨素督造的五牙大战船，船上有五层楼，高百余尺，左右前后设置六个拍竿，高五十尺，可以拍击敌船。炀帝游江都时所造的龙舟等船，不但船身高大，而且制作精巧，雕刻奇丽。其中以龙舟造作最精，高四十五尺，阔五十尺，长二百尺；船身分四层，上层有正殿、内殿和东西朝堂，中间两层有一百二十个房间。

唐代的农业生产工具，有一些改进和创新，比较明显的是犁和灌溉工具。犁铧上部加宽，装有犁壁。耕田时，犁壁可以推开犁铧翻起的土块，便于深耕。灌溉工具有连筒、桶车、筒车、水轮等新的发明。这些都是农民在生产实践中逐渐摸索改进或创新的。唐代的文化、教育有很大的发展，但手工业生产技术的进步却不多。其主要原因是生产技术不受重视，技术工人社会地位低，更无职业的技术人员。从国家管理的角度来考察，可以看出以下几点：(1) 在宫廷附近，设有翰林院，为各种技艺人员的待诏之所，备皇帝随时顾问。这些技艺人员包括“词学、经术、合炼、僧道、卜祝、术艺、书奕”❷ 等，唯独没有生产技术人员。(2) 唐代的学校教育很发达，却没有一所培养技术人员的学校。(3) 读书人热衷于读经书，写诗赋，参加科举考试；考试科目有几十

❶ 《三国志·魏书·方技传》注，《三国志》808 页。

❷ 《旧唐书·职官志二》，《旧唐书》1853 页。

个，但没有技术科目。(4) 官府手工业工人以官奴婢、刑徒为基本队伍。唐代有技工培训的制度，如“钿（tián，以金、银、介壳之类镶嵌器物）镂之工教以四年，车路（车）乐器之工三年”等等❶，培训的对象主要是官奴婢和官户（官奴婢经赦宥改为官户）。(5) 民间手工业户有为官府服役的制度。一旦被官府作坊征调服役后，就不能改变其职业和服役名色，也无权参加科举考试其社会地位低于均田农民。(6) 官府手工业生产的产品不是以出卖和赢利为目的，主要是为了供给宫廷、贵族、官僚、官府的消费和使用，分工很细，不计成本，不计工时，没有竞争的刺激，是十足的封建性作坊。唐代的技术进步，值得一提的是雕版印刷术的发明。这种新技术，是从民间创造并发展起来的，在唐代仅用于印刷佛像、历书、占梦、相宅、字书等，官府几乎没有使用（可考者唯作商人纳税凭据用的“印纸”）。

宋朝农业生产的重心在秦岭、淮河以南地区。粮食产量的增加主要依靠下列因素：千方百计扩大高产作物水稻的种植面积；培养和推广优良的水稻品种——占城稻；推广圩田和梯田，创造新式插秧工具——秧马等。宋朝的技术发明和应用，取得了突破性的发展。对世界文明作出重大贡献的我国古代四大发明，有三项都是在宋代完成并推广应用的。其主要原因是：文化知识更加普及；工匠的社会地位有所提高，所受封建人身束缚有所松弛，官、私营作坊的劳动者以雇佣工匠为主，独立手工业者的数量大大增加，从事商品生产的手工作坊更有所发展；由于科举考试取消了门第、乡里等限制，扩大了仕途和知识分子队伍，知识分子中一些具有务实思想的人，十分注意对有关科学技术问题的考察和研究，有一些考场失意、仕途无望的知识分子，也把兴趣转向科学技术方面等。而更为重要的原因是：朝廷对技术发明比较重视，给予奖励和支持。如冯继升进火箭法，赐衣物束帛；唐福献火器，造船务工匠项绾（wǎn）献海战船式，各赐缗钱；石归宋献弩箭，增月俸；焦偓（wò）献铁槊（shuò，长矛），迁本军使；郭谘造战车、弓弩，除钤辖等。有的发明创造，能及时加以采用、推广。如各种新式船型设计以后，往往降下船样，命沿江沿海仿造。有关国防方面的科技发明更受重视，“凡知军器利害者，听诣（军器）监陈述，于是吏民献器械法式者甚众”❷。中国最早的火药是术士们在炼制丹药时无意中配制出来的。唐末已用于军事。但把火药广泛应用于军事，则

---

❶ 《新唐书·百官志三》，《新唐书》1269 页。

❷ 《宋史·兵制十一》，《宋史》4914 页。

是从宋朝开始的。北宋政府在开封设置"广备攻战作"，专门制造战争物资，其中有火药、沥青、猛火油等。北宋中期编成的《武经总要》一书，记载了三种不同用途不同比例的火药配方，当时已经熟练地掌握了火药的性能。宋代出现的用火药制作的武器，有火箭、火炮、管形火器等。指南针是从战国以后的司南发展来的。据沈括《梦溪笔谈》记载，北宋时有四种不同装置的针型指南针。把指南针用于航海，大约始于北宋末年。徽宗宣和五年（1123 年），北宋曾组织一支庞大的船队出使朝鲜，徐竞是使者之一。他在《宣和奉使高丽图经》一书中，已有用指南浮针测向的记载。南宋时，更出现了将指南针安装在刻有度数和方位的圆盘上的罗盘针。仁宗庆历年间，布衣（平民知识分子）毕升在雕版印刷术发展的基础上，发明了活字印刷术，可惜这项发明在当时并未引起朝廷的重视。在某些领域，技术已发展成为科学，即技术科学。苏颂的《新仪象法要》，是一部天文仪器制造技术的专著。李诫的《营造法式》，则是一部建筑技术专著。李诫是一位建筑技术专家，在将作监（主管土木建筑工程的机构）供职十三年，主持营建了不少有名的城门、宫殿、府邸、寺庙等大型土木建筑工程。《营造法式》一书，是他受命编修的，大约用了二十年的时间，于徽宗崇宁二年颁行。

元朝政府从忽必烈起，就推行重视农桑的政策。早在中统二年（1261 年）就设立劝农司，派出许多劝农使分赴各地整顿农桑。至元七年（1270 年）成立司农司，专管农桑水利。同年改为大司农司，主管长官的级别由从三品提高到正二品。为了推广当时先进的耕作技术，使农户掌握节气，大司农司遍求古今所有农家书籍，择其切要，编成《农桑辑要》一书，于至元二十三年（1286 年）颁行各路。此书在元代多次刊印。仅文宗至顺三年（1332 年）就曾印行过一万部。由于朝廷的重视和提倡，元代有关农业科学的专著共有十来种之多。有的地方官员，不仅汲汲以农桑为务，而且孜孜从事农业科学技术的研究和著述。在这一类官员当中，王祯是最突出的一个。王祯担任过两个县的县尹。他在任期间，一面积极提倡农桑，奖励垦耕，重视农具的改良和推广，并亲自设计、创制了一些先进的农机具；一面精心著述，编写《农书》。《农书》是一部有独到见解的农业科学著作。书中注意总结劳动人民的生产经验，特别是改进农具的经验。14 世纪初在我国出现的大量新式农具，如耧锄、耘耥（tǎng）、牛转翻车等，在《农书》中都有比较详细的记载。畏兀儿族农学家鲁明善，在担任安丰路（今安徽寿县）肃政廉访司官员时，劝督农事是其职责之一。鲁明善对江淮地区的农业情况作了深入的调查，并结合研究以往的农书，写出了《农桑衣食撮要》一书。元朝统治者为了满足对军需武器和日用工艺品的需要，建立了规模空前的官办手工业，集中了大量的手工工匠。在手工技术的各个方面，都取得一些新的成就。如新式武器火铳（chòng）的发明和使用；能制造载重四、五百吨的海船；冶铁业使用木制风箱；制盐业中晒盐法的采用；纺织业中织金技术的传入；酿造业中蒸馏法烧酒的传入和制作等。棉纺织业主要是从民间发展起来的。出身于贫苦农民家庭的黄道婆，把海南岛黎族人民比较先进的棉纺织技术带回长江流域，对推动棉纺织业的迅速发展，作出了很大的贡献。

我国封建社会发展到明代，农业、手工业技术和航海技术等方面在当时世界上仍都保持领先的地位，但创新和突破不多，基本上处于停滞的状态。明末，徐光启著《农政全书》，宋应星著《天工开物》，全面系统地总结了我国古代农业和手工业的生产技术。清朝是我国封建专制统治的最后一个政权，越来越腐朽、反动。政治上的严密统治，文化上的极端专制，经济上的自给自足，外交上的闭关锁国，堵塞了技术上进一步发展的道路。几乎与清王朝建立的同时，英国进行了资产阶级革命，西方进入了资本主义新纪元。从 18 世纪 60 年代（正值清乾隆朝）开始，英国又进行了资本主义工业革命。工业革命的基本内容是用机器生产代替手工操作。1840 年的中英鸦片战争，不仅是两种社会、政治制度的较量，而且是不同技术水平的较量。较量的结果，清政府失败了。从 19 世纪 60 年代开始，清朝统治集团内部形成了一个洋务派。洋务派在维护封建专制统治的大前提下，兴办了一些新式工厂和企业，从西方引进了机器织布、转炉和平炉炼钢、电报、火车、轮船等新技术和新设备。但新技术并不能使垂死的封建专制统治返老还童，相反，腐败的专制统治是先进技术发展的严重桎梏。如慈禧太后不顾民族的存亡，把海军经费挪用修建颐和园。甲午海战，中国惨败于日本，宣告了洋务运动的彻底破产。

中国古代的技术，主要是由官府控制和管理的，并主要是为统治阶级服务的。在封建制时期，国家集中了大量人力物力，发展官办手工业。由于技术力量集中，分工精细，物资雄厚，因而创造出一些高水平的技术。但从总体来看，统治阶级对技术是轻视的，把技术看作“奇技淫巧”。国家在许多技术领域经常处于垄断的地位，对民间的技术发明往往采取排斥或限制的政策。在庞大的官僚机构中，没有专门的管理技术的部门。绝大多数知识分子热心于读书做官，而对技术漠不关心。直接从事生产的农民和手工业者，文化落后，社会地位低下，没有人身自由。所有这些，又是对技术进步极其不利的。

第十二节　文化管理人才评介

张衡

东汉大科学家，两度担任太史令，前后达十四年之久。太史令是主持观测天象、编订历法、调理钟律（计量和音律）等事务的官员，为太常卿的下属。张衡少年好学，曾游历京师，观太学，遂通《五经》，贯六艺。虽才高于世，而无骄尚之情。常从容淡静，不好交结俗人。和帝时，举孝廉不行，连辟公府不就。后历任郡太守主簿、郎中、太史令、公车司马令、侍中、王国相等职。张衡在太史令任上，写出了《灵宪》、《灵宪图》、《浑天仪图注》等天文学著作，创造了浑天仪、候风地动仪等精密的天文仪器，对天文理论、天象、地震观测等作出了不朽贡献。张衡还制造过指南车和记里鼓车等机械，著有数学名著《算罔论》。张衡博学多能，全面发展，他又是大文学家和名画家。他青年时代用十年时间精心创作的《两京赋》，为人们广泛传诵。他的画很出色，被誉为东汉四大名画家之一。张衡多方面的成就，是与他高尚的为人品格分不开的。他淡于禄位，不畏权贵，为官清正，忠于职守。在《应间》一文中，他抒发自己的情志："君子不患位之不尊，而患德之不崇，不耻禄之不夥，而耻智之不博。""捷径邪至，我不忍以投步；干进苟容，我不忍以歙（xiè，敛）扇。"❶

王叔和

西晋太医令。东汉名医张仲景弟子。任太医令时，曾编辑张仲景的《金匮要略》和《伤寒论》等书。还对秦汉以来诸家切脉经验进行总结，著《脉经》十卷。将脉的生理、病理变化列为脉象二十四种，如浮、沉、迟、数（shuò，脉来急速，一息六至）、滑、涩、虚、实等。浮表明病在表，沉则病在里，迟则病属寒性，数则病多热症，如此等等。这是中国医学望、闻，问、切四种诊断途径中最关键的一种。根据不同的脉象，判断疾病的种类，奠定了脉学的理论基础。《脉经》不仅在中国医学史上占有重要的地位，而且对世界医学产生了广泛的影响。早在公元 562 年，我国脉学就传到朝鲜、日本。公元 1313 年，波斯编纂了一部中国医药百科全书，其中就有《脉经》。到了十七世纪，《脉经》被译成多种文字在欧洲广泛流传。

---

❶ 《后汉书·张衡传》，《后汉书》1901 页、1906 页。

郭守敬

元代大科学家，曾先后担任同知太史院事、太史令、昭文馆大学士知太史院事等职，主持天文历法方面的工作。在制定《授时历》中，郭守敬的贡献最大。为制定好新历，郭守敬仔细研究了自西汉以来的七十种历法，一一肯定了他们的成就。他制作了简仪、高表、候极仪、浑天象等十二种新仪器，进行了大量的科学观测，作为制定新历的依据。因此，《授时历》是我国古代最精密、最优秀的一部历法。《授时历》编成后，郭守敬对观测资料进行了整理，编制了数据用表，并进而集中精力从事著述，先后撰成《推步》、《立成》、《历议拟稿》等天文书稿十多种，一百多卷。郭守敬还曾长时间担任水利工程的领导工作，历任提举诸路河渠、副河渠使、都水少监、都水监、工部郎中等职。在郭守敬的参预下，疏浚了唐来、汉延等大小古渠八十多条，并且设计兴建了许多闸、坝。这些水利设施，设计科学，技术精湛，效益显著，促进了当地农业生产的发展。由于郭守敬的突出贡献，元成宗大德七年朝廷订官员七十退休的制度，唯独郭守敬例外。此后，翰林太史司天官不行退休，成为传统。郭守敬在世界天文学史上也享有崇高的地位。1970 年，国际天文学会曾命名月球背面的一个环形山为郭守敬山。

第六章　军事管理

第一节　中国古代军事发展概况

原始社会后期，由于原始农业的发展，开始有一定的财富积累，土地在经济生活中也越来越显得重要。为了争夺土地和掠夺财富，部落之间出现了战争，因而有了军事。恩格斯说："邻人的财富刺激了各民族的贪欲，在这些民族那里，获取财富已成为最重要的生活目的之一。他们是野蛮人，进行掠夺在他们看来是比创造的劳动更容易甚至更荣誉的事情。以前进行战争，只是为了对侵犯进行报复，或者是为了扩大已经感到不够的领土；现在进行战争，则纯粹是为了掠夺，战争成为经常的职业了。"❶ 在中国古代的传说中，夏国家产生之前，有过共工和蚩尤的战争、黄帝和蚩尤的战争、黄帝和炎帝的战争以及尧、舜、禹和三苗的战争。禹领导的部落联盟取得了对三苗战争的最后胜利，为夏国家的产生创造了历史前提。禹子启讨伐有扈氏的成功，使禹的家族初步建立起"家天下"的统治。夏国家的君主是由军事首领发展来的。那时还没有常备军的设置，士兵多是夏族成员，平时生产，战时作战。听命立功者给予厚赏，违命失败者予以重罚。夏代的兵器有弓、矢等，传说禹时"以铜为兵"，即用铜铸造武器。《世本》说"季杼（shù）作甲"，这至少说明，季杼（少康子）时制造的甲（战士的护身衣）已比较出名。

商朝的建立，也是由军事上的胜利开辟了道路。商汤灭夏以前，商族一直臣服于夏，对夏有贡纳关系。夏朝末年，商族逐渐强盛起来。商汤首先翦除夏朝的一些羽翼，"十一征而无敌于天下"。❷ 最后与夏桀决战于鸣条（今河南封丘东）之野，夏军溃败，商朝取代了夏。商汤在推翻夏朝的过程中，又不断向四方征伐，大大扩展了统治区域。商朝以武丁在位的五十多年最为强盛，连

❶ 《家庭、私有制和国家的起源》，《马克思恩格斯选集》第4卷160页。

❷ 《孟子·滕文公下》。

连对外用兵。用兵的重点主要是西北方面舌方、土方和鬼方。出兵人数一般为三千至五千人，最多达一万三千人。商王的家族和朝廷中贵族的家族，即所谓“王族”和“多子族”，是军队的骨干力量。军队由商王和贵族直接统率。兵器有青铜制的戈、矛、戚、钺、刀、箭镞等。商代后期，战车已成为作战的主力。每辆战车驾马两匹，有甲士三人：一人御车，一人持戈或矛，一人操弓箭。战车两旁和后面跟着徒兵数十人。

周族从古公亶父起臣服于商。古公亶父幼子季历曾被商王任命为牧师。随着周族的日益强大，文主时已积极从事灭商的准备。武王即位后，又经过近两年的周密筹划、部署，便集中全力与商朝决战。周族出动兵车三百辆，虎贲（周王的近卫军）三千人，甲士四万五千人，并联合庸、蜀、羌等部落的军队，进至牧野（今河南淇县南），一举打败了商军，纣王自焚身死，商王朝随之瓦解，周族开始在中原地区建立起自己的统治。周朝建立不久，发生了武庚与管叔、蔡叔等共同发动的大规模武装叛乱，由周公亲率大军东征，经过三年的残酷战争，才把叛乱平定下去，周族的统治也才逐渐得到了巩固。周朝实行分封制，是以军事占领为前提的，并以军事镇压为后盾。西周的常备军比商代大大增加，王族和亲族的全体成年男子，全部编制成常备军，并改编一部分原商朝的军队。周王直接控制的军队，分为两部分：一部分直接警卫主宫，由经过挑选、训练的勇士组成，称为虎贲；另一部分是镇守军，分别驻扎在丰、镐（hào）和雒邑。丰、镐驻六个师，称为“宗周六师”或“西六师”。雒邑驻八个师，称为“成周八师”或“东八师”。诸侯国和大夫的封邑还各有自己的军队，平时驻守本地，战时归周天子统一调动和指挥。西周的军队集中住在城内、邑内，军事编制和行政组织是一致的。军队的组成，以战车为单位，一辆战车叫做一乘（shèng）。每乘马四匹，甲士三人，徒兵十人。设置司马管理军事行政事务。兵器以青铜铸造的戈、矛等为主，又出现了结合戈、矛特点铸成的戟（jǐ），而戟是商代所没有的。战时的军事将领由王或公卿担任，参战军队分为中、左、右三军，主帅直接指挥中军并总领三军。西周时对外用兵，主要是南方的荆楚和西北的犬戎。昭王、穆王、宣王都曾亲自率军出征，但收获少而损失重。昭王第二次南征，麻痹轻敌，他本人落水淹死，周军大部丧亡。宣王讨伐姜戎，从南方属国征调的军队又全部被歼。两次惨败，使周王朝元气大丧。幽王时，王室内乱招致犬戎入侵。此时王室军事力量已非常虚弱，幽王被杀于骊山下。

春秋时期，周天子在军事上失去号令诸侯的地位和权力。在诸侯国之间，在大夫之间，在华夏国家与蛮夷国家之间，进行着以兼并土地为核心内容的战争。军事成为各国的头等大事，战争越来越频繁激烈。拥有小块土地的个体农民成为军队的主力。一些有军事指挥才能的平民被选拔为将领，并涌现出大军事家和军事科学著作。在军事争战中，出现一些不稳定的军事联盟，国势强盛并受其他国家拥护的国君，就成为联盟主，称为“伯”（霸）。兼并战争的结果，许多小国、弱国灭亡了，少数大国、强国迅速扩展自己的领土。春秋时期的战争，仍以车战为主，但战车的组织有变化。兵车一乘，马四匹，甲士十人，步兵十五人。甲士中有三人立车上，左边的用弓箭，右边的用矛，中间的驭马。这三人通称甲首。其余甲士七人，在车旁步行。步兵十五人在车后，另有步兵五人保护辎重车。兵车一乘，共有士卒三十人。兵器、盔甲、车马平时都由国家统一收藏、管理，战时发给兵士。辎重车有火夫十人，看守五人，马夫五人，打柴挑水五人，共二十五人，都是不能作战的老弱者。每兵车五乘，有辎重车一乘（用牛驾车）。❶ 晋、郑两国为适应山地作战，另有步兵的建置。仅据《春秋》记载，在二百四十二年间，列国进行的战争共四百八十三次。其中著名的战争有周、郑之战，齐、鲁长勺之战，宋、楚泓水之战，晋、楚城濮之战、邲之战和鄢陵之战，秦、晋殽（yáo）山之战，齐、晋鞍之战，吴、楚柏举之战，吴、齐艾陵之战，吴、越槜（zuì）李之战和夫椒之战等。频繁而残酷的战争给广大人民带来了沉重的苦难，但也促进了地区性的统一和民族的融合，并在一定程度上促进氏族制残余的瓦解，把中国社会向前推进了一大步。列宁曾经指出：“历史上常常有这样的战争，它们虽然像一切战争一样不可避免地带来种种惨祸、暴行、灾难和痛苦，但是它们仍然是进步的战争，也就是说，它们促进了人类的发展，加速地破坏极端有害和反动的制度。”❷ 春秋时期的兼并战争就属于这种性质。

战国二百多年间，是强国争战的时代，军事斗争空前激烈、残酷。各国普遍实行郡县征兵制度。征兵的对象，主要是十五岁到六十岁的农民，有的国家（如秦）也征发一部分低级官吏。战争一旦发生，凡属适龄的男子都有可能被征调去作战。各大国可供征调的兵员，秦、楚达百万，魏、赵、韩、齐、燕等国皆数十万。征兵以郡县为基本单位。除战时征发的兵员外，各国还有一定数量的常备兵。这些常备兵都是经过挑选、训练的勇士，称为“选练之士”、

---

❶ 参考范文澜：《中国通史》第1册132页。

❷ 《列宁全集》第21卷279页。

“持戟之士”、“教卒”、“练卒”、“武卒”、“技击”等，由国家供养，是作战的中坚力量。兵种以步兵、骑兵为主，战车部队退居次要地位。矛、戟、剑等武器逐渐由铜制改为铁制，并开始使用铁胄和铁甲。弩机、云梯、钩拒等新式武器也较多的应用。随着进攻武器的进步，防御装备和设备也相应有所发展。各国在边境和交通要道上都利用山水之险建设关塞，派军队防守，设官吏管理。还在关塞和边境设立亭、障守望，设烽、燧报警。各国大都在边境修筑了长城。战争的规模越来越大。春秋战国间，用兵的数量最多为十万左右。战国中期以后，参战军队数量既大大增加，死伤也多。如：公元前 293 年秦将白起大破韩、魏联军于伊阙，斩首二十四万；公元前 260 年长平之战，秦俘虏并活埋赵军四十多万；公元前 251 年燕攻赵，起兵六十万；公元前 224 年秦将王翦带领六十万人攻楚等。在战争中，军事将领和军事科学愈益显示出特殊的作用。军事学是战国时代最发展的学问之一。汉初张良、韩信整理兵法书，共得一百八十二家，其中战国时代的军事家占大多数。在军事管理上，权力集中于国君之手。有的国家（如秦、赵）设置国尉掌管日常军事行政事务，而以都尉管理地方军务；又有的国家（如楚、赵）设置柱国掌管首都防务，而以郡守掌管边境防务。作战时的将领则由国君临时任命。国君用虎符调动军队。虎符是铜制的，一分为二，可以验合。右符留王所，左符授将领。将领如无王符，就不能发兵。秦国规定，地方上发兵超过五十人，就必须有王符。各国的军队大都有严密的组织和严格的赏罚制度，而以秦国的制度最为系统、健全。秦国军队以五人为一伍，五十人设有“屯长”，一百人设有“百将”，五百人设有“五百主”。当时规定：一伍中有一人逃跑，其余四人都要受刑罚；如果谁能斩得敌人一颗首级，就可免除刑罚。屯长以下的士卒，按个人斩得敌人首级数目赏给爵位；屯长以上的指挥官则按所属部队斩得敌人首级数目赏给爵位。百将、屯长在作战中如果得不到敌人首级，要处死；如果得到敌人首级三十三颗以上，就可以升爵一级。军功爵位共二十级。军队中地位最低的兵叫“小夫”，没有爵位。兵士立有战功，授予一至四级爵位的，仍属于兵的身份；授爵至五级以上，就有了官的身份。秦国规定行政官吏都要打仗。[1] 秦国由于政治、经济改革比较彻底，特别是客卿制度和军功爵制度运用比较成功，国力在东方六国之上。从公元前 230 年开始，用了整整十年的时间，逐个消灭了东方六国，初步建立起中央集权的统一国家。

---

[1] 参考杨宽《战国史》233、237 页。

秦王朝建立后，为了防止人民的武装反抗，把缴获的六国武器和没收的民间武器全部加以销毁，在咸阳铸成十二个各重千石的钟鐻（jù）铜人。京师治安由中尉负责，地方治安由郡县尉、乡游徼（jiào）、亭长等负责。尉、游徼、亭长掌管弓、弩、戟、楯、刀、剑等兵器。军队主要用于戍边。秦始皇派蒙恬率军三十万人抗击北方的匈奴，后又派长子扶苏监督蒙恬军。还征发民工数十万人修筑万里长城，把过去秦、赵、燕三国的长城连接起来。同时，秦始皇派尉屠睢指挥五十万大军，分五路南下，经过几年的战争，终于征服了越族。又迁徙五十万人戍守五岭。秦王朝的暴虐统治，激起了农民的武装反抗。陈胜、吴广首先揭竿而起，举起了中国历史上第一次大规模的农民战胜的旗帜。在农民反秦斗争的影响下，有一些六国旧贵族和秦的下级官吏，也加入了反秦的行列。旧贵族以项梁、项羽为代表，下级官吏以刘邦为代表。陈胜、吴广相继牺牲后，项羽、刘邦领导的两支起义军成为反秦的主力。秦王朝灭亡后，中国又一度陷入分裂混战的局面。项羽、刘邦之间经过五年的争战，最后刘邦获胜，建立了汉朝。

汉朝建立后，将原有的军队官兵复员为民，根据军功爵位的高低，赐给数量不等的土地。凡军吏卒爵在大夫以下或无爵者，皆赐爵为大夫（第五级爵）；位在大夫以上者，晋爵一级。爵在七大夫（公大夫，七级爵）以下，免除全家赋役；七大夫以上者，分给食邑。但对已经分封为王的高级将领，如韩信、英布、彭越等，则以谋反为借口，逐个加以消灭。又用征兵制的办法组建新的军队。征兵的具体办法是：凡年龄为二十三到六十五岁的男子都要服兵役，役期为两年。一年为材官、骑士，即在本地当一年“正卒”，接受军事训练，充当郡国的常备兵；一年为卫士，即到京师或到边境当一年“戍卒”。服役期满以后，如果战争需要，还必须随时听从征发，至五十六岁方才免役。军队的部署分为中央军和地方军。中央军守卫京师和皇宫，由三部分组成：一是郎中令统领的郎官，负责宫中殿内警卫；二是卫尉统领的卫士，负责殿外宫墙内的警卫。卫士住长安城内未央宫，未央宫在城内南面，故称南军。三是中尉统领的屯兵，负责守卫京城。屯兵住长安城内之北，所以称北军。地方军亦称郡、国军。大体沿袭秦制，因地理不同而设置不同兵种。一般内地诸郡多材官（步卒），平原有轻车，沿江海诸郡多楼船，西北边郡则多骑士。郡兵由郡守直接掌握，郡尉协助。诸侯王国之兵，则领于王国中尉。每年八九月，郡国兵要举行一次大规模的军事演习，由太守、都尉等检阅地方武力，叫做都试，又称秋射。通过考核，给军士划出等级，上等叫最，下等叫殿，合称“课殿最”。战时，用铜虎符征发军队，由皇帝或皇帝任命的将领指挥。汉初，北方匈奴的侵扰是主要的外来威胁。高祖七年，匈奴大军围攻晋阳（今山西太原），刘邦亲率军三十余万迎战，被围困于平城白登山（今山西大同东北），达七日之久，和主力部队完全断绝联系。后用陈平计，向单（chán）于阏氏（yān zhī）行贿，才得脱险。汉高祖迫不得已采纳娄敬的建议，对匈奴实行“和亲”政策，此后相沿七八十年。景帝时，爆发了同姓诸侯王的吴、楚等七国的叛乱。吴王濞把封国内十四岁至六十二岁的男子二十余万人编成军队，亲自率领作战。景帝派太尉周亚夫、大将军窦婴等率大军迎击。周亚夫采用重兵坚守、以轻兵断绝吴楚军粮道的策略，平定了这场叛乱。汉武帝时，专制集权大为加强，经济实力空前雄厚，军事实力也显著增长。当时，政府拥有的马匹已达几十万匹，汉武帝在此基础上组织训练了一支强大的骑兵。在军队建设和管理上，汉武帝大大加强中央常备军的建置。在北军中创建屯骑、步兵、越骑、长水、射声、虎贲、胡骑等七校尉，常驻京师，由召募而来。七校尉兵都统于原有的中垒校尉，所以又合称八校尉。八校尉每校兵力为数百人至千余人。另派监军御史控制北军。汉武帝还扩大郎卫的编制，增设期门军、羽林军。期门军约千人，羽林军七百人，归光禄勋掌管。在军事力量增强以后，汉武帝以卫青、霍去病为主帅，对匈奴进行大规模反击，经过三次大的战役，反击匈奴的战争取得了决定性的胜利。从武帝开始，军事指挥大权主要落入外戚之手，这是导致王莽篡汉的重要原因之一。同时，社会矛盾日益尖锐，农民暴动在武帝时已在局部地区发生，到西汉末年和王莽建立的新朝，又一次爆发了全国性的农民大起义。农民起义军的领导权，有的掌握在农民手中，有的掌握在地主手中。起义军总数约百万人。起义军与王莽的军队在昆阳（今河南叶县北）大战，取得辉煌战绩，王莽的主力被歼，创造了我国军事史上以弱胜强的著名战例。但农民战争的胜利果实为西汉皇族刘秀所篡夺。

东汉建立后，光武帝一反汉高祖以功臣任丞相执政的办法，不给功臣实权实职，剥夺他们的兵权。功臣除担任边将外，多在京师以列侯奉朝请，只有邓禹、李通、贾复等少数人，得与公卿参议大政。为了减少开支，中央军的编制、名额略有并省。如光禄勋省车、户、骑三将，卫尉省旅贲令，北军八校尉并省为五校尉，在重要的沿边地区，设置边防军，为中央军的一部分，主要由乌桓校尉、度辽将军、匈奴中郎将、护羌校尉等统率。地方征兵基本取消。裁撤郡都尉，并其职于太守。各地有一定数量的募兵，由郡太守或刺史率领。募兵制的盛行，给豪强地主以发展私人武装之机。章帝以后，军事指挥权操于外戚、宦官之手。东汉时期，羌族人民发动了三次大规模起义，前后延续五六十年，东汉王朝派大军进行残酷镇压。明帝、和帝时，东汉政府还出兵向北匈奴大举进攻，连战皆捷，取得重大军事胜利。东汉末年，爆发了中国历史上第三次农民大起义。这次大起义，组织严密，声势浩大，但由于拥有强大武装的军阀和官军的共同镇压，起义军相继失败。在镇压农民起义的过程中，豪强地主的私家武装由隐蔽转为公开，并大大加强；州郡官吏也纷纷扩大势力。为了防范农民军和加强对州郡的控制，东汉政府把一些重要地区的刺史改为州牧，选择有名望而又可靠的宗室和其他的列卿、尚书担任，给以一州的军政大权。上述因素都助长了军阀割据势力的发展，遂酿成空前激烈的军阀大混战，使社会生产受到前所未有的大破坏，人民遭到了极大的灾难。军阀混战的结果，最后形成了魏、蜀、吴三国鼎立的局面。

三国的形成，是军事力量暂时处于均势的结果。三国为巩固自己的统治，都在军事管理上进行了一些改革。为保证有比较稳定的兵源，三国都实行了世兵制即职业兵的制度。曹操在镇压青州黄巾军时，收得降兵三十余万。从中选拔精锐，扩充自己的军队，组成新军“青州兵”。战事基本结束后，曹操推行大规模屯田，让士兵和他们的家属（即所谓“士家”）从事农业生产，这就是军屯。军屯的基本单位是营。每营六十人。士家另立军籍。士兵的子弟被称为“士息”，要父死子继，兄死弟代，世世当兵。士女必须嫁给士，寡妇由官府作主再配给士。士逃亡，妻子要被没为官奴婢或处死。“士家”子弟除极少数立功封爵者外，一般不能做官，也不能免除士籍。士家的身份低于一般农民。魏国的军队亦有中央军和地方军之分。中央军分为中军和外军。中军宿卫皇宫，拱卫京师，由中领军和中护军率领，分为武卫、中垒、中坚、骁骑、游击等新五营（以别于东汉以来的屯骑、步兵、射声、越骑、长水五营）。外军驻防各地，设都督诸州军事（加征东、征南、征西、征北、镇东等将军之号）为统帅。设大将军都督中外诸军，即中央军的最高统帅。地方兵即州郡兵，由刺史或太守兼领，以守备本州郡为职，必要时也应调出征。地方军的地位比中央军低，但州郡长官却因握有一定兵权，其势力大大膨胀起来。魏国的兵权主要掌握在皇族和豪门出身的武官手里。大士族司马懿用军事政变的方式夺取了魏国的政权，这在中国历史上还是第一次。此后又连续发生外地驻军反叛之事。在对蜀作战中，基本上采取守势。派二十万军队防守，由大将临阵，以逸待劳，企图收不战而胜之效。蜀国的军队主要是由流动人口组成。士兵与其家属在一起居住，由带兵将领集中管理。蜀国建立之初，刘备不听诸葛亮的劝阻，为了从吴手中夺回荆州，亲率大军攻吴，与吴军决战于猇（xiāo）亭，结果惨遭失败。刘备死后，蜀国军队由丞相诸葛亮直接指挥。诸葛亮治军有方，建立了一支纪律严明、作战勇敢的军队。在平定南中以后，他亲率十万大军攻魏。在力量对比上，蜀处于劣势，但在战争中却一直处于主动。虽取得一些胜利，在全局上终因寡不敌众而失败。最后被魏军攻灭。东吴有长江天险屏护，战事比魏、蜀两国少得多。它实行强丁为兵，弱者为民的制度。同时实行世袭领兵制，士兵对将领有封建依附关系。吴国的军队以舟师见长，数次挫败魏军的进攻。为稳定内部和补充兵源，吴多次派军队对山越人民进行掠夺性征伐，迫使十万山越人出山投降，将其四万壮丁编入军队。吴后期，共有军队二十三万。中央军有前、后、左、右、中五军，各军置都督，战时设大都督总领。还有一定数量的地方兵。吴军的弱点是缺乏骑兵远袭的力量，利于防守，而不利于进攻。司马氏灭蜀以后，晋在蜀地大造战舰，训练水师，积极准备从上游攻吴。279 年，晋军五路大举攻吴，蜀中水师顺流而下，吴军望风而降。

西晋建国后不久，分封了二十七个同姓诸侯王，并不断扩大宗室诸王的权力。王国按户数多少置军：大国二万户，置上、中、下三军，五千人；次国万户，置上、下二军，三千人；小国五千户，置一军，一千五百人。平吴以后，废罢州郡兵，大郡置武吏百人，小郡五十人。逐步用诸王以都督诸州军事名义，统率中央兵马镇守地方要害，替换异姓方镇。使分封制和都督制密切结合。诸王到一处镇守，同时把封国也转移过去。诸王用召募无业游民、征募外族移民、以私家奴僮为兵等办法，迅速扩充兵员，多的达二十余万。诸王势力的恶性膨胀，加上继武帝位的惠帝是个白痴，不能理政，遂爆发了为时十六年之久的“八王之乱”。诸王在混战中利用外族贵族参加内战，匈奴、鲜卑等贵族趁机率兵长驱直入，争夺政权。匈奴贵族刘渊建立汉国。其子刘聪派石勒歼灭晋军十余万人，并派刘曜率兵破洛阳，俘怀帝，杀王公士民三万余人。几年后，怀帝被杀，愍帝出降，西晋亡。东晋是在世家大族的支持下建立起来的。军队实权操于王、庾、桓、谢等世家豪族之手。京师禁军由中领军率领，地方驻军由都督率领。在地方驻军中，屯驻京口的，叫“北府兵”，屯驻历阳的，叫“西府兵”；而以北府兵尤精。北府兵是由南徐、南兖两州的侨民组成的。淝水之战中，北府兵是晋军的主力。而秦军是由临时征集来的各族人民组成的。秦军共有步兵六十万，骑兵二十七万，号称百万。前锋军二十五万。晋北府兵只有八万人。结果晋胜秦败，创造了中国历史上又一次以少胜多的著名战例。东晋末年，孙恩、卢循领导的农民起义，义军达数十万人，一度占据广陵

（今扬州），威逼建康，后为刘裕所败。

南朝的四个开国皇帝，都是掌兵权的武臣从内部夺得帝位的。刘宋用宗室诸王都督诸州军事，猜忌异姓将领，杀掉名将檀道济，在北魏的进攻面前节节败退，并带来了皇室内部骨肉相残的恶果。南齐用加强典签控制方镇权力的办法，企图达到抑制宗室、防止内乱的目的，但不能从根本上解决问题，皇室内部争权之事仍不断发生。皇帝依靠的亲信，一旦兵权在手，往往滋长其野心。梁的宗室相残亦非常激烈。陈用召募的办法，扩大中央禁军的力量，并直接由皇帝控制，而险要之地却防守力量很弱，使隋军得以轻易过江。南朝的兵士多临时召募而来，常常发奴为兵，且私兵数量很多。东晋以后，北方大都是少数民族建立的政权。军队的主力。一般由少数民族部落兵组成，汉人一般不当兵，从事耕作，为贵族政权提供衣食和军需。西魏大统年间建立的府兵制，是一种由部落兵制演变而来贵族世兵制。军士由各级将领统率，另立户籍，与民户有别。府兵脱离农业生产，免除一切徭役，其地位高于一般农民。府兵最初仅限于鲜卑人，后来才扩大到汉人。府兵其家属集中居住在城坊，也称军坊。府兵有统一的指挥系统，与禁兵合一，所有府兵都轮番宿卫，称为“侍官”，其性质为中央宿卫军队。西魏、北周通过府兵制的建设，把一些私兵、部曲都收归中央统辖。东、西魏的朝政大权，都控制在掌兵权的武臣手里。北齐、北周都是武臣篡权建立的。南北朝时期，南北方军事对峙。430 年，刘宋派到彦之率军北进，被魏军打败。次年，宋名将檀道济率军攻魏，经三十余战，多获胜。后粮尽退兵，敌不敢追。公元 450 年，宋军又分东、西两路北进，被打败退回。同年冬，魏太武帝拓跋焘率领六十万大军南下，一直打到长江北岸。撤退时，江北大片地区遭到空前的洗劫。南齐统治者忙于同室操戈，军事管理混乱。汉水以北的南阳和淮河以南的寿阳地区被魏军夺去。梁与北魏间亦有战事。东魏大将侯景降梁，次年发动叛乱，进攻建康。梁各路军主帅多是梁武帝子孙，都觊觎帝位，互相猜疑牵制，无心接战。建康被攻破后，几成废墟，梁武帝被困饿死。侯景到处烧杀掠夺，长江下游地区遭到极大破坏。陈的兵力一度比较强大，击退了北周军队的进攻，并有可能在取得淮南后消灭北齐。但因皇帝日益腐败，最后亡于隋。

隋朝建立后，就积极从事灭陈的准备。公元 588 年，隋文帝命杨广率领五十一万八千大军，向陈发动总攻。隋军以府兵为主力。当时陈的军队不到十万人。589 年正月，隋将韩擒虎、贺若弼分别率军秘密渡江，未遇重大抵抗，就攻下陈都建康。全国统一后，隋文帝对府兵制进行改革，将军人户籍改属州县，兵农合一，使府兵制与均田制更好地结合起来。府兵一面在州县落籍，从事生产；一面仍保留军籍，轮番宿卫。隋文帝把各种禁卫军整编为十二府，其中左右卫府、左右武卫府四府称卫。隋炀帝扩充为十六卫，其中十二卫统领全国府兵。府兵通称为禁卫兵。隋朝的对外用兵，主要是征伐高丽，前后共四次。隋文帝时，就曾以汉王杨谅为元帅，率领水陆大军三十万进攻高丽，失败而归，战士死者十之八九。隋炀帝时，又倾动全国兵力，三次向高丽发动进攻。第一次由隋炀帝亲自指挥，共出动兵力一百一十三万人，结果失败更为惨重。由左翊卫大将军宇文述和右翊卫大将军于仲文率领的三十万五千精兵，从高丽回到辽东城的只有二千七百人。第二、三次入侵高丽，也没有获得胜利。繁重的徭役和兵役，是导致隋末农民大起义的主要原因之一。在各路起义军的沉重打击下，隋王朝土崩瓦解。

唐朝的建立者李渊，原是隋朝的太原留守。在隋朝土崩瓦解之际，乘机起兵反隋。李渊建立大将军府，置左、中、右三军，左、右军各置领军大都督一人，分别由长子李建成和次子李世民担任。中军由四子李元吉统领。唐朝建立后，恢复隋朝的府兵制。府兵从六品以下官子孙及白丁无职役者点充，每三年选拔一次。府兵从二十一岁起服役，六十岁免役。平时在家乡从事农业生产，农闲时受军事训练，轮番宿卫京师，叫做“番上”。战时应征作战；战事结束，解甲归农。番上、出征时，自备兵甲衣粮。全国置六百三十四个兵府（称折冲府），每府领卫士八百人、一千人或一千二百人，全国总兵力为六十八万人。为加强中央集权，关中兵府占二百六十一个，拥兵二十六万，占唐朝军府和兵力的百分之四十左右。全国兵府分统于中央十二卫和东宫六卫率，同时又按分布地区隶属于都督府。十二卫和六卫率分领的军府，不集中于一个地区。征调府兵须有皇帝的命令，以鱼符为凭，地方长官参验后方可发兵，各卫大将军不得擅自动兵。战时中央从各地调集的军队，混合编制，高级将领由皇帝临时委派。战争结束后，兵回原府，将归朝廷。朝廷使将帅和士兵只是暂时的结合，其目的是防止将帅专兵跋扈。遇有大的战事，唐政府不仅征调府兵，而且临时召募兵员。这种召募实际上是强制性的拣点。直接警卫皇宫的禁军，有羽林、龙武、神策等军，由皇帝直辖，不属府兵系统。唐前期的一百多年，总的来说，局势比较稳定，但局部的战事甚至较大规模的战争还是有的。在皇室内部，发主过李世民与太子李建成之间争夺皇位的武装政变，史称“玄武门之变”。武则天称制后，唐宗室琅玡王李冲、越王李贞起兵发动变乱。此外，柳州司马徐敬业以匡复唐室、拥立庐陵王为号召，起兵反对武则天，人数发展到十余万。这两次变乱，很快都被武则天派兵击溃。在阶级斗争方面，高宗以后，曾发生睦州（浙江建德县）女子陈硕贞领导的农民起义，此后还有一些农民反抗斗争，都被唐政府镇压下去。在对外用兵方面，唐朝取得了击败东突厥、吐谷（yù）浑、高昌等的胜利。唐太宗时，曾集中全部兵力，使用攻城撞车等新式武器，大举进攻高丽，在平壤设安东都护府，九年后撤回。高宗以后，府兵制逐渐破坏，朝廷不得不用召募方式迅速组建宿卫京师的军队。边镇戍兵乃至地方武力，也基本上被募兵制所代替。节度使始置于睿宗景云年间，是从边防军发展而来。节度使统率的士兵不是由征点而是由召募而来，不是更番代役而是长期戍守，将得专兵，军队成为将帅私人的武装力量。玄宗时，沿边十镇兵额总数为四十八万六千九百人，约相当于中央禁军即彍（kuò）骑兵十二万之数的四倍多。平卢节度使兼领范阳和河东节度使安禄山，共领兵十八万三千人，比中央禁军多三分之一。节度使兵多权重，是导致安史之乱的主要原因之一。755年，安禄山率军十五万，号称二十万，以诛杨国忠为名，南下进攻唐朝。次年称帝，进入长安。唐朝从陇右、河西、安西、西域等地调集兵力，又借来回纥的精兵，用了七年时间，才把安史之乱平定下去。安史之乱以后，中央禁军掌于宦官之手。中央禁军以神策军最强，最盛时达到十五万人，是与藩镇中割据势力作战的劲旅。地方兵权掌于节度使之手，形成藩镇割据的局面。九世纪初叶，藩镇发展到四十几个。藩镇间或互相攻战，或联合反唐。这种局面一直延续到五代十国，历时近两个世纪，人民饱尝兵祸之苦。安史之乱后，社会矛盾更加尖锐，不断爆发农民起义，直至发展为黄巢领导的震撼唐王朝的全国性农民战争。黄巢起义军一度攻入长安，建立农民革命政权。后来虽然失败，但它瓦解了腐朽的唐王朝。

唐亡后建立的五代十国，开国者都是节度使。五代十国的分裂混战局面，是唐中后期藩镇割据进一步发展的结果。节度使依仗手中兵强马壮的实力争夺帝位。后梁统治者为维持军队的统治，一方面用亲兵控制全军，另一方面用文面（在士兵脸上刺字）的残忍手段来防范士兵的逃亡。后梁中央禁军名号颇多，但大都属于唐制的六军诸卫系统。后梁禁军中开始有侍卫亲军的建置。侍卫亲军是皇帝的私兵，一般由皇帝做藩帅时的帐前亲兵组成，直接受皇帝控制。唐闵帝时，以侍卫亲军都指挥使康义诚兼侍中，判六军诸卫事，即成为所有禁军的主帅。后晋开国之初，以侍卫马步军作为天子禁军的总称。侍卫亲军的性质，由天子的私兵发展为纯粹的中央禁军。以侍卫亲军都指挥使统率全部禁兵。后周世宗柴荣针对唐末以来军队的积弊，锐意进行改革。他首先检阅禁军，留用精锐，斥退老弱。又下令召募天下壮士，扩充殿前诸班（周太祖郭威始置），令赵匡胤考较武艺，选取其优异者。经过整顿，殿前诸班兵士强悍精锐。中央禁军形成殿前司军和侍卫司军两大部队相维系，而殿前都指挥使之上置殿前都点检，权倾诸军，成内重外轻之势。五代十国总共经历了五十三年，战乱频繁，军阀战争、民族战争、农民战争交织在一起。

北周禁军统帅赵匡胤，用兵变的方法轻易夺得了帝位，建立了宋朝。为巩固赵宋的统治，赵匡胤及其后继者采取了一系列改革措施，而改革的中心环节是牢固地掌握兵权，防止藩帅篡权事件的重演。赵匡胤即帝位的第二年，首先用“杯酒释兵权”的巧妙办法，解除了禁军主要将领石守信、王审琦、高怀德等人的兵权，并取消了殿前都点检和殿前副都点检两个职务，由殿前都指挥使、侍卫马军都指挥使和侍卫步军都指挥使（合称“三衙”）分别统领禁军，互不统属，直接听命于皇帝。三衙将领任命一些资历较浅、容易驾驭的人担任，并严加控制。三衙之外，设置枢密院专掌军令，调动禁兵，枢密使基本上由文臣担任。在调整中央军事管理机构的同时，大大扩充禁军的数量，把地方军队中身体强壮、勇敢善战的兵士都挑选充实禁军，皇帝经常亲自检阅、训练。在禁军的部署上，宋初将二十万军队一分为二，十万宿卫京师，十万驻守外地，使内外相制。除殿前诸班外，所有禁军要定期换防，将领也经常调动，不使将官与士兵相结合。在边防前线，只部署少量可资防守的军队，体现了所谓“守内虚外”的原则。战时，由皇帝授权枢密院以兵符调动军队，将领由皇帝临时任命。军队出征之前，由皇帝预授将帅以作战方略和阵图，将帅必须严格执行，无灵活处置之权。宋朝的军队主要来自召募，破产农民是召募的主要对象。最高统治者企图用大量养兵的办法来防止破产农民走上武装反抗的道路。禁军的总数开国初为二十万，仁宗庆历年间增加到一百二十五万，皇祐年间更达到一百四十一万的最高数字。军费约占财政支出的十之八九。宋朝皇帝一方面爱兵如命，把养兵视为利百代的大计；另一方面，又最怕武臣危及皇权。因此在整个国家机构中，实行重文轻武、以文制武的方针。经过北宋的一系列改革，军阀混战、藩帅拥兵篡权的积弊，得到了根本性的治理，专制主义的中央集权得到了巩固，国家的统一得到了维护，在客观上有利于社会经济文化的发展。但宋朝的军事管理体制，却种下了“积贫积弱”的祸根。由于兵员过多，大大增加了国家的财政负担，其结果势必激化阶级矛盾。北宋前期，就爆发了王小波、李顺领导的农民起义；中期，又爆发了王伦、张海、王则等领导的农民起义；末期，更爆发了方腊、宋江等领导的农民起义。这些起义虽然都被政府军镇压下去，但对宋朝统治也构成了严重威胁。北宋的对外作战，主要是辽、西夏和金。每次战争的结果，宋方都是屈辱求和，并奉献出大量的银、绢。在金的进攻面前，宋朝失败得更惨，首都被攻占，徽、钦二帝和后妃、皇子、皇女以及宗室贵戚等三千多人被俘，宫廷珍宝被洗劫一空，北宋政权也遂之被颠覆。

南宋军队经历了重新组建的过程。屯驻大兵取代禁兵，成为正规军。南宋初，形成韩世忠、刘光世、张俊、吴玠和岳飞五支屯驻大军，后分别以行营前、左、中、右、后护军作番号。至南宋中期，陆续在兴州、兴元府、金州、江陵府、鄂州、江州、池州、建康府、镇江府设御前诸军，由都统制和副都统制统辖。连同殿前司、侍卫马、步军司三军，共十三支屯驻大军，各有一万至几万兵力。南宋后期，屯驻大军日益腐朽，又出现各种番号的新军，取代屯驻大军，成为正规军主力。南宋有规模较大的水军。南宋建立之初，就面临着金人的进攻。在统治集团中，主战派与主和派的斗争非常激烈。主战派以李纲为首，主和派以宋高宗和江伯彦、黄潜善等为首。岳飞是主战派中的一位名将。由于主和派当权，结果岳飞等被杀害，南宋政府与金国签订了屈辱投降的绍兴和议。蒙古灭金以后，对南宋展开了全面的军事攻势。德祐二年（1276 年），蒙古军攻入临安，俘恭帝及谢、全两太后并宗室官吏而去。三年后南宋亡。南宋时期，先后爆发过一些农民起义，其中以钟相、杨么领导的起义规模最大，但所有的起义都被政府军镇压下去。

在宋朝存在的三百多年中，北方先后兴起辽、西夏、金、蒙古四个强大的少数民族政权。这几个政权的共同特点是：进入阶级社会和建立国家的时间比较短，军队基本上是由部落、氏族组织的成员组成，有较强的战斗力。在与宋朝的作战中，都处于优势。金灭掉北宋，蒙古灭南宋。在四个少数民族政权中，以蒙古的军事力量最强。

蒙古汗国建立于 1206 年。蒙古国实行全民皆兵的制度，男子十五岁以上、七十岁以下都要当兵。全体牧民按十进位的军事体制编组，每十户设一十户长，每百户设一百户长，每千户设一千户长。千户长之上，有左、右翼万户长和中军万户长。领兵的百户长、千户长、万户长皆是部落的世袭首领。又从千户长、百户长、十户长以及白身人（一般牧民）的子弟中，挑选一万人组成大汗的亲卫军，称为“怯薛”。初期共有兵力十二三万人。蒙古的军队以骑兵为主。蒙古汗国建立后的第二年，成吉思汗就开始了对蒙古草原周围地区的征战。在征战中，很快采用新的军事装备和技术，并把它运用到战术进攻中去。

在军事指挥上，则大胆采用战略迂回和包围、围歼和奇袭及退兵回袭、炮击强攻等多种战术。蒙古军队所向无敌，征服了欧亚两洲的广大地区。蒙古军三次西征的结果，形成了钦察、察合台、窝阔台和伊利四大汗国。在中国本土，蒙古军先后灭掉西夏、金、南宋等政权，建立起元朝的统治。元朝政府为镇压各族人民的反抗，在全国遍驻军队。军队实行军户制度，凡定为军户，则世代为兵，不得更改，实际上是一种世兵制。元朝的正规军由蒙古军、探马赤军、汉军、新附军四部分组成。蒙古军和探马赤军主要由蒙古人组成。汉军以汉人为主，也包括蒙古人、色目人之外的各族人。新附军是原南宋溃降之军，经元朝招诱整编而成。正规军分为宿卫诸军和镇戍诸军。正规军之外，还有屯军，为辅助兵。元朝军队除怯薛外，都由枢密院掌管。枢密院不仅有调遣权，而且直接管领军队，任用军官。枢密院直接对皇帝负责，军队调动和军队人数由皇帝严密控制。元朝军队在全国范围内组成一个镇戍网，对人民防范和镇压极严，严禁汉人、南人、高丽人执持兵器，并不许养马。元朝的各种矛盾非常尖锐，小规模的农民起义连续不断。至元朝后期，爆发了全国性的农民大起义。14 世纪 60 年代，中国又一度形成群雄争逐、军阀混战的局面。出身于贫苦农民的朱元璋，在农民起义的队伍中，由一名普遍士兵，两三年之间成为独树一帜的首领。朱元璋善于在复杂的矛盾中保存和发展自己的势力，取得了很大的成功。他最后削平群雄，攻占大都，结束了元朝的统治，建立起明王朝。

明初建立起一支庞大的军队。洪武后期全国兵额一百八十万以上，永乐时增至二百八十万左右。军队的基本编制是卫所。每卫五千六百人，每千户所一千一百二十人，每百户所一百一十二人。军队实行军户制，军丁另外立户，世代相继。全国设五军（左、右、前、后、中）都督府，分领全国卫所。五军都督府只有统兵权，调兵权归兵部。每有战事，由兵部秉承皇帝旨意，任命总兵将官，发给印信。战事结束，将还印信，军回卫所。出征以京军为主，抽调各地卫军为辅。英宗以后，卫所军逃亡成风，军队逐渐改行募兵制。募兵制的突出优点是战斗力较强。明太祖在加强专制主义皇权的同时，却又将一部分兵权授予诸王，如燕王棣（dì）、晋王㭎、宁王权等，命他们驻守北方，抵御蒙古。朱元璋死，燕王棣与建文帝发生武装冲突。朱棣以入京诛奸臣为名，向南京进兵，经过四年战争，打败了建文帝，夺取了明朝政权，史称“靖难之役”。明朝的外来威胁，主要来自蒙古、女真和倭寇。元朝灭亡后，原居住在漠北的蒙古族仍过着游牧生活，分为兀良哈、鞑靼和瓦剌三部。为解除蒙古的威胁，明成祖曾三次亲征蒙古。英宗时，瓦剌部首领也先率众南犯。英宗在宦官王振挟持下，率军五十万亲征。在土木堡（今河北怀来县东）被也先大败。明军死伤过半，英宗被俘。史称“土木之变”。土木之变后，也先率兵直逼北京。在强敌压境的紧急关头，明朝兵部尚书于谦挺身而出，担起保卫北京的重任。在于谦的带领下，京师军民大败瓦剌军，击毙万余，俘将领几十人。终明之世，蒙古一直是明朝北方的严重威胁。为防备蒙古的侵扰，明政府在东起鸭绿江西至嘉峪（yù）关一线，先后设置辽东、宣府、大同等九个要镇，称为“九边”，派驻重兵。还沿各镇修缮长城，加强防卫能力。倭寇是来自日本的海盗，从元末明初开始，就不断在中国沿海各地出没。永乐十七年，明军在总兵刘江的领导下，曾在辽东望海埚（guō）战役中，一举歼灭全部登陆的倭寇。嘉靖年间，倭寇的骚扰又非常猖獗。明朝爱国将领俞大猷、戚继光等，领导沿海军民，屡次击败倭寇，基本上荡平了倭患。万历时，明政府还两次出兵援朝，共同抗击日军。明武宗以后，中国沿海还遭到葡萄牙、西班牙、荷兰等国海盗的侵扰。明后期，女真建州部首领努尔哈赤建立“后金”政权。从万历四十六年（1618 年）开始，努尔哈赤发兵攻明。次年，萨尔浒之役，明军溃败，后金占领了辽沈地区。从此，后金成为明朝的劲敌。明朝自始至终，阶级矛盾非常尖锐，农民起义不断发生，其中以初期的唐赛儿起义，中期的叶宗留、邓茂七起义，特别是末期的李自成起义，影响较大。李自成领导的农民起义军发展到百万之众，建立了大顺政权，一度进入北京，推翻了明朝的统治。

清朝的军队组织是从女真氏族公社末期的狩猎组织发展起来的。1601 年，努尔哈赤设立黄、白、红、蓝四旗；1615 年，增加镶黄、镶红、镶蓝、镶白四旗，共八旗，约六万人。八旗的士兵，由各部的平民组成，平时耕猎，战时出征，世代为兵。努尔哈赤是八旗的家长和最高统帅，八旗旗主皆由努尔哈赤的子、侄担任。皇太极继位后，将降附的蒙古人和汉人编为蒙古八旗和汉军八旗，共二十四旗，总计二十余万人。为加强君权，皇太极将正黄、镶黄、正蓝三旗收归自己统辖，开创了清朝皇帝直接控制“上三旗”的制度。八旗兵是清朝军队的主力。清朝统一全国后，八旗兵直接由国家统属，不再属于旗主私有。八旗兵分成京营和驻防两部分。京营又分领侍卫内大臣和八都统两个系统。领侍卫内大臣负责警卫皇宫和王公府，八都统负责拱卫京师。驻防八旗设若干营，分驻各省重要关隘、城镇，为镇守地方的主力，分别隶属于各地将军、都统、城守尉等。八旗兵实行世袭兵制。清朝入关后，在八旗兵之外，新建绿营兵。绿营兵是由投降的明军和新招的汉人组成，以绿旗为标志。绿营兵以营为基本建置单位，分驻于京师和各省。兵种有步兵、马兵之分，沿江海有水师。绿营兵的重要军官由满族人担任。绿营兵亦为世兵制，兵员最盛时达六十六万人。八旗兵和绿营兵，都是清朝的正规军。地方武装有乡勇，主要为镇压农民反抗而设，由临时召募组成，事毕即裁撤。鸦片战争后，八旗兵和绿营兵皆腐朽不堪。清政府为镇压人民革命运动，在外国侵略者的支持下，先后建立了湘军、淮军、新式海军和新建陆军。湘军为曾国藩所建，是将湖南的乡团改编而成。淮军是李鸿章在安徽组建的。湘、淮军是清政府镇压太平天国主要的反革命武装。新式海军是洋务派奕䜣、曾国藩、左宗棠等创建的。1885 年，清政府设立海军衙门，掌管新式海军事务。初期海军分为北洋、东洋、南洋三支，后扩大为北洋舰队和南洋舰队。新建陆军是袁世凯、张之洞等采用外国操练方法组建的。1904 年，京师设练兵处，统一管理全国新兵训练。先后编成北洋新军六镇。每镇一万二千五百十二人。至 1911 年，全国增加到二十六镇。清政府以北洋新军为中央军，各省新军为地方军。鸦片战争前，清朝军队在历次战争中，如追击李自成农民起义军的战争，消灭南明政权的战争，平定三藩之乱的战争，收复台湾的战争，抗击沙俄侵略的战争，平定噶尔丹叛乱的战争，镇压朱一贵等农民起义的战争，平定大小“和卓木”叛乱的战争，用兵大小金川的战争等，几乎都取得了胜利。但从鸦片战争开始，在外国侵略者发动的历次战争中，如第一、二次鸦片战争，中日甲午战争，八国联军战争等，清朝军队都遭到了惨败。

在中国古代，各种各样的战争难以计算。从战争的性质看，大致有以下三类：统治阶级内部的战争，民族之间的战争，阶级之间的战争。在阶级社会中，战争是各种政治力量的激烈较量。战争的胜负，不仅决定于军队的数量和质量，而且决定于指挥艺术和其他各种因素。在中国古代的军事史中，蕴藏着极为丰富的智慧珍宝，值得深入地研究和开发。

第二节 军事管理机构和官职

中国是在民族、部落组织基本上没有瓦解的情况下建立国家的。最初的军队组织是由氏族、部落组织转化的。氏族、部落首领同时也是军事首领。国王是最高军事领袖。少数宗族长老协助国王指挥军队。从商朝开始，王大约有几百人的侍卫武装，由王的近臣亚率领。战时军队的主帅由王、贵族或近臣担任。

西周的常备军大大增加，军事管理系统逐渐完备。周天子是军队的最高统帅，握有调动、指挥军队的最高权力。军队有中央军和地方军之分。中央军由周天子直辖，地方军归诸侯管辖。军队住在城内和近郊，有严密的军事组织。王室和诸侯国都设置司马掌管军事行政事务，如征收军赋、管理军马等。司徒、司空虽非专门的军事职务，但也与军务密切相关。作战时农奴担任徒卒，由司徒征发和管理。司空掌管的筑城和修路，主要就是为军事服务的。周天子的禁卫军——虎贲，由师氏率领。出征时分中左右三军，中军主帅由周天子或公卿担任，左右军的将领称左戏（huī）、右戏，亦由公卿或诸侯担任。

从西周末到春秋初年，周天子的权威一落千丈，丧失了最高军事统帅的权力。一些大的诸侯国，不断扩充军队，自行改革军事管理机构。其中最突出的是晋国。晋武公时，按周天子的规定只能有一军，晋献公扩充为两军，文公又增加到三军，并任用宗室以外的人担任三军将领，称为将中军、将上军、将下军，将中军称元帅。这是我国古代军事职务中元帅、将军的起源。在军队中，又设置军尉、司马、司空、候正、乐正等分掌各项军务：军尉掌一般军事行政事务；司马掌军法、军赋；司空掌后勤；舆帅掌管徒卒；候正掌侦察敌情；乐正掌军用钟鼓。晋国又最早设置步兵，将领称将中行（háng）、将右行、将左行。军队的最高权力仍属于君主，但把实际指挥军队作战的权力授予有军事才能的元帅、将军，这是军事管理体制的一大进步。齐、秦等国也有不同程度的改革。

战国时期，大将军（或上将军）、将军为常设官职。最高军事指挥官的地位与宰相均等。齐国在将军之外，特设军师，专掌谋议。秦、赵等国设国尉掌军事行政事务。楚、赵等国又以柱国为保卫首都的最高军事长官。在边防要地，有些国家则以郡守兼掌地方军政大权，以都尉协助郡守处理日常军务。秦统一后，皇帝为防止大权旁落，国尉、将军等高级军职都不轻易设置。蒙恬奉命率领三十万大军驻守北方边境，秦始皇另派长子扶苏监督，称为护军。护为督统之意，护军权在将军之上。

西汉前期，太尉府与丞相府并置，地位等尊，但太尉不常置。汉武帝时改称大司马，东汉复置。自诛韩信后，大将军更不常置。汉武帝以前，仅窦婴（窦太后侄）一人担任过这项职务。汉武帝以后，将军的名号增多。大将军之外，有骠骑将军、车骑将军、卫将军、前将军、后将军、左将军、右将军等，都是高级武官，习惯上称为重号将军。还有名目众多的杂号将军，如游击将军、骁骑将军、轻车将军、材官将军、楼船将军等。自大将军以下，多临时设置，战事结束后即撤销。西汉初曾设置护军中尉，东汉初一度设督军御史，皆为监督将领之职。中央禁军，分别由光禄勋、卫尉、执金吾管理。东汉末年，置西园八校尉，由皇帝委任宦官掌管。地方兵由郡太守直接掌握，都尉协助。东汉取消都尉，并其职于太守。汉代的实际兵权，在多数情况下，掌于外戚担任的高级侍卫武官之手。

魏晋南北朝时期的军事管理机构和官职有很大变化。汉代的大将军、大司马、太尉等高级武职，都变为虚崇和荣誉性称号，光禄勋、卫尉、执金吾等掌管禁军的武官，或改变职权，或废置不设。郡太守也不再掌地方兵权。中央禁军由中领军（曹操任丞相时始设领军，后改名中领军）和中护军统领。中央军驻守外地的，由都督诸州军事统率。中外各军设督中外诸军事或大都督总领。又从三国曹魏起，在全国最高行政机关尚书省置五兵（中兵、外兵、骑兵、别兵、都兵）尚书，晋又设驾部、车部、库部等，掌管一般军事行政事务，如武官选用和兵籍、军械、军令等。北朝西魏大统年间，宇文泰创立府兵制，形成新的军事管理系统。全国设立一百个兵府，分别隶属于中央的六柱国、十二大将军、二十四开府，而由宇文泰任都督中外诸军事，即最高军事统帅。北周武帝时期，设立掌宿卫的司武、司卫，建立以卫统府的制度。

隋唐的军事管理机构是从北朝的府兵管理系统发展来的。隋开皇中置十二府，统禁卫兵，后改置扩充为十六卫，又以其中的十二卫统领全国府兵，属宰相管辖；其余四卫及羽林、龙武等军，警卫皇宫，归皇帝直辖。另在尚书省设立兵部，为中央六部之一。唐代全国置六百多个兵府，分别由中央禁军的十二卫和东宫六卫率统领，同时又按分布地区隶属于都督府。尚书省兵部掌管武官选授及地图、甲仗的政令，下辖兵部、职方、驾部、库部四司。战时临时设置元帅、都统、招讨使等职，率领军队作战。节度使是中唐以后设置的地方军政大员，因有皇帝赐给的旌节，有指挥所辖军队之权。唐后期，于神策军置护军中尉及中护军，为禁军统帅，以宦官充任。又于各镇及出征讨叛军中，以宦官为监军，以节制将帅。有时置观军容宣慰处置使，为监视出征将帅的最高军职，以宦官之掌权者充任。

五代时期，中央禁军形成侍卫司和殿前司两大管理机构，而以殿前司更为重要。同时出现新的高级军事管理机构——枢密院。宋朝以殿前司、侍卫亲军马军司、侍卫亲军步军司（合称“三衙”）分掌禁军，各置指挥使等为长官。禁兵的编制是军、指挥（营）、都。路、州府设兵马都监。路分都监掌本路禁军的屯戍、训练和边防事务；州府都监掌本城军队的屯戍、器甲、差使等事。

除禁兵外，宋朝还有地方兵，称为厢兵。厢兵不加训练，不参加战斗，主要供行政上的役使。厢兵的基本编制单位是指挥，按指挥分驻各州府，归总管、钤辖等统领。厢兵名义上分为马兵和步兵，分别隶属于侍卫马军司和步军司。宋朝以枢密院专掌军事政令，调动禁兵，长官为枢密使。尚书省兵部仍沿唐制设置，但职任较轻。北宋前期设判部事一人，掌仪仗、武举事务。元丰改制后，仍设尚书、侍郎等职，兼掌厢兵、乡兵等事务。作战将领，由皇帝临时委派。北宋前期，临时委任的大军区统帅，称行营、驻泊或驻泊行营都部署和副都部署，统兵较少、官位较低者称部署和副部署，负责军旅屯戍、攻防等事务。后避英宗赵曙名讳，都部署和部署改称都总管和总管。低于都部署、部署的，称都钤辖、钤辖。北宋后期，大军出师征讨，诸军统制不相统属，以其中一人为都统制，统率诸军。南宋以屯驻大军取代禁兵。屯驻大军普遍有军、将两级编制。南宋初，设立御营使司，统辖东南地区各军，作为皇帝直属部队，以宰执分别兼任御营使和御营副使。不久废，兵权仍归枢密院。各屯驻大军的统兵官称都统制和副都统制。

元代枢密院是最主要的军事管理机构，权力较大。最高长官枢密使例由皇太子兼领，实际事务由知院掌管。元代的军队分为宿卫和镇戍两部分。宿卫军队由怯薛军和侍卫亲军组成。怯薛军的长官为怯薛长，直接由皇帝控制。侍卫亲军主要用于防卫以两京为中心的京畿腹地。忽必烈时置十二卫，元末增至三十四卫。卫的长官称都指挥使。镇戍诸军的日常军务一般为所在行省掌领，军权控制在蒙古官员手里。调遣更防等重要军务受枢密院节制。遇有重大军事行动，置行枢密院或行院，调动指挥军队。兵部掌邮驿屯牧等事，职任很轻。

明代中央设五军都督府，长官为左右都督、都督同知，分管全国大部分卫所。京师卫所，有直属皇帝的，也有属五军都督府管辖的。各省设都指挥使司，长官为都指挥使，管理辖区卫所。遇有战事，总兵佩将印出兵，事毕缴还，后渐成常驻镇守武官。出征时，有时派部院官总督军务，事毕即罢。

清代没有唐十二卫、宋三衙、明五军都督府那样的军事管理机构，八旗兵、绿营兵各自成系统，但在本系统内亦无统一的管理机构。满洲八旗的上三旗（镶黄、正黄、正白），由皇帝亲自统领，并选其子弟中材武出众者为侍卫，归领侍卫内大臣和御前大臣统领。其余八旗兵分为警卫京师和驻防全国军事要地两大类。每旗最高长官为都统、副都统。京师的八旗都统直辖骁骑营。其他如前锋营、健锐营、护军营、火器营、步军营、神机营等，另置总统或统领统率。驻防在外地的八旗兵，有的由都统直接管辖，如驻防处没有都统的，由当地的驻防将军统辖。绿营兵驻守京师的，组成巡捕五营，归步军统领衙门管辖；分驻各省的，由提督军务总兵官（简称提督）统领，但受总督、抚巡等节制，也受当地八旗兵控制。兵部是管理全国军事及绿营兵武官考核任免的机关。自雍正间设置军机处后，凡用兵大事，由军机处承皇帝意旨直接指挥，兵部权任转轻。乾隆以前，皇帝往往亲自统率并指挥军队。

第三节　兵源与军队编制

夏、商两朝，军队主要由王族和同盟部族的成员组成，兵民不分，平时为民从事生产，战时为兵出征作战。有少数兵来自奴隶。军队的编制基本上以部落、氏族组织为基础，但也有发展变化。实际军队组织多以十进位。

西周军队的主力为职业兵，由周族和同盟族的男子组成。周族和同盟族的人住在国中即城中，称为“国人”，只有国人才能当兵。军队组织与行政组织密切结合，但名称不同。军队以五人为伍，五伍为两，四两为卒，五卒为旅，五旅为师。每师二千五百人。长官分别为伍长、两司马、卒长、旅帅（百夫长）、师帅（千夫长）。作战时以兵车为基本单位，每乘甲士三人，徒卒十人。徒卒临时征发农奴充当。作战部队分为中、左、右三军。军为将领领兵单位，人数不固定。

春秋战国时期，士兵的主要来源是农民。春秋时齐国以五人为伍，轨长率领；五十人为小戎，里有司率领；二百人为卒，连长率领；二千人为旅，乡良人率领；万人为一军，五乡之帅率领。共三军，三万人。晋国的军队最盛时为六军、三行。军之下有师、旅的编制，每师两千五百人，每旅五百人。战国时秦国除农民必须服兵役外，低级官吏有一部分也须服兵役。秦国军队以五人为一伍，设“伍长”；五十人设“屯长”；百人设“百将”，五百人设“五百主”。[1] 各国除征发农民当兵外，还有一定数量的常备兵。常备兵大都经过挑选和训练，平时警卫国君和都城，战时充当作战的主力。春秋时楚国君主的亲兵队伍有左右二广。每广有兵车十五乘，每乘用士卒一百五十人，分为三队；左右二广共有兵车三十乘，四千五百人。楚军出征时一般分中、左、右三军，二广常担任中军的主力。[2]

---

[1] 参考杨宽：《战国史》233 页。

[2] 参考王晓卫等：《历代兵制浅说》43 页，解放军出版社 1986 年 2 月第 1 版。

秦统一后，大量征发农民服兵役。按规定：每个成年男子必须在郡县服兵役一年，到边疆戍守或到京师宿卫一年。但实际情况远远超过这一规定。兵员不足，征发免除徭役的闾左贫民和囚徒、奴隶补充。军队的编制是：五人为列，列有头；二列十人为火，立火子；五火五十人为队，队有头；二队百人为官，立长；二官二百人为曲，立候；二曲四百人为部，立司马；二部八百人为校，立尉；二校一千六百人为裨将，立将军；二裨将三千二百人，有将军、副将军。[1]

汉初实行征兵制，兵士主要来自二十三至六十五岁的男性农民。农民在本地服役，称为“正卒”；到京师服役，称为“卫士”；到边境服役，称为“戍卒”。征发刑徒等当兵，是补充兵员的一种特殊手段。它本是秦二世用以对付农民起义的应急措施，汉高祖继续实行，汉武帝推而广之。汉代有所谓“七科谪”，即征发有罪的官吏、改名换姓逃亡在外者、赘婿、在籍的商人、曾经有过商贾市籍者、父母有商贾市籍者、祖父母有商贾市籍者七种人当兵。此外还有徒隶、恶少等名目。由这些人组成的军队，往往非常彪悍，多打胜仗。从汉武帝开始，因兵员严重不足，又实行募兵制，以补充新的兵员。招募来的士卒经过选择，体格一般比较强壮，长期在役，为职业兵，大都训练有素，战斗力较强。如汉武帝于北军增置八校尉，于光禄勋增置期门、羽林军，其兵员就是召募来的。期门、羽林军专门选拔陇西、天水等六郡能骑善射的所谓良家子组成。失去土地的无业游民，也是募兵的对象之一。召募士卒有奔命、伉（kàng）健、应募、私从等各种称号。东汉军队以募兵为主，召募的主要对象是社会闲散成员和囚徒。由于募兵的范围日益扩大，往往无暇选择，召募士卒的素质日益下降。募兵制的盛行，给地方军阀发展私人武装提供了方便和时机。一些豪强地主，广召无所依归的流民，使之成为他们的部曲、宾客。所谓部曲、宾客，都是豪强地主的私人武装，有事为兵，无事为农。汉代军队的基本编制是部、曲。大将军营有五部，部置校尉一人，军司马一人。部下有曲，曲置军候一人。曲下有屯，屯置屯长一人。

三国时期实行世兵制。士兵全家从民户中分离出来，另立户籍，称为“军户”或“士家”。士兵子弟称为“士息”。士家世代当兵，或服挽船、养马、鼓吹等各种特定的劳役。除士家外，有时还征发农民、召募游民、谪发刑徒以补充兵员。不过一旦当兵之后，一般又变为世袭。晋朝继续实行世兵制。

---

[1] 见《资治通鉴》第5卷胡三省注。

由于皇帝的赏赐和豪强大族的侵吞，许多士兵转化为豪强大族的私兵。中央政府和豪强大族又都通过召募扩大其武装力量。召募以无业游民和外族移民为主。东晋初，谢玄任广陵（今江苏扬州）相，为充实长江下游军事力量，防止上游方镇举兵叛乱，他以北伐为号召，召募徐、兖二州南迁的侨民，经过七年以上的长期训练，建成一支精悍勇猛的常胜军，号称“北府兵”。在兵员不足时，政府和豪强还征发奴僮为兵。

从西晋“八王之乱”到西魏府兵制建立以前，北方少数民族政权的军队一般由部落兵组成，境内汉人一般不当兵。北魏统一黄河流域以后，逐渐用汉人服兵役。汉人一般充当步兵。西魏建立府兵制，最初是一种贵族世袭兵制，府兵仅限于鲜卑贵族。后扩大到中、小地主和富裕农民，北周又扩大到一般农户。府兵单独立户，称为“府户”或“兵户”，筑城而居。府是基本的编制单位。北周时全国共一百个府，每府一郎将领之。所有的府隶属于二十四开府、十二大将军、六柱国。隋文帝开皇十年，诏令将军户编入民户，改属州县管辖，军户不再存在，但军人仍有军籍，属军府管理。军户消失后，兵源扩大到整个国家的编户齐民。隋初确定军府名称为骠骑府，以骠骑将军为长官，车骑将军为副。有时也设立与骠骑府平行的车骑府。大业三年，改称鹰扬府，长官为鹰扬郎将，副为鹰击郎将。府内有团、旅、队的建置，长官分别为校尉、旅帅、队正。全国军府分隶于十二卫。唐改军府名称为折冲府。府分三等：上府一千二百人，中府一千人，下府八百人。每府设折冲都尉与左、右果毅都尉统率。府辖四至六团，每团二百人，设校尉统率。团辖两旅，每旅一百人，设旅帅统率。旅辖两队，每队五十人，设队正统率。队辖五火，每火十人，设火长统率。贞观年间，全国共置六百三十四个折冲府，分统于中央十二卫。每卫统兵府多者六十人，少者五十或四十人。唐初府兵的来源，主要是中小地主和中等以上的自耕农民。选拔的标准是财富、材力（体力）、丁口三条。具体办法是财均者取强，力均者取富，财力又均先取多丁。一般是户有三丁点一丁。服兵役的年龄是二十岁入军，六十岁老免。兵士平时在家乡从事农业生产，农闲时受军事训练，轮番宿卫京师，防守边境，战时应征作战。番上、出征时自备兵甲衣粮。唐高宗以后，府兵制逐渐破坏，被募兵制所取代。募兵制唐初已实行，至开元年间始盛行。宿卫京师的彍骑，就是用募兵方式迅速组建的。应募者皆市井无赖，根本不受军事训练，素质很差。唐中期以后，节度使统领的军队，主要是从强宗豪族子弟和长住边疆的健儿当中召募来的，并挑选精勇组成亲信“牙兵”。节度使对牙兵供给丰厚，往往能得他们的死力，但这也使牙兵十分骄横。唐朝直接警卫皇宫的禁军，来源比较特殊，有功臣和元从禁军的子弟，有直接应募而来，还有从府兵中精心挑选的。

五代时期的军队主要来自召募。后梁对召募的军士，都在脸上刺字，叫做“黵（dǎn）面”。后周下令召募天下壮士到京城，扩充殿前诸班，考较武艺，择优选取。也有把原来基本未脱离生产的乡兵变成职业兵，如后晋就是如此。军队编制主要有军、指挥、都。百人为都。有的中央禁军或镇军下置若干部，有的藩帅把自己的亲军称作都。都的统领称都头。五都为一指挥，置指挥使。十指挥为一军，置都指挥使。

北宋军队有禁兵、厢兵、蕃兵、乡兵等数种，来源与编制情况各异。梦兵是正规军，也称正兵。禁兵从各地召募，或从厢兵、乡兵中选拔。士兵出自雇用，社会地位低下。北宋历代皇帝都奉行一种心传家法，那就是养兵，把养兵视为百代之利。凡是发生灾荒的地方，宋政府就在那里大量召募甚至强制饥民入伍，把可能威胁、反抗现政权的潜在力量转变为维护现政权的武装力量。禁兵的脸上都要刺字。一旦入伍，终身不能脱离军籍。禁兵有捧日、天武、龙卫、神卫等番号。捧日等军按兵力多少，分为厢、军、指挥（营）、都四级编制，也有不足四级的。按一般规定：百人为都，五都为营，五营为军，十军为厢，厢以上便是三衙。都一级的统兵官，马兵是军使和副兵马使，步兵是都头和副都头。营是最经常的兵力计算单位和最重要的军事编制单位，统兵官是指挥使和副指挥使。军一级的统兵官是军都指挥使和都虞侯。厢一级的统兵官是厢都指挥使。神宗以前，禁军腐败不堪，平日全无训练，战斗力极差。王安石变法期间，实行将兵法，加强军事训练。以不同番号之禁军指挥，混合组成将的编制，将下设部，部下设队。一队约五十人，一将兵力通常为三千人上下，少数达万余人。设正将、副将、押队使臣、训练官、部将、队将等职。各地大部分禁兵设将的编制，称系将禁军；小部分不设将的编制，称不系将禁军；京城中央禁军也不设将的编制，称在京禁军。厢兵是驻守诸州的兵。宋初选诸州兵的壮勇者，送京师充禁军，其余留本州为厢兵。厢兵多数来自召募，有一部分来自流放罪犯，叫配军。禁兵中武艺不合格或犯法者，也降充厢兵，叫做落厢。厢兵编制一般分都和指挥两级，按指挥分驻各州府，部分厢兵也有军的编制。仁宗时，分厢兵为“教阅”和“不教阅”两种。教阅厢兵作禁兵使用。神宗升教阅厢兵为下禁兵。乡兵是地方民兵，由有户籍的壮丁组成，一般是几名壮丁中选拔一名充当，平时不脱离生产，农闲定期教阅。有些边州乡兵出自召募，在边地垦荒纳租，守护边土。乡宾名目繁多，有弓箭手、枪杖手、土丁、弩手等。乡兵或沿用禁兵指挥、都等编制，或按保甲法组成。保甲法是王安石变法的内容之一。初以十户为一保，五十户为一大保，五百户为一都保；后改为五户为一保，二十五户为一大保，二百五十户为一都保。凡家有两丁以上，出一丁作保丁，选取其中有物力、有才能的人充任保长、大保长和都保长。保丁农闲时集合训练，夜间轮流值班巡查，维持社会治安。北宋时河北、陕西等地的乡兵，在防御辽和西夏的战争中，曾起过一定的作用。蕃兵是由少数部族组成的军队。宋政府按部族封其头领，使之统率本部族壮丁。后依人数多寡，组成都和指挥。神宗时实行将兵法，蕃兵或单独成将，或与汉兵合编成将。蕃兵都要在手背上刺字。南宋军队仍以募兵为主。各屯驻大军普遍有军、将、部、队四级编制，这种新编制是北宋神宗实行将兵法和结队法后形成的。军相当于北宋的厢，统兵官有统制、同统制、副统制等。将略等于北宋的军，统兵官为正将、副将，通称将领。部的统兵官称部将。队五十人，头领为拥队、押队，如是低级使臣，则称队将。屯驻大兵军士一般分为效用和军兵两级，有时实际上形成使臣、效用和军兵三级。使臣是宋朝八品和九品的十等武阶官总称；效用是勇敢效力用命之意，为上等军士；军兵必须刺字，待遇低于效用。

元朝军队按照种族差异和征发地区的不同，主要分为蒙古军、探马赤军、汉军和新附军四种，皆立军户。凡定为军户，则世代相袭，非有“还为民户”的命令，不得更改，以保证国家有充足的兵源。蒙古军和探马赤军都是骑兵，主要由蒙古人组成。蒙古人十五岁以上、七十岁以下的男子，都编组起来，平时屯聚牧养，战时上马战斗，实行全民皆兵。不过，从忽必烈时起，由于汉军大量增加，遇有征伐，蒙古人中大致是二丁签一。汉军主要是步兵，也有骑兵和水兵。元朝统治者把原属金朝统治的北部中国以及较早归附蒙古的四川、云南居民，包括契丹、女真等族在内，都划为汉人。汉军就是由汉人组编的军队。军户约占汉人户籍的六分之一。签军时，一般是签丁多力强的中户，但中户不足时也扩大到下户。当役军人除口粮、物料、衣装外，自备鞍马、军需和路费。新附军是由南宋军队改编的。士卒全家老小都支领口粮，士卒死后，留下的家人仍由官府赡养。元朝军队的编制实行十进位制。十户为牌，以上为百户、千户、万户。长官分别称为牌头、百户、千户、万户。分驻各路的军队，设万户府以统领千户所：统兵七千以上称上万户府，五千以上称中万户府；三千以上称下万户府。诸路万户府各设达鲁花赤一员，万户一员。驻于各县的军队，分属于诸路万户府。设千户所统领百户所：统兵七百以上称上千户所；五百以上称中千户所；三百以上称下千户所。各设达鲁花赤一员，千户一员。驻守各地的军队，设百户所，分隶于各县千户所。百户所分两等：上所设蒙、汉百户各一员，下所设百户一员。在元代，设有专门的机构管理军人的家属，称为“奥鲁”。蒙古军和探马赤军的奥鲁官隶于千户、万户，汉军的奥鲁官先也隶于千户、万户，后由地方长官兼领。蒙古军、探马赤军、汉军、新附军都是正规军。此外，还有一些“乡兵”，即地方军队，如辽东的乣（jiǔ）军、契丹军、女真军、高丽军，云南的寸白军和福建的畲（shē）军等。另外，在京师和州县都设有“弓手”，负责防“盗”捕“盗”。弓手从当差户计每百户中取中户一名充当。

明代军队实行军户制。军户的来源有四：原农民起义军战士、投降的元军、罪人、农民，军户是世袭的。每个军户的正丁在固定的卫所充当额军，正丁老病死亡，要由该军户的次丁、余丁依次递补。若本户绝嗣，还要由同族人递补。军事编制的基本单位是卫所。每卫五千六百人，每千户所一千一百二十人，每百户所一百十二人。百户所辖总旗二、小旗十，每总旗五十人，每小旗十人。其军官，卫称指挥使，所称千户、百户，旗称总旗、小旗。军士平时大部分屯田，小部分驻防。明朝地方除卫所官军外，还有名目繁多的民兵。内地各府县有民壮、义勇等警备兵，边地和少数民族有土兵、达军、苗兵、土司兵等，各地职业团体及僧徒等也有各式名目的兵勇。明中叶以后，卫所制废弛，遂改用募兵代替，募兵战斗力较强。戚继光的“戚家军”和俞大猷的“俞家军”，都是由募兵组成的。

清朝的八旗兵和绿营兵也实行世袭兵制。作为军事编制的八旗制度，是从女真人的氏族制发展起来的。在建立国家之前，女真人出猎，按氏族出行，每十人为一单位，各出一支箭，以一人为头目。这个头目满语称牛录额真（牛录：汉释为箭；额真：头目，后释为佐领）。这种组织，称为牛录。努尔哈赤兴起以后，建立了奴隶制国家，把这种世代相传的狩猎组织，改编为统辖三百人的基本行政兼军事单位。后来，努尔哈赤在牛录基础上设置了固山（汉释为旗）。又经过扩充整编，建立起体系完整的八旗组织。以五牛录编为一甲喇（汉释为队），五甲喇为一固山。每牛录三百人，长官为牛录额真（佐领）；每甲喇（队）一千五百人，长官为甲喇额真（参领）；每固山（旗）七千五百人，长官为固山额真（都统）、梅勒额真（副都统）。八旗的士兵，由各部的平民组成。这些平民一般称为固伦（汉释为国人），是固山额真的属民。他们“出则为兵，入则为民”，必须世代当兵，不得随意离开牛录，没有迁徙自由。

皇太极时，增设蒙古八旗和汉军八旗，由降附的蒙古人和汉人组成。入关后，八旗的各级衙署仍然存在，八旗成员统称为“旗人”，脱离生产劳动，依靠粮饷为生。绿营兵是清军入关后收编明朝降军和新招的汉人组成。一人在伍，全家编入军籍，父在子为余丁，父死则由子代，具有世兵制性质。绿营兵的编制与八旗兵完全不同，有标、协、营、汛等建置。标由各省总督、巡抚、提督等统辖。由总督统辖的，称“督标”；由巡抚统辖的，称“抚标”；由提督统辖的，称“提标”；由总兵统辖的，称“镇标”（因驻在城镇）；由将军统辖的，称“军标”（设于四川、新疆）；由河道总督统辖的，称“河标”；由漕运总督统辖的，称“漕标”。标下设协，由副将统领。协下设营，由参将、游击、都司、守备分别统领。营下设汛，由千总、把总、外委分别统领。绿营兵的地位、待遇比八旗兵低得多。除八旗兵、绿营兵外，清朝各地还有一些地方武装，称为乡勇。乡勇又称团练、练勇。主要是临时召募而来，用于镇压反抗的农民，事后即裁撤。鸦片战争后，八旗兵、绿营兵都很腐败，失去战斗力，清政府派一些京朝官回原籍办团练，大力发展自募自练的地主武装，用以镇压太平天国革命，湘军、淮军就是这样组建并发展起来的。清末新建陆军的编制有军、镇、协、标、营、队、排、棚等。

第四节　武器、装备和兵种

武器导源于渔猎工具。早在原始社会部落间的战争中，人们已将渔猎工具如石戈、石矛、石刀、石弹、石斧以及石或骨制的标枪头和弓用的矢镞等用作武器。❶

恩格斯说：“暴力的胜利是以武器的生产为基础的，而武器的生产又是以整个生产为基础。”❷ 我国夏代，石制武器仍占统治地位，但已开始有青铜制的戈、矢镞、刀等，并有了用于防护的皮革制甲，还有了作战用的兵车。商代有更多的青铜武器：戈、矛、戚、钺、刀、箭镞等。箭镞的使用量很大。个别铜钺上镶有铁刃，这种铁是利用陨铁锻制而成。作战以车战为主。战车用两马或四马曳（yè）引。车上有三名用青铜兵器装备起来的战士：一人御车，车左侧者一人持弓箭，车右侧者一人持戈或矛。战车两旁和后面跟随着由平民组

❶　参考《中国军事史》第1卷《兵器》，解放军出版社1983年版，1－3页。

❷　《反杜林论》，《马克思恩格斯选集》第4卷206页。

成的徒兵数十人。

西周的兵器仍以青铜器为主。戈、矛等传统兵器在形制上有所改进，并出现了一些新兵器，如戟、剑。戟是在戈、矛的基础上演进而成的，是戈与矛的合体。剑是一种短兵器，西周贵族多喜欢佩剑。武士都身穿皮革或金属制做的护甲，所以称为“甲士”。抵御刀剑的干（后世叫盾），也是西周新出现的，是当时军队的重要装备之一。《诗·大雅·公刘》：“弓矢斯张，干戈戚扬。”军队的组成，以战车为单位，一辆战车叫做一乘。每辆战车有甲士三人，另有徒兵十人。政府中设立司马一官，管理战车和军马。

春秋时代的武器都是铜制的，主要的进攻武器有戈、矛、戟、剑、弓矢等。春秋后期，随着手工技术的进步，出现一些新式武器，最重要的有弩、云梯和钩拒。弩是由弓进一步发展而成的，是用机栝（kuò）发箭的弓。云梯是攻城的工具，钩拒是舟战的工具，传说都是鲁班发明的。此外还有专供观察用的“巢车”和“望楼车”，这两种车都有轮子，可以推动。军队仍以车兵为主，每乘甲士三人，步卒七十二人。齐国步卒分为进攻作战和守护壁垒两种，分别由锐司徒和辟司徒率领。晋、郑和吴、越等国，开始出现步兵。步兵是在进攻戎狄和镇压农奴起义的战争中发展起来的。

战国时期，矛、戟、剑等武器逐渐改用铁制，防护用的胄甲也开始用铁制造。韩国少府所造强弓劲弩，有时力。距来等名号，皆射六百步之外，在当时最为著名。战国末期，有“连弩”的发明，威力更大。步兵逐渐成为主要兵种，取代车兵。文献中常说某国“带甲数十万”、“带甲百万”，都是指步兵，“带甲”是战国时代对步兵的称呼，骑兵是春秋战国之际发展起来的新兵种，最初还是和车兵混合编制，后来成为单独的部队，主要用来配合步兵作战，作奇袭冲锋之用。各大国骑兵的数量在五千匹至万匹之间。在各国骑兵中，以赵国最强。赵国北方和东方大部与胡人部落相邻。胡人经常对赵进行小规模的掠夺战争。胡人作战时，身穿短衣、长裤，举动灵便，往来如飞，边跑边射。而赵国军队虽武器比胡人优越，兵员人数众多，但装备笨重，行动不便。官兵都身穿长袍，戴盔穿甲，结扎烦琐，动作迟缓，于作战不利。武灵王决心进行改革，学习胡人服装，加强骑兵训练。不到一年工夫，就练出一支强大的骑兵队伍。后来不仅打败了过去经常侵扰赵国的中山国，而且向北方开拓了上千里的疆域，使赵国很快强盛起来。

秦统一后，大量销毁铜兵器，从此铜兵器进一步衰落，进入以铁兵器为主的时代。根据各地地理条件不同，地方兵分为步兵（材官）、车兵（轻车士）、骑兵（骑士）、水兵（楼船士）四种。汉代铁制兵器增多，数量较大的有长剑、长矛、环首大刀等，并有一些钢制兵器。汉代环首铁刀盛行，刀长一般在一米左右。帝王公卿等都佩刀，而且有严格的等级区别。汉代发明一种攻防两用的铁兵器“钩镶”。作战时，一手持刀，一手持钩镶，推镶可以御敌，钩引可以刺杀。汉代远射兵器除弓箭、弩之外，还进一步发展了抛石机，即砲。砲是用皮条包住石头抛出去杀伤敌人。东汉末，曹操与袁绍官渡之战，曹操制发石车，攻破袁绍军壁楼，发石时有大声，因名“霹雳车”。汉代兵器制造由少府负责。少府所属的考工掌制弓、弩、刀、甲；尚方掌制王室用的刀、剑。另有若卢为宫内收藏兵器之所。东汉考工改属太仆。兵器造好后，送执金吾入武库保管。东汉时期，主要兵器已全部为铁制。汉代的兵种大体沿秦制，一般内地诸郡多材官，平原有轻车，沿江海诸郡多楼船，西北边郡则多骑士。西汉时，北方的匈奴是汉朝的主要威胁，匈奴拥有骑兵三十余万，势力十分强大。为了抵御和反击匈奴，汉政府特别重视骑兵建设。在北方和西北边郡，分置三十六所养马场，养马三十万头。至汉武帝时，建成一支强大的骑兵，不但足以防御匈奴侵扰，而且能够深入塞北，主动进行反击。武帝以后，还有特种兵的建置，如京师八校尉中的射声校尉，统领神射手，闻声即中。

三国时期，常用的兵器有刀、斧、戟、矛、弩、枪等。蜀国丞相诸葛亮，非常重视兵器的改革。他在原来连弩的基础上创制一种新式连弩，称为“元戎”，具有简单的自动性能。兵种有步兵、骑兵、水兵等。吴国有一支较强的水军，由水军都督统率，屡次挫败曹魏大军的进攻。它不仅时刻巡守长江天险，而且活跃于辽阔海域。两晋南朝时期的兵器，除承袭前代的刀、矛、剑、弩等之外，还增加一些少数民族的杂色兵器，如鞭、锏（jiǎn，鞭类）等。某些传统武器有一定的改进。晋代的弩较汉代大，有万钧神弩之号。如晋安帝义熙六年十二月，刘裕用万钧神弩连破卢循。晋代的箭镞，大都用钢制成，有较强的穿甲力。晋代对盔甲的制作，要求适体而坚固，箭射不透。当时有一种“诸葛亮筒袖铠”，用二十五石的强弩都射不透。晋代军队装备的铠甲主要是筒袖铠。南北朝时，主要用“两当铠”和“明光铠”。南北朝时的抛（砲）车装在车上，随军行动，叫做“拍车”，作为军队的常备武器。梁元帝时，徐世谱又把它装在战船上，叫做“拍船”。钢铁武器的制造，西晋归卫尉管理，东晋南朝归少府。收藏兵器的武库，两晋和南朝梁陈都隶属于卫尉。北周开始设立专管兵器的机构——军器监。西魏北周实行府兵制，军士自备弓刀、甲槊（长矛）、戈弩，由官府供给。

隋唐五代时期的兵器结构，变化不大，其进步主要表现为质量的改进。戈、矛、戟等已废置不用。常用兵器有枪、斧、刀、弩、箭、抛车、盔甲等。枪是一种刺击兵器。唐代的枪分为漆枪、木枪、白干枪和扑枪四种。漆枪短，主要是骑兵使用；木枪长，主要是步兵使用；其余两种为皇朝禁卫军使用。长刀是一种安有长柄的砍杀武器。唐代的长刀由一面有刃发展为两面有刃，叫做陌刀。专门组织有陌刀队，并设有陌刀将以领导其战斗。唐代还有一种短柄或不带柄的刀，分为仪刀、鄣刀和横刀三种。仪刀是皇朝禁卫军使用的武器，鄣刀是一般官吏佩带的武器，横刀当时又叫佩刀，是一种战斗用的武器。斧是一种劈砍兵器。隋唐时代的斧，刃部加室（鞘子），柄减短，砍杀效能相当高。依其式样有长柯斧和凤头斧等不同名称。安史之乱时，李嗣业以步兵三千，持陌刀、长柯斧堵击，大败安禄山。唐代的弩分臂张弩、角弓弩、木车弩、大木车弩、竹竿弩、大竹竿弩和伏远弩七种。前两种属于轻弩，五是强弩。此外还有一种“车弩”，能同时发射七枝箭，可射七百步远，所中城垒，无不摧毁。唐代箭有竹箭、木箭、兵箭和弩箭四种。前两种用于射鸟和狩猎，后两种用于战争。其特点是箭镞用钢制成，刃部较长，能穿坚甲。唐代称抛车为“将军砲”或“擂石车”。最大的抛车由二百人操作。玄宗时，史思明围太原，李光弼曾使用抛车击退史军。唐代盔甲种类增多，并讲究华丽美观。甲外一般涂以金漆和各种花纹，光彩耀目。甲的形制有十三种，即明光甲、光要甲、细麟甲等。其中一些是铁制的。在唐末军阀混战中，开始使用火药武器。昭宗天祐元年，郑璠（fán）围攻豫章（今江西南昌市），曾使用“飞火”攻城。所谓“飞火”，就是在箭杆上绑一个火药团，点着引信，用弓发射出去，火烧敌军。唐开元以前，军器制造皆由少府所属的右尚方负责。开元以后分置军器监，辖弩坊、甲坊二署，分掌制造弓矢、排弩、刃镞及甲胄等兵器，制成后按时入武库。武器收藏由卫尉寺掌管。卫尉寺下属机构有两京武库署和武器署，武器署专门收藏外用兵器。宫廷所用的刀剑、斧钺、甲胄等，仍由少府右尚方制造。弩、甲、矛、矟（shuò，长矛）等武器，严禁私造，违者处以流刑或死刑。兵部库部掌管武器的调拨。军用马匹的牧养，归太仆寺。唐前期实行府兵制时，除重兵器和战马由官府制备外，其余弓矢衣粮及其他开销，均由兵士自备。唐朝的军队以步兵为主，骑兵主要集中于警卫皇宫和京师的禁卫军，有百骑、千骑、万骑、飞骑、彍骑等称号。

宋代长兵器以枪为主，长杆铁枪有双勾枪、单勾枪、拐枪等十余种。其次是长柄大刀，有偃月、凤嘴刀等。铁棒也很流行，如柯藜棒、狼牙棒等。短兵器以刀、剑为主，其次是蒺藜、蒜头锤、铁鞭、铁锏、方体斧等。此外还有杂兵器钩竿、叉竿等。宋代特别重视弩和抛石机。北宋制造的床弩，射程可达千步，斗（dǒu）子弩一次能发射几十支箭。抛石机最大的可抛射一百斤重的石弹，射程达五十步以外。宋代兵器的最大变化，是把火药应用于兵器。宋代开始创制和使用火器，由最初的燃烧性火器发展到爆炸性火器，又发展到原始的管性火器。北宋的燃烧性火器，主要有火箭、火炮。火箭是把火药球缚于箭镞之下，将引线点燃后用弓射出。火炮是把火药制成球状，把引线点燃后，用抛石机抛掷出去。太祖开宝八年（975 年），宋军攻打南唐时，就使用了火箭、火炮。12 世纪末，宋朝与西夏交战，仅在兰州一地，宋军就准备了二十五万支火箭。在北宋的燃烧性火器中，已经有了爆炸性火器的萌芽，如霹雳火球，是用火药、瓷片和竹子裹制而成，燃放时发出霹雳响声。北宋末年，金人围攻开封，李纲在守城时，曾下令发霹雳炮。南宋初，陈规发明一种叫做“火枪”的管状火器。它是用巨竹做枪筒，内装火药，临阵点放，即喷出火焰，用以焚烧敌方的人和物资。南宋末年，宋军与蒙古军在淮河一线作战，寿春府军民创造一种叫做“突火枪”的火器，在竹筒内放置火药再安上子窠（kē），用火药的力量把子窠射出去，子窠类似子弹性质，用石子、铁块等制成。这是世界上最早的原始步枪。管形火器的出现，是火器制造史上一项划时代的进步。宋朝政府非常重视武器的生产。北宋初，兵器制造由工部军器所负责，总领于三司胄案。有专门制造兵器的官营手工业作坊。中央直辖的有京师南北作坊和弓弩院。地方诸州也设置有军器作坊。军器作坊的内部，又有较精细的分工。宋神宗时，设置军器监，总管京师诸州军器的制造。军器监中除八作司外，又有广备攻城作，其中有火药作、火作（火箭、火炮、火蒺藜等）等。在出产材料的州设立都作院。军器监集中了各地优良工匠，促进经验交流和提高技术，并对军器的创造发明，采取奖励和推广的办法。京师作院所造各种器械，平时保存在五所大仓库里，真宗景德四年检查历年储备的器械，已够三十年之用。宋朝的兵种主要是步兵和马兵（骑兵），其次是水军。南宋水军有较大的发展，沿江、沿淮和沿海各重要府州军，几乎都有规模不等的水军，共计近三十支。

元代的常用兵器，以弓矢为主。长短兵器则有可刺可掷的标枪和近战用的刀、斧、剑等几种。抛石机是攻战的主要兵器。蒙古军有专门的“砲军”，攻城时大量集中使用。有一种所谓西域炮，又称回回炮，威力最大，能发射一百五十斤重的石弹。元代的弩有神臂弩、折叠弩、神凤弩等数种，其中神凤弩可射八百余步。元代的军用火器有一定的进步。灭金以后，获得了金人制造震天雷的技术，震天雷是一种爆炸性火器。14世纪初，元人在南宋发明的突火枪和火筒的基础上，进一步制成金属管形火器——火铳（chòng）。它利用火药在金属管里爆炸产生的气体压力，把弹丸发射出去。元初，中央和各路均设有军器局，制造盔甲和兵器，后来把中央的军器局改为军器监，又改为武备寺。各地置杂造局，以制造军用物资为主，诸如铁制刀箭等兵器、马上用品等。蒙古军、探马赤军都是骑兵，汉军主要是步兵，也有骑兵和水兵。担任军事任务的水军，仍以蒙古、回回水军为核心和骨干。

明代兵器，有较全面的发展，特别是火器，不仅种类增多，质量也不断提高。其中尤以管形火器发展最快，由简单的火铳，发展到鸟枪、巨炮，由单管发展到多管连发。明中叶以后，部分火炮的炮弹，已由实心弹发展到爆炸弹，是世界上最早出现的开花弹。武宗以后，还输入一些外国火器，影响较大的佛郎机炮和鸟嘴铳。由于火器的发展，使明朝军队的武器装备比例发生转折性变化，弩和抛石机已不再占重要地位，京军中火器手占十分之六。明军使用的长兵器，有枪和长柄刀，形制较宋代简化，轻便适用。还创制了一些杂式长兵器，如镋（tǎng）钯、马叉、狼牙筅（xiǎn）等。明军中普遍使用铁盔、锁子甲，也有铜、铁片甲。明英宗以后，曾试造多种多样的战车，如正厢车、扁厢车、双轮战车、单轮战车等，有的用于进攻，有的用于掩护。车上装有火箭、火铳，在木制或革制的车厢上开孔，以便射击。明代兵器制造，分别由工部和宦官衙门掌管。工部有军器局，宦官衙门有兵杖局、盔甲厂、安民厂（掌造铳炮、火药之类）。明初对火器统制很严，只准由中央兵仗、军器二局制造。英宗正统十四年，开始授权各省可以制造铜将军（较大的火炮）、手铳之类的火器。明代兵种以步、骑军为主，又有使用火器的特种兵。明成祖时，京军分为三大营：五军营兼有步、骑兵，三千营全部是骑兵，神机营为特种兵。

清初八旗兵长于骑射，弓箭是其主要武器。其他常用兵器有刀斧、矛戟、椎挺、甲胄、蒙盾等。从皇太极起，开始生产火器。全国统一后，凡八旗兵所用兵器，都由兵部定式交工部制造。中央制造火器的工厂，顺治初年设有八旗炮厂和造火药的濯灵厂。康熙时设立三个造枪炮的厂局：一设于宫庭内的养心殿，所造枪炮称为“御制”，专供皇室和满洲八旗使用；一设于景山，称为“厂制”；一设于铁匠营，制造铁炮，供汉军使用，称为“局制”。后两个厂均归工部管辖。地方只能生产火药、鸟枪和轻型火炮。民间则严禁制造、收藏和使用火器。清代火器，主要是鸟枪和各种火炮。在军队装备上，稍精良的兵器一概掌握在满、蒙八旗兵之手，各省绿营兵只能使用陈旧低劣的武器。八旗兵分为亲军、骁骑、前锋、护军、步兵五种。亲军直接警卫皇帝，由侍卫处选拔八旗兵组成亲军营。骁骑是由八旗都统分别统领的骑兵。前锋为前哨兵，是选拔最精锐的满洲、蒙古兵别组为营。护军是担任守卫宫禁的军队，由八旗的满洲、蒙古兵内挑选精锐，别组为营。步兵是负责京师巡逻和治安的军队。八旗兵又有特种兵，即神机营，健锐营、枪营、炮营、藤牌营、火器营等。神机营是旗营中最精锐的军队，主要使用枪炮。健锐营是云梯兵。火器营是专门操演火器的军队，操演的火器有鸟枪和子母炮。绿营兵有马兵、战兵、守兵（战兵、守兵都是步兵）三种。此外，在外海、内海及长江地方，则另有水师营。

第一次鸦片战争后，一部分爱国人士，曾参照外国兵器，试图在手工业基础上，改进和创造新式兵器，如炸炮、地雷、水雷、战舰等。第二次鸦片战争后，清政府为镇压太平天国革命，从外国输入大批“洋枪”、“洋炮”和战舰。同时，采用西方资本主义的一些技术，开始设厂制造枪炮、船舰，以洋枪洋炮装备和训练军队。19 世纪 80 年代，清政府设立海军衙门，标志着我国有了自成系统的海军。1905 年以后，新式陆军开始以自动火器装备军队。1908 年，陆军的几个镇成立了气球队，各备有日本山田式气球一只，作为侦察工具。同年，粤厂仿制丹麦式麦德森轻机关枪成功，这是我国自制轻机关枪之始。1910 年，清政府从法国购买沙麦式双翼飞机一架，并在北京南苑创办飞机试行工厂，这是我国有航空器之始。

第五节 禁卫军管理

我国古代的国家是君主的私有物，君主是国家的首脑和最高代表。军队是君主统治人民的得力工具，又是保卫君主安全的基本力量。在国家的所有军队中，警卫君主、宫廷、首都的禁卫军，占有特殊重要的地位。

从现有史料记载看，禁卫军是商代开始有的，分为左、右、中三队，每队约一百人。禁卫军由亚率领，亚常带领禁卫军出使外地。王死后，有以禁卫士兵带着戈、矛等兵器殉葬的，每十人一排。西周禁卫军称虎贲，也称虎臣，由勇士组成，人数三百（一说三千）。虎贲平时守卫王宫，由师氏率领；战时出征为劲旅。诸侯的卫士称旅贲，亦由师氏（或称公行）率领。

春秋时期，楚国自武王起重视禁卫军的配置。楚王亲兵队伍分为两广，每广有兵车十五乘，每乘用士卒一百五十人，分为三队；左右二广共有兵车三十乘，四千五百人，设环列之尹率领。越王有诸御千人，又有私卒君子六千人。诸御为宫廷卫士，略如西周的虎贲，君子为越王的私兵。战国时期，各大国君主更加重视禁卫军，齐、赵、秦等国都有郎中，燕国有王萃，中山国有都士，皆禁卫军士之称。掌管王宫或国都警卫的官，魏国有犀首，齐国有宫门司马，楚、赵两国有柱国，秦国有卫尉。

秦朝建立三个管理禁卫军的长官和相应的机构，即郎中令、卫尉、中尉。郎中令掌宫廷内警卫，卫尉掌宫门警卫，中尉掌京师警卫。西汉武帝以前基本沿用秦制。宫内警卫称郎，有中郎、侍郎、郎中等称号。郎属于候补官的性质，其地位、身份不同于一般的兵士。担任宫门和京师警卫的，一般称为卫士。西汉称守卫宫门的军队为南军，因皇宫在长安城内的南面；称守卫京师的军队为北军，因驻守在长安城内北部。郎由选官途径补充；南军卫士由各郡轮流调充，一年更换一次；北军士兵均为三辅骑士，一年更换一次。汉武帝时，大力扩充、加强禁卫军。改郎中令为光禄勋，增置期门及羽林军。期门、羽林军士皆选自陇西、天水等六郡良家子（清白人家子弟）。改北军中垒令为校尉，又增置屯骑、步兵、越骑、长水、胡骑、射声、虎贲七校尉，分屯长安城中和附近各地，并得随军出战。中尉亦改称执金吾，不再统率北军。此外，还增置奉车都尉、附马都尉两个亲近侍从武官。为了加强皇帝的地位，汉武帝以大将军、骠骑将军、车骑将军、卫将军、左、右、前、后将军等高级侍卫武官，掌握军政大权：平时侍卫皇帝，参与中朝朝议，决定国家大事，有的加领尚书事衔总理朝政；战时任高级将帅，领兵出征。从汉武帝到东汉后期，禁卫军的实际统率权掌握在外戚手里。东汉末，灵帝置西园八校尉，即上军校尉、中军校尉、下军校尉、典军校尉、助军左校尉、助军右校尉、左校尉、右校尉，为直属皇帝的禁卫军，由皇帝委任宦官统领。

曹操任丞相时，设领军，为相府属官，后更名中领军，统领武卫营。曹魏时的禁卫军称中军，与外军相对，略等于汉代的南北军。文帝增置中垒、中坚二营，明帝增置骁骑、游击二营，连同武卫营，成新五营，都归中领军（或领军将军）统率。晋朝的禁卫军比较庞杂，主要有领军、护军、左右卫、骁骑、游击，合称六军，由中领军将军和护军将军总领。南北朝时期，禁卫军长官和机构与晋朝略同。

创建于西魏、北周的府兵制，是一种新的禁卫军管理体制。它的基本点是：（1）不使禁卫军的管理权与统率权集中到一两个高级武官手里，禁卫军长官同时设置六个柱国、十二个大将军、二十四个开府。（2）所有的府兵都要上番宿卫，纳入禁卫军管理系统。（3）另设司武、司卫等机构和官职，实际负责京师警卫。（4）除由府兵番上的禁兵外，还有专门侍卫宫廷内外的禁兵，有时叫“亲信兵”，有时叫“帐下兵”。（5）柱国、大将军等高级武官，只有管理权，无调动、指挥权。隋朝对府兵制作了一些改革，取消六柱国。隋文帝把各种禁卫军结合为十二府，即左右卫府、左右武卫府、左右武候府、左右领军府、左右领左右府、左右监门府。左右卫府、左右武卫府、左右武候府、左右领左右府，各置大将军一人，将军二人。左右监门府各置将军一人，左右领军府不置将军，唯有长史、司马。隋炀帝置十六卫府，即左右卫（左右翊卫）、左右武卫、左右候卫、左右屯卫（也叫左右领军）、左右御卫、左右骁骑卫、左右备身、左右监门。以十二卫分领全国府兵。其军士，左右卫所领叫骁骑，左右骁卫所领叫豹骑，左右武卫所领叫熊渠，左右屯卫所领叫羽林，左右御卫所领叫射声，左右候卫所领叫佽（cì）飞，通称为卫士。唐代置十六卫，名称略有改动。领府兵的十二卫为：左右卫、左右骁卫、左右武卫、左右威卫、左右领军卫、左右金吾卫。其余四卫是：左右监门卫、左右千牛卫。十六卫各置上将军一人，大将军一人，将军二人。在兵府中，左右卫统领的三卫五府，居于特殊地位。所谓三卫五府，即亲卫之府一，叫做亲府；勋卫之府二，叫做勋一府、勋二府；翊卫之府二，叫做翊一府、翊二府。这五府的警卫略当于汉代的郎，都有官品；亲卫，正七品上；勋卫，从七品上；翊卫，正八品上。三卫五府士兵，由五品及上柱国（勋级）以上官僚的子孙组成。后来甚至发展到非官品高、权势大的官僚子孙，不能跻（jī，登）于三卫之列。宿卫府兵有内府、外府之分，三卫五府为内府，其他都是外府。十二卫统领的宿卫府兵，属宰相管辖，称为南衙兵。除番上宿卫的府兵外，还有皇帝直辖的卫兵，称为禁军，也称北衙兵。唐初，高祖以太原初起之兵三万人留宿卫，号元从禁军，屯于北门（玄武门），又称北门屯兵。后以其子弟补入，因称“父子军”。唐太宗以后，陆续出现飞骑、百骑、千骑、万骑等名目，演变为左右羽林、左右龙武、左右神武、左右神策、左右神威等十军。中唐以后，禁军中最重要的力量是神策军。神策军掌于宦官之手，长官为护军中尉和中护军。神策军供给较丰，众至十五万人，其势力在诸禁军之上。左右龙武、左右神武、左右神策，号称六军。

五代时期逐渐形成新的禁军系统和管理机构。后梁禁军先后有左右龙虎军、左右羽林军、左右神武军、左右龙骧（xiāng）军等称号，这些禁军属于中唐以后的六军诸卫系统。在六军系统之外，后梁统治者又大力培养亲兵，组成新的禁军，如厅子都就是朱全忠的一支亲军，职责是帐前宿卫。后唐禁军有侍卫亲军、严卫左右军、捧圣左右军等。严卫左右军、捧圣左右军属于六军诸卫系统，而侍卫亲军是皇帝的私兵，由皇帝做藩帅时的帐前亲兵组成，直接受皇帝控制。闵帝时，以侍卫亲军都指挥使康义诚兼侍中，判六军诸卫事，即成为所有禁军的主帅。后晋以侍卫马步军作为天子禁军的总称。后周又创置殿前诸班，其军士从天下壮士挑选，班直番号有散员、散指挥使、内殿直、散都头、铁骑、控鹤等。于是中央禁军形成侍卫司军和殿前司军两大系统，而殿前司都指挥使之上置殿前都点检，权倾诸军。

北宋的禁军管理系统是在五代兵制的基础上发展起来的，但又有很大的变化。北宋禁军指所有正规军，与传统禁军的含义不完全相同。禁军的管理机构是三衙，即殿前司、侍卫亲军马军司、侍卫亲军步军司，各置都指挥使为长官，地位和权力相等，取消殿前都点检一职。禁军担负着保卫京都和准备征伐两大任务，宋初约有一半驻屯京师。仁宗时，开封府共驻禁兵六八四指挥（北宋最基本的军事编制单位），其中京城四七六指挥，开封府以外共一二四三指挥。警卫京师的军队约占禁兵总数的四分之一。禁军中还有一部分直接警卫皇帝的军队。骑军有殿前指挥使、内殿直、散员、散指挥、金枪班、钧容直等军，称诸班；步军有御龙直、御龙骨朵子直、御龙弓箭直。御龙弩直等军，称“诸直”，总称“诸班直”，属殿前司。班直一般选拔“武艺绝伦”者充当，主要任务是扈从皇帝，有的兼仪仗队。南宋班直总计有二十四班，其番号分别为行门班、殿前指挥使左班、殿前指挥使右班、内殿直班、御龙直班、长入祗（zhī）候班、金枪班、银枪班、弓箭班、弩直班等。宁宗时，规定诸班直定额为二千二百五十二人。

元朝的正规军分为宿卫和镇戍两大系统。宿卫即保卫皇帝和京畿（大都及上都）。宿卫军队由怯薛军和侍卫亲军构成。怯薛（蒙古语番直宿卫之意）是成吉思汗时设置的护卫军，由宿卫、侍卫、环卫三队组成，各有队长统率，总隶于怯薛长。全军分为四怯薛，以四位元勋为世领怯薛长，每三日轮番带兵更直宿卫。怯薛成员称怯薛歹，怯薛歹不仅是指环卫宫禁的武装卫队，而且包括在内廷执役的亲信侍从。怯薛歹没有法定的品秩，但却享有非常优厚的政治待遇，由皇帝直接控制。怯薛军常额保持在一万人以上，最多时曾达一万五千人。侍卫亲军是忽必烈开始建立的。初置左、右、中、前、后五卫亲军，以后陆续增置，至元末共有三十四卫。卫相当于万户。卫的长官称都指挥使或率使，隶属于枢密院。

明朝禁卫军由亲军和京军组成。亲军又称上直卫，共二十六卫，其主要任务是宿卫皇宫。亲军中的锦衣卫，原是皇帝的仪仗队，太祖为加强专制统治，特令兼管刑狱，赋予巡察缉捕权力。世宗时，锦衣卫成员多达十五六万人。亲军由皇帝直接控制。京军是卫戍京师的军队。太祖时四十八卫，成祖时增至七十二卫。永乐八年，始分步骑军为中军、左右掖、左右哨，合为五军。除在京卫所外，每年又分调中都（凤阳府）、山东、河南、大宁各都司兵十六万人，轮番到京师操练营阵，称为班军。成祖又以塞外降丁三千人组成“三千营”，全部是骑兵，专司巡哨。后又得火器之法，立营肄习，号称“神机营”，队伍都是步兵。五军营、三千营、神机营合称三大营，明前期用兵都以此为主力。仁宗时始命武臣一人综理京营戎政。代宗时，从诸营选出精兵十万，分十大团营集中训练，称“十团营”。后来又有“十二团营”、“东西两官厅”的体制。嘉靖时，恢复三大营，并改三千营为神枢营，以募兵代替世兵。

清朝禁卫军主要由八旗兵担任，称“禁旅八旗”。禁旅八旗中又有“郎卫”和“兵卫”之分。郎卫是皇帝的亲军，由上三旗（镶黄、正黄、正白）中挑选，归领侍卫内大臣和御前大臣统辖。领侍卫内大臣和御前大臣类似汉朝武帝以后的大将军。顺治元年规定：领侍卫内大臣（正一品）六人，内大臣（从一品）六人，散秩大臣（从二品）无定员，一等侍卫（正三品）六十人，二等侍卫（正四品）一百五十人，三等侍卫（正五品）二百七十人，蓝翎侍卫（五品、六品）九十人。侍卫处选拔八旗兵组成亲军营（满洲、蒙古每佐领下亲军二人，共一千七百七十人），以亲军校七十七人，署亲军校七十七人，分别管辖。兵卫是警卫京师的军队。八旗都统直辖的为骁骑营。不归都统指挥，另置总统或统领统率的有前锋营、护军营、健锐营、火器营、步军营。步兵营除八旗兵外，兼辖一部分绿营兵。

第六节　镇戍军管理

中国古代国家的军队，除警卫君主和京师的禁卫军外，还有驻守全国各地特别是边疆的军队，担负着镇压人民反抗和防范外来侵略的任务，统称为镇戍军。

商代臣服于王的方国或王的靠近边疆的子族，因有戍守疆土、防敌入侵的任务，首领称侯、卫或戍。西周实行分封制，周王把太子以外的宗族成员和亲族封为王畿以外的国君，一般都可称侯，如鲁侯、卫侯、晋侯、齐侯等，通称诸侯。诸侯起着屏藩周室的作用。遇外族入侵，周王于高处举烽火为号，诸侯须带兵援助。在诸侯国，有大夫轮流领兵戍边的制度，期限一般为一年。春秋初期齐国犹有此制。如《左传·庄公八年》记载："齐侯使连称、管至父戍葵丘，瓜时而往，曰：'瓜时而代'。"春秋对列国兼并，有的小国军力不足，而有请大国军队入境驻防的。《左传·僖公三十年》："（秦伯）与郑人盟，使杞子、逢孙、杨孙戍之"。由于周天子权威日益下降，不能号令诸侯国的军队，一些诸侯国又竞相发展自己的军事力量，兼并弱小国，周天子统治的天下遂出现分崩离析、混战不休的局面。

在春秋时期的兼并战争中，秦、楚、晋、齐、吴五国开始在边地设置县和郡。县和郡最初都有防务性质。特别是郡，初设于秦、晋两国，其目的都是为防御西北地区落后部落的侵扰，郡长官称"守"，即防守之意，晋国县的长官也称守。战国时期，郡县的设置逐渐普遍，并逐渐建立起以郡统县的制度。郡都设在边地，主要是为了巩固边防。如魏国设置西河、上郡是防秦的，赵设置云中、雁门、代郡，是防林胡、楼烦的。郡的长官仍称守，也尊称太守，都选用武官担任。郡守有征发一郡壮丁出征的权力，其地位与命将相等。各国国君对郡守都非常重视。魏文侯以名将吴起为西河守，抗拒秦、韩。齐国有五都，除国都临淄以外，四边的都具有边防重镇的性质，相当于其他国家的郡。都驻有经过考选和训练的常备兵，称为"技击"，也称为"持戟之士"。齐威王极力赞赏齐国边境的长官。他对魏王夸耀说："吾臣有檀子者，使守南城，则楚人不敢为寇东取，泗上十二诸侯皆来朝。吾臣有肦（bān）子者，使守高唐，则赵人不敢东渔于河。吾吏有黔夫者，使守徐州，则燕人祭北门，赵人祭西门，徙而从者七千余家。"❶

秦朝将重兵部署于北线和南线。派蒙恬率领三十万秦军抗击匈奴，并修筑万里长城戍守。又派尉屠睢率领五十万大军分五路南下，征服南越和西瓯。还迁徙五十万人戍守五岭，与越人杂居。内地各郡屯驻的军队则比较少。秦二世元年，征发本不服徭役的闾左贫民到渔阳屯戍，说明内地兵源枯竭。陈胜、吴广发动起义，只有戍卒九百人，却能攻城略地，取得节节胜利，这又从反面说明内地兵力之空虚。

汉代镇守地方的军队，归郡国管理，称郡国军。郡的长官太守兼掌军事，平时负责军事训练，每年八九月要举行一次大规模的军事演习，称为都试，也称秋射；战时要领兵作战。郡都尉协助太守掌管军事行政事务。国指王国。汉

---

❶ 《史记·田敬仲完世家》，《史记》1891 页。

高祖在消灭异姓诸王之后，分封自己的子弟为王，史称“同姓诸王”，也称诸侯王。共有九个，即齐王刘肥、楚王刘交、吴王刘濞、代王刘恒、淮南王刘长、梁王刘恢、赵王刘如意、淮阳王刘友、燕王刘建。同姓王国辖地共达三十九郡，而中央直辖的土地只有十五郡。有的王国辖地数郡，连城数十。如齐国辖地六郡七十三县，代、吴各辖地三郡五十三县，楚国辖地三国三十六县。王有领兵权，中尉协助。实际上，汉高祖把镇守地方的兵权交给诸侯王，企图依靠诸侯王屏藩汉室，在一定程度上恢复了西周的体制。按汉初规定：成年男子须服兵役两年，一年在本地接受军事训练，充当郡国的常备兵，一年到京师当卫士或到边境任戍卒。从总体上看，地方兵大大超过京师中央军。虽然朝廷有无中央虎符不得发兵的规定，但文帝时已开了王国武装反抗中央之端，景帝时更爆发了大规模的吴楚七国之乱。吴王濞征发封国内十四岁至六十二岁的男子，组成二十余万人的军队，亲自率领，以“请诛晁错，以清君侧”为借口，反抗中央。镇守地方的武装力量变成朝廷的叛军。西汉前期，与秦朝正相反，边防力量非常薄弱。北方匈奴常常寇边，掳掠人畜。文帝时，匈奴骑兵一度迫近长安。文帝采纳晁错的建议，募民迁徙塞下，屯田筑城，加强边防。南方戍边的军队也比较少。文帝为了“休养生息”，尽量避免对南越用兵。他一度按照南越王赵佗的要求，罢省边界戍军。吕后时，赵佗曾进攻长沙国。汉武帝时，在大规模反击匈奴的同时，在北方边区大量增设新郡，征发六十万人戍边屯田，建立起屯田领导系统，边境数十万戍卒有警则战，无事则耕，同时还修筑了许多塞、城、障、隧、壁、坞，形成牢固的防御系统。戍卒由边郡太守掌管。其下屯田官有屯田校尉、护田校尉、农都尉、守农令、劝农掾等，防务官有鄣尉、候长、燧长等。屯田区、城堡和烽燧，是汉政府在北方边境的政治、军事据点。汉武帝还在西域轮台、渠犁等地各驻兵数百，进行屯垦，置使者校尉领护。这是汉朝在西域设置军事、行政机构之始。汉宣帝时，设立西域都护，为汉朝管理西域的最高军政长官，相当于郡太守。元帝时，汉政府又在车师地区设立戊己校尉，管理屯田和防务。戊己校尉府设于车师前王庭，主要是防御匈奴贵族的侵犯。府下设有亭燧、壁、垒等军事设施，警卫森严。东汉为加强中央集权，废除内郡的地方兵，裁撤郡都尉，取消郡内每年征兵操练的都试，罢轻车、骑士、材官、楼船士及军假吏，让其一律归还民伍。不过终东汉之世，地方兵并未全废，遇有战事，仍常征发内郡地方兵，由太守或刺史率领作战。在某些沿边及民族矛盾紧张地区，则复设都尉或属国都尉别领。边县置障塞尉，掌防范外族入侵。在重要的沿边地区，有边防军，是中央军的一部分，主要由乌桓校尉、度辽将军、使匈奴中郎将、护羌校尉等统率。东汉政府还经常用赦免和减罪的办法，募集犯罪的人戍守边疆。东汉在大力裁减地方武装的过程中，豪强地主的私人武装和州郡长官的割据武装却又日益发展起来。豪强地主的庄园，外有高墙深沟，内有碉堡望楼，成为一个个军事据点。庄园主强制依附农民组织“家兵”，或称“部曲”，平时巡逻、守卫，必要时拉出去打仗。有的大豪强（如袁术），家兵达二三万之众。州郡长官利用募兵、领兵之机，把国家武装变为他们的子弟兵。农民起义爆发后，东汉王朝将一部分州刺史改称州牧，由中央九卿（朝廷重臣）出任，总揽一州的军事、行政等大权，位在郡守之上，遂酿成兵有专主、将有重权的局面。

三国时期，地方的镇守，主要由中央军担任。曹魏中央军分为中军与外军，外军即镇守地方的军队。魏文帝黄初三年，置都督诸州军事，加四征或四镇将军之号，又兼所在州之刺史，成为中央分驻地方的高级军政长官。另外，根据司马朗的建议，允许有一定数量的州郡兵，由刺史或太守兼领，以守备本州郡为职，必要时也应调出征。皇帝对宗室诸王的藩国控制很严，只给一二百名老兵。蜀国置前、后、左、右、中军，前、后、左、右四军略等于曹魏的外军，分别由前将军、后将军、左将军、右将军统率。东吴亦有五军，与蜀略同。

晋朝鉴于曹魏宗室孤立无援而州镇太盛的历史教训，在地方镇守方面采取两项重要的措施：（1）废罢州郡兵，各州郡只留武吏五十人至一百人。绝大多数州郡都这样执行了，情况特殊的少数州郡只减省部分军队，个别州郡不减兵。少数有军队的州郡，军队由都督、校尉率领，刺史、太守不再领兵。（2）加重同姓诸王的兵权。晋武帝大封同姓王，允许王国拥兵一千五百人至五千人。又进一步让诸王分别都督诸州军事，诸王出任的都督占全国都督名额的半数以上。诸王到一处镇守，就把封国也转移过去，他们既是重要地区的军事统帅，又是地方的最高行政长官，形成与中央分权之势。这种局面未维持多久，出镇方面的诸王拥兵作乱，争夺皇位，混战十六年，演出了一场“八王之乱”的丑剧。东晋都督诸州军事的将帅，主要由王、庾、桓、谢等世家大族担任，往往与中央发生武装冲突，甚至夺取中央政权。如王敦任都督江、扬、荆、襄、交、广六州军事，领江州刺史，握重兵屯武昌，后来便拥兵作乱，一度攻入建康（今江苏南京）。桓玄任荆、江等八州及扬、豫二郡都督，领荆、江二州刺史，起兵攻入建康，一度代晋自立，国号楚。南朝刘宋又恢复宗室诸王出任方镇的做法，其结果又引起皇室内部的骨肉残杀。立有显赫战功的名将檀道济，为刘氏宗室所忌，成为牺牲品。南齐企图用加强典签（州镇处理文书的小吏）权力的办法，以控制出任方镇的宗室诸王，但仍难以避免同室操戈的悲剧。梁取消典签监视诸王的制度，诸王又成为有实权的藩将，割据一方，非但不能起屏藩皇室的作用，反而成为皇室内乱的策源地。南朝末帝陈后主，为防止藩将威胁皇位，用不懂军事的狎客（陪伴权贵游乐的人）文人取代在外领兵的将领，甚至弃险不守，将十余万军队全部控制于都城内外。北魏前期，为了镇压被征服人民的反抗，在境内各军事重地遍设军镇，建立军府。军镇的长官——镇将不但管军，而且管民，军镇成为一种军政合一的政权机构。后来，内地的军镇都改成州，唯独北部诸镇由于防卫柔然南下和镇压当地人民反抗的需要而保留了下来。其中最重要的有沃野镇、怀朔镇、武川镇、抚冥镇、柔玄镇（以上五镇均在今内蒙古境内）和怀荒镇（今河北张家口北）六镇。六镇是首都平城（今山西大同市东北郊）的屏障，深受朝廷的重视。每镇设都大将、都将、大将、将等武官，通称镇将。镇将都由宗室贵族担任，镇兵也多是“高门子弟”、“强宗子弟”，受到特殊优待。比镇小的有戍。设戍主、副戍主，受镇或州管辖。孝文帝迁都洛阳以后，留在北方六镇的拓跋鲜卑贵族，仍然戍守边疆。久而久之，他们越来越受轻视。一般鲜卑军人被视为“寒人”（下等人），地位更为卑下，受镇将的残酷奴役和剥削。北魏末年，爆发了北方六镇戍兵和各族人民的大起义。东魏、北齐选拔勇武的汉人充边防军，号称“勇士”。在北方长城一线，十里置一戍，要害处置镇。西魏、北周实行府兵制，把镇守地方的府兵都纳入中央禁军的系统，由中央的高级武官统一管理，所有府兵都要上番宿卫。北周改都督诸州军事为总管。

隋朝将府兵改属州县，受州与总管府双重管辖，民事归州，军事归总管府。府兵除宿卫京师或奉命出征外，平时留在原籍，从事生产，并有镇守地方的任务。边防要地置镇、戍，镇有将、副，戍有主、副。

唐初全国有六百三十四个折冲府，总兵力为六十八万人。在军队部署上，京师所在的关内道集中了二百六十一个折冲府，兵士二十六万。其余的府兵留在地方。府兵平时练习武艺，每年冬季集中训练，由折冲都尉负责。都督府对府兵有检查督促之责，征调府兵时要参与合对鱼符。戍边的军队另有编制，大的叫军，小的叫守捉、城、镇，而总领于道。道是较大的军事性行政区域，守捉、军、城、镇是等级不同的边防军分区。守捉、军、城、镇皆有使，道有大总管，后改为大都督。太宗时，行军征讨叫大总管，在本道叫大都督。高宗以后，都督带使持节（作为皇帝的使者持节前往地方）称为节度使，有统领镇兵之权。玄宗时，沿边有九节度使，一经略使，以数州为一镇，节度使（经略使）总揽军、民、财政大权，州刺史成为他们的下属。沿边十镇共有兵力四十八万六千九百人。而当时中央禁军已渐衰落，形成“外重内轻”之势。“安史之乱”就是在这种背景下爆发的。安禄山是胡人，一身兼任平卢、范阳、河东三节度使，拥兵十五万。天宝十四年在范阳起兵叛乱，南下攻陷洛阳，次年称帝。安史之乱后，节度使遍设于内地，达到四十多个。在河北、山东等地，形成藩镇割据的局面。其中势力最大，为患最烈的，是成德、魏博、卢龙三镇，时称“河朔三镇”。此外，重要的割据藩镇还有淄青镇、淮西镇、宣武镇、沧景镇等。为控制方镇，唐皇帝常在方镇设置监军机构，一般称为监军院或监军使院，长官称监军使，由宦官担任。但此制弊多利少，并未收到巩固皇权的效果。唐前期，国力强盛，在降附的少数民族地区设置安东、安北、安西、单于，北庭、安南等都护府。都护府与汉代的西域都护府性质相近，为军政合一的机构。

宋朝吸取唐中叶以后藩镇割据的教训，着重从体制上解决藩帅权力过重的问题。宋初削夺节度使实权，使其成为武官高级虚衔。在路一级，不设总揽军、政、财权的高级官职，而同时设置四个互不统属的机构和官职。四个机构是：安抚司、转运司、提点刑狱司和提举常平司，长官分别为安抚使、转运使、提点刑狱公事和提举常平官。安抚使负责军务治安，以知州、知府兼任，并兼马步军都总管、兵马钤辖等，权力比节度使小得多。都总管是临时委任的大军区统帅，钤辖是临时委任的军区统兵官。在镇戍军的部署上，其基本的指导思想是“强干弱枝”、“守内虚外”。把数量较大的禁军集中于京城开封，各路的驻军相对来说要少得多。如开封府驻兵六八四指挥，陕西路三二九指挥，河北路二五四指挥，京西路一六五指挥，京东路一四〇指挥等。地方驻军大约每隔三年要移换驻地，名为“更戍法”。军队调动时，要采取插花方式，打乱原来衙、厢、军的统兵体制，另外委派统率者，使将不能专其兵，兵也不能专属其将。边境地带只屯驻较少量的禁军，对辽、西夏的贵族势力采取被动的守势。厢兵、乡兵和蕃兵都是地方部队，一般不离开本地。厢兵数量很大，遍布全国各地，但不进行军事训练，没有什么战斗力，主要供地方上役使。乡兵、蕃兵数量不多，力量分散。南宋以屯驻大军取代禁兵。南宋初，军队经过整编，形成韩世忠、刘光世、张俊、吴玠和岳飞五支屯驻大军，后分别以行营前、左、中、右、后护军作番号。绍兴十一年以后，在长江沿岸和川陕交界，先后部署了十支大军，皆以某州府驻扎御前诸军为番号。到南宋中期为止，陆续在兴州、兴元府、金州、江陵府、鄂州、江州、池州、建康府、镇江府设御前诸军，由都统制和副都统制统辖。每支屯驻大军各有一万至几万兵力。

元朝在全国战略要地和边疆地区，都派军队镇戍。其大致分工是：接近京畿及边塞、战略要地，用蒙古军或探马赤军镇守，江淮以南则用汉军和新附军镇守，也间以蒙古军队。但新附军一般不驻长江以北。驻在各地的镇戍军，由各行省两个长管统辖，一般都是蒙古人、色目人，具体统兵官有总管（万户以下）、总把（千户以下）、弹压（百户以下）。平宋以后，忽必烈命令主持攻宋军事的伯颜和阿术（zhú）等将领审度兵机之要、地理之宜，在江浙、江西和湖广三行省选定六十三处战略要地，屯聚重兵。再从这六十三处分兵，四出镇守。在江淮和江西地区，以蒙古、汉人、新附诸军相参作三十七翼，每翼相当于一个万户。镇戍诸军的调遣更防等重要军务，受枢密院节制。在边疆地区，设置宣慰使司都元帅府，对边疆居民进行军事统治。有一些边疆地区的部族土军，只驻守本地而不出戍他方，因称乡军。在某些边远地区，元世祖封诸子为王，分别镇戍和林、云南、回回、畏吾、河西、辽东等地。

明朝卫所军除宿卫京师的以外，平时皆分驻全国各地。一府设所，数府设卫，各省设都指挥使司，管理所属卫所。遇有战事，由兵部秉承皇帝意旨，任命总兵将官，发给印信。总兵官统帅军队，总领一方军务，称为镇守。镇守以下，独守一路的称分守，独守一城一堡的称守备，与主将同守一路的称协守。总兵官分正副，下设参将、游击将军、守备、把总等官。总兵等官初为临时派遣的性质，后逐步改为长期驻守，成为地方的重要军事长官。后来又有权力更大的巡抚、经略、总督、督师等官的设置。北方边境是明朝防戍的重点。东起鸭绿江，西至嘉峪关，分命大将，统兵守御，设辽东、宣府、大同等九镇，合称“九边”。统兵者称总制，后改称总督。明朝地方除卫所官军，还有名目繁多的民兵，民兵多有武艺，明朝统治者常利用他们镇压地方，甚至征讨外邦。

清朝八旗兵分为禁旅八旗和驻防八旗两部分。驻防八旗即镇戍军，分别驻守各省省会、重镇和其他要害之地，设将军、都统、副都统、城守尉等统领。将军是驻防八旗的最高长官，因驻防各地方，也称“封疆大员”。全国共设将军十三人，分别驻守盛京、吉林、黑龙江、绥远城、江宁、福州、杭州、荆州、西安、宁夏、伊犁、成都、广州。都统与将军官阶相同，驻防都统仅二人，分驻张家口和热河。此外，全国设驻防副都统三十三人，城守尉十六人，防守尉十八人。边境设“守边官”，所驻之地名为“边门”或“边栅”。在内外蒙古，青海、新疆、西藏各地方，另设将军、都统、副都统、大臣等官驻守。绿营兵除少数驻守京师外，绝大部分分驻各省。各省驻军，绿营兵比八旗兵多。提督是各省绿营兵的最高长官，管理一省军政。各省提督，分陆路与水师。陆路提督十二人，水师提督三人，兼辖水陆提督三人，由巡抚兼任者五人，全国共二十三人。提督节制全省各镇总兵，但又受总督节制。提督所辖提标，一般有中、左、右、前、后五营，少数有四营、三营的。提督之下，有总兵、副将、参将等衙门。

第七节　作战指挥

军事活动的最高形式是战争。在阶级社会中，战争是政治的继续。一定的阶级、社会集团，为夺取并保持对社会的统治权，在绝大多数情况下，总是用战争手段来达到自己的目的。中国古代的王朝，几乎都是军事首领在战争胜利的基础上建立起来的。战争的胜败直接关系到政权的兴衰存亡。而军事指挥对战争的胜败往往起着关键性的作用。

古代传说中的禹，不仅是一位治水英雄，而且是一位卓越的军事领袖。他领导的部落联盟，在与三苗的战争中，取得了巨大的胜利。作为最高军事指挥员的禹，表现出杰出的才能。在出征前，他举行了誓师大会，对民众进行动员；在作战中，他箭法高明，射中了有苗的首领，致使苗师大乱。三苗被打败后，夏王朝就建立起来了。夏朝建立之初，启又领导夏族军队与有扈氏大战于甘。在战争开始前，启用天命动员民众，使战争带有神圣的庄严色彩，他又严明军纪，奖惩分明，鼓舞战士勇敢作战。战争的结果，灭掉了有扈氏，夏政权初步得到了巩固。

商原是夏的属国，在夏后期强大起来。成汤是商族的杰出领袖，他大胆任用出身卑贱的伊尹，委以国政，共同谋划伐夏大计。商灭夏的战争，是从翦灭夏的属国开始的。先灭掉葛，紧接着又灭掉韦、顾、昆吾等，“十一征而无敌于天下”。[1] 然后一面暗中积蓄力量，一面观察夏朝形势的变化，待机而动。至夏王朝完全孤立，商军才发动大规模进攻，在大雨滂沱中与夏军激战于鸣条（今河南封丘县东），商军不断胜利，夏军节节败退。夏桀仓皇南逃，死于南巢，夏亡。商汤灭夏后，又继续向西征伐，取得一些新的胜利。武丁在位期间，不断对外用兵。用兵的重点是西北方面的舌方、土方和鬼方。经过几次战役，挫败了舌方和土方。征伐鬼方的战争，持续了三年之久，终于赢得了胜

---

[1] 《孟子·滕文公下》。

利。武丁对南方的荆楚也发动了战争，打了大胜仗。武丁还命妇好率领大军，与东南方向的夷方作战。妇好武艺超群，深通韬略，为商王朝对夷方的战争立下了赫赫战功。由于对外战争的不断胜利，商的统治区域日益扩大。

周原来是商的属国。为了推翻商朝的统治，周进行了几十年的准备。早在商帝乙二年，文王就曾出兵伐商，结果大败。从此文王一面继续臣服商王朝，一面暗中加紧作灭商的准备。在各种准备工作中，文王最重视广求人才。他在渭水边遇到了七十多岁的老人姜尚，命他为管理军队、参与军事计谋的太师。在姜尚的建议下，周文王在积极争取与国的同时，对敌对的方国部落发动一系列的战争，以扩大周的势力范围。文王死后，武王继位，继续完成文王的事业。武王以太公望（即姜尚）为师，周公旦为辅，共同谋划伐商。武王即位后第二年，在孟津大会诸侯，举行军事演习，同时派人入商观察情况。又过了两年，商王朝众叛亲离，武王认为时机已经成熟，便决定率领大军与商决战。军队开到离商都仅七十多里的牧野（今河南淇县南），摆开了阵势。大战开始前，武王举行了庄严的誓师典礼，宣读了气壮山河的誓词。战幕一拉开，武王命师尚父率领很少的士卒为先锋在前面挑战，随后大军全线出击。商纣王的军队人数虽多，但与纣王离心离德，两军稍一接触，便纷纷倒戈，乱了阵脚。周军乘胜追击，直捣商纣王的老巢朝歌。纣王成了孤家寡人，自焚身死。牧野之战的胜利，为周王朝的建立举行了奠基礼。周朝建立后不久，武庚和三叔发动叛乱。当时成王年幼，周公摄政，形势非常严重。周公首先向召公等人作了解释，消除了疑忌，安定了王室内部。然后调动大军，以成王的名义，亲自率领军队东征。周公先集中兵力打败了武庚和管叔、蔡叔等人，杀掉了武庚和管叔，流放了蔡叔等人。接着又挥师东进，一举消灭薄姑、熊、盈、徐、奄等参与叛乱的东方各国。这次东征，前后共用了三年多时间，其规模比武王伐纣时要大得多，战斗也艰苦得多，是一次关系年轻的周政权生死存亡的战争。作为东征主帅的周公，其历史功勋是不可磨灭的。东征胜利以后，周朝的主要劲敌是南方的楚国，成王、昭王、夷王、厉王、宣王多次出兵征讨，虽然取得过一些胜利，但损失也很惨重。昭王最后一次南征，六师覆灭，昭王本人淹死。其结果，楚国及整个南方不仅没有被征服，楚国却在不断发展壮大。

春秋战国时期，战争频繁激烈。在一定的客观条件下，战争指挥员的主观指导是否得当，往往对战争的结局产生重大的影响。春秋以前，军队的统帅主要由君主和宗室贵族担任，战争的指导主要根据经验。从春秋时期开始，一些有作为的君主，往往任用非贵族出身的有才干的军事家担任将领，出现将军、元帅之类的高级军事职务，并出现了军事科学。在实践中，由于指挥正确，出现一些以弱胜强或以智取胜的著名战例。春秋初期，周桓王亲自率领陈、蔡、虢（guó）、卫等诸侯国的军队讨伐郑国。郑庄公沉着应战。他采纳了子元的建议，先打力量比较薄弱的左右翼，然后集中力量攻击周军，周军大败。齐鲁长勺之战，齐强鲁弱。鲁庄公在战前能取信于民，战时听从曹刿（guì）的意见，注意根据形势的变化选择战机，待敌竭我盈之时发动反攻，乘敌辙乱旗靡之时进行追击，结果大败齐军，创造了以弱胜强的战绩。晋楚城濮之战是春秋前期最大的一次战争。战前，力量对比的优势在楚军方面。楚国参战的兵车共有一千四五百乘，而晋国出动的兵车只有七百乘。晋文公在狐偃、先轸（zhěn）等人的参谋下，采取避开楚军锋芒，退避三舍（行军以三十里为一舍），诱敌深入的作战方针。战争开始后，晋将胥臣集中优势兵力猛攻由陈、蔡军队组成的楚军右翼，取得大胜。接着又集中力量打败楚军的左翼。然后乘胜猛攻，楚中军被杀得七零八落，大败而归。春秋后期，吴越交战，越国先以智取胜。两年后，越王勾践不听谋臣范蠡（lǐ）的劝告，在敌强我弱的形势下，冒然出兵攻吴，结果在夫椒一带被打得大败。吴军乘胜追击，勾践屈辱投降称臣。勾践从吴国放回后，发愤振兴越国。经过“十年生聚，十年教训”的艰苦奋斗，使越国转弱为强。公元前482年，趁吴王夫差北上会盟、国内空虚的机会，勾践亲率大军攻吴。越军分成两路，一路由海道入淮河，切断吴军归路；一路从陆路北上，直袭吴都姑苏（今江苏苏州）。夫差仓促回军，但已措手不及，被迫自杀。春秋时期有完全不懂军事的国君指挥战争而大吃败仗的例子。宋楚两军对阵，楚强宋弱。愚蠢的宋襄公却想以“仁义”取胜。当楚军正在渡河，宋将目夷主张乘机出击，宋襄公说什么“君子不乘人之危”，予以拒绝；等到楚军渡过了河，目夷又请求乘楚军立足未稳之际出击，宋襄公又说什么“君子不攻击不成阵势的敌军”，仍然按兵不动。直到楚军排好阵势开战，宋军大败，襄公受了重伤。战国时期，战争规模和战争方式都发生了巨大变化。参战的军队，动辄几十万人。机动灵活的步、骑军野战、包围战代替了以前的车阵作战。这些变化，对战争的指挥员提出了更高的要求。齐魏之间的桂陵之战和马陵之战，是齐国著名军事理论家孙膑运用军事科学指导战争而大败敌军的著名战例。在桂陵之战中，孙膑根据魏国精锐在赵，内部空虚的情况，出兵进攻魏都大梁（今河南开封），诱使魏将庞涓兼程赶回应战，又在桂陵（今河南长垣西北）设伏袭击，大败魏军，生擒魏将庞涓。在马陵之战中，孙膑又用逐日减灶制造齐军大量逃亡假象之计，迷惑敌人，引诱追击。待魏军追到马陵（今河南范县西南）险要地区，齐军万弩齐发，全歼魏军十万，魏将庞涓被迫自杀，魏太子申也被俘杀。战国后期，齐国另一位卓越军事家田单，用大摆火牛阵、出奇制胜的办法，使齐国转危为安，转败为胜，打败燕军。本来，齐国已被燕军打得大败，全国只剩下莒和即墨两座城，其他地方包括都城临淄都被燕军占领，齐国危在旦夕。有杰出军事才能的田单，被燕军包围在即墨城内。他受众人拥戴，担起指挥战争的重任。田单首先施展离间计，使燕惠王撤掉名将乐毅，改派平庸无能的骑劫任燕军将领。他又激励齐军士气，使齐军有与燕军决一死战的斗志。他还用各种办法麻痹敌人，而自己却积极做战斗准备。田单用千余头牛，角上缚兵刃，尾上缚苇灌油，夜间以火点燃，使向燕军猛冲，并以五千勇士随后冲杀，结果大败燕军，杀死骑劫，乘胜收复所有失地。田单在敌强我弱、力量对比悬殊的形势下，善于利用敌人的矛盾和弱点，养精蓄锐，团结人民，激励斗志，制定了出奇制胜的作战计划，打败了强敌，在中国军事史上写下了光辉的一页。战国时期，也有一些因将领无能而惨遭失败的战例。除魏国的庞涓、燕国的骑劫外，赵国的赵括也是突出的一个。赵括是一个军事空谈家，虽熟读兵书，善谈兵法，自以为天下无敌，实际上并无指挥才能。当时，赵国面临强秦的军事进攻，名将廉颇采取筑壁垒坚守的策略，秦军屡次挑战，赵军都按兵不动。两军在长平相持三年，不分胜负。秦国用反间计，使赵王用赵括取代廉颇。秦名将白起先在正面佯败后退，另外布置两支奇兵迂回抄袭赵军后路。赵括中计，冒然追击，直攻到秦军的壁垒之下。秦军坚守阵地，赵军不能攻入，后路又被切断，陷入腹背受击的困境。赵军断粮四十六日，士兵杀人相食。赵括率精兵突围，被秦军射死。赵军失去主将，军心大乱，四十五万军队全部投降，被秦军活埋。春秋战国时期的兼并战争，以秦削平群雄、统一中国而结束。秦消灭六国的战争，是在秦王嬴政的指挥下进行的。嬴政采纳了李斯、尉缭等的建议：大胆任用异国将领；用重金收买东方六国大臣，分化瓦解，破坏合纵；在作战上采取集中兵力，各个击破的方针；在具体进军路线上，先攻弱点，灭掉韩国，再消灭两翼，最后灭齐。统一战争开始后，秦王政首先派内史腾率兵进攻韩国，旗开得胜。接着乘赵国发生大地震、大灾荒之机，派王翦领兵攻赵，遇到赵名将李牧率领的军队顽强抵抗，进攻受阻。王翦用离间计中伤李牧，赵王轻信谣言，杀死李牧，改换将领。王翦乘机大举进攻，长驱直入赵都邯郸。进攻燕国的作战是将军李信指挥的。下一个攻击点是魏国。秦王派王翦子王贲率领十万大军攻魏，包围了魏都大梁，然后放黄河、鸿沟水灌城。三个月后，大梁城被攻破。楚国是东方六国中最强的一个，秦王先派年青将领李信率领二十万军队攻楚，被楚国大将项燕击败。又派老将王翦领兵六十万出征。王翦总结了李信轻敌冒进的教训，采取屯兵练武，坚壁不战，麻痹敌人，以逸待劳的战略。待楚军斗志松懈、粮草不足、难以支持之时，才发动攻击，一举消灭楚军主力，占领楚都寿春（今安徽寿县）。消灭六国的最后一战是攻齐。秦国将领是王贲。王贲的军队几乎没遇到什么抵抗，就攻下齐都临淄。秦王政领导的统一战争，整整用了十年的时间。

秦末农民战争演变为两个农民起义领袖刘邦与项羽之间的战争。这场战争进行了将近四年，史称“楚汉战争”。战争之初，项羽拥兵四十万，而刘邦只有军士十万。刘邦采纳张良等计策，在形势于己不利的情况下，尽量避免与项羽决战，而采取卑辞言好、积蓄力量、分化收买项羽部下等策略，斗智不斗力，使项羽一再坐失战机。到形势根本扭转之后，不失时机地与项羽决战，大败项羽于垓（gāi）下。西汉时期，有两场大的战争：一场是平定吴楚七国之乱的战争，一场是反击匈奴的战争。平定七国叛乱之战，汉朝命太尉周亚夫（周勃子）、大将军窦婴（窦太后侄）为统帅。汉军与吴军主力相遇于邑（今安徽砀山西）。吴军人数众多，攻势锐猛。周亚夫坚守不战，并派出轻骑插入敌后，断绝吴军粮道。吴军粮绝以后，士卒多饿死，军心大乱。周亚夫乘胜追击，彻底消灭了吴军残余。七国叛乱经过三个月就平定了。反击匈奴的战争是在汉武帝的指挥下进行的。先后打了十几仗，其中带决定性的大规模战役有三次。这三次战役的主帅是卫青和霍去病，都是外戚。第一次，汉武帝派车骑将军卫青、将军李息率兵出征，采取避实就虚、迂回包围、突然袭击的作战方略，击败了匈奴的白羊王和楼烦王。第二次，汉武帝派年仅二十岁的骠骑将军霍去病，率精兵万骑，深入匈奴腹地，与匈奴军短兵肉搏，大获全胜。第三次，汉武帝命大将军卫青和骠骑将军霍去病各率领骑兵五万，分东西两路向匈奴进击。这次战役，针对匈奴贵族认为汉军不能远征的错误判断，采取奔袭追击的战术，与匈奴军激战，击败匈奴军主力，使匈奴元气大损。从汉武帝开始，直至整个东汉，领兵作战的指挥权，主要掌握在外戚手里。

东汉末年，军阀混战。混战多年的结果，曹操和袁绍成为北方两个势力最大的军阀。为争夺对中原地区的统治权，曹、袁两军在建安五年（200 年）于官渡（今河南中牟县东北）进行决战。当时袁绍有大军十万，战马万匹，而曹操的军队只有一二万人。曹操在官渡地区与袁绍进行四次大的战役。首战，曹操用声东击西的战术，解了白马之围。二战，曹操以辎重引诱袁军，袁军上钩，然后以六百骑兵突然出击，获得全胜。三战，曹将徐晃，史涣烧毁袁绍粮车数千辆，把袁军置于缺粮的困境。四战，曹操亲率精兵五千，直捣袁军屯粮要地乌巢（河南延津东南），烧掉粮食万余车。袁军顿时大乱。曹操乘机全面出击，歼敌七万余人，从而取得了官渡之战的最后胜利，为曹操统一北方奠定了基础。建安十三年，曹操在统一北方之后，挥军南下，企图统一全国。曹操率领号称八十万的大军（实际只有二十多万），与孙、刘联军五万人在赤壁（今湖北蒲圻西北）相遇。曹操初战失利，把军队撤到长江北岸的乌林。曹军多是北方人，不习水战，便用铁索把战船连在一起，以减少颠簸。东吴乘机用火攻战术，把曹营变成一片火海。周瑜、刘备的军队遂水陆并进，乘势向曹军猛攻。结果，曹军大败，损失惨重，曹操率残兵败将退回北方。赤壁之战奠定了三国鼎立的格局。刘备虽为蜀国君主，但缺乏战略头脑和军事指挥才能。他称帝后的第二年，为从吴国手中夺取荆州，为关羽报仇，不顾众人劝阻，亲率全国数十万大军，向东吴大举进攻。孙权拜陆逊为大都督，领兵五万迎击蜀军。陆逊在敌强我弱的形势下，沉着冷静，对敌我双方进行了客观全面的分析和判断，采取了避其锋锐、击其怠惰的战略，以积极的防御，寻找战机，抓住有利时机，一举破敌。而刘备先是急躁求胜，后又麻痹松懈，在树木茂密之地，连营七百里。陆逊在蜀军的攻势面前，先坚守不出，直待蜀军疲惫，才在猇（xiāo）亭决战，利用火攻，大破蜀军四十余营，刘备尽失舟船器械、水步军资，狼狈逃回白帝城，次年病死。

魏、蜀、吴三国，都亡于司马氏。魏明帝死，宗室曹爽与太尉司马懿同受遗诏辅佐幼主。曹爽想独揽大权，排斥司马懿，派他的兄弟曹羲、曹训等掌领禁军。司马懿伪装重病，麻痹曹爽，暗中加紧策划。他儿子司马师任中护军，统领一部分禁军，又暗中养敢死士卒三千，潜伏在洛阳城内，准备随时集中使用。公元249年春，司马懿乘曹爽兄弟陪同齐王芳出城谒陵之机，突然关闭洛阳城门，占据武器库，控制中央禁军，发动军事政变。司马懿亲自领兵占据洛水浮桥，扼住曹爽的归路，把曹爽集团一网打尽。从此，魏国政权操于司马氏之手。公元262年，司马昭派大军十八万，由钟会，邓艾、诸葛绪率领，分兵三路伐蜀。蜀将姜维退守剑阁，挡住魏军的主力。邓艾率军自阴平行无人之地七百余里，绕过剑阁，直抵蜀都成都。蜀后主刘禅出降。司马氏灭蜀后，在蜀地大造战舰，训练水师，积极准备从上游攻吴。279年，司马炎调动步骑兵二十余万分五路伐吴，王濬（jùn）率水军自巴蜀顺江而下，直逼吴都建业。吴军不战自溃，吴主孙皓出降。

东晋将领祖逖、庾亮、殷浩、桓温等曾先后举行过几次北伐，但由于朝廷不热心、不支持，甚至采取牵制的政策，所以都遭到失败。东晋时期最大的一次战争是与前秦的淝水之战，这是一次防御战，获得了辉煌的胜利。指挥这场战争的东晋主帅是宰相谢安。前秦的军队由天王苻坚率领，共出动步兵六十万，骑兵二十七万，号称百万，旌旗相望首尾一千多里，声势浩大。前锋二十五万人由苻融率领。东晋迎战秦军的只有北府兵八万人。面对大军压境，晋廷上下惶恐不安。惟谢安沉着冷静，派弟谢石为大都督，兄子谢玄为前锋，率晋兵在洛涧（今安徽怀远县境）与秦军相拒。苻坚派被俘的晋将朱序到晋营诱降，朱序把秦军情况密告谢石，并建议乘苻坚的各路军队尚未集中之机，先发制人，打败秦军的先头部队，挫其锐气。谢石等接受了朱序的建议，派刘牢之以精兵五千袭击洛涧，消灭秦军一万五千人，掳获大批粮草器械，取得了首战的胜利。谢玄乘胜，与逼淝水而阵的苻融相约到淝水西岸决战。苻坚企图在晋军半渡时猛攻，便根据谢玄要求挥军稍退。因各族士兵不愿作战，一退即不可止，顿时溃散奔逃，自相践踏。晋军乘势猛攻，获得大胜。苻融马倒被杀，苻坚为流矢所中，带领十几万残兵逃回长安。淝水之战是中国战争史上又一弱军胜强军的著名战例。

南北朝各代，多是手握重权的武臣用宫廷政变的方式建立的。北周外戚杨坚，以大丞相总知中外兵马事，废静帝自立，建立隋朝。此后，杨坚就积极从事灭陈的准备。公元588年，设置淮南行台省于寿春（今安徽寿县），命晋王杨广为行台尚书令，总管灭陈事宜。命晋王杨广、秦王杨俊、清河公杨素并为行军元帅。出动兵力五十一万八千人，皆受晋王杨广节度，大举攻陈。次年初，总管贺若弼、韩擒虎乘大雾分别领兵渡江，陈守兵皆醉，初战告捷。贺、韩两支军队分南、北两路直逼建康，陈守军望风而走。建康很快被攻破，陈后主出降。隋朝从出兵到灭陈，前后只用了四个月时间。隋朝统一后，曾四次发兵大举进攻高丽。开皇十八年，隋文帝以水陆军三十万人侵入高丽，因为水潦乏食，军中疾疫，失败而还，战士死者十之八九。隋炀帝又三次进攻高丽。第一次出动陆军一百一十三万人，炀帝亲自任总指挥，但仍遭到惨败。第二、三次进攻也没获得胜利。

在隋末农民战争的高潮中，一些地主官僚乘机起兵，与农民起义军为敌，保存并发展自己的势力。隋朝重臣太原留守李渊，在其次子李世民的鼓动下，起兵反隋。李世民对其父李渊说："今主上无道，百姓困穷，晋阳（今太原）城外皆为战场；大人若守小节，下有寇盗，上有严刑，危亡无日。不若顺民心，兴义兵，转祸为福，此天授之时也。”第二天又进一步劝说：“今盗贼遍于天下，大人受诏讨贼，贼可尽乎！设能尽贼，则功高不赏，身益危矣！惟昨日之言，可以救祸，此万全之策也，愿大人勿疑。”❶这些话表现出地主阶级政治家、军事家李世民的战略眼光。李渊起兵后，建立大将军府，命长子李建成为左领军大都督，次子李世民为右领军大都督，第四子李元吉率领中军，留守太原。在进军长安和统一全国的过程中，李渊军队的实际主帅是李世民。李渊军队刚誓师出发，就为隋将宋老生所阻，李渊动摇，想退兵守城。是李世民与李建成苦劝，才决计进兵，击斩了宋老生，长驱入关中，取得首战胜利。李渊称帝后，唐军在李世民指挥下，首先打败了薛仁杲（gǎo）、刘武周两个强敌。接着是唐、夏争夺统一领导权的决战。当时的军事形势是：李世民统率唐军进攻自称郑帝的王世充。王世充势穷力竭，向农民政权夏王窦建德求救。窦建德率领十余万大军进驻成皋（今河南荥阳汜水镇，在洛阳东），与唐军对阵。唐军出师大半年，兵力已疲，表面上很少取胜把握，一部分人主张退兵。记室薛收却认为：东都财物充足，王世充兵力很强，只苦于缺粮。窦建德军也很精锐。如果双方合流，用河北（夏的统治地区）的粮食接济洛阳，那就会形成一时难以制胜的强大势力。如今只要围住洛阳，分兵抢住险要，扼住窦建德进兵之路，先破夏军，洛阳不战可下。李世民采纳了薛收的意见，留李元吉围东都，亲率精锐，抢占虎牢天险，把夏军远远隔在洛阳以东。李世民指挥作战，善于沉着观变，抓住时机，猛烈一击。他先与夏军相持一个多月，然后出战，交锋之际，先又按兵不动，等夏军饥渴疲劳，行列散乱的时候，才猛烈攻击。结果，夏军大败，被俘五万人，窦建德本人受伤被擒。洛阳绝望无援，只好归降，河北郡县也相继降唐。全国统一后，李世民与太子李建成之间又展开一场宫廷内短兵相接的激战，夺取了皇位的继承权，史称“玄武门之变”。本来，太子李建成是名正言顺的继承人，但在唐朝创业过程中，秦王李世民打的硬仗最多。李建成与李元吉暂成联盟，深入宫闱，形势比秦王有利。建成企图先收买秦王府将校，待李世民孤立无援时再下毒手。世民机智果断，沉着观变，暗中部署，准备抓住机会，给对方以迅雷不及掩耳的打击。李世民收买了守卫玄武门（宫城的北门）的将领常何，常何是李建成的心腹。兵变之日，李世民乘李建成经玄武门去朝见李渊之机，带领尉（yù）迟敬德等少数将士，发动突然袭击。他亲手射杀李建成，敬德射杀了李元吉。东宫和齐王府的将士

---

❶《纲鉴易知录》41卷。

闻讯赶来，猛攻玄武门，形势十分危急。李世民一面使卫兵抵抗，一面使敬德进宫，逼迫高祖下“诸军并受秦王处分（处置）”的命令。一场宫廷军事政变就迅速地结束了。唐初，外部的主要威胁是东突厥。武德七年，东突厥进兵关中，李渊曾打算烧掉长安，逃往秦岭以南。幸而李世民竭力劝阻，并亲自率兵抵抗。兵退之后，又亲自训练士卒，发愤图强。贞观三年冬，唐太宗看准时机，派李靖、李勣（jī）、柴绍、李道宗、卫孝节、薛万彻六个行军总管，率领十余万兵力，由李靖统一指挥，神速出击。唐太宗用人唯贤，选将得当。李靖是著名的战略家，精熟兵法，时任兵部尚书，由他来担任统帅，最适宜不过。李靖率三千骑兵，夜袭定襄（今内蒙古和林格尔东北）。东突厥首领颉（xié）利可汗措手不及，仓皇逃走。李靖、李勣等乘胜追击，不给敌人以喘息之机，选一万骑兵，远道奔袭，一举把颉利可汗打败。战事结束后，唐太宗没杀一个俘虏。在东突厥故地，设立几个都督府，封突厥贵族做都督，统领原有的部众。贞观九年，唐太宗又派李靖率军击败吐谷浑，吐谷浑降唐。贞观十四年，唐派侯君集击灭高昌。唐太宗在取得一系列重大的军事胜利以后，从贞观十九年起，曾先后三次发兵进攻高丽。他曾亲临前线督战，集中了全部兵力，使用了威力巨大的攻城撞车和飞三百斤石于一里之外的抛车等最新武器，但在高丽军民的顽强抵抗面前，都没有成功。唐中期，平定安史之乱的战争，是一场旷日持久的消耗战，表现出唐朝皇帝军事指挥上的混乱与无能。安禄山叛军占领都城长安后，唐玄宗在出逃途中，发布诏书命诸子分总天下兵马，以太子李亨充天下兵马元帅，领朔方、河东、河北、平卢节度都使，进军北方，恢复两京；以永王李璘充山南东道、岭南、黔中、江南西道节度都使，镇守江陵。这是一种分散兵力的部署。李亨即帝位（肃宗）后，怕李璘与他争夺帝位，宣布李璘奉上皇（玄宗）之命在东南起兵是叛乱，调兵把他消灭，在大敌当前之际先搞内耗。肃宗在平定叛乱的战争中，表现得非常拙劣愚蠢。当时近臣李泌主张：缓取两京，先从山西和长城线出兵，攻范阳老巢，然后围歼中原叛军。这个很有战略眼光的意见，没有被鼠目寸光的肃宗所采纳。唐军在郭子仪等将领指挥下收复两京后，肃宗迟迟不组织进攻。乾元元年（758 年），唐王朝以郭子仪、李光弼等九节度使的六十万兵力包围安庆绪于邺（今河南安阳），不设元帅，派宦官鱼朝恩做观军容宣慰处置使，监视诸将。唐方军令不一，行动不协调，以致围攻数月不能下。结果被史思明自范阳引兵救邺，大破九节度使之兵。最后，安史之乱虽平定下去了，却形成了藩镇割据的局面。

宋朝的建立者赵匡胤及其继承人赵炅（jiǒng），是两位有较高军事指挥才能的君主。在他们的指挥下，宋朝的统一战争取得了胜利。赵匡胤即帝位后，首先很快打垮了两个节度使（李筠、李重进）的反叛。建国三年之后，就开始进行统一全国的战争。赵匡胤制定了一条先易后难、先南后北的作战方针。他在北边的国境线上配置一些足资防守的兵力，以防御辽的进攻，而把宋军的主力用于南方。963 年初，宋军仅用一个多月的时间，首先攻占力量软弱而又地居要冲的荆南和湖南，这是很有战略意义的决策，它切断了南唐与后蜀这两个南方最大的势力之间的联系，有利于各个击破。964 年底，宋军六万人分南北两路攻蜀。蜀有天险可守，军队数量大大超过攻蜀的宋军，但政治腐败，将帅无能。宋军仅用了六十多天时间，就灭掉了后蜀。970 年，宋军又用了不到半年的时间，削平南汉。974 年九月，赵匡胤调动十万大军进攻南唐。宋军主力从江陵沿长江顺流东下，很快包围了南唐都城京陵。次年冬，宋军攻陷金陵，南唐亡。赵匡胤用了十三年时间，基本上消灭了南方一系列从晚唐以来长期存在的割据势力。赵匡胤死后，宋太宗于太平兴国四年（979 年）亲自领兵进攻北汉。他首先调遣一部分兵力占领了太原北边的石岭关，击退辽的援军，然后包围太原，北汉被迫投降。至此，终于结束了唐末五代以来军阀割据的局面。统一战争结束后，宋朝把庞大的军队主要用于防范和镇压农民的反抗，而对外则采取被动防御、屈辱求和的方针。北宋初年最高统治者认为：“国家若无内患，必有外忧，若无外忧，必有内患。外忧不过边事，皆可预为之防；惟奸邪无状，若为内患，深为可惧。帝王合当用心于此。”[1] 在这种思想指导下，宋朝政府对农民起义军的镇压总是非常坚决、凶狠，不惜一切代价。北宋前期，王小波、李顺领导的起义爆发后，宋太宗立即派宦官王继恩等率领禁军前往镇压，接着又加派雷有终等为王继恩的副将，命令他们率领重兵分两路入川。在一年时间内，把起义军镇压下去。北宋末年，为镇压方腊领导的起义，宋徽宗派宦官童贯为江淮荆浙宣抚使，命其率领西北劲兵十五万南下，还从湖南调遣了鼎澧枪排手前往协同作战。起义军抵挡不住宋军的进攻，七万人壮烈牺牲，方腊被俘就义。南宋初年，钟相、杨么领导的起义，是宋政府把抗金主力的岳飞部队调来镇压下去的。在宋朝三百年中，一直受着外来强敌的威胁。外敌主要有四个：辽、西夏、金、蒙古。北宋初，对辽曾一度取攻势。宋太宗领兵灭北汉后，乘胜进军幽州（辽南京，今北京市），一路势如破竹。但最后攻打幽州城时，十五日不能下，辽名将耶律休哥带领骑兵来援，在高梁河

---

[1] 转引自翦伯赞：《中国史纲要》第 3 册 13 页。

（北京西直门外）大败宋军，宋太宗负伤逃回。次年，辽兵攻打雁门，被镇守代州的宋朝名将杨业打败。986年，宋太宗又一次派兵北伐，兵分三路，以曹彬、田重进、潘美为各路军统帅。这次进攻又遭到失败。从此，北宋放弃了收复幽、云失地的计划，对契丹改用消极防御的政策。真宗时，辽军大举南下，宋军在宰相寇准和名将杨廷昭、杨嗣的指挥下，在澶州城下打了胜仗，射死辽大将萧挞凛。其结果，宋真宗竟与辽签订了输纳银绢的和议，史称“澶渊之盟”。宋与西夏之间的战争，多数以宋朝的失败而告终。每次战役，宋军被俘或死亡的都在万人以上。结果宋与西夏也签订了给银输绢的和议。北宋末年，政治极端腐败，被金人看得清清楚楚。金灭辽后，就乘胜侵犯北宋，攻破宋都开封，俘虏徽、钦二帝，北宋亡。南宋初，统治集团内抗战派和投降派的斗争十分激烈。抗战派以李纲、宗泽、岳飞、韩世忠为代表，特别是岳飞，曾先后三次对敌伪发动攻势，大败金兀术的主力，收复了一些失地，取得了重大胜利。投降派以宋高宗、秦桧、张俊等为代表，宋高宗为首。宋高宗最担心的是抗金将领打败金兵后威胁他的统治，又怕真的打败了金兵，钦宗被接回，自己当不成皇帝。因此，在各路宋军获捷的情况下，宋高宗迫不及待地与秦桧合谋，下令各路宋军班师后撤，并将抗金有功的岳飞父子处死。宋、金签订了绍兴和议，南宋向金称臣，并贡纳银绢。至此，形成宋、金南北对峙的局面。南宋后期，对蒙古军队的进攻，曾进行过顽强抵抗。但以宋理宗、贾似道等为首的统治集团，腐败无能，面对北方的强敌，一贯采取防御的策略，苟且偷安，把希望寄托在长江天险上，最终难免亡国的结局。

十三世纪初，蒙古族首领铁木真统一蒙古各部，建立蒙古国，被尊称为成吉思汗。成吉思汗及其继承人窝阔台、蒙哥、忽必烈等，都是杰出的军事领袖。蒙古国建立后，就开始向外征伐。从成吉思汗起，就把金、西夏和南宋作为进军的主要对象。在为了避免夏的牵制，成吉思汗决定攻金之前，先用兵西夏。在西夏的力量大大削弱以后，才大举向金进攻。他采取避实击虚的战术，在三四年时间内，攻占了金的大部分地区。由于金军的顽强抵抗，成吉思汗意识到短期内不能完全灭金，于是又率大军西征。当西征归来时，攻灭了西夏。成吉思汗用兵，大胆采用战略迂回和包围、围歼和奇袭等战术。史书说他“深沉有大略，用兵如神，故能灭国四十，遂平西夏”。[1] 成吉思汗临终前，规划好了灭金的战略。窝阔台继承汗位后，立即按照成吉思汗的遗言，部署对金

[1] 《元史·太祖纪》，《元史》25页。

作战。蒙古军分成三路：东路由斡（wò）陈那颜率领，由山东从侧面进攻。中路由窝阔台亲自率领，强渡黄河，正面进攻。西路军是主力，以拖雷为统帅，绕过金的军事重镇潼关，由唐（河南唐河）、邓（河南邓县）北趋汴京。拖雷的三万军队突然从后方出现，使金朝十分恐慌。金将完颜哈达等率步骑十五万往援。拖雷采取疲劳金军的战术，寻机破敌，后在钧州（河南禹县）西北的三峰山与金军决战，金军三十五万精锐部队几乎全部覆没。蒙古军乘胜进围汴京，汴京下，金哀宗逃往蔡州。蒙古军与南宋军合围蔡州，蔡州破，金朝亡。蒙古进攻南宋的战争，采取迂回包抄的战略。蒙哥在汗位时，命忽必烈等分兵三路进攻大理，灭掉大理国，从而完成对南宋的战略包围。然后蒙哥亲率主力军，向南宋发动全面进攻。蒙哥死于军中，忽必烈即汗位，于 1271 年改国号为元。忽必烈在稳定内部之后，又全力攻宋。他根据南宋降将刘整的建议，首先集中力量进攻江、汉之间的军事重镇襄阳、樊城，五年才攻下。紧接着又用了三年时间，攻下了南宋都城临安。又过了三年，南宋亡。蒙古灭南宋后，在中国境内建立起空前统一的大帝国。

明朝开国皇帝朱元璋，出身贫苦，元末参加郭子兴领导的农民起义军，得到信用，任亲兵长。由于朱元璋才略出众，所部军纪严明，知人善任，很快成为农民起义军首领，建立了以应天府为中心的地方政权。当时，东、西、北三面均有劲敌，无法拓展。朱元璋采取了固守东、西，出击东南的战略，准备与群雄逐鹿中原。朱元璋首先击败陈友谅。陈友谅拥兵六十万，大舰数十艘，而朱元璋只有二十万人，有一些小船。鄱阳湖水战，朱元璋采用火攻，把陈友谅用铁索联在一起的大舰烧毁了不少，又经过一番激战，陈友谅中流矢丧命，陈军大败，朱元璋获得全胜。消灭陈友谅后，朱元璋回师东进，又一举消灭了张士诚割据政权。接着用三个多月时间，进攻方国珍，迫使方国珍投降。明朝建立后，朱元璋派汤和、徐达、常遇春、傅友德、沐英、蓝玉等将领，南征北伐，完成了全国统一。朱元璋是一位深谋远虑、久经沙场的军事统帅，从起义到统一，前后共用了三十五年的时间。全国统一后不久，明王朝内部又爆发了一场为时三年的皇位争夺战，史称“靖难之役”。朱元璋死，皇太孙朱允炆即位，是为建文帝。建文帝推行“削藩”政策，燕王朱棣公开反叛，以“清君侧”的名义，率军南下。朱棣智勇有大略，曾节制沿边兵马，多次战败蒙古军，屡建奇功。史书说他“雄武之略，同符高祖”。[1] 朱棣面对自己权力被削

---

[1] 《明史·成祖纪三》，《明史》105 页。

的危机，借机带领世子朱高炽等人去南京，密察虚实，以谋对策。为麻痹建文帝，朱棣回北平时，故意把朱高炽留在南京，作为人质；回北平后，他暗中加紧练兵，表面上则伪装重病，卧床不起。在战争过程中，朱棣极力拉拢收买宦官，因而获得了大量有关防务虚实的军事情报，同时又得到鞑靼军的助战。灵璧之战，燕军大胜，朝廷军队降者数万人。燕军乘胜前进，势如破竹，一举攻入南京，朱允炆在宫中自焚而死，朱棣夺得帝位。明英宗时，蒙古瓦剌部首领也先率军进攻明朝。当时朝政大权掌于宦官王振之手。王振拒绝大臣们的正确意见，挟持英宗率领五十万大军亲征，在土木堡（今河北怀来东）被瓦剌军打得大败，损失惨重，五十万精锐全部崩溃，英宗被俘，王振死于乱军中。史称这次战争为“土木之变”。土木之变后，明朝统治一度陷入危机。北京城内只剩下老弱残兵十万，能作战军士不过一万人。在国家危亡的严重关头，兵部侍郎于谦被皇太后任为兵部尚书，担负起保卫北京的重任。于谦采取一系列措施，积极备战。也先率瓦剌军进逼北京。于谦亲率士兵，屯驻德胜门外，迎战敌军主力。经过几次激战，瓦剌军损失惨重，大败而回。明后期，危机四起，北面受鞑靼军的进逼，东北面临后金的进攻，海上有倭寇的侵扰，西北地区更兴起了李自成领导的百万农民起义大军。明王朝终于在农民起义军进攻下倾覆了。

努尔哈赤是女真族的杰出首领、清朝的奠基人。努尔哈赤的祖父和父亲都在战乱中被明军杀死。他继承父亲遗留下来的十三副铠甲，武装少数部众，开始他的戎马生涯。他首先统一了建州女真，接着吞并了海西女真和“野人女真”，建立起后金政权，脱离与明朝的隶属关系，公开与明朝为敌。萨尔浒之役，努尔哈赤采取集中优势兵力，各个击破的作战方针，以劣势兵力击败了明军。从此，努尔哈赤夺得了辽东战场的主动权。努尔哈赤死，其子皇太极继位。皇太极进一步统一了东北地区，并多次挥兵入关。皇太极死，其子福临六岁即位，由叔父多尔衮、济尔哈朗摄政。作战指挥主要由多尔衮负责。多尔衮率清军进入北京后，命阿济格和多铎率清军主力追击李自成所率的农民军。多铎攻占西安后，移兵南下，攻破扬州，占领江浙地区。后又命豪格进军四川，镇压张献忠起义军。康熙在位期间，平定了三藩（吴三桂、耿精忠、尚之信）之乱，派兵攻占了台湾，粉碎了准噶尔部首领噶尔丹等人在青海、西藏、新疆等地区掀起的分裂叛乱，派兵驱逐盘踞黑龙江流域雅克萨的沙俄侵略军，遏制了沙俄的侵华野心，完成并巩固了全国范围的统一。雍正时，出兵平定青海和硕特部贵族的叛乱，并镇压准噶尔部贵族的骚扰。乾隆统治时期，武功达到极盛。乾隆先后两次平定准噶尔叛乱，一次回部叛乱，两次大小金川叛乱，镇压了一次林爽文领导的台湾人民起义，与廓尔喀作战一次，缅甸、安南各一次。这些战争加在一起，乾隆夸耀为“十全功武”，他并因此自称“十全老人”。从1840年开始，在外国侵犯者的进攻面前，清政府接连失败。这些战争主要有：第一次鸦片战争、第二次鸦片战争、甲午战争、八国联军战争等。但在镇压人民革命方面，清政府仍是不遗余力，极其凶残，并和外国侵略者勾结在一起。太平天国运动和义和团运动都是被清政府和外国反动派共同镇压下去的。

第八节 军事管理人才评介

孙武

春秋末期齐国人，出身将门。从齐国出走到吴国。经伍子胥推荐，以兵法十三篇见吴王阖庐（lǘ）。受到吴王的赞赏。吴王命他操练宫女，他严格要求，严格训练，执法如山，练兵如临阵。被任用为将。后与伍子胥谋伐楚，五战五胜，攻下郢都（今湖北江陵北），北威齐晋，南服越人，使吴国成为强国。他所著《兵法》（《孙子兵法》）是我国最早的军事哲学著作，历来被誉为“兵学圣典”，置于《武经七书》之首。他提出“知彼知己，百战不殆”等著名论点。他的著作引起国内外学者的广泛重视。孙武的后人孙膑，是战国时齐国著名的军事家。他参谋指挥的桂陵之战和马陵之战，是我国战争史上以智取胜的辉煌战例。

吴起

战国时卫国人。初为鲁将，曾大败齐兵。后遭谗赴魏，受文侯重用，任为将，进攻秦国，克五城。吴起带兵，关心士卒疾苦，深受士卒爱戴。《史记》中有这样一段记载：“起之为将，与士卒最下者同衣食。卧不设席，行不骑乘，亲裹赢粮，与士卒分劳苦。卒有病疽（jū），起为吮（shǔn）之。”他身为武将，但不迷信武力，认为对一个国家来说，民心比山河之险更为重要。

周亚夫

西汉初人，周勃子。文帝时，匈奴侵扰，亚夫以河内守为将军，驻军细柳（今陕西咸阳西南）。军令严整。文帝亲往劳军，至军门，甲士戒备森严，被阻不得驰入。帝使使持节诏将军，亚夫乃传令开壁门，请皇帝按辔徐行而入，将军以军礼见。文帝倍加称赞，誉为“真将军”。后人因称军营纪律严明者为“细柳营”。后升任中尉、车骑将军。景帝三年，吴楚反，亚夫任太尉，率兵征讨。吴军人数众多，攻势锐猛。周亚夫坚守不出，派轻骑插入敌后，断绝吴军粮道。待吴军乏食，军心大乱，才大举出击，彻底击败吴军。

卫青

西汉武帝时人，出身家奴。后姐为皇后，卫青一跃而为贵戚，受到汉武帝重用。由侍中、太中大夫升任车骑将军。汉武帝把反击匈奴的重任交给卫青。卫青屡建战功，武帝派使者持大将军印，至军中拜青为大将军，让他统率所有抗击匈奴的汉军。卫青在军中关心士兵疾苦，善于团结部众，作战时指挥若定，有大将风度。他先后七次出击匈奴，制止了匈奴贵族的掠夺，安定了北部边境。

陆逊

三国时吴国人。出身江南士族，孙策之婿。善谋略，曾与吕蒙定袭取关羽之计。乘其不备，出其不意，智败关羽，定荆州。公元222年，刘备率兵攻吴。吴以陆逊为大都督。陆逊坚守七八月不战，直到蜀军疲惫，利用顺风放火，取得彝陵之战的胜利。在与刘备对峙时，部将皆孙策时旧将，或公室贵戚，不肯听从调度。陆逊说："仆虽书生，受命主上。国家所以屈诸君使相承望者，以仆有尺寸可称，能忍辱负重故也。"❶ 击败刘备之后，诸将皆服。后又破魏扬州牧曹休于石亭（今安徽潜山县东北）。

杜预

西晋人，司马懿之婿。博学多通，明于兴废之道。司马炎代魏，任镇南大将军，都督荆州诸军事，继羊祜（hù）后，积极筹划灭吴。杜预是灭吴作战的将领之一。杜预多计谋，他率领的军队有歌谣说："以计代战一当万。"朝野誉称他为"杜武库"。平吴以后，杜预认为天下虽安，忘战必危，因此仍勤于讲武。他虽立有大功，但不居功自傲，从容无事，把主要精力用于著述，撰《春秋左氏经传集解》等书，于经济、政治、军事、历法、律令、算术、工程诸方面均有著述或研究。

谢安

东晋人，出身士族，历任尚书仆射、中书监、骠骑将军、录尚书事、都督诸州军事等职。他任宰相时，正值前秦强盛。为加强防御，他致力于协调荆、扬矛盾，派侄谢玄坐镇广陵（今江苏扬州），组织北府兵。383年，苻坚大举南下，朝廷震恐，他沉着冷静，从容部署。经过深思熟虑，定出作战方案，下达执行。为安定人心，正在战争进行之时，他与客人在山墅对棋。当前方送来捷报时，他看后放在桌上，继续下棋。客人沉不住气，问他战况如何，他轻描淡写地回答："小儿辈遂已破贼。"过后，他回到居室，才按捺不住激动、兴

---

❶ 《三国志·吴书·陆逊传》，《三国志》1347－1348页。

奋的心情，喜形于色，欢欣若狂。淝水大捷后，继又挥军北伐，挺进中原，一度收复洛阳及青、兖、徐、豫等州。

檀道济

南朝宋人。初为刘裕部将，以战功显名。刘裕北伐，道济为前锋，所至望风降服。文帝时，任征南大将军，率军伐魏，与魏军三十余战多捷。后军粮将尽，且被降魏者告知敌方，形势危急。檀道济夜间唱筹（计数的用具）量沙，把所余少量的米撒在上面，迷惑敌人，使敌人不敢追。当时士兵寡弱，军心恐惧。道济命军士佩甲穿白服，有秩序退却，全军安全返回。道济威名大振。后为刘氏宗室所忌，被杀。临死前，愤怒气盛，目光如炬，脱帻（zé，包头发的巾）投地，说："乃坏汝万里长城。"魏人知道济被害，高兴地说："道济已死，吴子辈不足复惮。"❶

李靖

隋末唐初人，精熟兵法，为其舅韩擒虎（隋名将）所称道。武德四年，李孝恭击萧铣（xiǎn），他为孝恭长史，行军作战计划多出其手。他灵活运用兵贵神速，不与强敌争锋等作战原则，取得胜利。他治军纪律严明，深得民心。贞观三年，太宗任李靖为兵部尚书，命他率领十万大军，分道向东突厥发动进攻，于次年获大胜。八年，又统兵击灭吐谷浑。李靖作战勇猛，屡建战功，为人敦厚，谦恭谨慎，不尚言谈。著有《李卫公兵法》，原书已佚，《通典》中保留了部分内容。

狄青

北宋人，行伍出身。善骑射，在对西夏作战中屡立战功。守边四年，大小二十五战，中流矢八次，勇不可挡。史书说他"临敌被发，带铜面具，出入贼中，皆披靡莫敢当"❷。为经略使韩琦、范仲淹赏识，加以重用。范仲淹教他读《左氏春秋》，告诫他："将不知古今，匹夫勇尔。"狄青于是发奋读书，通晓秦汉以来将帅兵法。仁宗提拔他担任马军副指挥使，并劝他用药除去面涅（兵士脸上刺的符号），他不肯，说留着可激励士气。依智高反，他上表请行，至宾州，整肃军纪，出敌不意，夜度昆仑关，大败敌军。回京后，升枢密使。狄青为人慎密寡言，计事必审中机会而后发。正部伍，明赏罚，与士卒同甘苦，尤喜推功将佐，深受部众拥戴。

---

❶ 《南史·檀道济传》，《南史》447 页。

❷ 《宋史·狄青传》，《宋史》9718 页。

岳飞

北宋末南宋初人，出身农家。自幼勤学，尤喜好《左氏春秋》及孙、吴兵法。从二十岁起，曾先后四次从军，作战勇敢，屡建战功。治军严明纪律，对民众秋毫无犯。士兵有取民麻一缕的，立即斩首。士兵露宿，百姓开门愿进，无人敢入。军中有“冻死不折屋，饿死不卤掠”之语。士兵有病，岳飞亲为调药。凡有犒赏，都分给军吏，分毫无私。岳飞善于以少击众。军队将有行动，他先召集部将谋议，谋定而后战。他所部军队称“岳家军”。敌军有谚语说：“撼山易，撼岳家军难。”他功多不居功。每次调任官职，都说：“将士效力，飞何功之有？”岳飞是中国历史上少有的智勇双全的军事天才。《宋史》给他的评语是：“西汉而下，若韩（信）、彭（越）、绛（周勃）、灌（婴）之为将，代不乏人，求其文武全器、仁智并施如宋岳飞者，一代岂多见哉！”[1]

徐达

元末明初人，农家出身。从朱元璋起兵，与常遇春同称才勇。善治军，长于谋略，言简虑精，持重有纪律，令出不二，诸将奉持凛凛。与部伍同甘苦，士卒无不感奋，故所向克捷。师之所至，不妄杀掠，秩序井然，民多乐附。明朝立国，他为功臣之首，然不居功自傲，延礼儒生，谈议终日。朱元璋称赞他：“受命而出，成功而旋，不矜不伐，妇女无所爱，财宝无所取，中正无疵，昭明乎日月，大将军一人而已。”[2]

戚继光

明朝人，出身将家。嘉靖中，袭世职登州卫指挥佥事。未久，调浙江，任参将，镇守宁波、绍兴、台州三府，抵抗倭寇。当时卫所军腐败不堪，他到义乌去召募民兵，组成一支以农民和矿工为主体的四千多人的新军，人称“戚家军”。这支军队经严、格训练，掌握“鸳鸯阵”的战术，长短兵器配合作战，用火器弓箭掩护，成为一支遵守军纪、精通战法、武艺高强的劲旅，在抗倭战争中发挥了很大的威力。嘉靖四十年，倭寇数千人来犯，戚家军闻讯，神速迫敌，在台州一带九战皆捷，全歼敌人。从此闻名远近，倭寇闻之丧胆。此后经多年奋战，终于解除东南倭患。隆庆元年，被张居正调到北方，镇守蓟州。他在蓟镇十六年，边备修饬，军容强盛，为九边之冠。戚继光对练兵、治械、阵图等都有创见，著有《纪效新书》、《练兵纪实》等。

---

[1] 《宋史·岳飞传》，《宋史》11396 页。

[2] 《明史·徐达传》，《明史》3730 页。

第七章　司法管理

第一节　中国古代法律的制定

法律，是阶级统治的工具，它“体现统治阶级的意志，由国家行使立法权的机关依照立法程序制定，由国家强制力保证执行的行为规则”❶。中国的古代国家，夏、商两代是奴隶主阶级专政，西周至清末是封建主阶级专政，中国古代国家的法律，是奴隶主阶级和封建主阶级意志的体现。中国古代国家政体的基本类型是专制君主制，从未有过行使立法权的机关，也没有一定的立法程序，君主的意志、命令、指示就是最高的法律。西汉中央最高司法长官杜周，断案专以皇帝的旨意行事，而不遵循法律条文。有人质问他：“君为天下决平，不循三尺法（写在三尺竹简上的法律文书），专以人主意指为狱（断案），狱者固如是乎？”杜周理直气壮地回答：“三尺安出哉？前主说是著为律，后主所是疏为令；当时为是，何古之法乎！”❷ 杜周的话比较深刻地道出了中国古代法律的本质和特点。君主拥有最高立法权，同时又拥有最高司法权。君主可以制定法律，也可以改变或不执行法律，君主高于法律，凌驾于法律之上。在绝大多数情况下，君主自身不受法律的约束，更不受法律的制裁。中国古代的法律，就其内容来说，以维护君主的权势和利益为核心，严厉制裁和镇压损害、反抗君主统治的行为、言论乃至思想，刑法典是中国古代法律的主体和基本内容。

在奴隶社会，奴隶是不被当人看待的。夏商两代，俘虏大部分被杀掉，有少部分留下来施刑后做奴隶。那时的刑，也就是法，带有阶级压迫的性质。但对什么样的人用什么样的刑，并无任何规定，完全凭奴隶主的意志行事。作战时，君主对本族人，要发布军令，对不服从命令的人，也给予刑罚制裁。如夏

---

❶ 《辞海》缩印本 906 页。

❷ 《汉书·杜周传》，《汉书》2659 页。

讨伐有扈氏之前，夏后启在誓师时宣布："用命，赏于祖；不用命，僇（通'戮'）于社，予则帑（通'孥'，贬为奴隶）僇（刑辱）女（汝）。"❶ 后一种情况，用刑是有限制、有规定的。

西周开始进入封建社会，农奴有半独立的人格，对农奴的用刑开始有一些规定。周初有刑书，称为《九刑》，即施用九种刑罚的规定。穆王时，吕侯任司寇，对用刑作更具体细致的规定，称为《吕刑》。西周时的刑书，只供司寇审理案件时掌握，并不向农奴宣布。对贵族有时也用刑，但不预先作具体规定，由王、侯、公、卿等临时掌握，刑名与农奴也不同。

春秋时期，郑、晋等国开始有成文法的公布，把刑书铸在鼎上，或刻在竹简上。战国时期，各大国普遍制定了成文法，如韩国有《刑符》，楚国有《宪令》，齐国有《七法》，秦国有《秦律》，赵国有《国律》，魏国有《法经》等，而以魏国李悝制定的《法经》最为著名，它集春秋后期以来各国立法的大成。《法经》的内容早已失传，其篇目保存于《晋书·刑法志》中。

秦统一后，基本上沿用战国时期的《秦律》。1975 年湖北云梦出土的《秦律》，就是秦朝的法律文书，包括了秦律的基本内容和主要条文。除秦律外，皇帝的诏令是更为重要的法律依据。当诏令与法律条文发生矛盾时，以诏令为准。秦始皇三十四年，根据李斯的建议，颁布了焚书令。其中规定："非博士官所职，天下敢有藏诗、书、百家语者，悉诣守、尉杂烧之。有敢偶语（相对私语）诗、书者弃市。以古非今者族，吏见知不举者与同罪。令下三十日不烧，黥为城旦（罚筑四年长城的刑名）。"❷ 这是秦朝最重要的一项法律。

汉朝的法律，主要是汉前期制定的，包括《九章律》、《傍章律》、《越宫律》和《朝律》等。汉朝建立后，高祖命丞相萧何制定汉朝法律。萧何参考《法经》、《秦律》，在盗、贼、囚、捕、杂、具六律之外，增加户、兴、厩三律，称为《九章律》。《九章律》是一部以刑事为主并包括一部分民事的法典，是汉朝最基本的法律。高祖还命奉常叔孙通制定有关朝仪的专律——《傍章律》。汉武帝时，命张汤作有关宫廷警卫的专律——《越宫律》，命赵禹作《朝会正见律》（又称《朝律》、《朝仪》）。以上四律，总计六十篇三百五十九章，统称汉律。汉律至唐时已散佚，仅存篇目、律名和片断记载。

三国时，魏明帝命陈群、刘劭等人制定《魏律》十八篇。《魏律》是在汉

❶ 《史记·夏本纪》，《史记》84 页。

❷ 《史记·秦始皇本纪》，《史记》255 页。

代《九章律》的基础上进行修订的，保留《九章律》中的盗、贼、囚、捕、杂、户六个篇目，改兴为擅兴；改具律为刑名，并列为全律之首；删除厩律；增加劫掠、诈伪、毁亡、告劾、系讯、断狱、请赇（qiú，贿赂）、惊事、偿赃和免坐等十篇。《魏律》全文已佚，《晋书·刑法志》仅存《魏律序略》，可略知其概貌。蜀国有诸葛亮等制定的《蜀科（律）》。吴国律令，多依汉制。

晋初，武帝命贾充、羊祜、杜预等十四人，以汉、魏律为基础，制定《晋律》（也称新律），于泰始四年颁行全国，故又称《泰始律》。《晋律》二十篇，六百二十条。从魏律中去掉劫略、惊事、偿赃、免坐四篇；增加法例、卫宫、水火、关市、违制、诸侯六篇。违制是有关行政违制处理的专篇。恢复汉律中厩律的名称。张斐（fěi）、杜预为《晋律》作了注。此外，有晋令四十篇，二千三百零六条；还有《故事》三十卷，是由贾充从当时"制诏之条"中删定而成的。南朝梁武帝命蔡法度、沈约增损《晋律》，完成《梁律》二十篇。《梁律》在篇目上略有修改：将《晋律》中的贼律改为贼叛，盗律改为盗劫，请赇改为受赇，捕律改为讨捕，去掉诸侯篇，增加仓库篇。北朝在法律制定方面优于南朝。北朝的法律主要有《北魏律》、《北齐律》、《大律》（北周）三部，以《北齐律》为优。《北齐律》是一部具有代表性的封建法典，共十二篇，九百四十九条。简明扼要是其显著特点。并首创"重罪十条"，亦称"十恶"，成为后世封建法典最重要的内容。

隋朝先后有《开皇律》、《大业律》，基本内容相同，篇目大体同于《北齐律》。唐朝的法律形式有律、令、格、式四种。律主要是处理刑事犯罪的法律条文；令是国家政治法律制度的设立废更的诏令；格是国家机关的行政法规；式是国家机关的公文程式和活动细则。中唐以前，高祖、太宗、高宗、玄宗诸帝，都很重视法律的制定。先后有《武德律》、《贞观律》、《永徽律》颁行。高宗还命长孙无忌等，对《永徽律》逐条逐句进行解释，叫做"律疏"。律疏经皇帝批准颁布后，附于律文之下，与律文具有同等效力。疏与律合称《永徽律疏》，后世称为《唐律疏议》。唐玄宗曾三次修订法律，有开元律、令、格、式，并制定了我国历史上最早的行政法典——《唐六典》。《唐律疏议》和《唐六典》，都完整地保存下来。《唐律疏议》是我国现存最早的一部完备的封建法典。

宋初，太祖诏工部尚书判大理寺事窦仪主持编定《刑统》三十卷，于建隆四年颁行全国。《宋刑统》的篇目和基本内容与《唐律疏议》大体相同。与唐律稍有变化的是：在律文之后附以当时通行的单行的敕令，即将律与有关的敕令合编在一起。皇帝的诏敕是最有效力的法律形式，敕可以代律，也可以破律。宋朝历代皇帝大都要进行编敕工作，比较著名的有《建隆编敕》、《太平兴国编敕》、《淳化编敕》、《咸平编敕》等。编制初由大理寺掌管，仁宗设“详定编敕所”专司其事。神宗以前，律、敕并重；神宗以后，以敕代律，并创设了统编敕令格式的体例。如《元丰编敕令格式》，有二千零六卷之多。

元代始终没有制定唐律那样比较完备的法典。有元一代，立法行政，断狱量刑，都以因时临事而陆续颁布的有关文书为依据。这些文书，一部分以诏制的形式，绝大部分以条格和断例的形式颁行全国。元朝的法律，以英宗至治三年颁布的《大元通制》为代表。《大元通制》全书共二千五百三十九条。内容主要有三部分：一、诏制，九十四条；二、条格，二十七目，一千一百五十一条；三、断例，十一目，七百一十七条。另有别类五百七十七条。分为名例、卫禁，职制、祭令等二十篇。《大元通制》是一部汇编性质的法典。《元典章》是元朝另一部重要的法律文书，它不是专门的法典，但其中包括了许多法典的内容。它可能是江西行省下属文书机构汇辑的一部文书集。❶

明太祖朱元璋很重视法律的制定。洪武三十年，颁布明朝最重要的法典——《大明律》。《大明律》共四百六十条，在篇目上仿《元典章》，以吏、户、礼、兵、刑、工为六律，篇首为名例律，共七律。每律下又分若干门。以刑律最多，分盗贼、人命、斗殴、骂詈（lì）、诉讼、受赃、诈伪、犯奸、杂犯、捕亡、断狱十一门，一百七十一条。《大明律》是一部较有影响的封建法典。在《大明律》之外，朱元璋还亲自采辑官民不依律令而犯罪受到严惩的案例，编成《大诰》，颁发全国。《大诰》是在重典治国思想指导下制定的一部特殊法规，共四编二百三十六条。明朝的法律形式还有令、例、式。令、例先是补律之不足，后来在实践中成为主要的法律形式。

清初顺治三年，颁布《大清律集解附例》，是清代第一部完整的法典，但内容上没有什么创新，实际上是明律的翻版。后经康熙、雍正朝几次修订，至乾隆五年最后完成，定名《大清律例》（简称《大清律》）。《大清律》以《明律》为蓝本，结构形式和基本内容几乎完全相同，所增加的主要是例。定例、修例是清朝最重要的立法活动。例是清代主要的、也是更为灵活的法律形式。随着社会的发展，由例替律，律多成为虚文，甚至以例破律。有人说“清以例治天下”，是有一定事实根据的。

---

❶ 参考韩儒林主编：《元朝史》上册 325 页，及《中国大百科全书·中国历史·元史》单行本 140 页。

第二节　司法机构和官职

在我国古代国家中，君主掌握着最高的立法权，同时又掌握着最高的司法权，是最高的司法长官。在君主之下，设立一些掌管司法事务的机构和官职。

夏商时期，神权的体现者巫史在国家机构中占有很重要的地位，他们不仅是朝廷中的执政官，也是最主要的司法官。那时审理诉讼，最常用的是神判法。传说夏初有个著名的司法官叫皋陶（yáo）。他断案的方法，是用犀牛触人，触即有罪，不触即无罪。法字的初义，也反映了这一点。法的本字写作“灋”。《说文解字》：“灋，刑也，平之如水，从水；廌（zhì，即犀牛）所以触不直者去之，从去。”夏代的司法官叫理或大理，就是由巫史担任的。西周厉王用卫国的巫监视批评他的人，是巫史担任司法官制度的遗迹。一些奴隶主贵族，也握有一定的司法权。

西周的司法分为两个系统。审理贵族之间的诉讼由王侯公卿或士负责。士也称太士，是审理贵族案件的专职官员。庶人、农奴的犯罪案件，由司寇负责审理。司寇是西周开始设置的司法官，寇的含义是盗贼、掠夺者。

春秋时期，贵族与庶人、农奴的界限逐渐消失。各国司法官的称呼不一，比较多的诸侯国仍称司寇，但又有尉氏、大理、太士、司士、士师、司败等不同称谓。战国时期，唯秦国的司法官称廷尉。各国的郡守、县令，为地方司法长官。

秦统一后，中央设置廷尉为中央司法机构，廷尉同时又是长官名称。廷尉的属官有廷尉正、廷尉监。西汉沿秦置，景帝、哀帝曾两度改廷尉为大理。宣帝时增置廷尉平。正、监、平合称廷尉三官。其下有额定属吏一百四十人。从汉成帝开始，尚书分曹处理各种政务。先由三公曹掌管断狱之事，东汉改为二千石曹（又称贼曹）负责，这是后代刑部的起源。郡置决曹掾，协助太守处理司法事务。

三国时曹魏在廷尉下初置律博士，为官府中通晓法律的专家。晋于廷尉下增设丞、主簿、明法掾等属官及吏员。北齐设大理寺取代廷尉，长官为卿、少卿，为中央审判机关。曹魏又于尚书台置都官郎，南朝宋始置都官尚书，皆掌军事刑狱。北齐都官尚书统都官、二千石、比部等曹，分掌司法方面的事务。

隋朝改都官尚书为刑部尚书，为尚书省六部之一，主管司法行政。其地位略高于大理寺。唐朝刑部以尚书为长官，侍郎为副长官。其属有刑部、都官、比部、司门四司。刑部司辅佐尚书、侍郎掌管一般司法行政事务。都官司负责管理囚徒。比部司掌管检查、审核经济簿籍。司门司掌管关的出入。比部、司门两司与司法行政的关系较为间接。大理寺仍以卿、少卿为正副长官。主要属官和吏员有正二人，丞六人，司直二人，评事（即汉代的廷尉平）八人，评事史十四人，问事一百人。日常审判活动由问事负责，丞分管。评事史，正负责审议，监督审判活动，司直、评事负责出使地方，审核、监督地方的审判活动。在节度、观察、团练、防御等使下置推官，掌勘问刑狱。府、州置法曹或司法参军事，县置司法佐，皆辅助长官掌管司法事物。

宋朝太宗时，在刑部之外，增置审刑院，设知院事一人，详议官若干人，直接审核大理寺上报案件。元丰改制后，撤销审刑院，归其职权于刑部。刑部郎中、员外郎各二人，分为左右厅，左主详复，右主叙雪。宋初京师案件，主要由开封府司录司及左右军巡三院审理，大理寺不直接审理案件。神宗元丰以后，恢复大理寺职权。职务分左右，左寺断刑，右寺治狱。在路一级，置提点刑狱司，简称“宪司”，长官为提点刑狱公事，掌所辖地区司法、刑狱，审问囚徒，复查有关案卷。开封府设判官二员，分日轮流审判案件。左、右军巡院设判官二员，分管京城争斗及案件审理。有的州不设推官，以判官兼司法。各州府曹官有录事参军、司理参军、司法参军、司户参军，皆分掌一定的司法事务。录事参军掌管州院或府院，负责审理与户婚有关的狱讼。司理参军掌管司理院（由司寇院改）诉讼，审讯刑事案件。司法参军掌检定法律，审议、判决案件。司户参军也处理部分狱讼。

元朝刑部属中书省，掌刑名法律的政令。所属单位有司狱司和司籍所（掌断没之籍）。元朝不设大理寺。京师附近的蒙古人、色目人的案件由大宗正府审理，汉人案件由刑部审理，各地汉人案件由蒙古人担任的地方长官审理，维吾尔人与汉人的诉讼案件由都护府审理，军人案件由枢密院审理，僧侣案件由宣政院审理等。各路总管府置推官，专掌刑狱。

明朝的司法机关，主要是刑部和大理寺。与前代相比，名称未变，实际职权有较大变化。刑部是中央主管审判的机关。部以下按省分为十三个清吏司，分管各省及京师、直隶各官署的案件。大理寺不直接审理案件，而变为复核机关。凡刑部的重大案件，都须送大理寺复审，而后定案。各省设提刑按察使司，兼掌司法与监察两方面的职权。府设推官，掌管司法。锦衣卫和东厂、西厂、内行厂等本不是正式的司法机关，而是直接由皇帝控制的特务机关，但它有权审讯犯人，握有很大的司法权。

清朝刑部、大理寺的机构设置和职权划分与明朝大致相同。稍有不同的是：刑部职权比明朝略大，而大理寺职权比明朝略小。清朝刑部是六部中职官最多的，总数为四百零七人；而大理寺职官最多时仅二十一人。地方司法机关有督抚、按察使司、府、县四级。满人案件一般司法机关不能过问，而必须由特定的机关审理。京师所在地的普通满人案件，由步军统领衙门审理；内务府所管辖的满人案件，由内务府慎刑司审理；宗室贵族的案件，由宗人府审理；外省的满人案件，由满洲将军和副都统审理；有关八旗的民事、地亩案件，由户部现审处审理。

第三节　犯罪名目

罪，犯罪，最初是指对天命或神灵的冒犯、不敬或不从。夏后启讨伐有扈氏，在誓词中宣称："有扈氏威侮五行，怠弃三正，天用（因）剿绝其命，今予维共（gōng，通'恭'，奉）行天之罚。"❶ 五行指天道，三正指巫史之类通神的执政官，触犯天道、神灵，就是犯了大罪，天意要予以消灭。因此，讨伐有扈氏，不过是执行天罚而已。不服从君主的命令，也就是不执行天命，也是有罪的，所以也要受到严惩。商汤征讨葛伯，其罪名是"不祀"，也就是不敬神。讨伐夏桀时，商汤说得更直接："夏氏有罪，予畏上帝，不敢不正（治罪）。今夏多罪，天命殛（jí，诛戮）之。"❷ 在观念上，君主是神灵的后裔，是至尊的，但本身还不是神灵，在通常情况下是可以批评、规劝的。但如果触怒了君主，也会成为一种犯罪。夏末关龙逄（páng），商末鄂侯、梅伯、比干都是因直谏而触怒君主被处死的。对君主的行为有丝毫的不满，也会成为一种犯罪。商汤与周文王都是因不满君主的作为而被关进监狱的。

从西周开始，对犯罪名目有一些具体的规定。庶人、农奴的罪名主要有杀人罪、抢劫罪等。《尚书·康诰》："凡民自得罪，寇攘奸宄，杀越（通'敚'，抢劫）人于货，暋（mǐn，强横）不畏死，罔弗憝（duì，怨恨）。"《周礼·秋官·掌戮》："凡杀其亲者，焚之；杀王之亲者，辜（分裂肢体）之；凡杀人者，踣（bó，僵尸）诸市，肆（陈尸）之三日。刑盗于市。凡罪之丽于法者，亦如之。"贵族中危害君主安全、违抗君命、破坏礼乐制度等都属于严重

❶《史记·夏本纪》，《史记》84 页。
❷《史记·殷本纪》，《史记》95 页。

犯罪行为。《周礼·夏官·司马》："放弑其君则残之，犯令陵政则杜之。"《国语·周语上》："犯王命必诛。"《礼记·王制》："山川神祇有不举者为不敬，不敬者君削以地；宗庙有不顺者为不孝，不孝者君绌以爵；变礼易乐者为不从，不从者君流；革制度衣服者为畔（叛），畔者君讨。"❶ 西周还特别规定贵族在一起饮酒为犯罪。《尚书·酒诰》："厥或诰曰：'群饮'，汝勿佚（放纵），尽执拘以归于周，予其杀。"周厉王曾把国人对君主的批评定为犯罪，予以杀戮，结果引起国人的暴动。

春秋时期，各国的法律制度处在变化之中，罪与非罪的观念也在起变化。春秋初期，郑伯不朝见天子，天子率领军队讨伐。这仍是以违背周礼就是犯罪的例证。作乱是更为严重的犯罪。《左传·昭公二年》："郑公孙黑将作乱。……子产曰：……不速死，司寇将至。"对不合周礼的言论，也被视为一种严重犯罪。鲁国的少正卯，郑国的邓析，都是因为言论不合于当权者的政见而被杀害的。晋国士会执政，执法严峻，盗贼逃奔于秦。可见盗贼是最普通的罪犯。齐桓公为加强君权，规定：臣下对君主的命令，传达迟缓、不服从或执行走样，都要"罪死不赦"。❷ 地方官对辖区内的优秀人才不向上报告，叫做"蔽贤"；有坏人不向上报告，叫做"下比"，都要治罪。

战国时期的法律以魏国的《法经》为代表。《法经》中对犯罪名称有比较明确的规定。据《晋书·刑法志》载："悝撰次诸国法，著《法经》，以为王者之政，莫急于盗贼，故其律始于盗、贼。……其轻狡、越城、博戏、借假、不廉、淫侈、逾制以为杂律一篇。""盗"，主要指偷窃、劫掠他人的财物；"贼"，主要是指对他人人身的侵害；"轻狡"，指轻狂的犯法行为；"越城"，指偷越城墙；"博戏"，指赌博；"借假"，指欺诈行为；"不廉"，指贪污贿赂；"淫侈"，指荒淫奢侈的行为；"逾制"，指应用器物超过了规定的封建等级制度。对各种犯罪行为的惩办，有如下规定："杀人者诛，籍其家，及其妻氏；杀二人，及其母氏。大盗戍为守卒，重则诛。窥宫者膑，拾遗者刖，曰为盗心焉。""夫有一妻二妾，其刑聝（字书无此字）；夫有二妻则诛，妻有外夫则宫，曰淫禁。盗符者诛，籍其家，盗玺者诛，议国法令者诛，籍其家及其妻氏，曰狡禁。越城一人则诛，自十人以上夷其乡及族，曰城禁。博戏罚金三币，太子博戏则笞（chī），不止则特笞，不止则更立，曰嬉禁。群相居一日以

❶ 参考萧永清主编：《中国法制史简编》（上）56－60页。

❷ 《管子·立政》。

上则问，三日四日五日则诛，曰徒禁。丞相受金，左右伏诛；犀首以下受金则诛；金自镒（二十两或二十四两）以下罚，不诛也，曰金禁。大夫之家有侯物自一以上者族。”❶ 商鞅变法的主要内容之一，是把《法经》在秦国公布实行，并适当加以补充。补充的犯罪名目有：（1）连坐罪，即什伍中有一家有罪，其余几家不告发，要一起办罪：“不告奸者腰斩”，“匿奸者与降敌同罚（诛其身，没其家）。”（2）私斗罪，按情节轻重处以刑罚。（3）不务本业罪。“事末利（工商业）及怠而贫者，举以为收孥（收录妻子，没为官奴婢）。”（4）弃灰罪，将灰抛弃在道路上，处以黥刑等。而谋反是最严重的犯罪，商鞅本人就是以“欲反”的罪名被车裂分尸的。其他各国还有一些特殊的规定或案例。楚国的法律规定：“丽（附着）兵（武器）于王尸者尽加重罪，逮（连及）三族。”❷ 齐威王将厚币求誉而实际政绩很差的阿大夫及受其贿赂而称誉他的近臣都处以烹刑。

秦始皇统一中国后，君主的称号由王改为皇帝，君主成为至上神的化身。国家要求臣民的，就是对皇帝奴隶般地服从。对皇帝的丝毫批评、不敬都成为最严重的犯罪，甚至学习、收藏文化典籍也成了罪犯。诽谤罪、妖言罪、挟书罪、偶语罪、偶语诗书罪等，都是前所未有的重罪。秦二世甚至把说真话而他又不爱听的人也视为犯罪。“秦俗多忌讳之禁，忠言未卒于口而身为戮没矣。”❸ 君主的好恶、喜怒常常成为划分罪与非罪的界限。秦朝徭役、兵役很重，“失期，法皆斩”。❹

汉初鉴于秦亡的教训，曾宣布减省一些秦朝的苛法。刘邦入咸阳后宣布：“父老苦秦苛法久矣，诽谤者族，耦语者弃市。……与父老约，法三章耳：杀人者死，伤人及盗抵罪。余悉除去秦法。”❺ 惠帝除挟书律。文帝除诽谤妖言罪。但汉朝的基本制度与秦朝是一脉相承的，因此不可能有实质性的改变，有些方面还有所发展。汉朝把人民的起义、反抗，定为“大逆不道”、“谋危社稷”罪，不仅犯罪者本人腰斩，而且父母、妻子、兄弟姊妹，不分少长，一律弃市，甚至祖父母也不能幸免。地方官惩办缉捕不力，也要处死。为防止人民聚众起事，汉朝规定，三人以上无故群饮酒，罚金四两。对国家官员的谋

❶ 参考杨宽：《战国史》173－174页。
❷ 《吕氏春秋·贵卒》。
❸ 《史记·秦始皇本纪》，《史记》278页。
❹ 《史记·陈涉世家》，《史记》1950页。
❺ 《汉书·高帝纪上》，《汉书》23页。

反、叛逆行为，也坚决加以镇压。对皇帝的尊严、诏令、人身等的任何触犯，仍是必须须严惩的重罪。如：矫诏，矫制，废格诏令，僭越，大不敬，欺谩，诬罔，诽议诏书，毁先帝，腹非，怨望非谤政治，阑（擅自）入宫门、殿门、皇家园囿，犯跸，触讳，盗取皇帝用物及宗庙器物等。汉代把不孝列为重罪。殴打父母及不孝顺父母者，处死；杀父母则以大逆论，本人腰斩，妻子弃市；殴打兄姊者，较殴打其他人加重刑罚。吴楚七国之乱后，汉朝严禁臣下与诸侯王“阿党”、“附益”，内外勾结。汉武帝时，为保证盐铁专卖和国家铸钱等政策的贯彻执行，规定：私铸铁器、煮盐者，钛（dī，足钳）左趾；私铸钱币者，处黥刑或死刑。对官吏犯罪，也作了一些规定：贪赃枉法，守国家财物而自盗，皆弃市；审判罪犯知情故纵或不实者，处死；长官知部属犯罪而故意不举劾，与部属同罪；不荐人才有罪，荐举人才不实者亦有罪。为稳定社会秩序，汉朝还把诬告作为一种严重犯罪。东汉后期，宦官专权，政治腐败，遭到一部分官僚士大夫的揭露和反对。在宦官蛊惑下，桓帝、灵帝对这些官僚士大夫大肆镇压。其罪名是：“共为部党，诽讪朝廷，疑乱风俗”，❶ 通称为“党人”。党人都受到追捕、监禁、流放、杀害等处置。

魏晋南北朝时期，法律制度的重大变化之一，是《北齐律》首次作出“重罪十条”的规定。据《隋书·刑法志》载：“列重罪十条：一曰反逆，二曰大逆，三曰叛，四曰降，五曰恶逆，六曰不道，七曰不敬，八曰不孝，九曰不义，十曰内乱。其犯此十者，不在八议论赎之限。”所谓“反逆”，即谋反大逆，指“谋危社稷”即反抗封建统治的行为。所谓“大逆”，是指侵犯皇帝的宗庙、陵寝及宫殿的行为。所谓“叛”，是指背叛本朝，投奔外国的行为。所谓“降”，是指投降敌人的行为。所谓“恶逆”，是指殴打、谋杀祖父母、父母等尊长的行为。所谓“不道”，是指杀死一家非死罪三人以上或肢解活人等行为。所谓“不敬”，是指盗用祭神之物和皇帝的车马舆服或伪造皇帝的玺印等行为。所谓“不孝”，是指咒骂祖父母、父母，供养有缺，父母丧，身自嫁娶等行为。所谓“不义”，是指杀死郡县官吏，闻夫丧匿不举哀等行为。所谓“内乱”，是指与祖父妾或父妾通奸的行为。

隋朝将北齐创立的“重罪十条”，发展为“十恶”大罪，即：谋反、谋大逆、谋叛、恶逆、不道、大不敬、不孝、不睦、不义、内乱。与“重罪十条”相比，略有不同：“反逆”改为“谋反”，“大逆”改为“谋大逆”，“叛”改

---

❶ 《后汉书·党锢列传序》，《后汉书》2187 页。

为“谋叛”，“不敬”改为“大不敬”，去“降”增“不睦”。所谓“不睦”，是指谋杀及卖缌麻（五服中最轻的一种）以上亲属，殴打或控告丈夫及大功（五服之一）以上尊长、小功尊属。隋朝严禁私造兵器，甚至严禁铁叉、搭钩等铁制工具。为防止民间用谶语号召群众进行反抗斗争，隋朝迭下严令，禁绝谶纬，犯者处死刑。隋朝还禁止民间私著国史，禁止盗毁佛像和天尊像。对盗窃犯，隋朝一律处以极刑。“盗边粮者，一升已上皆死，家口没官”。“盗一钱已上皆弃市”。“四人共盗一榱桷（cuī jué，屋椽），三人同窃一瓜，事发即时行决”。“敕天下窃盗已上，罪无轻重，不待闻奏，皆斩”。❶

唐朝对犯罪的名称及其所用的刑罚都有比较明确的规定，并给予准确的解释。犯罪名目分为卫禁、职制、户婚、厩库、擅兴、贼盗、斗讼、诈伪、杂律九类。从犯罪的内容来划分，则大致有反对和侵犯皇帝罪、危害人身安全罪、侵犯官私财产罪、危害公共安全罪、妨害管理秩序罪、职务上的犯罪、军事上的犯罪、审判上的犯罪八种。在各种犯罪名目中，以“十恶”罪最重。同一种罪，又有情节轻重之分，处置也不同。如同是谋反罪，分为四种情况：(1)“诸谋反及大逆者，皆斩；父子年十六以上皆绞，十五以下及母女、妻妾、祖孙、兄弟、姐妹若部曲、资财、田宅并没官，男夫年八十及笃疾、妇人年六十及废疾者并免；伯叔父、兄弟之子皆流三千里，不限籍之同异。”(2)“即虽谋反，词理不能动众，威力不足率人者，亦皆斩；父子、母女、妻妾并流三千里，资财不在没限。”(3)“自述休征（吉兆），言身有善应；或假托灵异，妄称兵马；或虚论反状，妄说反由：如此传惑众人，而无真状可验者，……一身合绞，妻子不合缘坐。”(4)“口陈欲反之言，心无真实之计，而无状可寻者，流二千里。”❷ 又如对一般盗窃罪作如下规定；“诸盗窃，不得财笞五十，一尺杖六十，一疋加一等；五疋徒一年，五疋加一等，五十疋加役流。”❸ 唐朝无“诽谤”、“腹非”之类的罪名，但批评皇帝和触犯庙讳仍是犯罪行为。《唐律》规定：“诸指斥乘舆（皇帝），情理切害者，斩；非切害者，徒二年。”“诸上书若奏事，误犯宗庙讳者，杖八十；口误及余文书误犯者，笞五十。”❹

宋朝的法律基本上沿用唐律，犯罪名目几乎没有什么变化，只是在实际执

---

❶ 《隋书·刑法志》，《隋书》714－717 页。

❷ 《唐律疏议》，中华书局 1983 年版，321－325 页。

❸ 《唐律疏议》358 页。

❹ 《唐律疏议》207、200 页。

行上略有不同。对谋反、大逆等处刑比唐律为重，对侵犯私有财产的“盗”，特别是“强盗”，判刑也重于唐朝；而对官吏的贪赃枉法，施刑则较唐朝为轻，姑息成风。宋朝政界派别斗争激烈，有时掌权者对不同政见者强立罪名，予以迫害。北宋徽宗时，蔡京专权，把元祐、元符间司马光、文彦博、苏轼、黄庭坚、秦观等三百零九人列为奸党，将姓名刻石颁布天下。凡入碑籍者皆受迫害。南宋宁宗时，韩侂胄专权，把以朱熹为代表的理学家称为“伪学”、“逆党”，颁“伪学逆党”党籍，列名者皆遭迫害。北宋末南宋初，太学生陈东与布衣欧阳澈，伏阙上书，被高宗、黄潜善以“鼓众伏阙”的罪名同时处死。又南宋宁宗时，太学生杨宏中等六人伏阙上书，被加上“罔乱上书，扇摇国是”的罪名流放边远。南宋初禁野史。

元朝对汉人的反抗防范甚严，体现在法律上有许多相应的规定：禁止民间私藏兵器，若私有兵器十件处死刑；禁止汉人持弓箭聚众围猎；禁止群众集会结社；实行宵禁，夜间禁止人行，屋内不许点燃灯火，不准闭门。同时对思想言论上的控制很严：凡妄撰词曲，意图犯上恶言，皆处死刑；妄制词曲以议论他人者，处流刑；妄谈禁书，处徒刑。僧道如伪造经文犯上惑众，为首者斩，从者各按情节轻重分别治罪。在元朝法律中，体现出明显的民族不平等。同一种罪，蒙古人、色目人和汉人、南人处理很不相同。如蒙古人因争吵或酒醉打死汉人，只是断罚出征和赔烧埋银；相反，若汉人打死蒙古人，除赔烧埋银外，还要处死刑。

明朝的法律带有封建社会后期的特点，它渊源于《唐律》，但又有较大的变化。罪名的分类，以六部名称为类目，而以刑律为核心。刑律方面的犯罪名目有“盗贼罪”、“人命”罪、“斗殴”罪、“骂詈”罪、“贪赃”罪、“诈伪”罪、“犯奸”罪、“杂犯”罪等。与《唐律》相比，明朝法律在犯罪名目及其用刑方面，主要有以下几点不同：（1）明朝对谋反、谋大逆、谋叛三罪，不分首从，不分情节轻重，一律从重处置，株连的亲属比唐朝广。（2）明律中明确规定“奸党”罪，为前代所没有。与奸党罪有关的条款有：“若在朝官员，交结朋党，紊乱朝政者，皆斩，妻子为奴，财产入官”；“若犯罪，律该处死，其大臣小官巧言谏免，暗邀人心者，亦斩”；“凡诸衙门官吏，若与内官（宦官）及近侍人员互相交结，漏泄事情，夤（yín）缘作弊，而符同奏启者，皆斩，妻子流二千里安置”；“若大臣专擅选用者，斩”；“若有上言宰执大臣美政才德者，即是奸党，务要鞫问，穷究来历明白，犯人处斩，妻子为奴，财产入官”等。明初胡惟庸、蓝玉两案发生后，坐奸党罪被诛杀的文武官吏共四万五千多人，并称“胡蓝党案”。(3）以文字论罪。凡臣民在奏章、诗词、进书、试题、引据古书古诗中有任何触犯皇帝的地方，都予以严惩，这就是所谓“文字狱”。(4）以皇帝的一怒定罪。臣民的奏疏、谏议，只要引起“帝怒”，就往往被加上“恶言讪上”，“建言及忤”、“争之强”、“抗疏”等罪名予以惩治。方孝孺因拒绝为朱棣起草即位诏书，成祖怒，杀方孝孺，并诛其十族。清朝法律大体沿用明律，在文字狱、禁奸党等方面，较明代有过之无不及。

第四节　刑罚种类

传说中国古代最早的刑罚有五种，称为“五刑”。《史记・五帝本纪》：“五刑有服（用）”注：“五刑，墨、劓、剕、宫、大辟。墨，点凿其额，涅以墨。劓，截鼻也。剕，刖足也。宫，淫刑也，男子割势，妇人幽闭也。大辟，死刑也。”五刑的另一种说法，初见于《国语》，后又见于《汉书・刑法志》：“因天讨而作五刑。大刑用甲兵，其次用斧钺；中刑用刀锯，其次用钻凿；薄刑用鞭扑。”注：“甲兵，以六师诛暴乱。斧钺，斩死也。刀，割刑；锯，刖刑也。钻，膑刑也；凿，黥刑也。扑，杖也。”两种说法的内容基本相同。

商代，特别是商末，刑罚以严酷著称。除五刑外，还有族诛，炮烙（páo luò，用铜柱加炭使热，令有罪者行其上）、醢（hǎi，把人剁成肉酱）、脯（fǔ，做成肉干）、剖心等酷刑，对贵族有时使用流刑（流放）。

西周用刑比较慎重，而且贵族与庶人、农奴有别。庶人、农奴用大辟、宫、剕、劓、墨等刑，其特点是伤残身体，并加以侮辱。死刑（即大辟）有斩、磔（zhé，分尸）、焚、轘（huán，车裂人体）、膊（bó，磔尸而曝之）、辜（分裂肢体）等。通常都在闹市执行，并将尸体暴露街头，称为弃市。轻微犯罪有劳役、拘役等刑。贵族犯罪用死、流、赎、鞭、扑等刑。其特点是一般不伤残身体，不加侮辱。死刑或秘密缢死，叫“屋诛”；或令其自尽，名为“赐死”。

春秋战国时期，刑罚手段有笞、刖、膑、黥、流放、诛、夷族、夷乡等。死刑有车裂、剖腹、枭首（斩首高悬以示众）、腰斩、抽胁（腋下肋骨所在的部分）、凿颠、体解、镬（锅）烹等。徒刑有“鬼薪”（为宗庙砍柴三年）、“城旦”（筑城四年）等。

秦朝信奉“重刑主义”的刑罚理论，刑罚种类繁多，大致可分为死刑、肉刑、耐刑、笞刑、徒刑、流刑、赀刑、夺爵和废等几个大的类别。它几乎全部继承了奴隶社会和封建领主制时期的墨、劓、刵、宫、大辟五刑，并加以发展；同时，它又创制了一些新的刑罚，奠定了封建地主制时期笞、杖、徒、流、死新五刑的基础。秦朝单是死刑的名目就有十几种：戮、磔、弃市、定杀，生埋、车裂、腰斩、戮尸、枭首、赐死、囊扑、凿颠、抽胁、镬烹、绞、族、具五刑等。戮，就是先活着刑辱示众，然后斩首。戮尸是犯人已死而补以戮刑。磔是碎裂犯人的肢体，车裂是磔刑的另一种说法。定杀是将犯人抛入水中淹死。囊扑是把犯人装入袋中扑打至死。具五刑，是在对犯人先执行各种肉刑之后，再执行死刑。据《汉书·刑法志》记载："当三族者，皆先黥、劓，斩左右止，笞杀之，枭其首，菹（zū，剁成肉酱）其骨肉于市。其诽谤詈诅者，又先断舌。故谓之具五刑。"肉刑是一种残废犯人肢体和残害犯人肌肤、机能的一种刑罚。秦朝的肉刑主要有宫刑、斩左趾、劓、黥等。斩左趾是刖刑的一种。耐刑（又称完刑）及髡（kūn）刑本质上是肉刑的一种，又是一种耻辱刑。耐刑是剃去鬓毛和胡须，髡刑是剃去头发。笞刑，从严格意义来说，也是一种肉刑，其特点是不残废犯人身体，而给犯人造成肉体痛苦、精神失常甚至死亡。与笞刑相近的有鋈（wù）足、饿囚等。笞刑是用竹板或荆条打犯人脊背或臂腿的一种刑罚。鋈足是用一种刑具使犯人在肉体上受到痛苦和折磨。徒刑，就是使刑徒服劳役。秦朝徒刑有城旦、城旦舂、鬼薪、白粲、隶臣、隶妾、司寇、舂司寇、候及下吏等。城旦是一种强制修城筑墙等的繁重苦役，妇人不适宜筑城等劳役，而改作舂米，所以称城旦舂。鬼薪，是一种男犯为宗庙伐薪的劳役，白粲，是一种女犯为宗庙择米的劳役。隶臣、隶妾是为国家服役的徒刑，其身份近于官奴婢。司寇、舂司寇是服守备等劳役的徒刑，其任务之一，是监领城旦服刑役。候是一种被用为伺望敌情的徒刑。下吏是对犯有罪行的官吏所处的近于隶臣、司寇和候的一种徒刑。流刑是把罪犯押解到荒僻地方去的一种刑罚。秦朝的流刑有迁、谪、逐、削籍四种。迁是依据法律规定的刑名。谪是因为政治上的某种需要而把其他罪名的犯人，发配到边远地区去。逐是把外籍人驱逐出境。削籍是把外籍人从簿籍上除去，是"逐"的一种表现形式。赀刑和赎刑都是剥夺犯人私有财产的刑罚。赀刑又可分为赀物、赀金、赀劳役三种。"没"和"收"也是一种财产刑。赎刑是用交纳法定的财物以代替业经依法判处的刑罚。夺爵和废是剥夺从事国家官吏这种政治权利的刑罚。夺爵是剥夺爵位，废是撤职永不叙用。谇（suì）是秦朝最轻的处罚，意为申

斥责骂，相当于现代刑法中的“训戒”。❶

汉代刑罚多沿秦制，但也有一些值得重视的改革。死刑有夷三族、殊死（斩首）、枭首、腰斩、弃市、车裂、磔、镬烹、抽胁、囊扑等。最常见的是枭首、腰斩、弃市三种。肉刑有宫、刖右趾、刖左趾、劓、黥等数种。徒刑有髡钳城旦舂（五岁刑）、完城旦舂（四岁刑），鬼薪白粲（三岁刑）、司寇作（司同“伺”，派往边地服劳役，并以防御外寇，二岁刑）、罚作复作（男为戍罚作，女为复作，一岁刑）。汉代的徙边多当作减死罪一等的刑罚应用，其实质是罚到边远地区充军。禁锢类似于秦朝的废，免职后终身不许做官，是惩治犯罪官吏的一种刑罚。罚金与赎刑，汉代亦继续沿用。犯罪妇女的赎刑称为“女徒顾山”，即出钱雇人代役。从汉文帝起，对刑罚制度作过一些改革。文帝十三年，诏令除肉刑。用徒刑、笞刑和死刑代替黥、劓、刖三种肉刑。黥刑，改为髡钳城旦舂，即五年苦役。劓刑，改为笞三百，景帝时又改为笞一百。斩左趾者，改为笞五百，景帝时改为笞二百。斩右趾者，改为弃市，即入于死刑。但实际上，肉刑并未完全废除：西汉时有宫刑，东汉时有斩右趾。高后、文帝曾一度除三族之诛，不久又恢复。景帝中二年，改磔为弃市。东汉明帝有时在殿廷杖责大臣，开后世廷杖制度的先例。

东汉末年以后，有过三次复兴肉刑的运动，但都没有取得成功，在正式法律文书中，一般都不作有关肉刑的规定。不过在司法实践中，宫、劓、刖、黥等刑罚的个别使用，却一直没有间断过。曹魏以死刑、髡刑、完作、赎刑、罚金为五刑。死刑除比较常见的枭首、腰斩、弃市三种外，在特殊情况下还有汙潴（zhū，水停聚的地方）、枭菹、夷三族等酷刑。西晋以死刑、徒刑、笞刑、罚金、赎刑为五刑，而以前三种为主要刑种。死刑分枭首、斩杀、弃市三等。徒刑分髡钳和劳作两种，刑期为五年、四年、三年、二年、一年。笞刑最多为二百。罚金分十二两、八两、四两、二两、一两五等。赎刑以四两为差：赎死金二斤，赎五岁刑金一斤十二两，赎四岁刑金一斤八两，赎三岁刑金一斤四两，赎二岁刑金一斤。北魏以死、流、徒、鞭、杖五种刑罚为法定刑。北齐明确规定死、流、刑、鞭、杖为五刑。死刑分四等，“重者轘（车裂）之。其次枭首，并陈尸三日，无市者，列于乡亭显处。其次斩刑，殊身首。其次绞刑，死而不殊”❷。流刑无道里之差。本该判死刑的，情有可原，鞭笞各一百，髡

❶ 参考栗劲：《秦律通论》，山东人民出版社 1985 年版，236 - 297 页。

❷ 《隋书·刑法志》，《隋书》705 页。

之，投于边远之地，以为兵卒。其不宜远配者，男女并服徒刑六年。刑罪，即耐罪也，有五岁、四岁、三岁、二岁、一岁之差。各加鞭一百。五岁刑加笞八十，四岁刑加笞六十，三岁刑加笞四十，二岁刑加笞二十，一岁刑无笞。并锁输左校而不髡，无保者钳之。妇人配舂及掖庭织。鞭刑分一百、八十、六十、五十、四十五等。杖刑分三十、二十、一十三等。五刑皆可收赎，旧收赎金，皆代以中绢。[1] 北周改耐刑为徒刑。

隋初曾明令废除宫、轘、鞭、枭首、孥戮、相坐等酷刑，并简化刑罚的种类。确定死、流、徒、杖、笞五种刑。死刑只斩、绞两种。流刑分一千里、一千五百里、二千里三种。徒刑分一年、一年半、二年、二年半、三年五种。杖刑由六十至一百分五等。笞刑自十至五十分五等。隋文帝晚年，用刑益苛，且不依法律。开皇十七年诏令："其诸司论属官，若有愆犯，听于律外斟酌决杖。"他本人经常在殿廷杖责大臣。至隋炀帝时，又恢复了籍没、族诛、轘裂、枭首、磔等酷刑。

唐朝的刑罚与隋朝基本相同，惟流刑为二千里、二千五百里、三千里三等，较隋朝更远。除十恶大罪外，五种刑罚都准予以钱赎罪，赎金依刑罚愈重、赎金愈多的原则累进，由铜一斤至一百二十斤不等。武则天、中宗及中唐以后，曾恢复腰斩、枭首、磔、夷三族等酷刑。

五代十国时期，刑罚残酷，视人命如草芥，动辄处死。后唐私贩盐十斤以上即处死，制盐则不论斤两皆死。后晋和奸男女并极刑。后汉罪无轻重，有犯即处极刑。隐帝时由于李守贞等反，京师多流言，言者皆处死，连白昼仰观天的人，都腰斩于市。在五刑之外，增加刺面、决杖、配流等。在实际施刑时，诸如族诛、腰斩、断舌、决口、斫（zhuó）筋、折足、灌鼻、支解、刳（kū）剔、炮炙（zhì）、烹蒸等酷刑都使用出来。还有用"长钉贯人手足，或以短刀脔（luán）人肌肤"的。[2] 所谓"短刀脔人肌肤"，就是零割肌肉，使之慢慢死去，后来称之为"凌迟"刑。

宋朝的基本刑罚仍为五种，但在应用上有变化。徒、流刑皆附加杖刑。流刑还要在犯人脸上刺字，叫做"刺配"。宋朝把流配犯人发往西北地区服军役，或服劳役，叫做"配隶"，有的也称"配军"。罪犯要带枷发遣，枷重一百五十斤，犯人常不数日而累死。死刑在律文中虽只规定斩、绞二种，但在处

---

[1] 参考乔伟：《中国刑法史稿》，西北政法学院 1982 年印本，158－162 页。

[2] 《宋史·窦俨传》，《宋史》9095 页。

置“谋反”等重罪时，往往使用族诛、磔、枭首、凌迟等酷刑。凌迟刑“皆支解脔割，截断手足，坐钉立钉，悬背、烙筋及诸杂受刑者，身具白骨而口眼之具尤动，四肢分落而呻痛之声未息。”❶

元朝刑罚多，法外用刑，特别是对汉族人民滥施酷刑，并且恢复肉刑，把惨绝人寰的凌迟刑正式入律。元朝的肉刑有劓、黥、墨、截手、断舌、断腕等。死刑有斩、凌迟、醢、枭首、剥皮等。剥皮刑是以前所没有的。

明朝刑罚种类之多，手段之残忍，为历代所罕见。明律规定的刑罚也是笞、杖、徒、流、死（分凌迟、斩、绞）五种，但明朝统治者大量地法外用刑。明朝死刑除法律规定和《大诰》所用（如枭示、凌迟、种诛、弃市等）之外，还有腰斩、磔、铲头、油煎、刷洗（即裸身在铁床上用热水浇，然后用铁刷刷去皮）、抽肠（从肛门把肠子勾出）、剥皮、火烧等。明朝不仅全部使用已废除的黥、劓、刵、宫等肉刑，还使用割舌头、断脊、堕指、刺心等酷刑。明朝在流刑基础上，创设充军刑（近似流刑但比流刑重）。充军分为极边、烟瘴（均四千里外）、边远三千里外、边卫二千五百里、沿海附近一千里五种。充军刑是强迫犯人在边远地区或边卫、沿海附近充当军士，其中又分终身和永远二种。终身直至身死为止，永远罚及子孙后代。明朝枷重有至三百斤的，“犯者立死”。笞、杖等轻刑，也往往致死。其他酷刑还有梃棍、夹棍、脑箍（gū）、烙铁、鼠弹筝、拦马棍、燕儿飞、灌鼻、钉指等。

清朝刑罚大体沿袭明制，并略有发展。较有清朝特点的是迁徙、充军、发遣三刑。迁徙是强制犯人徙居千里之外，永不许回原籍。充军确定为单独刑种，改边卫为近边，仍为五种，称为五军。取消明朝的永远军戍。发遣较充军为重，将罪犯发往边疆地区，为驻防官兵充当奴隶。

第五节　审判制度

夏商时期，审判权掌握在君主、巫史和部落首领手中。定罪行刑，有的通过占卜决定，有的直接由君主和部落首领决定。据《史记·殷本纪》记载：“九侯有好女，入之纣。九侯女不喜淫，纣怒，杀之，而醢九侯。鄂侯争之强，辨之急，并脯鄂侯。西伯昌闻之，窃叹。崇侯虎知之，以告纣，纣囚西伯羑（yǒu）里。”杀九侯女，醢九侯，脯鄂侯，囚西伯，都是由纣决定的。商

❶ 《宋文鉴》24卷，转引自萧永清主编：《中国法制史简编》上410页。

后期，西伯昌（即周文王）为西方部落之长，受理诉讼案件。《史记·周本纪》："西伯阴行善，诸侯皆来决平。于是虞、芮之人，有狱（讼事）不能决，乃如周。"

西周时期的案件，分别由不同的机关或长官审理。贵族之间的诉讼，由上一级贵族审理、裁决；庶人、农奴的案件，由司寇审理、定罪。贵族间的案件，一般由原告起诉，诉状称"剂"。但儿子不能控告父亲。起诉后双方都要到庭，并交纳类似诉讼费的"束矢"（百箭）或"钧金"（三十斤铜）。审理时，贵族不直接出庭，而派其下属或子弟代理。《周礼·秋官·小司寇》："凡命夫命妇不躬坐狱讼。"审理终结，宣读判决书叫"读鞫（jū）"。庶人、农奴的案件由司寇负责审理，审理后向王报告。《礼记·王制》："司寇正刑明辟（bì，法）以听狱讼，必三刺（察问），有旨无简不听。""成狱辞，史以狱成告于正，正听之。正以狱成告于大司寇。大司寇听之棘木之下。大司寇以狱之成告于王。王命三公参听之。三公以狱之成告于王。王三又（宥），然后制刑。"

春秋时期，有些小国之间的争讼，或小国内部国君与大夫的争讼，由大国受理裁决。在各诸侯国，君主、卿相、司寇都有审判权。在军队中，将军和掌管军法的官拥有审判权。战国时期，除君主握有最高司法权外，辅助君主的执政官亦有司法权。秦商鞅执政时，太子犯法，商鞅刑其傅公子虔，黥其师公孙贾。秦民有议论法令的，商鞅把他们迁徙到边城。地方审判权掌于郡守、县令之手。

秦从商鞅变法以后，逐渐形成君主专制下的审判制度。商鞅变法时，实行什伍连坐之法："不告奸者腰斩，告奸者与斩敌首同赏，匿奸者与降敌同罚。"[1] 秦时的起诉大致有两种：一种是当事人向法庭直接揭发犯罪者的罪状，类似现代诉讼中的自诉，一种是由基层官吏里典（即里正）向法庭提出控诉，类似现代诉讼中的公诉。被告人一经被告发，就被推定为有最，并以罪犯对待。被告人在实际上被剥夺了为自己行为进行辩护的权利，而留给他的仅仅是证明自己有罪的举证责任，即所谓"自首"、"自出"、"自告"。如被告人不"服罪"，司法官吏有权刑讯被告人。丞相李斯就是被刑讯后定罪的。《史记·李斯列传》说："二世乃使（赵）高案丞相狱，治罪，责斯与子由谋反状，皆收捕宗族宾客。赵高治斯，榜掠千余，不胜痛，自诬服。"秦的审判机关为朝

[1] 《史记·商君列传》，《史记》2230 页。

廷、郡、县三级。皇帝是朝廷的最高审判官。秦始皇本人就是“专任刑罚，躬操文墨，昼断狱，夜理书”❶。儒生诽谤皇帝案和黔首刻石诅咒皇帝案都是秦始皇亲自审理的。前案，秦始皇命御史逼迫儒生互相揭发，然后据以活埋儒生四百六十人。后案，御史没查到刻字的人，秦始皇便把靠近陨石居住的人全部杀死。地方官吏更是肆意残害良民。“贪暴之吏，刑戮妄加”❷，“杀人众者为忠臣”❸。

汉代的审判制度基本上沿袭秦制。司法机关仍为朝廷、郡、县三级。法律规定官吏和人民必须互相监督，揭发犯罪者。起诉称为“告”、“劾”。告劾有一定的法律限制：必须按司法审级逐级告诉，一般不准越级上诉；禁止卑幼控告尊长。告劾被受理后，即须对被告（犯罪者）逮捕和拘押。对一般犯罪者，不论是否掌握确实证据，都须立即拘押。对贵族、官僚犯罪，须先报告皇帝批准，才能逮捕。司法机关审讯犯人，虽也注意使用证据，但主要以口供作为判决的依据。因此在审判中广泛使用刑讯逼供。不仅如此，司法官还往往贪赃枉法，从感情好恶判罪定案。“或罪同而论异。奸吏因缘为吏。所欲生则傅生议，所欲陷则予死比。”❹“所爱者，挠（屈）法活之；所憎者，曲法灭之。”❺或完全看上司的脸色行事。《汉书·杜周传》说：“周为廷尉，其治大抵放（fǎng，依）张汤，而善候司（观望天子意）。上所欲挤（坠）者，因而陷之；上所欲释，久系待问而征见（xiàn）其冤状。”定案后向犯人宣读判辞，叫“读鞫”。如犯人或其亲属对原判不服，允许请求复审，即所谓“乞鞫”。乞鞫以三月为限。乞鞫后，司法机关并不立即复审，经常无限期地拖延时日，有的数十年得不到解决。即使复审，其结果往往对乞鞫者更加不利，造成更大的痛苦。按规定，复审后如果仍然不服，还可以上诉，直至“诣阙”，上诉到皇帝。但那就更加困难了。据《后汉书·杨琁传》载：“荆州刺史赵凯，诬奏琁（零陵太守）实非身破贼，而妄有其功。琁与相章奏，凯有党助，遂槛车（装载囚犯的车子）征琁。防禁严密，无由自讼，乃噬（shì，咬）臂出血，书衣为章，具陈破贼形势，及言凯所诬状，潜令亲属诣阙通之。”郡太守上诉尚且如此之难，一般农民群众就可想而知了。汉代地方司法机关权力很大，一般案

---

❶《汉书·刑法志》，《汉书》1096页。

❷《汉书·食货志上》，《汉书》1137页。

❸《史记·李斯列传》，《史记》2557页。

❹《汉书·刑法志》，《汉书》1101页。

❺《汉书：酷吏传》，《汉书》3650页。

件均可自行处理，并握有死刑案件的判决权。仅遇有重大疑难案件上报廷尉审理，有时还吸收丞相等高级官员参与审判，叫做“杂治”。皇帝指定审理的案件叫“诏狱”。为了加强对下级司法机关的监督，上级司法机关经常派出官吏到下属部门巡视，叫做“录囚徒”。汉朝改变秦四时行刑的制度，已判决的死囚都要到秋冬行刑。

魏晋南北朝时期的司法审判为中央、州、郡、县四级。地方的审判权限缩小，县级机关只能作出笞、杖刑的判决。徒、流刑的判决须报上级机关审批方能成立。南朝宋以前，由郡派督邮到县按验。宋改为将案卷及犯人一并送郡，由郡太守复判、执行。疑难案件须层层上报复审。死刑案件的处决权，由皇帝直接掌握。在审判过程中，刑讯逼供较汉代更为严重。南朝梁还用断食的办法逼迫犯人招供。

隋唐的审判制度，有一些重要的变化。在司法审判的体制上，从上到下为中央、州（郡）、县三级。唐朝中央的司法机关为大理寺、刑部和御史台。大理寺是中央最高审判机关，刑部负责复核大理寺流刑以下及州、县徒刑以上案件。御史台主要负责监督大理寺和刑部的审判活动。遇特别重大案件，由大理寺卿会同刑部尚书、御史中丞共同审理，叫做“三司推事”。死刑案件，刑部须会同中书、门下二省更议。对地方未解至中央的重大案件，派监察御史、刑部员外郎、大理评事充当“三司使”，前往审判。有时由门下省给事中、中书省中书舍人和御史台御史，组成特别法庭，负责审理所谓“申冤”案件。在审判中，对诉状、证据、证言等反复参验，但刑讯仍可使用，只是有一定限制。隋初规定：刑讯用杖，不得超过二百，不得换人行杖，杖的大小长短、宽厚有一定规格。唐朝规定“拷囚”限三次。隋唐都严格要求司法官必须依律定案，判辞要援引律文。在司法审判中，唐朝建立了回避制度。如司法官与被告有亲属、师生、仇隙关系的，须更换承审官。徒罪以上的判决，须告诉囚犯及其家属，并要犯人写服辩书。如不服，可以上诉。隋朝规定：县不理，可到州、郡；州、郡不理，可到大理寺上诉；若大理寺不理，还可向尚书省，直至皇帝告御状（诣阙）。所有死刑案件都要报请皇帝核准。司法官在审判中如故意增减犯人罪状，唐律规定要负刑事责任。

宋朝加强皇帝、中央对司法审判的控制。在宫中设审刑院，直属皇帝。凡大理寺审判的案件，经刑部复核后，须送至审刑院详议，再奏请皇帝核准。有些重大疑案，皇帝命翰林学士、负责知制诰的中书舍人、同平章事、参知政事、御史、谏官等朝臣，共同评议，称为“杂治”，然后由皇帝决断。路一级的提点刑狱司，是中央派出的监督地方司法的机关，由朝廷直接领导，主管复核及审查所属州县的判决和十日一上报的囚账。宋徽宗时，严格规定州、县长官必须亲自审判案件，不得委属官担任，违者徒二年。宋朝对案件的审理期限，作出明确规定：凡大理寺审判的案件，大事不过二十五日，中事不过二十日，小事不过十日；审刑院复核，大事不过十五日，中事十日，小事五日；地方长官审判的案件，大事四十日，中事二十日，小事十日。限期结案的规定虽有利于提高办案效率，但也使得刑讯逼供现象更为严重，刑讯手段更加残酷，出现了“夹帮”、“脑箍”、“超棍”等“限时勒招，催促结款”的刑讯手段。

元朝各级司法机关的审判权，掌握在蒙古人手中。审判官称札鲁忽赤（汉译“断事官”）。在大宗正府，“设从一品高秩的札鲁忽赤，成宗以后员额达四十人左右，审理四怯薛、诸王、驸马投下蒙古、色目人的犯罪案件和婚姻、驱良等户籍争讼，也审理汉人、南人的重大刑事罪犯，按检诸路刑狱。”❶枢密院也设三品断事官数员，掌管和处理军府狱讼。地方的司法审判工作由路、府、州、县的札鲁忽赤负责。府、州县对杖罪以下自行断决，徒以上由总管府决定，流罪以上由路的廉访使审复后方得结案。蒙古人犯罪经常由其所属千户审问或蒙古法官决狱。路、府设置推官，专掌司法。凡有罪囚，先由推官鞫问，问明案情后，再由全体行政官员“通审圆署”。遇有不同户籍之间发生刑名词讼，采取“约会”制度，即由有关户籍的直属上司约到后共同审断。元朝在审理杀人案件时，重视尸体检验，全国设立尸体检验点七十余处。

明朝的审判体制相当复杂。中央司法机关为刑部、大理寺和都察院。刑部主管审判，大理寺专掌复核，都察院负责监督。重大案件由刑部、大理寺、都察院组成的联合审判组织——三法司审理，称为“三司会审”。三法司负责流刑案件的最后判决和死刑案件的审理。遇特大案件，由三法司会同吏、户、礼、兵、工各部尚书及通政使共同审理，叫做“圆审”。死刑案件须奏请皇帝裁决。地方司法机关为省、府、县三级。府、县长官亲自主持司法审判事务。省设提刑按察使，有权判决徒刑以下案件，徒刑以上案件报送刑部。军人犯法，由军事机关审理。各省都指挥使司设断事司，以断事、副断事为正副长官，负责审理所属卫所的军人案件。军官犯罪，由本管衙门开具事由，申报五军都督府或兵部奏闻皇帝请旨处理。此外，在皇帝直接控制的特务组织——厂卫中，也设有司法审判机构。于锦衣卫下设南、北镇抚司，南镇抚司掌管卫中

---

❶ 《中国大百科全书·历史·元史》单行本151页。

刑名案件，北镇抚司专门审理皇帝交办的案件。镇抚司审讯犯人，严刑逼供，非法凌虐，惨无人道。由宦官掌握的东厂、西厂、内行厂，有随意逮捕、刑讯朝野臣民的特权，不受任何约束。刘瑾直接指挥的内行厂，规定凡“罪犯”进厂，不论罪名大小，一概都要受杖责，先打得皮开肉绽，然后永远充军到边塞，或者戴枷发遣。枷重一百五十斤。厂、卫不仅有权自行侦察、逮捕、审讯“罪犯”，而且有权参与、监视刑部、大理寺、三法司的审判活动，叫做“听记”。在审判制度上，明朝建立了“热审”、“秋审”的制度。成祖永乐二年，开始实行热审，即于小满后十余日，由刑部奉旨组织热审庭审理囚犯。一般笞罪无干证（与讼案有关的证人），即行释放；徒、流以下减等发落。重囚请旨定夺。英宗天顺二年，下令从次年起，每年于霜降后，对死罪重囚由三法司会同其他官员，从实审录，这就是所谓“秋审”的发端。秋审又称朝审。

①清朝地方司法机关为四级，即州县、府、省按察使、督抚。督抚仅能决定流刑以下案件，流刑以上案件须报请刑部审理。京师的案件主要由步军统领衙门审理。刑部有权决定流刑案件，其判决须送大理寺复核，并受都察院监督。由刑部、大理寺和都察院组成的三法司和由六部尚书、都察院都御史，通政使和大理寺卿组成的“九卿会审”是中央最高审级，但判决的执行仍须皇帝最后核准。②清朝继承了明朝的热审、秋审制度，发展成比较完备的热审、秋审、朝审制度。这套制度含有缓刑和宽减刑罚之意。热审于每年小满后十日至立秋前一日举行，由大理寺左右二寺官员会同各道御史及刑部承办司（称为小三司）审理发生在京师的笞杖刑案件。秋审是复审各省死刑案件的一种制度，在每年秋季举行。清朝将死刑案件的判决分成两种：一种是严重危害封建国家统治的犯罪，应当立即处决，叫“斩立决”或“绞立决”；一种是危害性较小或有可疑的，暂判“斩监候”或“绞监候”，缓期处决，待重审后决定。秋审是由九卿、科道等官员会审各省的斩、绞监候案件，每年八月在天安门外金水桥西举行。朝审是对京师实际是刑部判决的斩、绞监候案件重审。朝审的时间略迟于秋审，于每年霜降后十日举行，冬至前复审完毕。经过秋审或朝审的案件，分成四类，即：“情实、缓决、可矜（jīn，情有可原）、留养承祀。最后奏请皇帝裁决。凡经皇帝硃笔于单内勾出，照原拟罪名处决的，叫勾决，这主要属于情实一类。其他三类经皇帝核准后，一般都可免于死刑。在清朝的审判活动中，广泛实行以例断案。而最熟悉案例的是刑名幕友和刑房胥吏。幕友是地方长官自行聘请的，也称幕宾、师爷；胥吏是州县衙门所属吏、户、礼、兵、刑、工六房的书役，又称书办。刑名幕友和刑房书吏都不同程度

地参与司法审判活动，并且从中窃柄弄权，营私舞弊，成为司法审判中的痼疾，广大人民深受其害。

鸦片战争后，外国侵略者强迫清政府签订了一系列不平等条约，攫取各种非法特权，领事裁判权就是其中之一。所谓领事裁判权，就是外国侨民在中国犯罪，中国法庭无权审判，而只能由各该国的领事等人员按其本国法律裁判。清末，清政府从形式上模仿资产阶级国家司法与行政分立的原则，把刑部改为法部，成为掌管全国司法行政的机关，而不再兼理审判；改大理寺为大理院，作为最高审判机关。在地方，分别在州县、府（直隶州）、省设立初级、地方、高等审判厅，实行四级（大理院及高等、地方、初级审判厅）三审制，并建立复判制度，由大理院负责执行。另外，在中央和地方，建立相应的检察厅，对刑事案件实行搜查和提起公诉，并对审判活动进行监督。

第六节　贵族、官僚特权

在剥削阶级掌权的国家中，法律是维护统治阶级特别是君主利益、镇压被剥削阶级反抗的工具，各种刑罚主要是针对被剥削阶级的。法律对不同的阶级，表现出明显的不平等。剥削阶级的主要代表——贵族和官僚，尤其是君主，在法律面前享有种种特权。在奴隶社会，奴隶根本不被当人看待，他们的命运等同牲畜，奴隶主可以随意侮辱、杀死他们，法律对他们是不适用的，他们即使不做任何有害的事，刑罚照样会降临到他们的头上。有少数贵族或官吏，因为触犯了君主，受到了刑罚的制裁。但他们毕竟还是人，他们所受的刑戮尚能引起社会的注意，在历史上留下一点痕迹。而成百上千的奴隶被用于祭祀、殉葬，那是和法律完全不相干的寻常事。至于君主，是法律的源泉和化身，超脱于法律之外，凌驾于法律之上，他们无论怎样凶残、暴虐，枉杀无辜，也不存在违法犯罪的问题。

到了封建社会初期，农奴争得了半人半奴的资格。这就是说，对他们不能任意杀戮和处罚了。统治者制定了专门用于他们的法律。这种法律是为了维护封建领主阶级的利益，惩治农奴们触犯封建主的行为，对贵族不适用。对贵族主要用礼加以约束，而不制定用于贵族的专门法律。贵族犯了罪而又必须惩罚，临时根据具体情况决定。在审判时，贵族本人不须出庭，而可以派其下属或子弟代理。在定罪量刑时，有所谓八辟（法）之议，即有八种情况犯了罪可作减刑或赦宥处理。《周礼·秋官·小司寇》说：“以八辟丽邦法，附刑罚：

一曰议亲之辟，二曰议故之辟，三曰议贤之辟，四曰议能之辟，五曰议功之辟，六曰议贵之辟，七曰议勤之辟，八曰议宾之辟。”八议适用的对象，都是贵族。经过八议，最后确定还是要用刑的，所用刑罚不同于农奴。其总的原则是：不加侮辱，不残身体。还有一点，贵族犯罪的审判机关也不同于农奴。总之，从法律制定、审判机关、出庭受审、定罪量刑、所用刑罚等各个方面，贵族都享有特权。

春秋战国时期，地主阶级的思想家、改革家，提出“刑无等级”、“法不阿贵”的主张。《商君书·赏刑》篇说：“所谓壹刑者，刑无等级，自卿相将军以至大夫庶人，有不从王令，犯国禁，乱上制者，罪死不赦。有功于前，有败于后，不为损刑。有善于前，有过于后，不为亏法。忠臣孝子有过，必以其数断。守法守职之吏有不行王法者，罪死不赦，刑及三族。”《韩非子·有度》篇说：“法不阿（曲从）贵，绳不挠（弯曲）曲。法之所加，智者弗能辞，勇者弗敢争。刑过不避大臣，赏善不遗匹夫。”这些主张，体现了除君主以外，在法律面前人人平等、不允许有任何特权的思想。商鞅变法期间，太子犯法，师傅（宗室贵族）代其受刑。商鞅本人，位至宰相，被以“欲反”的罪名处以“车裂”的极刑。但只要存在阶级的不平等，在法律面前真正做到人人平等是不可能的。商鞅通过变法在废除以血缘关系为根据的等级制度的同时，又确立了以军功为根据的新的等级制度。只要存在等级就不能不在事实上存在法律特权。《商君书·境内》篇就有这样的话：“其狱法，高爵訾下爵级”，即由爵位高的审判爵位低的，在审判权上就不平等。还有：“爵自二级以上，有刑罚则贬。爵自一级以下，有刑罪则已。”就是说，二级以上的有爵者犯了罪，可以用降级代替刑罚；一级爵位获得者犯了罪，可以用取消爵位代替刑罚。这在实质上是“以爵抵罪”，就是一种特权。在新出土的秦简中，也可以看到类似的特权。如《法律答问》说：“内公孙毋（无）爵者当赎刑，得比公士赎耐。”其意思是：凡是无爵位的王族子孙犯罪时，都可以享有与公士爵位相同的待遇，即用金钱来赎免他们的罪行。《司空律》还规定：“大啬夫、丞及官啬夫有罪，居赀赎责（债）欲代者，耆弱相当，许之。”意思是：大啬夫、丞和该官府的啬夫有罪，以劳役抵偿赀赎债务而要求以他人代替服役，只要年龄相当，可以允许。这些规定中包含着这样一种特权：王族子孙、有爵位者、官吏，可以用金钱赎罪，或用雇用劳役抵罪。更为突出的，是君主个人的特权极大地增强了。君主为了维护个人的地位、权威，满足个人的私欲，可以为所欲为地破坏生产，毁灭文化，杀害无辜百姓，却不受任何法律的约束和制裁。在这种制度下，官僚只要能得到君主的信任和欢心，即使犯了罪，也可以不受追究，这是君主庇护下的一种特权。丞相李斯上书秦二世，告赵高“有邪佚之志，危反之行”。秦二世为赵高辩护，说赵高“以忠得进，以信守位，朕实贤之，而君疑之，何也？……朕非属（zhǔ，托付）赵君，当谁任哉？且赵君为人精廉强力，下知人情，上能适朕，君其勿疑”。不仅如此，二世还把李斯的话私告赵高。❶ 结果，赵高在害死李斯以后，又逼死秦二世。

汉代统治者对确立官僚在法律上的特权给予更多的重视。汉承秦制，继续允许以钱赎罪。《汉书·惠帝记》：“民有罪，得买爵三十级以免死罪。”师古注：“令出买爵之钱以赎罪。”应劭注：“一级直二千，凡为六万。”又《汉书·武帝纪》：“令死罪入赎钱五十万减死一等。”这些规定，只对官僚、贵族有利，实际上是赋予他们以钱抵罪的特权。汉代进一步规定了“先请”的制度。《汉书·宣帝纪》：“吏六百石位大夫，有罪先请。”《后汉书·光武帝纪上》：“吏不满六百石，下至墨绶长、相，有罪先请。”所谓“先请”，就是县级长官以上的官僚、贵族犯了罪，先请示皇帝，司法机关不得擅行判决。汉代对官僚、贵族还有减刑的规定。《汉书·惠帝纪》：“爵五大夫、吏六百石以上及宦（侍从）皇帝而知名者有罪当盗械者，皆颂系（虽拘禁而不加刑具，颂音 róng）。上造以上及内外公孙耳孙（远孙）有罪当刑及当为城旦舂者，皆耐为鬼薪白粲。”文帝采纳贾谊的建议，官僚犯罪，不加侮辱，不施肉刑。如罪至死，令其自杀。实际上，官僚在效忠皇帝的大前提下，他们在法律面前享有更多的特权。丞相萧何为保全自己，违心地以低价强买农民田宅，有几千人上书告萧何的状，皇帝不仅不治罪，反而暗自高兴，把状子都交给了萧何。皇帝宠信的外戚、宦官、宗室等，特权就更大了。如东汉有的宦官到处残害百姓，与盗贼无异，皇帝不仅不加惩治，反而迫害揭发者。外戚窦宪连公主的园田都公开侵夺，对一般的百姓就可想而知了。胶东王彭离“杀人取财物以为好。所杀发觉者百余人，国皆知之，莫敢夜行。所杀者子上书告言，有司请诛，武帝弗忍，废为庶人”❷。

从三国曹魏开始，正式把保护官僚、贵族特权的“八议”载入法律。《唐六典》注说：“八议自魏、晋、宋、齐、梁、陈、后魏、北齐、后周及隋，皆载于律。”“八议”源于《周礼》的“八辟”，即议亲、议故、议贤、议能、

---

❶ 《史记·李斯列传》，《史记》2559－2560 页。

❷ 《汉书·文三王传》，《汉书》2213 页。

议功、议贵、议勤、议宾，而主要是亲（皇帝宗室亲戚）贵（大官僚贵族）。东晋成帝时，庐陵太守羊聃（dān），“刚克粗暴，恃国戚，纵恣尤甚，睚眦（yá zì，瞪眼睛，小怨小忿）之嫌，辄加刑杀。疑郡人简良等为贼，杀二百余人，诛及婴孩，所髡锁复百余。庾亮执之，归于京师。有司奏聃罪当死，以景献皇后是其祖姑，应八议”❶。经琅玡太妃山氏和王导求情，结果免于死刑。刘宋时，雍州刺史张邵，掠夺百姓，贪赃白银二百四十万两，依法当死。左卫将军谢述上表陈情，说：“邵，先朝旧勋，宜蒙优待。”❷ 结果只免官而已。南齐巴东王杀死僚佐，戴僧静为之辩护说：“天子儿过误杀人，有何大罪?”❸《北齐律》规定：犯十恶大罪不在八议论赎之限，这是从维护封建国家的整体利益所作的必要补充。北魏、南陈还开始实行“官当”制度，即以官爵抵罪。《北魏律·法例律》规定：“五等列爵及在官品令从第五，以阶当刑二岁；免官者，三载之后听仕，降先阶一等。……其乡男无可降授者，三年之后，听依其本品之资出身。”南陈也有类似的规定。据《隋书·刑法志》载：“五岁四岁刑，若有官，准当二年，余并居作。其三岁刑，若有官，准当二年，余一年赎。若公坐过误，罚金。其二岁刑，有官者，赎论。”

隋朝继承了前代“八议”、“官当”、以金钱赎罪等保护官僚、贵族特权的法律，并作出更具体明确的规定。《隋书·刑法志》：“其在八议之科，及官品第七已上犯罪，皆例减一等。其品第九已上犯者，听赎。应赎者，皆以铜代绢。……笞十者铜一斤，加至杖百则十斤。徒一年，赎铜二十斤，每等则加铜十斤，三年则六十斤矣。流一千里，赎铜八十斤，每等则加铜十斤，二千里则百斤矣。二死（绞、斩）皆赎铜百二十斤。犯私罪以官当徒者，五品已上，一官当徒二年；九品已上，一官当徒一年；当流者，三流同比徒三年。若犯公罪者，徒各加一年，当流者各加一等。”

在《唐律》中，对官僚、贵族特权的法律保护规定得最为细致、周到，到了无微不至的地步。官僚、贵族犯了罪，其优待、保护之法有“议”、“请”、“减”、“赎”、“官当”、“免”等名目。议即八议，是对高级官僚、贵族的特殊保护。《唐律疏议》说：“今之‘八议’，周之‘八辟’也。《礼》云：‘刑不上大夫’，犯法则在八议，轻重不在刑书也。其应议之人，或分液天潢（天池，古代称皇室为天潢），或宿侍旒扆（liú yǐ 指皇宫），或多才多

---

❶ 《晋书·羊曼传》附羊聃传，《晋书》1383 页。

❷ 《资治通鉴》122 卷。

❸ 《南史·戴僧静传》，《南史》1150 页。

艺，或立事立功，简在帝心，勋书王府。若犯死罪，议定奏裁，皆须取决宸（指皇帝）衷，曹司不敢与夺。此谓重亲贤，敦故旧，尊宾贵，尚功能也。以此八议之人犯死罪，皆先奏请，议其所犯，故曰‘八议’。”八议的具体对象是：亲，指皇帝的宗室、国戚；故，指皇帝的左右近侍之臣；贤，指名流、学者、社会贤达；能，指有文治武功才能，辅弼皇帝的宰辅；功，指率军出征，战功卓绝的武将；贵，指职事官三品以上，散官二品以上，爵一品者；勤，指勤恳工作的文武高级官员和外交官员；宾，前朝的后代。凡属八议特权优待范围以内的官僚、贵族，除“十恶”罪外，流罪以下减一等，死罪则根据其身份和犯罪情节由官吏集议减罪，报请皇帝批准。如唐高宗时，华州刺史萧龄之“赃罪狼籍，原情取事，死有余辜”❶。经大臣们评议以后，高宗批准，减死罪一等，仅受流刑的处理。“请”的适用对象是：皇太子妃的大功以上亲，八议之人的期亲以上及孙，官爵五品以上者（文武职事四品以下，散官三品以下，勋官及爵二品以下，五品以上）。凡属“请”范围的人，犯流罪以下可减一等，死罪须上请皇帝裁定。“减”的适用对象是：七品以上官，即文武职事官、散官、卫官、勋官六品、七品者，及应请者的亲属。优待办法是流罪以下减一等。“赎”的适用对象是：应议、请、减和九品以上官及应减者的亲属。优待办法是流刑以下可用钱赎罪。实际上，死罪也可以用钱赎。“官当”的适用对象是一般官吏。其办法与隋制同。“免”的适用对象是级别较低的品官。这种优待办法是用免官抵罪。免官抵罪分三种：一是除名，即开除官职，抵徒刑三年；二是免官，即免去一切官职，抵徒刑二年；三是免所居官，即免去现任官职，抵徒刑一年。

宋朝议、请、减、赎等制度沿袭唐代。在实际执行上，对官僚、贵族的违法犯罪行为更为宽容、放纵。官吏犯有贪污等罪，用刑很轻。该判死刑的多改为杖、黥、流，后又免杖、黥，仅流，而且多在近地。宋初，忠武节度使王全斌等三人入蜀，仅贪污公款就达六十四万六千八百余贯，其他珍宝无法计算，“法当死”，太祖只给予降职处理。一般京朝官犯罪，仅贬黜任地方官完事，俸禄依旧。犯罪特别严重的，只要不属于十恶罪，也只是降到“远恶军州”安置而已。

元朝是蒙古族建立的国家，蒙古人处于贵族的地位，在法律上享有种种特权。首先，蒙古人犯罪，由蒙古人审判或专管蒙古人的机关处理；而汉族人犯

---

❶ 《旧唐书·唐临传》，《旧唐书》2812 页。

罪，却由蒙古贵族审判。其次，犯同样的罪，对蒙古人和汉人的处理不同。如盗窃罪，一般律令规定，初犯刺左臂，再犯刺右臂，三犯刺项，但蒙古人犯者不刺。再次，同样是杀人罪，一般律令规定杀人者死，但蒙古贵族以私怨杀人，仅判处杖刑和流放。最后，在审讯方面，蒙古人也享有特权。汉人无论犯什么罪，也无论罪轻罪重，都要监禁、戴刑具，并且受各种残酷的刑罚。而蒙古人除了犯死罪，概不监禁，也不拘执，死罪监禁也不准拷掠。

明朝法律虽仍有八议的内容，但鉴于元朝吏治极端腐败的教训，对违法犯罪官吏处理较严。法律规定，官吏有罪，笞以上，都贬谪凤阳屯田，赃至六十两以上，枭首示众。廷杖刑辱大臣，更是常事。官僚、贵族在法律上的特权，比唐、宋要小得多，不过也不是一点没有。主要有两点：一是可以以俸赎罪，二是官吏有婚姻、钱债、田土等方面的争讼，本人可以不出庭，而派家人代理。

清朝在法律上较多地保护满洲贵族的特权。满人犯罪，不由一般的司法机关审判，而由步军统领、都统、将军或内务府慎刑司处理，如系皇族则由宗人府审理。清朝法律中承袭了历代“八议”的条款，并扩大应用范围。凡应议者及其亲属犯罪，都须奏闻取旨，法庭不得擅决。对满人犯罪的处理，依例享有“减等”、“换刑”等特权。笞刑可换鞭责，徒刑一年可换枷号（将木枷枷在犯人颈上，标明罪状，号令示众）二十日，流三千里可换枷号六十日，极边充军可换枷号九十日，死罪斩立决可减等斩监候。满人犯盗窃罪，可免于刺字，如系重囚必须刺字，刺臂而不刺面。八旗官兵犯徒流罪，免于监禁和发遣，仅鞭责而已。贵族宗室犯罪，还允许以钱赎罪，或者用暂时革去钱粮等办法抵罪。满人有特设的监狱，待遇、饮食等都优于普通监狱。有时皇帝还用“圣恩”的办法，赦免或减轻贵族、官僚的刑罚。如满洲贵族鳌拜，结党营私，图谋杀害康熙帝，议政王大臣拟处死刑，康熙改为革职、拘禁。又如两江总督噶礼，置毒于食物中谋害亲母，刑部拟凌迟处死，康熙改令自尽。此外，清律还规定。凡涉及现任官的婚姻、钱债、田产等法律纠纷，可由家人出庭代理，“不许公文行移，违者笞四十”。

第七节　囚犯管理

夏代已有拘禁囚犯的监狱。《竹书纪年》：“夏帝芬三十六年作圜（yúan）土。”圜土就是监狱。《释名·释宫室》；“狱又谓之圜土，筑其表墙，其形圜也。”夏朝的监狱又称“夏台”、“钧台”。《史记·夏本纪》：“乃召汤而囚之夏台。”注“狱名。夏曰钧台。皇甫谧（mì）云：‘地在阳翟（dí）’是也。”商代亦有监狱，囚犯在狱中要戴刑具。甲骨文有“圉”字，象人手戴桎梏被囚禁在土室中；又有“执”字，象一人双手戴上了刑具。在小屯出土的一批陶俑，俑的手腕上都有梏。男俑的手梏在后，女俑的手梏在身前。羑里（在今河南汤阴北，羑音 yǒu）设有商朝的监狱，西伯昌（周文王）曾被囚禁在那里。

西周对囚犯的管理分为三种情况：（1）受过肉刑的囚犯，适当地加以使用。《周礼·秋官·掌戮》：“墨者使守门，劓者使守关，宫者使守内，刖者使守囿（畜养禽兽的园林），髡者使守积（仓库）。”（2）监禁，强制服劳役。《周礼·秋官·大司寇》：“以圜土聚教罢民（不良的游民，罢音 pí）。凡害人者，置之圜土而施职事（做所能做的事情）焉，以明刑（书其罪恶于大方版，著其背，示众以辱之）耻之。其能改者，反于中国（城中），不齿（不以普通平民看待）三年；其不能改而出（逃出）圜土者杀。”凡被监禁的囚犯，皆带桎梏之类的刑具，但不损害其身体，也不亏损其财物。这是后代有期徒刑的起源。《唐律疏议·名例》说：“徒者，奴也，盖奴辱之。《周礼》云：‘其奴男子入于罪隶’，又‘任之以事，置以圜土而收教之。上罪三年而舍，中罪二年而舍，下罪一年而舍’：此并徒刑也。盖始于周。”（3）拘役。《周礼·秋官·大司寇》：“以嘉石（有纹理的美石）平（感化）罢民。凡万民之有罪过而未丽于法而害于州里者，桎梏而坐诸嘉石，役诸司空。重罪，旬有三（当为二）日坐，期役；其次，九日坐，九月役；其次，七日坐，七月役；其次，五日坐，五月役；其下罪，三日坐，三月役。使州里任（保）之，则宥而舍之。”这就是说，受拘役处理的囚犯，最重者坐十二天，劳役一年；最轻者坐三天，劳役三月。战国时期，刑罚上正式有徒刑的名目，如城旦、鬼薪、白粲、司寇、舂等。监狱又称囹圄。《韩非子·三守》：“至于守司囹圄，禁制刑罚，人臣擅之，此谓刑劫。”监狱关押的囚犯很多。《尉缭子·将理篇》说：“小圄不下十数（人），中圄不下百数（人），大圄不下千数（人）”，“今良民十万，而联于囹圄。”《尉缭子》所说的主要是魏国惠王时的情况。秦国的刑徒和监狱更多。秦国在监狱管理上，初步形成了一套制度。对于囚徒的饮食、衣着的供应标准和服劳役的办法，以及是否枷号和带何种刑具，都有具体规定。如服城旦劳役的，都穿红色囚服，施加木械、黑索和胫钳，并有专人监管，如逃亡，监管者有罪。城旦一般是集中劳动，但也分散在一般生产单位同其他工匠一起劳动。同是服刑役，由于囚犯身份不同，监狱管理上的对待也不同。秦统一后，秦始皇主要依靠严刑酷法维持其统治，“专任狱吏，狱吏得亲幸”❶。出现“赭（zhě，赤褐色）衣塞路，囹圄成市”❷ 的恐怖局面。

汉初，刑罚减省，关押囚犯较少。《汉书·刑法志》称：“（文帝时），刑罚大省，至于断狱四百，有刑错之风。”武帝以后，用刑激增，全国有监狱二千余所，仅京师各官府所属的监狱就有二十六所，统称中都官狱，也称诏狱。据《历代职官表》十三卷载：“其可考见者，如宗正所属有都司空狱、内官狱，少府所属有导官狱、若卢狱、考工狱、居室狱、掖庭狱、暴（pù）室狱，中尉所属有都船狱，鸿胪所属有别火狱、郡邸狱，当时皆谓之诏狱，各置令、丞等官，其罪人就系者则谓之中都官囚徒。”“中都官诸狱，皆以系廷尉罪人。”东汉初，只保留廷尉及洛阳诏狱，后又逐渐增多。各监狱拘禁的囚犯略有分工，如将相大臣多关在若卢狱，宗室亲属多关在都司空狱，后妃贵人多关在掖庭狱等。关进监狱，除老、幼、孕妇、盲人等少数例外，一般都要戴桎梏等刑具。司马迁在《报任安书》中，说“魏其（窦婴），大将也，衣赭关三木。”注：“三木，在颈及手足也。”从这段话可以看出，连大将入狱，都要穿囚衣，颈、手、足皆戴刑具。又说他自己在狱中的情形是：“今交手足，受木索，暴肌肤，受榜棰，幽于圜墙之中，当此之时，见狱吏则头枪（碰撞）地，视徒隶则心惕（惧）息（喘息）。”❸ 汉代囚徒经审判后，除死刑或刑后释放者外，主要剩下徒刑和徙边两类。徒刑是强制囚犯服苦役，分五等：髡钳城旦舂（五岁刑）、完城旦舂（四岁刑）、鬼薪白粲（三岁刑）、司寇（二岁刑）、罚作复作（一岁刑）。徒刑囚犯多参加建筑和各种官府手工业作坊的劳动。有些重罪犯劳动时要带着刑具。《汉书·楚元王传》：“楚王戊淫暴，申公、白公二人谏不听，胥靡之。”注：“联系使相随而服役之，故谓之胥靡。”判司寇刑的，派往边地服劳役，并防御外寇。徙边多当作减死罪一等的刑罚应用。徙边后，刑期不定，遇赦可以迁回。东汉南郡太守马融、郎中蔡邕都受过徙边的处理。

南朝梁囚犯进狱以后，一般先进行“测罚”，断食三日，并戴脚镣手铐等刑具，“囚有械、杻（chǒu，手铐）、斗械及钳”。有几种人监禁而不戴刑具，即：“耐罪囚八十已上，十岁已下，及孕者、盲者、侏儒当械系者，及郡国太

---

❶ 《史记·秦始皇本纪》，《史记》258 页。

❷ 《汉书·刑法志》，《汉书》1096 页。

❸ 《汉书·司马迁传》，《汉书》2732－2733 页。

守、相、都尉、关中侯已上，亭侯已上之父母妻子，及所生坐非死罪除名之罪，二千石已上非槛征者，并颂系之。”[1] 南朝的监狱管理非常黑暗，狱吏常借治病为名，毒杀囚犯。北齐徒刑（即耐罪）分五等：一年至五年，各加鞭一百，二至五年加笞二十至八十。男囚锁送太府寺左校署服劳役，无人担保的上钳。女囚服舂米及织绢等劳役。有少数本该处死的囚犯，情有可原，鞭、笞各一百，并加髡刑，然后流放到边地当兵。北周的囚犯管理，根据定罪的轻重及身份差别而有所不同：“凡死罪枷（加在罪犯颈项上的刑具）而拲（gǒng，两手在梏中如拱手之状），流罪枷而梏，徒罪枷，鞭罪梏，杖罪散以待断。皇族及有爵者，死罪已下锁之，徒已下散之。狱成将杀者，书其姓名及其罪于拲，而杀之市。”[2]

唐代大理寺、京师地区和全国各州县，都设置监狱。唐朝的监狱管理有比较严密的制度。狱中的刑具，有枷、杻、钳、锁等。法律规定：“凡死罪，枷而杻。妇人及流徒，枷而不杻。官品及勋散之阶第七已上，锁而不枷。”[3] 狱吏如不执行法律规定，应戴枷、锁、杻而不戴的，或戴后擅自脱去者，要负刑事责任，杖罪笞三十，徒罪以上递加一等。给予犯人绳、锯等可使罪犯自杀或越狱之物者，杖一百。如犯人因此而得以逃亡或自伤、伤人者，徒一年；自杀、杀人者，徒二年。犯人的衣粮、医疗等有一定供给标准和制度。患重病，允许家人入视。凡应请给衣食、医药而未请给，应叫家人入视而不叫入视，应脱去枷、锁、杻而不脱去者，杖六十；以故致死者，徒一年。窃减囚食，笞五十；以故致死者，绞。监狱内，不许携入纸、笔、酒、杵棒等物。在押五品以上官，允许月沐一次。暑天给浆饮。有病可使家人一人入侍，三品以上官可使二人入侍。这些规定实际上并未完全执行，特别是武则天当政时更是如此。据《旧唐书·酷吏传》记载：“（来）俊臣每鞫囚，无问轻重，多以醋灌鼻。禁地牢中，或盛之瓮中，以火圜绕炙之，并绝其粮饷，至有抽衣絮以啖（dàn，吃）之者。又令寝处粪秽，备诸苦毒。自非身死，终不得出。每有赦令，俊臣必先遣狱卒尽杀重囚，然后宣示。又以索元礼等作大枷，凡有十号：一曰定百脉，二曰喘不得，三曰突地吼，四曰著即承，五曰失魂胆，六曰实同反，七曰反是实，八曰死猪愁，九曰求即死，十曰求破家。复有铁笼头连其枷者，轮转于地，斯须闷绝矣。囚人无贵贱，必先布枷棒于地，召囚前曰：‘此是作

---

[1] 《隋书·刑法志》，《隋书》669－670 页。
[2] 《隋书·刑法志》，《隋书》708 页。
[3] 《旧唐书·职官志》，《旧唐书》1838 页。

具。’见之魂胆飞越，无不自诬矣。”对这些惨无人道的做法，武则天还给以奖赏。唐朝对判处徒刑的囚犯，强迫其带钳或枷劳动。如在京师，男囚送将作监，女囚送少府监，地方则送官手工业作坊，也有服杂役的。凡被判处流刑的囚犯，发送到边远地区，并带钳、枷强制劳动。流刑里数虽分三等，但均劳动一年，其后增加役流，强迫劳动三年。

宋初，太祖曾下手诏："两京诸州，令长吏督狱掾，五日一检视，洒扫狱户，洗涤杻械。贫不能自存者给饮食，病者给医药，轻系即时决遣，毋淹滞。"❶ 但到后来，特别是南宋末期，监狱管理非常黑暗。据《宋史·刑法志二》记载："（地方长官）擅置狱具，非法残民，或断薪为杖，掊（pǒu，破）击手足，名曰'掉柴'；或木索并施，夹两脰（dòu，颈项），名曰'夹帮'；或缠绳于首，加以木楔，名曰'脑箍'；或反缚跪地，短竖坚木，交辫两股，令狱卒跳跃于上，谓之'超棍'，痛深骨髓，几于殒命。""是时，州县残忍，拘锁者竟无限日，不支口食，淹滞囚系，死而后已。又以己私摧折手足，拘锁尉寨。亦有豪强赂吏，罗织平民而囚杀之。甚至户婚词讼，亦皆收禁。有饮食不足，饥饿而死者；有无力请求，吏卒凌虐而死者；有为两词赂遗，苦楚而死者。惧其发觉，先以病申，名曰'监医'，实则已死；名曰'病死'，实则杀之。"宋朝对流、徒刑的囚犯，管理方法有所改变。建隆四年（963 年），开始实行折杖法，作为流、徒、杖、笞的代用刑。杖是木制的，大于笞。其具体办法是：判流刑的犯人，凡原判加役流（在流放地点服三年苦役），改罚脊杖二十，配役三年；原判流放三千、二千五百、二千里，顺次改罚脊杖二十、十八、十七，皆配役一年。流刑犯除脊杖外，还要戴枷、黥面。凡配役者皆附于军籍。遇赦，情节轻的释放，情节重的终身不释。徒刑犯人，原判三年、二年半、二年、一年半、一年，顺次改罚脊杖二十、十八、十七、十五、十三，刑后释放。宋朝京师的囚犯，主要关押于开封府司录司及左右军巡三院。

元朝在刑部下设司狱司，掌管监狱。徒刑犯人分五等：一年、一年半、二年、二年半、三年。一年杖六十七，每半年加杖十下，三年杖一百零七。从元世祖起，把笞、杖的数量由十减为七，所谓"天饶他一下，地饶他一下，我饶他一下"。❷ 他们白天带镣劳动，夜间入囚牢房。无配役之所者，送盐司服劳役。囚徒禁止饮酒赌博，不许携带刀刃纸笔等物。囚犯逃走，提牢官治罪。

---

❶ 《宋史·刑法志》，《宋史》4968 页。

❷ 叶子奇：《草木子》3 卷下《杂制篇》。

狱中刑具有枷、杻、锁、镣、笞、杖等，其形制皆有规定。如枷长五尺以上，六尺以下，阔一尺四寸以上，一尺六寸以下，死罪重二十五斤，徒、流二十斤，杖罪十五斤，皆以干木为之，长阔轻重都要刻志其上。流刑犯发配至湖广、辽阳等地，垦荒屯种。服役期间，除元正、寒食、重午等节外，皆不给假。世祖时，遇赦囚徒要黥面。仁宗以后，盗窃犯脸上刺字，但蒙古人例外。

明朝刑部、都察院、锦衣卫、省、府、县都设置监狱。洪武十五年规定：狱囚贫困不能自给者，每天给米一升。成化十二年广设惠民药局，疗治囚犯。正德十四年，囚犯煤、油、药料，皆设额定银数。嘉靖间，岁冬给绵衣裤各一件。狱中刑具有笞、杖、讯杖、枷、杻、索、镣等，皆有定制。在所有的监狱中，以锦衣卫狱最为黑暗、惨酷。锦衣卫狱又称诏狱，专门关押皇帝诏令审理的囚犯。锦衣卫狱的刑具有械、镣、棍、拶（zǎn，以绳穿五根小木棍，套入手指用力紧收，叫“拶指”，也简称“拶”）、夹棍。有时五种刑具并用，“五毒备具，呼謈（bó，因痛而呼喊）声沸然，血肉溃烂，宛转求死不得”。[1]酷刑还有断脊、堕指、刺心、红绣鞋（用烧红了的铁烙脚）等，名目繁多，惨绝人寰。宦官直接控制的“内行厂”，“罪犯”只要一进厂，不论罪名大小，一概都要杖责，先打得皮开肉绽，然后永远充军到边塞。或带重枷发遣，不数日即死。明朝徒刑仍分五等，徒一年杖六十，每加半年加杖十下，三年杖一百。徒刑在一定场所服劳役。流刑分二千里、二千五百里、三千里三等，皆杖一百。最重的是充军。充军是军事性劳役或屯种，交该地军队兼管。

清朝刑部设提牢厅，掌管监狱。省、府、州、县也都有监狱。满人犯罪，不入一般监狱。贵族宗室入“宗人府空房”，一般满人入“内务府监所”，狱中待遇优于一般监狱。徒刑罪犯在本省服劳役。流刑罪犯发展为迁徙、充军、发遣三种。

第八节　诬告与诬告罪

在中国古代的法律和司法实践中，有一个诬告与诬告罪的问题。所谓诬告，是指故意捏造事实，陷害他人。作为一种社会现象，由来已久。《易·系辞下》：“诬善之人其词游（虚浮不实）”。《诗·小雅·青蝇》：“谗人罔极，交乱四国。”司法实践中出现诬告的问题，约在春秋中后期。楚平王时，太子

---

[1] 《明史·刑法志》，《明史》2338 页。

少傅费无忌数次在王前谗害太子建。平王听信谗言，杀太子太傅伍奢，并企图杀太子建，太子建出奔吴。越王勾践时，大夫文种被人诬告将要“作乱”，勾践令其自杀。战国时期，诬告之事就更为常见了。魏国将领乐羊率军攻克中山，诽谤他的文书竟有一小箱子。《战国策·秦策三》：“魏文侯令乐羊将攻中山，三年而拔之。乐羊反而语功，文侯示之谤书一箧（qiè）。”齐国威王时，即墨大夫政绩很好，但“毁（诽谤）言日至”。楚国屈原因才华出众，受到上官大夫的诬陷。上述几例诬告，多由同僚们的嫉妒而生。秦国商鞅变法期间，实行告奸有赏、匿奸有罚的政策，实际上就是鼓励告密，在这种政治气候下，诬告之风就会愈演愈烈。最后商鞅本人就是被公子虔之徒诬以“欲反”的罪名而惨遭酷刑的。在《秦律》中，第一次把诬告定为犯罪行为，并在司法实践中追究诬告者的法律责任。《法律答问》：“‘伍人相告，且以辟罪罪之。’有（又）曰：‘不能定罪人，而告他人，为告不审。’今甲曰伍人乙贼杀人，即执乙，问不杀人，甲言不审，当以告不审论，且以所辟？以所辟论当殴（也）。”《秦律》把诬告和错告加以区别，二者的界限主要是“故意”还是“不慎”。“甲告乙盗牛若贼伤人，今乙不盗牛、不伤人，问甲可（何）论？端为（故意），为诬人；不端，为告不审”。凡构成诬告罪的，以所告罪罪之。如属错告，也要受到刑事追究，由官府给予相应的刑罚。《法律答问》有这样一个案例：“告人盗百一十，问盗百，告者何论？当赀二甲。”若告他人杀人而查无其事，即使是由于不慎，也要以诬告罪论处。凡本人犯有“真罪”又犯有诬告罪的，两罪合并论处。又有这样一个案例：“上造甲盗一羊，狱未断，诬人曰盗一猪，论何也？当完城旦。”不过在君主专制制度下，特别是权臣当道之时，再好的法律也会变成一纸空文。秦二世时，赵高诬告李斯以“谋反”罪，又用刑讯逼李斯自己“诬服”，结果李斯冤死，赵高逍遥法外，并且更受重用。

汉初从文帝起，便重视对诬告罪的惩治，在汉律中，诬告或教人诬告，都属重罪。宣帝元康四年诏曰：“自今以来，诸年八十以上，非诬告杀伤人，佗皆勿坐。”师古注：“诬告人及杀伤人皆如旧法，其余则不论。”[1] 可见，把诬告罪与杀伤人罪相提并论。东汉安帝时，国相赵牧诬告彭城靖王恭“祠祀恶言，大逆不道。有司奏请诛之。恭上书自讼。朝廷以其素著行义，令考实，无

[1] 《汉书·宣帝纪》，《汉书》258 页。

征，牧坐下狱，会赦免死。”❶ 又灵帝时，国相师迁奏前相魏愔（yīn）与愍王宠“共祭天神，希幸非冀，罪至不道”。灵帝“诏槛车传送愔、迁诣北寺诏狱，使中常侍王酺与尚书令，侍御史杂考。愔辞与王共祭黄老君，求长生福而已，无它冀幸。酺等奏愔职在匡正，而所为不端，迁诬告其王，罔以不道，皆诛死。有诏赦宠不案”。❷ 从上例可以看出，诬告他人以死罪，查清真相后，诬告者本人要以死罪论处。荆州刺史赵凯，诬告零陵太守虚报军功。事实查清后，赵凯被处以诬告罪。但在汉代，诬告得逞之事亦不少见。开国功臣韩信、彭越，都被诬以谋反罪夷三族。因诬告与刘邦诛灭异姓功臣的意图相合，所以据以定罪。甚至吕后教人诬告，以达到消除隐患的目的。《汉书·彭越传》，“越为吕后泣涕，自言亡（wú）罪，愿处故昌邑。吕后许诺，诏与俱东。至雒阳，吕后言上曰：‘彭越壮士也，今徙之蜀，此自遗患，不如遂诛之。妾谨与俱来。’于是吕后令其舍人告越复谋反。廷尉奏请，遂夷越宗族。”吴楚七国乱前，御史大夫晁错被诬以“大逆不道”的罪名处斩。周亚夫因其子预买随葬物品，被诬告谋反下狱。周亚夫讲清事实真相后，狱吏竟说：“君纵不欲反地上，即欲反地下耳。”❸ 武帝时，窦婴、灌夫都是被田蚡（fén）诬杀的。田蚡诬告“魏其（即窦婴）、灌夫日夜招聚天下豪桀壮士与论议，腹诽而心谤，卬（yǎng）视天，俯画地，辟（bì）睨（nì）两宫间，幸天下有变，而欲有大功。”❹ 当武帝不准备处死窦婴时，又“有飞语为恶言闻上”。注：“蚡为作飞扬诽谤之语也。”❺ 结果窦婴、灌夫皆被处死。张汤被朱买臣等诬陷而自杀。杨恽遭戴长乐诬告，免为庶人，后被腰斩。萧望之、周堪、刘更生、张猛等，皆为宦官弘恭、石显诬陷，或入狱，或自杀。何武为王莽所诬，自杀。东汉受诬害可考者有：许杨、杨震、张衡、李固、张俭、蔡邕、刘悝等。有的地方官更蓄意诬陷良民，以谋私利。《后汉书·侯览传》说：“览兄参为益州刺史，民有丰富者，辄诬以大逆，皆诛灭之，没入财物，前后累亿计。”❻

三国曹魏初年，曾沿用秦汉旧律，有所谓诽谤妖言罪，犯者杀，告者有赏。在实行中诬告者甚多。黄初四年，文帝下诏：敢以诽谤相告者，以所告罪

---

❶ 《后汉书·孝明八王列传》，《后汉书》1671 页。

❷ 《后汉书·孝明八王列传》，《后汉书》1669 页。

❸ 《汉书·周勃传》附周亚夫传，《汉书》2062 页。

❹ 《汉书·窦田灌韩传》，《汉书》2389 页。

❺ 《汉书·窦田灌韩传》，《汉书》2392－2393 页。

❻ 《后汉书·侯览传》，《后汉书》2523 页。

罪之。次年补充规定："谋反大逆乃得相告，其余皆勿听治；敢妄相告，以其罪罪之。"❶ 魏律中还规定："囚徒诬告人反，罪及亲属，异于善人，所以累之使省刑息诬也。"❷ 北魏律中亦有告事不实反坐的规定。封建统治者之所以一再重视对诬告罪的惩治，主要是因为诬告罪严重破坏社会的安定，扰乱了正常的司法工作。但确定是否属诬告，与执政者的主观成分关系很大。在审理中，又重口供不重调查研究，因此诬告者还是比较容易达到其目的的。魏灭蜀名将邓艾，就是被钟会诬告谋反遭杀害的。嵇康亦为钟会所诬害。据《晋书・嵇康传》记载："（钟会）言于文帝（司马昭）曰：'嵇康，卧龙也，不可起。公无忧天下，顾以康为虑耳。'因谗'康欲助毌（guàn）丘俭，赖山涛不听。昔齐戮华士，鲁诛少正卯，诚以害时乱教，故圣贤去之。康、（吕）安等言论放荡，非毁典谟，帝王者所不宜容。宜因衅除之，以淳风俗。'帝既昵听信会，遂并害之。"北魏游雅，陷害儒者陈奇，使奇遭族诛。

北齐至隋的法律，无惩治诬告罪的条目，造成很严重的后果。《隋书・刑法志》有这样一段记述："（北齐）豫州刺史白擲（piǎo），为左丞卢裴所劾，乃于狱中诬告裴受金。文宣知其奸罔，诏令按之，果无其事。乃敕八座议立案劾格，负罪不得告人事。于是挟奸者畏纠，乃先加诬讼，以拟当格，吏不能断。又妄相引，大狱动至千人，多移岁月。"从这段记述可知，北齐对诬告者并未加以惩处，只是规定囚犯不得告发他人之事，结果诬告风刮得更厉害。名将斛律光，即死于诬告者之手。隋朝太子杨勇，名相高颎（jiōng），都被诬告受害。隋炀帝宠信的虞世基，更是惯于诬陷他人。杨义臣镇压义军有功，他诬称义臣拥兵在外，最为不宜，须解散其兵众，调入朝中。越王侗遣元善达赴江都报告东都被围情况，他诬其欺罔，强令再赴东都。搞得人人杜口，莫敢以实情上达。

唐太宗是一位最善于总结历史经验的君主，他对诬告之害有极深刻的认识。他曾对侍臣说："朕观前代谗佞之徒，皆国之蟊贼也。或巧言令色，朋党比周；若暗主庸君，莫不以至迷惑，忠臣孝子所以泣血衔冤。故丛兰欲茂，秋风败之；王者欲明，谗人蔽之。此事著于史籍，不能具道。至于齐、隋间谗谮（zèn）事，耳目所接者，略与公等言之。斛律明月（斛律光），齐朝良将，威震敌国，周家每岁斫（zhuó）汾河冰，虑齐兵之西渡。及明月被祖孝征谗构（罗织陷害）伏诛，周人始有吞齐之意。高颎有经国之才，为隋文帝赞成霸

❶ 《三国志・魏书・文帝纪》，《三国志》84 页。

❷ 《晋书・刑法志》，《晋书》925 页。

业，知国政者二十余载，天下赖以安宁。文帝唯妇言是听，特令摈斥，及为炀帝所杀，政事由是衰坏。又隋太子勇抚军监国，凡二十年间，固亦早有定分。杨素欺主罔上，贼害良善，使父子之道一朝灭于天性。（注：杨素揣知独孤后意，盛言太子不才，文帝于是禁太子勇部分，收其党羽。杨素舞文巧诋，以成其狱。废勇立晋王广为皇太子，是为炀帝。）逆乱之源，自此开矣。隋文既混淆嫡庶，竟祸及其身，社稷寻亦覆败。古人云'世乱则谗胜'，诚非妄言。朕每防微杜渐，用绝谗构之端，犹恐心力所不至，或不能觉悟。"魏征亦有此识见，他说："臣尝观自古有国有家者，若曲受谗谮，妄害忠良，必宗庙丘墟，市朝霜露矣。"❶ 监察御史陈师合"妄事毁谤"，被流放到岭南。有人诬告魏征谋反，被处斩。为杜绝诬告，唐太宗宣布："自今以后，有上书讦（jié，攻击别人的短处或揭发别人的阴私）人小恶者，当以谗人之罪罪之。"❷ 在《唐律·斗讼律》中，对惩治诬告罪有具体明确的规定："诸诬告谋反及大逆者，斩；从者，绞。""诸诬告人者，各反坐。即纠弹之官，挟私弹事不实者，亦如之。"在惩治诬告罪时，对诬告尊长、上级，处罚尤重。"诸告期亲尊长、外祖父母、夫、夫之祖父母，虽得实，徒二年；……即诬告重者（罪重于二年徒），加所诬罪三等"。"诸诬告本属府主、刺史、县令者，加所诬罪二等"。但"诬告子孙、外孙、子孙之妇妾及己之妾者，各勿论"。对"投匿名书告人罪者，流二千里"。唐朝法律对诬告罪的惩治超过以前历代，但除太宗朝外，诬告者按法律治罪者极少，倒是诬告受害者屡见不鲜，而以则天朝最为严重。高祖时，刘文静被人诬告谋反遭杀害。高宗时，长孙无忌、李道宗、上官仪受诬害。武则天当政时，任用酷吏索元礼、周兴、来俊臣等，受其诬陷致死者成百上千人。其中著名人物有黑齿常之、欧阳通、魏元忠、李贤等。此外，陈子昂是被武三思嘱县令段简诬陷的。玄宗时，韦坚等被李林甫诬陷。肃宗时，玄宗宠信的宦官高力士为李辅国所诬，遭流放。德宗时，著名理财家刘晏被杨炎构陷而死。后杨炎又为卢杞所诬，贬谪崖州被杀。

宋朝法律中惩治诬告罪的条目，几乎都沿用唐律，但不过一纸空文而已。宋朝奸臣掌权时，往往用诬告作为排除异己、打击政敌的手段。《宋史·秦桧传》说："一时忠臣良将，诛锄略尽。其顽钝无耻者，率为桧用，争用诬陷善类为功。其矫诬也，无罪可状，不过曰谤讪，曰指斥，曰怨望，曰立党沽名，

❶《贞观政要·杜谗邪》。

❷《贞观政要·杜谗邪》。

甚则曰有无君心。凡论人章疏，皆桧自操以授言者，识之者曰：‘此老秦笔也。’”秦桧对岳飞的诬陷，可谓费尽心机。据《纲鉴易知录》八十一卷记述：“秦桧必欲杀飞，乃与张俊谋，密诱飞部曲能告飞事者，优与重赏，卒无应者。俊闻飞尝欲斩统制王贵，又尝杖之，乃诱贵告飞；贵不肯，俊因劫以私事，贵惧而从之。桧又闻飞统制王俊善告讦，号‘鹏儿’，以奸贪屡为张宪所抑；使人谕之，王俊许诺。于是桧谋以张宪、王贵、王俊，皆飞部将，使其徒自相攻击，因以及飞父子，庶帝不疑。”王俊等诬岳飞父子与张宪谋反，经查验无证据，韩世忠为之不平，质问秦桧。秦桧说：“飞子云与张宪书虽不明，其事莫须有。”世忠曰：“‘莫须有’三字，何以服天下也!”韩侂胄诬陷赵汝愚，其手段也极为卑劣。《纲鉴易知录》八十四卷说：“韩侂胄欲逐汝愚而难其名，谋于京镗（tāng）。镗曰：‘彼宗姓也，诬以谋危社稷，则一网打尽矣。’侂胄然之。以秘书监李沐尝有怨于汝愚，引为右正言，使奏‘汝愚以同姓居相位，将不利于社稷，乞罢其政，以尊安天位，杜塞奸源。’……韩侂胄忌汝愚，必欲置之死以息人言。至是，监察御史胡纮（hóng）上言汝愚倡引伪徒，谋为不轨，……汝愚暴薨，天下闻而冤之。”

元朝法律中，虽有“诬告者抵罪反坐”❶ 的规定，但诬告谋反不“反坐”，最高处分“杖一百”❷，也可以笞，甚至不坐罪。

明律对诬告罪的惩罚较唐律为重。唐律诬告反坐一般不加等，明律则诬告他人笞罪者，加所诬罪二等；流徒杖罪加所诬罪三等。如因诬告被判处流刑典卖田宅者，除追征诬告者路费外，还须令其备价取赎。如被诬徒、流刑的人随行家属有一人致死，诬告者处斩监候，并将其财产一半给被诬者。诬人死罪已经执行的，处诬告者死刑；如尚未判决，流三千里，杖一百，加役三年。永乐时规定：“诬三四人杖徒，五六人流三千里，十人以上者凌迟，家属徙化外。”❸ 上述种种规定，是封建社会后期阶级矛盾和统治阶级内部矛盾十分尖锐的反映，对政府官吏特别是皇帝宠信的宦官并没有什么约束力。操纵朝政实权的宦官如刘瑾、汪直、魏忠贤之流，都是诬告陷害忠良的能手。《明史·刑法志三》说：“稍拂其意，飞诬立构，摘竿牍（书信）片字，株连十数人。”一些厂、卫之徒，“有潜构图书（私章），怀挟伪批，用妖言假印之律相诬陷者”。他们还逼令受害者诬攀富户，富户得赶快送给厚赂，才可免受株连。

---

❶ 《元史·刑法志四》，《元史》2670 页。

❷ 《明史·刑法志二》，《明史》2313 页。

❸ 《明史·刑法志二》，《明史》2313 页。

清朝统治者实行高压政策，大兴文字狱，鼓励告发。告发者大都是牵强附会，任意解释，朝廷多据以治罪，同时给告发者以奖赏。有些人把检举揭发作为猎官敲门砖，有仇隙的多利用揭发之机陷人于死地。一人得罪，株连甚广，不仅祸及亲属及有关连的人，而且地方官也有罪，名曰“失查”罪。地方官为保全自己，稍有嫌疑，就匆忙告发，告发错了不受追究。清朝文字狱达到顶峰，诬告风也刮得最猛。

第九节　冤假错案与击鼓申冤

中国古代有法律，但没有法治。按照马克思主义的观点，君主制必然具有兽性，与暴政是同一含义的不同说法。在君主制下，臣民特别是庶民百姓几乎都处于奴隶或半奴隶的地位，人格、性命没有保障。在效忠君主的大前提下，官吏贪赃枉法是司空见惯之事。在审讯中，又以口供作为定案的主要根据，而刑讯逼供是法律允许的司法手段。由于上述种种原因，在中国古代的司法实践中，冤案、假案、错案是大量的，不可避免的。而冤假错案过多，又是社会不安定的重要因素之一，会严重威胁王朝的巩固。因此，从周代开始，又有所谓申冤的制度。

暴君都是反复无常的，他一怒之下，忠臣会立即变成罪囚。夏代关龙逄，商代梅伯、比干，都是因为苦谏丧生的。据《纲鉴易知录》二卷载：“比干极谏，陈先王艰难，天命不易，国家将亡之明征，请王洗心易行；伏于象魏（悬示教令之所）之门。纣大怒曰：‘比干自以为圣人，吾闻圣人之心有七窍。’遂剖视之。”比干何罪？竟遭剖腹剜心之刑，岂非千古奇冤！商纣王还任意残害无辜百姓：剖开孕妇之腹看胎儿，斫开清早过河人的小腿骨视其髓。至于成百上千的俘虏、奴隶被活活用于祭祀、殉葬，就更不在话下了。

西周统治者比较重视民心，重视庶民的呼声。在朝廷门外设立肺石（赤色之石，其形如肺）。民有不平，得击石鸣冤。《周礼·秋官·大司寇》：“以肺石达穷民。凡远近惸（qióng，孤独无依靠）独老幼之欲有复于上而其长弗达者，立于肺石三日，士听其辞，以告于上而罪其长。”还可把上书交给王的近侍。《周礼·夏官·御仆》：“掌群吏之逆，及庶民之复。”又《天官·宰夫》：“宰夫之职，掌治朝之法。……叙群吏之治，以待宾客之令（陈诉请求），诸臣之复，万民之逆（自下而上曰逆，指上书）。”

春秋战国时期，各大国先后颁布了成文法。在《秦律》中，有“乞鞫”

的规定。所谓乞鞫，就是在判决宣布以后，当事人如果对判决不服，有权提出重新审判的要求。《法律答问》："以（己）乞鞫及为人乞鞫者，狱已断乃听，且未断犹听也？断狱乃听之。"但乞鞫的要求提出以后，是把案件交给上一级审判机关审理，还是仍然交原审判机关审理，在律文中没有作进一步规定。从史籍记载的实际情况来考察，在统一前的秦国，确曾有过经过申诉改变原有判决的事。秦王政一度根据宗室大臣的诬告，将所有外籍在秦国工作的人都驱逐出境。当事人之一李斯直接向秦王上书申诉。秦王看后，取消逐客令，恢复李斯等的官职。

秦统一后，秦始皇把主要精力用于审理案件。他亲手制造了大量的冤假错案，最突出的是坑儒案和陨石刻字案。第二次坑埋的七百儒生，完全是预谋的杀害。秦二世时，冤假错案就更多了。如赵高、胡亥合谋矫诏杀害扶苏、蒙恬案，赵高谋害李斯父子案，右丞相冯去疾、将军冯劫因谏得罪案，赵高专权将说实话者入罪案，博士诸生因如实说陈胜造反而获罪案等。地方官吏更是刑戮枉加，任意残害百姓，搞得全国到处都是囚犯、监狱。而蒙冤受屈者无处申诉，只有走起义造反的道路。陈胜、吴广揭竿而起，立即得到广泛的响应。"当此时，诸郡县苦秦吏者，皆刑其长吏，杀之以应陈涉。"❶

汉代法律亦有乞鞫的规定。在判决宣布后三月内，允许上诉，但一般禁止越级上诉，仍须向原审判机关提出。上诉后，司法机关往往并不立即复审，而是拖延时日。如有重大冤屈，也可上书给皇帝或直接向皇帝申诉。给皇帝的书信须交卫尉所属的公车司马令转呈。《后汉书·百官志二》："公车司马令……掌宫南阙门，凡吏民上章，四方贡献及征诣公车者。"《杨终传》："上书自讼。"《杨琁传》："潜令亲属诣阙通之"。杨终、杨琁上书都得到较好的结果。也有赴阙投诉之事。《汉书·成帝纪》："刑罚不中，众冤失职，趋阙告诉者不绝。"汉初，还曾有民众拦驾告御状之事。《汉书·萧何传》："上（指高祖刘邦）罢布（黥布）军归，民道遮行，上书言相国强贱买民田宅数千人。上至，何谒。上笑曰：'今相国乃利民！'民所上书皆以与何，曰：'君自谢民。'"从这段记载可知，皇帝对民众上书并不认真处理。有时，皇帝临时派出使者，巡察冤狱。宣帝五凤四年，日蚀，诏曰："皇天见异，以戒朕躬，是朕之不逮，吏之不称也。以前使使者问民所疾苦，复遣丞相、御史掾二十四人循行天下，举冤狱，察擅为苛禁深刻不改者。"又《成帝纪》："（鸿嘉元年春二月诏曰）：

---

❶ 《史记·陈涉世家》，《史记》1953 页。

方春生长时，临遣谏大夫理等举三辅、三河、弘农冤狱。”实际上，冤案是大量的。《汉书·刑法志》：“今郡国被刑而死者岁以万数，天下狱二千余所，其冤死者多少相覆。”广大人民申冤的机会是很少的。《后汉书·鲁恭传》说：官吏捕人，“不问曲直，便即格杀，虽有疑罪，不复谳（yàn）正。”又《张让传》说：“百姓之冤无所告诉，故谋议不轨，聚为盗贼。”在君主制下，由君主亲自定的案，即使发现有冤屈，有时为了维护君主圣明的假象，不惜将错就错，虽冤不改。如西汉元帝时，宦官弘恭、石显专权，诬陷萧望之、周堪等，致使萧、周等入狱，后发现有错，元帝本欲令萧等复职视事，弘恭、石显却使史高说于皇帝：“上新即位，未以德化闻于天下，而先验师傅，既下狱，宜因决免。”于是将萧等皆免职为庶人。

魏晋南北朝时期，法律上仍有“乞鞫”之制。从西晋开始，在朝堂外设登闻鼓，如有冤情，许击鼓上闻。但所言不实，要处以重刑。《晋书·武帝纪》：“西平人麴路伐登闻鼓，言多祆谤，有司奏弃市。帝曰：‘朕之过也’，舍而不问。”南朝梁、北魏亦置登闻鼓。《南史·吉翂（fēn）列传》：“梁天监初，父为吴兴原乡令，为吏所诬，逮诣廷尉。翂年十五，号泣衢路，祈请公卿，行人见者皆为陨涕。其父理虽清白，而耻为吏讯，乃虚自引咎，罪当大辟。翂乃挝（zhuā）登闻鼓，乞代父命。”北魏设登闻令，掌达冤诉。北齐卫尉寺所属公车令，“掌尚书所不理，有枉屈，经判奏闻”[1]。南朝梁武帝还于天监元年设立肺石函，收纳冤诉。《南史·梁本纪上》：“诏‘于公车府谤木、肺石傍各置一函。……夫大政侵小，豪门陵贱，百姓已穷，九重莫达，若欲自申，并可投肺石函。”但后来形同虚设。《梁书·武帝纪下》大同二年诏：“治道不明，政用多僻，……致使失理负谤，无由闻达，侮文弄法，因事生奸，肺石空陈，悬钟徒设。”

隋初诏令：“有枉屈县不理者，令以次经郡及州，至省仍不理，乃诣阙申诉。有所未惬（qiè，满足），听挝登闻鼓，有司录状奏之。”[2] 炀帝时增置谒者台，受理冤诉。《隋书·百官志下》：“谒者台大夫一人，掌受诏劳问，出使慰抚，持节察授，及受冤枉而申奏之。”但封建帝王的某些冠冕堂皇的诏令、规定，与实际执行往往是两回事。高颎因议论炀帝荒淫侈靡，贺若弼仅议论炀帝待突厥可汗过厚，都被诬以诽谤朝政罪处死。薛道衡才华过人，为炀帝所

---

[1] 《隋书·百官志中》，《隋书》756 页。

[2] 《隋书·刑法志》，《隋书》712 页。

忌，被诬以有无君之心罪缢杀。任宗等都因进谏被诛。杨玄感一案，被杀三万余人，“枉死者大半”。玄感曾开仓赈给百姓，“凡受命者，皆坑之”❶。御史大夫裴蕴，“善候伺人主微意，若欲罪者，则曲法顺情，锻成其罪。……所论法理，言若悬河，或重或轻，皆由其口”❷。连隋炀帝父兄，都是被炀帝阴谋杀死的。文帝被杀时，“血溅屏风，冤痛之声闻于外”❸。皇帝都做了冤死鬼，普通臣民之冤到何处去申！

《唐律·断狱律》规定：“诸狱结竟，徒以上，各呼囚及其家属，具告罪名，仍取囚服辩。若不服者，听其自理，更为审详。违者，笞五十；死罪，杖一百。”不过在封建法庭“官无悔判”的原则统治下，“更审”往往给犯人带来更大的损害，很少重新作出有利于人民的改判，而且耗费时日，久议不决。重大冤抑可直接赴阙击鼓鸣冤，或站立肺石旁，由御史受理奏闻。御史台有受理冤诉之责。《旧唐书·职官志三》：“凡天下之人，有称冤而无告者，与三司讯之。”通常由御史、给事中、中书舍人组成特别法庭，称为“小三司”，专门审理“申冤”案件。武则天时，于朝堂置铜匦（guǐ，小箱子），收受申冤等各种文书。《新唐书·百官志二》：“武后垂拱二年，有鱼保宗者，上书请置匦以受四方之书，乃铸铜匦四，涂以方色，列于朝堂：青匦曰‘延恩’，在东，告养人（民）劝农之事者投之；丹匦曰‘招谏’，在南，论时政得失者投之；白匦曰‘申冤’，在西，陈抑屈者投之；黑匦曰‘通玄’，在北，告天文、秘谋者投之。以谏议大夫、补阙、拾遗一人充使，知匦事；御史中丞、侍御史一人，为理匦使。其后，同为一匦。天宝九载，……改理匦使为献纳使。”但武则天设置铜匦的真正目的，绝不是为了平抑冤案，而是为了翦除异己，其结果恰恰是制造了大量冤狱。《纲鉴易知录》四十六卷说：“（周兴、来俊臣）皆养无赖数百人，意欲所陷，则使数处俱告之，辞状俱同。既下狱，则以威刑胁之，无不诬服。”《历代职官表》的编者看出其中的矛盾，二十一卷按语说：“唐创置匦函，列于朝堂，设官掌之，以达冤滞。……然考《文苑英华》载：李邕妻温氏，为夫请罪表有云，匦使朝堂，潜皆守捉，号天诉地，谁肯为闻，则是当时虽有此制，抱冤者仍多为权势遏抑，不能自通。而《新唐书·宦官传》载，李涉投匦，言吐突承璀等冤状，致为知匦使孔戣（kuí）诘责不受，则宵人反得借此以行私，于立法之意殊为乖剌。”唐后期，吏治越来越腐败，

---

❶ 《纲鉴易知录》41卷。

❷ 《隋书·裴蕴传》，《隋书》1575页。

❸ 《资治通鉴》180卷。

贪赃枉法成风，人民陷入绝境。翰林学士刘允章在《直谏书》中指出：“（人民）冤不得理，屈不得伸。”“百姓有冤，诉于州县，州县不理；诉于宰相，宰相不理；诉于陛下，陛下不理，何以归哉！”❶

宋朝置登闻鼓院，又置登闻检院，受理冤诉是其职责之一。《宋史·职官志一》：“登闻检院，隶谏议大夫；登闻鼓院，隶司谏、正言，掌受文武官及士民章奏表疏。凡言朝政得失……理雪冤滥……无例通进者，先经鼓院进状；或为所抑，则诣检院。并置局于阙门之前。”北宋前期，太宗、真宗、仁宗诸帝，对申冤案件比较重视。《宋史·刑法志一》：“开封女子李尝击登闻鼓，自言无儿息（繁育），身且病，一旦死，家业无所付。诏本府随所欲裁置之。李无它亲，独有父，有司因系之。李又诣登闻，诉父被絷。帝（太宗）骇曰：‘此事岂当禁系，辇毂之下（指京师），尚或如此，天下至广，安得无枉滥乎?’”又《刑法志二》：“雍熙元年，开封寡妇刘使婢诣府，诉其夫前室子王元吉毒已将死。右军巡推不得实，移左军巡掠治，元吉自诬伏。俄刘死。及府中虑囚（即‘录囚’，向囚犯讯察决狱情况），移司录司案问，颇得其侵诬之状，累月未决。府白于上，以其毒无显状，令免死，决徒。元吉妻张击登闻鼓称冤，帝（太宗）召问张，尽得其状。立遣中使捕元推官吏，御史鞫问，乃刘有奸状，惭悸成疾，惧其子发觉而诬之。推官及左右军巡使等削任降秩；医工诈称被毒，刘母弟欺隐王氏财物及推吏受赃者，并流海岛，余决罚有差。司录主吏赏缗钱，赐束帛。初元吉之系，左军巡卒系缚搒（péng，笞打）治，谓之‘鼠弹筝’，极其惨毒。帝令以其法缚狱卒，宛转（展转）号叫求速死。及解缚，两手良久不能动。帝谓宰相曰：‘京邑之内，乃复冤酷如此，况四方乎?’”如击鼓申冤有诈，一经查明，处刑极重。“咸平间，有三司军将赵永昌者，素凶暴，督运江南，多为奸赃。知饶州韩昌龄廉（查访）得其状，乃移转运使冯亮，坐决杖停职。遂挝登闻鼓，讼昌龄与亮讪谤朝政，仍（还）伪刻印，作亮等求解之状。真宗察其诈，于便殿自临讯，永昌屈伏（屈身降服），遂斩之，释亮不问，而昌龄以他事贬郢州团练副使。”❷民众申冤，司法机关应受理而不受理，司法官有罪。《刑法志二》：“仁宗听断，尤以忠实为主。陇安县民诬平民五人为劫盗，尉悉执之，一人掠死，四人遂引服。其家辨于州，州不为理，悉论死。未几，秦州捕得真盗，陇州吏当坐法而会赦，帝

❶ 《全唐文》804卷。

❷ 《宋史·刑法志二》，《宋史》4987页。

怒，特贬知州孙济为雷州参军，余皆除名流岭南。赐钱粟五家，复其役三年。因下诏戒敕州县。”北宋末年以后，权臣控制朝政，冤狱迭起。著名大冤案有元祐奸党案、岳飞案、伪学逆党案等。

元朝申冤案件由御史台受理。百姓有“冤滞”可赴台申诉。《元史·刑法志一》：“诸台官职掌……理达民庶冤辞。……诸御史台所辖各道宪司，民有冤滞赴诉于台者，咸著于籍，岁终则会以考其各道之殿最，而黜陟之。”还可经御史台上诉到皇帝。《刑法志四》：“诸诉官吏受赂不法，径赴宪司者，不以越诉论。诸陈诉有理，路府州县不行，诉之省部台院，省部台院不行，经乘舆（指皇帝）诉之。未诉省部台院，辄经乘舆诉者，罪之。”对能平反冤狱的官吏，予以奖励。“诸官吏平反冤狱，应赏者，从有司保勘，廉访司体复，而后议之。……诸路府军民长官……其同僚能理平民之冤，……于本官上优升一等迁用。凡职官能平反重刑一起以上，升同等。诸职官能平反冤狱一起之上，与减一资。诸路府曹史，能平反冤狱者，于各道宣慰司部令史补用。”❶ 仅成帝大德七年就“审冤狱五千一百七十六事”❷。这固然说明元朝统治者对平反冤狱给予一定的重视，但也反映出元朝冤案之多。

明朝置通政使司，“掌受内外章疏敷奏封驳之事。凡四方陈情建言，申诉冤滞，或告不法等事，于底薄内誊写诉告缘由，赍（jī）状奏闻”❸。如事关重大并且紧迫，可击登闻鼓。据孙承泽《春明梦余录》记载：“登闻鼓院在西长安门，小厅三间，东向，傍一小楼，悬鼓，俾（bǐ）冤民击之。每日科道官各一员、锦衣卫官一员，轮司其事。民有冤抑，有司不为审理，具状通政司，又不为，转奏，审实列其状以闻。”又《明史·刑法志二》载：“登闻鼓，洪武元年置于午门外，一御史日监之，非大冤及机密重情不得击，击即引奏。后移置长安右门外，六科、锦衣卫轮收以闻。旨下，校尉领驾帖，送所司问理，蒙蔽阻遏者罪。龙江卫吏有过，罚令书写，值母丧，乞守制，吏部尚书詹徽不听，击鼓诉冤。太祖切责徽，使吏终丧。……宣德时，直登闻鼓给事林富言：‘重囚二十七人，以奸盗当决，击鼓诉冤，烦渎不可宥。’帝（宣宗）曰：‘登闻鼓之设，正以达下情，何谓烦渎？自后凡击鼓诉冤，阻遏者罪。’”都察院有审查案卷、辨明冤枉之责。但有明一代，大杀功臣，大搞株连，大兴文字狱，大搞特务活动，其冤假错案之多，超过以往任何一个朝代。尤其是皇帝直

❶ 《元史·刑法志四》，《元史》2691 页。
❷ 《元史·成宗纪四》，《元史》456 页。
❸ 《明史·职官志二》，《明史》1780 页。

接豢养的特务所审理的案件，几乎全是冤假错案。刑部官员对其内情一清二楚，但慑于权势，不敢更改一字。受害者“纵抱深冤，谁敢辨理?!”❶ 所谓击鼓申冤，不过是点缀而已。

清朝顺治元年于都察院内初设登闻鼓，由御史一人监管。顺治十三年移置长安右门外，由给事中或御史一人轮流管理。“官民冤枉，所司不受理，及受理不得伸者，许赴院陈诉鞫实，大事奏请上裁，小事立予昭雪。”❷ 康熙六十一年并入通政使司，设登闻鼓厅，受理军民击鼓申冤之事。由参议一人兼管。如有击鼓之人，先由通政使讯供，确有冤枉，奏报皇帝交刑部审办。如系诬告，即送刑部按律加一等治罪。后限制愈来愈严。嘉庆时规定：“军民人等遇有冤抑之事，应先赴州县衙门具控，如审断不公，再赴该管上司呈明，若再有屈抑，方准来京呈诉。”❸ 若越级申诉，即使案情属实，也要笞五十。对上诉案件，“除所控情事核对原案相符，或字句小有增减无关罪名轻重，照例驳回，毋庸再为审理”❹。可见所谓上诉审完全流于形式。清朝康、雍、乾三世，迭兴文字狱百余起，使许多无辜的知识分子，以“莫须有”的罪名，惨遭杀戮，含冤九泉。并广为株连，一案构成，就意味着全家甚至全族被诛。百多起文字狱，哪一起不冤？人皆杀光，何人申冤？何处申冤？

第十节　法官的法律责任

法官是执行国家法律的官吏，依据法律审理案件是法官的基本职责和基本品质。有法不依、处刑不当或故意歪曲法律，是对法律制度的破坏，会影响到统治秩序的巩固和稳定。从秦开始，法官的法律责任初步引起统治者的重视，在《秦律》中作了一些明确规定：官吏对所辖地区的犯罪，不能及时发现为“不胜任”；知而不敢论处为“不廉”；处刑不当，失轻失重，为“失刑”；罪当重而故意轻判，罪当轻而故意重判，为“不直”；应当论罪而故意不论罪，故意使犯人达不到判罪标准，为“纵囚”。无论“失刑”、“不直”或“纵囚”，都属于严重犯罪，要受到法律制裁。同时，建立了御史监察的制度。但专制君主既是立法官，又是最高司法官，而皇帝是不受监督的，首先破坏法律

❶ 《明史·冯琦传》，《明史》5704 页。

❷ 《大清会典》81 卷。

❸ 《嘉庆六年续纂条例》。

❹ 《道光元年续纂条例》。

的，正是皇帝自己。如果说，重罪轻判、轻罪重判都是犯罪的话，那么大批地杀死无辜百姓又该当何罪?

法官掌握着人们生命财产的命运，权力极重，因此极易贪赃枉法，徇私舞弊。汉代贪赃枉法的现象越来越严重。大致有两种情况：一种是“恐猲（hè）受赇（qiú）”，即以威力胁迫，强取贿赂。《汉书·王子侯表》：“（侯戚）坐缚家吏恐猲受赇，弃市。”师古注：“猲，谓以威力胁人也。赇，枉法以财相谢。”另一种情况是“受赇枉法”，就是在受了贿赂以后，故意曲解法律，重罪轻判，或轻罪重判，或使无辜者受冤。如同《汉书·刑法志》所说的那样：“奸吏因缘为市，所欲活则傅生议，所欲陷则予死比。”文帝十三年规定：“吏坐受赇枉法，守县官（指官府）财物而即盗之，已论命复有笞罪者，皆弃市。”上述两种情况，在汉代都要被处以极刑。汉武帝以后，为了加强对劳动人民反抗的镇压，实行宁肯错杀决不错放的政策。《刑法志》说：“及孝武即位，……征发烦数，百姓贫耗，穷民犯法，酷吏击断，奸轨（通‘宄’）不胜，于是招进张汤、赵禹之属，条定法令，作见知故纵、监临部主之法，缓深故之罪，急纵出之诛。”注：“见知人犯法不举告为故纵，而所监临部主有罪并连坐也。孝武欲急刑，吏深害及故入人罪者，皆宽缓。吏释罪人，疑以为纵出，则急诛之。”汉律规定：“见知故纵以其罪罪之。”如昭帝时，廷尉李种坐故纵死罪弃市，左冯翊贾胜胡坐纵谋反者弃市。为惩办捕“盗”不力的官吏，汉武帝作，“沉命法”：“群盗起不发觉，发觉而捕不满品（标准）者，二千石以下及小吏主者皆死。”❶ 汉武帝这项宁肯错杀而决不错放、遗漏的政策，产生了两方面的效果：一是官吏见盗不敢报。《咸宣传》说：“小吏畏诛，虽有盗弗敢发，恐不能得，坐课（本部门）累府，府亦使不言。故盗贼寖（jìn）多，上下相为匿，以避文法焉。”这种结果是汉武帝所没有料想到的。另一方面的结果是：“上下相驱，以刻为明，深（苛刻严峻）者获公名，平（公平）者多后患。故治狱之吏皆欲人死，非憎人也，自安之道在人之死。是以死人之血流离于市，被刑之徒比肩而立，大辟之计岁以万计。……是以狱吏专为深刻，残贼而亡极，偷（苟且）为一切（权时），不顾国患，此世之大贼也。……故天下之患莫深于狱，败法乱正，离亲塞道，莫甚乎治狱之吏。”❷ 这和最高统治者长治久安的愿望又是大相径庭的。西汉对官吏的故纵罪惩治很严，但对故入人罪

❶ 《汉书·酷吏传》，《汉书》3662－3663 页。

❷ 《汉书·路温舒传》，《汉书》2369－2370 页。

即使无辜者受冤却处理很轻，故意入罪达十人或错判别人死刑的，仅予免官而已。对鞫狱不实的官吏虽有处分，但也很轻微。东汉鉴于“缓深故之罪，急纵出之诛”造成大量冤狱的教训，对故入人罪也给予严厉惩处。光武帝时，大司徒戴涉坐故入罪，下狱死。顺帝时，零陵太守刘康坐杀无辜，下狱死。刺史对执法官吏有监察之责。汉武帝规定刺史以六条问事，其中一条是：“二千石不恤疑狱，风厉杀人，怒则任刑，喜则淫赏，烦扰刻暴，剥截黎元，为百姓所疾。”❶ 东汉中后期，外戚、宦官轮流操纵朝政，他们的子弟、亲属、党羽布满州郡。地方官吏由于朝廷中有后台，贪赃枉法，欺压百姓，任何法律都成为一纸空文。广大农民只有用武力把那些无恶不作的官吏送进坟墓。

在三国曹魏的法律中，把请赇律列为专章，说明统治者对惩治贪赃罪更为重视。晋朝对贪赃枉法的狱吏，有严加惩处之例，但实际上贪赃枉法者越来越多。《晋书·刑法志》载：“决狱之吏如廷尉狱吏范洪受囚绢二丈，附轻法论之；狱吏刘象受属（zhǔ，请托）偏考囚张茂物故（死亡），附重法论之。洪、象虽皆弃市，而轻枉者相继。”南北朝时期，贪赃枉法的现象更为严重。《南齐书·孔稚珪传》：“（司法官）昏心狠态，吞剥氓物，虐理残其命，曲文被其罪。”《隋书·刑法志》说南朝梁“奸吏招权，巧文弄法，货贿成市，多致枉滥”。北齐曾一度严禁请托。《隋书·刑法志》：“清河房超为黎阳郡守，有赵道德者，使以书属超。超不发书，棒杀其使。文宣于是令守宰各设棒，及诛属请之使。”后取消此法，法度渐坏。首先是皇帝恣意乱法。文宣帝“恣行酷暴，昏狂酗蒏（yǒng，酗酒），任情喜怒。为大镬、长锯、剉（cuò）碓（duì）之属，并陈于廷，意有不快，则手自屠裂，或命左右脔（luán）啖（dàn），以逞其意。”❷ 上行下效，一般司法官吏也大胆妄为，横行不法。《隋书·刑法志》：“大理、明法，上下比附，欲出则附依轻议，欲入则附从重法，奸吏因之，舞文出没。至于后主，权幸用事，有不附之者，阴中（zhòng）以法。纲纪紊乱，卒至以亡。”北周宣帝也“诛杀无度”，“又数行肆赦，为奸者皆轻犯刑法。”

贪赃枉法，是封建国家官场的痼疾，但如听其发展，就往往会成为导致王朝倾覆的主要原因之一。因此封建统治者对贪赃枉法不得不加以惩治。唐太宗“深恶官吏贪浊，有枉法受财者，必无赦免”❸。《唐律·职制律》规定：“监临主司受财而枉法者，一尺杖一百，一疋加一等，十五疋绞；不枉法者，一尺

---

❶ 《汉书·百官公卿表》注，《汉书》742 页。

❷ 《隋书·刑法志》，《隋书》704 页。

❸ 《贞观政要·政体》。

杖九十，二疋加一等，三十疋加役流。”“诸有事先不许财，事过之后而受财者，事若枉，准枉法论。”在《断狱律》中，对司法活动中各种违法行为的法律责任，都作了具体的规定。如：“诸断罪皆须具引律、令、格、式正文，违者笞三十。”“诸官司入人罪者，若入全罪，以全罪论；从轻入重，以所剩论；刑名易者：从笞入杖，从杖入流亦以所剩论；从笞杖入徒流、从徒流入死罪亦以全罪论。其出罪者，亦如之。”“诸鞫狱者，皆须依所告状鞫之。若于本状之外，别求他罪者，以故入人罪论。”“诸决罚不如法者，笞三十；以故致死者，徒一年。即杖粗细长短不依法者，罪亦如之。”至于法官是否枉法、违法，主要由御史台监察。侍御史“掌纠举百僚，推鞫狱讼”。“与给事中、中书舍人，更直直于朝堂受表”❶。贞观时期，由于皇帝重视，官吏大都能谨慎守法，朝廷对违法官吏也严加处理。但封建司法制度本身有严重缺陷，即使是唐太宗，也有对法官处理错误之事。《贞观政要·公平》说：“刑部尚书张亮坐谋反下狱，诏令百官议之，多言亮当诛，惟殿中少监李道裕奏亮反形未具，明其无罪。太宗既盛怒，竟杀之。”后虽悔悟，但人已死。武则天时，任用周兴、来俊臣、索元礼等酷吏，周、来、索等贪赃枉法，大兴冤狱。《唐律》的种种规定，成为一纸空文。唐中叶以后，统治阶级越来越腐败，贪赃枉法成风。

宋朝对贪赃枉法的官吏虽也有过一些惩处，如太祖时，殿中侍御史张穆、右拾遗张恂（xún）皆坐赃弃市。但总的来说，是采取轻刑、姑息、纵容的政策。赵匡胤曾说过：“五代方镇残虐，民受其祸。朕今用儒臣干事者百余人，分治大藩，纵皆贪浊，亦未及武臣一人。”❷ 仁宗甚至说官吏受赇是由于禄薄不足自养。真宗以后，赃吏一般不处死刑，最重者处以流刑，实际上只是“于外州编管”而已，南宋理宗时又改为在“本州牢城（囚禁犯人之地）重役”。对错判案件，处罚更轻。《宋史·刑法志一》：“刑部张佖（bì）言：‘官吏枉断死罪者，请稍峻条章，以责其明慎。’始定制：应断狱失入死刑者，不得以官减赎，检法官、判官皆削一任，而检法仍赎铜十斤，长吏则停任。”南宋高宗时，知常州周杞擅杀人，只受到削去官籍的处分。

元朝在法律上，对官吏的贪赃枉法也作出一些规定。如：“诸职官及有出身人，因事受财枉法者，除名不叙；不枉法者，殿三年；再犯不叙，无禄者减一等。”“诸内外百司官吏，受赃悔过自首，无不尽不实者免罪，有不尽不实，

---

❶ 《旧唐书·职官志三》1862 页。

❷ 《纲鉴易知录》64 卷。

止坐不尽之赃。”“台宪官吏受赃，不在准首之限。”“诸职官恐吓有罪人求赂，未得财者，笞二十七”❶ 等。元律还规定：法官断狱故意出入人罪，或减所出入罪一等论，或以全罪论。失出入人罪，减三至五等论。御史台是监察官吏的机关，成宗时，七道奉使巡视，罢黜贪官污吏一万八千四百七十三人，查出赃银四万五千八百六十五锭。但实际上，贪赃枉法是查不胜查，禁不胜禁的。在审理案件过程中，法官往往但问贿赂多少，而不管案情轻重。关汉卿写的杂剧《窦娥冤》，比较典型地反映了元朝的司法实际。剧中楚州太守桃杌（wù）说出贪官污吏们的心声：“我做官人胜别人，告状来的要金银。”蒙受奇冤的窦娥则喊出了劳动人民的苦难：“衙门自古向南开，就中无个不冤哉。”而关汉卿通过窦娥的悲惨遭遇，揭示了官场的黑暗：“这就是官吏每（们）无心正法，使百姓每有口难言!”

明朝吸取元朝吏治极端腐败引起人民反抗的教训，从一开始就重视惩治赃官污吏。《明史·刑法志二》：“太祖开国之初，惩元季贪冒（贪图财利），重绳赃吏，揭诸司犯法者于申明亭以示戒。”永乐时规定：“官吏受赃者，并罪通贿之人，徙其家于边。”“凡官吏人等犯枉法赃者，不分南北，俱发北方边卫充军。”❷《明律·职制律》中规定：枉法赃一贯以下杖七十，八十贯则绞。“凡御史犯罪加三等，有赃从重论。”《大诰》中有两例受赃不足百贯而被凌迟示众。但在明代法律中，对法官在审判活动中的违法行为却几乎不加惩治。御史的职责，仅是“辨明冤枉”，“有故出入者理辩之”。发现错案后，法官并不追究法律责任。《明史·刑法志二》：“成化五年，南大理评事张钰言：‘南京法司多用严刑，迫囚诬服，其被纠者亦止改正而无罪。”至于皇帝直接操纵的厂卫，本非司法机构，但握有极大的司法权，为所欲为，横行不法，那就更谈不上法律责任了。

清朝法律中虽也有惩治赃吏一类的条文，但不过是纸上谈兵。清朝的各级官吏，几乎是无官不贪，无吏不污。民谚有两句话：“三年清知府，十万雪花银”，是对官场的绝妙写照。贪赃枉法，在司法实践中是司空见惯之事。《红楼梦》中写的知府贾雨村审理人命案，颇有典型意义。在门子说了一通“护官符”的大道理之后，“雨村便徇情枉法，胡乱判断了此案。”如果贾雨村不忍“因私而废法”，那就不仅难保乌纱帽，连自身性命亦难保。在清朝官场

---

❶ 《元史·刑法志一》，《元史》2612 页。

❷ 《明史·刑法志一》，《明史》2288－2289 页。

中，枉法无罪，执法难容。

第十一节 司法管理人才评介

张释之

西汉文帝时廷尉，中央政府司法长官。他强调严格按照法律断案，皇帝也不能例外。有一次，文帝出行中渭桥，有人从桥下走出，惊乘舆马。文帝命护卫人员将犯跸（bì，帝王出行时开路清道，禁止通行）者逮捕送廷尉审理。汉朝法律规定："跸先至而犯者，罚金四两。"张释之在查清事实后，依法处以罚金。文帝怒，要从重处理。张释之说："法者天子所与天下公共也，今法如是，更重之，是法不信于民也。且方其时，上使使诛之则已。今已下廷尉，廷尉，天下之平也，壹倾，天下用法皆为轻重，民安所错其手足？唯陛下察之。"文帝深思后，赞同了张释之的意见。又有一次，有人偷盗高庙座前玉环，张释之依法判罪犯弃市。文帝大怒，嫌刑轻，要给犯人以族刑。张释之说："法如是足也。且罪等（都是死刑），然以逆顺为基。今盗宗庙器而族之，有如万分一，假令愚民取长陵一抔（póu，捧）土（全句意为毁坏整个陵墓），陛下且何以加其法虖（通'乎'）?"[1] 文帝禀告太后后，再次批准了廷尉的判决。从此，张释之以持议公平而名闻天下，中尉周亚夫、梁相王恬启与释之结为亲友。当时人称赞说："张释之为廷尉，天下无冤民。"[2] 宋太祖赵匡胤对张释之也十分钦佩，他说："朕每读《汉书》，见张释之，于定国治狱，天下无冤民。"[3]

郅都

西汉景帝时济南守、中尉。济南郡豪强大族瞯（xián）氏宗人三百余家，横行不法，郡太守不能制。景帝命郅都为济南守。他到任后，诛杀瞯氏首恶，其余的人都胆怯畏惧，不敢再为非作恶。一年以后，郡中道不拾遗，社会安定，周围十余郡都畏服。后升任中尉，掌管京师治安。他执法不避贵戚，列侯宗室见他都侧目而视，称他为"苍鹰"，不敢违法。郅都敢直谏，面折大臣于朝。为人公正廉洁，不拆私人请托的书信，赠送给他的礼物一概不收，私人托请他办的事一概不理。他常说："己背亲而出，身固当奉职死节官下，终不顾

---

[1] 《汉书·张释之传》，《汉书》2310－2311页。

[2] 《汉书·于定国传》，《汉书》3043页。

[3] 《宋史·刑法志一》，《宋史》4968页。

妻子矣。”❶

于定国

西汉宣帝时廷尉。他曾历任狱史、郡决曹、廷尉史、侍御史、御史中丞等职，有长期的司法实践经验。任廷尉十八年。他审案谨慎，罪疑从轻，执法公允。当时人把他和张释之并提，说“于定国为廷尉，民自以不冤”❷。

赵广汉

西汉宣帝时京兆尹、颍川太守。他在任京辅都尉、守京兆尹时，下属杜建有罪，他不顾朝中贵人、豪长的请托，将杜建依法处死。调任颍川太守后，敢于惩办横行不法的豪强首恶。对结为婚姻、朋党的豪族大姓，采取分化、离间的政策，收到较好的效果。后升任京兆尹。京兆尹被治理得秩序井然，社会安定，吏民赞不绝口。一些长老说汉开国以来以赵广汉治理京师为最好。

狄仁杰

唐高宗、武则天时大理丞、州刺史。在大理丞任上，“周岁断滞狱一万七千人，无冤诉者”。当时武卫大将军权善才误砍昭陵柏树，狄仁杰奏罪当免职，高宗下令立即诛杀。狄仁杰又奏罪不当死。高宗脸有怒色，说：“善才斫陵上树，是使我不孝，必须杀之。”左右官员都注视狄仁杰，听他下执行死刑的命令。狄仁杰却说：“臣闻逆龙鳞，忤人主，自古以为难，臣愚以为不然。居桀、纣时则难，尧、舜时则易。臣今幸逢尧、舜，不惧比干之诛。……且明主可以理夺，忠臣不可以威惧。……陛下作法，悬之象魏，徒流死罪，俱有等差。岂有犯非极刑，即令赐死？法既无常，则万姓何所措其手足！陛下必欲变法，请从今日为始。……今陛下以昭陵一株柏杀一将军，千载之后，谓陛下为何主？此臣所以不敢奉制杀善才，陷陛下于不道。”❸ 高宗听后，怒气渐消，善才得以免死。不久，狄仁杰调任侍御史。尚书省左司郎中王本立恃宠用事，横行不法，朝廷百官畏惧。狄仁杰奏请付法司治罪，高宗特别予以宽赦。狄仁杰奏道：“国家虽乏英才，岂少立本之类，陛下何惜罪人而亏王法？必欲曲赦本立，请弃臣于无人之境，为忠贞将来之诫。”王本立终被治罪。任宁州刺史期间，政绩最佳，“耆老歌刺史德美者盈路”。后又调任豫州刺史。当时越王贞起兵汝南事败，受连累的六七百人，被籍没者五千人，司刑使催促行刑。狄仁杰密奏，请求从轻处理。武则天允奏，改配流丰州。

---

❶ 《汉书·郅都传》，《汉书》3648 页。

❷ 《汉书·于定国传》，《汉书》3043 页。

❸ 《旧唐书·狄仁杰传》，《旧唐书》2886 页。

包拯

北宋仁宗时知县、知州、知府。他在做地方官特别是知开封府时，执法严峻，不畏权贵，平冤狱，抑豪强，铁面无私。对其宗族、亲旧一视同仁；对皇后、国戚、将帅的不法行为，也极力主张绳之以法。在任庐州知府时，他的家族亲友曾仰仗其权势欺压百姓，有时甚至骚扰官府。有一天，他堂舅犯了法。包拯为了告诫横行乡里的族人，决心“杀一儆百”。他及时击鼓升堂，亲自审讯。讯明案情后，命衙役重打七十大板。从此他的家族亲友才有所收敛。他知开封府时，贵戚宦官都为之怯胆。人们以包拯笑比黄河清，京师有谚语说：“关节（暗中行贿、说人情）不到，有阎罗包老。”旧制，凡讼诉不得直接到庭下。包拯开正门，使诉者至前陈述曲直，吏不敢欺。包拯所以能执法严峻，关键在于律己严。他知端州时，端州产名砚，离开时不拿一砚。平时无私人书信，不与故人、亲党来往。虽然做了大官，衣服、器用、饮食，还和做庶民时一样。他立身处世的座右铭是：“清心为治本，有道是身谋；史册有遗训，无贻来者羞。”他为自己的家族定了家规：“后世子孙仕宦，有犯赃者，不得放归本家，死不得葬大茔中，不从吾志，非吾子若孙也。”[1]

---

[1] 《宋史·包拯传》，《宋史》10318 页。

第八章　外事管理

第一节　古代中国与国外的交往

中国古代官方与国外的交往，是从汉武帝开始的。建元三年（公元前138年），汉武帝派张骞出使大月氏（zhī），相约共同夹攻匈奴。张骞和他的副使，曾先后到达大宛（在今苏联乌兹别克共和国境内）、大月氏（主要地区在今阿富汗境内）、康居（在今苏联哈萨克共和国东南）、大夏（阿富汗）、身毒（印度）、罽（jì）宾（克什米尔）、安息（伊朗）等国。以后汉武帝的使者还到达奄蔡（黑海以北）、条支（叙利亚）、犁靬（罗马帝国境内的埃及亚历山大城，靬音 jiān）等国。中国使者在安息受到有组织的两万人的盛大欢迎。安息等国的使者也不断来长安访问和贸易。汉武帝时，日本有三十余国派遣使者和汉朝往来。元封二年（公元前100年），武帝派楼船将军杨仆、左将军荀彘（zhì）分两路进攻朝鲜，卫氏朝鲜亡，汉武帝在卫氏朝鲜统治区设置真番、临屯、乐浪、玄菟（tù）四郡。武帝又在灭掉南越赵氏政权后，于越南北部设置交趾、九真、日南三郡。西汉时，中国还与东南亚的缅甸、印尼、马来西亚等国有友好往来关系。

东汉和帝永元九年（97年），西域都护班超派副使甘英出使大秦国（罗马），一直到达条支海（波斯湾）。桓帝延熹九年（166年），大秦商人来到中国，以大秦王安敦的名义，赠送桓帝一些礼物。汉明帝派蔡愔（yīn）去印度取经。永元六年（94年），永昌郡（在今云南省境内）境外的敦忍乙（在今缅甸境内）王莫延派遣使者来访，双方互赠礼物。永元九年（97年），缅甸北部掸（shàn）国王雍由调派遣使臣向汉王朝赠送珍宝，东汉政府以金印回赠。安帝永宁元年（120年），雍由调再次遣使来汉，并献乐人及幻人（杂技演员）。东汉政府在越南北部仍设置交趾等三郡。东汉初，建武十六年（40年）交趾征侧、征贰起兵反抗，自立为王，称二征王，不久被伏波将军马援镇压下去。建武中元二年（57年），倭奴国（今日本境内）派遣使臣与汉通好，刘秀遂以“汉倭奴国王”金印相赠。

三国时，吴黄龙五年（226 年），大秦商人秦伦来到建业，受到孙权的接见。西晋初，大秦又派使者来中国。大秦与刘宋也有往来。魏晋南北朝时期，波斯（伊朗）、康居、大宛、大月氏等国的商人、使者也不断来到中国。北魏太安元年（455 年），波斯萨珊王朝遣使来华。此后直到西魏，信使往来不断。这一时期，印度等国的僧侣来中国传教、译经的有七十多人；中国僧侣往印度等国取经的近九十人，其中以东晋法显为最著名。狮子国（斯里兰卡）王曾赠佛像给东晋安帝，另一国王曾致函宋文帝。245—250 年，孙吴曾派遣中郎康泰和宣化从事朱应出使林邑（越南中部）、扶南（柬埔寨）等国。林邑、扶南等国也不断派遣使者到中国来。整个魏晋南北朝时期，仅扶南就遣使来中国三十多次。这一时期，朝鲜半岛上的高句丽、百济、新罗三个国家，与中国的南北政权都保持经常性的来往。南朝宋武帝刘裕，册封高丽王高琏为征东大将军高丽乐浪公，百济王余映为征东大将军百济王。以后使者往来不断。梁武帝也曾册封高丽王、百济王，并应百济王的请求，赠给《涅槃》等经义、毛诗博士、工匠、画师等。曹魏景初二年（238 年），日本境内邪马台倭国女王卑弥呼派遣难米升和朱市牛利来洛阳。此后十年间，两国使者往返六次之多。南北朝时期，日本又多次派使者来中国。宋武帝、文帝时，倭国请求册封为安东大将军倭国王，从之。

隋朝对高丽多次发动战争。与百济、新罗关系则比较友好。开皇初年，百济使者来朝，文帝封其王余昌为上开府（勋官称号）带方郡公百济王。从开皇到大业年间，双方往来频繁，隋朝也曾派起部郎席律出使百济。开皇十四年（594 年），新罗派遣使者来朝，文帝封其王金真平为上开府乐浪郡公新罗王。大业年间，新罗每年都和隋朝朝贡通商，关系良好。开皇二十年（600 年），日本国王多利思比孤，遣使来隋朝。大业三年（607 年），又派小野妹子携带国书来隋。第二年，隋炀帝派裴世清出使日本，受到隆重欢迎，日本国王亲自接见。裴世清回国时，日本再派小野妹子随同前来，并派高向玄理等八人来学佛法。隋朝与东南亚的林邑（越南中部）、赤土（麻六甲）、真腊（柬埔寨）和婆利（北婆罗洲）等也有经常往来。隋文帝末年，曾派大将刘方带兵进攻林邑。刘方回来后，林邑王梵志恢复了故地。不过在隋朝大部分时间里，两国之间的友好往来还是主要的。大业三年，炀帝派屯田主事常骏、虞部主事王君政等前往赤土，受到隆重接待，互赠厚礼。大业六年，炀帝接见赤土使者。大业十三年，真腊派遣使者来到隋朝，隋朝优礼接待。前一年，婆利也曾派使者来隋朝进行朝贡通商。与隋朝遣使通好的，还有丹丹、盘盘等。隋炀帝曾派云骑尉（勋官称号）李昱（yù）出使波斯，波斯随即遣使与李昱同来，和隋朝进行朝贡通商。炀帝还曾派侍御史韦节、司隶从事杜行满出使西方（今南亚各地），由陆路到达罽宾（克什米尔）、王舍城（印度恒河旁）等地。大业间，吐火罗（阿富汗）与隋朝也有贡使通商关系。

唐朝是中国封建社会的鼎盛时期，是当时世界上最强大、最富庶、最先进的国家，享有很高的国际威望。国际交往频繁。与唐朝通使交好得国家和地区有数百个，主要的有七十多个。唐初，朝鲜半岛上仍然是高丽、百济和新罗三国，都和唐朝遣使往来。太宗、高宗时，曾大举用兵高丽、百济，并先后灭掉这两个国家。唐朝在高丽设置了都督府、州、县等行政机构。以后由于新罗的反抗，唐朝的势力退出了朝鲜。龙朔三年，唐朝曾封新罗王金法敏为鸡林州大都督。新罗统一后，与唐朝的友好关系继续发展。新罗在唐朝楚州（今江苏淮安）设新罗馆，在山东半岛的赤山、莱州等地设新罗坊。新罗经常派大批留学生到长安学习。开元二十五年（737 年），新罗王逝世，唐玄宗派经学家刑琇（shú）前往吊祭。贞观五年（631 年），日本派出由留学生和学问僧组成的第一次“遣唐使”（又称“遣大唐大使”、“西海使”、“入唐使”，唐朝则通称为“朝贡使”）来到大唐帝国。唐太宗命新州刺史高仁表答聘。总计唐朝时，日本共派出遣唐使十三次，迎送唐朝到日本使节的“迎入唐使”和“送客唐使”共有六次，合计十九次。遣唐使团少则一二百人，最多达五百五十人以上。遣唐使团设有大使、副使、判官、录事等官员。大使官级一般在从四品上下。遣唐使给唐朝带来珍珠绢、琥珀、玛瑙、水织绝（shī，粗绸）等贵重礼品，唐政府回赠一些高级丝绸品、瓷器、乐器、文化典籍等。长安三年（703 年），日本朝臣真人（相当于唐朝的尚书）粟田来唐，武则天在麟德殿设宴招待。中国鉴真和尚应日本圣武天皇的约请，东渡日本，把佛教律宗传到日本。唐朝和越南境内的林邑，一直保持良好的关系。在唐朝的近三百年中，林邑使臣来唐达十五次之多。625 年，唐高祖李渊曾举行宴会欢迎林邑使者，并赠送使者以锦、彩等丝织品。武德六年（623 年），继扶南在今柬埔寨立国的真腊，派使者来唐。其后多次派使者聘问，唐太宗回赐了很多礼品。天宝十二年（753 年），真腊王子率领随员访唐，唐玄宗赠以“果毅都尉”（兵府长官）的荣誉称号。稍后，真腊副王婆弥和王后又亲自来中国访问，唐代宗以国宾礼接待，并特赠以汉名“宾汉”（中国的上宾）作为纪念。贞元十八年（802 年），骠国（今缅甸）王雍羌派遣弟悉利移、城主舒难陀率乐工三十五人，带来骠国乐二十二曲，到长安演奏。骠国乐舞受到了德宗的重视，轰动了长安城。德宗写信给骠国王，称道两国的友好关系。此后，骠国又多次遣使来唐访问。唐时，在今印尼境内立国的有室利佛逝、堕婆登、阇（dū）婆。高宗咸亨以后，室利佛逝多次派使臣到唐朝通好，唐朝在曲江设宴招待，并封其王为左金吾卫大将军宾义王。贞观末年，堕婆登遣使来唐，携带古贝（棉布）、象牙、白檀等礼物，唐太宗给予回礼，并复信报聘。贞观以后，阇婆也不断遣使来唐。尼泊尔在唐代称尼婆罗，与唐朝的地方政权吐蕃有密切关系。贞观二十一年（647 年），尼婆罗遣使臣来唐，带来了波棱（菠菜）、浑提葱和酢（zuò）菜。印度、巴基斯坦和孟加拉，唐时统称天竺（zhú）。唐初，中天竺王尸罗逸多（戒日王）不时遣使来唐通好，唐太宗派梁怀璥（jǐng）、王玄策等出使报聘，还曾派人到中天竺的摩揭陀，学习制糖技术。贞观元年（627 年），唐僧玄奘（zàng）从长安启程去天竺游学。贞观十六年（642 年），戒日王在曲女城（印度卡诺吉城）举行一次大型佛教经学辩论会，有印度十八国的国王和各派僧侣六七千人参加，玄奘做主讲人。咸亨元年和天宝初年，狮子国（今斯里兰卡）曾两次遣使来唐。唐朝和中亚诸国，即“昭武九姓国”（康、安、石、曹、米、何、史、火寻、戊地）和吐火罗国（今阿富汗）关系亦比较密切。唐太宗曾接见过安国使臣。唐高宗曾派王名远到吐火罗访问。开元十二年（724 年），吐火罗使臣一次就给唐朝带来乾婆多罗等药物二百余种。贞观十七年（643 年），拂菻（lǐn）即东罗马王波多力遣使来唐，献赤玻璃、石绿、金精等物。唐太宗回书答礼，并回赠绫、绮等丝织品。唐前期，拂菻来使共七次。永徽二年（651 年），大食（阿拉伯）遣使和唐朝通好。在此后的一百四十八年间，大食遣使来唐达三十六次之多。天宝十年（751 年），唐将高仙芝在怛（dá）罗斯城（今苏联江布尔）为大食所败，不少唐兵被俘，其中有造纸工人。

宋朝与亚非各国的交往更为密切，经常与中国通商的有五十多个国家和地区，其中重要的有高丽、日本、交趾、占城、真腊（柬埔寨）、蒲甘（缅甸）、勃泥（加里曼丹北部）、阇婆（爪哇）、三佛齐（苏门答腊东南部）、大食、层拔（非洲中部东海岸）等。宋时，统治朝鲜的是王氏高丽。高丽曾多次向北宋馈赠良马、兵器、弓矢等，还多次派遣留学生来中国学习文化和技术。宋朝厚待高丽来使，并派使臣去高丽报聘。宣和五年（1123 年），徐兢出使高丽，受到高丽政府的隆重接待。北宋政府多次向高丽赠送礼服、乐器、金器等。还屡次派太医到高丽传授医疗技术。太宗淳化二年（991 年），北宋政府将所印

《大藏经》一部赠送给朝鲜。以后，宋政府又多次向朝鲜赠送大批书籍，其中包括九经、《史记》、《汉书》等。宋时，中国和日本民间交往较多，官方接触则甚少。太平兴国四年（979 年），宋太宗派兵进攻交趾（在今越南北部），宋朝以失败告终。后根据大将黎桓的要求，册封其为交趾郡王。公元 1009 年，大将李公蕴篡夺了黎氏王朝的权力，宋朝也册封他为交趾郡王，史称李朝政权。神宗熙宁八年（1075 年），李朝以突然袭击的方式，动员十余万军队，向中国大举进攻，宋朝被迫反击，攻入交趾境内。结果双方议和。此后，交趾仍承认宋朝为宗主国，使节往来不断。北宋建立第二年，占城（在今越南中部）就派来使节。有宋一代，占城使节来访四十馀次。宋神宗元丰元年（1078 年），宋朝政府派遣刘富出使真腊国（今柬埔寨和越南南部）。徽宗政和六年（1116 年），真腊国派使者一行十四人来到中国，受到宋徽宗的接见。雍熙四年（987 年），宋太宗派出四批使者，携带礼品和文书，前往南海诸国，招徕外国商人。自此以后，南海诸国的使节、商人，不断前来中国。仅苏门答腊岛上的三佛齐，就遣使节来中国三十次。北宋熙宁四年（1071 年），层拔（亦作层檀，即今桑给巴尔）国遣使节来华，元丰六年又来一次，这是中国与非洲国家官方往来的开始。

蒙古成吉思汗十三年（1218 年），蒙古军以追击契丹叛部为名进入高丽，联合高丽军击溃了契丹人。从此高丽遂与蒙古结盟。蒙古统治者把高丽当作任意榨取财富的对象，每年都派大批使者到高丽索要各种财物，引起高丽人民的极大愤慨。成吉思汗十九年，蒙古使者著古与索贡返国途中被人杀死，双方关系断绝。窝阔台汗三年（1231 年），蒙古出兵攻打高丽，战争延续了二十多年。蒙哥汗九年（1259 年），高丽国王遣世子入朝，双方开始了和平友好关系。元世祖忽必烈即位后，高丽王室与元朝皇室之间建立了固定的婚姻关系。高丽国王和贵族、官僚、商人等不断来中国，两国关系非常密切。终元一代，高丽名义上臣属于元朝。元政府在高丽设置“征东行省”，以高丽国王为行省丞相，派达鲁花赤驻在王京，负监视之责。元末农民战争爆发后，根据元朝政府的请求，高丽国王曾派军队协助元军镇压农民起义。元朝和日本未建立政府间的关系。忽必烈曾先后五次派遣使者去日本，劝谕日本来朝，日本政府拒绝答复。至元十一年（1274 年）和十八年（1281 年），忽必烈两次出兵日本，都遇到失败。元成宗时，派僧人宁一山持国书附日本商船出使日本，宁一山受到日本朝野的欢迎，但日本政府对元朝的国书仍置之不理。1257 年，蒙古大将兀良合台征服云南各部后，即派遣使者到安南（交趾）“谕降”，安南囚杀使者，兀良合台进兵大败安南军，攻占其都城，不久撤回。1260 年忽必烈即位后，派遣孟甲、李文俊等出使安南，安南国王也遣使报聘。忽必烈统一全国后，曾两次发兵大举进攻安南，都因天气炎热无法久驻而被迫退出。还曾对占城用兵，也未取得成功。在战争期间和战争之后，安南陈朝仍自认是元朝的藩属，称臣纳贡，但其国王则始终不肯“入朝”。成宗时，对安南、占城采取友好睦邻的态度。泰定元年（1324 年），文子方出使安南，回国后著《安南行记》。至元八年（1271 年），元朝大理等路宣慰司派乞觫（dǎi）脱因去缅国通使，缅国遣使者价博来元朝。十年，忽必烈命勘马剌失里、乞觫脱因等国信使、副，持诏书出使缅国。使臣一去不返。其后，元朝两次出兵缅国。缅国遣使入贡。成宗元贞二年（1296 年），缅王遣其子信合八的至大都朝见元帝，愿岁贡银、帛、驯象、粮食等物。次年，成宗派教化的为使，送信合八的归国，封其父为缅国王，信合八的为缅国世子，并赐其权臣阿散哥也三珠虎符。缅王大喜，“集众听诏”。至元二十九年（1292 年），暹王使者持金册（国书）至广东，广东道宣慰司将金册报送大都。次年，忽必烈即遣使者去暹国通好。至元三十一年，暹国王敢木丁遣使来中国。元成宗立即派遣使臣回访。其后，暹国多次派使臣来访。至元二十六年，罗斛遣使来贡方物，从此屡有使臣来中国。元朝统一南方后，忽必烈多次派使节去爪哇，要求爪哇国王前来朝见，均遭拒绝。至元二十六年，爪哇将元使黥面送回。至元二十九年，忽必烈命史弼等率军远征爪哇，以失败告终。至成宗时，爪哇派遣使臣来中国，建立了友好联系。元贞元年（1295 年），爪哇麻喏巴歇朝遣使者来中国。后来，爪哇国王多次以大臣为使者，与元通好。至大元年（1308 年），元朝派不达达思送爪哇使者回国。仁宗延祐年间，元朝国师曾随商船去爪哇国寻找佛经。元时，印度半岛南部有马八儿和俱蓝等国。至元十六年，马八儿国遣使来元朝，同年，元朝派广东招讨司达鲁花赤杨庭璧出使俱蓝。杨庭璧先后四次出航印度，大大增进了中印关系。有元一代，中印间互派使者达数十次之多。12 世纪上半期，蒙古西征，建立了伊利汗国。伊利汗国辖有波斯、阿拉伯地区，与元朝一直保持着密切的关系，使节往来不绝。伊利汗国奉元帝为宗主。元代中国使节曾到过埃及，向马木路克王朝赠送过礼物。忽必烈的使节还曾到过马达加斯加岛。1246 年，罗马教皇英诺森四世派遣教士普兰诺·卡尔平尼等人，携带教皇给蒙古可汗的两封信，由法国里昂出发，前来中国。卡尔平尼等在和林附近参加了蒙古大汗贵由登基大典。贵由接见了教皇的使者，并派镇海等人负责接待。不久，卡尔平尼带着贵由给教皇的复信回国。1253 年，法国国王圣路易派遣教士卢布鲁克等人来到东方，受到蒙哥汗的接见，并带回大汗给国王的复信。1260 年，意大利人马可・波罗的父亲尼古拉・波罗和叔父玛窦・波罗来到东方，于 1266 年左右见到忽必烈，并带了忽必烈给教皇的书信回到欧洲。他们第二次到中国复命时，带了马可・波罗同行，于 1275 年抵达上都。此后马可・波罗在中国居住十七年，并在元朝政府中任职。1336 年，元顺帝派遣在中国的欧洲人安德鲁・威廉及阿速人脱孩等为使，致书罗马教皇。教皇本笃十二世隆重款待元顺帝使者，使游历欧洲各地。并派佛罗伦萨人马黎诺里等为特使，率领五十人的庞大使团，携带教皇致元朝皇帝的信和礼物，出使中国。马黎诺里一行于 1342 年抵达上都，献给元顺帝一匹骏马，元顺帝大喜，轰动一时。马黎诺里等受到隆重接待，于 1346 年乘船回国。

明初，成祖命内官监太监郑和，率领庞大船队，先后七次下西洋，跨越亚、非两洲，对占城、真腊、暹罗等几十个国家和地区进行了友好访问。郑和每到一国，就把中国的礼物赠给国王，表示愿意建立友好关系。有的国家如占城等，国王亲自出迎。郑和下西洋后，亚非许多国家都先后派遣使节与明朝贸易。永乐二十一年（1423 年），古里等十六国使臣和商人到南京，一次就达一千二百多人。浡（bó）泥（印度尼西亚的加里曼丹）和满剌加两国的国王和王后也都来到南京，明成祖设宴招待。苏禄使团由东、西、峒三王率领的三百四十余人来华访问，受到隆重的国宾待遇。东非的麻林王哇来顿木亲自率众来访，不幸于途中病故。木骨都束和卜剌哇也曾多次派使节来访。明朝政府与日本政府几次遣使通好。明中叶以后，东南沿海地区受到倭寇的严重侵扰。明朝与朝鲜一直友好相处，使者往来频繁。万历二十年（1592 年），日本“关白”（丞相）丰臣秀吉发动了侵朝战争。朝鲜国王李昖（yán）遣使向明朝告急，请求出兵援助。明朝政府派宋应昌、李如松率四万大军渡江援朝，大败日军。万历二十五年，丰臣秀吉再次进攻朝鲜，明政府派兵部尚书刑玠率军入朝，日军几乎全部被歼。明军老将邓子龙壮烈牺牲。嘉靖三十二年（1553 年），葡萄牙人贿通明朝官吏，借口要到澳门岸上曝晒水浸货物，以每年纳租银二万两为条件，请求上岸居住。得逞后，在澳门不断扩大居住地区，使澳门成为西方殖民者入侵中国的据点。之后，西方传教士陆续来华从事宗教活动，其中有意大利人罗明坚、利玛窦等。后来他们买通宦官马堂，于万历二十九年进京朝见明神宗，献上自鸣钟、万国图等方物，取得在北京传教的特权。天启四年（1624 年），荷兰殖民主义者侵占了我国台湾岛。崇祯十年（1637 年），英国商船第一次来到广州海面，闯入珠江，炮轰并炸毁了虎门炮台。

清初，沙皇俄国的势力开始入侵中国东北部边疆，两国军队多次发生武装冲突。康熙二十四年（1685 年），清政府派都统彭春、副都统郎谈和黑龙江将军萨布素率水陆军一万五千人击败俄军，毁雅克萨城。二十八年，中俄两国签订了尼布楚条约。雍正五年（1727 年），中俄又签订了恰克图条约，以恰克图为两国贸易的商场。自此以后，两国使节往来不断。清朝和朝鲜经常有使节往来。康熙年间，中日之间有频繁的商业往来。乾隆间，安南政局发生变化。乾隆五十三年（1788 年），清朝借口保护黎氏，出兵干涉越南内政，攻陷东京（河内）。不久，东京被阮文惠收复。后阮文惠改名阮光平，仍遣使与清朝通好。清朝和暹罗（泰国）的贸易十分兴旺。康熙曾下诏礼部，同暹罗使臣议定，对暹罗进口中国的大米，采取优惠政策。乾隆三十六年（1771 年），暹罗郑昭自立为王。郑昭和他的养子郑华都先后遣使来北京通好。乾隆十五年，清朝与缅甸之间开始有使节往来。三十年至三十四年间，中缅之间曾发生战争。议和停战后，特别是五十三年缅王遣使来北京以后，两国间友好往来非常密切。截至道光四年（1824 年），中国曾五次派亲善使团去缅甸，缅甸也先后六次派友好使节访问中国。顺治十二年（1655 年），通过荷兰传教士为媒介，清朝政府允许荷兰定期来中国通商。康熙三十七年（1689 年），法国第一艘来华商船到达广州。乾隆四十九年（1784 年），美国商船“中国皇后”号首航来华，开始了中美之间的直接贸易。但当时清政府实行闭关政策，实行海禁，限制对外贸易。顺治时，厉行“海禁”，来华的外国商船只准驶泊澳门一地。康熙二十二年（1683 年），清朝统一台湾后，曾一度开放海禁。乾隆二十二年（1757 年），清政府又下令封闭除广州外的其他海港。当时在西方各国的对华贸易中，英国居于首位。如乾隆五十四年（1789 年），停泊在广东黄埔的八十六艘外船中，英船占六十一艘。乾隆五十七年（1792 年），英国政府在其他资本主义国家的支持下，以给乾隆帝祝寿为名，派使臣马嘎（gā）尔尼来中国交涉通商事宜，并带来英皇的书信和礼物。在热河行宫朝见乾隆帝时，英国使臣向中国提出割地、开埠、减免税率等要求，遭到乾隆帝的严词拒绝。乾隆给英皇的谕旨中也指出：“所请多与天朝体制不合，断不可行。”[1] 嘉庆二十一年（1816 年），英国政府又派使臣阿美士德来华，重申前请。由于英国使臣与清政府在朝拜皇帝的礼节上争执不下，英国使臣没有受到嘉庆帝的接见，谈判也未能举行。英国在外交手段失败后，就更多地派遣商船到中国沿海进行走私活

[1] 《熙朝纪政》6 卷《纪英夷入贡》。

动。除棉纱等商品外，还向中国输入大量鸦片。道光十八年（1838 年），广州地方政府处决一名中国鸦片犯，英美侵略者强行干涉，公然劫法场，拆毁绞架，殴打中国官员和群众。道光二十年（1840 年），英国发动了侵略中国的鸦片战争。清政府妥协投降，被迫与英、美、法等国签订了第一批不平等条约。闭关自守的国门被强行打开了。比利时和瑞典、挪威（当时是联合王国）等国也都在“利益均沾”的名义下分享侵略者在中国取得的各种特权。1856 年至 1860 年，英、法等国发动了第二次鸦片战争。经过这次战争，清政府和英、法、俄、美四国签订了一批新的不平等条约，使中国丧失了大量主权和大片领土。从此外国公使能够进入北京。1865 年，中亚浩罕汗国的一个军官阿古柏率兵侵入我国新疆，占领天山南北的大部地区，于 1867 年成立“哲德国尔国”，自称为汗。1877 年被左宗棠率领的清军击败。1867 年，清政府派美国卸任驻华公使蒲安臣为“办理中外交涉事务使臣”，前往西方各有约国。1870 年，天津群众殴毙开枪屠杀群众的法国驻天津领事丰大业，焚毁教堂多处，史称“天津教案”。法国借端讹诈，清政府被迫派出专使崇厚到法国“赔礼道歉”。这是清政府第一次派出使节到西方国家。崇厚 1871 年年初到达法国，半年后，法国新总统梯也尔才傲慢地接见了他。1873 年，在外国使臣的强烈要求下，俄、美、英、法，荷兰的公使或代办、日本的特派大使及德国的一个翻译官，以鞠躬礼觐见了十七岁的同治帝。1875 年，清政府派郭嵩焘为出使英国钦差大臣，他也负有“道歉”的使命，这是中国正式派遣驻外使节的开始。1877 年，清政府派严复等二十余人，分赴英、法两国留学。1878 年，清政府派崇厚出使俄国交涉归还伊犁问题。次年，擅自签订丧失领土、主权的《里瓦几亚条约》，被撤职治罪。与崇厚出使俄国同时，清政府派曾纪泽（曾国藩子）出使英、法，1880 年兼任驻俄公使。1883 年至 1885 年，中法两国进行战争，最后以清政府与法国侵略者签订了又一个妥协投降的条约结束。1887 年，清政府与葡萄牙签订《豫立节略四条》，澳门主权丧失。1894 年，爆发中日甲午战争。次年，北洋海军覆没。清政府任命李鸿章为头等全权大臣，赴日“议和”，与日本签订中日《马关条约》，割让台湾、澎湖列岛和辽东半岛给日本。1896 年，清政府派李鸿章参加沙皇尼古拉二世的加冕典礼。李鸿章接受沙俄三百万卢布的贿赂，签订了卖国的《中俄密约》。1897 年，德国出兵侵占胶州湾，沙俄舰队占据旅顺口、大连湾。1898 年，列强在中国划分势力范围：英国——长江流域；德国——山东；沙俄——东北；法国——两广、云南。1900 年，英、美、法、德驻华公使照会清政府，限两个月内“剿灭”义和团，否则将派兵代为“剿平”。同年，八国联军由德国元帅瓦德西为统帅，攻占北京，并分四路扩大侵略。次年，清政府派奕劻（kuāng）、李鸿章与德、美、英、法、俄、日、意、奥、西、比、荷十一国公使签订《辛丑条约》。从此，帝国主义从政治上、经济上、军事上完全控制了清政府，清朝统治者彻底变成外国侵略者的忠实走狗。1905 年，清政府派镇国公载泽等五大臣出洋考察宪政。革命党人吴樾（yuè）深恨清政府预备立宪骗局，谋炸五大臣专车，未中主要目标，本人牺牲。

第二节 外事管理机构和官职

中国是一个历史悠久的多民族国家，有一个形成过程。在古代，“中国”的含义是有变化的。但其基本含义是“中央之城”或“中央之国”。《诗·大雅·民劳》：“惠此中国，以绥四方。”中国指京师或王畿。《史记·五帝本纪》：“夫而后之中国，践天子位焉。”注：“帝王所都为中，故曰中国。”后多指中原地区王朝所管辖的疆域。在中国古代的地理观念中，天是圆的，地是方的，帝王所在的地方是天下的中心，帝王所统治的地区是中央之土，所以称中原。而中原是天下最开化、最富庶的地区。《汉书·陆贾传》：“皇帝（刘邦）……继五帝三王之业，统天下，理中国。中国之人以亿计，地方万里，居天下之膏腴（肥沃富饶之区），人众车舆（多），万物殷富，政由一家，自天地剖判未始有也。”中国以外的地方，或指诸侯国，或指所谓蛮夷之邦。对中国最高统治者来说，初期的所谓外事，主要是指与诸侯国和周围少数民族政权的交往。后来严格意义的国际间交往，是初期外事活动的扩大或延伸。

西周时，已有专掌外事官员的设置，称大行人、行人、候人等。大行人掌管天子、诸侯间的重大交际礼仪。《逸周书·王会解》：“相者（临时设置的掌宾客礼仪之官）太史鱼、大行人皆朝服有繁露（冕旒上的悬玉）。”《大戴礼记·朝事》：“大行人掌诸侯之仪，以等其爵。”“古者大行人掌大宾之礼及大客之礼，以亲诸侯。”行人（也称行理、行李）负责出使和接待宾客。候人负责迎送宾客。天子诸侯间的交往主要是朝觐（jìn）聘问，通称朝聘。《礼记·王制》：“诸侯之于天子也，比年一小聘，三年一大聘，五年一朝。”郑玄注：“比年，每岁也。小聘，使大夫；大聘，使卿；朝，则君自行。”有时天子派出特使聘问诸侯。如《春秋·隐公九年》：“天王使南季来聘。”又《僖公三十年》：“天王使宰周公来聘。”与蛮夷之邦的交往，设怀方、掌交负责。蛮夷之邦前来臣服进贡的，由怀方接待。《周礼·夏官·怀方氏》注："九州之外无贡法而至者，达（引进）民以旌节，达贡物以玺节。"对尚未臣服的邦国，则派出掌交游说（shuì）。《大戴礼记·朝事》："明九命之赏以劝之，明九伐之法以震威之，尚犹有不附于德不服于义者，则使掌交说之。"与异族交往，语言不通，设翻译人员，东方叫"寄"，南方叫"象"，西方叫"狄鞮（dī）"，北方叫"译"，通称"舌人"。在国境关隘处设关，掌关的叫关尹。《国语·周语中》："敌国（地位、力量相等的国家）宾至，关尹以告。"韦昭注："关尹，司关，掌四方之宾客，叩关则为之告。《聘礼》曰：'及境，谒关人，关人问从者几人。'遂以入境告也。"

秦统一后，中央政府设典客掌管接待少数民族等事。西汉沿置，景帝中六年改为大行令，武帝太初元年改为大鸿胪，属官有大行令、译官等。《后汉书·百官志二》对大鸿胪掌管的事务记述比较具体："掌诸侯及四方归义蛮夷。其郊庙行礼，赞导，请行事，既可，以命群司。诸王入朝，当郊迎，典其礼仪。及郡国上计，匡（帮助）四方来，亦属焉。皇子拜王，赞授印绶。及拜诸侯、诸侯嗣子及四方夷狄封者，台下鸿胪召拜之。王薨则使吊之，及拜王嗣。"据上所述，汉代大鸿胪所掌的外事仍以王、侯礼仪和接待邻近少数民族使者为主。但中国境外的远方客人，也由鸿胪寺接待。印度佛教僧侣初来中国，即住在鸿胪寺。东汉明帝永平十年（67年），遣使蔡愔等赴西域求佛法，在月氏遇到来自天竺（印度）的迦叶摩腾和竺法兰，便迎到洛阳，舍于鸿胪寺。第二年，在鸿胪寺旧址建造白马寺，为佛教传入中国后的最早寺院。《历代职官表》十七卷说："僧徒初入中国，原待以蕃客之礼，故舍之鸿胪寺。"汉朝负有特殊使命的使者，多由皇帝直接派遣。如张骞原是郎官，应募出使大月氏。回国后被任命为大行（大行令），为最高外事长官。

魏晋南北朝时期，将汉代大行令改为客馆令或典客署令，负责接待四方宾客。北齐将大鸿胪改称鸿胪寺，长官为卿、少卿。这一时期的大鸿胪或鸿胪寺卿，仍兼掌诸侯王和外蕃入朝等事务。据《三国志·魏志》载，中山恭王衮薨，"使大鸿胪持节典护丧事"；楚王彪有罪，"使兼廷尉大鸿胪持节赐彪玺书切责之"。不过自东晋以后，诸侯王仅存空名，无分藩之制，礼仪亦大都不存。北魏时，凡外藩入朝，皆有馆以处之。又据《魏书·高句丽传》载，高祖使大鸿胪拜高云为高句丽王。《隋书·百官志中》："（北齐）鸿胪寺，掌蕃客朝会，吉凶吊祭。统典客、典寺（佛寺）、司仪等署令、丞。"

隋朝至炀帝时，外事活动大大增加。《隋书·苏夔传》说："时帝方勤远略，蛮夷朝贡，前后相属（zhǔ，接连）。帝尝从容谓宇文述、虞世基等曰：'四夷率服，观礼华夏，鸿胪之职，须归令望（有善美的威仪，使人景仰）。宁有多才艺，美容仪，可以接对宾客者为之乎？'”经众人推荐，炀帝以苏夔为鸿胪少卿。隋炀帝大大调整和扩充外事机构。改典客署为典蕃署。置四方馆于建国门外，以待四方使者。置东夷使者、南蛮使者、西戎使者、北狄使者各一人，掌其方国与互市事。每使者署，设录事、叙职、叙仪、监府、监置、互市监及副、参军各一人。录事总领纲纪。叙职掌其贵贱立功该叙者。叙仪掌小大次序。监府掌其贡献财货。监置掌安置其驼马船车，并纠察非违。互市监及副掌互市。参军掌出入交易。❶

唐朝是兴旺、开放的朝代，外事活动最为频繁。由尚书省礼部主客司掌管外事方面的政令，刑部司门司掌管关的出入。外蕃入朝者，始至之州给牒（凭证），叫做“边牒”。来者的人数要写清楚。蕃客往来，要检查所带之物。外国使节到京师后，由鸿胪寺典客署和中书省四方馆接待。“凡四夷君长，以蕃望高下为簿，朝见辨其等位。……海外诸蕃朝贺进贡使有下从，留其半于境；繇（通‘由’）海路朝者，广州择首领一人、左右二人入朝；所献之物先上其数于鸿胪。凡客还，鸿胪籍衣赍赐物多少以报主客，给过所（过关津所用的凭证）。蕃客奏事，具至日月及所奏之宜，方别为状，月一奏，为簿，以副藏鸿胪。献马，则殿中、太仆寺涖阅，良者入殿中，驽病入太仆。献药者，鸿胪寺验覆，少府监定价之高下。鹰、鹘、狗、豹无估，则鸿胪定所报轻重。凡献物，皆客执以见，驼马则陈于朝堂，不足进者州县留之。”❷ 四方馆由通事舍人主管。“凡四方通表，华夷纳贡，皆受而进之。”❸ 留学生由国子监接待，安排在国子学和太学学习。互市监掌与诸蕃交易马驼驴牛之事，属少府监。唐玄宗时，在广州设立市舶使，亦称押蕃舶使，专门管理海上贸易，多由地方官兼职，或由中人（宦官）担任。在不少地方设置商馆以招待外商。如在长安西市有所谓“波斯邸”和“胡邸”。诸蕃册立、会盟、吊祭等，多以鸿胪充使。若以他官充使，也必须兼鸿胪之职。如开元二十五年，新罗王金兴光卒，其子承庆嗣位。玄宗命赞善大夫（东宫官）刑琇摄鸿胪少卿前往新罗，行吊祭册立之礼。

宋礼部主客司“掌以宾礼待四夷之朝贡。凡郊劳、授馆、宴设、赐予，

---

❶ 《隋书·百官志下》，《隋书》798 页。

❷ 《新唐书·百官志三》，《新唐书》1257－1258 页。

❸ 《旧唐书·职官志二》，《旧唐书》1851 页。

辨其等而以式颁之。至则图其衣冠，书其山川风俗。有封爵礼命，则承诏颁付。”[1] 鸿胪寺卿“掌四夷朝贡、宴劳、给赐、迎送之事。……凡四夷君长、使价（jiè，通“介”，副使）朝见，辨其等位，以宾礼待之，授以馆舍而颁其见辞、赐予、宴设之式，戒有司先期具办；有贡物，则具其数报四方馆，引见以进。诸蕃封册，即行其礼命。”其下属单位有往来国信所、都亭西驿及管干所、礼宾院、怀远驿、同文馆及管勾所等。其中怀远驿“掌南蕃交州，西蕃龟（qiū）兹、大食、于阗、甘、沙、宗哥等国贡奉之事”。同文馆及管勾所，“掌高丽使命”。[2] 不过有宋一代，由于外临强敌，国力脆弱，疆土狭小，外蕃朝觐之事极为稀少。偶尔通贡的，只有高丽、安南等国。鸿胪寺职事甚少，徒有其名，因此至南宋并入礼部。宋朝在殿庭置客省使、引进司使，外事是其职务的一部分。客省使“掌国信使（两国通使，以符节文书为凭信）见辞宴赐，及四方进奉、四夷朝觐贡献之仪，受其币（礼物的通称）而宾礼之，掌其饔饩（yōng xì，接待外宾的礼物）饮食，还则颁诏书，授以赐予”。引进司使掌“蕃国进奉礼物之事”[3]。宋朝在广州、福建路泉州、两浙路明州、杭州、温州、苏州、华亭县、江阴军等地，设市舶司，亦称市舶务，由州县官兼任。元丰后设提举市舶司，专掌海外贸易之事。

元朝不设鸿胪寺，外事主要由礼部会同馆、侍仪司负责。由礼部尚书领会同馆事，“掌接伴引见诸蕃蛮夷峒（dòng，部分苗族、侗族、壮族聚居地区的泛称）官之来朝贡者。”[4] 侍仪司设置左右侍仪奉御等官员，掌外国朝觐之礼。

明代礼部主客清吏司“分掌诸蕃朝贡接待给赐之事。诸蕃朝贡，辨其贡道、贡使、贡物远近多寡丰约之数，以定王若（或）使迎送、宴劳、庐帐、食料之等，赏赉之差。凡贡必省（xǐng，检查）阅之，然后登内府，有附载物货，则给直（值）。若蕃国请嗣封，则遣颁册于其国。使还，上其风土、方物之宜，赠遗礼文之节。……各国使人往来，有诰敕则验诰敕，有勘籍则验勘籍，毋令阑（lán，擅自）入。……其返，则以镂金敕谕行之，必与铜符相比。凡审言语，译文字，送迎馆伴，考稽四夷馆译字生、通事之能否，而禁饬其交通漏泄”。[5] 由主事一人提督会同馆。四夷馆属太常寺，由少卿兼管，掌译书

---

[1] 《宋史·职官志三》，《宋史》3854 页。

[2] 《宋史·职官志五》，《宋史》3903 页。

[3] 《宋史·职官志六》，《宋史》3935－3936 页。

[4] 《元史·百官志一》，《元史》2140 页。

[5] 《明史·职官志一》，《明史》1749 页。

之事。从永乐五年起，外国朝贡，特设蒙古、女真、西番、西天、回回、百夷、高昌、缅甸八馆，置译字生、通事，通译语言文字。正德中，因八百国兰者哥进贡，增设八百馆。万历中，又增设暹罗馆。从明代开始，鸿胪寺只负责殿庭外事礼仪，不再掌管具体接待等事务。明代在广东的广州、福建的泉州、浙江的明州设立市舶提举司，各司设太监提督，掌管海外诸蕃朝贡市易之事。嘉靖时，因倭祸起于市舶，遂撤销泉州、明州二司，仅存广州一司。

清代仍由礼部主客清吏司掌宾礼之事。礼部所属有会同四译馆，掌接待各属国贡使事。会同四译馆由会同馆、四译馆合并而成。四译馆即明代的四夷馆，初隶翰林院，以太常寺汉少卿提督馆事。乾隆十三年（1748 年），将四译馆并入礼部，成为会同四译馆。以礼部郎中带鸿胪寺少卿衔兼摄馆事，三年更换一次。后增设满稽察大臣二人，由各部院满堂官（尚书、侍郎）内简派。其他官员还有汉大使一人（掌馆舍），序班二人（掌教译字生），通事八人等。凡贡使来京，都住在馆舍（在东交民巷，当时叫东江米巷），供给所需器用、粮食、柴炭等物。贡使见皇帝行礼，在礼部“赐宴”，在午门外“领赏”，都由馆卿引导，并作翻译。为翻译朝贡文字，分设“西域”、“八夷”二馆。译字生由顺天府童生考取。理藩院原是掌管蒙、回、藏少数民族事务的机关，长官称尚书、侍郎。它也掌管一部分属国及其他外国交往事务。与礼部的大致分工是：由东、南两方海路往来的，归礼部掌管；由北、西两方陆路往来的，归理藩院掌管。如与俄国交涉事，属理藩院。康熙三十三年，建立俄罗斯馆，为安置来京俄商之所。另有俄罗斯文馆（初名“俄罗斯学”），为培养俄文学生的场所，属内阁管辖。清代鸿胪寺掌管一般殿庭礼仪，与外事关系不多。清朝不设市舶使。康熙时，在澳门、漳州、宁波、云台山设立榷关，各关设正副监督各一人，管理对外贸易。

第一次鸦片战争后，根据《中英南京条约》的规定，中国开放广州、福州、厦门、宁波、上海为通商口岸。为适应这一新的形势，清政府设置了五口通商大臣，管理五口通商事务，由两广总督或两江总督兼任。第二次鸦片战争后，清政府被迫设立“抚夷局”，办理对外交涉事务。《北京条约》签订不久，又根据外国侵略者的要求，于 1861 年 1 月在北京设立“总理各国事务衙门”，简称“总理衙门”，办理外交并经管通商、海防、军务、关税等事务。总理衙门内部分设英国股、法国股、俄国股、美国股，后来又增设海防股、日本股。总理衙门成立后，即设南、北洋通商大臣。南洋通商大臣的前身为五口通商大臣，北洋通商大臣初为三口（牛庄、天津、登州）通商大臣。1862 年 5 月，在京师开办同文馆，这是一所学习外国文化、科学的学校。总理衙门成立后，还成立全国性的总税务司署，设正、副总税务司各一人，都由洋人担任，掌管海关税务权，归总理衙门管辖。它的前身是1854年在上海成立的江海关。1901年，改总理衙门为外务部。设总理亲王、会办大臣等官员，下分俄、德、法、英、日本五处，分办各国外交事务。每处各设翻译官三人，由同文馆学生及各省学堂学生拣补。1906年，于外务部附设储才馆，分设讲习、调查、翻译、评议、撰拟、编辑等课程，以培养外交人才，学习期限为三月至一年。

第三节　经济往来

中国古代与国外的经济往来，主要是通过贸易和进贡赐予两条途径进行的。汉代中国输往国外的物品，以丝织品为主。中国和西方的经济往来，是从丝绸贸易开始的。西方人知道有中国，也是以丝为前提，因此称中国为“丝国”。在罗马帝国，中国丝绸为高价奢侈品。丝织品还传入日本、缅甸等地。中国丝织品在汉代已享有国际盛誉。汉代中国输出的产品还有铁器、铜器和四川出产的蜀布、邛（qióng）竹杖等。从国外输入中国的特产，有中亚、西亚等地的毛布、毛毡、汗血马（又称“天马”，意为神马）以及石榴、胡麻（芝麻）、胡桃（核桃）、胡豆（蚕豆）、胡罗卜、大蒜、黄瓜、葡萄、苜蓿等植物，越南的象牙、犀牛、玳瑁（爬行动物，属海龟科，角质板可制纽扣、眼镜框或装饰品）、珍珠等。官营的对外贸易，从汉武帝开始，私营的对外贸易则更早一些。

魏晋南北朝时期，大秦等国的火浣（huàn）布（石棉布）、水银、琉璃、药材和汗血马等输入中国，中国的丝绸、铜器等输出到大秦、波斯等国。南朝时，高句丽曾送来马八百匹及肃慎楛（hù）矢、石弩等。林邑王范神成遣使送来金银器及香布诸物。后林邑还曾遣使送来金簟（diàn，供坐卧用的竹席）、玳瑁、吉贝（或作古贝，即棉花）、沉木香等。扶南王送来金镂龙王坐像一躯、白檀像一躯、牙塔二躯、古贝二双、琉璃苏鉝（lì，食器）二口、玳瑁槟榔柈（pán，通‘盘’）一枚，齐武帝报以绛紫、地黄、碧绿纹绫各五匹。扶南还曾遣使送来天竺旃（zhàn）瑞像、婆罗树叶、生犀及火齐珠、郁金苏合香等。呵罗单国（在今印尼境内）遣使送来金刚指环、赤鹦鹉鸟、天竺国白叠古贝、叶波国古贝等物。丹丹（今马来半岛吉兰丹）遣使送来火齐珠、吉贝、金、银、琉璃、杂宝、香药等物。婆利（今印尼加里曼丹）派使者送来白鹦鹉、青虫、兜鍪（dōu móu，头盔）、琉璃器、吉贝、螺杯、杂香药等。天竺迦毗黎国（在今印度境内）遣使送来金刚指环、摩勒金环诸宝物及赤、白鹦鹉各一头。北魏时，高丽经常来中国朝贡通商，岁致黄金二百斤，白银四百斤。北魏给高丽以衣冠服物车旗之饰。

隋炀帝时，在鸿胪寺四方馆设互市监，管理对外贸易之事。这是中国历史上最早的专门负责对外商业的机构。唐朝将互市监改属少府监，又在广州设立市舶司，管理海上贸易。唐朝到国外经商的商人，不绝于途。许多外国商人在长安西市经营店铺，长期居住。朝鲜半岛上的新罗，与唐朝经济往来最多，贡使贸易的数量也最大。新罗的特产工艺品、药材等大量传入中国，如牛黄、人参、朝霞绸、纳绸、鱼牙、镂鹰铃、海豹皮、金、银、总布等。往来于中国和新罗间的船只，常多达数十艘。在楚州等地，专门设有新罗馆，以接待新罗商旅。唐朝输入新罗的产品有金银精器、紫罗绣袍、瑞文锦绣、五色罗、彩绫、瓷器、茶叶等。开元时，曾一次赐予新罗使者精致的丝织品三百余段。唐朝和日本之间的经济往来，主要通过日本的遣唐使和唐朝去日本的商人。遣唐使给唐朝带来珍珠绢、琥珀、玛瑙、水织绝等贵重礼品，唐政府则回送一些高级丝织品、瓷器等。唐武宗会昌二年（842 年），唐商李邻德船赴日本，此后直到唐末，几乎连年有商船渡海，来往于博多与明州等地之间。唐商船到日本后，日政府以国宾相待，安置于鸿胪馆，依例供给食宿。其交易主要是在唐民间商人和日本官方之间进行。唐商船运到日本的主要是丝织品、香料、药品及奢侈品、玩赏物等，日本方面用于交易的物品主要有砂金、水银、锡、绵等。林邑多次遣使来唐，送来驯象、镠（liú，纯美的黄金）锁、五色带、朝霞布（棉布的一种）、火珠、五色鹦鹉、真珠、沉香、鲜白氎（dié，细棉布）等。唐高祖曾送给林邑锦、彩等丝织品。真腊使节来唐，多送来犀牛、白象，唐朝则多以锦绢回赠。真腊是我国重要通商国之一，唐朝的巨型帆船不断开到真腊去，带去大批中国货，其中有金银、缣（jiān，双丝的细绢）帛、漆器，瓷器、水银、纸札、硫黄、焰硝、檀香、白芷、麝香、麻布、雨伞、铁锅、铜盘、水珠、桐油、篦箕、木梳、针、草席等。真腊商船也不时来我国，其贸易地区主要在广州。堕婆登的使者给唐朝带来古贝（棉布）、象牙、白檀等礼物。阇婆的使者带来的礼品则有玳瑁、生犀、鹦鹉、频伽鸟等。唐朝运往南洋各国的商品主要是丝绸锦绢和瓷器等工艺品。南亚狮子国遣使送来大珠、钿（tián）金、宝璎（yīng）、象牙、白氎等物。唐朝与天竺间的贸易往来极为频繁。唐朝输往天竺的商品有麝香、纻丝、色绢、瓷器、铜钱等，从天竺输入的商品有宝石、珍珠、棉布、胡椒等。中亚吐火罗国给唐朝送来汗血马、红玻璃、碧玻璃、玛瑙灯树、生玛瑙、金精、异药、质汗药等。唐时，波斯为大食所灭，有许多波斯商人流亡到中国，在长安、洛阳、扬州、广州等地开设波斯胡店，以经营宝石、珊瑚、玛瑙、香料、药品而驰名。波斯的菠莱、波斯枣也输入中国。中国的丝绸、瓷器、纸张等大量运销波斯。大食曾派使者送来良马、宝钿带等。大食商人来中国的很多，长安、洛阳、扬州、广州、泉州等处都有他们的足迹。贞观时，拂菻派使者到中国来，送来赤玻璃、石绿、金精等物，唐太宗赐予绫绮作答。后拂菻又托吐火罗使者送来狮子和羚羊。拂菻通过波斯、大食商人，购买大量中国丝织品。

五代时，南方对外贸易相当发达，吴越、南唐从大食、占城输入猛火油（石油），再由海道运到北方各地。这是我国古代使用石油之始。五代以前，中国的对外贸易以西北陆路为主；从五代、宋朝开始，对外贸易以海路为主。我国商船出入高丽、日本和南海各地，外国商舶也相继前来。宋朝先后在广州、杭州、明州、泉州、密州的板桥镇（山东胶县境）、秀州的华亭县（上海市松江一带）、温州、江阴军设置市舶司，管理海外贸易。南宋政府在通商口岸创办外商招待所，如杭州有怀远驿，明州、温州有来远驿等。朝贡馈赠也是经济交流的重要渠道。高丽曾多次向北宋赠送良马、兵器、弓矢、金器、银器、铜器、青瓷、大布、人参、硫磺、药材等，北宋政府则回赠以礼服、乐器、金器、银器、漆器、川锦、浙绢、茶、酒、象牙、玳瑁、沉香、钱币等。民间交易也逐渐频繁起来。从高丽输入的商品，主要是苎布（毛丝布）、铜器、药材（人参、红花、茯苓等）、干果（栗、枣、杏仁等）、马匹以及各种工艺品。中国运销高丽的商品，主要有丝绸、瓷器、香料、药材等。宋朝与日本之间的贸易，以明州（宁波）为门户。中国输往日本的商品，主要是瓷器、丝绸、香料、药材、书籍、文具以及铜钱等。从日本输入的货物，主要是木材、黄金、硫黄、水银、砂金和各种手工艺品（宝刀、纸扇等）。宋朝在邕州（今广西南宁）、钦州等处设立博易场，为宋朝和交趾商人的交易场所。交趾、占城商人还由海道来到泉州、广州等港口贸易。交趾、占城方面出售的货物有香料、象齿、犀角、金银、木棉（棉花）、占城稻等，宋朝方面出售的货物有绫罗锦缎、布匹、纸笔、草席、凉伞、绢扇、漆器、瓷器、铅、锡等。宋朝和真腊之间的贸易往来相当密切，宋朝商人运去的货物有金银、瓷器、酒、糖、纺织品等，真腊用作交换的物品，主要有黄腊、犀角、香料、大枫子油等。宋朝与南海诸国（如阇婆、三佛齐等）的经济往来也十分活跃。从中国运往这一地区的商品，主要是陶瓷器、漆器、纺织品（苏杭五色缎、绸绢、布、丝等）、金属（金银、铁块）和金属制品，日常生活用品（木梳、扇、草席、伞等），食品（米、酒、盐、糖等）及茶叶等；从南洋诸国运回中国的货物主要有香料、药物、布匹、皮货、沉檀香、茴香、犀角、象牙、珍珠、水晶等。宋太宗时，特遣内侍八人，带着敕书、金帛，分四纲（成批运输货物的组织）往海南诸国，勾招进奉，博买香料、药材、犀角、象牙、珍珠、龙脑等物。宋时，阿拉伯的首都巴格达是一个国际贸易中心，中国贩运到那里的货物，主要是丝织品、瓷器、纸和麝香。有许多阿拉伯商人来到中国，他们带来的货物有香料、药材、犀角、珠宝等，然后购买丝绸、瓷器等运回阿拉伯。

元朝建立后，高丽名义上臣服于元朝，但在实际上仍保持着独立的地位，两国之间有相当多的贸易往来。元朝和日本没有建立政府间的通商关系，但民间贸易往来仍比较活跃。日本商船来中国的很多，庆元（今浙江宁波）是对日贸易的主要港口，日商多来此互市。元政府在庆元置市舶司，管理对日等国贸易。庆元（府）属县定海（今镇海）为日本商船停泊之所。福建、山东沿海也时常有日本商船到来。中国商船去日本的也不少。中国出口到日本的商品，以瓷器为大宗，其次为铜钱、香料、经卷、佛寺什器等。从日本输入中国的货物，有黄金及刀剑、扇子等。缅甸、暹国、罗斛对元朝都有贡纳关系。至元时，罗斛王遣使向元朝贡黄金、象齿、丹顶鹤、五色鹦鹉、翠毛、犀角、笃缛（rù）、龙脑等物。元朝运往真腊的货物，除金银、瓷器、纺织品等传统产品外，还有真州锡腊、温州漆器、明州草席等。元朝与非洲亦有贸易往来。中国运往非洲的货物有瓷器、丝织品、金银、铜钱等，从非洲输入的商品有香料、武器、药材、象牙等。埃及出产的刀剑，在元代风行一时。大德五年（1301 年），元朝派使者回回人麦术（zhú）丁等赴木骨都束（今索马里首都摩加迪沙）购买狮、豹等动物。

明初实行海禁政策，不许民间私造海船，不许到海外经商，海外贸易由宫廷垄断。从永乐三年（1405 年）到宣德八年（1433 年），内官监太监郑和，七次奉命下西洋。内官监是宦官衙门之一，掌管皇宫、王府、陵墓的修筑和采办宫廷所需婚丧礼仪所用珍宝等一切器物。郑和下西洋的经济目的，是用中国传统的手工业品，去换取海外的奇珍异宝。郑和的船队，满载着中国瓷器、茶叶、铁器、农具、丝绸、纻丝、金银等各类物品，用以换回象牙、香料、宝石等珍宝。郑和每到一国，就把中国出产的礼物赠送给国王，同时与当地商民进行贸易。永乐时，恢复了洪武年间废除的广州、泉州、宁波三个市舶司，专门管理对外贸易事务。明政府对各国使节来华贸易给予种种约束，严格限制各国使节来华的日期、人数和船数，并且还要呈验“勘合”和“金叶表文”，才能入境。明政府还规定，非朝贡之国不许贸易。明朝前期，中日之间的官方和民间贸易都有相当的规模，而以民间贸易为主流。日本向中国输入的商品有铜、硫黄、苏木、刀、剑、漆器等，中国向日本输出的商品有铜钱、书籍、名画、丝绸、金银、工具等。明朝到南洋谋生的人很多，其中有一些人从事商业。他们从祖国运去瓷器、铁器、铜器和纻丝、绫罗等丝织品，又从南洋运回胡椒、谷米、药材和棉花等。嘉靖以后，由于倭寇和葡萄牙殖民者的侵扰，明政府厉行海禁，来华的外国商船只能在沿海私自行商。明末，英国商船第一次来到广州海面。

清时，中国和朝鲜之间除通过使臣进行贸易外，在义州、会宁、庆源等地还设有定期的贸易市场。中国商人运去绸缎、皮货，布匹、文具等，贩回纸张、苎布、人参、牛马和食盐等物品。康熙年间，中日之间贸易十分兴盛。中国去日本的商船，最多时一年一百多艘。输往日本的商品有生丝、绸缎、瓷器、茶叶、药材、纸张、砂糖、染料、工艺品以及书籍、文具等。从日本输入中国的商品，以铜为大宗，其次为金银、海味、漆器等。康熙二十七年（1688年），日本在长崎港建造了专供中国商人居住的唐人坊。清朝同暹罗的贸易极为频繁，每年中国前往暹罗的货船约有五六十只之多。暹罗输入中国的商品以米为大宗。清政府对暹罗大米的进口给予优惠。清朝运往缅甸的商品有铜器、铁锅、剪刀和针等，从缅甸运回的商品有棉花和食盐等。中国和沙俄之间的贸易关系，是康熙时正式建立的。康熙二十八年（1689 年）签订的《尼布楚条约》规定：中俄两国人民有合法手续者，可以互相贸易。康熙三十三年（1694 年）建立俄罗斯馆，为安置来京俄商之所。当时规定：二百人以内的俄国商队，可以三年一至北京，八十日内许以免税通商。俄商以尼布楚为对华贸易重镇，以北京为双方交易中心，向中国主要输出毛皮，从中国主要输入布匹。雍正六年（1728 年），中俄签订《恰克图条约》，以恰克图为两国贸易的商场。康熙年间，英国商船经常来往于广州、澳门和定海、宁波之间，以海关索费过重，屡次请求清政府裁减税收。康熙三十七年（1698 年），法国商船第一次到达广州，运回大量中国丝绸和瓷器。乾隆四十九年（1784 年），美国商船首次来华。乾隆五十四年，停泊在广东黄浦港的外国商船有八十六艘。西方国家强烈的对华贸易要求与清朝政府的基本上闭关自守政策发生尖锐的矛盾。而清朝的闭关自守，以乾隆、嘉庆时期最为突出。乾隆在给英皇的敕谕中说：

"天朝物产丰盈，无所不有，原不借外夷货物以通有无，特因天朝所产茶叶、丝斤为西洋各国及尔国必须之物，是以加恩体恤。"[1] 从乾隆二十二年（1757年）起，外商只准在广州一口通商，且必须听从中国行商的管束，不得自由出入广州，还不准他们在广州过冬。在19世纪30年代以前，中国对西方的贸易始终处于出超的有利地位。以最重要的中英贸易而论，中国输英商品，仅茶叶一项的收入，就远远超过英国输华商品（包括毛织品、棉布、棉纱、金属等）价值的总和。西方国家每年要用大量白银来购买中国的丝茶等货物。以英国为首的西方国家，为了改变贸易中的不利地位，在几次交涉失败后，就大力发展走私贸易。不仅把大批商品如棉纱等源源不断地运来，甚至向中国大量倾销鸦片。鸦片输入的结果，使中国白银大量外流。

鸦片战争后，中国关闭的大门被打开了，对外正式开放了五个港口（广洲、厦门、福州、宁波、上海）。从此，洋货大量进入中国。进口货物主要是棉纱、棉布、鸦片，而中国出口的货物主要是茶、丝。同时，一向以受贡国自居的中国，开始向西方国家进贡（赔款）了。太平天国革命时期，外国人把枪炮弹药直至兵船卖给清政府，用以镇压太平军。第二次鸦片战争后，清政府开放十一个新口岸，即沿海的天津、牛庄（后改营口）、登州（后改烟台）、台南、淡水、潮州（汕头）、琼州和沿长江的镇江、南京、九江、汉口。在新疆，对俄国增开喀什噶尔一口。外国船可以往来于沿海各通商口岸，也可以在长江一带自由通航，外国人可以任意在内地通商。从60年代到90年代，外国商品进入中国市场的数量和品种逐渐增加。除鸦片、棉纱、棉布外，从1878年起，美国煤油开始较大量地向中国推销。从此，中国进入了使用所谓"洋油"的时代。其他进口商品还有染料、油漆、铁、铁钉、针、花边、袜、巾、烛、火柴等（被称为"洋漆"、"洋钉"、"洋巾"、"洋烛"、"洋火"等）。洋务派举办的军事工业，不但机器全部买自外国，而且原料、材料（如煤、铁等），以致产品的许多部件、零件都是从外国买的。至90年代初，中国市场进一步被外国资本主义控制。在进口商品中，几乎都是工业品，而机械在进口货物中所占比重不及百分之一。关税被外国人控制，进口商品税率很低，一般是值百抽五，中国成了世界上税率最低的国家。中国出口商品仍以茶、丝两项为大宗，约占出口总值的3/4。其次为大豆、猪鬃、皮革、菜油和短绒棉花等农产品和手工产品。收购价格常被外国商人所控制。甲午战争特别是八国联军战

[1] 《熙朝纪政》6卷《纪英夷入贡》附《敕谕英吉利国王二道》。

争以后，帝国主义侵略势力像洪水一般冲进中国，他们已经不以对中国的商品倾销为满足，而要求直接控制中国领土，划分势力范围，以保障资本输出的最大利益。垄断资本家除攫夺中国经济命脉如路矿等利益外，还在中国开办各种工厂，企图垄断中国工业。外国资本在中国开办的工厂有：纱厂、磨粉厂、制药厂、制酒厂、砖茶厂、肥皂厂、榨油厂、缫（sāo）丝厂、造纸厂、香烟厂、铁锅厂、印刷厂等等。1903 年，英、美、日三国在《辛丑条约》的基础上，和清政府分别订立了《通商行船条约》。这些条约规定，开放长沙、万县、安庆、惠州、江门、沈阳、大东沟等内地城市为通商口岸，并整顿内河水道，以便外商轮船通行。为了保护外国资本家的通商利益，条约还规定，中国民间使用机器进行纺织和制造一切有外国进口货的工业品，由海关征收加倍于洋货进口税的所谓“出厂税”。

第四节　文化交流

我国从汉代开始，在与国外的友好交往中，文化互相交流，互相影响。我国较高的封建文化，不断传播到世界各地，同时又不断吸收来自国外的优秀文化，丰富了我国的文化宝库。张骞通西域后，我国的冶铁技术、井渠法等传入大宛、安息等国。中亚的箜篌（拨弦乐器）、琵琶、胡笳、胡角、胡笛等乐器及乐曲、舞蹈也传入中国。犁靬人的幻术（眩人，即魔术）也是在这时传入中国的。《汉书·张骞传》：“大宛诸国发使随汉使来，观汉广大，以大鸟卵及犁靬眩人献于汉。”师古注：“眩读与幻同。即今吞刀吐火、植瓜种树、屠人截马之术皆是也。”西汉后期，印度的佛教通过西域传入中国内地。哀帝元寿元年（公元前 2 年），信奉佛教的大月氏遣使臣伊存来到长安，博士弟子秦景宪从伊存学浮屠经。汉代的雕刻绘画也受到某些外来影响，如石雕上出现西方特产的狮子等图象。东汉时，缅甸北部的掸国王雍由调两次遣使来汉，并“献乐及幻人”，缅甸的音乐和杂技，在当时深受欢迎。东汉初，佛教在统治阶级中间开始流传。如楚王刘英“斋戒祭祀”，供养一些桑门（沙门，即和尚）和伊蒲塞（善男、居士，指受五戒——不杀生、不偷盗、不邪淫、不妄语、不饮酒——之男子）。明帝对此进行表彰。明帝还派蔡愔去印度取经，在月氏遇到来自天竺的佛教僧侣，便迎入中国。当时用白马驮载经像而归洛阳，次年建寺，以“白马”命名。寺门内两旁建两僧墓；寺内许多佛像、罗汉像，神采奕奕，栩栩如生，极富艺术价值。伽蓝殿有石雕弥勒菩萨像。桓帝时，在宫中建立了黄老浮屠祠。桓灵时代，西域名僧安世高、支谶等都先后到了洛阳，翻译佛经多种，佛教的影响越来越大。东汉时期流行的佛教，属小乘（shèng）教派。其教义主要有以下几点：宣扬“神不灭”论，人死后能够重新投生；宣扬因果报应，生时善恶皆有报；要求“行善”，为来世积福；以慈悲为本，要求不杀生，清除欲念，专务清静。这些教义，使贫苦无告的劳动人民和企求永保富贵尊荣的统治者，都能从中得到慰藉，因此传播很快。

魏晋南北朝时期，中国和印度等国的僧侣往来经常不断。据不完全统计，这一时期，印度等国的僧侣来中国传教、译经的有七十多人；中国僧侣往印度等国取经的近九十人，其中以东晋法显最著名，贡献最大。法显历尽艰险，历时十四年，抵达北、中天竺，得《摩诃僧祇律》、《方等》、《泥洹（huán）经》等经籍。回国后，与刚来中国的尼泊尔高僧佛驮跋陀罗一起，译出佛经百余万言。南朝刘宋元嘉时，天竺僧求那跋多罗、罽宾僧求那跋摩，均由海路到广州，以后至建康翻译佛经。号称中国禅宗之祖的菩提达摩，南天竺人，是梁时泛海至广州，以后再去北方的。6 世纪末，中国的养蚕术通过波斯传入大秦。经过长期往来，中国的制酒、养蚕术传入老挝，灌溉用水车、建筑、造纸、纺织等技术传到越南。越南的琉璃制造技术传入中国，使我国原有的琉璃制造技术有新的提高。这一时期，南朝宋、梁政府曾把《涅槃》等经义、毛诗博士并工匠、画师等赠给百济。中国的五经、三史、《三国志》、《晋阳秋》等书籍及医药、历法等相继传入朝鲜。朝鲜的语言吸收了不少汉语词汇，很多人能用汉文写作。朝鲜人民创造的《箜篌引》乐曲和新罗的伽倻琴等乐器也传入中国。高句丽、百济的音乐被北周列入乐部，称为“国伎”。中国的《论语》、《千字文》由百济人王仁带入日本，另一百济人段杨尔把中国的五经传入日本。日本开始使用汉字。梁武帝时，汉人司马达把印度的佛教传入日本。不少中国纺织工、养蚕和缫丝能手、裁缝师、陶工以及厨师等移居日本，带去了中国先进技术。

隋时，百济和中国的关系非常密切，读汉人的书、史，采用南朝刘宋的元嘉历法，婚娶礼仪与中国相近。新罗的文字、甲兵同于中国。日本从百济求得由中国传入的佛经。日本国王从中国学习制冠，并从中国学习一些礼俗、娱乐活动，如元旦行射戏饮酒礼，以及下棋、握槊（南北朝时由天竺传入的博戏，槊音 shuò）、樗蒲（一种博戏）等。

唐朝是当时亚非各国文化交流的一个中心。它的高度发达的文化，对亚非各国影响很大，对朝鲜、日本则影响尤深。新罗于 675 年统一朝鲜半岛以后，与唐朝的关系非常密切。新罗的政府机构，是大致仿照唐制设置的。新罗的都城平壤，是模仿隋、唐的长安、洛阳建造的。新罗派到唐朝的留学生，更是络绎不绝。在唐朝的外国留学生中，以新罗人为最多。新罗留学生多的时候一次就有一百零五人，不少人参加唐朝的进士科考试，时称“宾贡进士”。有的人进士及第后，留在唐朝做官。新罗留学生回国时带回很多中国文化典籍，如《左传》、《文选》等。白居易的诗歌在新罗受到广泛欢迎。早在唐太宗时，将新编成的《晋书》送与新罗。新罗采用唐朝的历法。设立医学、天文和漏刻博士，研究唐朝的医学、天文和历法。新罗还从唐朝学习了科举制度，用以选拔官吏，以《左传》、《礼记》、《孝经》为主要的考试科目。新罗学者薛聪创造了“吏读”法，用汉字作为音符来标记朝鲜语的助词、助动词等，帮助阅读汉文。中国的种茶技术和雕版印刷技术先后传到朝鲜。日本来中国的遣唐使团中，有很多留学生和学问僧。留学生在国子监学习中国文化知识。日本孝德天皇的大化革新，就是在留学生的协助下进行的。在中国长期留学的高向玄理和僧旻（mín）被任命为国博士，参议国家大事。政府机构设置、法律制度和经济制度，都仿照唐制。大化革新后建成的平安京（京都），也是模仿唐朝的长安都城设计的。天智天皇时在京都设立的大学，分为明经、纪传、明法、书、算等科，各科学习的内容基本上和唐制相仿。日本留学生吉备真备和学问僧空海和尚，在日本人民利用汉字标音记意的基础上，创造了日文假名字母。吉备真备采用汉字楷体偏旁造成“片假名”，空海采用汉字草体造成“平假名”。唐朝丰富多采的文学作品，大量传入日本，深为日本人士所欣赏。尤其是形象鲜明、语言通俗的白居易诗，更为日本人士所喜爱。唐朝的音乐、绘画、雕塑、书法、工艺美术以及先进的生产技术、天文历法、医学、数学、建筑、雕版印刷等也纷纷传入日本。甚至在生活习惯的许多方面，唐朝对日本也有深刻的影响。唐人打马球、角抵、围棋等体育活动，先后传入日本。平安时兴起饮茶之风。唐人的服装也深为日本人所喜爱。中国传统的节令如端午节饮菖蒲酒、七月十五日盂兰盆会、九月九日重阳节，亦在唐时传入日本。唐时日本来中国学习的学问僧共九十余人，其中最著名的是空海。他在长安青龙寺跟僧人惠果学密宗，回国时带回一百八十多部佛经，在日本建立了密宗。中国僧人也有不少去日本，他们中以鉴真和尚贡献最大。鉴真把律宗传到日本，同时还把佛寺建筑、雕塑、绘画等艺术带过去。鉴真对日本医学的发展，也作出了贡献。由于交往频繁，唐时文化典籍传入日本的非常多，如《史记》、《汉书》、《三国志》、《后汉书》、《晋书》、《文选》、《孙子兵法》等。据 9 世纪末编写的《日本见在书目录》记载，当时日本所存的汉文书有一千五百七十九部，一万六千多卷。这些典籍大部分是日本遣唐使、留学生、学问僧和中国僧人、商人带到日本去的。唐朝的典章制度也多传到越南，越南的佛教也是从唐朝传去的。其时，越南也以诗文取士。唐朝诗人杜审言、刘禹锡、韩偓（wò）等人都到过越南，与越南诗人唱和酬答。唐时，扶南音乐传入我国。唐王朝置有扶南乐，由扶南乐师传授后宫歌女曲艺，在节庆宴会上献演。唐德宗时，骠国使者带乐工三十五人，骠国乐二十二曲，到长安演奏。乐曲大都演奏佛教经、论的词意，非常优美，受到皇帝的重视，长安城为之轰动。唐高僧玄奘访问印度时，曾到尼泊尔探求佛学，参谒过释迦牟尼的诞生地。中国的造纸术在这时传入尼泊尔。唐僧玄奘是贞观时启程去印度的。他到印度后，在佛教学术中心那烂陀寺，从戒贤学习佛教经典，回国时带回梵文佛经六百五十七部。后在长安慈恩寺专心译经，二十年间译出佛经七十五部，一千三百三十五卷，在印度留学时，玄奘把秦王破阵乐介绍到了印度。回国后，他把老子《道德经》译成梵文，送往印度。继玄奘后，我国另一位佛教大师义净浮海去印度，带回梵文经书四百部，归国后译出佛经二百三十卷。同时，有不少印度高僧携带佛经来中国，或亲自参加译经工作。佛教对唐朝的文学艺术产生了很大的影响。文学方面产生了与佛教有密切关系的变文。在艺术方面，我国敦煌、云岗，麦积山以及洛阳龙门石窟的壁画和雕塑，都受到印度佛教艺术风格的影响。此外，印度和巴基斯坦的天文、历法、医学、音韵学、音乐、舞蹈、绘画、建筑等也陆续传入我国，对中国文化产生较大的影响。唐太宗还曾派人去印度学习制糖技术。中国的造纸术经尼泊尔传到了印度。唐时，中亚“昭武九姓国”中的石国、康国的胡腾舞、胡旋舞和柘（zhè）枝舞传入长安，为唐人所喜爱。天宝年间，唐将高仙芝在怛罗斯战役中为大食所败，不少唐兵被俘。唐兵中有一些掌握技艺的工匠。于是中国的丝织、画法、金银等制作技术，特别是造纸法，由此传入西亚、欧洲。中国造纸、丝织技术的西传，是对世界文化的重大贡献之一。唐朝沿海地区有一些波斯、阿拉伯商人留居，伊斯兰教在他们中流行。基督教也是在唐代传入中国，最初称为“波斯经教”、“景教”或“波斯景教”，教堂称“波斯寺”。基督教主要在西域胡商中流传，唐人信仰者不多。东罗马的医术和吞刀吐火等杂技，也传播到唐朝。

两宋时期，到中国求法和留学的高丽僧人非常多，其中以义天贡献最大。他在中国除学习佛教经义外，还收集了佛经章疏三千多卷，回国后编成《新编诸宗教藏总录》一书，共收书一千部，四千七百多卷，并把刊刻后的印本赠给北宋政府，为中国佛教史的研究作出了贡献。义天在高丽创立天台宗。太宗时，北宋政府曾将所印《大藏经》赠送一部给高丽。以后，北宋政府又多次向高丽赠送大批书籍，包括九经、《史记》、《汉书》、《后汉书》、《三国志》等。中国雕板印刷术和活字印刷术先后传到高丽。高丽人民加以改进，铸造了金属活字，推动了印刷术的进步。根据高丽政府的请求，北宋政府几次派遣医师前去讲学，并赠送了各种药材和医书。宋时，日本来华的僧人很多，其中以奝（diāo）然、成寻和荣西等最有名。奝然曾受到宋太宗的召见。回国时带回大藏经和佛像等。成寻在中国九年，死于中国，留下一部《参天台五台山记》，有较高的价值。荣西曾两次来中国，把禅宗输入日本，还从中国带回茶种。佛教禅宗在日本的兴起，饮茶之风在日本的流行，都与他的活动分不开。南宋时，商人刘文仲携带《新唐书》、《新五代史》去日本，赠给日本左大臣藤原赖长。宋朝的造船技术和印刷术等也传到日本。宋朝与阿拉伯之间有较多的文化交流。阿拉伯人把阿拉伯文化如天文、历法、医学等介绍到中国来，又把中国先进的科学技术如造纸术、炼丹术、火药、指南针等传到非洲和欧洲去，对世界文明的进步产生了巨大的影响。

元代，中国和高丽两国的学者、诗人、画家、建筑师等有很多接触，建立了亲密的友谊。程朱理学在13世纪末14世纪初传入高丽，是文化交流中的一件大事。许多精通汉文的高丽学者和僧人，还奉命出使，或私人游学，来到中国。他们广泛结交中国文人，相互切磋，唱和酬答。高丽著名诗人、思想家李齐贤，与元朝的著名作家、艺术家赵孟𫖯（fǔ）、元明善、朱德润等都有很深的交谊。两国思想家、文学家的频繁来往，促进了两国文化的交流。元代来华的日本僧人很多。他们在中国一般都受到友好的接待。中国僧人去日本的也不少，其中影响较大的是宁一山，他在日本二十年，对日本的佛学和文学艺术产生了不可磨灭的影响。元时日本的刻书业很兴旺，刊印了不少中国名人文集和佛经等，特地到元朝请了许多刻工去日本传授技术。元时，安南儒学兴起，佛教的势力也很强盛，安南政府常派儒臣或憎人来中国。儒臣结识文人学士，僧人请赠佛经，与元朝文化界关系密切。有不少中国人移居安南、占城，他们带去了中国的科学文化，如戏剧、医学等。元朝和伊利汗国（波斯、阿拉伯一带）之间，一直保持密切的关系。有不少中国学者到伊利汗国任职，他们带去了中国的医学、天文历法及历史等各类书籍。元朝的驿传、牌符等制度传入伊利汗国所辖地区，陶瓷制造工艺和装饰艺术对波斯、阿拉伯等地产生很大影响，印刷术和火药都通过伊利汗国再传到欧洲。伊利汗国境内的波斯、阿拉伯人（元代文献中称为“回回人”、“西域人”或“大食人”）来中国的非常多。波斯、阿拉伯久负盛名的医学、天文学知识通过各种途径传入中国。元世祖忽必烈于太医院内置广惠司，掌修制御用回回药物等事。在广惠司任职的都是回回医生，用的是回回医法和回回药物。后又在大都、上都各置“回回药物院”，掌回回药事。医学著作传入中国的也不少。回回医学中的精华，被中国医学所吸收。元政府还设置回回司天监，以波斯人天文学家扎马鲁丁为提点。许多重要的伊斯兰世界的天文、历算著作，都传到中国了。回回历流传到中国的许多地方。伊斯兰教在元代流传到全国各地，不过基本上限于在回回人中间流行。元政府在中央设立回回哈的司，由哈的大师掌管，依回回法管理本教门的宗教活动、回回人的户婚钱粮等词讼及部分刑名之事，为专门管理伊斯兰教徒的机构。仁宗时，下令罢回回哈的司，哈的大师只管掌教念经，回回人的刑名、户婚、钱粮、词讼均由官府衙门断决。伊斯兰教的教义主要有：信仰安拉（创造万物、大仁大慈、赏善罚恶、无形象、无方法、无所不在的宇宙唯一主宰，又称“真主”）是唯一的神，穆罕默德是安拉的使者，信天使，信《古兰经》是安拉“启示”的经典，信世间一切事物都是安拉的“前定”，并信仰“死后复活”、“末日审判”等。念清真言、礼拜、斋戒、纳天课、朝觐等为教徒必遵的“功课”。基督教在元代称也里可温，得到元政府的承认，获得较广泛的传播。元廷设立崇福司，为管理也里可温教门的政府机构。大都是基督教各派争相活动的地区。基督教信仰上帝（或称天主）创造并管理世界，耶稣基督是上帝的儿子，降世成人，救赎人类，以《旧约全书》、《新约全书》为圣经。

明代，中日两国之间有过较多的文化交流。日本使臣从中国购买了不少书籍，如《百川学海》、佛经等。日本一些文化界人士如画家雪舟、文学家策彦等相继来华访问。中国有一批善于雕版的工匠东渡日本，对日本印刷技术的发展起了促进作用。16 世纪 80 年代初，耶稣会士经澳门进入我国。他们在肇庆建起教堂，作为传教的据点。为了便利传教事业，他们也介绍了一些西方有关历算、水利、测量等方面的知识。

清代中朝之间的文化交流十分密切。朝鲜使者从中国购回很多书籍，并和中国文人学者相结识，互赠书籍或著作。清代有一些中国学者留居日本，对日本文化作出一定的贡献。如朱舜水在日本开创了讲学的风气。清代西欧来华的耶稣会士，先后把一些儒家经典如《大学》、《中庸》、《论语》、《孟子》等和历史、文学著作如《通鉴纲目》、《赵氏孤儿》等介绍给欧洲。中国的儒家思想，对资产阶级启蒙思想家如伏尔泰等有很大影响，人文主义者从中受到启迪，吸取思想营养。中国的国家行政组织、科举制度和御史谏议制度等，备受西方学者的推崇，成为他们手中反对天主教会和西欧封建专制王权的斗争武器。中国的印刷术、火药、指南针三大发明传入欧洲，更对西方国家的政治、经济和文化的变革提供了强大的推动力。马克思说："火药、指南针、印刷术——这是预告资产阶级社会到来的三大发明。火药把骑士阶层炸得粉碎，指南针打开了世界市场并建立了殖民地，而印刷术则变成新教的工具，总的说来变成科学复兴的手段，变成精神发展创造必要前提的最强大的杠杆。"[1] 中国的园林建筑艺术对欧洲也产生很大影响。英国建筑师钱柏兹来中国参观，回国后著《东方园林》一书，并为英国肯特公爵在伦敦附近修建了一座模仿中国园林的克幽花园，被称为"中英式花园"。西方来华的天主教（基督教的一派，该教除崇拜天主即上帝和耶稣基督外，还尊玛利亚为"圣母"。强调教徒必须服从教会权威，声称教士有受自天主的神秘权力，可以代表天主对人定罪或赦罪，并有一整套等级森严的教阶制度。中世纪时，是西欧各国封建社会中占统治地位的宗教）士，将西方有关天文、地理、历法、数学、水利、医药、火器等方面的一些知识，也介绍到中国。康熙帝对西方的科学技术比较重视，并注意招徕西方科技人才为中国效力，给他们以优厚的待遇。在钦天监中，长时期有精于天文历法的西方传教士供职。其中汤若望、南怀仁等，都曾主持过钦天监的工作。南怀仁还曾受命铸造火炮，并把西方的造炮技术传授过来。一些西药如金鸡纳、薄荷露、玫瑰露、日精油、檀香油等和人体解剖学的知识，也在清朝前期开始传入中国。不过天主教士带到中国来的，已非当时西方最先进的科学技术成果，并且只是作为在中国传教、殖民事业的一种手段。汤若望采用了利玛窦的传教方法，承认中国的天主教徒得崇拜孔子和祖先，因而使天主教得以在中国各地传播。康熙初年，国内二十八个城市设有天主教堂，教徒总共十万余人。清政府对传教士的活动监视和限制很严。

鸦片战争期间和以后，少数进步政治家、思想家提出学习西方"长技"，了解外国情况，借以抵御外侮的主张。林则徐在广州抗敌时，不断搜集西方情况，翻译西方书报，编成《四洲志》一书。湖南学者魏源在《四洲志》的基础上继续收集材料编成《海国图志》一百卷，这是亚洲第一部有系统地叙述

---

[1] 转引自齐思和：《四大发明的西传和对欧洲的影响》，《中国史探研》，中华书局 1981 年版，293 页。

世界史地的著作。魏源提出“师夷长技以制夷”的主张。他认为西方的“长技”主要有三点：战舰、火器和养兵练兵之法。差不多同时，福建的徐继畬（yú）也根据他所搜集到的外国人出的地图和其他书籍，写成《瀛环志略》一书。1843 年，洪秀全从他看到的一本宣传基督教的小册子《劝世良言》（作者梁阿发）中得到启发，创立了拜上帝会，并动手打毁了私塾的孔子牌位。1845 至 1847 年，洪秀全写了《原道救世歌》、《原道醒世训》、《原道觉世训》等文章，奠定了太平天国运动的理论基础。洪秀全并不是基督教徒，他是按照中国农民革命的需要利用了基督教的某些形式。拜上帝会也是一种宗教组织，它宣布只有“上帝”是真神，其他一切向来为人所崇礼的对象都是妖魔，一切人都是上帝的子女，都是平等的。这种思想使在封建重压下的农民群众精神上大大解放，对太平天国革命起了动员的作用。这是西方传教士所没有料想到的结果。太平天国后期，洪秀全族弟洪仁玕（gān）从香港来到天京，受封为干王。他在香港期间，接触了一些外国传教士，受到若干资本主义思想影响，并学习了一些西方资产阶级科学文化。他被封为干王后不久，就提出《资政新篇》，主张仿效西洋，兴办工厂、矿山、铁路、银行、报馆等。洪秀全对洪仁玕的建议大都批示“可行”，实际上并未能实行。第二次鸦片战争失败后，清朝统治集团兴起了“办洋务”的热潮。所谓“办洋务”，其中也包括派遣留学生，学习外洋来的科学，使用机器，开矿办厂，按照“洋法”训练军队等内容。同文馆是学习外国文化、科学的学校。英、法、俄、德、东文等馆学习各国语言文字，算学（包括天文）、化学、格致（力学、水学、声学、气学、火学、光学、电学等）、医学等馆学习西方科学知识。同文馆的总教习、洋教习都聘请洋人担任。60 ~ 90 年代兴办的军事工业及围绕军事工业开办的其他企业，装备、技术等都是从西方引进的。湘淮军阀把持的江南制造局附设一个翻译馆，对西方科学技术作了较广泛的初步介绍。所谓“洋务”运动，实际上是一次学习西方文化、科学、技术的运动。但在洋务派的把持下，科学得不到发展，科学家也没有前途。西方传教士所译科学、技术书籍，种类虽不少，却都是最粗浅的东西。因此直到 19 世纪末叶，中国还没有真正的近代科学可言。对西方资产阶级文化作比较系统的介绍，是 19 世纪末期资产阶级改良派开始的。其中以严复贡献最大，他于 1895 年首先译出《天演论》，此后他继续译出《原富》、《群学肄言》、《名学》等著作。他还在天津《国闻报》上发表《辟韩》等文，传播“西学”，以西方资产阶级学说攻击韩愈在《原道》一文中宣扬的尊君思想。他说：“夫自秦以来为中国之君者皆其尤强梗者也，最能欺夺者也。”在当时引起极大的震动，被张之洞诋为“洪水猛兽”。维新派的主要代表人物康有为、梁启超、谭嗣同等对资本主义制度备加称赞。康有为《大同书》中所描述的理想社会，实际上是以美国为标本的资产阶级王国。他还写了《日本明治变政考》和《俄罗斯彼得变法记》，宣传学习俄、日变法维新的主张。谭嗣同在《仁学》中接受西方自然科学的一种见解，认为“以太”构成客观物质世界。20 世纪初，赴日本留学的人数骤增，至 1904 年达三千多人。他们所接受的是资产阶级文化教育。在他们当中，孕育了一批资产阶级革命家，如陈天华、邹容等。以孙中山为领袖的资产阶级革命政党中国革命同盟会，以资产阶级共和国为蓝图，提出了资产阶级革命纲领。美国等西方资本主义国家，在加紧经济侵略的同时，加强文化渗透。仅以美国为例，1907 年在华传教士达一千四百多人，占外国在华传教士总数的百分之四十；美国教会在中国开办的学校达一千一百九十五所，占外国教会所办学校的一半以上。1908 年，美国国务院将“庚子赔款”未付的一部分“退还”中国，借以吸引中国学生赴美留学，并在中国办理文化侵略事业。

第五节　中外战争

秦汉时，中国与越南、朝鲜、大宛等国曾发生过战争。战国末期，越南北部已有瓯骆国。秦统一六国后，向越南进军时，曾侵及瓯骆国。秦、汉之际，原秦南海郡龙川县令赵佗（真定人）占据南海、桂林等郡，并灭掉瓯骆国，建立南越国。汉武帝灭赵氏政权后，在越南北部设置交趾、九真、日南三郡。西汉初，燕人卫满率千余人奔朝鲜，后被立为朝鲜王。元封二年（前 109 年），汉武帝派楼船将军杨仆、左将军荀彘率兵分两路进攻朝鲜。卫氏朝鲜亡。武帝以其地设置真番等四郡。大宛产良马，武帝派使者前去购买，使者被杀，钱物被抢。于是武帝命李广利为“贰师将军”，于太初元年（前 104 年），率军数万人攻贰师城（属大宛，故址在今苏联吉尔吉斯西南部马尔哈马特）。因路远无粮，未能攻入大宛。武帝闻讯大怒，命李广利于太初三年再次进攻大宛，并派精兵六万余人，牛马骆驼十五万匹运送粮食武器，又征调甲卒十八万人为后援，始得攻入大宛，夺得良马三千余匹。

隋朝与高丽之间，曾有过数次大的战争。开皇十八年（598 年），高丽王高元自辽东进攻辽西，被营州总管韦冲击退。文帝知道后大怒，命汉王杨谅为元帅，高颎为元帅长史，率领水陆大军三十万，大军进攻高丽。结果失败而回。炀帝时，裴矩建议威胁高丽王高元来朝，高元不理。炀帝遂以此为借口，连续三次向高丽大举进攻。第一次征调陆军一百一十三万人，分为二十四军，曾由左翊卫大将军宇文述和右翊卫大将军于仲文等率领。另有水军，由右翊卫大将军来护儿统率。隋炀帝遥领指挥，大将们必须奉诏行事，不能机动。战争结果，隋军惨败。宇文述、于仲文指挥的九支军队，原有三十万零五千人，回到辽东时只有二千七百人。第二次进攻，再告失败。第三次仍以失败告终。此外，隋文帝末年，曾派大将刘方带兵进攻林邑。

唐初，太宗以高丽联合百济进攻新罗为借口，于贞观十八年（644 年）出动水、陆军十万人进攻高丽，第二年败回。高宗时，又两次对高丽用兵，于总章元年（668 年）攻下平壤，灭高丽，于其地设置九都督府、四十二州、一百县，总隶于安东都护府。以薛仁贵为安东都护，镇守平壤。以后由于新罗的反抗，唐朝的势力退出朝鲜。新罗于上元二年（675 年）统一了朝鲜半岛。天宝九载，唐安西节度使高仙芝，掠夺昭武九姓中的石国，石国王子引大食来攻，大败唐军于怛罗斯城，大量士众被俘西迁。

从 10 世纪末到 11 世纪初，辽朝曾三次发动对高丽的战争，给高丽人民造成很大的损失。宋朝初年，越南丁部领建立大瞿越国。公元 979 年，丁部领及其长子为臣下所杀，大将黎桓篡权。宋太宗得知消息后，派兵进攻交趾，宋军败退。其后交趾黎朝和李朝都不断出兵骚扰宋朝边境，抢劫财物，蚕食土地。神宗熙宁八年冬，李朝以十万军队向宋朝大举进攻，接连攻陷钦州、廉州、邕州等地，深入中国领土数百里，屠杀中国居民十余万人。宋朝被迫反击，攻入交趾境内，双方互有胜负，最后议和停战。

从 1231 年至 1259 年，蒙古军队多次侵入高丽，给高丽人民带来沉重的灾难。忽必烈在迫使高丽臣服以后，接着就企图使日本也表示臣服，遣使来朝。自至元三年至十年，忽必烈连续五次派使臣去日本，劝谕日本臣服，遭到日本政府的严厉拒绝。至元十一年（1274 年），忽必烈以忻（欣）都为元帅，洪茶丘为副元帅，率蒙古、汉军及高丽所征军计二万五千人，侵袭日本对马、一歧两岛，遭到日本守军的坚决抵抗。元军虽小胜，但未能深入，不久仓猝撤回。至元十八年，忽必烈又调动军队十四万多人，分两路进攻日本。这一次大张旗鼓的侵日之役，元军损失惨重，五分之四的军队被歼灭。1258 年，蒙古大将兀良合台从云南率军侵入安南，占领京城升龙（今河内），九天后撤回云南。至元二十年（1283 年），忽必烈命其子镇南王脱欢为统帅，率领大军，以假道安南攻打占城为名进兵安南，占领升龙。安南军民巧妙地避开决战，待元军疲劳，再从四面八方发起反攻，把元军赶出安南。同年，忽必烈派占城行省右丞唆都统率军队，乘船从广州出发，航海至占城港，沿海岸屯驻，遭到占城军民奋力抵抗。次年，唆都奉命从占城北攻安南，征伐占城之役遂告结束。至元二十四年，忽必烈命脱欢统兵水陆并进，再次侵入安南，占领升龙城，但不敢久驻。至元十四年，缅王派遣大将释多罗伯率士卒象骑数万，进犯云南行省所属镇西路（干额）金齿部落。行省出兵救援，与缅军激战，将他们赶跑。二十年，忽必烈命诸王相吾答儿等统大军侵缅，攻占江头城。缅王遣大臣向元军求和，元即遣“招缅使”出使其国。二十五年，缅国内乱大起，云南王忽哥赤乘机率军深入缅境，进占蒲甘，不久退回云南。成宗大德四年，元军又一次侵入缅国，“讨伐”阿散哥也。阿散哥也以金银礼物贿赂元军将领，元军于是撤回。至元十八年，忽必烈命爪哇国王亲自来朝见，被拒绝。后遣使去爪哇，亦未能使爪哇屈服，爪哇国王甚至将元朝使臣黥面送回，于是忽必烈决意以此为理由出兵“征讨”。至元二十九年，忽必烈命史弼等率军入侵爪哇。在两个多月时间内，元朝以丧失士卒三千余人的代价，换来掠夺到的价值五十余万的金宝香布等物。蒙古和元朝统治者，为了掠夺和奴役邻国人民，先后对高丽、日本、安南、占城、缅国、爪哇发动过战争，这些战争都是侵略性的、非正义的。

元末明初，日本正处在南北朝分裂时期，在混战中失败的武士，流为海盗，经常在中国沿海进行武装的掠夺和骚扰，历史上称为倭寇。永乐十七年(1419 年)，明军在总兵刘江的领导下，于辽东望海埚（guō）战役中，一举歼灭了全部登陆的倭寇。倭寇之势渐衰。嘉靖年间，倭寇活动又趋猖獗。嘉靖三十一年以后的三四年间，江、浙军民被杀害的达数十万人。嘉靖三十四年，由汉、壮、苗、瑶等族人民组成的抗倭军队，在明朝爱国将领张经领导下，于王江泾（嘉兴北）大败倭寇，歼敌二千。这是嘉靖年间抗倭斗争中的一次巨大胜利。嘉靖末年，明朝的一部分爱国将领如俞大猷、戚继光等，在粤、闽、浙等地的抗倭斗争中，领导军民屡次击败倭寇，基本上荡平了倭寇之患。万历二十年（1592 年），日本“关白”（丞相）丰臣秀吉发动侵略朝鲜的战争，两个月内几乎占领了朝鲜的全部国土，一直把战火烧到中国的边境。朝鲜国王李昖（yán）遣使向明朝告急，要求出兵援助。明朝政府接受了朝鲜的请求，决定立即出兵援救。明政府以宋应昌为经略、李如松为东征提督，率兵四万渡过鸭绿江，与朝鲜军队配合作战，大败日军，朝鲜国土几乎全部光复。万历二十五年（1597 年），丰臣秀吉再次大举侵朝，明朝第二次派兵援救。明军以兵部尚书邢玠为统帅，次年与日军在朝鲜南海海面上展开激烈决战，日军几乎全部被歼。日本第二次侵朝战争又告失败。明朝中后期，欧洲殖民主义者来到中国海面。明武宗正德六年（1511 年），葡萄牙殖民者侵占满剌加（马六甲）后，随即到中国沿海骚扰。正德十二年（1517 年），葡萄牙舰队炮击广州，中国军民给予回击。世宗嘉靖二年（1523 年），明朝在广东新会海面击败葡萄牙商船，并缴获其佛郎机大炮。从这年起，明政府即严禁与葡人贸易，并封锁了全部通商口岸。此后，葡萄牙海盗商人与倭寇勾结，又在浙、闽沿海骚扰，受到明军的打击。熹宗天启六年（1626 年），西班牙殖民者悍然侵占我国台湾北部的基隆和淡水。万历三十七年（1609 年），荷兰殖民者侵占澎湖。不久，被福建军民驱逐。天启二年（1622 年），荷兰殖民者再度侵入澎湖，又被明朝军民驱逐。天启四年，荷兰侵占我国台湾南部。崇祯十五年（1642 年），荷兰打败西班牙，独占台湾。崇祯十年（1637 年），英国商船第一次闯入珠江，炮轰并炸毁了我国虎门炮台。

明清之际，沙俄侵略势力开始侵入我国黑龙江地区。崇祯十六年（1643 年），沙俄侵略者越过外兴安岭，侵入黑龙江流域，向村民发动武装进攻，遭到当地居民迎头痛击。顺治六年（1649 年），沙皇俄国又派出以哈巴罗夫为首的匪帮，对我国黑龙江流域进行第二次武装入侵。顺治九年，清朝驻宁古塔章京（武官）海色，奉命向敌人发动突袭，给沙皇侵略者以沉重打击。顺治十一年，沙皇命斯捷潘诺夫接替哈巴罗夫，率军窜扰黑龙江和松花江流域。清朝派兵部尚书明安达率军讨伐侵略者，在松花江上打败斯捷潘诺夫。顺治十七年，清宁古塔将军巴海、副都统尼哈里等，又在黑龙江下游的伯力附近痛击沙俄侵略军。至此，黑龙江中、下游的沙俄侵略军全部被肃清。但沙俄的侵略活动并未停止。康熙二十四年（1685 年），清朝命都统彭春等率军进攻雅克萨，取得重大胜利。康熙二十八年，中俄双方签订了《尼布楚条约》。顺治十八年（1661 年），郑成功率军渡台湾海峡，在台湾人民支援下，击败、驱逐荷兰侵略军。康熙元年（1662 年），总攻台湾府城（今台湾台南市），荷兰总督揆一被迫出降，台湾完全收复。乾隆年间，缅甸与清朝曾发生过战争。嘉庆十三年（1808 年），英国兵船十余艘曾侵入澳门，其中三艘还驶入虎门，停泊黄埔。道光元年（1821 年），英国水兵在广东新安县向中国村民开枪开炮，打死二人，打伤四人。美国贩运鸦片的海盗船只，也都装备有各种武器，不仅在沿海劫掠财物，甚至攻击我国的缉私兵船。

1840 年 2 月，英国内阁正式决定发动侵华战争，派出所谓“东方远征军”

前来中国。六月，由英国全权代表懿律统率的侵略军四千人，乘舰船四十余艘到达澳门。懿律率英国舰队进攻广州，两广总督林则徐防守严密，英国无机可乘，便沿海北犯，攻陷防御薄弱的定海。1841 年 8 月以后，英国侵略者扩大战争，先后攻陷厦门、镇海、宁波、乍浦、上海、镇江，直抵南京城下，清政府被迫签订《中英南京条约》。这是中国近代第一个丧权辱国的不平等条约。1856 年 10 月，英国借口亚罗号事件，派军舰冲进珠江口，炮轰广州，发动新的侵华战争。次年英法组成联军，于十二月攻陷广州。1858 年 5 月，英法联军攻陷大沽炮台，逼近天津。1860 年 8 月，英法联军一万八千人攻占天津，侵入北京，清政府被迫签订了《北京条约》。这就是近代史上的第二次鸦片战争。英、法、美等国还出动军队，帮助清政府镇压太平天国革命。1865 年，中亚浩罕国的一个军事头目阿古柏率军侵入新疆，成立"哲德沙尔国"，1877 年被左宗棠击败。1883 年至 1885 年间，法国挑起中法战争。战争初期，清军接连失利。1884 年 6 月以后，战争在台湾、澎湖和越南两个地区进行，清军在两个战场上都取得了重大胜利，但最后却以签订屈辱的《中法新约》结束。1894 年，中日间爆发甲午海战。次年，北洋海军全部在威海卫被歼。中国的失败结局，导致《马关条约》的签订。1900 年，英、美、德、法、俄、日、意、奥八个帝国主义国家组成侵华联军，镇压义和团运动。八国联军先后攻陷天津、北京。侵略军陆续增加到十万人。由京、津出发，分侵山海关、保定、正定以至山西省境。在此期间，帝俄又单独调集步骑兵十七万人，分六路侵占我国东北，企图并吞东三省。第二年，清政府与德、美、英、法等十一国公使签订了《辛丑条约》。

第六节　交通与信息

中国夏、商、周三代，地处内陆，与外界交往不便，对中国以外的地方几乎一无所知。夏初的九州，实即中原地区的九个部落，范围是很小的。至夏朝末年，其统治区域主要在今陕西、山西、河南三省交界处。《史记·孙子吴起列传》说："夏桀之局，左河济，右太华，伊阙在其南，羊肠在其北。"即东到黄河与济水的交界处，西到陕西省华阴县南部的华山，南到河南省洛阳南二十余华里的龙门，北到今山西省境内太行山的险要处。商代有四海的观念。《诗·商颂·玄鸟》："邦畿（国境）千里，维（为）民所止（居住）。肇（发语词）域（有）彼四海，四海来假（来朝）。"周代又有五服的观念，即以王都为中心向四周扩展，分为甸服、侯服、绥服、要（yāo）服、荒服。王都五百里内叫做甸服，甸服外四方五百里称侯服，即诸侯分封区。侯服以外四方五百里称绥服，介于中原与少数民族地区之间。绥服以外五百里为要服，要服以外五百里为荒服，是少数民族居住的地方。这是一种想象的而非实际存在的地理区划。春秋战国时期，各诸侯国极力向外扩展土地，"中国"的范围不断扩大，于是对传说中的九州作出新的解释。以《禹贡》（近代学者多认为是战国时的著作）为例，它划分的九州是：冀、兖、青、徐、扬、荆、豫、梁、雍。近海的齐国地理观念又有新的变化，邹衍提出大九州的地理学说。《史记·孟子荀卿列传》说："以为儒者所谓中国者，于天下乃八十一分居其一分耳。中国名曰赤县神州。赤县神州内自有九州，禹之序九州是也，不得为州数。中国外如赤县神州者，乃所谓九州也。于是有裨（pí，小）海环之，人民禽兽莫能相通者，如一区中者，乃为一州。如此者九，乃有大瀛海环其外，天地之际焉。"从这段话可以看出，邹衍也只是朦胧地认识到，中国不过是九州之一，像中国这样的地方还有八个，但那八个州的实际情况究竟怎样，还是一点不知道。

朝鲜、越南、缅甸等是中国的近邻，由陆路即可到达。早在春秋战国时期，燕、齐两国人民就与朝鲜半岛上的人民有了交往。公元前 5 世纪以后，朝鲜半岛上出现最初的国家。公元前 2 世纪初，中国的燕人卫满率领移民渡过鸭绿江，投古朝鲜，后杀国王自立。中国与越南的接触，始于秦。至汉代，中国与日本、印尼、马来西亚、印度、中亚诸国、罗马等都有了接触。汉代的对外交通，有陆路和水路。往西的陆路有北、南二线。北线又有两条大道：一条由长安出发，经敦煌、鄯（shàn）善、于阗（tián）、莎车等地，越葱岭到大月氏、安息等国；另一条经敦煌、车师前王庭、龟兹、疏勒等地，越葱岭到大宛、康居、奄蔡，安息、大秦等国。通过这两条路输出的商品主要是丝织品，所以被称为"丝绸之路"。西汉政府在沿途设立亭障，以便利各国使节和商旅的往来。《史记·大宛列传》："西至盐水，往往有亭。而仓头有田卒数百人，因置使者护田积粟，以给使外国者。"南线从四川经云南可到缅甸，再去身毒（印度）、大夏（阿富汗）等国。水路由交州合浦郡徐闻县（今广东徐闻县西）出发，在海上航行，可达马来半岛、缅甸、印度等地。日本与汉朝的往来经过朝鲜半岛。汉朝是当时世界上最先进、最强盛的封建王朝，是中国历史上第一个开放的朝代。国外的几个奴隶制大国如罗马帝国、贵霜帝国、安息王国等都在西方。同中国邻近的国家都比较弱小，与汉朝遣使通好的很多。汉武帝时，仅日本派遣使者的就有三十多国。汉朝自张骞后，也往西域派遣一些使者。通过与国外的交往，开拓了汉朝的视野，扩大了汉朝的影响，提高了汉朝的声望。在当时的世界上，汉朝是一个地域广大、物产富饶、文明昌盛、令人倾慕的大国形象。《汉书 · 张骞传》说："是时，上（指武帝）方数巡狩海上，乃悉从外国客，大都多人则过之，散财帛赏赐，厚具饶给之，以览视（示之令其观览）汉富厚焉。大角氏（乐舞杂技），出奇戏诸怪物，多聚观者。行赏赐，酒池肉林，令外国客遍观各仓库府臧（zàng，通"藏"，积贮）之积，欲以见（xiàn，显示）汉广大，倾骇之。及加其眩（huàn）者之工，而角氏奇戏岁增变，其益兴，自此始。"罗马贵族对中国的丝绸倾慕不已，称中国为"丝国"。汉朝对外来的新鲜事物也多能容纳、吸收，如印度的佛教，罗马的杂技，中亚的乐器和乐舞等。

三国两晋南北朝时期，建业（后改建康，今南京）成为南方新的政治中心，由海路与外界的接触逐渐增加。大秦（罗马帝国）除通过"丝路"与中国北方保持联系外，还通过海路与南中国交往。东吴、东晋和南朝，与朝鲜、日本的交往更加密切，与东南亚各国的往来也日益增多。孙权曾派康泰、朱应出使林邑（越南中部）、扶南等国。康泰著《外国传》，朱应著《扶南传》，记叙了这些国家的情况，使我国对东南亚国家有了更多的了解。这一时期，自汉代开辟的"丝绸之路"，在东西方交通中仍占重要的地位。丝绸之路由汉代的两条，增加为三条。汉代的北道，此时称为中道，南道未变。此外在天山山脉以北又增辟了一道，称为北道。南道和中道比汉代伸延得更为遥远，西到波斯湾，南到印度洋。北道可至拂林国（大秦），达于西海（今地中海）。丝绸仍是中国输往西方的主要商品。同时"丝路"又是佛教僧侣往来的要道。东晋名僧法显，自长安西行，经西域，逾葱岭，经过今阿富汗到达印度。又曾至尼泊尔境内谒释迦牟尼诞生地，至狮子国（今斯里兰卡）搜求佛经。由海道回国，途经耶婆提国（印尼的苏门答腊），在青州牢山（今山东崂山）登陆，最后抵达建康。法显除译出佛经百余万言外，还将亲历三十余国见闻写成《佛国记》（又名《法显传》、《佛游天竺记》等），记述了古代中亚、印度、尼泊尔等国的地理、历史和风土人情。

隋统一后，重视扩大与外界的交往，了解国外的情况。隋炀帝时，命裴矩主管西北陆路贸易。裴矩经过调查，写成《西域图记》。《隋书 · 裴矩传》说："时西域诸蕃，多至张掖，与中国交市。帝令矩掌其事。矩知帝方勤运略，诸商胡至者，矩诱令言其国俗山川险易，撰《西域图记》三卷，入朝奏之。"

《西域图记》叙述了四十四国的情况。隋朝的南海是海路的主要港口。由南海出发，经南中国海，渡过马六甲海港，行经印度洋，可达波斯、阿拉伯、拂菻及北非各处。隋炀帝曾派李昱出使波斯。隋朝与日本关系密切，互派使节访问。开皇二十年（600 年），日本国王多利思比孤，遣使来隋朝，文帝命官员询访其国风俗。大业三年（607 年），日本又派小野妹子携带国书来朝。使者说："闻海西菩萨天子重兴佛法，故遣朝拜，兼沙门数十人来学佛法。"其国书说："日出处天子致书日没处天子无恙。"❶ 第二年，炀帝派裴世清出使日本，受到日本国王的接见。隋时通往日本的道路，通常由山东渡海至百济，由百济再渡海到日本。

唐朝是中国封建社会的鼎盛时期，也是当时世界上最繁荣昌盛的封建王朝，在政治、经济、文化各个方面都处于领先的地位。从国际交往方面来说，则是继汉代以后的开放朝代。西、南、东三面交通更加发达。传统的"丝绸之路"更加繁忙。由内地运往西方各国的丝织物空前增加，动以百匹计。被称誉为沙漠之舟的骆驼，仍是"丝绸之路"的主要交通工具。唐王朝为了适应"丝绸之路"发展的需要，除两汉以后的南、中、北三道外，又开辟了两条新的支路，称为碎叶道和热海道。碎叶道在天山山脉以北，是从庭州经青海军到碎叶、怛罗斯的路线。热海道在天山山脉以南，是从龟兹经姑墨、热海南岸，到碎叶、怛罗斯的路线。两条路线从怛罗斯西行，可抵西海，南行可达波斯和大食等国。西南方向的陆路有两条：一条经西川到吐蕃，可达尼泊尔和印度；一条经南诏、缅甸到印度。东北方向的陆路经河北、辽东可到朝鲜半岛。海路交通方面，去日本的就有三条，分别由登州（山东蓬莱）、楚州（江苏淮安）、扬州或明州（浙江宁波）出发。到南亚、西亚的海路都由广州出发。唐代还初步开辟了到埃及和东非的海上交通。唐朝的政治制度和以儒学为核心的封建文化对新罗、日本影响很大，而对西亚、欧洲影响最大的则是造纸术。外来文化对唐朝影响最大的是佛教。唐朝名僧玄奘和义净去印度取经，是中印文化交流史上的盛举。玄奘走陆路，义净经海路。他们不仅从印度取回大量佛教经典，而且获得了大量的国外信息。玄奘将其所见所闻写成《大唐西域记》十二卷，义净将其沿途见闻写成《南海寄归内法传》和《大唐西域求法高僧传》二书。玄奘、义净的著述使我国对西亚、南亚及东南亚有了更系统、全面的了解。杜佑族侄杜环，被俘住大食十年，归国后著《经行记》，介绍了当

❶ 《隋书·东夷传》，《隋书》1827 页。

时大食国都城亚俱罗的盛况。西亚的伊斯兰教和欧洲的基督教都是在唐朝开始传入中国的。

五代以前，中国对外交通以西北陆路为主。从宋代开始，对外交通始以东南海路为主。唐代的对外通商口岸，只有广州一处，宋朝增加杭州、明州等五处。两宋时期，通过海路与中国通商的国家和地区有五十多个。明州是中日交通的门户，中国到日本的商船，多由此地放洋，回国时亦停泊于此。中国通往南洋、南亚、西亚、非洲的船只，以三佛齐（今印尼苏门答腊）为重要海上通道和停泊站。中国的造船技术和指南针，在当时世界上是最先进的。宋政府对海外贸易采取鼓励的政策，对文化交流采取开放的政策。中国的活字印刷术传到朝鲜，先进的造船技术传到日本，造纸术、炼丹术、火药、指南针等，经阿拉伯人传到非洲和欧洲。中国更加重视对外界情况的了解。出使高丽的徐兢，回国后写成《宣和奉使高丽图经》四十卷，内容分三百多条，每条都附有精细的插图。赵汝适（kuò）写的《诸蕃志》，对来中国贸易的东南亚国家和地区有相当详细的记载。周去非的《岭外代答》，对非洲几个国家的记载内容比较丰富。

元初，欧洲意大利威尼斯商人之子马可·波罗来到中国，在中国侨居十七年，于1295年回到威尼斯。后根据马可·波罗的口述，写成《马可·波罗游记》一书。此书记述了中国等东方奇闻，轰动了欧洲，被称为世界一大奇书。人们争相传诵，很快用十几种文字传抄翻译，出现了百种以上的版本。《马可·波罗游记》一书的问世，第一次把东方地大物博的中国介绍给西方，在中世纪欧洲人面前展现出一个崭新的东方，最初绝大多数人都认为只是海外奇谈，甚至有人视为异端邪说。从14世纪末起，才开始被欧洲学者相信，当作“可信赖的真理之泉”，于是影响越来越大，激起了西方人对东方的向往，对欧洲人寻找新大陆，是一个直接的推动力。1492年，哥伦布带着西班牙国王致中国皇帝的书信远航，到达中美和南美洲的东北角。哥伦布误以为到达了亚洲诸岛，错把墨西哥当作《游记》中的“行在”（杭州），而把古巴当作日本。结果发现了新大陆。中国的印刷术、火药、指南针三大发明，在元朝继续经波斯传入欧洲。元代有很多欧洲传教士来华，基督教在中国广大地区得到传布。在大都及腹里、岭北、辽东、甘肃、云南、江浙、福建等省都有传教士或教徒的行迹。仅大都就有景教（即基督教）徒三万多人。但就在元代，资本主义萌芽在马可·波罗的故乡正悄悄地产生，文艺复兴运动（资产阶级文化运动）正在意大利城市国家（包括威尼斯在内）发展起来。这是当时世界上最富有生命力的新鲜事物，中国人却一无所知。而当时西方人所向往的中国文明，虽然光辉夺目，却是正在走向没落的封建文化。元代对亚洲邻近各国，多以宗主国自居，以武力迫使其臣服。正常的经济、文化交往受到影响。如至元二十九年（1292年），因准备侵略爪哇，"暂禁两浙、广东、福建商贾航海者"[1]。元朝对了解国外的情况，也比较重视。元贞二年（1296年），随同使节去真腊的周达观，回国后著《真腊风土记》一书，详细记述了他在真腊的见闻。泰定元年（1324年），文子方出使安南，回国后著《安南行记》，记载其山川土俗甚详，可惜此书今已不存。元代中国大旅行家汪大渊，曾两次浮海远游。于1349年冬撰《岛夷志略》一书，记述了他在海外曾经到过的地方及其见闻。全书共载录了九十九个国家和地方的情况，提到的地名有二百二十个，是元代最重要的一部关于海外交通的著作。元朝统治者对外来文化采取兼收并蓄的态度，主要是利用各种宗教作为欺骗和统治人民的工具。而他们最感兴趣的却是海外的奇珍异宝，常遣使四处寻求。如大德五年（1301年），元朝派使者回回人麦术丁赴木骨都束（今索马里首都摩加迪沙）购买狮、豹等物，发给路途二年饮食分例；又遣使四起赴刁吉儿地采办异物，发给路途三年的饮食分例，可见刁吉儿地比木骨都束更远。元时的中国，是当时唯一的称霸世界的军事封建大帝国，是最强大最富庶的国家，其声誉和影响远及于欧亚非三洲。西方各国的使节、商人、旅行家、传教士来中国的络绎于途。西方人给中国人带来基督教、伊斯兰教和一些科学技术，而中国传到西方是闻名于世的四大发明。西方正在崛起，东方正走向衰败，这是当时的世界传递出来的最重要的信息。

15世纪，中国和西方都进行了举世闻名的远洋航行，但其背景和社会效果大不一样。明永乐三年（1405年）到宣德八年（1433年），郑和先后七次奉命出使西洋，经历了亚、非三十多个国家。他率领的船队，规模庞大，技术先进。从我国沿海出发，经过南海，穿过马六甲海峡进入印度洋，过印度半岛再西行，入波斯湾（阿拉伯湾），然后经红海远达非洲东岸。郑和是宫廷宦官，他出使的经济动因，不是由于商品生产的刺激，而是用中国传统的丝绸、瓷器等工艺品，去换取为宫廷所需的珍奇宝货。因此，郑和七次下西洋，并没有收到促进社会生产发展的结果，反而招致民穷财尽的怨声。在郑和下西洋过程中，伴随出洋的通事马欢著《瀛涯胜览》，费信著《星槎（chá）胜览》，巩珍著《西洋番国志》，各自记载了他们在海外各国的所见所闻。西方最早组

---

[1] 《元史·世祖本纪》，《元史》363页。

织远航的国家是葡萄牙和西班牙。远航的背景是：资本主义萌芽有了一定的发展，新兴的商人冒险家疯狂追求财富，以谋求扩大他们的资本。换句话说，增值资本，掠夺财富是西方远航的主要动因。15 世纪初，葡萄牙人就开始了远航的尝试，沿西非海岸南行，1415 年占领休达城（摩洛哥北部港市）。1487 年，葡萄牙人迪亚士航行直达非洲南端的好望角，进入印度洋。1492 年，意大利人哥伦布，得到西班牙国王的赞助，以三只小船，百十名水手，从巴罗斯港出发，经过七十天的艰苦航行，到达美洲。16 世纪，葡、西、荷、英等国继续组织远航。1519 年，葡萄牙人麦哲伦，率五只船，二百六十五名水手，从西班牙出发，渡过大西洋，到达南美洲，又穿越太平洋，于 1522 年回到西班牙，绕地球一圈。西方的远航大大刺激了资本主义的发展。明朝自郑和下西洋以后，就再也没有组织远航活动，而且愈来愈趋向闭关自守。明初，由于倭寇的骚扰，实行海禁政策，不许民间私造海船，不许到海外经商，把出国的人看成为“无父无君之辈”和“化外之民”。海外贸易由宫廷垄断。明中后期，倭寇骚扰越来越严重，西方葡萄牙、西班牙、荷兰等国殖民者也相继来到中国沿海，开始对中国的掠夺和侵略。因此明代中后期的海禁更加严厉，与外界的正常交往越来越少。当时，在纺织等手工业部门中出现的微弱资本主义萌芽，在国内备受封建统治者的摧残，又不许到海外经营，发展非常艰难。江、浙、闽、广沿海地区，工商业者和失去土地的农民都没有出路，有不少人到南洋等地谋生。

从 17 世纪 40 年代开始，以英国资产阶级革命为标志，世界进入资本主义时代，资本主义制度先后在西欧和美国确立起来。资本主义是一种开放的社会形态，各国资产阶级积极向世界各地扩充势力。马克思、恩格斯说：“不断扩大产品销路的需要，驱使资产阶级奔走于全球各地。它必须到处落户，到处创业，到处建立联系。……资产阶级，由于一切生产工具的迅速改进，由于交通的极其便利，把一切民族甚至最野蛮的民族都卷到文明中来了。它的商品的低廉价格，是它用来摧毁一切万里长城、征服野蛮人最顽强的仇外心理的重炮。……资产阶级在它的不到一百年的阶级统治中所创造的生产力，比过去一切世代创造的全部生产力还要多、还要大。”❶ 正当资本主义社会突飞猛进地向前发展的时候，我国封建社会进入它的最后一个朝代——清朝。清朝从一开始就实行海禁和闭关政策。康熙平定台湾后，海禁曾一度有所松弛，对外开放的口岸有所增加。但对外贸易的限制仍然很多，对外国人防范极严，且由官商

---

❶ 《共产党宣言》，《马克思恩格斯选集》第 1 卷 254 – 256 页。

垄断对外贸易，一般商人不得参与。乾隆、嘉庆年间，闭关自守的状态又有恢复，并且更加严重，几乎与外界完全隔绝。而这正是腐朽的封建专制制度得以延续的一个重要条件。马克思曾经说过："与外界完全隔绝曾是保存旧中国的首要条件，而当这种隔绝状态在英国的努力之下被暴力所打破的时候，接踵而来的必然是解体的过程，正如小心保存在密闭棺木里的木乃伊一接触新鲜空气便必然要解体一样。"❶ 鸦片战争前，西方的开放和中国的封闭形成极鲜明的对比，它们之间的冲突已到了一触即发的地步。

鸦片战争的爆发和清政府的失败，中国紧紧关闭着的国门，被资产阶级强行打开了。从此以后，一些学者和官吏，特别是爱国有识之士，为了救中国，开始急切地了解西方、学习西方。林则徐为了解西方情况，设立译馆，翻译外文书报，编成《四洲志》，并译外国律例、军事、技术等著述，开创了近代研究西方的风气。继林则徐之后，魏源辑成《海国图志》一百卷，徐继畬编成《瀛环志略》十卷。魏源和徐继畬的著作，是在中国系统地介绍世界各国——特别是西方各国历史地理情形的最早的两部书。从60年代开始，清政府和湘淮军阀主要从军事要求开办一些学习西方科学技术的机构，介绍了一些西方科学技术知识。19世纪末，资产阶级改良派如严复等人对西方资产阶级社会学说作了比较系统的介绍，翻译、出版了一些西学名著，还编写了一些介绍外国历史的书，如《法国革命记》、《俄罗斯彼得变法记》等。20世纪初，主要在赴日学习的留学生中，较多地学习西方资产阶级政治文化，接受了资产阶级民主政治的思想，最后形成资产阶级革命政党——中国革命同盟会，并在1911年发动了辛亥革命，推翻了清朝封建专制统治。

第七节 外事管理人才评介

张骞

汉武帝时人。建元中为郎。郎是皇帝的侍从官，没有固定职务，又随时可能被选授重任。他应募出使大月氏，相约共同夹攻匈奴。张骞在出使途中，被匈奴截留十多年，匈奴单于强使他娶当地人为妻，并生了儿子。但张骞始终不忘自己的使命，保持着汉朝的特使符节。后寻机逃离了匈奴，继续西行，沿途克服重重困难，越过葱岭，历大宛、康居、大夏，终于找到了大月氏。张骞在

❶ 《中国革命和欧洲革命》，《马克思恩格斯选集》第2卷3页。

大月氏逗留了一年多，得不到结果，只好回国。在回国途中，又被匈奴拘禁一年多。因匈奴内乱，才得以脱身回到长安。张骞出使时带着一百多人，前后十三年，只剩下他和堂邑父两个人。回长安后第二年（元狩四年），张骞被授予中郎将的官职，第二次奉命出使西域。他率领三百人组成的使团，到了乌孙，又分遣副使持节到了大宛、康居、月氏、大夏等国，与中亚各国正式通好，对促进中外经济文化交流有较大贡献。回长安后，任大行令，为西汉中央政府最高外事长官。

郑和

明成祖、仁宗、宣宗时宦官。初侍奉燕王府，从燕王起兵靖难有功，提拔为内官监太监，掌管皇宫、王府、陵墓的修筑和采办宫廷所需珍宝。从永乐三年起，到宣德八年止，在二十八年时间里，郑和七次奉命出使西洋（当时称今加里曼丹至非洲之间的海洋为西洋）。首次出航，率领士卒二万七千八百余人，乘“宝船”六十二艘。郑和每到一地，“宣天子诏，因给赐其君长，不服则以武慑之”。[1] 七次远航，先后到达东南亚、印度半岛、阿拉伯、东非三十余国，最远曾达非洲东岸、红海和伊斯兰教圣地麦加。所乘的船，最大的长四十四丈四尺，阔十八丈，可容一千人。这些航行比哥伦布、达·伽马等的航行早半世纪以上，舰队规模与船只之大，都超过他们几倍。郑和七次下西洋，是世界航海史上的空前盛举。郑和作为明王朝的政治使节和商务代表，除极少数例外，均受到热忱的欢迎，促进了明王朝与邻近各国的友谊和经济、文化交流。

林则徐

清嘉庆、道光时高级地方官。进士出身，初入翰林院。嘉庆二十五年（1820 年）以后，曾在浙江、江苏、湖北、河南、山东等地任职，由道台迁升至巡抚。道光十七年（1837 年）任湖广总督，严禁鸦片，卓有成效。次年受命为钦差大臣，节制广东水师，前往广东禁烟。林则徐于 1839 年 3 月到达广州后，立即雷厉风行地开展禁烟运动。他与两广总督邓廷桢合力严缉走私烟贩，惩处受贿官吏，迫令英、美烟贩交出鸦片二百三十七万余斤，并在虎门全部当众销毁。同时提出“奉法者来之，抗法者去之”的正确贸易方针，以孤立英国侵略者。又会同水师提督关天培筹划海防，倡办义勇，屡挫英军武装挑衅。他还积极了解和研究西方。1840 年英国发动侵略战争，因广州防守严密，英军遂北上攻占定海。后遭谗流放新疆。

---

[1] 《明史·宦官传一》，《明史》7767 页。

第九章　官吏管理

第一节　官吏的组成

中国古代的国家事务，是由官吏进行管理的。官吏是凌驾于人民之上的一个特殊阶层，它们统治人民，压迫人民，奴役人民，与人民处于敌对的地位，和氏族时代的社会公仆完全不同。最初的官吏是由掠夺战争的军事首领转化来的。在氏族社会的衰落到建立国家之间，有一个军事民主制时期。在这个时期内，进行战争，掠夺其他氏族或部落的财富，成为一种经常的荣誉的职业。有的氏族或部落，在战争过程中强盛起来，获得大量俘虏和财富，成为统治阶级、剥削阶级，而它们的首领及其扈从等就转化为国家官吏。恩格斯说："掠夺战争加强了最高军事首长以及下级军事首长的权力；习惯地由同一家庭选出他们的后继者的办法，特别是父权制确立以来，就逐渐转变为世袭制，人们最初是容忍，后来是要求，最后便僭取这种世袭制了；世袭王权和世袭贵族的基础奠定下来了。于是，氏族制度的机关就逐渐脱离了自己在人民、氏族、胞族和部落中的根子，而整个氏族制度就转化为自己的对立物：它从一个自由处理自己事务的部落组织转变为掠夺和压迫邻人的组织，而它的各机关也相应地从人民意志的工具转变为旨在反对自己人民的一个独立的统治和压迫机关了。"❶禹及其子启都是夏族的军事首领。从启开始，军事首领已转变为世袭的王权，启的家族成为世袭贵族。王族成员是国家官吏的重要组成部分。巫在氏族社会就有了，是一些通神、事神的人，他们负责祭祀神灵，掌管天时，调解诉讼等，享有很高的社会威望。国家产生以后，他们中的一些人，被君主任用为官吏，担任重要职务，如夏初的羲氏、和氏。巫是最早的知识阶层，他们担任的官职一般称为史，习惯上称为巫史。巫史大部分也是世袭的贵族。君主的家臣本是家内奴隶，主要为君主的生活服务，但君主也常常用这些人参与国家事

❶ 《家庭、私有制和国家的起源》，《马克思恩格斯选集》第 4 卷 160 - 161 页。

务。中国从夏代开始，家臣就是官吏的组成部分。如夏末的关龙逄，是世代为夏王养蛇的家臣，因谏议政事触怒夏桀被杀。

商朝是商族军事首领汤推翻夏朝统治后建立的。王族、巫史仍是国家官吏的主要成分，巫史的势力很大，往往掌握着国家事务的实权。商王为了加强君主的权力，建立或振兴国家，有时起用出身低贱而有才能的人为辅佐，如伊尹、傅说（yuè）等。

周朝是中国历史上由军事首领建立的第三个王朝，官吏的成分、结构发生重大变化。其变化最显著的一点，是巫史地位的下降，王族成员在国家机构中占更重要的地位。参与决策，管理军事、行政、司法、外事等事务，几乎都由王族及亲族成员担任，就是祭祀、占卜等与神事有关的职务，也大都由王族或亲族掌管。夏、商时期由各部族头领掌握的地方政权，多数变成按血缘亲属关系分封的诸侯国，少数仍由异族头领进行统治，如宋、楚、秦等国。王族、亲族在国家机构中地位的加强，在当时历史条件下，有利于王权的巩固。为了提高统治阶级的素质，在贵族当中，普及教育，进行军事训练和政治、文化知识的学习。周朝统治者对原商族中的巫史，并不是一概排斥，而是尽量加以利用，让他们担任文化、教育、秘书或家臣一类的工作。不过除少数外，大都失去了世袭贵族的地位。王、诸侯、大夫的家臣仍是官吏队伍中必要的组成部分。

春秋战国时期，由于血缘贵族的腐败无能和土地兼并战争的激烈进行，官吏的构成发生更为深刻的变化。世袭贵族的势力不断受到削弱和打击，君主家臣、亲信在国家机构中的地位不断提高，直至掌握朝廷的军政大权，一些出身低贱而有才能的人受到君主的重用。适应这种政治变革的需要，社会上逐渐出现一个掌握一定文化知识和技能的候补官僚阶层——士。在兼并战争和政治改革中，是否能大胆任用有才能的士，成为决定各国兴衰成败的头等大事。在这方面，秦国取得了最后的成功。秦国的政治改革起步较晚，但后来居上，关键的一条，就是官吏成分的变化。春秋直至战国中期，秦国的军政大权主要掌握在宗室贵族手中，国君的地位很不稳定，政治、经济、文化都比较落后。秦孝公为振兴秦国，决心变法。他下令说："宾客群臣有能出奇计强秦者，吾且尊官，与之分土。"[1] 从此，东方六国中大批有才能的人进入秦国，并被委以重任，担任要职。如商鞅、张仪、范雎、蔡泽、李斯等。在商鞅变法中，规定按

[1] 《史记·秦本纪》，《史记》202 页。

军功授予爵位，宗室贵族没有军功的，取消贵族的待遇。这样，有才能和有军功的人大量进入官吏阶层，而不论他们的国籍和出身。东方各大国则不然，有的君主虽有所改革，但旧贵族和新贵族的势力仍然很强。战国时期七雄相争，从表面上看，是军事力量的争斗；而实质上，是人才的竞争。

秦统一后，依靠什么样的官吏来治理国家呢？秦始皇废除分封制，普遍实行郡县制。秦二世把宗室公子、公主诛杀干净。因此，在短暂的秦王朝，几乎没有宗室成员的地位。知识阶层是秦国取胜之本。但统一后的秦始皇，竞争对手没有了，人才的外来挑战也就没有了，他企求建立起万世不变的嬴姓专制统治，而愚昧是绝对专制的必要条件，知识、文化成了专制制度的危险之物。经过大规模的焚书坑儒，知识分子所剩无几。所以，在秦朝的国家机构中，也没有知识阶层的地位。对立有军功的高级武官，秦朝或不予任用，或用而疑忌，甚至根本不设国尉、大将军之类高级武职。秦始皇企图以严刑峻法维护其极端的专制统治，因此重用那些懂得狱法、专事告密的人。《史记·秦始皇本纪》说："上乐以刑杀为威"，"专任狱吏，狱吏得亲信"。[1] 狱吏的突出代表和典型是赵高。史书说他"世世卑贱。秦王闻高强力，通于狱法，举以为中车府令。高即私事公子胡亥，喻之决狱"[2]。赵高后升至丞相的高位。历史已经证明，秦始皇所依靠的官吏队伍是不可能长久的。

刘邦在武力推翻秦朝并取得楚汉战争胜利后建立起汉朝。他错误总结秦朝短命的教训，以为秦速亡的主要原因是没搞分封制，皇室孤立无援。于是他在一定程度上重走西周时期血缘分封的老路，企图依靠皇族子弟维护汉朝的统治。《汉书·诸侯王表》说："汉兴之初，海内新定，同姓寡少，惩戒亡秦孤立之败，于是破裂疆土，立二等之爵（王、侯）"。但至景帝时就爆发了吴、楚七国之乱，证明历史的老路走不通。朝廷中的公卿要职，文帝以前，几乎都由功臣担任。但皇帝对他们疑忌很深。汉初，刘邦对儒生也比较蔑视，对诗、书很反感。经叔孙通制定朝仪特别是陆贾的重谏之后，刘邦才渐渐改变对儒生的态度。有一次，陆贾在刘邦面前谈论诗、书，刘邦骂道："乃公（你老子）居马上得之，安事诗书！"陆贾说："马上得之，宁可以马上治乎？且汤武逆取而以顺守之，文武并用，长久之术也。昔者吴王夫差、智伯极武而亡；秦任刑法不变，卒灭赵氏（秦的先祖姓赵）。向使（假使当初）秦以（已）并天

---

[1] 《史记·秦始皇本纪》，《史记》258 页。

[2] 《史记·蒙恬列传》，《史记》2566 页。

下，行仁义，法先圣，陛下安得而有之?”❶ 陆贾的话使刘邦有所醒悟。其后文人渐被任用。至武帝时，“元功宿将略尽”❷，皇族成员又备受抑制，开始大量吸收文人学士进入国家机构，并独尊儒术，开办儒学，培养为专制皇权服务的新的儒生。此后至东汉末年，从中央到地方，儒生成为国家官吏的主要来源。东汉后期，出现一些累世专攻一经的家族，通过经学入仕，又形成一些累世公卿的门阀大族。如世传欧阳《尚书》之学的弘农杨氏，自杨震以后，四世皆为三公；世传孟氏《易》学的汝南袁氏，自袁安以后，四世中居三公之位的多至五人。但终两汉之世，朝廷军政实权，主要掌握在外戚宦官之手，儒生出身的官吏常常处于受压抑的地位。

东汉末年的军阀大混战，最后形成魏、蜀、吴三国。三国统治者所依靠的，主要是有才干的士人。担任高级军事将领或军师并有卓越建树的，大多也是士人，如郭嘉、司马懿、诸葛亮、周瑜、鲁肃、陆逊等。由军功而身居要职的也占不小的比重，如夏侯惇（dūn）、夏侯渊、张辽、许褚（zhǔ）、关羽、张飞、赵云、吕蒙、黄盖等。外戚、宦官、皇族，在官吏中所占比重甚少。

两晋南北朝时期，国家带有明显贵族化色彩。在国家机构中身居高位的，一是皇族、外戚，一是门阀大族。西晋开始建立的国子学和司马懿当权以来的九品中正选官制度，都成为门阀大族袭断高官厚禄的工具。皇族和门阀士族的政治特权，造成官场的腐败和争夺权位的混战。这种情况又为寒门出身的武臣造成了晋升的机会。他们因立有战功而逐渐掌握了实际的兵权，最后发展到篡夺皇位。但寒门出身的人一登上皇位以后，又往往较快地贵族化和腐化。中国历史发展到南北朝时期，血缘贵族和儒门贵族交织在一起，使政治频繁出现动乱、危机。不过北朝的情况与南朝又有所不同。北朝统治者脱离氏族社会的时间比较短，贵族化和腐化的程度比较低。

隋唐皇族大都有不同等级的封爵，收取一定数量的租税，一般不掌握军政实权。士族的势力虽大为削弱，但在政治上和社会上仍有较大的影响。由于社会经济的发展，许多中小地主和商人子弟成为新的富豪地主。他们由富而求贵，要求有一定的政治地位。而皇帝为抑制贵族势力，巩固其统治，也需要从庶族地主（既非皇族、又非士族）中选拔更多的人才进入国家机构。为适应这种政治需要，从隋代起，废除了九品中正制，而代之以科举制。科举制是一

❶ 《汉书·陆贾传》，《汉书》2113 页。

❷ 《汉书·外戚恩泽侯表》，《汉书》677 页。

种以文化考试为主要内容的选官制度，只要具备一定的文化，考试合格，就具备了做官的资格。这种制度使得国家官吏的组成成分发生一次新的深刻变化。庶族地主甚至农民，还有一些少数民族或外籍人，通过从军也可以获得官爵。唐太宗时的薛仁贵，农民出身，因军功官至右威卫大将军（禁军将领之一）兼安东都护，封平阳郡公。高宗以后的唐朝将领中，哥舒翰、安禄山、史思明皆突厥族人，李克用是沙陀（西突厥别部）人，李光弼是契丹族人，仆固怀恩是铁勒族人，高仙芝是高丽人，黑齿常之是百济人。唐中后期，朝廷中的宦官势力和地方上的军阀（节度使）势力恶性发展，最后导致唐朝的灭亡和军阀混战。

宋朝建立者赵匡胤原是后周禁军将领，兼领宋州归德军节度使，是军阀之一。他用发动兵变的方法，轻易夺得了帝位。赵匡胤及其谋臣们深知，在军阀横行的时代，帝位既可以依靠武力夺得，又会轻易地被别的军阀夺走。为了巩固赵家的帝位，宋朝从一开始，就实行重用文臣、抑制武臣的治国方针。到了宋代，门阀士族不再存在，文人做官都得通过学校和科举。宋朝科举录取的人数差不多是唐代的十倍。科举出身的官吏，不仅在数量上占压倒优势，而且掌握着朝政的实权。有宋一代，掌握军政大权的名臣和权臣，大都是科举出身。如：吕蒙正、向敏中、王禹偁（chēng）、寇准、王钦若、丁谓、吕夷简、范仲淹、包拯、曾公亮、韩琦、文彦博、吕公著、王安石、司马光、沈括、蔡京、李纲、宗泽、黄潜善、汪伯彦、秦桧、史弥远、文天祥、陆秀夫等。值得注意的是，宋宗室官至宰相并且知名的，只南宋赵汝愚一人，也是科举出身。这就是说，皇族成员也必须科举考试合格才能担任重要官职，而赵汝愚还受到外戚韩侂胄的排挤、打击，权势并不大。出身行伍因军功而成为著名军事将领的，有狄青、岳飞、韩世忠、张俊等，但他们几乎都不掌握朝廷实权。智勇双全的民族英雄岳飞，被以“莫须有”的罪名惨遭杀害，是宋朝重文抑武政策的突出表现。在宋朝的国家机构中，外戚、宦官等不占重要地位，但在少数皇帝统治期间，外戚、宦官等受到重用。如宋徽宗重用宦官童贯、杨戬（jiǎn）、李彦、梁师成等及幸臣高俅，宋理宗重用宦官董宋臣。南宋后期宁宗、理宗时，外戚韩侂胄、贾似道权倾朝廷。

元朝的官吏带有明显的种族色彩。官吏主要由三部分人组成：（1）蒙古、色目贵族。蒙古人是统治民族，包括成吉思汗统一蒙古高原过程中组成蒙古民族共同体的各个部落，有四十几个。蒙古人中又以怯薛（皇帝的护卫军）最为显贵。怯薛出身的官员约占官员总数的十分之一，大都担任要职，是元朝国家机构的核心部分。怯薛是元朝高级官员的摇篮。中央和地方的军政大权，主要掌握在蒙古人手里。色目人指汉族和汉化的女真、契丹族以外的各族人，包括畏兀儿、唐兀、土蕃以及中亚、西亚和欧洲的哈剌鲁、回回、康里、钦察、阿速、也里可温等，他们的地位仅次蒙古人，也属于贵族的范围，可担任一部分要职。(2) 官府中的低级办事人员，如蒙古必阇赤（文书）、令史、回回令史、怯里马赤（译史）、知印、奏差、蒙古书写、铨写、典史等，通称为吏。吏的来源有多种：有的出身于学校，有的征用于隐居，有的用其一技之长，有的赖捕盗叙官。吏往往擅断行政公事，入流补官也比较容易。元代九品以上官员中，由吏出身的占绝大多数。(3) 科举出身的儒士。元朝不重视科举，科举出身的官员占总数的百分之五左右，与宋代形成鲜明的对比。

明朝重新重视学校、科举，选拔知识分子充任各级官吏。但与唐宋又有很大不同。在学校与科举制度中，对知识分子的思想控制很严，实行极端的文化专制。对知识分子出身的官员防范很严，大兴文字狱。明后期，大肆镇压以知识分子为主体的朝野东林党人。明朝对皇族、外戚限制防范也很严，一般都不予任用。在官吏的组成中，宦官的地位越来越重要，宫廷事务几乎都由宦官衙门负责，而且用宦官担任各种要职。明中后期，宦官的权势恶性膨胀，形成宦官专权的局面，王振、汪直、刘瑾、魏忠贤等是其突出代表。

在清朝的国家机构中，皇族、满洲和蒙古贵族占很大的比重，掌握军政实权。汉人主要通过科举考试选拔官吏。和明朝一样，对汉族知识分子思想控制很严，文字狱达到登峰造极的地步。外戚和宦官在朝廷中势力较弱。

第二节　官吏管理机构和官职

国家产生以后，官吏作为统治阶级的政治代表，对人民进行统治、管理。官吏是人民的主人，人民是官吏的奴仆。

君主是最大的官，是国家的最高代表和象征。古代的中国，是君主一族一家的私产，而君主又以族长、家长的身份凌驾于所有臣民之上。君主集各种大权于一身，他的意志就是一切，其地位是终身的，并且是世袭的，处于不受管理、不受约束的至高无上的地位。君主以外的官吏，其权力来自君主的授予，都是君主的臣。管理官吏的最高权力属于君主。

夏商两代，除了君主，没有别的管理官吏的官职和机构。那时官吏人数不多，王族、巫史和部落首领的职位又几乎都是世袭的，只有少数家臣和个别执政官员是临时任命的，因此，管理官吏的事务是不多的。《史记·殷本纪》叙述了商王武丁任用傅说辅政的传说故事："帝武丁即位，而未得其佐。三年不言，政事决定于冢宰，以观国风。武丁夜梦得圣人，名曰说。以梦所见视群臣百吏，皆非也。于是乃使百工营求之野，得说于傅险中。是时说为胥靡（对奴隶的一种称谓），筑于傅险。见于武丁，武丁曰是也。得而与之语，果圣人，举以为相，殷国大治。"

西周实行分封制，对官吏实行分级管理的制度，管理官吏的权力分属于王、诸侯、大夫。周王任命王室公卿以下官吏和诸侯及侯国执政的卿，有内史具体掌管其事。诸侯任命周王命卿以外的侯国官吏。大夫任用家臣。大夫以上的官员，一经任命之后，其官爵一般都是世袭的。诸侯除任用所属官吏外，还有向周王贡士的义务。

春秋以后，逐渐废除分封制和贵族世袭制，而代之以郡县制和官僚制，管理官吏的权力更多地集中到君主的手中。为了协助君主对官吏的管理，在有些国家，设置管理官吏事务的职务，如春秋晋国的执秩、司功，齐国的司过，战国魏、秦等国的御史等。中央将、相等主要官员和郡守尉、县令丞等主要地方官员皆由君主随时任命，亦可随时撤换。将、相、郡守、县令等主要官员有选用僚属、家臣（称为庶子、舍人、宾客等）的权力。

秦汉时期，皇帝对官吏的管理主要通过以下官职或机构进行：(1) 由皇帝的文书机构——尚书台掌管任命官员的文书。《后汉书·百官志三》："尚书令……掌凡选署及奏下尚书曹文书众事。"东汉将尚书常侍曹改为吏曹，又改为选部，成为直属皇帝的管理官吏的专门机构。(2) 用御史、刺史监察官吏。(3) 将皇帝的警卫侍从机构——光禄勋，作为考察、培养、输送官员的主要场所。(4) 通过公车司马令（属卫尉）直接征召有名望的人担任官职。(5) 命令中央和地方主要官员向皇帝推荐人才。高级官员（如公卿、将军、刺史、郡守等）的僚属自行选用，叫做"开府"。为协助长官管理所属吏员，三公府设东、西曹，司隶校尉设都官从事、功曹从事，州有治中从事，郡设功曹吏笺。

魏晋南北朝时期，官吏的管理机构有较大的变化。皇帝任用官员的文书，改由中书省中书舍人起草。御史台成为专门监察官吏的机关。尚书台（省）的选部改为吏部，专门负责官吏的任用、考核、封爵等事。北齐时，吏部尚书统吏部、考功、主爵三曹。州、郡、县置中正官，由本籍现任中央官吏担任，司徒府选授，负责察访本地士人，分别评定为九品，然后向吏部推荐，作为选拔和升降官吏的依据。州的中正官又称大中正，或称州都；郡县的中正又称小中正。大小中正又各有属员，叫做“访问”。访问的职责是协助中正访察和品第士人。武官的选用归护军将军负责。《晋书·职官志》：“魏初，因置护军将军，主武官选，隶领军，晋世则不隶也。”公、高级武官及州、郡长官，仍可自置僚属。诸公及位从公开府置僚属的，大多有东西曹，州、郡、县有功曹书佐或功曹史，协助主官管理属吏。都督诸州军事为高级地方武官，又兼所在州的刺史，可署置两套僚属，管理官吏的权力颇重。

隋唐取消高级官员自选僚属的制度（惟唐代的节度使例外），管理官吏的权力进一步集中于皇帝。隋唐废除九品中正制，实行科举选官制度。唐代科举考试初由吏部考功员外郎负责，玄宗开元二十四年以后改由礼部侍郎任主考官。隋唐尚书省定制为六部，以吏部为首。吏部是中央政府管理官吏的专门机关。唐代吏部设尚书一员、侍郎二员。下设吏部、司封、司勋、考功四司，各设郎中二员、员外郎二员。六品以下官吏的任用，由吏部提出初步意见，叫做“注拟”，经尚书省长官审定后，送门下省复核，然后由皇帝任命，称为“旨授”。五品以上官由皇帝直接任命，分册授、制授和敕授三种。中书省官员负责起草文书并宣布。《旧唐书·职官志二》：“中书令之职……册命亲贤，临轩（殿堂前檐下的平台）则使读册。若命之于朝，则宣而授之。凡册太子，则授玺。”“中书侍郎……凡临轩册命大臣，令为之使，则持册书以授之。”“中书舍人……凡诏旨敕制，及玺书册命，皆按典故起草进画；既下，则署而行之。……凡册命大臣于朝，则使持节读册命之。”任免将相的文书，由翰林学士起草。武官的选授，归兵部掌管。监察官吏，仍由御史台负责。

宋朝将管理官吏的权力更进一步集中于中央，特别是皇帝。节度使不再有选用僚属的权力，地方长官由中央派遣。高级官员的任命，由翰林学士院奉旨起草。《宋书·职官志二》：“凡立后妃，封亲王，拜宰相、枢密使、三公、三少，除开府仪同三司、节度使，加封，加检校官，并用制。”其他较高级官员分别由中书省、枢密院提请任命。中书省管理的范围是：“凡除省、台、寺、监长贰以下，及侍从、职事官，外任监司、节镇、知州军、通判，武臣遥郡横行（即横班，武臣阶官）以上除授，皆掌之。”❶ 属枢密院管理的范围是：“除授内侍省官及武选官，将领路分都监、缘边都巡检使以上。”❷ 中书省、枢密院管理范围以外的较低级文武官吏，皆由吏部管理。宋初至神宗年间，曾设置

❶ 《宋史·职官志一》，《宋史》3783 页。

❷ 《宋史·职官志二》，《宋史》3797 页。

直属于皇帝的审官院以取代吏部的职权。北宋元丰改制前还曾设置过官告院，掌文武官、将校告身（授官的凭信，类似任命状）及封赠，其长官有提举一人、判院一人。

元朝枢密院、御史台、宣政院三大系统及宫廷事务机构中政院等，可自行选用官吏，奏闻后执行。一般官吏的任免进退都须经过中书省。《元史·成宗纪四》："诏自今除枢密院、御史台、宣政院依旧奏选，诸司毋得擅奏，其举用人员，并经中书省。"又《选举志二》："皇后位下中政院用人，奉懿旨，依枢密院、御史台等例行之。"吏部的权力较小。职官升迁，从七品以下属吏部，正七品以上属中书省，三品以上由皇帝直接掌握。"自六品至九品为敕授，则中书牒署之；自一品至五品为宣授，则以制命之。"❶ 九品以下胥吏的任用和升迁，由省院台部、宣慰司、廉访司和路府州县的官员推举。

明代不设中书省、枢密院一类的机构，管理官吏的机关主要是吏部和兵部。《明史·选举志三》说："任官之事，文归吏部，武归兵部，而吏部职掌尤重。""吏部尚书，表率百僚，进退庶官，铨衡重地，其礼数特重，无与并者。"❷ 吏部下设文选、验封、稽勋、考功四清吏司。吏部掌管一般官员的任用，"在外府、州、县正佐，在内大小九卿之属员，皆常选官，选授迁除，一切由吏部"❸。高级官员用廷推（在朝大臣公推）等方式产生。《明史·选举志三》："内阁大学士、吏部尚书，由廷推或奉特旨。侍郎以下及祭酒，吏部会同三品以上廷推。太常卿以下，部推。通（政）、参（议）以下，吏部于弘政门会选。詹事由内阁，各衙门由各掌印。在外官，惟督、抚廷推，九卿共之，吏部主之。布、按员缺，三品以上官会举。"

清朝管理官吏的机构和官职有军机处、督抚、吏部、兵部等。军机处权任最重，督抚次之，吏部、兵部则权任较轻。凡京内外中上级文武官员及"试差"之主考官、阅卷官，"学差"之各省"学政"，"关差"之税关监督等官有应升应补之人，由军机处呈递名单与缺单"请旨"任用。地方官文职道府以下，武职副将以下由总督奏请升调免黜。少数高级官员，由皇帝直接任命的叫"特简"；由大臣互推任用的叫"会推"；皇帝诏令廷臣或各省推荐的叫"荐举"。由吏部、兵部铨选任用的，是一些低级官员。此外，从督抚到州县长官，可自行聘用一些"幕僚"协助自己处理日常行政事务，但幕僚不算国

❶ 《元史·选举志三》，《元史》2064 页。
❷ 《明史·职官志一》，《明史》1739 页。
❸ 《明史·选举志三》，《明史》1716 页。

家正式官吏。

第三节　官吏的选拔

中国古代国家的最高权力属于君主，选拔官吏是君主最重要的一项权力。那么，历代君主是根据怎样的标准，采取怎样的方式选拔官吏呢？

由于中国古代国家具有家天下的性质，在选择谁做继承人这一点上，从夏代到清末，所有的君主都是一致的，就是在自己的子弟中挑选。虽有传子、传弟之类微小的差别，但男性家族血缘则是其唯一的标准。君主继承人以外的其他官吏，选拔标准有血缘、品德、才能等区别。

夏、商时期，血缘是选拔官吏的主要依据。王族及巫史家族的成员，构成官吏的主体。但血统高贵、养尊处优的官吏，其智能往往平庸；而一些出身低贱、实践经验丰富的人，则常常有过人的才能。因此，某些处境艰难而又企图有所作为的君主，总是千方百计选拔有突出才干的人授以重任。商汤选拔伊尹，武丁选拔傅说，都属于这种情形。传说“伊尹处士，汤使人聘迎之，五反（返）然后肯往从汤，……汤举任以国政”❶。

周朝建立前，武王父西伯（姬昌）求才若渴，史书说他“礼下贤者，日中不暇食以待士，士以此多归之。伯夷、叔齐在孤竹，闻西伯善养老，盍往归之。太颠、闳（hóng）夭、散宜生、鬻子、辛甲大夫之徒皆往归之。”注：“鬻子名熊，封于楚。辛甲，故殷之臣，事纣。盖七十五谏而不听，去至周，召公与语，贤之，告文王，文王亲自迎之，以为公卿，封长子。”❷ 西伯还出访求贤，果然遇到才能出众的姜尚，称“太公望”，尊为太师。周朝建立后，把血缘亲疏作为任用官吏的主要标准。公、卿、诸侯、大夫等重要官爵，几乎都由王族和亲族的人担任，并世代相袭。在人数众多的士阶层中，实行乡里评议和学校教育相结合的选拔办法。乡里评议就是所谓“乡举里选”的制度，重在道德品质。《周礼·地官·乡大夫》：“三年则大比，考其德行道艺而兴（举）贤者能者。乡老及乡大夫，帅其吏与其众寡，以礼（乡饮酒礼）礼宾之。厥明，乡老及乡大夫群吏，献贤能之书于王，王再拜受之。”被荐举出来的士，送天子大学学习，学成后授予伍长、乡吏之类的低级职务。《礼记·王

---

❶ 《史记·殷本纪》，《史记》94页。

❷ 《史记·周本纪》，《史记》116页。

制》："命乡论秀士，升之司徒，曰选士。司徒论选士之秀者而升之于学，曰俊士。升于司徒者不征于乡，升于学者不征于司徒，曰造士。""大乐正（学校长官）论造士之秀者，以告于王，而升诸司马，曰进士。司马辨论官材，论进士之贤者，以告于王，而定其论。论定然后官之，任官然后爵之，位定然后禄之。"周族统治者选拔人才偏重血缘关系，但对王族、亲族以外的人也注意选用。周公曾告诫他的长子伯禽说："我文王之子，武王之弟，成王之叔父，我于天下亦不贱矣。然我一沐三捉发，一饭三吐哺，起以待士，犹恐失天下之贤人。子之鲁，慎无以国骄人。"❶ 周初太史尹佚，与周公、召公、太公并称"四圣"。赵国的始祖造父，秦国的始祖非子，以及尹吉甫等，都受到周王室的重用。就是殷商贵族中有文化知识的人，周王室也尽量加以选用，让他们担任文教等方面的职务。❷

春秋战国时期，各国之间竞争激烈，兵戎相见。血缘贵族由于平庸无能，常常贻误军国大事，并且是产生内乱的主要根源。一些争霸图强的君主，在选拔官吏时，更加重视治理国家的实际才能，血缘的因素放到比较次要的地位。一大批有才干的人被授予重任，如齐国的管仲，秦国的百里奚、商鞅，齐国的邹忌、孙膑，魏国的李悝等。管仲出身低贱，他自称："吾始困时，尝与鲍叔贾（gǔ），分财利多自与，鲍叔不以我为贪，知我贫也。"❸ 与齐桓公又有一箭之仇。经鲍叔牙力荐，桓公选用了管仲。《史记·齐太公世家》记鲍叔牙的话说："君将治齐，即高傒与叔牙足也。君且欲霸王，非管夷吾不可。夷吾所居国国重，不可失也。"百里奚出身更加卑贱，少时贫困，乞食于齐，一度以养牛为生，做过俘虏，当过陪嫁的媵（yìng）臣，秦穆公只用了五张公羊皮把他赎回，因此被称"五羖（gǔ，黑色的公羊）大夫"。秦穆公听说百里奚很有才能，经过当面谈话考察，遂委以以重任。春秋战国时期选拔官吏的主要标准是贤能，贤指道德品行，能是实际才干。《荀子·王制》"欲立功名，则莫若尚贤使能矣。"《韩非子·八奸》："明主之为官职爵禄也，所以进贤材，劝有功也。故曰：贤材者处厚禄，任大官；功大者有尊爵，受重赏。官贤者量其能，赋禄者称其功。"《史记·赵世家》："选练举贤，任官使能。"而选拔官吏的方法主要有荐举和征召两种。荐举又有他举和自荐之分。他荐如鲍叔牙推荐管仲，子桑推荐百里奚，百里奚推荐蹇（jiǎn）叔，田忌推荐孙膑，翟璜推荐李

❶ 《史记·鲁周公世家》，《史记》1518 页。

❷ 参考《李亚农史论集》，上海人民出版社 1962 年版，650－655 页。

❸ 《史记·管晏列传》，《史记》2131 页。

悝、吴起、西门豹等，都是比较著名的例子。秦国的荐举后来发展为保举，即推荐者对被荐者要负法律责任。《史记·李斯列传》："不韦任（保举）李斯为郎。"又《范雎列传》："秦之法，任人而所任不善者，各以其罪罪之。"自荐有两种情况：一种是游说（shuì）自荐，孔子、孟子、邹忌、苏秦、张仪等都是显例；另一种是应征自荐，如商鞅、毛遂等。征召是君主或达官贵人主动招聘贤能，如秦孝公、燕昭王、齐威王、孟尝君等。秦国还特别注重以军功选拔官吏。秦法规定：斩敌一首，赐爵一级，可以做五十石的官。此外，秦国还有纳粟捐官的做法。《史记·秦始皇本纪》："四年（公元前243年），……十月庚寅，蝗虫从东方来，蔽天。天下疫。百姓内（纳）粟千石，拜爵一级。"至于低级办事人员，秦以试学僮的方法擢用。考试的内容，一是记诵，二是书写各式字体。选拔主吏的标准是通晓法令文书而品德出众，即所谓"文无害"❶。以血缘关系作为选拔官吏的依据，在春秋战国时期仍占很大的比重，不仅东方六国情况比较严重，就是变革比较彻底的秦国，也有一定的遗存。"葆子"（近似汉代的"任子"）是其表现之一，总起来看，把贤能放在选拔官吏的首位，是春秋战国时期官吏管理制度中的一大进步。但我们也必须清醒地认识到：这种进步是列国竞争、加强君主专制集权的历史条件下的产物。所谓贤，所谓能，其衡量的最终标准还是君主的根本利益。如果从实质上看问题，与其说君主是在选拔人才，不如说是选拔奴才更为恰当。在君主的眼里，再好的贤能之士，也不过是他们获取猎物的走狗而已。春秋末年越国的著名将军范蠡（lí）已看清了这一点。他说："蜚（飞）鸟尽，良弓藏；狡兔死，走狗烹。越王可与共患难，不可与共乐。"❷

秦统一后，选拔官吏的制度发生很大的变化：（1）停止对原东方六国人才的招纳和任用，转而采取迁徙打击的政策。秦朝建立后，至少迁徙了二十六万户、一百多万人到全国各地，他们多是六国中有影响的社会力量。（2）对士人由大胆任用改变为镇压、消灭的政策。《史记·儒林列传》："至秦之季世，焚诗书，坑术士。"注："秦既焚书，恐天下不从所改更法，而诸生到者拜为郎，前后七百人，乃密种瓜于骊山陵谷中温处，瓜实成，诏博士诸生说之，人言不同，乃令就视。为伏机，诸生贤儒皆至焉，方相难不决，因发机，从上填之以土，皆压，终乃无声。"马端临《文献通考·学校考一》评论说：

---

❶ 参考黄留珠：《秦汉仕进制度》53－56页，

❷ 《史记·越王勾践世家》，《史记》1746页。

“然则秦之于博士弟子，非惟不能考察试用之，盖惟恐其不澌（sī，尽）尽泯没矣。”（3）停止以爵授官的做法。秦朝选用官吏的主要标准是通晓法律和绝对服从皇帝和上级旨意的人。《史记·秦始皇本纪》：“若欲有学法令，以吏为师。”赵高因通狱法而受到重用。赵高搞指鹿为马，秦二世惩办说真话的儒生，都说明在绝对专制的秦朝统治下，对官吏的要求是愚忠、盲从，而不是智慧、能力。秦朝选拔官吏的方法，基层主要实行推荐制。《史记·淮阴侯列传》：“（韩信）始为布衣时，贫无行，不得推择为吏。”可见小吏要经过推举选择。《秦律杂抄·除吏律》：“任法（废）官者为吏，赀二甲。”任即保举之意。较高的官吏由朝廷征用。《秦会要订补》十五卷：“秦末，沈遈征为丞相，不就。”《秦集史·人物传二十之二》：“周贞实，零陵人也，居淡山石室中，始皇下诏征之，三征，皆不就。”《汉书·萧何传》：“（萧）何乃给泗水卒史事，第一。秦御史欲入言征何，何固请，得毋行。”《史记·叔孙通列传》：“叔孙通，薛人也。秦时以文学征，待诏博士。”以上数例，除叔孙通外，皆征而不就，连征用为丞相都不赴任，是颇为耐人寻味的。它说明：秦朝的暴虐统治和选拔官吏的制度是很不得人心的。陈胜揭竿而起，士人和山东豪杰都起而响应，从另一侧面说明了这一点。《史记·儒林列传》：“陈涉之王也，而鲁诸儒持孔氏之礼器往归陈王。于是孔甲（孔子八世孙）为陈涉博士，卒与涉俱死。陈涉起匹夫，……然而缙绅先生之徒负孔子礼器往委质为臣者，何也？以秦焚其业，积怨而发愤于陈王也。”又《陈涉世家》：“（陈涉）斩木为兵，揭竿为旗，天下云会响应，赢粮而景（影）从，山东豪俊遂并起而亡秦族矣。”

西汉初年，政府所用官吏，主要来自追随刘邦打天下的武力功臣。从刘邦到惠帝、吕后年间，“公卿皆武力有功之臣”❶。与秦朝有所不同的，主要是两点：一是大封宗室子弟，作为皇室的辅翼、依靠；二是对儒生的政策开始转变。《史记·儒林列传》说：“汉兴，然后诸儒始得修其经义，讲习大射、乡饮之礼。叔孙通作汉礼仪，因为太常，诸生弟子共定者，咸为选首，于是喟然叹兴于学。”武帝以前，新选拔的官吏，主要有訾（资）选、荫任、军功特拜三途。訾选就是以訾财选为郎。景帝后元二年以前，须有家资十万以上，其后降低为四万，方可选拔为郎官。郎官要自备鞍马、服装、兵器，并须支付一部分钱财，以供郎署文书财用。荫任，汉代称“任子”，即高级官吏可以保任其子弟为官。《汉书·哀帝纪》注：“吏二千石（相当于郡太守一级）以上，视

❶ 《史记·儒林列传》，《史记》3117 页。

事满三年，得任同产若子一人为郎。”在具体执行上，大致可分为两类：一是以父兄任为郎，二是以外戚任为郎。军功特拜是以军功授官，如李广、李蔡等。赀选、荫任二途，弊病很大，董仲舒批评说：“夫长吏多出于郎中、中郎，吏二千石子弟选郎吏，又以富訾，未必贤也。”❶ 由于汉朝统治者对开国功臣疑忌很深，开国功臣的人数也在逐渐减少；景帝时爆发了吴楚七国之乱，依靠宗室治天下已成为过时之举；訾选、荫任产生的官吏，素质很差；而庞大的汉帝国，又需要大批为它服务的官吏：以上种种因素，促使以察举为主体的有汉代特色的比较完备的选拔官吏制度应运而生。察举是武帝以后选拔官吏的主要途径。所谓察举，就是考察后予以荐举之意，它是西周乡举里选制、春秋战国荐举制的新发展。其基本步骤是：由皇帝下诏，指定举荐科目；丞相、列侯、公卿及地方郡国守相按科目要求荐举人才；皇帝亲自对被举者进行策问；根据对策的等第高下授予官职。高祖晚年，下诏举贤，已开西汉察举制的先声。《汉书·高帝纪下》：“盖闻王者莫高于周文，伯者莫高于齐桓，皆待贤人而成名。今天下贤者智能岂特古之人乎？患在人主不交故也，士奚由进！……贤士大夫有肯从我游者，吾能尊显之。布告天下，使明知朕意。御史大夫昌下相国，相国酂侯下诸侯王，御史中执法下郡守，其有意称明德者，必身劝，为之驾，遣诣相国府，署行（品行）、义（仪表）、年（年龄）。有而弗言，觉，免。年老癃（lóng）病，勿遣。”文帝十五年“诏诸侯王、公卿、郡守举贤良能直言极谏者，上亲策之，傅纳以言（敷陈其言而纳用之）”❷。标志着察举制度的正式建立。汉代的察举，有很多科目，如贤良方正、贤良文学、孝廉、茂才、明经、明法、至孝、有道、敦厚、尤异、治剧、勇猛知兵法、明阴阳灾异等。其标准大致不出四科：“一曰德行高妙，志节清白（如孝廉、贤良方正）；二曰学通行修，经中博士（如文学、明经）；三曰明达法令，足以决疑，能按章覆问，文中御史（如明法）；四曰刚毅多略，遇事不惑，明足以决，才任三辅令（如治剧）：皆有孝弟廉公之行。”❸ 察举的主要对象是儒生，察举的主要科目是孝廉，这种格局是汉武帝时确定下来的。《汉书·武帝纪》：“建元元年冬十月，诏丞相、御史、列侯、中二千石、二千石、诸侯相举贤良方正直言极谏之士。丞相绾（wǎn）奏：‘所举贤良，或治申、商、韩非、苏秦、张仪之言，乱国政，请皆罢。’奏可。”此诏开创了察举制主要以儒术取士的新局面。

---

❶ 《汉书·董仲舒传》，《汉书》2512 页。

❷ 《汉书·文帝纪》，《汉书》127 页。

❸ 《后汉书·百官志一》注。

又："元光元年冬十一月，初令郡国举孝廉各一人。"从此将孝廉确定为岁举性常科。孝廉即孝子廉吏之意。两汉之世，所举孝廉，大多为官僚、贵族、富豪子弟。因此，实际上成为一种变相的官贵子弟世袭制。孝廉中一半以上先拜郎官，其次是任少府属官、郡国长官的高级助手和县级长官。茂才（西汉称秀才）是汉代察举的另一常设科目，亦为汉武帝所创。先为特举，东汉改为岁举。举主有州郡守相、列侯、丞相、将军、光禄勋、御史、中二千石等，还有派员专举的，而以州举所占比例最大。茂才的察举对象，以已仕官吏与孝廉为主。中选后，多授予县令或相当于县令一级的长官，较孝廉为优。在汉代，茂才是一种崇高荣誉的象征和极其显贵的资历。汉代选拔官吏的途径，除察举外，还有征辟（bì）、考试等。征辟是一种自上而下选拔官吏的制度，主要有皇帝征聘和公府、州郡辟除两种方式。皇帝征聘的对象，主要是某些有名望的品学兼优的人士，常与私人荐举相结合，即先经私人荐举，然后由皇帝予以征召。凡被征召者，有一个专门名称曰"征君"，是最尊荣的仕途，或备皇帝顾问，或委任政事。辟除是高级官员任用属吏的一种制度。两汉公府自丞相（或司徒）、御史大夫（司空）、太尉（司马）、大将军以至九卿如光禄勋、太常，皆可自辟掾属。有时皇帝也敕令公府辟召。州刺史初为监察官，辟除属员的权力很小。东汉以后，刺史渐成为高级地方长官，因而有较大的辟除掾史之权。郡守辟除掾属，西汉已成定制，东汉相沿不变。考试是汉代选拔官吏的重要方法。考试又分两种情况：一种是考试与察举相辅而行。即察举之后，须经过考试，然后量才录用。另一种是学僮和博士弟子的考试。对学僮的考试是一种初级考试。《汉书·艺文志》："太史试学僮，能讽书九千字以上，乃得为史。又以六体（古文、奇字、篆书、隶书、缪篆、虫书）试之，课最者以为尚书、御史、史书令史。"博士弟子又称太学生，其入仕考试叫做射策，是一种抽签考试。能通一艺以上，补文学掌故缺，考得优秀的可以为郎中。凡属诏令特举之士，往往由皇帝亲自考试，叫做对策，是一种命题考题。对策的地方，或在太常寺，或在公车，或在白虎殿，均为随时指定。汉武帝以后，察举、征辟、考试等选拔官吏的制度，主要是为从儒生中选拔人才而设立的。此外，还并存着任子、纳赀以及皇帝根据需要或爱好随意选用的多种途径。任子制度西汉末曾一度废除，但不久即恢复，至东汉更为盛行。纳赀即入财得官，以西汉武帝和东汉灵帝时最滥。不经过一定程序，由皇帝随时选拔为官的情况也很多，如外戚、宦官、方伎（戏车、濯船、医术、方术、博戏之类）等。在汉代选拔官吏的制度中，商人、贫苦农民等被排斥在外。《汉书·食货志下》："孝惠、高后时，……市井（商贾）子孙亦不得为官吏。"又《贡禹传》："孝文皇帝时，……贾人，赘婿及吏坐赃者皆禁锢不得为吏。"又《景帝纪》："有市籍不得宦，无訾又不得宦。"又《哀帝纪》："贾人皆不得名田（以私人名义占有田地）、为吏。"不过在实际执行中，亦有例外，如汉武帝曾选拔商人出身的桑弘羊、东郭咸阳、孔仅等为管理财政和盐铁官营的官。

东汉末年，朝廷腐败，军阀混战。为削平群雄，重建地主阶级的统治，曹操提出"唯才是举"的选拔官吏的新方针。建安十五年，他下令说："自古受命及中兴之君，曷尝不得贤人君子与之共治天下者乎！……若必廉士而后可用，则齐桓其何以霸世！今天下得无有被（pī）褐怀玉而钓于渭滨者乎？又得无盗嫂受金而未遇无知者乎？二三子其佐我明扬仄（zè）陋，唯才是举，吾得而用之。"[1] 这就是说，曹操选拔官吏的唯一标准是才，其方法主要是汉代的察举。何谓才？曹操认为主要是进取创业的实际能力，即治国用兵之术。他在另一次命令中说："夫有行之士未必能进取，进取之士未必能有行也。陈平岂笃行，苏秦岂守信邪？而陈平定汉业，苏秦济弱燕。"[2] 魏国的创建，与曹操选拔官吏的路线是分不开的，但曹操还未来得及建立一套比较完整的制度。魏国建立之初，曹丕采纳颍川士族地主、吏部尚书陈群的建议，建立九品中正制度。担任中正官的，大都是在中央任职的士族门阀。中正官品评士人的标准有门资（家世官位高低）、品德、才能三项，定出"品"、"状"。以门资定品，以德才定状。在九品中正制实行的初期，还比较重视状；后来状成了可有可无的东西，就只剩下"计资定品"的品了，门第遂成为选拔官吏的唯一标准，为后来门阀政治的形成铺平了道路。九品中正制是从汉代的察举制度演变而来，成为魏晋南北朝时期占主导地位的选拔官吏的制度。汉代的其他各种选拔官吏的制度，魏晋南北朝时期仍不同程度的继续实行。《文献通考·选举考一》："魏晋以来，虽立九品中正之法，然仕进之门则与两汉一而已。或公府辟召，或郡国荐举，或由曹掾积累而升，或由世胄承袭而用，大率不外此三四涂（途）辙。"孝廉、秀才仍是察举最常见的科目，一般是州举秀才，郡察孝廉。被察举的秀才、孝廉，还须经过策试，才能授官。魏晋以后，征召仍多是知名之士，受征召者即授予官职，但被征者也可拒绝。中央和地方的高级官员，都可辟除掾属。朝廷卖官鬻爵，以晋、陈、北魏诸朝为多。从军立功入

[1] 《三国志·魏志·武帝纪》，《三国志》32 页。

[2] 《三国志·魏志·武帝纪》，《三国志》44 页。

仕，是选拔寒人的重要途径。

隋唐基本上废除了汉代以来的察举、征辟的选拔官吏制度，而把考试作为选拔官吏的主要途径，形成体系比较完整的科举制度。由察举、征辟到科举，其间变化的主要内容是：（1）剥夺了高级官员自辟掾属和荐举官吏的权力，把选拔官吏的权力集中于尚书省和皇帝。（2）选拔官吏的标准以考试成绩为标志的才能为主，门资、品德已不再占重要地位。唐代的科举分为常科和制科两类。常科每年由礼部定期举行，制科由皇帝不定期下诏举行。常科的考试科目有秀才、明经、俊士、进士、明法、明字、明算、一史、三史、开元礼、道举、童子等。秀才、明经、俊士、进士为普通科，明法、明字、明算等为专科。秀才科试方略策五道，明经科试帖经（类似填空）、经义（解释经典，又称“墨义”）、时务策三道，进士科试帖经、诗赋、时务策五道。明经科重帖经墨义，进士科重诗赋。在所有的科目当中，以进士、明经最受重视。参加常科考试的有两部分人：一部分是各学、馆的学生，称为生徒；一部分是地方政府举送的自学士子，称为乡贡。礼部考试合格，就取得了做官的资格，叫做“出身”。还须通过吏部的考试，才能正式授官。制科考试科目由皇帝临时设立，多达百余科。《新唐书·选举志上》：“……而天子又自诏四方德行、才能、文学之士，或高蹈幽隐与其不能自达者，下至军谋将略、翘关拔山、绝艺奇技莫不兼取。其为名目，随其人主临时所欲，而列为定科者，如贤良方正直言极谏、博通坟典达于教化、军谋宏远堪任将率、详明政术可以理人之类，其名最著。”制科考试例由皇帝亲自主持。考试合格，已居官者即由原官升擢，中高第而未仕者，立即由吏部从优除授。从武则天开始，又有武举。武举考试由兵部主持。考试内容主要是马射、步射、负重等武艺。除通过科举选拔官吏外，世袭、荫任、军功、宦官、伎术、胥史等，皆为入仕之途。《新唐书·选举志下》：“唐取人之路盖多矣，方其盛时，著于令者，纳课品子万人，诸馆及州县学六万三千七十人，太史历生三十六人，天文生百五十人，……诸台、省、寺、监、军、卫、坊、府之胥史六千余人。凡此者，皆入官之门户。”吏部选拔官吏的标准有四：“一曰身，体貌丰伟，二曰言，言辞辨正；三曰书，楷法遒美；四曰判，文理优长。四事皆可取，则先德行；德均以才，才均以劳。”[1] 唐人沈既济评论唐代选拔官吏制度时说：“入仕之门太多，世胄之家太优。”[2] 唐

---

[1] 《新唐书·选举志下》，《新唐书》1171 页。

[2] 《新唐书·选举志下》，《新唐书》1178 页。

朝入仕之门虽然向社会大开着，但工商业者和广大贫苦农民却被排斥在外。《旧唐书·职官志二》："辨天下之四人，使各专其业。凡习学文武者为士，肆力耕桑者为农，巧作器用者为工，屠沽（屠夫和卖酒的人）兴贩者为商。工商之家，不得预于士。"农民有军功入仕一途，其门路是非常狭窄的。

宋朝选拔官吏的途径有五。《宋史·选举志四》："凡入仕，有贡举（即科举）、奏荫、摄署（临时代理）、流外、从军五等。"其中以科举为主要途径。宋朝科举录取的人数比唐朝大大增加。唐朝每次录取人数一般为二三十人，最多达八十人。宋太祖时，进士科最多三十一人，诸科最多九十六人。太宗太平兴国二年，录取总数达五百多人。真宗咸平三年，录取总数更高达一千八百余人。考试科目，初有进士、九经、五经、开元礼、三史、三传、学究（"学究一经"的简称）、明经、明法等十科，而最重进士科。因此除进士科外，其他统称诸科。神宗时，取消诸科，只保留进士科。哲宗时，将进士分为经义、诗赋两科。在考试的层次上，增加殿试一级，由皇帝亲自主持。殿试及第后，不须再经吏部考试，直接授官。对参加科举考试的士人，在制度上有严格的限制，"不许有大逆人缌麻以上亲，及诸不孝、不悌、隐匿工商异类、僧道归俗之徒"。"凡诸州长吏举送，必先稽其版籍，察其行为，乡里所推，每十人相保，内有缺行，则连坐不得举。"❶ 但在实际执行中，往往"家不尚谱牒，身不重乡贯"❷，不讲门第身份，工商杂类亦可应试。至北宋末年，僧道应试亦有之。宋朝三百余年中，科举制度选拔了大量人才，"元臣硕辅，鸿博之儒，清疆之吏，皆自此出，得人为最盛焉"❸。王安石变法时，在太学中推行三舍法。上舍毕业生中成绩优异者，可不经科举考试直接任用，称为"舍选"。徽宗时，曾一度尽罢科举，全面实行舍选。不久又恢复科举，科举与舍选并行。宋朝恩荫特重，"一人入仕，则子孙亲族俱可得官，大者并可及于门客、医士，可谓滥矣。……群臣子弟以荫得官，往往未离童龀（chèn，脱去乳齿，长出恒齿）即受俸"❹。

元朝选拔官吏，主要有"根脚"、推举、荫叙、科举几途，而以"根脚"最为重要。所谓"根脚"，就是社会出身。蒙古人、色目人，在选拔官吏中占优先地位。而皇帝的警卫怯薛是最重要的"大根脚"，往往从中选拔出来担任

---

❶ 《宋史·选举志一》，《宋史》3605 页。

❷ 陈傅良：《止斋文集》35 卷《答林宗简》。

❸ 《宋史·选举志一》，《宋史》3604 页。

❹ 赵翼：《二十二史札记》25 卷《宋恩荫之滥》。

省院台部的要职。各级吏的任用和升迁由省院台部、宣慰司、廉访司和路府州县的官员推举。吏的来源很复杂。《元史·选举志一》说："其策名于荐举者，有遗逸，有茂异，有求言，有进书，有童子。"经过推举，刀笔小吏常进身显位，"虽名卿大夫，亦往往由是跻（jī，升）要官，受显爵；而刀笔下吏，遂致窃权势，舞文法矣"❶。荫叙制度初定于至元四年，改定于大德四年。按大德规定：正、从一品官员之子许承荫正、从五品官，正、从二品官之子许承荫正、从六品官，以下依例递减。品官子孙承荫，以一人为限。科举在元朝不占重要地位。元朝前期，科举停废长达半世纪之久。从延祐首科至元末，共举行九次，总计取士一千二百余人，占相应时期中文职官员的百分之四，可谓微不足道。在元朝科举考试中，重经义而轻诗赋。经义在"四书"内出题，以朱熹《四书集注》为准。元朝选拔官吏制度总的特点是"惟论根脚"，不重才学。

明朝文职官吏的选拔，大致有吏员、举贡、进士三途。《明史·选举志三》："选人自进士、举人、贡生外，有官生、恩生、功生、监生、儒士，又有吏员、承差、知印、书算、篆书、译字、通事诸杂流。进士为一途，举贡等为一途，吏员等一途，所谓三途并用也。"明初，中央官学国子监的学生（通称监生），成绩优异者可被选送到各衙门实习吏事，称为"历事监生"，然后根据他们的表现授予官职。荐举在明初一度很盛行。荐举人才以德行为本，才能次之。科目有聪明正直、贤良方正、孝弟力田、儒士、孝廉、秀才、人才、耆民（有名望的老人）等。"时中外大小臣工皆得推举，下至仓、库、司、局诸杂流，亦令举文学才干之士。其被荐而至者，又令转荐。以故山林岩穴、草茅穷居，无不获自达于上，由布衣而登大僚者不可胜数。"❷ 永乐以后，科举入仕成为文官的主要来源。科举考试专取四书、五经命题，并规定答卷必须写八股文，这实际上成为套在士人身上的沉重枷锁。《古今图书集成·选举典》载叶向高文曰："嘉、隆以来制科益重，缙绅大夫十九其人。其以科贡起者，即有长材异能，多束于资，不得表现，时盖格愈严而人始病。"武官的选拔，有世职、武举、行伍、纳级四途。其他选拔官吏的途径还有荫叙、纳赀等。宫廷事务全部选用宦官和妇女。

清朝选拔官吏，以科举和监生为主，其他为辅。《清史稿·选举志五》：

---

❶ 《元史·选举志一》，《元史》2016 页。

❷ 《明史·选举志三》，《明史》1713 页。

“凡满、汉入仕，有科甲、贡生、监生、荫生、议叙、杂流、捐纳、官学生、俊秀。定制由科甲及恩、拔、副、岁、优贡生、荫生出身者为正途，余为异途。异途经保举，亦同正途，但不得考选科道。非科甲正途，不为翰、詹及吏、礼二部官。惟旗员不拘此例。官吏俱限身家清白，八旗户下人、汉人家奴、长随，不得滥入仕籍。”又《选举志四》：“清代科目取士外，或征之遗佚，或擢之廉能，或举之文学，或拔之戎行，或辟之幕职，荐擢一途，得人称盛。”清代科举，大体沿用明制，惟于正科之外，尤重制科。制科种类很多，比较著名的有博学鸿词科、经济特科、孝廉方正科等。如博学鸿词科，康熙、乾隆时各举行过一次。其方法是：先由内外大臣荐举，不分已仕、未仕，被举者在殿廷考试，只考诗赋，不考八股，取列高第者授翰林官。又如经济特科，是清末特设选拔“洞达中外时务”人员的科目。清朝荐举的对象，有贤良方正、孝行、硕儒、廉吏、干员等。满人入官，或以科举，或以任子，或以捐纳、议叙，选拔任用较汉人为优。

第四节　官吏的任用

商代对官吏的任用，取决于君主个人的爱好、信任。汤任用伊尹主持国家政事，武丁授傅说以国政，纣重用费仲、恶来，都由君主个人决定。《史记·殷本纪》说纣王“用费仲为政。费仲善谀，好利，殷人弗亲。纣又用恶来。恶来善毁谗，诸侯以此益疏。”又载：“西伯出而献洛西之地，以请除炮（páo）格之刑。纣乃许之，赐弓矢斧钺，使得征伐，为西伯。”据此，商代已有册命即赐命制度，即在任命官职同时给予一定的赏赐。

西周时期，册命制度有进一步的发展。封建国家的管理机构通过册命制度建立起来。天子分封诸侯，任命百官；诸侯封卿大夫；卿大夫封臣宰：都采取册命的方式。册，亦作策，指受命的文书。册命文字原书写于简册，册命时当庭宣读，受命者归而铸于铜器。册命包含有授予官爵、分封土地、赏赐物品三方面的内容。册命时要举行隆重的礼仪。时间在一日之晨。地点一般在太庙，也有在其他地点的。王室册命文书由内史遵照王命书写，正本授予受命者，副本藏于王室。册命有始命、袭命、重命、增命、改命、追命六种情况，册命形式有朝觐册命、遣使册命、巡狩册命、考绩册命等。册命仪式的程序大致是：周王即位，南向；受命者由傧者（往往是受命者的上级长官）引导入门，立中庭，北向，准备受命；书命之史官将命书授予王，王即呼宣命之史官宣读册命；受命者拜手（首至手）稽首（头拜至地）接受命册，佩带以出；再返回以玉璋觐王（含“委质为臣”之义）；受命者颂扬王的册命。册命时，天子赏赐的物品有祭酒（鬯）、圭瓒、冕服、车、旂（qí）旗、兵器、土田、臣民等，而最常见的是圭瓒和冕服，又称命圭、命服，带有凭证的性质。《国语·周语上》：“襄王使邵公过及内史过，赐晋惠公命。”注：“命，瑞命也。诸侯即位，天子赐之命圭，以为瑞节也。”官爵不同，命圭的长度也不同。《周礼·考工记·玉人》：“命圭九寸，谓之桓圭，公守之；命圭七寸，谓之信圭，侯守之；命圭七寸，谓之躬圭，伯守之。”命服是官员身份的外部标志。《国语·周语上》：“襄王使太宰文公及内史兴赐晋文公命。”注：“命服也。”分封诸侯时，还要用茅草包一包社稷坛的土授予受封的人，作为封给土地的象征和凭证。贵族任用家臣，将其名写于策书，家臣要向主人送一定的礼物（贽），表示誓死效忠，叫做“策名委质（通‘贽’）”或“委质为臣”。

春秋以后，分封制逐渐废除，君主的专制权力大大加强。君主任用臣下，只授予玺、符、节等作为凭信。玺、节在西周时原是准许经商及商品出入的凭证。《周礼·地官·司市》：“凡通货贿，以玺、节出入之。”郑玄注：“玺节，印章，如今斗检封（盖有方形印章的封条）矣。使人执之以通商。”春秋后期已有玺封的文书，即所谓“玺书”。《左传·襄公二十九年》：“公还，及方城。季武子取卞，使公冶问，玺书追而与之。”战国时，君主任命官吏称“拜”，发给玺（也称印）作为凭证。《史记·魏公子列传》：“魏王见公子，相与泣，而以上将军印授公子，公子遂将。”又《张仪列传》：“（楚王）乃以相印授张仪。”“张仪既卒之后，犀首入相秦。尝佩五国之相印，为约长。”一般的玺是铜制的，丞相的玺往往是黄金制的。《史记·蔡泽列传》：“怀黄金之印，结紫绶于要（腰），揖让人主之前。”有的国家任命大将要举行隆重的仪式，并授予斧钺。《七国考》：“魏制，立大将，君自布席，夫人捧觞，亲醮（jiào，一种祷神的祭礼）于庙，乃授斧钺（征伐之权的象征），自立吴起始也。”战时，君主授予将军调动指挥军队之权，以符（虎符）为凭信。虎符用金、玉、铜、竹、木等制成，作伏虎形，上有铭文，分为两半，底有合榫（sǔn），右半存在国王处，左半发给将领。秦国规定：凡用兵五十以上，必须会合王符。节在西周原用竹节制成，用途颇多，主要作为出使的凭证，经商是其中的一种。战国时，节多用青铜铸成，上有铭文，常常几枚合成圆形的竹节状，作为使者通行的证件。长官任用僚属，主要采取聘请的形式，没有正式的手续和仪式。

秦汉正式任命官吏称“拜”，也称“除”。拜含有尊重之意，一般属初任。

《史记·淮阴侯列传》："王素慢无礼，今拜大将军如呼小儿耳，此乃（韩）信所以去也。王必欲拜之，择良日，斋戒，设坛场，具礼，乃可耳。"又《平津侯列传》："天子擢（公孙）弘对为第一，召入见，状貌甚丽，拜为博士。"《后汉书·臧洪传》："洪年十五，以父功拜童子郎，知名太学。"任命三公叫"拜衮（gǔn）"，"衮"指三公所穿的礼服。"除"有除去旧官任用新官之意。《史记·魏其武安侯列传》："君除吏已尽未？我亦欲除吏。"《三国志·魏志·武帝纪》："年二十，举孝廉为郎，除洛阳北部尉。"汉制，朝廷任命的官吏（比二百石以上）大多有印章。从秦朝起，玺为皇帝印的专称，其他官吏的印不能称玺。蔡邕《独断》："秦以前，民皆以金玉为印，龙虎纽，唯其所好。然则秦以来，天子独以印称玺，又独以玉，群臣莫敢用也。"根据官吏级别的高低，印章的质料和绶（shòu）带（系印纽的丝带）的颜色有区别。丞相、太尉、太师、太傅、太保、前后左右将军，皆金印紫绶；比二千石以上，皆银印青绶；比六百石以上，皆银印黑绶；比二百石以上，皆银印黄绶。金印紫绶、银印青绶皆龟纽。即印章的章为龟形，其文曰某官之章；比二百右以上至六百石，纽只有鼻，不为虫兽之形，其文曰某官之印。光禄大夫、博士、御史、谒者、郎等无印绶，但仆射（yè）及御史掌管文书符玺的有。调动军队以铜虎符、竹使符为凭。使者出使持节。皇帝派出的特使持节到地方，有专杀之权。长官辟除掾属，无印绶之类的凭证。秦汉在正式任命之前，大都有一年的试用期，称"守（shòu）"。《汉书·韩延寿传》："入守左冯翊，满岁称职为真。"此外，还有许多灵活变通的任用方式：暂时代理称"假"；参与评议称"平"；以本官兼领他职称"领"；以本官兼管某职事称"视"；参决总录称"录"；以本官兼任他官称"兼"；官缺未补，暂时由他官摄行称"行"；临时派遣中央官员监督地方称"督"（多为军事需要而设）；未正式委任官职，等待诏命称"待诏"；本职之外另加虚衔称"加官"等。为防止某些弊病的发生，汉朝在任用制度中作出一些限制。如：诸侯王国的人不得在京师担任中央官职和皇宫警卫；地方长官回避本籍，三辅属官佐吏不用本地人，婚姻之家及两州（后发展为三州）人士不得交互为官；宗室子弟不得担任中央政府及三河（河东、河内、河南三郡）长官；不任用王舅为九卿长官，后宫之家不得封侯参与政事；宦官子弟不得担任地方长官，侍中、尚书、宦官子弟不得作为孝廉的察举对象；入财为官，不任用要职等等。

东汉末年以后，战乱频繁，皇权衰落，任用制度出现新的复杂情况。最突出的一点，是权臣不经皇帝任命，自封官爵。如：董卓自为相国、太师，曹操自为司隶校尉、大将军、司空、丞相、魏公，刘备自立为汉中王，司马昭自为大将军、大都督、相国、晋公等。在皇帝正常行使权力的情况下，正式任命的高级官员，位高禄重，但实权较少。如晋朝，“文武官公，皆假金章紫绶，著五时（春、夏、季夏、秋、冬）服。其相国、丞相，皆衮冕，绿盭（lì，绿色）绶，所以殊于常公也。诸公及开府位从公者，品秩第一”[1]。朝政实权掌握在皇帝的秘书侍从机构尚书省、门下省、中书省手里，但三省长官的级别较低。如尚书令，秩千石，铜印墨绶。高级官员加上“录尚书事”之类的头衔，才有实权。大将军、骠骑将军、车骑将军等高级武官职称，无指挥军队之权。实际统兵作战，须加“都督”之类的称号，持节则权力更重。《晋书·职官志》：“都督诸军为上，监诸军次之，督诸军为下；使持节为上，持节次之，假节为下。使持节得杀二千石以下，持节杀无官位人，若军事，得与使持节同，假节唯军事得杀犯军令者。江左以来，都督中外尤重。”都督中外诸军事即为最高统帅，若加“假黄钺”，则有代表皇帝亲征之意，权力特重。“上军大将军曹真都督中外诸军事、假黄钺，则总统内外诸军矣。”都督诸州军事为地方高级统兵武官，兼掌军事与行政。王公及地方高级官员任用僚属，将授官之词写在长一尺二寸、阔七寸的板上，称为“板官”，如“板将军”、“板正参军”等。板官无固定级别，俸禄较低。吏部任用官吏，以中正官对士人评定的品为依据，实际上是以门资为主要依据。南朝宋文帝时，限定年三十方可任用。齐则规定：士族二十岁即可做官，寒族三十岁才能试用为吏。梁、陈均定不满三十不得入仕。北魏规定庶族子弟不满十五岁不得入仕。

隋唐任用官吏的权力集中于皇帝，具体事务文归吏部，武归兵部。正式任用称拜、除、授、任等，初任为拜，再命为除，授为任用官吏的通称。授有册授、制授、敕授、旨授之别。五品以上高级官员由皇帝直接任命，六品以下官吏通过考试任命。吏部考试叫“释褐试”，褐是麻布衣服，只有通过了吏部考试，才能脱去布衣换上官服。参加吏部考试的，除科举及第者外，还有皇亲国戚和高官子弟通过门荫、地方小吏以流外入流、富户子弟通过捐纳以及其他以荐举等方式取得任官资格的人。每年五月，吏部向州县颁发当年选人的标准——“格”。凡合乎条件者，均可到州县领取解（jiè）状，状内填写选人的履历及以往任官、考绩的情形，于十月到吏部集中。同一流品的人，“五五为

---

[1] 《晋书·职官志》，《晋书》726 页。

联，京官五人保之，一人识之”,[1] 然后到吏部应选。吏部考试的内容有四项：身、言、书、判。“身”的标准要求是体格健壮，仪表堂堂；“言”的标准要求是语言流利，能说善辩；“书”的标准要求是擅长书法，遒劲美观；“判”的标准要求是判词准确，文理优长：而书判尤受重视。凡试判登科，叫做“入等”。并参考德行、才能、劳绩，决定是否录用。考试合格后，先由吏部拟定官职，叫做“注拟”。然后征求选人的同意。如本人无异议，则将其所拟官阶和有关档案，报尚书仆射，再送门下省审查，称为“过官”。如审查通过，便呈请皇帝下旨任命，称为“旨授”。视品及流外官，不在“旨授”之列，由吏部或主管部门直接任用，称“判补”。任命时，发给选人授官凭信（委任状），称为“告身”，上盖“尚书吏部告身之印”。五品以上的高级官员，也都发给告身，武官由兵部颁发。凡由皇帝直接任命的官，一般须加盖中书印。权臣用事时，常不遵制度而由皇帝直接颁下敕书（称为“墨敕”），用斜封付中书执行，时人称为斜封官。唐朝在任用官吏中，注意人尽其才，对于历职清要官并考试成绩优异的，可隔品授官（越级提拔）。此外，有时还举行特殊考试，如“科目选”、“超越宏词”、“拔萃”等。科目选考试重试诗，宏词考试重试文，拔萃考试重试判，合格即从优授官。除正式任命外，唐代还有检校（jiào）、摄、守、权、判、知、兼、领、权知、行、里行等任用方式。《新唐书·百官志一》：“初，太宗省内外官。定制为七百三十员，……然是时已有员外置，其后又有特置，同正员。至于检校、兼、守、判、知之类，皆非本制。又有置使之名，或因事而置，事已则罢，或遂置而不废。其名目繁多。”唐朝任命职事官，都发给印。将军领兵出征，须由兵部下符契，州刺史和折冲都尉勘契相合，而后发兵。任命节度使，赐双旌双节，并举行隆重的仪式：“行则建节，树六纛（dào，仪仗队的大旗），中官祖送（送行），次（停留）一驿辄上闻。入境，州县筑节楼，迎以鼓角，衙仗居前，旌幢（chuáng，仪仗用旗）居中，大将鸣珂，金钲鼓角居后，州县赍印迎于道左。”[2] 节度使可自行辟除僚属，但不算国家正式官吏。在唐代任用制度中，有下列一些限制：未担任过地方官的不得到中央机构任职，官吏不得在本籍和邻县任职（京兆河南府不在此限）；凡职责相连或监临检察的官职，须回辟亲属，如宰相的儿子不能当谏官，兄弟不能在同省任职等；工商业者不能担任官职；伎术官只能

---

[1] 《新唐书·选举志下》，《新唐书》1171 页。

[2] 《新唐书·百官志四下》，《新唐书》1309－1310 页。

在本司任用，除非任职年久，否则不得外叙。居丧期间（父母丧二十七月为期）不得任官等。唐代已有比较完备的官吏档案制度。凡官吏和取得出身的人，吏部都备有档案。存放档案的地方叫“南曹”。《旧唐书·职官志二》：“每岁选人，有解状、簿书、资历、考课，必由之以核其实，乃上三铨。其三铨进甲（即档案）则署焉。”

宋朝官吏的任用，分为官、职、差遣三种。《宋史·职官志一》说：“其官人受授之别，则有官、有职、有差遣。官以寓禄秩、叙位著，职以待文学之选，而别为差遣以治内外之事。”官、职由朝廷正式任命，九品以上皆给告身，无品者给黄牒。官告用绫纸褾（biǎo）轴制成，按品级不同而有不同等次。但官、职只有表示地位、俸禄、荣誉的意义，并不掌实权。实际处理政事的，须另加差遣的名义，称“判”、“知”、“权知”等。差遣制有两条基本原则：一是用文臣抑制武臣，一是用中央官控制地方。《宋史·选举志四》：“藩郡监牧，每遣朝臣摄守，往往专恣。太祖始削外权，命文臣往莅之；由是内外所授官，多非本职，惟以差遣为资历。”差遣本有暂时署理之意，不算正式任命。宋朝却作为正规的任用制度。其用意在削弱中央和地方长官的实权，从而达到加强专制皇权的目的。顾炎武《日知录·知州》说：“宋叶适言……命文臣权知州事，使名若不正，任若不久者，以轻其权。”宋朝任用官吏，凡不是科举出身及皇帝特旨的，年二十五方可注官，唯三班（供奉官、殿直、殿前承旨）院许二十岁听差使。太宗时，曾接见任用的官员，访以政事，有政见卓识可采用的从优选用。后诏令：“应临轩所选官吏，并送中书门下，考其履历，审取进止。”❶ 宋朝任用官吏中的回避制度更趋严密。凡亲属不分远近都不得在一部门做官。地方官不仅须回避本籍，而且非本籍而有地产的州县也得回避。

元朝官吏任用制度最为混乱，“铨衡无定制”。❷ 其大致情形是：一品至五品官由皇帝制书任命，称为“宣授”；六品至九品官，由中书省牒署拟授，称为“敕授”。一、二品官用玉宝（印），三品以下用金宝。高级官僚阶层基本上为半世袭化的蒙古、色目贵族和少数汉族官僚所垄断。台省要职，几乎都由蒙古、色目人占据。中下级官吏，大部分从掾史书吏中选任。有一部分吏员，适应着任用制度不完备而客观上又有补注阙员的需要，以惊人的速度获得晋升。在通常情况下，吏员须按一定的顺序晋升，由吏员出职为七品官，大约需

---

❶ 《宋史·选举志四》，《宋史》3699 页。

❷ 《元史·选举志一》，《元史》2016 页。

要二十年以上的漫长岁月。

明代官吏的任用，初授叫“听选”，由吏部、兵部主持。初授官主要以资历为依据。所谓资历，大致分进士、举贡、官员三等。进士一甲三名例授翰林官，状元例授修撰（从六品），榜眼、探花例授编修（正七品）。二、三甲进士一般授京官六部主事、中书、行人、评事、博士或外官知州、推官、知县。举人、贡生一般授处官推官、知县及学官。官荫生一般授京官五府、六部首领官及通政司、太常寺、光禄寺、詹事府属官。监生一般授州、县佐贰及都、布、按三司首领官。吏员一般授外府、外卫、盐运司首领官及中外杂职、入流未入流官。进士任职不必经过考试，举人、监生任职前要经过翰林院或吏部考试，叫做“拣选”。武官根据应袭职位、战功大小、武举功名高下授职。高级官员的任用，须先由朝廷官员廷推或会推，报请皇帝批准，或由皇帝直接任命，叫“奉特旨”。边防要职，须选择保举，然后用敕书任命。内地普通官员，有一定的试用期，称为“署职”、“试职”，经考核称职，才实授。明制：京官满一考，及外官满一考而政绩优异者，始发给授官的敕书，称为“诰敕”。明朝官吏一般不给印，而只发给“关防”。印为方形，关防为长方形。关防是一种阔边朱文的半印，便于拼合验对，以防止群臣预印空白纸作弊。战时将军领兵出征，临时给印，事毕交回。《明史·职官志五》：“凡各省、各镇镇守总兵官、副总兵，并以三等真、署都督（五军都督府的左右都督、都督同知、都督佥事）及公、侯、伯充之。有大征讨，则挂诸号将军或大将军、前将军、副将军印总兵出，既事，纳之。”领兵出征的将军称“挂印将军”。明朝还有一些较为特殊的任用制度，如“公差”、“出使”、“起废”、“添注”、“掣签”等。公差主要指部院官员离开本署办理和本署职责有关的事务，如御史出巡等。出使是指派出朝廷大员，以皇帝特使的身份，巡视某一地区，全权处理有关事宜。由公差、出使形成督、抚制度。起废、添注均为起用已被免职官员的特殊制度。《明史·选举志三》：“坐事斥免、因急才而荐擢者，谓之起废。家居被召，因需缺而预补者，谓之添注。”明后期，孙丕扬任吏部尚书时，创掣（chè，抽取）签法以示铨选之不容情。其法是：用竹签若干预写所选的机关地区及姓名等，杂置筒中，当堂随手掣取。明朝在任用官吏中重视回避制度：“凡王官不外调，王姻不内除，大臣之族不得任科道，僚属同族则以下避上。”❶

---

❶ 《明史·职官志一》，《明史》1735 页。

清朝任用官吏，有正途、异途之分。文官以进士、举人、贡生、荫生出身者为正途，其他为异途。汉人非科举出身，不能担任翰林院、詹事府及吏、礼二部官。武官以行伍出身为正途，武举次之。内外官皆实行官缺制。各部门的额定官吏分为满洲缺、蒙古缺、汉军缺、汉缺，满洲又分为宗室、内务府包衣（满洲贵族的家奴）缺。由皇帝直接任命的，称“特简”。京内外中上级文武官员由军机处呈递名单与缺单“请旨”任用。如有京外大臣保荐特殊人才请求破格录用，称为“密保”。一般交军机处存记，于适当时提请任命。下级官吏由吏部选任。凡没有补授实缺的官员都到吏部候选，由吏部汇列呈请分发的官员名单，根据职位、资格、班次，每月抽签一次，分发到某一部或某一省，听候委用，称为“候补”。如官员本人希望到某一省去候补，须交纳一笔费用，称为“指省”。京外大臣推荐有才能的人，请求以某项官职任用，奏报以后，交吏部审议，称为“明保”。官吏初任，有二至三年的试用期，称为“署职”。初任官京官五品以下，外官四品以下，均须朝见皇帝一次，文官由吏部、武官由兵部分批引见。如不引见，即由特派之王大臣共同传见，以考察其年力是否胜任，叫做“验看”。清朝正规职官用正方形官印称“印”，临时派遣的官员用长方形的官印称“关防”。如各省总督、巡抚、钦差、参赞、盐政、学政、总兵、副将、参将、游击、守备、都司皆用关防；总理衙门及各部院掌理文书银粮料物的官厅，亦皆用关防。县丞、主簿等官用长方形铜质直钮的官印，称为“条记”。文职佐杂及无兼管兵马钱粮的武职官，用木质印，称为“钤记”。官吏被革职后又恢复原官或原衔，称为“起复”。遇省级长官出缺，未能及时派员接替，即以次级官暂代其职务，称为“护理”。清朝任用官吏中的回避制度又有所发展。凡地方官员，必须回避本省。康熙时进一步规定：地方官于本籍五百里之内，均须回避。现任三品以上堂官（中央各部长官的通称），其子弟不得考选科、道官员。府一级主要官员的亲属，不得在府内任职。

第五节　编制与任期

中国从夏代起，国家政体基本上都是君主制。君主都是一个人，不仅终身任职，而且在一个家族内世袭。官吏的员额初无定制。朝廷担任同一类职务的高级官员，往往不止一个人。如夏代职官就有“三正”、“四辅臣”、“六卿”的传说。在职务上，大致有巫史、王族和家臣的划分。巫史、王室贵族一般也是终身制、世袭制，不过传说夏代已有养老于学的制度，和君主略有不同。商代有三公的设置，如纣王以西伯昌、九侯、鄂侯为三公。执政的巫史，一般也同时设置三人。有时君主把朝廷政事委任给一个人，如商汤时的伊尹，武丁时的傅说。

西周时职务划分比较明确。在王的左右，设置太师、太傅、太保，并称三公，对王负有指导和保护之责。又设置三少，即少师、少傅、少保，辅导太子。其他朝廷百官，将军政事务与文教事务分开。军政事务设卿士总管，卿士二至三人。下设司徒管理土地和役徒，司马管理军事行政，司空管理工程营建，司寇掌管司法，大行人掌管外事。司徒、司马等只设一人，实行长官负责制。再下面还有一些管理具体事务的小吏，如司民管理户籍，田畯管理藉田，场人管理场圃，廪人看管粮仓等。文教事务以太史为领袖，主要掌管天文历法和记载国家大事。其他事务分设官员管理：宗伯掌管宗庙礼仪，太卜掌管占卜，内史掌管册命，御史掌管档案，乐正掌管教育。太史、宗伯等也只设一人。王室内部事务以太宰为总管，听命于王后。食、衣、车马等都设专职管理。对居民的管理，将城市（包括郊区）与农村分开。城市设置乡、州、党等组织，并与军队组织合为一体；农村设置遂、县、鄙等组织。作战时，军队分为中、左、右三军，各有将领，而由王或公卿担任主帅。地方政权以诸侯、大夫为长官，负有全面管理之责。大夫以上的官职一般为终身世袭制。低级职务则选拔士和家臣担任，一经册命以后，大都长期不变。

春秋战国时期，适应君主集权和兼并战争的需要，将行政与军事事务分开，以宰相总管行政，将军统率军队作战。宰相只设一人，事权比较集中，直接对君主负责。将军一经任命之后，有指挥作战的全权。地方长官由君主委派，也都设置一人。有的国家少数职务设有副职，如宋国同时设置大司马、少司马与大司寇、少司寇，少司马、少司寇就相当于副职。楚国在大将军之下，设有裨将军，裨将军即副将军。在秦国，某些长官之下，设置一二名佐官协助处理政务。如王之下设长史，相当于秘书长。郡、县设尉，协助主官掌管军事。郡设主簿，县设丞，亦与秘书长相类。除君主仍为终身世袭制外，宰相、将军以下，都由君主随时任命，也可随时撤换，甚至处死，无任期的规定，但不能世袭。晋、卫等国有告老致仕的制度。

秦始皇统一中国后，建立了庞大的中央集权的国家机构。经过汉朝的调整，逐步形成比较严密的国家机构编制体系。从中央到地方的各个机构，职责比西周更为分明，人员有定额。西汉时，中央以丞相府、太尉府、御史府为最高官署，分掌行政、军事和监察。分管各类事务的部门有太常、光禄勋、卫尉、太仆、廷尉、宗正、大鸿胪、大司农、少府等。丞相、太尉、御史大夫、太常等一般只设一人，惟丞相有时分置左、右，以右为上，皆不设副职。其下有长史、丞等佐官协助处理政务。长官之下，大多设立若干分支机构，分别处理具体事务。分支机构的长官称令或长，也都有丞协助工作。长官、佐官、属官及其员额、职掌等都有比较明确的规定。如大司农，是掌管农业、工商业及整个国家财政的部门，设大司农一人，丞二人，属官有太仓、均输、平准、都内、籍田五令丞，斡（guǎn）官、铁市两长丞，又郡国诸仓农监、都水六十五官长丞。有的官职员额规定不太具体，如博士可多至数十人，太中大夫、中大夫等亦可至数十人，议郎、中郎等则可多至千人。凡没有具体员额规定的，叫做“无员”。东汉各个机构的职务、员额规定得更为具体、明确。以太常为例，据《后汉书·百官志二》载：“太常，卿一人，中二千石。本注曰：掌礼仪祭祀，每祭祀，先奏其礼仪；及行事，常赞天子。每选试博士，奏其能否。大射、养老、大丧，皆奏其礼仪。每月前晦（阴历月终），察行陵庙。丞一人，比千石。本注曰：掌凡行礼及祭祀小事，总署曹事。”有员吏八十五人。属官有太史令、博士祭酒、太祝令、太宰令、大予乐令、高庙令等。对属官的职掌及吏员也有具体规定。如：“太史令一人，六百石。本注曰：掌天时、星历。凡岁将终，奏新年历。凡国祭祀、丧、娶之事，掌奏良日及时节禁忌。凡国有瑞应、灾异，掌记之。丞一人，明堂及灵台丞一人。”其下有太史待诏三十七人，灵台待诏四十一人。西汉丞相以下官吏总数为十二万二百八十五人，东汉为十五万二千九百八十六人。职务划分具体、明确，官吏有定员，是汉代官吏管理制度的巨大进步。但也出现一些新的问题：（1）在机构设置上，为皇帝及其家族、宗族服务的机构占很大的比重。中央的九个主要职能部门，管理国家事务的只有太常、廷尉、大鸿胪、大司农，而太常的主要职务还是管理皇家的宗庙陵园，掌管天文历法、学校教育等只占较小的部分。其他如光禄勋、卫尉、太仆、宗正、少府，都是为皇帝及皇室、皇族的安全与生活服务的。警卫皇帝的光禄勋和为皇宫生活服务的少府，机构最为庞大。（2）开始出现职、权分离的情况。汉武帝以后，在正式机构编制之外，形成所谓“中朝”或“内朝”，而中朝是正式编制所没有的。在《汉书·百官公卿表》和《后汉书·百官志》中，都没有提到中朝。但中朝又确实是存在的。《汉书·刘辅传》：“中朝左将军辛庆忌、右将军廉褒、光禄勋师丹、太中大夫谷永俱上书曰……”注：“中朝，内朝也。大司马左右前后将军、侍中、常侍、散骑、诸吏为中朝。丞相以下至六百石为外朝也。”中朝形成以后，外朝的许多职权特别是决策权被侵夺了。丞相府门庭冷落，有职无权。至东汉更是如此。《后汉书·仲长统传》说：“（光武皇帝）政不任下，虽置三公，事归台阁（尚书台），自此以后，三公之职，备员而已。”（3）机构及人员膨胀。西汉后期，仅京师和全国各地修建的皇家宗庙就有一百七十六所，“用卫士四万五千一百二十九人，祝宰乐人万二千一百四十七人，养牺牲卒不在数中。”❶ 就是说，为宗庙服务的卫士和祝宰乐人合计就有五万七千三百七十六人。如加上养牺牲卒（不会少于万人），总数达七八万人。正因为问题非常突出、严重，所以东汉不得不大规模地精简机构。据《后汉书·百官志三》记载：“孝武帝初置水衡都尉，秩比二千石，别主上林苑有离宫燕休之处，世祖省之，并其职于少府。……少府本六丞，省五。又省汤官、织室令，置丞。又省上林十池监，胞人长丞，审者、昆台、佽飞三令，三十一丞。又省水衡属官令、长、丞、尉二十余人。”其他机构也多有省并。汉代大小官吏的任用，无任期的规定。除少数有罪被免为庶人或被杀、自杀外，大多数终身为官，而且以久任（长期担任同一职务）为重。《汉书·王嘉传》：“孝文时，吏居官者或长子孙，以官为氏，仓氏库氏，则仓库吏之后也。其二千石长吏亦安官乐职，然后上下相望，莫有苟且之意。”又《循吏传序》：“及至孝宣……以为太守，吏民之本也，数变易，则下不安，民知其将久，不可欺罔，乃服从其教化。”汉代官吏久任的事例很多。如萧何、曹参、公孙贺都做了十三年丞相，张苍为十五年；王恬启任光禄勋二十五年，徐自为二十六年；于定国任廷尉十七年；咸宣任御史中丞近二十年；扬雄甚至三世为郎官。

魏晋南北朝时期，国家机构和官职的设置经历了一次大的变动和调整。其总的趋势是：秦汉时期的国家机构和官职大都继续存在，但职能大大减少，甚至完全改变，实际权力大为减轻，而把朝政实权转移到皇帝的秘书、侍从、顾问机构手中，机构和官职愈设愈多，职权不符的问题比汉代更为严重。具体表现在以下几个方面：（1）汉代的公、卿，级别待遇基本不变，但实权大为减少或完全不同。如汉代的光禄勋，南北朝时期改为光禄寺，由原来的警卫皇宫的机构，变成以掌管宫廷膳食的事务性机构。（2）提高皇帝秘书、侍从、顾问机构的级别，使其成为中央政府的核心部门。尚书台在汉代不过是少府中保管皇帝文书的小机构，最初只有六七个官吏，尚书令的级别与县令相等。魏晋

❶ 《汉书·韦贤传》，《汉书》3116 页。

以后，尚书台从少府独立出来，改为尚书省，成为中央最高行政机构，取代了西汉丞相府的地位，它的下属各曹，取代了西汉九卿的大部分职权。另设中书省，与尚书省平级，为新的皇帝秘书机构。东汉少府中的侍中寺，魏晋以后发展成为门下省，与尚书、中书合称三省，同为中枢机构。又以中领军取代汉朝的卫将军，都督中外诸军事取代大将军。（3）在规定员额之外增设员外官。如晋武帝始设员外散骑常侍，员外散骑侍郎，简称员外郎。（4）大量设置散官，如特进、光禄大夫及各种名号的将军（通称散号将军），南朝梁有将军名号一百二十五个，陈有戎号拟官二百二十七个。用以优宠有名望的老臣和立有军功的武官。（5）大量增设新的机构和官职，地方政区越划越小。西汉末年全国共有十三州，一百零三郡，南朝梁的辖境不及汉代的一半，但却有二十三州，三百五十郡，北周更达到二百二十一州，五百零八郡。北魏孝文帝以前，地方长官同时设置三人。隋初度支尚书杨尚希对魏晋南北朝时期滥设机构和官吏的严重情况曾揭露说："汉、魏及晋，邦邑屡改。窃见当今郡县，倍多于古，或地无百里，数县并置，或户不满千，二郡分领。具僚以众，资费日多，吏卒人倍，租调岁减。……所谓民少官多，十羊九牧。"❶ 魏晋南北朝的官吏编制情况，是中国历史上最为混乱的时期之一。北魏时曾规定地方长官任期一律六年，期满代换。这是中国古代最早的关于官吏任期的规定。不过这种规定，不是为了限制官僚的专横与特权，而是为了让更多的官吏有搜括民脂民膏的机会。

隋初，对国家机构进行大刀阔斧的整顿。文帝根据杨尚希的建议，撤销郡一级的建置，同时压缩州、县的数量。隋统一后，曾共有州二百四十一、郡六百零八、县一千五百二十四。经过整顿，炀帝时改州为郡，计有郡一百九十，县一千二百五十五。州郡建置减少六百七十九，县减少二百六十九，南北朝以来滥置州郡的问题，得到了解决。文帝又剥夺了高级官员署置僚属的权力，三师、三公皆坐而论道，不设办事机构。对南北朝时期数以百计的将军名号加以精简。还规定了地方官的任期："刺史、县令，三年一迁，佐官四年一迁。"❷

唐前期诸帝，除武则天外，对编制问题都给予高度重视。唐太宗时，曾将中央文武官员减少到六百四十三人，后定制为七百三十人。对违反编制的官员，追究法律责任。《唐律·职制律》规定："诸官有员数，而署置过限及不

---

❶ 《隋书·杨尚希传》，《隋书》1253 页。

❷ 《隋书·百官志下》，《隋书》792 页。

应置而置，一人杖一百，三人加一等，十人徒二年。后人知而听者，减前人署置一等。”唐玄宗时，制订了我国历史上第一部行政法典——《唐六典》，对机构与职官名称、职权范围、员额，都作了详细具体的规定。武则天时，为收揽中小地主的人心，大量设置试官、员外官。她令存抚使十人分巡十道，荐举本道人才，然后亲自引见，让被举的人试作某官，称为试官。她又设员外官数千人，安排权贵子弟，同正官一样受俸禄。因此出现“内外盈溢，居无廨署”的情况，时人有车载斗量之谣。中唐以后，在机构编制上又出现一些新的混乱：（1）皇帝用宫廷侍从官员特别是宦官侵夺宰相和军事将领的职权，以至继东汉之后再一次出现宦官专权、朝政败坏的局面。（2）以临时派遣的特使如租庸使、两税使、盐铁使、度支使等取代原有行政机构的职权。（3）节度使权重，有署置僚属的权力，形成节度使幕府膨胀、内轻外重的情况。唐代六品以下官，四年一任，任期满称为“秩满”。秩满之官，得离开任所，解职为“前资官”，等候下一次选任官吏的机会。等候时间的长短，依官吏的品级和功过而有所不同。《新唐书·选举志下》：“凡一岁为一选，自一选至十二选，视官品高下以定其数，因其功过而增损之。”

宋朝实行高度的中央集权，特别是皇帝的集权，机构臃肿，人员膨胀，有官无职，有职无权，相互牵制，待遇优厚，效率极低。为便于皇帝集权，在三省六部等中央机构之外，另外设置一些官署，以掌握朝政实权。如在中书、门下省之外，别置中书于禁中，称“政事堂”；在兵部之外，别置枢密院；在户部之外，别置三司使；在吏部之外，别置审官院等。致使原来的一套行政机构，等同闲署。“中书省但掌册文、覆奏、考帐；门下省主乘舆八宝，朝会板位，流外考较，诸司附奏挟名而已。”❶ 从中央到地方的机构，正式任命的官吏都无职事，而另以差遣的名义负实际责任，机构员额没有限制，职责不清。《宋史·职官志一》说：“台、省、寺、监，官无定员，无专职，悉皆出入（即差遣）分莅庶务。故三省六曹二十四司，类以他官主判，虽有正官，非别敕不治本司事，事之所寄，十亡二三。故中书令、侍中、尚书令不预朝政，侍郎、给事不领省职，谏议无言责，起居不记注；中书常阙舍人，门下罕除常侍，司谏、正言非特旨供职不任谏诤。至于仆射、尚书、丞、郎、员外，居其官不知其职者，十常八九。”州府的长官本是差遣性质，又另设通判以相牵制。宋朝冗官冗吏的问题极为严重。清朝赵翼说：“宋开国时，设官分职，尚

❶ 《宋史·职官志一》，《宋史》3768页。

有定数，其后荐辟之广，恩荫之滥，杂流之猥（wěi，烦杂），祠禄之多，日增月益，遂至不可纪极。真宗咸平四年，有司言减天下冗吏十九万五千余人。所减者如此，未减者可知也。王禹偁言：臣籍济州，先时止有一刺史，一司户，未尝废事。自后有团练推官一人，又增置通判、副使、判官、推官，而监酒榷税又增四人，曹官之外又有司理。一州如此，天下可知。员外加置，无有限数，今员外郎至三百余人，郎中亦百数，自余太常、国子博士等又不下数百人，率为常参，不知职业之所守，只以恩泽而序迁。……川陕兵数六万八千四百四十九人，内官员万一千七员，兵士所给钱比官员不及十分之一，则冗员在官不在兵。”❶ 真宗时，文武官员三年为一任期，一年考一次，三考为一任。仁宗时，文官三年一迁，武官五年一迁。地方官三年一换。

元朝各级机构的大权，都掌握在蒙古、色目人手中，但他们文化低，又不熟悉民情，进行行政管理非常困难，日常行政工作几乎都由胥吏承担。胡祗遹（yù）说：“司县或三员或四员，而有俱不识字者。一县之政，求不出于胥吏之手亦难矣。”❷ 其结果，造成吏的势力急剧膨胀，人员冗滥。

明朝统治者对编制比较重视，各个机构的官吏都有定员，职权比较清楚。但宫廷事务机构过于庞大，明初虽严令不许宦官干预朝政，成祖以后宦官却逐渐受到重用，被授予出使、专征、监军、镇守地方及掌管特务机关等权力，遂酿成中国历史上第三次宦官专权的严重局面。明朝地方官以九年为一任期，京官六年。明初，官多久任，且为朝野所重视。朝廷常用增秩、加俸等办法对久任官予以奖励。

清朝实行官吏缺额制。每一机构，不仅详细规定长官、佐官、吏员的人数，而且规定满族、蒙古族、汉军八旗、汉族各占多少名额。以吏部为例：其编制及名额分配情况是：尚书满、汉各一人；左右侍郎满、汉各一人；堂主事满四人，汉一人；郎中满九人，蒙一人，汉五人；员外郎宗室一人，满八人，蒙一人，汉六人；主事宗室一人，满四人，蒙一人，汉七人；司务满、汉各一人；缮本笔帖式十二人；笔帖式宗室一人，满五十七人，蒙四人，汉军十二人；经承八十一人。吏部额定编制为二百二十四人。各个机构职权也比较具体、明确，注重效率。如军机处，设军机大臣三至十一人，军机章京三十二人（分两班轮值）。办公的地方只有几间板房（后改为瓦房），这里是中央政权的

---

❶ 《二十二史札记·宋冗官冗费》。

❷ 《铨词》，《紫山集》12 卷。

枢纽，皇帝和军机大臣每天要处理几十件文件，然后用极为迅速的方法送内外官员执行。军机处的工作有勤、速、密三个特点。清朝国家机关以管理宫廷事务的内务府最为庞大，所属单位有五十多个，共有职官三千多人，比六部中事务最繁的户部多十倍以上。

第六节　官吏的待遇

官吏，从它出现之日起，就是一个特殊的社会集团。他们以社会主人的身份，剥削人民，压迫人民。他们脱离劳动，纵情逸乐。夏后太康游猎不归，羲和沉湎于酒。商纣王更是“好酒淫乐，嬖（bì，宠爱）于妇人。……厚赋税以实鹿台之钱，而盈钜桥之粟。……以酒为池，县（xuán，同‘悬’）肉为林，使男女裸相逐其间，为长夜之饮”❶。他们不仅占有奴隶生产出来的物质财富，而且占有奴隶的人身。

从西周开始，设置爵位和划分官吏的等级。爵位有王、侯、大夫、士四级，主要按血缘和亲戚关系授予。大夫以上，爵位同时又是官位。封爵时，一并授予官职和土地。官职代表着政治权力，土地则带有俸禄的性质。官职分为九等，称为九命，每一命的官吏享有与之相应的宫室、车马、服饰等。官的级别标志着社会、政治地位的高低。此外，王、诸侯、大夫、士的妻、妾、子女等也授予不同的封号、称号。如王的正妻称后，妾称夫人，长子称太子，女儿称公主；诸侯妻称夫人，长子称太子；大夫妻称孺人；士妻称妇人；公卿大夫子弟通称国子等。有爵位的官吏及其子弟，在法律、礼仪、教育、参与政事等方面，都享有一定的特权。法律对贵族不适用，而礼仪只适用于贵族。贵族子弟有受教育、议政的权利。贵族还有姓氏、用字、加冠等权利。

春秋战国时期，官、爵逐渐分开。出身低贱的人可以获得高的官位，但不一定有爵称；有爵位的人也可以没有官职。爵位除授予君主的亲属外，也有按照功劳、才能、职位授予的。新的爵位称号有君、侯、卿、大夫、执圭等。秦国有二十等军功爵。君、侯有一定的封地，收取租税，但无行政权力。卿、大夫的爵称只领取一定的粮食或享受一定的礼遇。官位一般只领俸禄，俸禄给粮食而不给土地。战国时秦国王妾的封号分出若干等级，以夫人为最尊，其下有美人、良人、八子、七子、长使、少使等。封号相当于一定的爵称，如美人视

❶ 《史记·殷本纪》，《史记》105 页。

二千石，比少上造；八子视千石，比中更。

汉代官吏的待遇，有爵位、封号、禄秩、赏赐、朝位、荫子、免役等。汉朝的爵位，主要是王、侯两级。《汉书·诸侯王表》说："汉兴之初，海内新定，同姓寡少，惩戒亡秦孤立之败，于是剖裂疆土，立二等之爵。功臣侯者百有余邑，尊王子弟，大启九国。"封爵的基本原则是：以王位封皇帝子弟，以侯位封功臣。"非刘氏不王，若有亡功非上所置而侯者，天下共诛之。"[1] 文帝以后，侯的爵位扩大到外戚、王子、丞相，东汉更扩大到宦官。西汉末年元帝时，封孔子后裔为褒成侯。秦的二十等军功爵继续实行，但逐渐流于轻滥。除十九级、二十级，即关内侯、列侯还拥有实际社会地位外，其他各级，特别是八级以下的"民爵"，成为徒有其名、而无实际价值的空虚头衔。汉武帝时，为发动反击匈奴战争的需要，又设立新的武功爵，以奖赏军功，并可以出卖。成帝时，封殷、周后代为公爵。东汉后期，为了适应外戚、宦官、豪强，军阀势力扩大的需要，将侯爵分成县侯、乡侯、亭侯三等。汉末曹操当政时，又设立新的爵制，以赏军功。除原有的列侯、关内侯之外，新设名号侯十八级、关中侯十七级、关外侯十六级、五大夫十五级等。新增的爵号皆不食租，只是一种荣誉性的尊号。与爵位相近的是封号。汉代皇帝之女称公主，姊妹称长公主，姑称大长公主。宗室女嫁给少数民族头领，亦称公主。王之女称王主或翁主。西汉末年，定皇帝妃嫔（妾）封号为十四等，除沿用秦美人、八子、七子等封号外，新增昭仪、婕好、娙娥，傛华等。东汉妃嫔封号只有贵人。太子妻妾有妃、良娣、孺子三等。皇孙妻称夫人。汉代官吏俸禄以粮食为主，等级以石为标准。分为万石、中二千石、真二千石、二千石、比二千石、千石、比千石、八百石、比八百石，六百石、比六百石、五百石，四百石、比四百石、三百石、比三百石、二百石、比二百石、百石、比百石、斗食等级别。按月领取。万石级月实得谷三百五十斛，中二千石级月实得谷一百八十斛，真二千石月实得谷一百五十斛等等。有时发钱或钱谷参半。除常俸外，中上级官吏还可以享受膳食、衣服、医疗及节日赏赐等各种待遇。《汉书·贡禹传》："拜为谏大夫，秩八百石，奉钱月九千二百。廪食太官，又蒙赏赐四时杂缯、绵絮、衣服、酒肉、诸果物，德厚甚深。疾病侍医临治。……又拜为光禄大夫，秩二千石，奉钱月万二千。禄赐愈多，家日以益富，身日以益尊。"《后汉书·桓帝纪》："其公卿以下给冬衣之半。"又《何敞传》注："腊赐，大将军，

---

[1] 《汉书·外戚恩泽侯表》，《汉书》678 页。

三公钱各二十万，牛肉二百斤，粳米二百斛。……”又《通典·职官禄秩》：“立春之日，遣使者赐文官司徒、司空帛三十匹，九卿十五匹，……献帝建安八年，颁赐三公以下金帛，由是三年一赐，以为常制。”朝位是皇帝主持朝仪时各级官吏所应处的位置先后左右的班次，是由官爵的高低决定的。西汉朝位的顺序是：诸侯王、相国、太师、太傅、太保、丞相，大司马、御史大夫、大将军……。列侯加特进官号，朝位在列将军之前；加奉朝请官号朝位在九卿之前。二千石以上官吏，任职满三年，得保举子弟一人为郎。爵位五大夫以上，武功爵千夫以上，得免除徭役。此外，官吏还有聚饮、乘车、穿丝质官服的权利，而庶民是不许可的。汉律，三人以上无故群饮酒，罚金四两。而官吏可随时聚饮。《史记·曹相国世家》：“相舍后园近吏舍，吏舍日饮歌呼。……从吏幸相国召按之。乃反取酒张坐饮，亦歌呼与相应和。”汉代官吏乘车与服饰都有规定，对庶民则严加限制。汉高祖令“贾人毋得衣锦绣、绮（qǐ）縠（hú）、绨（chī）纻（zhù）、罽（jì），操兵，乘骑马”❶。景帝诏令：“夫吏者，民之师也，车驾衣服宜称。吏六百石以上，皆长吏也，亡度者或不吏服，出入闾里，与民亡异。令长吏二千石车朱两轓（fān，车两旁反出如耳的部分，用以遮蔽尘泥），千石至六百石朱左轓。车骑从者不称其官衣服，下吏出入闾巷亡吏体者，二千石上其官属，三辅举不如法令者。”❷ 高祖八年规定：“爵非公乘以上毋得冠刘氏冠。”❸ 对少数有特殊贡献的官吏，给予特殊的礼遇，如赐萧何带剑履上殿，入朝不趋。上述种种待遇，都是制度上明确规定的。但是实际上，在忠于皇帝、不触犯皇帝的利益，特别是受到皇帝宠信的大前提下，官吏还享有依仗权势兼并土地、聚敛钱财、欺压百姓等种种特权。丞相萧何听从门客的计谋，为保全自己，大量贱买强买民间田宅，民众直接向刘邦告状，刘邦不仅不加处理，反而暗自高兴。哀帝宠臣董贤，聚敛财物价值达四十三万万钱。东汉宦官专权，无恶不作，贪财受贿，掠夺民财，与盗贼无异。被人揭发后，皇帝不仅不处置宦官，反而将揭发者下狱治罪。

魏晋南北朝时期，宗室封爵大致分为王、公、侯、伯、子、男六等。王又有亲王、嗣王、蕃王之分，公有郡公、县公之分，侯有县侯、乡侯、亭侯之分等等。曹魏初年，曾以列侯、关内侯、名号侯、关中侯、关外侯、五大夫六等爵奖赏军功。其后与宗室爵逐渐合一。除王爵只封给宗室外，公侯等爵皆可封

❶ 《汉书·高帝纪下》，《汉书》65 页。

❷ 《汉书·景帝纪》，《汉书》149 页。

❸ 《汉书·高帝纪下》，《汉书》65 页。

与异姓。但异姓权臣在篡位前，往往迫使傀儡皇帝封他为王，如司马昭、刘裕、萧道成、萧衍、陈霸先皆如此。北周时，为奖赏军功，另立勋官之制，与爵位稍分。皇室、宗室女子封号，皇帝女称公主，宗室女称邑主。公主夫例加驸马都尉称号，简称驸马。嫔妃封号新增贵嫔、淑妃、淑媛、淑仪、修华、修容、修仪、充华、贵妃、贵姬等。从曹魏开始，官吏的等级分为九品；南朝又分成十八班；北魏每品分正、从，四品以下再分上、下阶，共三十阶。官吏的俸禄，晋朝发给谷物、绢、绵、菜田、田驺（zōu，养马人员）等。以公为例，据《晋书·职官志》载："诸公及开府位从公者，品秩第一，食奉日五斛。太康二年，又给绢，春百匹，秋绢二百匹，绵二百斤。元康元年，给菜田十顷，田驺十人。"正俸之外，官员还可按品级占田，如一品五十顷，二品四十五顷等等。并得荫佃户若干。王、公、侯在京师的给住所。南朝梁初期俸禄颇为优厚，一品秩万石，二、三品中二千石，四、五品二千石等。侯景之乱后，国用短缺，京师文武官只能领得廪食，多遥带一郡县官以资补充。北魏初无俸禄，令其官吏自行搜括。孝文帝始定俸禄之制，先发给粟、帛，后改发钱。地方官另给公田，如刺史十五顷，太守十顷等。此外还发酒。北齐官吏俸禄以帛为标准，以匹数多少分等级，如正一品八百匹，从一品七百匹，正二品六百匹等，实发帛、粟、钱各三分之一。北周俸禄仍以石数为等差。各级官吏根据规定发给相应的冠帻（zè，包头发的巾）、车服、佩玉等。如晋朝尚书令"冠进贤两梁冠，纳言帻，五时朝服，佩水苍玉。"[1] 从西晋开始，设立国子学，专收五品以上高级官员子弟入学，在教育上给高级官员以特权。两晋南朝时期，由于实行九品中正制，选拔官吏的大权被士族把持，完全以门资作为评定士人的依据，这样，世代读书做官的门阀大族，获得庇荫子孙的特权。士族子弟不仅入仕早，而且占据清流美职，即职事清闲而俸禄高，升迁也快。南北朝时期，还在法律上给予官吏以特权，如将维护官僚贵族利益的"八议"写进法律，官吏犯法可"以官当罪"等。

隋朝爵位分九等，即国王、郡王、国公、郡公、县公、侯、伯、子、男。炀帝改制，只留王、公、侯三等。唐朝封爵仍为九等。据《旧唐书·职官志二》载："一曰王（即亲王），正一品，食邑一万户。二曰郡王，从一品，食邑五千户。三曰国公，从一品，食邑三千户。四曰郡公，正二品，食邑二千户。五曰县公，从二品，食邑一千五百户。六曰县侯，从三品，食邑一千户。

---

[1] 《晋书·职官志》，《晋书》730 页。

七曰县伯，正四品，食邑七百户。八曰县子，正五品，食邑五百户。九曰县男，从五品，食邑三百户。”所谓食邑若干户，即收取所封户的租税。皇族子弟不论年岁大小，均可封爵。皇兄弟、皇子，皆封国为亲王；皇太子子，为郡王；亲王子，承嫡者为嗣王，其余为郡公，以恩进者封郡王；袭郡王、嗣王者，封国公。非皇族官吏须有功绩才能授爵。隋朝封爵较严，异姓绝无封王爵的。唐朝异姓可封郡王。武则天称帝后，曾大封武氏祖先及子孙为王。中宗时，桓彦范等五人，以讨伐武后功，皆封郡王。天宝以后，武人多以军功封王，如郭子仪封汾阳郡王，哥舒翰封西平郡王。德宗以后，王爵渐滥。隋唐有勋官称号。唐代定制，勋官共十二转，每一转有固定的称号及相应的品级。如：十二转为上柱国，视正二品；十一转为柱国，视从二品；十转为上护军，视正三品等。皇族女封号，皇姑为大长公主，正一品；姊妹为长公主，女为公主，皆视一品；皇太子女为郡主，从一品；亲王女为县主，从二品。皇帝嫔妃称号有贵妃、惠妃、丽妃、华妃各一人，正一品；昭仪、昭容等各一人，正二品；婕好九人，正三品；美人四人，正四品；才人五人，正五品等等。太子妻妾称号有良娣、良媛、承徽等。亲王妻称孺人。嫔妃、王、公、高级文武官及勋官的母、妻亦有封号：一品嫔妃母为正四品郡君，二品母为从四品郡君，三品、四品母为正五品县君。王、嗣王、郡王之母、妻为妃，文武官一品、国公之母、妻为国夫人，三品以上母、妻为郡夫人，四品母、妻为郡君，五品母、妻为县君，勋官四品有封者母、妻为乡君。其母邑号，皆加太字，各视其夫、子之品。唐代文、武官的等级分别为二十九阶和四十五阶。每一阶都有一个散官称号，因此又称文散阶、武散阶。阶表示官吏的实际等级及应享受的待遇，称为“本品”。《旧唐书·职官志一》：“凡九品已上职事，皆带散位，谓之本品。”阶的确定，首先根据门荫、资格，然后再考虑所任职务与实际政绩。《职官志二》：“凡叙阶之法，有以封爵，有以亲戚，有以勋庸，有以资荫，有以秀孝，有以劳考，有除免而复叙者，皆循法以申之。”文散阶的称号是：从一品为开府仪同三司，正二品为特进，从二品为光禄大夫等等。武散阶的称号是：从一品为骠骑大将军，正二品为辅国大将军，从二品为镇军大将军等等。唐代官吏的俸禄发给粮食、货币和土地三种。京官正一品米七百石，钱六千八百；从一品，米六百石；正二品，米五百石，钱六千；从二品，米四百六十石等。土地有永业田、职分田之分。如亲王有永业田百顷，职事官一品六十顷等；职分田一品十二顷，二品十顷等。若无地，每亩给粟二斗。除俸禄外，官吏的待遇还有料钱、公厨、堂封等。料钱供个人食用，亦称食料，按月给付。

公厨费供集体用餐，按部门发给。堂封是对宰相的特殊补助。《新唐书·源乾曜传》：“帝乃诏中书门下共食实户三百，堂封自此始。”各级官吏还发给官服、佩带。文武百官的班序，“官同者先爵，爵同者先齿（年龄）”❶。中央办的官学，分别招收不同级别的官僚子弟。如：国子学，收三品以上及国公子孙、从二品以上曾孙；太学，收五品以上及郡县公子孙、从三品曾孙；四门馆，收七品以上、侯伯子男子及庶人中的优秀子弟；弘文馆、崇文馆，收京官五品以上子。选拔、任用官吏，门资是很重要的依据。凡出身嗣王、郡王的，一开始即授从四品下阶官；亲王诸子封郡公的，从五品上；国公，正六品上等等。凡荫子，一品子初授正七品上，二品子正七品下，三品子从七品上等。

宋朝爵位仍为九等，即王、郡王、国公、郡公、县公、侯、伯、子、男，与唐制同。宗室封爵为前六等。皇子封王，只封本人，子孙不能世袭。《文献通考·封建十八》：“宋则皇子为王者，封爵仅止其身，而子孙无问嫡庶，不过承荫入仕为环卫官（十六卫上将军、大将军、将军，无职事），廉车节钺以序而迁，如庶姓贵官荫子入侍之例，必须历任年深齿德稍尊，方特封以王爵，而其祖父所受之爵，则不袭也。”《历代职官表》六十四卷评论说：“（宋朝宗室）爵不世袭，恩不旁推，其恩谊视前代为尤薄。其有予以世袭者，则又不以子孙相承，而以行尊者序继。乖伦序而乱昭穆，自古未有之谬制也。”异姓功臣及后族，最高封郡王，多死后追封。如：石守信死后封威武郡王，赵普死后封真定郡王等。徽宗时，封爵始滥。❷皇帝姑、姊妹、女儿仍分别封为大长公主、长公主、公主，徽宗曾一度改为大长帝姬、长帝姬、帝姬。宗室女皆封为郡主、县主。皇帝嫔妃有贵妃等五品二十五个封号。高级官员夫人的封号有国夫人、郡夫人、淑人、硕人、令人、恭人、宜人、安人、孺人等。勋官十二级（不称转），勋号与唐制同。宋朝又有功臣称号，如推忠、佐理、协谋等。宋初，官名与职权分离，官名仅用以确定官员的品级，称为“寄禄官”。另置文武散官为阶官，无实际作用。元丰改制后，官名恢复为职事官称，将原散官阶加以增减重编，成文臣阶官二十五阶，称寄禄新格，徽宗时增至三十七阶。徽宗又定武臣阶官，自太尉至下班祗应，共五十二阶。宋朝还制定了内侍官十二阶（如供奉官、左侍禁、右侍禁等）、医官十四阶（如和安大夫、和安郎等）。此外，宋朝还有检校、祠禄等名目。检校是一种加官，自检校太师至检

---

❶《旧唐书·职官志二》，《旧唐书》1819 页。

❷ 参考《二十二史札记·宋封王之制》。

校水部员外郎共十九等，地位高于正职，但并无职事。祠禄官是以管理道教宫观为名，支付俸禄，用以安置退职大臣。各级官吏有特定的冠服、佩带、鱼袋。其物质待遇非常优厚，有正俸（三分之一支付现钱，三分之二折支绫、绢、绵）、禄粟、职钱（只给京朝官）、职田、公用钱（给外官）、给卷（差旅费）、厨料、薪炭、傔（qiàn，侍从）人餐钱等。除以上各项禄赐之外，尚有大量恩赏。如戴兴先后为定国军、定武军节度使，赐银万两，岁加给钱千万。清赵翼说："其待士大夫可谓厚矣。惟其给赐优裕，故入仕者不复以身家为虑，各自勉其治行，观于真、仁、英诸朝，名臣辈出，吏治循良，及有事之秋，犹多慷慨报国，绍兴之支撑半壁，德祐之毕命疆埸（yì），历代以来，捐躯殉国者，惟宋末独多，虽无救于败亡，要不可谓非养士之报也。然给赐过优，究于国计易耗。恩逮于百官者惟恐其不足，财取于万民者不留其有余，此宋制之不可为法者也。"❶ 宋朝一人做官，就成为官户。官户照例不服差役。中高级官员有荫补权，其子孙亲属都可恩荫得官，高级官员还可荫及门客、医士。凡以荫补官，都不须参加科举考试。在触犯刑法时，官户有不同品级的议、请、减、赎特权。官户一般都是官僚地主，有的还兼营商业，形成官僚、地主、商人三位一体；利用封建特权，兼并土地，隐产逃税，放高利贷，牟取商业暴利。担任吏职的户，称为吏户。吏户在法律上没有特定的权利，但多依仗权势，为非作恶。官户与吏户合在一起，称形势户。形势户构成地主阶级的当权派。官僚、贵族子弟在教育上享有特权，国子学招收京官七品以上子弟，太学招收八品以下子弟，另有专为宗室子弟开设的大、小学。

元朝爵位分十等：王、郡王、国公、郡公、国侯、郡侯、国伯、郡伯、县子、县男。宗室多封王爵，有一字王、两字王之分，以印章的不同表示等级，都有封地，爵位可世袭。还有同姓无封邑而称王的，只称宗王。勋官称号沿用唐宋制度仍为十二级。❷ 文散官四十三阶，武散官三十四阶，内侍散官十四阶，司天散官十四阶，太医散官十五阶，教坊司散官十五阶。元朝蒙古贵族除有封地外，皇帝每年还给大量赏赐。如太祖长子术赤大王，岁赐段三百匹，常课段一千匹。勋臣也给赏赐。各级政府机构的主要官员，大都由蒙古人担任。元代官吏的俸禄以白银为计算标准，最高月俸六锭或五锭，实发钱、米。如太师月俸实发钱一百四十贯，米十五石。地方官有职田，如上路达鲁花赤、总

---

❶ 《二十二史札记·宋制禄之厚》。

❷ 据《续文献通考》。《元史》为十级。

管、同知均十六顷，治中六顷、府判五顷。同时根据职田的多少，准许占有一定的佃户。如职官三品（路一级）职田佃户为五至七百户。京官无职田的，增发俸米。元朝统治者还将一部分官田赐给贵族、官僚，赐田数量之多，滥赐之盛，为历史上所罕见。如文宗天历元年，赐燕铁木儿平江官田五百顷。蒙古、色目贵族除拥有大量职田、赐田外，还通过战争掠夺和其他种种非法手段占有大片田地。下级吏员俸禄虽低，但由于操纵行政公事，贪污受贿极为严重。蒙古贵族在科举和法律等方面，也享有种种特权。如同样参加科举考试，考中以后，蒙古人授六品官，汉人授从七品官。又如犯同样的罪，对蒙古贵族的处理比汉人轻得多。

明朝爵位分为两种：宗室爵与功臣爵。宗室爵有亲王、郡王、镇国将军、辅国将军、奉国将军、镇国中尉、辅国中尉、奉国中尉八级。其封授与继承之法，据《明史·诸王列传》载："明制：皇子封亲王，授金册金宝，岁禄万石，府置官属。护卫甲士少者三千人，多者至万九千人，隶籍兵部。冕服车旗邸第，下天子一等。……亲王嫡长子，年及十岁，则授金册金宝，立为王世子，长孙立为世孙，冠服视一品。诸子年十岁，则授涂金银册银宝，封为郡王。嫡长子为郡王世子，嫡长孙则授长孙，冠服视二品。诸子授镇国将军，孙辅国将军，曾孙奉国将军，四世孙镇国中尉，五世孙辅国中尉，六世以下皆奉国中尉。其生也请名，其长也请婚，禄之终身，丧葬予费，亲亲之谊笃矣。"功臣爵授予立有军功的人。"凡爵非社稷军功不得封"❶。明初分为公、侯、伯、子、男五等，后革子、男二级，只有公、侯、伯三级。功臣皆给铁券。凡券，左右各一，左藏内府，右给功臣之家。功臣有封号四等：开国辅运推诚、奉天靖难推诚、奉天翊运推诚、奉天翊卫推诚。武臣叫宣力武臣，文臣叫守正文臣。开国、靖难功臣及后来凭军功取得爵位者可以以一子承袭本爵。后来外戚也可封爵，但不得封公，且只限于一代。功臣死后，爵位追赠一等，如公爵得追封王等。明初，非开国元勋生不封公爵，死不追赠王爵。文臣最高封伯爵。明代勋官文、武分开，文勋十级，武勋十二级。勋官只授予中高级官员。"自五品以上，历再考，乃授勋"❷。与传统的勋官有别。宗室女皆有封号。"明制，皇姑曰大长公主，皇姊妹曰长公主，皇女曰公主，俱授金册，禄二千石，婿曰驸马都尉。亲王女曰郡主，郡王女曰县主，孙女曰郡君，曾孙女曰县

---

❶ 《明史·职官志一》，《明史》1735页。

❷ 《明史·职官志一》，《明史》1737页。

君，玄孙女曰乡君，婿皆仪宾。”[1] 驸马都尉和仪宾也类似爵位。驸马都尉在伯爵之上，侯爵之下。嫔妃称号有贵妃、贤妃、淑妃、庄妃、敬妃及嫔、御等。高级官员妻封号，公曰某国夫人，侯曰某侯夫人，伯曰某伯夫人，一品曰一品夫人，二品曰夫人，三品曰淑人等。官吏的等级，一般是以职定品，一品之中再分若干阶。文散阶四十二，武散阶三十。在同一品中，有初授、升授、加授之别。如文官正二品，初授资善大夫，升授资政大夫，加授资德大夫。明代官吏的俸禄，为国家财政的最大支出。在官吏俸禄中，又以宗室的开支为最重。《明史·食货志六》说：“国家经费，莫大于禄饷。”又记御史林润的话说：“天下之事，极弊而大可虑者，莫甚于宗藩禄廪。”洪武九年规定：亲王每年米五万石，钞二万五千贯，锦四十匹，纻丝三百匹，纱、罗各百匹，绢五百匹，冬夏布各千匹，绵二千两，盐二百引，茶千斤。另外，还有五十匹马料草，按月支付。因开支过大，国家财政承受不起，不得不大幅度削减。嘉靖时，每年供应京师粮食四百万石，而宗室诸府禄米竟达八百五十三万石。官吏的俸禄，明初皆给米，按月发放。正一品八十七石，从九品五石，吏员最低六斗。下级官吏俸禄之低，为历代所罕见。各级官吏有豁免赋役的特权。一般官吏因俸禄过薄，不足以自养，助长了贪污受贿之风。明朝正七品以上官，皆可荫一子为官：正一品子，正五品用；从一品子，从五品用；正二品子，正六品用等等。后限制渐严，京官三品以上，考满有政绩，才能荫一子为官生（国子监生的一种）。若皇帝特别恩准，称恩生。

清代宗室爵分十四级：和硕亲王、世子、多罗郡王、长子、多罗贝勒、固山贝子、镇国公、辅国公、不入八分镇国公、不入八分辅国公、镇国将军、辅国将军、奉国将军、奉恩将军。清朝将功官爵与勋官合并，分为九等：公、侯、伯、子、男、轻车都尉、骑都尉、云骑尉、恩骑尉。公、侯、伯为超品，子正一品，男正二品，轻车都尉正三品，骑都尉正四品，云骑尉正五品，恩骑尉正七品。清制，异姓一般不封王爵，唯蒙古族例外。清初为利用明朝的降将，封孔有德为恭顺王，耿仲明为怀顺王，尚可喜为智顺王，吴三桂为平西王（后晋称亲王）等。康熙平定三藩之乱后，不仅汉人不封王，而且满族大臣有殊勋者亦不封王。汉人文臣，除少数例外，不能封公、侯、伯爵。宗室女及婿封号，与历代有较大不同。皇后所生女为固伦公主，其夫为固伦额驸，秩视固山贝子。妃所生女为和硕公主，其夫为和硕额驸，秩视超品公。公主之外，宗

---

[1] 《明史·公主列传》，《明史》3661 页。

室女子称格格。亲王女为和硕格格，郡王女为多罗格格，贝勒女亦称多罗格格，贝子女为固山格格，公女为公格格。后亲王女改为郡主，世子、郡王女改为县主，贝勒女改为郡君，贝子女改为县君，镇国公女改为乡君。嫔妃封号有皇贵妃、贵妃、妃、嫔、贵人、常在、答应等。一品至九品官之妻皆有封号；一品曰一品夫人，二品曰夫人，三品曰淑人，四品曰恭人等等。清朝官吏的品级文武官都是九品十八阶，即一至九品各分正从，不及九品的叫未入流。文官正一品授光禄大夫，从一品授荣禄大夫，正二品授资政大夫等；武官正一品授建威将军，从一品授振威将军，正二品授武显将军等。清朝官吏的俸禄，有正俸、恩俸、养廉、津贴、公费等名目。正俸发给银、米。如和硕亲王每年俸银一万两，禄米五千石；正一品俸银一百八十两，禄米九十石；正九品俸银三十三两，禄米十六石五斗等。官员于正俸外，加倍赏给叫恩俸。正俸、恩俸外，又有养廉银，数目较俸银为多。如江南总督为从一品官，俸银只有一百八十两，养廉银竟高达三万两。养廉是给予外官的额外待遇。养廉银出自耗羡，即正额银粮外加征的银两。中央机构无耗羡可支，则由收入较多的机构提款支付，名为津贴。清末发给各官公费，如军机大臣二万四千两，尚书一万两。道光以后，连年战乱，物贵银贱，官吏的俸禄不足以维持生活，政府又因财政困难，减发俸禄，官吏的生活更苦。于是便加重对人民的法外榨取，人民更加苦不堪言。清朝高级官员有荫子的待遇。文职京官四品以上，外官三品以上，武职二品以上，都可送一子入国子监读书，称为荫生。在科举考试中，京官四品以上及翰、詹、科、道，外官文三品、武二品以上之子、孙、曾孙，及胞兄弟侄应乡试者，称为官生，其试卷名为官卷，单独录取。

第七节　官吏的考核

从西周起，开始建立初步的考核制度。考核的方式有述职（报政）、巡狩（巡功）、大比等。述职是指诸侯朝见天子，汇报封国内的政事。《孟子·梁惠王下》："诸侯朝于天子曰述职。述职者，述所职也。"述职又称报政。《史记·鲁周公世家》："鲁公伯禽之初受封之鲁，三年而后报政周公。周公曰：'何迟也？'伯禽曰'变其俗，革其礼，丧三年然后除之，故迟。'太公亦封于齐，五月而报政周公。周公曰：'何疾也？'曰：'吾简其君臣礼，从其俗为也。'"后形成制度。《礼记·王制》："诸侯之于天子也，比年（每年）一小聘，三年一大聘，五年一朝。"聘，是指诸侯派卿大夫前往中央；朝，是指诸侯亲自到王廷朝觐述职。巡狩，是指天子定期到诸侯国巡视、检查政绩。《孟子·梁惠王下》：“天子适（往）诸侯曰巡狩。巡狩者，巡所守也。”又《告子下》：“（天子）入其疆，土地辟，田野治，养老尊贤，俊杰在位，则有庆（赏赐）；庆以地。入其疆，土地荒芜，遗老失贤，掊（pǒu）克（指善于搜括的人）在位，则有让（责罚）。”关于天子巡狩之制，《礼记·王制》说：“天子五年一巡守。二月东巡守，至岱宗。五月南巡守，至于南岳。八月西巡守，至于西岳。十有一月北巡守，至于北岳。”巡狩也称巡功。《左传·昭公五年》：“小有述职，大有巡功。”在王畿内，考核百官乡吏，则有年终汇报政事和三年大比的制度。《周礼·地官·乡大夫》：“岁终，则令六乡之吏，皆会政致事（陈述政事情况）。”“三年则大比，考其德行道艺而兴（举）贤者能者。”又《天官·太宰》：“岁终，则令百官府各正其治（整理政绩材料），受其会（kuài，陈报政绩的簿书），听其致事，而诏（呈请决定）王废置。三岁，则大计群吏之治而诛（责罚）赏之。”

战国时期，在建立君主集权制的过程中，形成以“上计”为主要形式的考核制度。《荀子·王霸》说：“岁终奉其成功，以效（呈验）于君。当则可，不当则废。”又《韩非子·外储说左下》说：“西门豹为邺令，……居期年，上计。”计即计书，就是统计的簿册。《商君书·禁使》说：“十二月而计书已定，事以一岁别计，而主以一听。”上计的范围包括仓库存粮数字、垦田和赋税数目、户口统计，以及治安情况等。上计的具体做法是：年初，中央的重要官吏和地方的首长，把一年各种预算数字写在木“券”上，呈报给国君。国君把券剖分为二：国君执右券，臣下执左券。年终，臣下必须向国君汇报执行情况。上计时，由国君亲自考核，或由丞相协助考核。根据考核结果决定奖惩。高级官吏对下属官吏的考核，也采取这种办法。在上计当中，臣下还可以向国君推荐人才。秦统一后，继续实行上计制度，虽郡县小吏也要进行考课。《史记·萧相国世家》；“秦御史监郡者与从事，常辨之。何乃给泗水卒史事，第一（指考课居第一）。”

汉代考核制度是战国以来上计考课制的进一度发展与完善。大致分为两个系统：一是中央课郡，郡课县的行政系统，一是中央和地方长官考课掾属的上下级系统。行政系统的考课，由下而上，逐级上报。每年年终考核，叫常课；三年一次全面考核，叫大课。常课八月开始准备，各县检查治状，编造计簿，遣于秋冬吏呈报所属郡国。《后汉书·百官志五》“县、邑、道令、长”本注曰：“秋冬集课，上计于所属郡国。”补注引胡广的话说：“秋冬岁尽，各计县户口垦田，钱谷入出，盗贼多少，上其集（计）簿。丞尉以下，岁诣郡，课校其功。功多尤为最者，于廷尉劳勉之，以劝其后；负多尤为殿者，于后曹别责，以纠怠慢也。”郡国考课属县，西汉时一般采取大会都试的形式。《汉官仪》：“八月，太守、都尉、令、长、丞、尉会都试，课殿最。”县上计时，令、长、丞、尉必须参加。至东汉，令、长不再自行，而派遣丞尉以下至郡国上计。郡国于年终“遣吏上计”❶。西汉以守丞、长史为上计使者，还有专门的上计掾、史及厮役徒卒。东汉则以上计掾（或简称计掾）为郡守上计中央的代表。上计掾在京师住在郡邸。中央主管上计的机关，西汉是丞相、御史二府。丞相主要负责考课殿最（上功曰最，下功曰殿），御史大夫主要负责按察虚实真伪。具体事务另有专人负责。《汉书·张苍传》：“迁为计相，……是时，萧何为相国，……令苍以列侯居相府，领主郡国上计者。”丞相府有集曹掾，为主管上计事务的属吏。东汉以三公分掌丞相之事，郡国上计由三公分管，而以司徒为主。《后汉书·赵壹传》：“光和元年，举郡上计到京师。是时司徒袁逢受计，计吏数百人皆拜伏庭中，莫敢仰视。”丞相、御史大夫或三公受计时，要代表皇帝读敕旨，训谕上计吏，归告守相，并列举事实令逐条答对。不过，在实际上，自西汉末年至东汉，上计考课的实权逐渐转归尚书台。尚书台有三公曹，“典天下岁尽集课事”❷。每年正月朝会，皇帝亲自受计，郡国上计吏必须参加；或行幸郡国，就地上计。如《汉书·武帝纪》载：“太初元年冬十月。行幸泰山。……春还，受计于甘泉。”又：“元封五年春三月，还至泰山，增封。……因朝诸侯王列侯，受郡国计。”公卿守相等对其掾属也进行考核。《汉书·元帝纪》：“（永光元年）二月，诏丞相、御史举质朴、敦厚、逊让、有行者，光禄岁以此科第（评定等第）郎、从官。”又《汉书·平当传》：“当少为大行治礼丞，功次补大鸿胪文学。”又《王䜣传》：“以郡县吏积功，稍迁为被（pī）阳令。”考核制度的实行，在官吏当中有很大阻力，至宣帝时考课已流于形式，弊病丛生。据《汉书·宣帝纪》载诏书曰：“今吏或以不禁奸邪为宽大，纵释有罪为不苛，或以酷恶为贤，皆失其中（zhòng），奉诏宣化如此，岂不谬哉！方今天下少事，徭役省减，兵革不动，而民多贫，盗贼不止，其咎安在？上计簿，具文而已，务为欺谩，以避其课。三公不以为意。”有的郡国甚至专门选用善于作伪的属吏编造计簿。《贡禹传》：“……是

---

❶ 《后汉书·百官志五》本注。

❷ 《后汉书·百官志三》“尚书”注。

以天下奢侈，官乱民贫，盗贼并起，亡命者众。郡国恐伏其诛，则择便巧史书习于计簿能欺上府者，以为右职。……故……欺谩而善书者尊于朝。”西汉末年，京房为整顿吏治，曾奏考功课吏法，并经元帝许可在魏郡局部实行过。但由于丞相韦玄成、中书令石显、尚书令五鹿充宗等权贵的阻挠，未能全面推行，京房本人还因此遭到排斥打击，下狱处死。东汉末年，考核制度被彻底破坏。王符《潜夫论·考绩》说：“今则不然，令长守相，不思立功，贪残专恣，不奉法令，侵冤小民，州司不治，令远诣阙上书诉讼。尚书不以责三公，三公不以让（责备）州郡，州郡不以讨（追究）县邑，是以凶恶狡猾易相冤也。”

魏晋南北朝时期，考核官吏之事，归尚书台（省）的考功郎或功论郎掌管。因时局动乱，战国以来实行的上计考课制度已无法实行。曹魏吏部尚书卢毓说：“今考绩之法废，而以毁誉相进退，故真伪浑（hùn）杂，虚实相蒙。”❶ 明帝命散骑常侍刘劭作都官考课七十二条，但未能施行。晋武帝泰始四年，颁五条诏书于郡国，要求官吏做到：一、正身；二、勤百姓；三、抚孤寡；四、敦本息末；五、去人事（应酬请托）。次年又下诏曰：“古者岁书群吏之能否，三年而诛赏之。……其条勤能有称尤异者，岁以为常。吾将议其功劳。”❷ 晋武帝命河南尹杜预通过考课升贬官吏。杜预上表说：“今科（评定）举优劣，莫若委任达官，各考所统。在官一年以后，每岁言优者一人为上第，劣者一人为下第，因计偕以名闻。如此六载，主者总集采案，其六岁处优举者超用之，六岁处劣举者奏免之，其优多劣少者叙用之，劣多优少者左迁之。……今每岁一考，则积优以成陟，累劣以取黜。”❸ 武帝还访询散骑常侍王浑元会（元旦朝见群臣）问郡国计吏方俗之宜，王浑回答说：“旧三朝元会前计吏诣轩下（殿堂前檐下的平台），侍中读诏，计吏跪受。臣以诏文相承已久，无他新声，非陛下留心方国之意也。可令中书指宣明诏，问方土异同，贤才秀异，风俗好尚，农桑本务，刑狱得无冤滥，守长得无侵虐。其勤心政化兴利除害者，授以纸笔，尽意陈闻。……目察其答对文义，以观计吏人才之实。又先帝时，正会（即元会）后东堂见征镇长史司马、诸王国卿、诸州别驾。今若不能别见，可前诣轩下，使侍中宣问，以审察方国，于事为便。”❹ 武帝批准实行。荀勖（xù）任尚书令时，“课试令史以下，核其才能，有暗于文

❶ 《三国志·魏志·卢毓传》，《三国志》652 页。

❷ 《晋书·武帝纪》，《晋书》58 页。

❸ 《晋书·杜预传》，《晋书》1026－1027 页。

❹ 《晋书·王浑传》，《晋书》1204 页。

法，不能决疑处事者，即时遣出”。[1] 东晋初，元帝课督农功，以征收粮食的多少作为考核地方官吏的主要依据。南朝宋常派出使者，考查地方官吏。如《宋书·明帝纪》：“诏遣使巡行，考守宰良否。”元嘉时，曾规定六年为一任期，后改为三年。《文献通考·选举考·考课》：“宋文帝元嘉时守宰以六期为断。及宋末，以治民之官六年过久，乃以三年为断，谓之小满。”南齐也以三年为任期，加以考核。《南齐书·武帝纪》载永明元年诏：“莅民之职，一以小满为限。其有声绩克举，厚加甄异。理务无庸，随时代黜。”又三年诏：“守宰亲民之要，刺史案部所先，宜严课农桑。……校课殿最，岁竟考课，以申黜陟。”梁考核地方官吏亦以农事为重。北魏对官吏的考核颇为重视。《魏书·孝文帝纪》载太和十八年诏曰：“联今三载一考，考即黜陟。……各令当曹考其优劣为三等，六品以下，尚书重问；五品以上，朕将亲与公卿论其善恶。上上者迁之，下下者黜之，中中者守其本任。”孝文帝亲临朝堂，主持考核。《文献通考·选举考·举官》：“孝文励精求治，内官通班以上，皆自考核以为黜陟。”孝文帝死后，考核制度渐流于形式。《魏书·崔鸿传》说：“景明以来考格，三年成一考，一考转一阶。贵贱内外，万有余人，自非犯罪，不问贤愚，莫不上中，才与不屑，比肩同转。”考核成为一种年资的积累，称为“年劳”。马端临对此评论说：“考课是以日月验其职业之修废，年劳是以日月计其资格之深浅。后世之所谓考课者，皆年劳之法耳。故贤者当涉或反以资浅而抑之，不肖者当黜或反以年深而升之。故考课之法行，则庸愚畏之；年劳之法行，则庸愚便之。”[2] 西魏文帝时，宇文泰执政，命大行台度支尚书苏绰为六条诏书，以考核官吏。据《周书·苏绰传》，六条诏书的主要内容是：治心身、敦教化、尽地利、擢贤良、恤狱讼、均赋役。朝廷规定：地方官吏不通六条和计账的不得居官。

隋朝于尚书省吏部置考功侍郎一人，主管考核官吏之事。开皇三年，制定考核制度：九品以上的地方官，每年年终由吏部进行考核。《隋书·百官志下》：“别置品官，皆吏部除授，每岁考殿最。刺史、县令，三年一迁，佐官四年一迁。”一年一小考，三年一大考。隋文帝有时亲自主持对官吏的考课。县令刘旷，在考课中被评为全国第一。文帝亲自召见，提拔为莒州刺史。房恭懿为新丰令时，“政为三辅之最”；调任德州司马，又“政为天下之最”。文帝

[1] 《晋书·荀勖传》，《晋书》1157 页。

[2] 《文献通考·选举考·考课》。

对各州在京师接受考课的朝集使说："当令天下模范之，卿等宜师敩（xiào）也。"❶诏拜使持节、海州诸军事、海州刺史。又据《隋书·循吏传》：岐州刺史梁彦光，"奏课连最"；齐州别驾赵轨，"在州四年，考绩连最"。可见文帝时考课制度的执行情况是比较好的。

唐代官吏的考核制度比较完备。尚书省吏部长官掌管考课的政令。吏部下设考功司，长官有郎中一人，员外郎一人。郎中主管京官考核，员外郎主管外官考核。年终考核时，皇帝临时指定京官位望高者二人，一人校京官考，一人校外官考。又定给事中、中书舍人各一人为"监考使"，一人监京官考，一人监外官考。皇帝本人也直接参与。考核的标准，流内官（九品以上）和流外官（九品以外）不同。流内官的考核标准是"四善二十七最"。所谓"四善"："一曰德义有闻，二曰清慎明著，三曰公平可称，四曰恪勤匪懈。"四善属于"德"的方面，对每个官吏都适用。所谓"二十七最"，是将官吏的职务分为二十七类，每一类定出各自的标准。如："一曰献可替否，拾遗补阙，为近侍之最；二曰铨衡人物，擢尽才良，为选司之最；三曰扬清激浊，褒贬必当，为考核之最；……"❷二十七最属于"才"的方面，每个官吏只适用一项。根据善、最的多少，评定出九等：一最四善为上上；一最三善为上中；一最二善为上下；无最而有二善为中上；无最而有一善为中中；职事粗理，善、最不闻，为中下；爱憎任情，处断乖理，为下上；背公向私，职务废阙，为下中；居官谄诈，贪浊有状，为下下。流外官的考核标准比较简单，分为四等：清谨勤公为上，执事无私为中，不勤其职为下，贪浊有状为下下。考核的程序是：先由应考的官吏，将当年的功过表现写一考状，交本部门或本地区长官当众宣读，经评议后，由本部门长官写出评语并定出九等考等。应考人如认为所定等第不妥，允许申诉。卢承庆任司刑太常伯（即刑部尚书）时，其属官有一人督运遭风失米，卢承庆初次给的评语和等第是：监运损粮，考中下。其人容色自若，无言而退。承庆重其雅量，重新评定为：非力所及，考中中。其人既无喜色，亦无愧词。承庆又改为：宠辱不惊，考上上。❸然后由上级主管部门"准额校定"，送尚书省。京城各司于十月一日将考簿直接送达，地方各州则派朝集使于十月二十五日以前将考簿交省。尚书省汇集考簿后，由考功郎中、员外郎会同校考、监考官向中央各官署和朝集使了解情况，并参考监察官访察官吏

❶《隋书·循吏传》，《隋书》1679 页。
❷《新唐书·百官志一》，《新唐书》1190 页。
❸《文献通考·选举考·考课》。

政绩提供的情况，复考内外百官的等第。考定后，京官召集应考人当众宣布，外官则向朝集使宣布。最后将考绩结果上奏皇帝，考状交吏部存档。三品以上及不足三品的“清望官”，考核由皇帝直接掌握。有时皇帝亲自为高级官员写评语，定考第。如玄宗为中书令张说写的评语和考第是：“动惟直道，累闻献替之诚；言则不谀，自得谋猷（yóu，谋划）之体。政令必俟其增损，图书又藉其刊削，才望兼著，理合褒升。考中上。”❶ 又高宗时，滕王元婴为全州刺史，骄纵失度。皇帝内定评语与考第曰：“朕以王骨肉至亲，不能至王于法，今与王下上考，以愧王心。”❷ 流外官的考核，由本部门评定，不须上报。唐制，每年一小考，四年一大考，根据考核成绩决定升贬奖惩。唐前期，考核制度执行较好，但也存在一些流弊，主要是等第相差较少，起不到应有的激励作用。监察御史马周上疏曰：“窃见流内九品以上，令有等第。而自比年入，多者不过中上，未有得上下以上者。”❸ 中唐以后，弊病更多，乃至流于形式。肃宗时，往往以官秩的高低定考第的优劣；或不分虚实善恶，一律从优评定。据《唐会要》八十一卷载：“自至德以来，考绩之司，事多失实，常参官（指常朝日参见皇帝的高级文官）及诸州刺史，未尝分其善恶，悉以中上考褒之。”

宋初重视官吏的考核之事。《文献通考·选举考·考课》：“考课之任，唐则属之吏部，专以考功郎中主之。宋兴之初，祖宗特重其事，故不但委之司存，而特命清望之官同任其事。”宋制，官吏迁转皆有定年，任内每年勘验其劳绩过失，吏部复查后决定迁转寄禄官阶，称为磨勘。选人惟改京官时才实行磨勘。太宗淳化三年，设磨勘京朝官院和磨勘幕职州县官院，总称磨勘院。主管对京官、升朝官和幕职州县官的考核事宜。第二年，改磨勘京朝官院为审官院，磨勘幕职州县官院为考课院。凡内外官，计在官之日，满一岁为一考，三考为一任。所有朝廷命官，皆有“历纸”，由所在单位“岁书其功过”，作为考课的依据。考满后，“验历按法而叙进之”❹。文武官考核一般分为三等：公勤廉恪又职事修举为上，公勤廉恪又有一长为中，既无廉声又多谬政为下。中者无所赏罚，上者或转官或减磨勘，下者皆降官展磨勘。对地方官考核的要求比较具体。以七事考核监司（路一级转运使、提点刑狱公事）：“一曰举官当

❶ 《旧唐书·张说传》，《旧唐书》3054 页。

❷ 《旧唐书·高祖二十二子传》，《旧唐书》2437 页。

❸ 《文献通考·选举考·考课》。

❹ 《宋史·职官志三》，《宋史》3839 页。

否；二曰劝课农桑，增殖田畴；三曰户口增损；四曰兴利除害；五曰事失按察；六曰较正刑狱；七曰盗贼多寡。”以四善三最考核守令。四善与唐制同。三最是：“狱讼无冤、催科不扰为治事之最，农桑垦殖、水利兴修为劝课之最，屏除奸盗、人获安处、振恤困穷、不致流移为抚养之最。”❶ 善、最合并考核分为三等：五事为上，二事为中，其余为下。若功过突出，另定优劣。神宗以前，考课院对每个官吏都有考辞，元丰改制后废。宋朝考核制度虽以实际政绩为主要依据，但在实际执行中，多凭年资决定升迁。任期内只要不发生过错，考满都可升官增禄。官场中因循守旧成风，绝大多数官吏为保住禄位，不求有功，但求无过。

元代考核制度最为粗疏。《元史·百官志一》虽载吏部有制定“考课殿最之法”的职权，但考课的标准、分等等均不见记载，吏部之下亦无考功司的设置，惟有考核期限的规定。《元史·选举志三》：“内任官以三十月为满，外任以三岁为满，钱谷典守以二岁为满。而理考通以三十月为则。”又《选举四》：“省部定拟，从九品拟历三任，升从八。正九品历两任，升从八。正八品历三任，升从七。”等等。至元十九年仅原则规定：“诸职官解由（赴任证明）到省部，考其功过，以凭黜陟。”实际上，元朝的吏治非常腐败，掌权者无能，有能者无权。大小官吏，竞相搜括，连肃政廉访使也不例外。正如一首歌谣所揭露的那样：“贼做官，官做贼，混贤愚，哀哉可怜！”❷ 真正的考核无从谈起。

明朝开国皇帝朱元璋，鉴于元末吏治腐败导致农民大起义的教训，从一开始就注重从严考核官吏。他手订《到任须知》、《责任条例》等，明确规定各级官员的任务和责任，并要求逐级考核。据《明会典》十二卷记载：“此令一出，诸司置之文簿，将行过事迹逐一开写，每季轮差吏典一名，赍送本管上司查考。布政司考府，府考州，州考县。”洪武五年，他敕令考课地方官必须有学校、农桑方面的政绩，违者降罚。他不断派出大臣到各地考察，还在殿廷当众考核朝觐官吏。“称职而无过者为上，赐坐而宴。有过而称职者为中，宴而不坐。有过而不称职者为下，不预宴，序立于门，宴者出，然后退。”❸ 这叫做“朝觐考核”。明朝有一套经常性的比较严密的考核制度。文武官分别进行考核。文官考核主要由吏部考功清吏司负责，武官考核主要由兵部武选清吏司

❶ 《宋史·职官志三》，《宋史》3839 页。

❷ 《辍耕录·醉太平小令》。

❸ 《明史·选举志三》，《明史》1721 页。

负责。都察院及河南道、内阁首辅也参与考核。文官考核有考满和考察两种形式，考察又分为京察和外察。考满是按官吏的任期分三次进行。明朝官吏的一般任期为九年，每三年考核一次。《明史·职官志一》："凡内外官给由（凭证），三年初考，六年再考，并引请九年通考，奏请综其称职、平常、不称职而陟黜之。"考核的主要依据是《诸司职掌》。每次考核，根据官吏的实际表现，分别给予"称职"、"平常"、"不称职"的评定。九年通考，给予总的评定。九年三次考核，二考称职，一考平常算称职；二考称职，一考不称职，或二考平常，一考称职，或称职、平常、不称职各一考，都算平常；二考平常，一考不称职算不称职。❶ 在考核中，注意事务的繁简而区别对待。如外府田粮十五万石以上，州七万石以上，县三万石以上，都属于"事繁"；不及便属于"事简"。在对官吏进行处理时，"简而称职"与"繁而平常"相同。低级吏员的考满，还须进行文化考核。据《明会典》十二卷载："其文义粗晓、行移的当、书札不谬三事俱可取者为一等，照本等资格用；二事可取者为二等，杂职内用；三事俱不可取者，发回为民当差。"考察主要是对不称职和有过失官吏需要进行组织处理的一种审查。《明史·选举志三》说："考察之法，京官六年，以巳、亥之岁，四品以上自陈以取上裁，五品以下分别致仕、降调、闲住为民者有差，具册奏请，谓之京察。……外官三年一朝觐，以辰、戌、丑、未岁，察典随之，谓之外察。州县以月计上之府，府上下其考，以岁计上之布政司。至三岁，抚、按通核其属事状，造册具报，丽（系）于八法，……谓之大计。"考察的对象为八种官吏，即：贪、酷、浮躁、不及、老、病、罢（pí，软弱无能），不谨。有时由于特别情况，京察不一定要等到六年，可随时决定举行，称为"闰考"或"不时考"。无论是考满还是考察，都要以文字材料作为依据。考核时，主管官员要查考册籍、访单（征求意见单），并调查访问，写出考语。本人如有不服，可以辩白。主管机关考察不实要受处分。武官的考核又称"军政"，单独进行，五年一次。明朝前期及中期，考核制度的执行颇有成效。"弘、正、嘉、隆间，士大夫廉耻自重，以挂察典为终身之玷。"❷ 明后期，政治腐败不堪，考核制度败坏，成为权奸们排斥异己的工具。《明史·选举志三》说："至万历时，阁臣有所徇庇，间留一二以挠察典，而群臣水火之争，莫盛于辛亥、丁巳，……党局既成，互相报复，至国亡乃已。"

---

❶ 见《明会典》12 卷。

❷ 《明史·选举志三》，《明史》1724 页。

清朝的考核制度，基本沿袭明制，并略有变化。清朝把考满与考察合为一体，三年一次。《清史稿·选举志六》说："三载考绩之法，昉自唐、虞。清沿明制，而品式略殊。京官曰京察，外官曰大计，吏部考功司掌之。京察以子、卯、午、酉岁，部院司员由长官考核，校以四格，悬'才、守、政、年'为鹄（gǔ，标准）。分称职、勤职、供职三等。列一等者，加级记名，则加考引见备外用。纠以六法，不谨、罢软者革职，浮躁、才力不及者降调，年老、有疾者休致，注考送部。自翰、詹、科、道外，依次过堂。三品京堂由部开列事实，四、五品由王、大臣分别等第，具奏引见上裁。大计以寅、巳、申、亥岁，先期藩、臬、道、府递察其属贤否，申之督抚，督抚核其事状，注考缮册送部复核。才守俱优者，举以卓异。劣者，劾以六法。不入举劾者为平等。卓异官自知县以上，皆引见候旨。六法处分如京察，贪酷者特参。"清代以才、守、政、年为考核标准，是颇有新意的。才指才能；守指官守，即道德；政指工作表现；年指年岁。这个考核标准比以前历代更为全面，把年龄作为一项考核标准则是前代所未有的。顺治四年，对"四格"作了更为具体的规定，每一格都分为三等：才有长、平、短之分，守有廉、平、贪之分，政有勤、平、怠之分，年有青、中、老之分。在考核时，京察一等、大计卓异规定一定的比例：京官七分之一，笔帖式八分之一，道、府、厅、州、县十五分之一，佐杂、教官一百三十分之一。有几种人不得列入上考，即"非历俸满者，未及年限者，革职留任或钱粮未完者，满官不射布靶、不谙清语者"[1]。武官的考核，仍称"军政"，分操守、才能、骑射、年岁四格。八旗与绿营分开进行。清朝的考核制度，后来也逐渐流于形式，往往是有奖无惩，有时拣几个年老无能的闲官予以休致，敷衍其事。

第八节　官吏的监督

对官吏进行有效的监督，是保证国家机构正常运转不可缺少的一个环节。我国古代对官吏的监督，有两方面的内容：一是臣民对君主的监督，一般称之为"谏"；一是君主对臣下的监督，一般称之为"监察"。

夏商时期，臣下对君主的监督，主要来自辅政的长老和近臣。但这种监督并无制度上的保障。君主不仅可以不听，而且可以致进谏者于死地。夏末关龙

---

[1] 《清史稿·选举志六》，《清史稿》3222 页。

逄（páng）进谏被杀，就是突出的事例。据《纲鉴易知录》二卷载："关龙逄进谏曰：'人君谦恭敬信，节用爱人，故天下安而社稷宗庙固。今王侈靡嗜（shì，爱好）杀，民惟恐君之后亡矣！人心已去，天命不祐，盍（hé，何不）少悛（quān，悔改）乎？'不听。龙逄立而不去，桀怒，遂杀之。"商末梅伯、比干等的遭遇，比关龙逄更惨。同上书载："纣有贤臣梅伯，性忠直，数（shuò，屡次）谏诤；纣怒，杀而醢（hǎi，剁成肉酱）之。……微子数谏不听，遂去。箕（jī）子谏，亦不听。……比干极谏，陈先王艰难，天命不易，国家将亡之明征，请王洗心易行；伏于象魏（悬示教令之所）之门。纣大怒曰：'比干自以为圣人，吾闻圣人之心有七窍。'遂剖视之。"

西周时期，原始民主制的遗存保留比较多，同时又吸取商亡的教训，君主对来自贵族内部的监督比较重视。不仅长老、近臣可以规谏，下层贵族、平民（国人）也可以批评，叫做"诽谤"。《国语·周语上》说的"国人谤王"，就是平民批评君主的情况。《左传·襄公十四年》："天子有公，诸侯有卿，……以相辅佐也。善则赏之，过则匡之，患则救之，失则革之。自王以下各有父兄子弟以补察其政。史为书，瞽为诗，工（乐人）诵箴谏，大夫规诲，士传言，庶人谤。"杜预注："庶人不与政，闻君过则诽谤。"孔颖达疏："（庶人）闻君过不得谏争，得在外诽谤之。谤谓言其过失使在上闻之而自改，亦是谏之类也。昭四年传，郑人谤子产，《国语》厉王虐，国人谤王，皆是言其事实谓之为谤。"《周礼·地官》有保氏，"掌谏王恶"。不过从制度上说，无论是公卿的规谏，还是平民的诽谤，对君主都没有强制性的约束力，君主可以听，也可以不听，甚至惩办谏者、谤者。西周君主对臣下主要用礼加以约束。对违背礼乐制度的要给予处罚。《礼记·王制》："山川神祇（qí，地神）有不举者为不敬，不敬者君削以地；宗庙有不顺者为不孝，不孝者君绌（通'黜'）以爵；变礼易乐者为不从，不从者君流；革制度衣服者为畔（通'叛'），畔者君讨。"在一般情况下，无监官的设置。周初以管叔、蔡叔、霍叔为三监，监视纣子武庚统治的殷商旧都；厉王以卫巫监视谤者，都属于特殊情况，非常制。

春秋战国时期，有少数开明的君主，为了使国家尽快地富强起来，广开言路，鼓励进谏和谤议，设立谏官，或采取特殊的奖励措施。春秋齐桓公时有大谏，战国赵武灵王时有左右司过，都是专职谏官。齐威王悬赏纳谏，更是中国历史上的罕见之举。《战国策·齐一》："群臣吏民，能面刺寡人之过者，受上赏；上书谏寡人者，受中赏；能谤议于市朝，闻寡人之耳者，受下赏。"命令宣布后，曾一度出现"群臣进谏，门庭若市"的盛况。同时，君主也加强了对臣下的监督。齐、魏、秦等国君主派御史（掌管文书档案）监察朝廷与郡县官吏。

秦始皇统一中国后，建立起极端的专制集权统治，把臣民对君主的诽谤（批评）、议论定为最严重的犯罪，处以极刑。据《文献通考》五十卷："秦置谏议大夫，掌论议，无常员，多至数十人。"不过与博士官一样，皆"备员弗用"。实际情况是："忠言未卒于口而身为戮没矣"，"忠臣不敢谏"，[1] 一切言路被堵塞，君主成为完全不受监督的专横的统治者。与此相适应，在全国范围内，建立起自上而下的御史监察制度。设置御史府，为总管图书档案和监察官吏的中央机构。

汉代有谏大夫或谏议大夫的设置，并废除了秦"诽谤者族"的酷法及惩治"妖言"的法令。但在实际上，谏官仍不能大胆地履行职责，批评皇帝的过失还是要治罪的。在汉朝的法律中，有所谓"非所宜言"的罪名，又有"腹非"罪的决事比（可以比附定罪的案例）。宣帝即位后，提出为武帝立庙乐，交大臣议论。群臣皆无异议，唯独长信少府夏侯胜说："武帝虽有攘四夷广土斥境之功，然多杀士众，竭民财力，奢泰亡度，天下虚耗，物故（死亡）者半。蝗虫大起，赤地数千里，或人民相食，畜积至今未复。亡德泽于民，不宜为立庙乐。"群臣责难夏侯胜说："此诏书也。"夏侯胜又说："诏书不可用也。人臣之谊，宜直言正论，非苟阿意顺指。议已出口，虽死不悔。"结果夏侯胜以"非议诏书，毁先帝，不道"的罪名被捕下狱。[2] 太仆戴长乐被人告以"非所宜言"罪交廷尉审理。光禄勋杨恽以"妄引亡国以诽谤当世，无人臣礼"等罪名被免为庶人，又因信中流露不满被发觉腰斩。[3] 大司农颜异更以"腹非"的罪名被处死。《汉书·食货志下》："异与客语，客语初令下有不便者。异不应，微反唇。（张）汤奏当异九卿见令不便，不入言而腹非。论死。自是后有腹非之法比，而公卿大夫多谄谀取容。"汉代建立起系统严密的监察官吏的制度。西汉沿秦置御史府，长官为御史大夫，地位仅次于丞相。御史府的职权有两方面：一是保管宫廷图书档案，一是监察朝廷和郡国长官。《汉书·百官公卿表》说："御史大夫……有两丞，秩千石。一曰中丞，在殿中兰台，掌图籍秘书，外督部刺史，内领侍御史员十五人，受公卿奏事，举劾按章。"东汉不设御史大夫，御史台转属少府，成为专门的监察机关，以御史中

---

[1] 《史记·秦始皇本纪》，《史记》278 页。

[2] 《汉书·夏侯胜传》，《汉书》3156 页。

[3] 《汉书·杨恽传》，《汉书》2891－2898 页。

丞为长官。对丞相以下朝廷百官的监察，主要由侍御史负责。《后汉书·百官志三》："侍御史十五人，六百石。本注曰：掌察举非法，受公卿群吏奏事，有违失举劾之。凡郊庙之祠及大朝会、大封拜，则二人监威仪，有违失则劾奏。"武帝时又置丞相司直和司隶校尉，亦为监察朝廷百官的官员。《汉书·百官公卿表》："武帝元狩二年初置司直，秩比二千石，掌佐丞相举不法。"又《后汉书·百官志一》："世祖即位，以武帝故事，置司直，居丞相府，助督录诸州，建武十八年省。"注："建安八年十二月，复置司直，……掌督中都官（京师各官署的统称），不领诸州。"司隶校尉本是汉武帝临时设置之职，后成为定制。太后、太子、封侯、外戚、三公以下京师百官及所辖附近各郡，无所不纠。《后汉书·百官志四》："司隶校尉……本注曰：孝武帝初置，持节，掌察举百官以下，及京师近郡犯法者。……都官从事，主察举百官犯法者。"另外，加官"诸吏"亦有监察百官之权。《汉书·成帝纪》建始元年注："《百官表》诸吏得举法案劾，职如御史中丞。武帝初置，皆兼官所加，或列侯、将军、卿大夫为之。"对郡国长官的监察，主要由部刺史负责。《通典》三十二卷说："秦置监察御史，汉兴省之。至惠帝三年又遣御史监三辅郡，察词讼，所察之事凡九条，监者二岁更之，常于十月奏事，十二月还监。其后诸州（当为郡）复置监察御史。文帝十三年以御史不奉法，下失其职，乃遣丞相史出刺，并督监察御史。武帝元封元年，御史止不复监，至五年乃置部刺史，掌奉诏六条察州，凡十二州焉。"刺史监察郡国，以六条为限。六条之中，有五条是针对郡国守相的，一条是针对强宗豪右的。刺史每年八月开始到各郡国巡察，叫做"行部"，年底到京城汇报工作，其余的时间在治所受理吏民告发等事。郡国长官对属县的监察，西汉初年有遣都吏巡行属县之事。《汉书·文帝纪》元年诏："二千石遣都吏循行，不称者督之。"注："如淳曰：'律说，都吏今督邮是也。闲惠晓事，即为文无害都吏'。"西汉中叶以后，设置督邮。督邮作为郡国守相的耳目，其主要职责即督察县政。县的长官派廷掾巡察各乡。遇特殊情况，皇帝临时派遣权力很重的御史或特使，如绣衣直指、监军御史等。《汉书·百官公卿表》："侍御史有绣衣直指，出讨奸猾，治大狱，武帝所制，不常置。"又《王䜣传》："武帝末，军旅数发，郡国盗贼群起，绣衣御史暴胜之使持斧逐捕盗贼，以军兴（战时的法令制度）从事，诛二千石以下。"《晋书·职官志》："光武建武初，征伐四方，始权时置监军御史，事竟罢。"东汉顺帝汉安元年，选派八名朝官为特使巡察州郡，刺史亦在督察之列。"其刺史、二千石有臧罪显明者，驿马上之；墨绶（县级长官）以下，便辄收举。”[1] 汉代的监察官，级别不高。司隶校尉秩二千石（东汉比二千石），丞相司直比二千石，御史中丞千石，侍御史、刺史皆六百石，但权力很重。除皇帝外，都在监察范围之内。顾炎武对汉代监察制度评论说：“夫秩卑而命之尊，官小而权之重，此小大相制，内外相维之意也。”[2] 有不少监察官，能不避权贵，大胆举劾，较好地履行监察的职能。《汉书·薛宣传》：“宣为中丞，执法殿中，外总部刺史……所贬退称进，白黑分明，繇（通‘由’）是知名。”又《翟方进传》：“（翟方进）迁朔方刺史，居官不烦苛，所察应条辄举，甚有威名。”《后汉书·徐璆（qiú）传》：“（徐璆）迁荆州刺史，……奏五郡太守及属县有臧污者，悉征案罪，威风大行。”又《李膺传》：“（李膺为司隶校尉），时张让弟朔为野王令，贪残无道，至乃杀孕妇，闻膺厉威严，惧罪逃还京师，因匿兄让第舍，藏于合柱中。膺知其状，率将吏卒破柱取朔，付洛阳狱，受辞毕，即杀之。……自此诸黄门常侍，皆鞠躬（恭敬、谨慎）屏气，休沐不敢复出宫省。……（桓）帝怪问其故，并叩头泣曰：‘畏李校尉！’”但东汉有些专横跋扈的外戚、宦官，因受皇帝的宠信，监官虽有举劾，却得不到应有的处置。甚至监官反遭迫害。顺帝时，侍御史张纲揭发了外戚梁冀的大量罪行，京师为之震惊。“时冀妹为皇后，内宠方盛，诸梁姻族满朝，帝虽知纲言直，终不忍用。”[3] 灵帝时，督邮张俭举劾宦官侯览，侯览反诬张俭为钩党（有牵连的同党），张俭因此被处死。有少数监官利用职权，为非作恶。侯览兄参为益州刺史，“民有丰富者，辄诬以大逆，皆诛灭之，没入财物，前后累亿计”[4]。

魏晋南北朝时期，皇权衰落，政局不稳。君主为了减少失误，比较重视谏官。东汉少府内的侍中寺，至晋朝发展成为与尚书省、中书省并列的门下省。门下省的主要职责就是谏议。《晋书·职官志》：“侍中……备切问近对，拾遗补阙。”“魏文帝黄初初，置散骑，合于中常侍，同掌规谏。”南北朝时期在门下省之外，又置集书省，亦有谏议之责。《隋书·百官志上》：“（梁）门下省置侍中、给事黄门侍郎各四人，掌侍从左右，摈相威仪，尽规献纳，纠正违阙。”“集书省置散骑常侍、通常散骑常侍各四人。……献纳得失，省诸奏闻文书。”梁武帝在公车府（属门下省）设置谤木函，东魏在宫门放置纸笔，其目的都在提倡谏议、批评。魏晋以后，君主为防范大权旁落，对官吏的监督更

---

[1] 《后汉书·周举传》，《后汉书》2029 页。

[2] 《日知录》9 卷《部刺史》。

[3] 《后汉书·张纲传》，《后汉书》1817 页。

[4] 《后汉书·宦者列传》，《后汉书》2523 页。

加重视。御史台从少府独立出来，成为直接由皇帝操纵的高级监察机关。曹魏以鲍勋为宫正（即御史中丞），“百寮严惮，罔不肃然”。❶ 晋以御史中丞和司隶校尉分督百僚，自皇太子以下，无所不纠。初不得纠尚书，后亦纠之。御史中丞与司隶校尉略有分工，前者专纠行马（宫门和官府前拦阻人马通行的木架）内，后者专纠行马外。制度上虽有此规定，实际上并无限制。《晋书·傅咸传》：“中丞、司隶俱纠皇太子以下，则共对司内外矣，不为中丞专司内百僚，司隶专司外百僚。自有中丞、司隶以来，更互奏内外众官，惟所纠得无内外之限也。”周处任御史中丞时，“凡所纠劾，不避宠戚。梁王彤（róng）违法，处深文（援用法律条文苛细严峻）案之。”❷ 魏晋于御史台设置专职的殿中侍御史，负责殿廷礼仪的监察。《晋书·职官志》：“殿中侍御史，案魏兰台遣二御史居殿中，伺察非法，即其始也。及晋，置四人，江左置二人。”东晋以后，不置司隶校尉，监察权集中于御史台。晋宋以后，御史举劾的内容不受限制，允许风闻奏事。《文献通考·职官考·御史台》：“容斋洪氏随笔曰：御史许风闻论事，相承有此言，而不究所从来。以予考之，盖自晋宋以下。”南北朝时期，为提高监官的权威，加重监官的威仪。南朝齐江淹任御史中丞，明帝对他说：“今为南司（即御史中丞），足以振肃百僚。”❸ 据《隋书·百官志上》载：“（梁御史中丞）专道而行，……给威仪十人。”又《陈书·徐陵传》：“（徐陵任御史中丞），时安成王顼（xū）为司空，以帝弟之尊，势倾朝野。直兵鲍叔睿（ruì）假王威权，抑塞辞讼，大臣莫敢言者。陵闻之，乃为奏弹，导从南台（即御史台）官属，引奏案而入。世祖见陵服章严肃，若不可犯，为敛容正坐。陵进读奏版，时安成王殿上侍立，仰视世祖，流汗失色。陵遣殿中御史引王下殿，遂劾免（顼）侍中、中书监，自此朝廷肃然。”北魏御史台长官威仪尤重。《文献通考·职官考·御史台》：“御史中尉（即御史中丞）督司百僚，其出入千步清道，与皇太子分路，王公百辟咸使逊避，其余百僚下马弛车止路旁。其违缓者，以棒捧之。”《北史·高道穆传》：“（高道穆任御史中尉时），帝姊寿阳公主行犯清路，执赤棒卒呵之，不止，道穆令棒破其车。公主深恨，泣以诉帝。帝曰：‘高中尉清直人，彼所行公事，岂可私恨责之也。’道穆后见帝，帝曰：‘一日家姊行路相犯，深以为惭。’道穆免冠谢。帝曰：‘朕以愧卿，卿反谢朕。’”魏晋南北朝时期，世家显宦一般不得担

---

❶ 《三国志·魏志·鲍勋传》，《三国志》385 页。

❷ 《晋书·周处传》，《晋书》1570 页。

❸ 《梁书·江淹传》，《梁书》250 页。

任御史中丞。御史中丞如不尽职，就要被免官。《历代职官表》十八卷说："江左诸朝，中丞独专论劾之责，群臣得罪，多有以失纠免官者，故每不能久于其位。……甲族由来不居宪台，殆恐其有所瞻徇而然。"魏晋以后，汉代的州由监察区变为行政区，地方监察制度几近取消，成为监察系统中的一大薄弱环节。《三国志·魏志·贾逵传》说："今长吏慢法，盗贼公行，州知而不纠。"从三国魏、吴开始，在正式监察机构之外，又有秘密侦探的设置，称为校事、候官。俞正燮《癸巳存稿·校事》："魏、吴有校事官，似北魏之候官，明之厂卫。"魏校事刘慈数年间刺举吏民奸罪数以万计，但多属冤屈。

隋朝门下省虽有纳言（即侍中）、散骑常侍、谏议大夫等谏职的设置，但文帝特别是炀帝，都厌恶谏言。楚州参军李君才仅说文帝"宠高颎过甚"，竟被活活打死。文帝废杨勇为庶人，改立杨广为太子，"文武大臣皆知其不可而莫敢发言"[1]。隋炀帝对谏者更是视若仇敌。他曾对秘书郎虞世南说："我性不喜人谏，若位望通显而谏以求名者，弥（更加）所不耐。至于卑贱之士，虽少宽假，然卒不置之地上。"[2] 开国功臣高颎，对隋炀帝收集散乐等事进谏言，被以"谤讪朝政"的罪名处死。《隋书》本纪评论炀帝说："恃才矜己，傲狠明德，内怀险躁，外示凝简，盛冠服以饰其奸，除谏官以掩其过。"唐太宗认为拒谏是隋亡的重要原因之一。他对侍臣说："隋炀帝暴虐，臣下钳口，卒令不闻其过，遂至灭亡。"[3] 隋朝御史台以大夫为长官，下设侍御史八人，殿内侍御史、监察御史各十二人。主要负责殿廷和京师的监察。隋炀帝时，曾增设司隶台，以大夫为长官，掌巡察地方。僚属有别驾二人，分察畿内；刺史十四人，巡察畿外；诸郡从事四十人，协助刺史巡察。监察的内容有六条："一察品官以上理政能不。二察官人贪残害政。三察豪强奸猾，侵害下人，及田宅逾制，官司不能禁止者。四察水旱虫灾，不以实言，枉征赋役，及无灾妄蠲（juān）免者。五察部内贼盗，不能穷逐，隐而不申者。六察德行孝悌，茂才异行，隐不贡者。"[4] 别驾、刺史每年二月乘轻便车巡察郡县，十月至京师汇报。隋文帝对臣下特别是功臣猜忌很深，常派亲近侍从秘密监视内外百官，甚至故意派人馈送钱帛，若收下即以贪赃罪严惩。《纲鉴易知录》四十卷说："（文帝）猜忌苛察，信受谗言，功臣故旧，无始终保全者，乃至子弟，皆如仇敌。"

---

[1] 《纲鉴易知录》40 卷。

[2] 《纲鉴易知录》41 卷。

[3] 《贞观政要·君臣鉴戒》。

[4] 《隋书·百官志下》，《隋书》797 页。

唐太宗深刻吸取隋亡的教训，对谏官的作用予以特殊的重视。他曾对臣下说："此人（指隋文帝）性至察而心不明。夫心暗则照有不通，至察则多疑于物。又欺孤儿寡妇以得天下，恒恐群臣内怀不服，不肯信任百司，每事皆自决断，虽则劳神苦形，未能尽合于理。朝臣既知其意，亦不敢直言。宰相以下，惟即承顺而已。朕意则不然，以天下之广，四海之众，千端万绪，须合变通，皆委百司商量，宰相筹划，于事稳便，方可奏行。岂得以一日万机，独断一人之虑也。且日断十事，五条不中，中者信善，其如不中者何？以日继月，乃至累年，乖谬既多，不亡何待？"❶ 他诚心求谏，虚心纳谏，奖励谏者，有时主动要求大臣当众指出他的过失。唐太宗即帝位的第一年，就制定了谏官随宰相入阁议事的制度。在门下省、中书省，分别设置左右散骑常侍和左右谏议大夫。武则天时增设左右拾遗和左右补阙。唐代谏有五种：即讽谏（不直指其事，而用委婉曲折的言语进谏）、顺谏、规谏（以忠直之言相劝谏）、致谏、直谏。不过君主制下的谏，无论统治者怎样重视，毕竟是很有限的。《唐律》"十恶"大罪中有"大不敬"罪。大不敬的表现之一是"指斥乘舆（皇帝的代称），情理切害"。疏议曰："此谓情有觖（jué）望（不满意），发言谤毁，指斥乘舆，情理切害者。"在谏言与大不敬之间，是很难严格划清界限的。即使是"求谏不倦"、"从谏如流"的唐太宗，也有把谏言当作"讪谤"的时候。贞观八年，陕县丞皇甫德参上书忤旨，唐太宗要以"讪谤"的罪名惩治，是经魏征劝说才免刑授奖的。连魏征也几乎被唐太宗杀掉。唐代御史监察制度进一步完善。御史台以大夫、中丞为正、副长官。"凡中外百僚之事，应弹劾者，御史言于大夫。大事则方幅（表奏用的书册）奏弹之，小事则署名而已。"❷ 御史台内分三院：台院、殿院、察院。侍御史属台院，主要负责纠察朝廷百官。《旧唐书·职官志三》："凡事非大夫、中丞所劾，而合（应当）弹奏者，则具其为状，大夫、中丞押奏。大事则冠法冠，衣朱衣纁裳，白纱中单以弹之。小事常服而已。"殿中侍御史属殿院。主要负责纠察殿廷礼仪。《旧唐书·职官志三》："凡冬至、元正大朝会，则具服（即朝服）升殿。若郊祀、巡幸，则于卤簿（仪仗队）中纠察非违，具服从于旌门，视文物（礼乐、典章制度）有所亏阙，则纠之。凡两京城内，则分知左右巡，各察其所巡之内有不法之事。"监察御史属察院。主要负责监察地方及尚书六部等。《新唐

---

❶ 《贞观政要·政体》。

❷ 《旧唐书·职官志三》，《旧唐书》1862 页。

书·百官志三》："掌分察百僚，巡按州县，狱讼、军戎、祭祀、营作、太府出纳皆莅焉。知朝堂左右厢及百司纲目。"巡察以朝廷规定的六条为依据。又："监察御史分察尚书省六司，……以第一人察吏部、礼部，兼监祭使；第二人察兵部、工部，兼馆驿使；第三人察户部、刑部。"监察御史虽只八品官，但权威很重。巡察州县，地动山摇。对地方的监察，又有道的设置，由中央政府临时选派级别较高的官员担任特使，称为巡察使、安抚使、观察处置使等。《新唐书·百官志四》："贞观初，遣大使十三人巡省天下诸州，水旱则遣使，有巡察、安抚、存抚之名。神龙二年，以五品以上二十人为十道巡察使，按举州县，再周而代。景云二年，置都督二十四人，察刺史以下善恶，置司举从事二人，秩比侍御史。……置十道按察使，道各一人。开元二年，曰十道按察采访处置使，……二十年曰采访处置使，……乾元元年，改为观察处置使。"中唐以后，观察使多由节度使兼任。节度使、观察使又多带御史台长官头衔。武则天当政时，为排斥异己，奖励告密，冤杀无辜，她任用来俊臣为侍御史、左台御史中丞。来俊臣与侍御史侯思止等，"同恶相济。招集无赖数百人，令其告事，共为罗织，千里响应"❶。监察机关反倒成为违法作恶的根源。高宗时，侍御史王义方弹劾宰相李义府，反被以"毁辱大臣"的罪名遭贬黜。唐代的监察制度，从总体上看，是比较完备的，也起到了一定的积极作用，但并无法制上的保障，受君主个人的行为品质影响很大。

宋朝为适应进一步专制集权的需要，谏官的作用逐渐缩小，而监官的作用逐渐增强。宋初虽设置谏官，但徒有其名。"谏议无言责"，"司谏、正言非特旨供职亦不任谏诤。"❷仁宗明道元年，将谏官由中书、门下省分出，设置谏院。知院官以司谏、正言充任，如他官兼领则称知谏院，司谏、正言亦有领他职而不预谏诤。庆历四年规定，不用现任宰相、执政推荐者为谏官。哲宗元祐八年又规定，不用执政官亲戚为谏官。至北宋末年定制，宰执不得荐举台谏官，均由皇帝亲自任命。元丰改制后，谏官的职责以监督朝廷百官为主。"凡朝政阙失，大臣至百官任非其人，三省至百司事有违失，皆得谏正。"❸同时，又准许监官"尽兼言事"，台谏之职趋于合一。宋朝以御史中丞为御史台长官，御史台有侍御史一人，殿中侍御史二人，监察御史六人。监察御史"掌

---

❶ 《旧唐书·来俊臣传》，《旧唐书》4837 页。

❷ 《宋史·职官志一》，《宋史》3769 页。

❸ 《宋史·职官志一》，《宋史》3778 页。

分察六曹及百司之事，纠其谬误，大事则奏劾，小事则举正”。❶ 对地方的监察，路一级的运转使和提刑按察使，皆有举刺官吏之责。在州府一级，有通判。通判为州府副长官，有监察所在州府官吏之权。宋朝允许御史“风闻弹人”，奏弹不当不负任何责任。规定御史每月必须奏事一次，叫做“月课”。御史只要敢于奏事，不论虚实，皆无过而有赏。但如上任后百日内无纠弹，则罢黜作外官或罚“辱台钱”。对御史的选用很严。和谏官一样，御史皆由皇帝任命。凡宰相的亲戚故旧和被宰相荐举做官的人，都不得任御史。凡未历两任知县者亦不得为御史。御史以寻找官吏的过失为能事，弄得朝廷上下，人人惶恐，不求有功，但求无过。

元代不设谏官。中央监察机构仍为御史台。长官称御史大夫，秩从一品，只有蒙古贵族才能担任。设侍御史二员。下设殿中司、察院。殿中司设殿中侍御史二员，察院设监察御史三十二员。另设江南诸道行御史台和陕西诸道行御史台。全国划分为二十二个监察区，即二十二道，分隶于御史台和行御史台。每道设廉访使二员。元朝蒙古贵族享有种种特权，到处横行霸道，贪污受贿司空见惯，连肃政廉访使也不例外。朱元璋目睹元末的腐败情况，曾说：“近睹有元之末，主居深宫，臣操威福，官以贿求，罪以情免，台宪举亲而劾仇，有司差贫而优富。”❷

明朝设六科给事中，协助皇帝处理章奏，稽察驳正六部违误，实即唐宋监察御史分察尚书六部之职。《明史·职官志三》：“六科，掌侍从、规谏、补阙、拾遗，稽察六部百司之事。凡制敕宣行，大事复奏，小事署而颁之；有失，封还执奏。凡内外所上章疏下，分类抄出，参署付部，驳正其违误。”虽保留谏官之名，却有监官之实。顾炎武对六科封驳与特察制度评价甚高。他说：“明代虽罢门下省长官，而独存六科给事中，以掌封驳之任。旨必下科，其有不便，给事中驳正到部，谓之科参。六部之官无敢抗科参而自行者。故给事中之品卑而权特重。万历之时，九重（指皇帝）渊默（深沉静默）。泰昌以后，国论纷纭，而维持禁止，往往赖科参之力，今人所不知也。”❸ 不过给事中往往缺员甚多。嘉靖时，给事中夏言上疏曰：“六科额设都左右给事中、给事（中）共五十八人，……今六科只二十一人，……供事趋走，日不暇给。”❹

---

❶ 《宋史·职官志四》，《宋史》3871 页。

❷ 吴宽：《平吴录》。

❸ 《日知录》9 卷。

❹ 转引自陶希圣、沈任远：《明清政治制度》108 页。

明代最高监察机关为都察院，长官为左右都御史。据《明史·职官志二》："都御史职专纠劾百司，辩明冤枉，提督各道，为天子耳目风纪之司。凡大臣奸邪、小人构党（结党）、作威福乱政者，劾。凡百官猥茸（wěi róng，鄙贱）贪冒（贪图财利）坏官纪者，劾。凡学术不正、上书陈言变乱成宪、希进用者，劾。"都察院下设十三道，每道监察御史七至十一人，共一百一十人。十三道的监察范围不限于十三布政使司，还包括京内外所有文武衙门，职权相当广泛。《明史·职官志二》："十三道监察御史，主察纠内外百司之官邪，或露章面劾，或封章奏劾。在内两京刷卷（查看文书），巡视京营，监临乡、会试及武举，巡视光禄，巡视仓场，巡视内库、皇城、五城，轮值登闻鼓。在外巡按，清军，提督学校，巡盐，茶马，巡漕，巡关，儹（zǎn）运，印马，屯田师行则监军纪功，各以其事专监察。……凡政事得失，军民利病，皆得直言无避。"监官兼有建言及进谏之责。御史监察，要确有实据。"诸御史纠劾，务明著实迹，开写年月，毋虚文泛诋，讦（jié）拾细琐"。若挟私苛求及纠言不实要抵罪。御史为执法官，必须本身清廉，以为表率。"凡御史犯罪，加三等，有赃从重论"。有时皇帝派遣太子、尚书、侍郎等巡察地方或总督军务，皆加都御史或副、佥都御史衔。各省有提刑按察使司，为地方监察机关。明朝还建立了庞大的特务组织——锦衣卫及东厂、西厂、内行厂等。特务组织是专制皇帝对臣下及广大人民实行残酷专政的工具。他们为非作恶，乱杀无辜，却不受监督、追究。正常的监察制度横遭践踏。

清朝将六科给事中并入都察院，都察院成为总管监察事务的唯一中央机关，长官为左都御史和左副都御史。都察院下属机构有六科、十五道、五城察院、宗室御史处、稽察内务府御史处等。六科的主要任务，是掌发"科抄"。各科每天派给事中一人赴内阁接收题本，按题本内容，抄给各关系衙门分别承办。批下的题本，如确有不便施行之处，许各科具奏封还，叫做"封驳"。但实际上这种情况是很少的。十五道是按省区划分的机构，分掌稽核各省及在京各衙门事务。在京衙门，惟军机处不在稽察之内。又十五道本身无人稽察。五城察院为稽察京都地方的机构。宗室御史处，掌稽察宗人府事务。稽察内务府御史处，办理稽察内务府事务。各省总督例兼都察院右都御史衔，巡抚例兼右副都御史衔。总督、巡抚之下，又有省级监察机关——提刑按察使司。清朝监察官权任较轻，且容易得咎。御史吴峋（xún）参劾阎敬铭，被加上"诬谤大臣"的罪名受到严厉处置。因此御史奏劾多无关重要之言，以敷衍塞责。嘉庆十五年上谕说："科、道本有言事之责，第（但）近来言官条奏，毛举细故

者多，而于关系官方不公不法等事，回护瞻徇，转多缄默，其陈奏之件，非受人请托，即有意露名，希冀简擢，实为近来积习。”❶

第九节 升贬与奖惩

升贬与奖惩，是我国古代君主管理官吏的重要手段。《周礼·天官·太宰》：“以八柄（权柄）诏（告）王驭群臣：一曰爵，以驭其贵。二曰禄，以驭其富；三曰予，以驭其幸；四曰置，以驭其行；五曰生，以驭其福；六曰夺，以驭其贫；七曰废，以驭其罪；八曰诛，以驭其过（祸）。”《韩非子·二柄》：“明君之所导（当为道，释为由）制其臣者，二柄而已矣。二柄者，刑、德也。何谓刑、德？曰：杀戮之谓刑，庆赏之谓德。为人臣者，畏诛罚而利庆赏，故人主自用其刑德，则群臣畏其威而归其利矣。”在中国古代国家中，从一开始，君主就操纵着官吏的生杀予夺、升贬奖惩的大权。

夏商时期，遇有大的战争，都要举行誓师大会。君主发布动员令，申明赏罚。《史记·夏本纪》：“有扈氏不服，启伐之，大战于甘。将战，作《甘誓》，乃召六卿申之。启曰：‘嗟，六事之人，予誓告女：……用命（听命），赏于祖；不用命，僇（通戮）于社，予则帑（通‘孥’）僇（辱）女’。”《尚书·汤誓》：“尔尚辅予一人，致天之罚，予其大赉（lài，赏赐）汝。……尔不从誓言，予则孥戮汝，罔有攸赦。”在通常情况下，国家的主要官职由王族成员和巫史担任，职位是终身并且是世袭的。有少数家臣因得到君主的宠信而担任辅政的要职。又有少数官吏因触怒君主而受到严惩。

西周时期，大夫以上的官职和爵位一般是比较固定的。一经册命之后，终身不变，甚至世代相袭。只有士须要经过一定程序的选拔授予低级官爵。官爵等级的确定主要根据血统而不是能力和政绩。在授予官爵时，往往同时颁发赏赐。《史记·周本纪》：“封诸侯，班（分赐）赐宗彝（宗庙祭器），作《分殷之器物》。”赏赐的物品有祭酒、冕服及服饰、车及车饰、马及马饰、兵器等。传说周时最隆重的赏赐有九种物品，称为“九锡”。《公羊传·庄公元年》何休注：“礼有九锡：一曰车马，二曰衣服，三曰乐则，四曰朱户（门上加朱漆），五曰纳陛，六曰虎贲，七曰弓矢，八曰铁钺，九曰秬鬯（jù chàng）。”天子考核诸侯或乡大夫，根据治绩的好坏，也给予一定的赏罚。赏有赐给土

❶ 《光绪会典事例》1005 卷。

地、车服、弓矢等，罚有贬爵、削地、征讨等。对贵族中失礼或犯罪行为，还用一定的刑罚加以处置。

春秋战国时期，各国君主在变革过程中，对官吏的升贬与赏罚，注重功劳和实绩。一些非君主同族的人，一旦取得君主的信任，就可以从庶民一跃而为宰相、将军，同时授予相应的爵位。《说苑·尊贤》："齐桓公使管仲治国，管仲对曰：'贱不能临贵。'桓公以为上卿。"用爵位奖赏军功则更为常见。《左传·哀公二年》："简子誓曰：……克敌者，上大夫受县，下大夫受郡，士田十万。"战国时秦国制定了二十等军功爵制度。楚国以执圭为奖赏军功的高级爵位。《战国策·齐二》："（陈轸问昭阳）：'楚之法，覆军杀将，其官爵何也?'昭阳曰：'官为上柱国，爵为上执圭（即执圭）。"齐威王以实际政绩赏罚地方官，措施果断，收到了奇特的效果。《史记·田敬仲完世家》："威王召即墨大夫而语之曰：'自子之居即墨也，毁言日至。然吾使人视即墨，田野辟，民人给，官无留事，东方以宁。是子不事吾左右以求誉也。'封之万家。召阿大夫语曰：'自子之守阿，誉言日闻。然使使视阿，田野不辟，民贫苦。……是子以币厚吾左右以求誉也。'是日，烹阿大夫，及左右尝誉者皆并烹之。……于是齐国震惧，人人不敢饰非，务尽其诚。齐国大治。诸侯闻之，莫敢致兵于齐二十余年。"有的国家，如秦国，禁止宗室无功受爵。《史记·商君列传》："宗室非有军功论，不得为属籍。……有功者显荣，无功者虽富无所芬华。"以能授官，以功给赏，无功不尊，有过惩罚，是官吏管理制度上的巨大进步。但在君主制下，无功而以亲属关系授爵给赏，仍是比较常见的情形。罚不当罪更是难以避免。商鞅是秦国的功臣，最后被贵族诬以谋反的罪名处以极刑。屈原有功于楚，楚国君主因听信谗言，给屈原以流放的处理。更有甚者，君主出于保住家天下的自私目的，忌恨功臣，功高者非但不赏，反而诬以重罪，加以诛灭。春秋后期的越国范蠡，已看清了这一本质特点。他功成身退，乘舟去齐，并致书大夫文种曰："蜚（通'飞'）鸟尽，良弓藏；狡兔死，走狗烹；敌国破，谋臣亡。"[1] 劝文种亦离开越国。文种与范蠡同是越国功臣，他迟疑未去，果然被诬以谋反罪名赐剑自杀。

秦朝建立后，君主暴虐昏庸。奸臣狡士升官受赏，忠臣智士受忌遭诛。宦官赵高，父母都是罪犯，他本人也犯过死罪，被秦始皇赦免。他由宫廷奴仆提拔为太仆的属官中车府令，兼行符玺令事。秦始皇死，与丞相李斯合谋，逼迫

[1] 《纲鉴易知录》4卷。

始皇长子扶苏自杀，私立少子胡亥为二世皇帝，自任郎中令。后杀丞相李斯，自任中丞相，掌握朝政大权。叔孙通是秦朝的儒生，待诏博士。陈胜起义后，叔孙通投二世所好，编造一通谎言，说什么“明主在其上，法令具于下，使人人奉职，四方辐辏（còu），安敢有反者！此特群盗鼠窃狗盗耳，何足置之齿牙间。郡守尉今捕论，何足忧”。❶ 叔孙通的弥天大谎居然得到秦二世的赏识。二世赐给他帛二十匹，衣一袭（全套），并拜为博士。秦朝名将蒙恬及其弟毅、将军冯劫、右丞相冯去疾，左丞相李斯等，先后冤死。儒生几乎被消灭干净，两次被活埋一千多人。崇奸臣灭忠臣，赏狡士杀智士，秦朝焉能不亡?

汉代官吏以俸禄多少划分等级，大约有二十个级别。最低级的小吏俸禄在百石以下，由公府和州郡长官自行辟除。《后汉书·百官志一》：“汉初掾史辟，皆上言之，故有秩比命士。其所不言，则为百石属。其后皆自辟除，故通为百石云。”又《百官志四》：“从事史十二人，……皆州自辟除，故通为百石云。”吏的升迁大致有两条途径：一是通过察举为郎官，如王吉以郡吏举孝廉为郎；二是通过考核或察举提拔为长吏或县令长等。如：王䜣以郡县吏积功，稍迁为被阳令；赵禹以刀笔吏积劳，迁为御史；尹赏以郡吏察廉为楼烦长；焦延寿为郡吏，察廉补小黄令。郎官有中郎、侍郎、郎中之分，俸禄分别为比六百石、比四百石、比三百石。略低于县令长。西汉县令的级别为六百石至一千石，县长为三百石至五百石。郎官在整个官吏系统中的地位极为重要。郎官是皇帝的侍卫近臣，县级以上的长吏多由此出。郎官不仅升迁机会多，而且出路最为广阔。在中央机关，可提拔为谒者、武骑常侍、郎署长官、尚书郎、侍中、尚符玺郎、庙郎、治礼郎、若卢令（掌保管兵器）、从事中郎、校书郎等。在地方机关，则迁补为县令、长、丞、尉或郡国丞、长史、司马者较多。《后汉书·明帝纪》：“郎官上应列宿（xiù），出宰百里。”所谓“出宰百里”，即指县令、长及侯国相。又《安帝纪》：“光禄勋与中郎将选孝廉郎宽博有谋清白行高者五十人，出补令、长、丞、尉。”县级长官政绩显著，可提拔为郡国负责官员。《汉书·卜式传》：“（卜式）迁成皋令，将漕最。……拜为齐王太傅，转为相。”又《冯奉世传》附传，“（冯逡）为美阳令，功次迁长乐屯卫司马，清河都尉，陕西太守”。刺史的级别略与县令相当，居部九年提拔为守相。❷ 博士外用，多担任郡国长官。《汉书·萧望之传》：“选博士、谏大夫通

---

❶ 《史记·叔孙通列传》，《史记》2720 页。

❷ 《汉书·朱博传》，《汉书》3406 页。

政事者补郡国守相。”中央九卿和京师长官，多从郡国守相中选拔，御史大夫多从中央九卿中选拔，丞相又多由御史大夫迁补。《汉书·朱博传》：“故事，选郡国守相高第为中二千石，选中二千石为御史大夫，任职者为丞相。”又《郑弘传》：“弘为南阳太守，……迁淮阳相，以高第入为右扶风，京师称之。代韦玄成为御史大夫。”又《朱邑传》：“迁北海太守，以治行第一，入为大司农。”薛宣由最低级的小吏升至丞相，是颇具典型意义的。薛宣“少为廷尉书佐、都船狱史。后以大司农斗食属察廉，补不其（jī）丞。”琅玡太守赵贡行县，“察宣廉，迁乐浪（láng）都尉丞。幽州刺史举茂材，为宛（yuān）句令。大将军王凤闻能，荐宣为长安令，治果有名，以明习文法诏补御史中丞”。“出为临淮太守”，“徙宣为陈留太守”，“入守左冯翊，满岁称职为真”。“迁为少府”“月余御史大夫于永卒，……以宣为御史大夫。”“数月，代张禹为丞相，封高阳侯，食邑千户。”[1] 汉代官吏的升迁以考核的结果为主要依据。“考绩功课，简在两府”。[2] 两府指丞相、御史府。凡考课为“最”、为“高第”者，均能得到升迁。迁有平迁和超迁两种。以积功久次（即功劳、资历）循序而升的叫“平迁”；有特殊功绩或奇才异能因而破格越级而升的叫“超迁”。《汉书·贾谊传》：“文帝召以为博士（比六百石），……超迁，岁中至太中大夫（比千石）。”公孙弘由布衣起步，数年间至宰相封侯，在汉代也是异乎寻常的。元光五年，汉武帝征召贤良文学，亲自策问，公孙弘对策第一，“拜为博士，待诏金马门”。“一岁中至左内史（后改左冯翊）。”“为内史数年，迁御史大夫。”“元朔中，代薛泽为丞相”。[3] 甚至有一月之间由郎官升至丞相的。《全后汉文》十七卷：“车丞相高祖园寝郎，一月九迁为丞相者。”西汉对超迁颇有限制，东汉末年超迁成为寻常事。崔寔《政论》说：“或期月而长州郡，或数年而至公卿。”提升官职是奖赏官吏的一种重要方式。除此之外，对官吏的奖赏还有增秩、赐爵、赐金及礼遇上的优宠等。《汉书·循吏传序》：“（宣帝时），二千石有治理效，辄以玺书勉厉（通‘励’），增秩赐金，或爵至关内侯，公卿缺则选诸所表以次用之。是故汉世良吏，于是为盛，称中兴焉。”如“颍川太守（秩二千石）黄霸以治行尤异秩中二千石，赐爵关内侯，黄金百斤”。[4] 其他赏赐有田宅、奴婢、甲第、安车驷马、缯帛、牛酒等。

---

[1] 《汉书·薛宣传》，《汉书》3385－3393页。

[2] 《汉书·薛宣传》，《汉书》3391页。

[3] 《汉书·公孙弘传》，《汉书》2617－2620页。

[4] 《汉书·宣帝纪》，《汉书》264页。

西汉末年王莽，东汉末年曹操，都加“九锡”，皆非常制。礼遇上的优宠有赐剑履上殿、入朝不趋、奏事不名、几杖不朝以及赐天子旌旗、赐号祭酒等。张挂图像也是褒奖功臣的一种特殊方式。《汉书·苏武传》：“上（指宣帝）思股肱之美，乃图画其人于麒麟阁，法（仿效）其形貌，署（题）其官爵姓名。唯霍光不名，曰大司马大将军博陆侯姓霍氏，次曰卫将军富平侯张安世，……次曰典属国苏武。皆有功德，知名当世，是以表而扬之。”又《东汉会要》二十二卷：“永平三年，明帝思中兴功臣，乃图画二十八将于南宫云台，以邓禹为首，次马成、吴汉……”汉代官吏不称职或犯有过失，给予罚俸、降职或免职的处分。罚俸叫“贬秩”，降职叫“左迁”、“左转”，免职叫“上印绶”。《汉书·黄霸传》：“（霸）守京兆尹，秩二千石。坐（办罪的因由）发民治驰道不先以闻，又发骑士诣北军马不适士（马少士多，不相补满），劾乏（耽误）军兴（征集财物以供军用），连贬秩。”又《萧望之传》：“（宣帝策御史大夫萧望之曰）：有司奏君责使者礼，遇丞相亡礼，廉声不闻，敖（ào，通‘傲’）慢不逊。亡以扶政，帅先百僚。君不深思，陷于兹（更加）秽，朕不忍致君于理，使光禄勋（杨）恽策诏，左迁君为太子太傅。”按御史大夫为万石级，太子太傅为二千石级。又《傅喜传》：“遂策免喜曰：‘君辅政出入三年，未有昭然匡朕不逮（及），而本朝大臣遂（成）其奸心，咎由君焉。其上大司马印绶，就第。”官吏若犯罪，则给予杖、笞、耐（剃光鬓毛）、髡（kūn，剃去头发）以至弃市、族诛等刑事处罚。《汉书·刑法志》：“吏坐受赇（qiú，贿赂）枉法，守县官（官府）财物而即盗之，已论命（定罪）复有笞罪者，皆弃市。”又《杨恽传》：“廷尉当（处断其罪）恽（杨恽）大逆无道，要（腰）斩。”又《贾捐之传》：“捐之竟坐弃市，兴（杨兴）减死罪一等，髡钳为城旦（四岁刑）。”为保全大臣体面，九卿以上的高级官吏可免捶扑之刑。《汉书·宁成传》：“是时（武帝时），九卿死即死，少被刑。”《后汉书·左雄传》：“雄上言：‘九卿位亚三事，班在大臣，行有佩玉之节，动有庠序（举动安详肃穆）之仪。孝明皇帝始有扑罚，皆非古典。’（顺）帝从而改之，其后九卿无复捶扑者。”凡诏丞相诣廷尉诏狱，不论有罪与否，受诏后即须自杀，谓之“自裁”。《汉书·王嘉传》：“召丞相诣廷尉诏狱。使者既到府，掾史涕泣，共和药进嘉，嘉不肯服。主簿曰：‘将相不对理陈冤，相踵以为故事，君侯宜引决（自杀）。’使者危坐（端坐）府门上（以相逼迫）。”汉代官吏的升贬赏罚，从总体上看，体现了奖功罚过的精神。但在专制君主制下，官吏的升贬赏罚是服务于巩固皇权这个总目标的，升贬赏罚的大权完全操之于专制君主之手，其弊端是很多的。首先，皇帝的继承人登上权力的高峰，凭借的就不是政绩和才干，而是血统；昏庸无能、幼稚无知的皇子也能当皇帝。第二，“勇略震主者身危，功盖天下者不赏”。[1] 就是说，才能特别出众，功勋卓著的大臣，皇帝出于猜忌，不仅不赏，还必须置于死地而后心安。汉朝开国功臣韩信、彭越都遭灭族之刑；平定吴、楚七国之乱的名将周亚夫被捕入狱，吐血饿死：都是合乎规律的现象。第三，在专制君主制下，宰相以下的朝廷百官，都不过是皇家的奴才和走狗，稍不小心，动辄得咎，轻则入狱，重则丧命。因此大臣多唯唯诺诺，恭谨从命。《汉书·公孙弘传》：“终丞相位。其后李蔡、严青翟（dí）、赵周、石庆、公孙贺、刘屈氂（lí）继踵为丞相，自蔡至庆，丞相府客馆丘虚（墟）而已，至贺、屈氂时坏以为马厩、车库、奴婢室矣。唯庆以惇（dūn）谨，复终相位，其余尽伏诛。”公孙贺被任命为丞相时，吓得“不受印绶，顿首涕泣”。[2] 第四，遇有大的天灾人祸，为平息臣民的不满，归咎于丞相等大臣，迫令自杀或免职。《汉书·翟方进传》：“为相九岁，绥和二年春荧惑（即火星）守心（即心宿），……方进忧之，不知所出。会郎贲（féi）丽善为星，言大臣宜当之。上乃召见方进。还归，未见引决。上遂赐册曰：‘……惟君登位，于今十年，灾害并臻（至），民被饥饿，加以疾疫溺死，……使尚书令赐君上尊酒十石，养牛一，君审处焉。’方进即日自杀。上秘之，遣九卿册赠以丞相高陵侯印绶。……天子亲临吊者数至，礼赐异于它相故事。”《纲鉴易知录》二十二卷：“（东汉安帝永初元年）秋九月，以寇贼、雨水，策免太尉（徐）防、司空（尹）勤。三公以灾异免自此始。”注引仲长统曰：“至于中世，权移外戚，宠被近习（近臣，指宦官），怪异数至，水旱为灾，而反以策让（责备）三公，至于死、免，岂不冤哉。”第五，皇帝凭其所好，不按一般官吏的升贬赏罚规定，破格重用外戚、宦官、宠臣。武帝卫皇后弟卫青，本平阳公主家奴，由侍中一跃为太中大夫，后以车骑将军率军出击匈奴，很快又升为大将军。霍去病是卫皇后姊的儿子，十八岁被武帝任命为侍中，很快升为票姚校尉、骠骑将军。汉代朝廷的军政大权，主要掌握在外戚、宦官手里。有些外戚、宦官为非作恶，也不受惩罚。

三国时期，竞争激烈，各国都比较重视根据才干提拔官吏，并根据功过严明赏罚。东汉末，曹操当政时，就提出“不官无功之臣，不赏不战之士”的

---

1. 《汉书·蒯通传》，《汉书》2163 页。
2. 《汉书·公孙贺传》，《汉书》2877 页。

方针。[1] 他在《败军令》中又说："但赏功而不罚罪，非国典也。其令诸将出征，败军者抵罪，失利者免官爵。"提拔官吏时，特别注重廉洁、实干。《三国志·魏志·毛玠传》："其所举用，皆清正之士，虽于时有盛名而行不由本者，终莫得进。务以俭率（lǜ，用一定的标准衡量）人，由是天下之士莫不以廉洁自励，虽贵宠之臣，舆服不敢过度。"注引《先贤行状》曰："其典选举，拔贞实，斥华伪，进逊行，抑阿党。诸宰官治民功绩不著而私财丰足者，皆免黜停废，久不选用。于时四海翕（xì）然，莫不励行。……吏洁于上，俗移于下，民到于今称之。"不过在实际执行中，常常过于苛严。《何夔传》："太祖性严，掾属公事，往往加杖。夔常畜毒药，誓死无辱，是以终不见及。"文帝黄初二年，诏令取消灾异策免三公的做法。《三国志·魏志·文帝纪》："戊辰晦，日有食之，有司奏免太尉。诏曰：'灾异之作，以谴元首，而归过股肱，岂禹、汤罪己之义乎？其令百官各虔其职，后有天地之眚（shěng，灾），勿复劾三公'。"诸葛亮治蜀，赏罚严明，执法公允。他能"惩恶举善，量材授任，不计资叙"[2]。《三国志》作者说诸葛亮"科教严明，赏罚必信，无恶不惩，无善不显，至于吏不容奸，人怀自厉（励）"[3]。他以身作则，不徇私情，连受过他处罚的人也很信服。诸葛亮能破格提拔确有才干的人，如杨洪、何祗（qí）；对不称职或犯有过失的人，则严肃给予处理，如将来敏撤职，马谡下狱。东吴大胆提拔周瑜、鲁肃、吕蒙、陆逊等担任军事将领，取得赤壁之战、占领荆州、彝陵之战等重大胜利。对官吏犯罪的处罚，除行政处理和用刑等外，还用改恶名的办法以示惩戒。《三国志·吴志·张温传》："（暨）艳性狷（juàn，洁身自好）厉，好为清议，见时郎署混浊淆杂，多非其人，欲臧否区别，贤愚异贯。弹（tán）射（指摘）百僚，核选三署，率皆贬高就下，降损数等，其守故者十未能一，其居位贪鄙、志节污卑者，皆以为军吏，置营府以处之。"又《三嗣主传》："何定奸秽发闻，伏诛。皓以其恶似张布，追改定名为布。"从晋朝起，门阀势力逐渐形成。官吏的选拔与升迁，主要不是根据才能与政绩，而是根据门第。势族子弟，一开始就能轻易获得较高的官位。得官以后，每三年由中正负责向吏部推荐升降，仍以门资为主要依据。凭借门资得官和升官的状况，造成了士族的腐败。对有功的官吏，统治者常给予封爵或赏赐，以资鼓励。《晋书·武帝纪》："诸令史前后，但简遣疏劣，而无有劝进，

[1] 《三国志·魏志·武帝纪》注，《三国志》24页。
[2] 《三国会要·选举》。
[3] 《三国志·蜀志·诸葛亮传》，《三国志》930页。

非黜陟之谓也。其条勤能有称尤异者，岁以为常。吾将议其功劳。”“以汲郡太守王宏有政绩，赐谷千斛。”又《杜预传》：“以功进爵当阳县侯，增邑并前九千六百户。”也有以提升官职或增秩作为奖励的。《武帝纪》：“郰奚官督（掌管守宫人疾病、罪罚等事）郭廙（yì）上疏陈五事以谏，言甚切直，擢为屯留令。”又《诸葛恢传》：“会稽内史诸葛恢莅官三年，政清人和，为诸郡首，宜进其位班，以劝风教。今增恢秩中二千石。”对失职官吏，则给予降职、免官等处罚。廷尉刘颂，遣校平吴功，“帝以颂持法失理，左迁京兆太守”❶。穆帝时，殷浩为中军将军，假节，都督扬、豫、徐、兖、青五州军事，北征许、洛、败还。“桓温素忌浩，及闻其败，上疏罪浩……竟坐废为庶人。”❷ 东晋南朝，一些非士族的人，多以武功得以升迁。南朝开国四帝，都出身寒门。如宋武帝刘裕，幼年贩履为业，家境贫寒，初为北府兵下级军官，因军功迅速升至车骑将军、都督中外诸军事等高位，掌握朝政实权，最后代晋称帝。但整个东晋、南朝，士族的势力仍很大。士族子弟不仅入仕早，而且升迁快。如梁时张缅，“起家秘书郎，出为淮南太守，年时十八。”秘书郎之职，“宋、齐以来，为甲族起家之选，待次入补，其居职例不数十日便迁任”❸。非士族出身的文职官吏，多由掾属、佐史起步，升迁极难。如被皇帝选用为亲近机密之任，则官位虽不高，但实权颇重。如梁朝中书省通事舍人朱异，凡“方镇改换，朝仪国典，诏诰敕书，并兼掌之”❹。北魏孝文帝重视严明赏罚。《北史·魏本纪三》：“自今牧守温良仁俭克己奉公者，可久于其任，岁积有成，迁位一级；其贪残非道，侵削黎庶者，虽在官甫尔（刚开始），必加黜罚。”诏县令能静一县劫盗者，兼理二县，即食其禄；能静三县者，三年迁为郡守。二千石能静二郡上至三郡，亦如之，三年迁为刺史。”“诏二千石考上上者，假四品将军，赐乘（shèng）黄马一匹；上中者，五品将军；上下者，衣一袭。”他曾用询问秀才的方法调查守宰的善恶。他对犯有过失的官吏，不论何人，都严惩不贷。他对广陵王羽说：“汝功勤之绩不闻于朝，阿党之音频干朕听。今黜汝录尚书、廷尉，但居特进、太保。”又对散骑常侍元景说：“卿等自任集书，合省逋堕（拖拉懈惰），致使王言遗滞，起居不修。今降为

---

❶ 《晋书·刘颂传》，《晋书》1293 页。

❷ 《晋书·殷浩传》《晋书》2046－2047 页。

❸ 《南史·张弘策传》附传，《南史》1384－1385 页。

❹ 《梁书·朱异传》，《梁书》538 页。

中大夫，守常侍，夺禄一周。”❶ 宣武帝时，崔亮为吏部尚书，当时“官员既少，应选者多”，便制定“停车格”制，即以年资作为选拔和提升官吏的唯一依据，“不问士之贤愚，专以停解（jiè，送）日月为断，虽复官须此人，停日后者终于不得；庸才下品，年月久者灼燃先用。沉滞者皆称其能。……自是贤愚同贯，泾、渭无别。魏之失才，从亮始也”❷。

隋朝官吏的升迁，注重功劳品德。炀帝大业二年，“制百官不得计考增级，必有德行功能，灼然显著者，擢之。”❸ 唐朝官吏的升贬，则以考核结果为基本的依据。《新唐书·百官志一》：“凡考，中上以上，每进一等，加禄一季；中中，守本禄；中下以下，每退一等，夺禄一季。中品以下，四考皆中中者，进一阶；一中上考，复进一阶；一上下考，进二阶；计当进而参有下考者，以一中上覆一中下，以一上下覆二中下。上中以上，虽有下考，从上第。有下下考者，解任。”也有临时因政绩突出或考试优异等升官晋阶的。《旧唐书·李朝隐传》：“三迁长安令，有宦者闾兴贵诣县请托，朝隐命拽（yè，拖）出之。睿宗闻而嘉叹，……乃下制曰：‘……宜加一阶，用表刚烈。可太中大夫。特赐中上考，兼绢百匹。”又《杜审权传》：“审权，释褐江西观察判官（佐理），又以书判拔萃，拜右拾遗。”又《傅游艺传》：“上书称武氏符瑞，合革姓受命，则天甚悦，擢为给事中。”作战有功，授予勋级。《新唐书·百官志一》：“凡以功授者，覆实然后奏拟，战功则计杀获之数。”对官吏的惩罚，除罚俸降职外，情节严重的，要受刑事处分。《唐律疏议·职制》；“诸漏泄大事应密者，绞。”《旧唐书·德宗纪上》：“中官邵光超送淮西旌节，李希烈遗缣（jiān，双丝的细绢）七百匹，事发，杖六十，配流。由是中官不敢受赂。”在唐朝赏罚官吏的制度中，赐姓或改姓是赏罚的一种特殊方式。皇帝赐姓，视同族人，是一种极高的荣誉。如徐勣（jī）赐姓李，改名李勣；武则天赐傅游艺姓武氏；德宗赐骆元光姓名曰李元谅。改姓则是一种极严重的惩罚。《旧唐书·则天皇后纪》：“纪王慎被诬告谋反，载以槛车，流于巴州，改姓虺（huǐ）氏。”

宋朝有定期勘验官员政绩以定升迁的制度，称为磨勘。《宋史·职官志三》：“凡命官，随所隶迁，以其职事具注于历，给之于其属州若司，岁书其功过，应升迁授者，验历按法而叙进之；有负殿，则正其罪罚。……凡内外官，计在官之日，满一岁为一考，三考为一任。”磨勘年限，真宗时规定文武

---

❶ 《北史·献文六王传》，《北史》697－698页。

❷ 《北史·崔亮传》，《北史》1632－1634页。

❸ 《隋书·炀帝纪上》，《隋书》66页。

官都是三年。“其后立法，文臣五年，武臣七年，无赃私罪始得迁秩。曾犯赃罪，则文臣七年，武臣十年。”[1] 在京的京朝官，磨勘时例须引对，表示由皇帝亲自升擢。引见时，选数人编为一甲，排在便殿，逐一宣名，皇帝若对某人有所怀疑，即命吏部侍郎复验，如不中选，则取旨另作决定。凡决定升迁的官吏，进士出身的从优一阶。如留守、两府、两使（节度、观察）判官，进士出身的迁太常丞，其余迁太子中允。官吏在任期内，只要不发生过错，一般都能升迁。在实际执行中，年资成为升迁的主要依据，“不问其功而问其久”[2]。有少数武臣，功勋卓著，破格升迁，如狄青由士兵累升至大将。不过从总体上看，宋朝优宠文臣而抑制武臣。科举出身的文臣，不仅升迁从优，而且授予其中一些人以“学士”之类的职衔，提高其声誉和地位。《宋史·职官志二》：“宋朝庶官之外，别加职名，所以厉行义、文学之士。高以备顾问；其次与议论，典校雠。得之为荣，选择尤精。”宋朝对官吏的赏赐很滥，有功给赏，大臣给赏，庶僚无功亦赏。赵翼《二十二史札记》二十五卷《宋恩赏之厚》：“宋制，禄赐之外，又时有恩赏。……雷有终平蜀有功，特给廉镇公用钱岁二千贯，……此以功臣也。戴兴为定国军节度使，赐银万两，岁加给钱千万，……此以藩镇大臣也。若李符为三司使，赐银三千两。……班仅庶僚，非有殊绩，亦被横赐。甚至魏震因温州进瑞木，作赋以献，遂赐银二千两，毋亦太滥矣。”但功劳太大，引起皇帝和权臣的猜忌，即所谓功高震主者，不仅不赏，还会招来杀身之祸。著名抗金英雄岳飞的结局就是如此。宋朝官场积弊很深，兴革之举很难成功。每当保守派和权臣当政时，往往排斥异己，使一大批官吏受到贬黜、流放等处分。《纲鉴易知录》七十四卷：“时元祐、元符末群贤，贬窜死徙者略尽。”

元朝官吏的升迁，既不重视才干，又不重视考绩，而主要靠“根脚”。所谓“根脚”，就是社会出身。担任皇帝护卫的“怯薛”，是“大根脚”。从中央到地方的长官，都由蒙古贵族特别是怯薛担任。高级官僚阶层基本上为半世袭化的蒙古、色目贵族和极少数汉族官僚所垄断。官员的迁转升等，分为三个系统：随朝诸衙门及行省、宣慰司官，常例三十个月为一考，一考升一等，十五月进一阶；外任地方官，常例三年为一考，或一考进一阶，或两考升一等，或三考升二等，蒙古、色目官员不受此限；匠官只能在管匠官范围内流转。汉人

[1] 《宋史·选举志六》，《宋史》3757 页。
[2] 《李觏（gòu）集》22 卷《精课》。

入仕，一般只能担任胥吏，然后经过本部门长官的推举，由掾史书吏入流出职，进入官的阶层。由县吏出职为七品官，需二十多年的时间。元初由于官吏人数不足，有一些吏员以惊人的速度获得晋升，“才离州府司县，即入省部；才入省部，不满一考，即为州府司县官”[1]。在元朝的吏员中，成分非常复杂，由儒入仕的，约占百分之五。平民欲求闻达，绝大多数不以科举为进身之阶，而是转习刀笔以充胥吏，甚至执当仆役而事官僚，也有的先去做工或经商。元朝皇帝为了显示他的权威，巩固贵族、官僚集团之间的团结，给予贵族、官僚的赏赐极多。

明朝官吏初授叫“听选”，升任叫“升迁”。凡升迁，必考满。考满之法，三年初考，六年再考，九年通考。分称职、平常、不称职三等。称职者升，平常者复职，不称职者降。升不过二等，降不过三等，严重的免职、治罪。规定：一品、二品官考满，赐羊酒钞锭。尚书、都御史六年考满加太子少保，九年加太子太保。内阁三、六、九年考满，应升官秩由皇帝决定。外官考满升迁，府同知一考无过者，升知府，知县二考无过者，升知州。县丞一考无过者，升知县。京官及外官满一考而以最闻者，皆给本身诰敕。三品以上政绩显异及死谏、死节、阵亡者，皆得赠官。京官三品以上，考满著绩，可荫一子为官生。若员缺应补不待满者，叫“推升”。有突出治绩，可随时升迁或加俸。《明史·刘孜传》：“天顺四年，吏部举天下治行卓异，按察使惟孜一人，迁左布政使。”又《唐龙传》：“除郯（tán）城知县。御大盗刘六，数败之，加俸二等。”皇帝登极、大婚、万寿、生子及大工程告成、平定盗乱等，均有升赏。不拘常格予以重用称“超擢”、“超迁”或“特擢”。《明史·严讷传》：“州县吏政绩异者破格超擢，铨政一新。”明代对官吏的惩罚很严。京官六年考察一次。五品以下不称职的，处以降职、罚俸等惩罚；四品以上自陈，去留由皇帝决定。外官三年考察一次。无论京官、外官，凡有贪、酷、浮躁、不及、老、病、罢（pí，软弱无能）、不谨等八种情况都要进行处理。分为致仕、降调、闲住、削职为民几种。对贪污、失地、纵盗等，都处以重罪。大臣上朝时，言语不慎，动辄廷杖。从表面上看，明代科举出身的士人升迁前景最好。英宗以后，非进士不入翰林，非翰林不入内阁，宰辅几乎都出自科举；但实际上，朝政大权掌握在专权的宦官手里，宦官的权势在宰辅之上。

清朝官吏循序升迁叫“推升”，不等考满迁秩叫“即升”。正常升贬以考

---

[1] 胡祗遹：《紫山集》22 卷《时政》。

核为依据。考核三年一次，京官分称职、勤职、供职三等。列为一等的，加级记名，并加考引见备外用。不称职的官吏分别情况进行处理：不谨、罢软者革职，浮躁、才力不及者降调，年老、有疾者休致（退休）。外官分卓异、平等、劣三种。卓异官自知县以上，皆引见候旨；列入劣等的，分别作革职、降调、休致等处理，贪酷者特参。清朝官吏升迁有内升、外转之制。在内翰、詹、科、道四衙门品望最清，升转特异。编修、检讨迁中允、赞善，叫做开坊。其他翰、詹、坊、局、国子监堂官、京堂，都得升调，大考为上等的，更受提拔重用。外转即由朝官调任地方官。顺治时规定，正、少詹事用为布政使，侍读学士用为按察使，中允用为参政，编修、检讨用为副使。康熙时，翰林官外用为知府。其中治行优异者，再内擢为京堂（中央各衙门长官）。内升即外官升为朝官。初定司、道官每年三人，汉人必须是科举出身，考核列为卓异并有督抚荐举。州、县官经地方高级官员保举，可以调京，通过考选后补授科道或部属官职，称为"行取"。清朝地方官有腹俸、边俸之分，升迁尤重年资。腹俸之道、府、县佐贰、首领官，五年无过失，例得迁擢。边俸满三年，有政绩无差错，例即升用。在清朝职官中，满、蒙、汉缺分置，满洲贵族居于优先的地位，升迁较汉人快得多。《清史稿·选举志五》说："满人入官，以门阀进者，多自侍卫、拜唐阿始。故事，内、外满大臣子弟，五年一次挑取侍卫、拜唐阿，以是闲散人员，勋旧世族，一经拣选，入侍宿卫，外膺简擢，不数年辄致显职者，比比也。绿旗武职，占缺尤多。"清朝对官吏功劳的奖赏，有封爵、升官、晋级、加俸、赏赐财物、名声表扬等方式。雍正时，鄂尔泰以平苗功，授一等伯爵。乾隆时，兆惠平定大小金川，师回，皇帝亲自迎接，赐朝珠及马。乾隆为表扬功臣，特建紫光阁。官吏失职、贪赃、枉法，甚至失言、失仪，都要受到惩罚。清初贪赃十两以上，即处死。乾隆时三品以上大员犯赃罪至斩绞自尽者，有四十多人。顺治时，宋学珠典试江南，因宿娼、纳馈被革职。同治时，恭亲王召对失仪，夺亲王世袭，降为郡王。御史吴峋劾阎敬铭，编修梁鼎芬劾李鸿章，都以诬谤大臣罪降五级。清初曾规定，皇族犯罪，除谋叛等重罪外不处死，也不监禁，而给予黜夺人丁、罚赎银两、赐恶名等处分。

第十节　休假、退休与死亡

中国古代国家的君主，自始至终都是终身制，因此不存在退休的问题。但官吏退休的制度却起源很早，传说夏商周时期就已经有了。《礼记·王制》：

“七十致政。……夏后氏养国老于东序，养庶老于西序；殷人养国老于右学，养庶老于左学；周人养国老于东胶，养庶老于虞庠，虞庠在国之西郊。”注：“致政事，以其不能胜职任之劳也。”《礼记·曲礼上》：“大夫七十而致事。”注：“致，还其职事于君也。”又《尚书大传》：“大夫七十而致仕。”商代君主死后，有大批奴隶、武士殉葬。每个亡故的君主都有庙，多用甲、乙、丁、庚为庙号。西周开始建立谥法制度。大夫以上的贵族死后，根据生前的事迹，经众议给予谥号。《逸周书·谥法解》：“惟周公旦、太公望开嗣王业，建功于牧野，终将葬，乃制谥，遂叙谥法。谥者，行之迹，号者，功之表也。……是以大行受大名，细行受细名。行出于已，名生于人。”文、武、成、康、幽、厉等都是谥号。天子死叫“崩”，诸侯死叫“薨”（hōng），大夫死叫“卒”，士死叫“不禄”。

春秋时期，官员年老退休，称“老”、“告老”、“请老”、“乞骸骨”、“致仕”等。《左传·隐公三年》：“桓公立，乃老。”又《襄公二十七年》：“晋韩献子告老。”“成（崔成）请老于崔，崔子许之。”《晏子春秋·重而异者七》：“臣愚不能复治东阿，愿乞骸骨。”《公羊传·宣公元年》：“古之道不即人心，退而致仕。”注：“致仕，还禄位于君。”有的国家，君主死后仍有殉葬之俗。如秦穆公死，殉葬者达一百七十七人。春秋末年以后，君主的坟墓称“丘”、称“陵”，[1] 并有死前造陵之事。《史记·赵世家》：“（肃侯十五年），起寿陵。”

秦王政称皇帝后，取消谥法，自称始皇帝。早在统一之前，他就在骊山为自己修墓；统一后，又调发刑徒七十余万人继续建造。直到他死后入葬，历时二十多年。《纲鉴易知录》八卷：“葬始皇帝于骊山，下锢三泉，奇器珍怪，徙往藏之。令匠作机弩，有穿近者辄射之。后宫无子者，皆令从死。工匠为机者，皆闭之墓中。”墓高五十余丈，周围五里多。三个兵马俑坑面积约二万零七百八十平方米。秦时官吏告假回乡叫“告归”。《史记·李斯列传》：“三川守李由告归咸阳，李斯置酒于家，百官长皆前寿，门廷车骑以千数。”又《高祖本纪》：“高祖为亭长时，常告归之田。”

汉代官吏有休假制度。每五日例休一天，叫做“休沐”，或单称“休”、“沐”。《汉书·郑当时传》：“孝景时为太子舍人，每五日休沐。”又《霍光传》：“光时休沐出，（上官）桀辄入代光决事。”王先谦补注：“《通鉴》胡

---

[1] 参考顾炎武：《日知录》15 卷《陵》。

注：‘汉制，中朝官五日一下里舍休沐。’”又《孔光传》：“沐日归休，兄弟妻子燕语，终不及朝省政事。”《初学记》二十：“休假亦曰休沐。汉律，吏五日得一下沐，言休息以洗沐也。”冬至、夏至为例假。《汉书·薛宣传》：“至日休吏。”颜师古注：“冬夏至之日，不省（xǐng）官事，故休吏。”年俸二千石以上有功官员还有予告、赐告的待遇。准予休假称予告，病满三月准予回家治病称赐告。《汉书·高帝纪》注：“汉律，吏二千石有予告，有赐告。予告者，在官有功最，法所当得也。赐告者，病满三月当免，天子优赐其告，使得带印绶将官属归家治病。至成帝时，郡国二千石赐告不得归家。至和帝时，予、赐皆绝。”又《冯奉世传》：“夫三最予告（在官连有三最，则得予告），令也；病满三月赐告，诏恩也。”又《谷永传》：“故事，公卿病，辄赐告。”汉代官吏丧假叫“宁”。西汉时丧假控制很严，公卿一般不给丧假，唯博士弟子有丧假三年。《哀帝纪》：“博士弟子父母死，予宁三年”。至东汉安帝元初三年，“初听大臣、二千石、刺史行三年丧。”❶ 汉代高级官员有致仕制度。景帝末年，“万石君（石奋）以上大夫禄归老于家，以岁时为朝臣（参与朝请）”❷。武帝时，周仁因病致仕。《周仁传》：“武帝立，为先帝臣重之（敬难之）。仁乃病免，以二千石禄归老。”张敺（qū）则因年老致仕。《张敺传》：“老笃，请免，天子亦宠以上大夫禄，归老于家。”宣帝时，丞相开始致仕。《韦贤传》：“时贤七十余，为相五岁，地节三年，以老病乞骸骨，赐黄金百斤，罢归，加赐弟（第）一区。丞相致仕自贤始。”元帝时，丞相、御史大夫等同时致仕。《薛广德传》：“后月余，以岁恶民流，与丞相（于）定国、大司马车骑将军史高俱乞骸骨，皆赐安车驷马、黄金六十斤，罢。……东归沛，太守迎之界上。沛以为荣，县（悬）其安车传子孙。”颜师古注：“县其所赐安车以示荣也。致仕年车，盖亦古法。”平帝元始元年规定：“天下吏比二千石以上县老致仕者，参（三）分故禄，以一与之，终其身。”次年，龚胜、邴汉皆致仕。时王莽秉政，策曰：“今大夫年至矣，朕愍（mǐn，哀怜）以官职之事烦大夫，其上子若孙若同产子（兄弟子）一人。……赐帛及行道舍宿，岁时羊酒衣衾（qīn，被子），皆如韩福故事（即：长吏以时存问，常以岁八月赐羊一头，酒二斛。不幸死者，赐复衾一）。所上子男皆除为郎。”❸ 东汉太尉邓彪“以疾乞骸骨。元和元年，赐策罢，赠钱三十万，在所以二千石奉（俸）终其

---

❶ 《后汉书·安帝纪》，《后汉书》226 页。

❷ 《后汉书·石奋传》，《汉书》2194 页。

❸ 《汉书·龚胜传》，《汉书》3083 页。

身。又诏太常四时致宗庙之胙（zuò，祭肉），河南尹遣丞。存问，常以八月旦奉（给）羊、酒”❶。汉代皇帝死皆称“崩”恢复谥法制度。《汉书·高帝纪下》：“帝崩于长乐宫。……已下（下棺），皇太子群臣皆反（返）至太上皇庙。群臣曰：‘帝起细微，拨乱世反之正，平定天下，为汉太祖，功最高。’上尊号曰高皇帝。”注：“尊号，谥也。”高及以后的惠、文、武、昭、宣等皆是谥号。不过自汉代起，皇帝的谥号几乎是有褒无贬。皇帝的坟墓皆称陵，如高祖葬长陵，文帝葬霸陵，景帝葬阳陵，武帝葬茂陵等。文帝以后，预先作陵。《后汉书·光武帝纪下》：“（建武二十六年正月），初作寿陵。”注：“初作陵未有名，故号寿陵，盖取久长之义也。汉自文帝以后皆预作陵，今循旧制也。”每帝皆建有庙。有些皇帝世世奉献，追尊庙号。如高祖为太祖庙，文帝为太宗庙，武帝为世宗庙，宣帝为中宗庙，平帝为高宗庙等。有的皇帝生前建庙，称宫。《汉书·景帝纪》：“（中）四年春三月，起德阳宫。”注：“是景帝庙也。帝自作之，讳不言庙，故言宫。《西京故事》云景帝庙为德阳。”汉代王、侯死曰薨，一般皆有谥号。如《萧何传》：“孝惠二年，何薨，谥曰文终侯。”又《曹参传》：“参为相国三年，薨，谥曰懿侯。”汉代朝廷重臣死，有送葬，赐物、赠官等盛典，以示褒宠。《汉书·霍去病传》：“元狩六年薨。上悼之，发属国玄（黑色）甲，军陈自长安至茂陵，为冢象祁连山。”注：“送其葬，所以宠卫之也。（冢）在茂陵旁，冢上有竖石，冢前有石人马者是也。”又《霍光传》：“光薨，上及皇太后亲临光丧。太中大夫任宣与侍御史五人持节护丧事。中二千石治莫（幕）府冢上。赐金钱、缯絮、绣被百领，衣五十箧，璧珠玑玉衣，梓宫（皇帝的棺）、便房（帝王和贵族坟墓中供吊祭用的小室）、黄肠（以柏木黄心制的外棺）、题凑（椁室用厚木累积而成，木头皆向内）各一具，枞（cóng）木（即松树）外臧（藏）椁（guǒ，棺外的套棺）十五具。东园（署名，属少府，主作器）温明（葬器，形如方漆桶，开一面，漆画之，以镜置其中，以悬尸上），皆如乘舆（指皇帝）制度。载光尸柩以辒辌车（wēn liáng，丧车），黄屋（帝王车盖，以黄缯为盖里）左纛（dào，大旗），发材官（步卒）轻车北军五校士军陈至茂陵，以送其葬。谥曰宣成侯。发三河卒穿复土（掘穴下棺，以所出土覆于棺上为坟），起冢祠堂，置园邑三百家，长丞奉官如旧法。”《东汉会要》二十五卷：“袁梦麒曰：汉自公薨，或追爵，或赐谥，或赠之印绶，以示褒宠之恩，未有以官追赠者。至赐印绶，亦

❶ 《后汉书·邓彪传》，《后汉书》1495 页。

不过即其生之官爵以赠之焉。翟方进薨，赠以丞相、高陵侯印绶；孔光薨，赠以丞相、博山侯印绶。此旧典。二千石卒，官赙（fù，以财物助丧事）百万。皆即其生之官爵以赠之而已。世祖中兴，鲜以印绶褒宠功臣，独祭遵薨，博士范升上疏追颂遵功德，赠以将军侯印绶，亦不过即其生之官爵以赠之，无加于旧典也。逮桓、灵之世，刘宽以太尉薨，袁逢以司空薨，皆赠车骑将军印绶，加号特进；以至朱穆卒，以尚书而追赠益州太守，悉非先朝旧典。至于后世大臣有加赠之恩，盖出诸此。”

魏晋南北朝时期，官吏仍有休假制度。《资治通鉴·南朝梁大同五年》：“（朱异）用事三十年，……每休下，车马填门。”❶《南史·张敬儿传》：“敬儿之为襄阳府将也，家贫，每休假，辄佣赁自给。”鲍照《鲍氏集七·玩月城西门廨中诗》：“休浣（huǎn，洗涤）自公日，宴慰及私辰。”因病、因事、因丧可请假。《南朝宋会要·休假》：“伏寻旧制，群臣家有情事，听并急六十日。太元中改制，年赐假百日。又居在千里外，听并请来年限，合为二百日。此盖一时之令，非经通之旨。”“文帝元嘉五年，侍中谢灵运上表陈疾，上赐假东归。”《梁会要·休假》：“刘峻典校秘书，峻兄孝庆，时为青州刺史，峻请假省之。”晋初提倡孝悌，给丧假三年，东晋南北朝相沿不变。病假不得超过百日，否则解职。魏晋南北朝时期官员退休，多以七十岁为限。其特点是：退休后多拜以“大夫”之类的闲职，终其身，以示优宠，实际上并无职事。一般是诸公拜光禄大夫，卿拜太中大夫，其他官拜谏议大夫。《三国职官表》：“光禄大夫无定员，比二千石，第三品，职掌言诰，毗（pí，辅助）亮论道，献可替否，赞扬德化，诸公告老，皆拜此位。”《三国志·魏志·田豫传》：“征为卫尉。屡乞逊位，太傅司马宣王以为豫克壮，书喻未听。豫答曰：‘年过七十而以居位，譬犹钟鸣漏尽而夜行不休，是罪人也。’遂固称疾笃。拜太中大夫，食卿禄。年八十二薨。”《晋书·职官志》：“光禄大夫……魏氏已来，转复优重，不复以为使命之官。其诸公告老者，皆家拜此位。……及晋受命，仍旧不改，复以为优崇之制。而诸公逊位，不复加之，或更拜上公，或以本封食公禄。其诸卿尹中朝大官年老致仕者，及内外之职加此者，前后甚众。”晋时致仕后尚可担任中正官，如刘毅即是。《晋书·刘毅传》：“年七十，告老。久之，见许，以光禄大夫归第，门施行马，复赐钱百万。后司徒举毅为青州大中正。”南朝齐百官年至七十，必须致仕，且穷困私门。北魏亦以七十为官员

❶《资治通鉴》158卷。

致仕之年。孝明帝正光四年规定：年七十致仕，给本官半俸以终其身。不过在魏晋南北朝时期，政局动荡不安，门阀世族横行，致仕制度执行很差。有很多官员不肯致仕，造成机构臃肿、效率极低的局面。南朝刘宋时，一些清正廉洁的高级官员死后，皇帝往往赐以钱物。如《南朝宋会要·恤赐》载："上以故侍中、司空刘秀之莅官清洁，家无余财，赐钱二十万，布三百匹。"梁时中领军朱异卒，赠官赐物。诏曰："故中领军异，器宇（胸襟、度量）弘通，才力优赡，谘谋帷幄，多历年所。……可赠侍中、尚书右仆射，给秘器（棺材）一具，凶事所须，随由资办。"❶

唐朝官吏每十天休息洗沐一次，后因称每月上、中、下旬为上、中、下浣。《新唐书·刘晏传》："质明视事，至夜分止，虽休浣不废。"休息日称旬休。元稹《五弦弹》乐府诗："旬休节假暂归来，一声狂杀长安少。"又称"休日"或"休暇"。《新唐书·裴宽传》："会休日登楼，见人于后圃有所瘗（yì，埋）藏者。"王勃《滕王阁序》："十旬（此处指十天一旬）休暇，胜友（良友）如云。"除十天例休一天外，德宗时规定二月一日、三月三日和九月九日三天为节日，届时休假。《旧唐书·德宗纪下》："（贞元四年诏）：比者卿士内外，左右朕躬，朝夕公门，勤劳庶务。今方隅（国家的边疆）无事，烝庶（庶民）小康。其正月晦日（阴历月终）、三月三日、九月九日三节日，宜任文武百僚选胜地追赏为乐。每节宰相及常参官（常朝日参见皇帝的高级文官）共赐钱五百贯文，翰林学士一百贯文，左右神威、神策等军每厢共赐钱五百贯文，金吾、英武、威远诸卫将军共赐钱二百贯文，客省奏事共赐钱一百贯文，委度支每节前五日支付，永为定式。"第二年又诏曰："自今宜以二月一日为中和节，以代正月晦日，备三节令数，内外官司休假一日。"有事请假不得过百日，否则停官。唐敬宗时，礼部郎中李翱，请假满百日，即被准例停官。隋唐官员退休年龄一般仍为七十岁。隋炀帝大业五年诏："今岁耆老赴集者，可于近郡处置，年七十以上，疾患沉滞，不堪居职，即给赐帛，送还本郡；其官至七品已上者，量给廪，以终厥身。"❷ 唐朝官吏退休视健康情况不同而有一定的灵活性。《旧唐书·职官志二》："年七十已上，应致仕，若齿力未衰，亦听厘（治理）务。"《通典·致仕》："诸职事官七十听致仕。……年虽少形容衰老者，亦听致仕。"五品以上官员致仕，须上奏皇帝；六品以下则

❶ 《梁会要·赠例》。

❷ 《隋书·炀帝纪》，《隋书》74 页。

申报尚书省，获准后即可退休。三品以上官退休后，可参加朝会。贞观二年规定："内外文武群官年高致仕，抗（上）表去职者，参朝之日，宜在本品见（现）任之上。"❶ 京师退休官员，如其子弟没有在京做官的，外地在职官可停职侍养。五品以上官退休后可得半俸；有功之臣，皇帝特恩可得全禄。赵翼《陔余丛考》二十七卷："《唐书》虞世南致仕，诏禄赐同于职事；许敬宗致仕，仍朝朔望，续其俸禄。……此不著为令，而出特恩者也。"六品以下官告老退休后，有永业田可供养老。中唐以后，退休制度执行不力，年过七十而不退休的很多。文宗时，检校司空兼太子太傅赵宗儒八十七岁才致仕。白居易有《秦中吟·不致仕》一诗，诗云："七十而致仕，礼法有明文；何乃贪荣贵，斯言如不闻？可怜八九十，齿堕双眸昏。……"唐朝皇帝死后的谥号渐趋复杂。唐以前皇帝的谥号，一般只有一个字；唐朝皇帝的谥号，大都是两个字以上，多至六七个字，都是颂扬之词，且可改动两三次。《旧唐书·高祖纪》："群臣上谥曰大武皇帝，庙号高祖。十月庚寅，葬于献陵。高宗上元元年八月，改上尊号曰神尧皇帝。天宝十三载二月，上尊号神尧大圣大光孝皇帝。"又《太宗纪》："百僚上谥曰文皇帝，庙号太宗。庚寅，葬昭陵。上元元年八月，改上尊号曰文武圣皇帝。天宝十三载二月，改上尊号为文武大圣大广孝皇帝。"又《玄宗纪》："群臣上谥曰至道大圣大明孝皇帝，庙号玄宗。"官吏死，"三品以上称薨，五品以上称卒，自六品达于庶人称死。"❷《旧唐书·职官志二》："凡职事官薨卒，有赙赠、柳翣（shà，出殡时的棺饰）、碑碣（长方形刻石叫碑，圆顶的碑石叫碣），各有制度。"需要立碑的，要经过百官的议论，由吏部考功司奏闻。王公及三品以上官，由太常博士根据其功过善恶议谥。议谥之法，据《职官志三》载："凡公以下拟谥，皆迹其功行，为之褒贬。无爵称子，养德丘园（隐居之所），声实明著，则谥曰先生。大行大名，小行小名之。"有功之臣死后，还有赠官、赠物、陪葬、配享等褒宠之仪。如房玄龄死后，"废朝三日，册赠太尉、并州都督，谥曰文昭，给东园秘器，陪葬昭陵。……高宗嗣位，诏配享太宗庙庭"❸。又如魏征死后，"太宗亲临恸哭，废朝五日，赠司空、相州都督，谥曰文贞，给羽葆（即羽盖，用鸟羽装饰的车盖）、鼓吹、班剑（饰有花纹的木剑）四十人，赙绢布千段，米粟千石，陪葬昭陵。……太宗登苑西楼，望丧而哭，诏百官送出郊外。帝亲制碑文，并为书

---

❶《旧唐书·太宗纪上》，《旧唐书》36 页。
❷《新唐书·百官志一》，《新唐书》1194 页。
❸《旧唐书·房玄龄传》，《旧唐书》2467 页。

石。其后追思不已，赐其实封九百户”❶。

宋朝官吏休假日较多。《宋史·职官志三》：“每岁大祀、忌日，大忌前一日，皆不坐。元日、冬至、寒食假各七日。天庆、先天、降圣节各五日。诞圣节、正七月望、夏至、腊各三日。天祺、天贶（kuàng，赐与）节、人日、中和、二社、上巳、端午、三伏、七夕、授衣、重九、四立、春秋分及每旬假各一日。”又《礼志十五》：“诸庆节，古无是也，真宗以后始有之。大中祥符元年，诏以正月三日天书降日为天庆节，休假五日，两京诸路州、府、军、监前七日建道场设醮（jiào，一种祷神的祭礼），断屠宰；节日，士庶特令宴乐，京师然（燃）灯。又以六月六日（天书再降）为天贶节，京师断屠宰，百官行香上清宫。又以七月一日圣祖降日为先天节，十月二十四日降延恩殿日为降圣节，休假、宴乐并如天庆节。……天禧初，诏以大中祥符元年四月一日天书再降内中功德阁为天祯节，一如天贶节。寻以仁宗嫌名，改为天祺节。”此外，群臣的私忌日（父母或祖先死亡的日子）准假一日。《礼志二十六》：“开宝敕文：‘应常参官及内殿起居职官等，自今刺史、郎中、将军以下遇私忌，请准式假一日。忌前之夕，听还私第。”宋朝官员退休称“致仕”，也称“休致”、“致政”、“休退”等。退休制度规定，文官满七十岁为致仕之期，武臣延长十岁。如本人自愿，可提前退休。退休前，先向朝廷进呈申请表札，获准后领取致仕告、敕。神宗以前，官员退休皆解除原任官职；自神宗起，允许带职致仕。宋朝对致仕官给予种种礼遇、优待。《宋史·职官志十》：“凡文武朝官、内职引年（自陈年老告退）辞疾者，多增秩从其请，或加恩其子孙。”致仕时皆转一官，以后每遇朝廷推恩，还能转官。高级官员可荫补一定数目的近亲子弟为官；中级官员如荫补子弟，即不能转官，称“守本官致仕”。还可为子弟乞请“恩例”，为亲属叙封或封赠、回授官爵。太祖时诏令：“自今一品致仕官曾带平章政事者，每遇朝会，宜辍中书门下班。”从真宗起，职事官致仕皆给半俸，立有战功的部分退休武官领取全俸。仁宗景祐三年诏曰：“致仕官旧皆给半奉（俸），而未尝为显官者或贫不能自给，岂所以遇高年养廉耻也？其大两省、大卿监、正刺史、阁门使以上致仕者，自今给奉并如分司（宋南、北、西三京置分司御史台、国子监，由执政、侍从、一般官员充任，职事甚简）官例，仍岁时赐羊酒、米面，令所在长吏常加存问。”神宗即位后，龙图阁直学士兼侍读李柬之、李受相继致仕。“旧制，阁门无谢辞例。帝

---

❶ 《旧唐书·魏征传》，《旧唐书》2561 页。

特召柬之对延和殿，命坐赐茶，以受先朝藩府旧僚，升其子一任差遣，并录其孙。皆宴饯资善堂，命讲读官赋诗，御制诗序以宠其行，示异数也”。神宗以后，宰相以下皆带职致仕。有的官员可领全俸。如：“守司空兼侍中曾公亮迁守太傅致仕，特许入谢。以公亮逮事三朝，既加优礼，仍给见（现）任支赐。”但即使给予致仕官如此种种优待，很多官员到七十岁仍不肯致仕。仁宗时，侍御史知杂事司马池言：“文武官年七十以上不自请致仕者，许御史台纠劾以闻。”后知谏院包拯、吴奎亦言：“愿令御史台检察年七十已上，移文趣（cù，催促）其请老不即自陈者，直除致仕。”❶ 司马池、包拯等的奏议，都未被采纳。为安置致仕官，宋朝大量设置宫观官。《宋史·职官志十》：“宋制，设祠禄之官，以佚老优贤。先时员数绝少，熙宁以后乃增置焉。在京宫观，旧制以宰相、执政充使，或丞、郎、学士以上充副使，两省或五品以上为判官，内侍官或诸司使、副为都监，又有提举、提点、主管。其戚里、近属及前宰执留京师者，多除宫观，以示优礼。时朝廷方经理时政，患疲老不任事者废职，欲悉罢之，乃使任宫观，以食其禄。”王安石“罢为镇南军节度使、同平章事、判江宁府。明年，改集禧观使”❷。集禧观使就是宫观官之一。致仕后如朝廷特命复出任职，则称“落致仕”。如：“范镇落致仕，以端明殿学士提举中太一宫兼集禧观公事”❸。宋朝皇帝谥号的字数比唐朝更多。《宋史·太祖纪》：“谥曰英武圣文神德皇帝，……大中祥符元年，加上尊谥曰启运立极英武睿文神德圣功至明大孝皇帝”。谥号共十六字。亡国昏君宋徽宗，谥号是“体神合道骏烈逊功圣文仁德宪兹显孝皇帝”。宋朝执政官、节度使，银青光禄大夫以上官死后，由太常博士“考其行状，撰定谥文”❹。报吏部考功司审核，再报尚书省官集议后奏闻。“凡特恩赐谥，命词给告，余给敕。”❺ 又有赠官、追封、配享等礼仪。王安石死后，赠太傅，谥曰文，配享神宗庙庭，又配食文宣王庙，列于颜、孟之次，追封舒王。司马光死，“太皇太后闻之恸，与帝即临其丧，赠太师，温国公，襚（suì，赠送死人的衣衾）以一品礼服，赙银绢七千。诏户部侍郎赵瞻、内侍省押班冯宗道护其丧，归葬陕州。谥曰文

---

❶ 以上几段均引自《宋史·职官志十》，《宋史》4088－4092 页。
❷ 《宋史·王安石传》，《宋史》10550 页。
❸ 《宋史·职官志十》，《宋史》4081 页。
❹ 《宋史·职官志四》，《宋史》3884 页。
❺ 《宋史·职官志三》，《宋史》3840 页。

正，赐碑曰‘忠清粹德’。”❶

元代官吏的休假制度，较唐宋有较大变化。据《元史·刑法志二·学规》记载：“除月假外，其余告假，不用准算，学正、录岁终通行考较。……诸奎章阁授经郎生员，每月朔、望、上弦、下弦，给假四日；当入宿卫者，给假三日；余有故须请假者，于授经郎禀说，附历给假。”又《职制下》：“诸流囚居役，非遇元正、寒食、重午等节，并勿给假。”根据以上两条材料推定，元代官吏有每月四天例假和节假制度。除此之外，官吏还可请病假和丧假。据《选举志三》：“中统三年，省议：‘职官在任病假及缘亲病假满百日，所在官司勘当申部作阙，仍就任所给据，期（jī）年后给由求叙，自愿休闲者听’。”又至元二十八年部议：“果有患病官吏，百日内给俸，百日外停俸作阙。”又大德元年议：“云南官员，如遇祖父母、父母丧葬，其家在中原者，并听解任奔赴。”元初无官吏退休制度。太常少卿王磐曰：“前代用人，二十从政，七十致仕，所以资其材力，闵其衰老，养其廉耻之心也。今入仕者不限年，而老病者不能退，彼既不自知耻，朝廷亦不以为非，甚不可也。”他本人多次请求致仕，终于“诏允其请，进资德大夫，致仕，仍给半俸终身”。❷ 世祖至元二十八年，中书省始议官吏退休之制，认为“诸职官年及七十，精力衰耗，例应致仕”。❸ 成宗大德七年（1303 年）诏：“除集贤、翰林老臣预议朝政，其余三品以下，年七十者，各升散官一等致仕。”❹ 仁宗皇庆二年，省臣言：“蒙古、色目官员所授散官，卑于职事，拟三品以下官员，职事、散官俱升一等，令致仕。”❺ 又据《英宗纪二》，至治三年敕：“医、卜、匠官，居丧不得去职，七十不听致仕，子孙无荫叙、能绍其业者，量材录用。”据上所述，元朝官吏一般到七十岁都得退休，唯集贤、翰林、医、卜、匠官等技术人员例外。《郭守敬传》：“（成宗大德七年），诏内外官年及七十，并听致仕，独守敬不许其请。自是翰林太史司天官不致仕，定著为令。延祐三年卒，年八十六。”元朝退休官吏，一般是月给半俸以养老，少数达官显贵及功臣、近臣亦有发给全俸的。《王鹗传》：“乞致仕，诏有司岁给廪禄终其身，有大事则遣使就问之。”又《李好文传》：“屡引年乞致仕，辞至再三，遂拜光禄大夫、河南行省平章

❶ 《宋史·司马光传》，《宋史》10769 页。
❷ 《元史·王磐传》，《元史》3754－3755 页。
❸ 《元史·选举志四》，《元史》2113 页。
❹ 《元史·成宗纪四》，《元史》453 页。
❺ 《元史·选举志四》，《元史》2114 页。

政事，仍以翰林学士承旨一品禄终其身。”元朝皇帝死后，有谥号、庙号，从汉制。《世祖纪十四》：“中书右丞相完泽及文武百官议上尊谥。壬寅，始为坛于都城南七里。甲辰，遣司徒兀都带、平章政事不忽木、左丞张九思，率百官请谥于南郊。五月戊午，遣摄太尉臣兀都带奉册上尊谥曰圣德神功文武皇帝，庙号世祖，国语尊称曰薛禅皇帝。”大臣死，亦有赠官、封爵、议谥等制度。封赠谥号之事归太常礼仪院。集贤大学士兼国子祭酒领太史院事许衡死后，礼仪甚重。《许衡传》载：“大德元年，赠荣禄大夫、司徒，谥文正。至大二年，加正学垂宪佐运功臣、太傅、开府仪同三司，封魏国公。皇庆二年，诏从祀孔子庙廷。延祐初，又诏立书院京兆以祀衡，给田奉祠事，名鲁斋书院。鲁，衡居魏时所署斋名也。”

明朝官吏婚丧疾病，均可请假。特别是父母丧，可不待批准离职。明太祖令“百官闻父母丧，不待报，得去官”。❶《明史·职官志一》：“凡三年丧，解职守制。纠擿（tì，揭发）其夺丧、匿丧、短丧者。惟钦天监官，奔丧三月复任。”官吏本人的病假则有严格限制，且须医生证明。正德二年，刘瑾矫诏：“京官养病三年不赴部者革为民。未久者，严限赴京听选。”❷ 次年“令京官告假违限及病满一年者皆致仕。”❸ 又据《明会典》载：“凡内外官吏告老疾者，洪武二十六年定札付太医院转行惠民局，委官相视，分列堪与不堪医治，明白具奏，取自上裁。如不堪医治，奏放为民。如急难医治，具奏，放回原籍，调理痊可之日赴部听用。”此外尚有省祭、省亲等假。制度规定：朝官离家十年，方可省祭。省祭假除往来路程外，许在家两个月。违限一年以上者，停俸五个月，一年半以上者送问。外官满三考者给省亲假，并发给旅费。❹ 明代致仕制度屡有变化。据《明会典》十三卷载，洪武元年规定：“凡内外大小官员年七十者，听令致仕；其有特旨选用者，不拘此例。”洪武十三年改为：“文武官年六十以上者听致仕，给以诰敕。”❺ 仁宗复改为：“文臣年七十致仕。”❻ 孝宗弘治四年又规定：“凡告老疾官员，年五十五岁以上者，冠带致仕；未及五十五岁，冠带闲住。考满官员到部，但年六十五以上，不得进

❶《明史·孝义列传》，《明史》7576页。
❷《明史纪事本末》43卷。
❸《明史·武宗纪》，《明史》201页。
❹ 参考陶希圣等：《明代政治制度》244页。
❺《明史·太祖纪二》，《明史》35页。
❻《明史·仁宗纪》，《明史》109页。

选。”还规定：“自愿告退官员，不分年岁，俱令致仕。”世宗嘉靖四年“令方面官（主持一方军政事务）年六十以上方准致仕”。明代致仕官员待遇比较优厚。“国初官员，凡以礼致仕者，与见任同，朝廷待以优礼，又有升秩给俸赐敕之典。其后大臣致仕，或给驿还乡。或命有司岁拨人夫，月给食米有差。其尤宠异者，或赐敕，或加赐白金、文绮，有官其子孙，皆特恩。”具体有如下规定：三品以上官以本品致仕；四品以下官只要在现职任满三年，又无大过失者，皆可升一等致仕。三品以上官领取全俸，四品以下发给诰敕，继续享受免役的待遇。嘉靖四十三年规定：布政使致仕，三年以上准以正二品初授散官，六年以上准以正二品升授散官，九年以上准以正二品加授散官。有的官员致仕后，皇帝另给赏赐。如李善长“以疾致仕，赐临濠地若干顷，置守塚户百五十，给佃户千五百家，仪仗士二十家。”❶ 致仕官在礼仪上也受到尊重，有的以“奉朝请”的名义参加朝会。如果应该致仕而本人仍不请求致仕，皇帝即强迫其致仕。永乐时，刘辰为刑部左侍郎，“帝念其老，赐敕及钞币，令致仕。卒于途，年七十八。”❷ 明代官员死后，按不同官职、爵位等给予谥号。《明史・职官志一》：“凡谥，帝十七字，后十三字，妃、太子、太子妃并二字，亲王一字，郡王二字，以字为差。勋戚、文武大臣请葬祭赠谥，必移所司，核行能，傅公论，定议以闻。其侍从勤劳、忠谏死者，官品未应谥，皆得特谥。”据《太祖纪三》，朱元璋初“谥曰高皇帝，庙号太祖。永乐元年，谥圣神文武钦明启运俊德成功统天大孝高皇帝。嘉靖十七年，增谥开天行道肇纪立极大圣至神仁文义武俊德成功高皇帝”。又据《礼志十六》：“终高帝世，文臣未尝得谥，武臣非赠侯伯不可得。……至建文谥王祎（yī），成祖谥胡广，文臣始有谥。迨世宗则滥及方士，且加四字矣。定例，三品得谥，词臣谥‘文’。然亦有得谥不止三品，谥‘文’不专词臣者，或以勋劳，或以节义，或以望实，破格崇褒，用示激励。其冒滥者，亦间有之。”明初，为功臣立庙，配享太庙。洪武二年，制定为王公大臣举哀仪，皇帝亲自或遣使临丧。二十三年，定公、侯卒葬辍朝礼。有时皇帝亲为大臣撰制祭文。文武大臣有碑碣之制：“五品以上用碑，龟趺（fū，碑下的石座）螭（chī，传说中的一种动物，蛟龙之属）首。六品以下用碣，方趺圆首。”❸ 坟茔亦有定制，如一品官茔地周围九十步，坟高一丈八尺等等。

---

❶ 《明史・李善长传》，《明史》3771 页。

❷ 《明史・刘辰传》，《明史》4166 页。

❸ 《明史・礼志十四》，《明史》1487 页。

清朝官吏因病、因事可以请假，但限制很严。据《大清会典》载，京官省亲、送亲、祭祖、迁葬、毕姻等都可请假。规定：祭祖必须历俸十年，省亲六年，迁葬五年，送亲、毕姻不拘年限。顺治十一年议准，在家许住四个月。违限一年以上者，罚俸一年，二年以上者，革职。康熙十年题准，各官给假，取本衙门堂官，或同官，或同乡官印结，具呈吏部代题，准给执照回籍。官员有病，须辞职回籍调治，病愈后由原衙门以原缺补用。文官如遇父母丧，必须解任守制，丧假以三年为准，非奉特旨，不能变更。清朝官吏退休，一般称为休致。《清史稿·选举志六》："年老休致，例有明文。乾隆二十二年，定部、院属官五十五岁以上，堂官详加甄别。三十三年，改定京察二、三等留任各官，六十五岁以上引见。嘉庆三年，命京察二、三等官引见，以年逾七十为限。寻复旧例。"武官致仕年龄限制更严。规定：副将以下，年满六十概予罢斥，参将五十四岁为限，游击五十一岁为限，都司、守备四十八岁为限，千总、把总四十五岁为限。致仕后有较优厚的待遇。《大清会典》载："满、汉大臣年老乞休者，朝廷待以殊礼，或升职加衔，或仍给原俸，或命驰驿还乡。其尤宠异者，或赐袍服文绮，或赐御制诗篇，或官其子孙，或遣人存问，或令地方利弊仍许具疏陈奏，皆出自特恩。……致仕之官，有世职者，照品给俸。""无世职之官，年至六十致仕者，仍给半俸，未至六十因疾致仕者，不准给。"官吏多故意隐瞒年岁，不肯退休。康熙时王士禛说："三十年来，士大夫履历，例减年岁，甚至减至十余年，即同一宴会，亦无以真年告人者。"❶清制，年老不胜任之官吏一般予以"原品休致"，若加以较严厉处分则称"勒令休致"。官吏如因父母年老而退休，名为"终养"。凡父母年七十以上，家无次丁，或虽有次丁，父母年至八十者，都准予呈请终养。如终养完毕，本人尚不到致仕年岁，还可补用。清朝皇帝死后，有庙号，有谥号。谥号以乾隆字数最多，达二十三个字。皇帝皇后的坟墓称"陵寝"，分为盛京陵（兴京及盛京城郊）、东陵（河北省遵化县境内）、西陵（河北省易县境内）三处。太庙为祭祀历代帝后的场所。官员死后的丧葬、祭祀等都按品级、爵位而规定不同的程式。勋戚、文武大臣葬祭、赠谥等事，由礼部核定奏闻。官员殉职，可录用其子孙，称为"难荫"。

❶ 《池北偶谈》2 卷《官常》。

参考书目

[1] 夏书章. 行政管理学 [M]. 太原：山西人民出版社，1985.

[2] 周世逑. 行政管理 [M]. 北京：人民出版社，1984.

[3] 李方. 行政管理学纲要 [M]. 北京：劳动人事出版社，1985.

[4] 国务院办公厅调查研究室. 中国行政管理学初探 [M]. 北京：经济科学出版社，1984.

[5]《行政法概要》编写组. 行政法概要 [M]. 北京：法律出版社，1983.

[6] 国家经委经济管理研究所. 中国古代思想与管理现代化 [M]. 昆明：云南人民出版社，1985.

[7] 朱绍侯. 中国古代史 [M]. 福州：福建人民出版社，1982.

[8] 翦伯赞. 中国史纲要 [M]. 北京：人民出版社，1964—1979.

[9] 吕振羽. 殷周时代的中国社会 [M]. 北京：生活·读书·新知三联书店，1962.

[10] 人文杂志编辑部. 西周史研究 [M]. 1984.

[11] 李亚农史论集 [M]. 上海：上海人民出版社，1962.

[12] 王明阁. 先秦史 [M]. 哈尔滨：黑龙江人民出版社，1983.

[13] 杨宽. 战国史 [M]. 上海：上海人民出版社，1980.

[14] 林剑鸣. 秦史稿 [M]. 上海：上海人民出版社，1981.

[15] 吕思勉. 秦汉史 [M]. 北京：开明书店.

[16] 中国古代史常识·秦汉魏晋南北朝部分 [M]. 北京：中国青年出版社，1979.

[17] 韩国磐. 魏晋南北朝史纲 [M]. 北京：人民出版社，1983.

[18] 吕思勉. 两晋南北朝史 [M]. 上海：上海古籍出版社，1983.

[19] 韩国磐. 隋唐五代史纲 [M]. 北京：人民出版社，1979.

[20]《中国史稿》编写组. 中国史稿：第五册（宋辽金元）[M]. 北京：人民出版社，1983.

[21] 韩儒林. 元朝史 [M]. 北京：人民出版社，1986.

[22] 黄时鉴. 元朝史话 [M]. 北京：北京出版社，1985.

[23] 中国古代史常识·明清部分 [M]. 北京：中国青年出版社，1980.

[24] 胡绳. 从鸦片战争到五四运动 [M]. 北京：人民出版社，1981.

[25] 顾颉刚，等. 中国疆域沿革史 [M]. 上海：商务印书馆，1938.

[26] 中国古代史常识·历史地理部分 [M]. 北京：中国青年出版社，1981.

[27] 中国古代史常识 · 专题部分［M］. 北京：中国青年出版社，1980.
[28] 马端临. 文献通考［M］. 北京：中华书局，1986.
[29] 清朝官修. 历代职官表［M］. 上海：上海中华书局四部备要版.
[30] 陶希圣. 秦汉政治制度［M］. 上海：商务印书馆
[31] 安作璋，等. 秦汉官制史稿［M］. 济南：齐鲁书社，1985.
[32] 沈任远. 魏晋南北朝政治制度［M］. 台北：台湾商务印书馆.
[33] 沈任远. 隋唐政治制度［M］. 台北：台湾商务印书馆.
[34] 陶希圣，等. 明清政治制度. 台北：台湾商务印书馆.
[35] 张德泽. 清代国家机关考略［M］. 北京：中国人民大学出版社，1981.
[36] 孔经纬. 简明中国经济史［M］. 长春：吉林大学出版社，1986.
[37] 傅筑夫. 中国古代经济史概论［M］. 北京：中国社会科学出版社，1981.
[38] 山西省社会科学研究所. 中国古代经济史论丛第一、二辑［M］. 太原：山西人民出版社，1981—1982.
[39] 中央财政金融学院财政教研室. 中国财政简史［M］. 北京：中国财政经济出版社，1980.
[40] 王炳照，等. 简明中国教育史［M］. 北京：北京师范大学出版社，1985.
[41] 程舜英. 两汉教育制度史资料［M］. 北京：北京师范大学出版社，1983.
[42] 陈元晖，等. 中国古代的书院制度［M］. 上海：上海教育出版社，1981.
[43] 何卜吉. 中国图书知识［M］. 南宁：广西人民出版社，1982.
[44] 邹家炜，等. 中国档案事业简史［M］. 北京：中国人民大学出版社，1985.
[45] 沈知白. 中国音乐史纲要［M］. 上海：上海文艺出版社，1982.
[46] 周贻白. 中国戏曲发展史纲要［M］. 上海：上海古籍出版社，1979.
[47] 周一谋. 中国医学发展简史［M］. 长沙：湖南科学技术出版社，1979.
[48] 傅勤家. 中国道教史［M］. 上海：上海书店. 1984.
[49] 杜石然，等. 中国科学技术史稿［M］. 北京：科学出版社，1982.
[50] 张润生，等. 中国古代科技名人传［M］. 北京：中国青年出版社，1981.
[51]《中国军事史》编写组. 中国军事史 · 兵器卷［M］. 北京：解放军出版社，1983.
[52] 王晓卫等. 历代兵制浅说［M］. 北京：解放军出版社，1986.
[53] 萧永清. 中国法制史简编［M］. 太原：山西人民出版社，1981.
[54] 张晋藩，等. 中国法制史第一卷［M］. 北京：中国人民大学出版社，1981.
[55] 张晋藩，等. 中国法制简史［M］. 北京：法律出版社，1983.
[56] 王侃. 中国法律制度史［M］. 长春：吉林大学出版社，1985.
[57] 乔伟. 中国刑法史稿［M］. 西安：西北政治学院科研处印. 1982.
[58] 粟劲. 秦律通论［M］. 济南：山东人民出版社，1985.
[59] 乔伟. 唐律研究［M］. 济南：山东人民出版社，1985.

［60］长孙无忌，等．唐律疏议［M］．北京：中华书局，1983.
［61］窦仪，等．宋刑统［M］．北京：中华书局，1984.
［62］朱杰勤．中外关系史论文集［M］．郑州：河南人民出版社，1984.
［63］武安隆．遣唐使［M］．哈尔滨：黑龙江人民出版社，1984.
［64］王汉昌．中国古代人事制度［M］．北京：劳动人事出版社，1986.
［65］中国古代官吏制度文集编写组．中国古代官吏制度文集［M］．北京：劳动人事出版社，1985.
［66］许树安．古代选举及科举制度概述［M］．天津：天津人民出版社，1985.

附　录

周公摄政

周公姓姬名旦，是周文王的第四子，武王之弟，成王的叔父。因他初封的采邑在周（今陕西岐山北），又是王室的太师（三公之一），所以称周公。

周公参加了武王领导的伐纣灭商的战争，是辅助武王的主要军事将领之一。据史书记载，历数纣王罪恶，鼓舞士卒斗志的战前动员令《牧誓》就是出自周公的手笔。

周王朝建立，如何巩固胜利，周公出了很好的主意；东征胜利，局势稳定以后，周公采取一系列重大措施，对国家进行全面的治理。

（1）营建雒邑（今洛阳东三十里）把商族俘虏（即所谓殷“顽民”）强制迁到那里居住，并驻扎八个师的兵力进行监督、镇慑。

（2）在军事占领的基础上，大力推行分封制。凡是军事力量已达到的地区，都分封同姓贵族或异姓亲族为诸侯加以控制。据文献记载，周公共分封了七十一个诸侯国，这些诸侯国，都带有武装驻防、强制管理当地人民的性质。在诸侯国中，尽量保留原有的部落组织，并利用原来的部落首领进行管理，但要服从周王室的法令。周公深知对商朝遗民一味采用高压手段是非常危险的，因而实行以安抚、教化为主，镇压为辅的政策。

（3）在经济上推行井田制——封建领主制。井田制是一种封建性的土地制度，有公田、私田之分。最高所有权属于周王，由王诸侯、大夫等分别占有，由农奴耕种。公田收获归领主所有，私田（即农奴的份地）收获归农奴所有。井田制是周族原有的一种土地制度，最宜于在平原地区实行。周公首先在成周（即雒邑）附近地区和鲁、卫两国推行井田制，然后逐渐向其他封国推广。在这种土地制度下，广大被占领地区的人民，都成为周族统治者的农奴，而不是种族奴隶。这是一种比奴隶制进步的社会制度，更有利于经济的发展。中国实行封建领主制是世界上最早的，比西欧早一千五百多年。

（4）建立强大的正规军。周公在营建雒邑与分封诸侯的过程中，建立了强大的常备军。周族和亲族的成年男子，全部充当武士。以六个师的兵力驻守京师（宗周），以八个师的兵力驻守雒邑（成周）。宗周六师由周族人组成，成周八师由殷商遗民改编，将领由周人担任。各诸侯国也都有一定数量的军队。

（5）制定礼乐制度。周公将宗法制（以血缘亲疏定尊卑）和封建等级制密切结合起来，制定出一整套严格区分君臣、上下、父子、兄弟：亲疏、尊卑、贵贱等礼仪制度，主要用来约束贵族的行为，使其各守本分，不得僭越，其最高目的是保持统治阶级内部的和谐与稳定，防止贵族之间争权夺利而发生内乱。这套制度对中国封建文化和社会安定发生了重大而深远的影响。

在治理国家的指导方针上，周公很注意总结历史经验，研究治国之道。鉴于商朝灭亡的教训，周公深刻地认识到，天命（神权）是靠不住的，民心是更为根本的。治理国家，首先要顺乎民心，单纯靠严刑峻罚是不行的。在军事镇慑的大前提下，尽量缓和周朝统治者与殷人的敌对情绪，力求殷人从内心服从周人的统治。周公要求统治者在治理国家中小心谨慎，重视民心而不迷信天命，要礼贤下士，吸收真正有才干的贤德之士为新政权服务。

魏文侯重才兴国

春秋战国是我国历史上国与国之间竞争异常激烈的时代，国家的兴衰存亡，在很大程度上取决于行政管理水平的高低。而管理水平的高低，又主要取决于管理人才的选拔。大国之间竞争的胜负，取决于多种因素，其中一个重要因素是人才。得人才昌，失人才亡。春秋时期的一百四十余国经过三百多年的激烈兼并，至战国初年仅剩下十余国，其中一等强国只有七个，号称七雄。春秋时期称霸诸侯的英主，无一不是重才爱才之君。齐桓公之用管仲，晋文公之用狐偃、先轸，秦穆公之用百里奚、由余，楚庄王之用孙叔敖，吴王阖闾之用伍子胥、孙武，越王勾践之用范蠡、文种，都成为历史佳话。战国初年的魏国君主文侯，其敬才爱才之举，更在春秋诸霸之上。魏国地处中原，生存于强敌包围之中，人才意识最为强烈。魏国的一位著名学者田子方说得深刻：“诸侯而骄人则失其国，大夫而骄人则失其家。”深深感触到时代脉搏的魏文侯，屈己尊贤，广招人才。一时豪杰并出，活跃于魏国的政治舞台，国家富强兴旺。魏国西取秦的河西之地，向北越过赵国攻灭中山，南败强楚，夺得大梁，成为战国初期的七雄之首。

魏文侯对国家的管理，以求贤用贤为先，即以明于治官为首务。他身为一国之君，敬贤如宾，言而有信，使士人乐为所用，愿为魏国贡献聪明才智。他任用的宰相，都善于识贤，乐于荐贤。魏文侯根据魏成子的推荐，尊学者卜子夏、田子方、段干木为师。卜子夏是孔子的弟子，学识渊博，于《诗》《易》《春秋》《礼》，皆学而有成。魏文侯以师礼尊之，常问以政事。田子方是子贡的弟子，正直不阿，敢于进言，在魏文侯左右，随时切蹉规谏。段干木是子夏的弟子，重德重义，隐居不仕。魏文侯登门求见，干木越墙避之。文侯仍以客礼相待，每过其门，必伏轼致敬，后屈己执意请见，干木与之谈话，文侯站立恭听，虽疲倦也不敢休息。魏文侯又根据翟璜的推荐，任用李悝、乐羊、吴起、西门豹等为将、相和地方官。魏文侯以敬贤爱贤用贤而闻名，四方贤士多归之。

对魏国的治理，以李悝主持的变法成效最为显著。李悝也是子夏的弟子，被魏文侯任命为相国，李悝对魏国的经济、政治进行了大胆而又深思熟虑的改革。在经济方面，李悝主要推行“尽地力之教”和“平籴法”两项措施。所谓“尽地力之教”，就是挖掘土地的潜力，增加农作物的产量。针对还存在井田制的残余，李悝提出“废沟洫”主张，推动农田水利建设的发展。面对地少人多的基本国情，李悝认为要增加农作物产量，主要应从挖掘土地潜力方面找出路。他给魏文侯算了一笔土地潜力账：在百里见方的范围内，约有九百万亩土地，除去山林、川泽、城邑、村落等外，实际可耕地大致为六百万亩。如果精耕细作，每亩可增产粮食三斗，六百万亩就可增产一百八十万石。反之就可能减产三斗。同样多的耕地，由于管理的不同，产量相差很大。为落实挖掘土地潜力措施，李悝作出三项具体规定：一是实行稷、黍、麦、菽、麻五种作物套种；二是勤除草，庄稼成熟时抢收；三是充分利用空闲地，栽种蔬菜、瓜果等。所谓“平籴法”，就是运用官府的财力，平衡粮食价格。李悝根据当时农业生产水平，规定每亩标准产量为一石五斗。好年成政府以平价收购多余的粮食，作为储备；坏年成政府再以平价出售，不使粮食价格因丰歉而暴涨暴跌，以稳定小农经济，巩固封建经济基础。在政治方面李悝进一步废除世卿世禄制的残余，按照功劳大小和才能高低授予爵位和职位。李悝在政治上的主要贡献是厉行法治。他参考了春秋末期以来各诸侯国制定的法律，编订《法经》六篇。这是我国第一部比较系统完整的地主阶级的成文法典。《法经》的侧重点，是镇压破坏封建统治秩序的各种行为，尤其把惩罚“盗”、“贼”作为首要的任务，以维护地主阶级的利益。

魏文侯不仅选用了李悝这种精明能干的宰相，而且还选用了吴起等杰出将领。吴起是卫国人，慕名投奔魏文侯，魏文侯征询李悝意见后任命为将。吴起奉命率领魏军讨伐秦国，一举攻下洛水以东的五座城池，魏国以其地设立西河郡，命吴起为西河守。吴起在西河任职二十三年，在军事制度方面进行创新和改革。他对士兵进行严格的挑选、训练和考核。凡考核合格者，免去全家徭役，并奖给田宅，成为职业“武卒”。吴起还根据士卒的不同特长，实行新的编制，使每个士卒的长处在战争中都能得到充分的发挥。吴起爱兵如子，与士卒同劳苦。士卒有生脓疮的，他亲自用嘴吮吸。士卒对吴起深深拥戴，作战时非常勇敢。

魏国除名师、名相、名将外，还有很出色的地方官，西门豹就是其中的佼佼者。西门豹是邺县县令。他一上任，见到境内田地荒芜，人烟稀少，一片凄凉。经过调查了解到，主要是传统陋习“河伯娶妇”在作祟。原来，流经邺县境内的漳河，经常泛滥，乡官与县吏勾结，以河伯娶妇为名，搜刮民财，并将民女投入河中，闹得人心惶惶，民不聊生，许多百姓逃往他乡。西门豹采取机智的做法，惩办了巫婆和乡官，为民除了一大害，百姓无不为之欢欣鼓舞。接着，西门豹发动民众开凿十二条渠，引漳河水灌溉农田，年年获得丰收。

魏国在魏文侯的治理下，人才云集，到处是兴旺发达的景象。

虚怀纳谏，注重实绩

——齐威王治国有术

在中国古代行政管理史上，齐威王是一位颇具特色的君主。正像他自己所说的那样：“不飞则已，一飞冲天；不鸣则已，一鸣惊人”。

齐威王姓田名因齐，是战国前期齐国的国君。他即位后的最初几年，常常通宵饮酒，不问政事，致使齐国官场腐败，管理混乱，赵、魏、韩、鲁、卫等国不断侵扰，攻城略地，齐国危在旦夕。

齐国的有识之士淳于髡、邹忌等，采用机智巧妙的方法，当面向齐威王婉言规谏，使齐威王清醒过来，振作起来，下决心厉行改革，大力整顿，数年后大见成效，齐国面貌为之一新。

齐威王和其他有作为的君主一样，都认识到管理人才的重要。他把一大批有才干的人安排到重要岗位上：以邹忌为相，田忌为将，孙膑为军师，淳于髡为外交官（诸侯主客），檀子、盼（ban）子等为镇守军事要地的大员。他对人才的认识，更在一般君王之上。他把人才看得比什么都要珍贵。有一次，魏惠王与齐威王到一起，两位大国君主比起宝来。魏惠王夸口说：魏国有直径一寸、光彩夺目的珠宝十枚，如果放在车上，可以照亮前后各十二乘车。齐威王铿锵有力地回答：我的珠宝与你不一样，我以管理国家的人才为珠宝。我的珠宝光照千里，岂止前后十二乘车？说得魏惠王羞愧难言。

为了广泛罗致人才，齐威王继承他父亲桓公的做法：大兴稷下之学。稷下是齐国都城临淄西边稷门外的一块地方，那里建有学宫，专门招徕各种学派的学者。一些著名的才学之士，皆赐给上大夫爵位，住在上等房屋，待遇优厚，让其著书立说，议论政治，为齐国的强盛和未来的统一做人才上与舆论上的准备。

齐威王对官场上的腐败与混乱进行大刀阔斧的整顿。他以实绩好坏作为衡量官吏的主要标准，并据以严明赏罚。经过考察，他发现即墨的地方长官，政绩卓著，大量荒地得到开发，赋税增加，为官正派、廉正，不搞贿赂，而君王左右的近臣尽说他的坏话。齐威王又发现阿的地方长官，政绩极差，境内荒地很多，仓库空虚，防务松驰，但因善于逢迎，经常贿赂君王左右的近臣，结果齐威王倒听了很多关于他的好话。为严肃吏治，齐威王对即墨的地方长官施以重赏，封给他农户万家；对阿的地方长官和接受贿赂为其说好话的近臣，皆处以烹刑。一个重赏，一个严惩，对官场震动极大。从那以后，全国大小官吏人人诚惶诚恐，勤于政事，恪尽职守，不敢行贿受贿，文过饰非，齐国出现了大治的局面。

为进一步清除腐败风气，树立正气，齐威王接受了邹忌的规谏，广开言路，鼓励批评，严于律己。他向全国下达一道命令：不论国家官吏还是平民百姓，能当面指出君王过错的，受上赏；能上书批评君王过错的，受中赏；能在大庭广众之中议论君王过错的，受下赏。命令一发出，给朝廷提意见的人很多，门庭若市；几个月后，还常有人来提；一年之后，虽想提也没什么可提了。这一非同寻常的措施，大大提高、巩固了齐国的威望。燕、韩、赵、魏等大国知道后，都纷纷前来朝贡。史书上称之为“战胜于朝廷”，意为“与敌国战胜之于朝廷之内也”。这一着比增加千军万马还要厉害。此乃所谓“坐朝廷之上，四国朝之，不待兵也”。

经过齐威王的治理，齐国转危为安，转弱为强，政治上、经济上、文化上都出现了新气象。军事上也取得了辉煌的胜利，著名的桂陵之战与马陵之战，都发生在齐威王统治的时期，决非偶然。

决策得当，吏治清明

——从行政管理看“文景之治”

在中国历史上，从行政管理的效果来看，大致有治世与乱世之分。所谓治世，其主要标志是：国家统一，社会安定，经济发展，物产富庶。我国古代文明史四千多年，称得上治世的寥寥无几。人们津津乐道的，也不过成康之治、文景之治、贞观之治和开元之治等三四个而已。治世的出现，行政管理的成功是主要的原因，其历史经验值得深入研究与借鉴。

文、景二帝是汉朝开国皇帝刘邦之后两位很有作为的皇帝。当时距秦末大动乱二十多年，经济凋蔽，人心不定，内乱外患交错发生。文、景二帝在位共约四十年，经过他们的治理，终于出现大治的局面。据史书记载：“百姓无内外之徭，得息肩于田亩，天下殷富，粟至（石）十余钱，鸣鸡吠狗，烟火万里。”（《史记·律书》）“至武帝之初，七十年间，国家亡（无）事，非遇水旱，则民人给家足，都鄙廪庾尽满（都城和边地粮仓皆满），而府库余财（物资丰富）。京师之钱累百巨万（和数百万万），贯朽而不可校（串钱绳子腐朽，钱散乱无法计算）。太仓（京师粮仓）之粟陈陈相因，充溢露积于外，腐败不可食。”（《汉书·食货志》）《汉书》作者班固赞誉说：“（文帝）专务以德化民，是以海内殷富，兴于礼义，断狱数百，几致刑措。”“周云成康，汉言文景，美矣！”以上这些话虽难免有一些溢美之词，但文景之治却是几乎所有的史学家一致公认的。

那么，文景之治究竟是怎样出现的呢？文景二帝是如何进行行政管理的呢？

首先，他们都紧紧抓住发展经济特别是发展农业这个根本。“夫农，天下之本也”。这是他们诏书中反复强调的思想。为了调动农业生产的积极性，政府实行的基本政策是“轻徭薄赋”，就是减轻农民徭役赋税的负担，使农民有更多的时间和兴趣投身于农业生产。成年男子的徭役由每年一次减为三年一次。田租在高祖“十五税一”的基础上，减为“三十税一”，甚至有十一年完全免征田租。人头税由每年一百二十钱减为四十钱。在大力发展农业的同时，还适当放宽工商业政策，开放山泽，允许民间经营盐铁、铸钱。

第二，文、景二帝都很注意减省刑罚。法律本是维持正常社会秩序的重要手段。但如果刑罚过于严酷，人民动辄得咎，无所措手足，必然搞得人心惶惶。有些劳动者由于受刑而被伤残肢体，失去了劳动能力，成为社会的负担。严刑酷罚是导致秦亡的重要原因之一。汉朝皇帝从刘邦起，都很重视吸取这个教训。文景时期，先后废除了一些从秦朝沿袭下来的法律，如诽谤妖言法、妻孥连坐法以及断残肢体的肉刑等，并一再减轻笞刑，还多次实行大赦。刑罚减省的结果，违法犯罪案件大大降低，促进了社会的安定。

第三，对内乱外患以及某些社会隐患处理比较及时、得当，而没有酿成更大的动乱。文景时期，发生过两次皇族内部的叛乱，一次是文帝时济北王兴居的反叛，一次是景帝时吴楚等七国的叛乱，而后一次形势相当严重。对这两次内乱，朝廷都采取果断措施，在较短时间内用武力加以平定。外来的侵扰主要来自北方的匈奴和南越的赵佗。文、景二帝采取以和亲、安抚为主，武力守卫、反击为辅的策略，基本上维持了边境的安宁。在农业有了一定的发展之后，出现“谷贱伤农”的问题。一些大商人乘机囤积居奇，买贱卖贵，农民深受其害，有的甚至破产流亡。这是当时社会的一大严重隐患。文帝采纳了“智囊”晁错“入粟拜爵”的建议，令大商人向国家交纳粮食，国家给予他们爵位。这样，大商人有爵，农民有钱，缓和了社会矛盾，保护了农民的生产积极性。

最后，也是最重要的一点，就是吏治清明。行政管理是通过国家权力来进行的，而权力是有腐蚀作用的。对握有权力的管理者，特别是握有至高无上权力的帝王，如果不加约束，放纵其私欲，贪污受贿成风而不受惩治，腐败无能，那么，卓有成效的行政管理是不可想象的。鉴于秦亡的深刻教训，文帝要求臣下思考并说出他的过失。为了广开言路，文帝明令废除秦的诽谤妖言罪和秘祝之官。他把贤良方正能直言极谏作为选拔官吏的重要标准。并亲自加以策问，对确有真才实学者，破格加以重用。对臣下的进言，不论采用与否，都加以鼓励。有一个名叫冯唐的文帝近臣，当众批评他不善用人，并以云中守魏尚有功却被免职为例，指出文帝有“赏太轻，罚太重”之失。文帝感悟，知错即改。文帝在生活上严于律己。他在位二十三年间，宫室、苑囿、车骑、服御等都维持原状，没有增益。他本人与后妃穿着都不尚奢华。文帝的陵墓皆用瓦器，不许以金银铜锡为饰。文帝对官吏的要求也非常严格。他根据丞相张苍、御史大夫冯敬的建议，制定了“吏坐受赇（贿赂）枉法，守县官（官府）财物而即盗之，已论命（定罪）复有笞罪者，皆弃市”的法律。（《汉书·刑法志》）又规定，官吏接受所管辖地区或部门的饮食，免去官爵。景帝时还规定：官吏接受属下财物，或利用职权买贱卖贵，赃物没收充公。官吏在调动时，接受属下财物，夺爵免官。在严禁贪污受贿的同时，文景二帝都很重视奖赏、提拔廉吏、廉士。景帝还曾明令郡太守要恪尽其职，不尽职的要予以治罪。由于皇帝能以身作则，对官吏又能严格管束，因此，文景时期的官吏大多能敢于进言尽职，公正清廉。吏治相对清明，是文景之治的真正奥秘所在。

我国历史上惩治腐败的斗争

国家官吏中的腐败现象，在剥削阶级的国家中，是与生俱来的不治之症。在我国历史上，大致有两种情况：一种是最高统治者——帝王沉湎酒色，挥霍无度，搞得民穷财尽，不可收拾。如：商纣王“以酒为池，县（同‘悬’）肉为林，使男女倮（同‘裸’）相逐其间，为长夜之饮。”秦始皇征发几十万民工，修造阿房宫和骊山陵，隋炀帝常年携带大批文武百官、妃嫔歌妓等，四出巡游，任情纵欲，穷奢极侈。宋徽宗派出宦官爪牙，到处搜括奇花异石，不惜劳民伤财，运回京师，供他和后妃玩赏，等等。另一种情况是：大小官僚依仗手中的权势，贪污受贿，掠夺霸占，中饱私囊。如：西汉末年哀帝宠臣董贤，其家产达四十三亿之多。东汉外戚梁冀，家财值三十多亿，相当于政府半年的租税收入。清朝乾隆宠臣和珅，其全部财产有八亿两之巨，比清政府十年的总收入还多，等等。在整个封建社会中，清官廉吏寥若晨星，而贪官污吏多如牛毛。我国历史上各个王朝的覆灭，究其原因，几乎都是由于腐败造成的必然恶果。

正因为腐败是关系到王朝存亡的大事，所以一些比较明智的政治家，都高度重视对腐败现象的惩治。

西周初年，周公摄政，他鉴于商朝末年大小官僚无不沉湎于酒而导致亡国的教训，严厉禁止贵族、平民聚众饮酒，违者处死。

战国初年，齐威王即位后，目睹官场腐败成风。一些地方长官政绩极差，却千方百计贿赂威王的左右近臣，因而威王听到的尽是赞美之词。而一些政绩很好但不事行贿的地方官，齐威王听到的尽是贬毁之词。齐威王派人实地考察后，弄清了事实真相。于是他采取果断措施，把政绩很差而专事行贿的阿大夫和他周围接受贿赂的近臣，一概处以烹刑；同时对政绩突出而不搞行贿的即墨大夫予以重赏，封邑万家。这一重赏重刑的非凡举措，使齐国上下为之震动，官场风气随之大变。

西汉对贪污受贿的官吏处置非常严厉。法律规定："吏坐受赇（贿赂）枉法，守县官（泛指官府）财物而即盗之，已论命复有笞罪者，皆弃市。"汉文帝规定：上级长官吃下属官吏的饭，免职。还规定："吏坐赃者皆禁锢不得为吏。"

隋文帝对贪官污吏严加防范，他故意派人给官吏送金钱财物，如收下，立即斩首。

唐朝对贪赃枉法的官吏惩处也很严厉。法律规定："诸监临主司受财而枉法者，一尺（绢）杖一百，一疋加一等（徒刑），十五疋绞。"

宋朝开国之初，大多数刑罚都有所减轻，唯独对赃吏从严。凡"赃吏皆斩"，即使遇到大赦，也不在赦免之列，宋仁宗下令开封府："吏人舞文受赇，虽仲夏疏理，勿以常例原之。"南宋时理宗仍规定："诛求百姓者，罪无赦。"

元初世祖忽必烈颁敕："中外官吏赃罚，轻者决杖，重者处死。"

明太祖朱元璋以严惩贪官污吏而著称于史。他规定："赃至六十两以上者，枭首示众，仍剥皮实草，……官府公座旁各悬一剥皮实草之袋，使之触目惊心。"

清初世祖顺治帝规定："赃至十两者，责四十板，流徙席北地方。其犯赃罪应杖应责者，不准折赎。"

为了保证法令的执行，加强对官吏不法行为的监督，从秦朝开始，在中央和地方，都设置监察机构，负责揭发、查办官吏的贪赃枉法等行为。对执法官吏的要求尤其严厉。明朝规定："凡御史犯罪，加三等，有赃从重论。"

贪污贿赂等腐败现象是封建官僚机构中无法根治的顽症、绝症。虽然如此，历朝历代开国初期的君主，鉴于腐败对政权的致命危害，大多能采取严厉措施，征治腐败。从周公、齐威王、汉文帝到元世祖、明太祖、清世祖，贯串一个共同的特点，就是突出一个"严"字。不严，就产生不了威慑的力量；不严，就不足以使贪赃枉法者胆颤心惊；不严，腐败风气就会迅速蔓延，不可收拾。历史证明，周、汉、隋、唐、宋、元、明、清等朝，开国后都有一个较长时间的稳定发展时期，其所以如此，对腐败现象的从严惩治显然是一个重要的原因。

我国现在是中国共产党领导的人民民主政权，与历史上的剥削阶级政权有着本质的区别。但同样面临一个惩治腐败的艰巨任务。腐败现象与当今政权的性质水火不相容。它不再是不治之症，而是可治之症。我们完全可以在党和政府的领导下，开展深入持久的反对腐败斗争。腐败现象一定会从根本上得到抑制、惩治。而在这场斗争中，历史的经验仍然值得借鉴。

再版后记

本书写作于1987—1988年，那是我一生中最艰难的时期之一。1986年，我顶着巨大压力出版了我的著作——《中国政治制度史》。这本书的出版，给我带来了灾难性的麻烦，我被所在单位告上了法庭，诉我侵犯了他们的著作权。在法院开庭之前，三级领导齐上阵，给我定了性，并作出相应的组织处理：赶出教研室，不准上课，不准参加学术会议，不准调动工作，我成了半“专政”对象。这是一场罕见的“官”告民官司，我这个手无寸权的平民百姓，面对阵容强大的三级“组织”，力量对比根本不成比例，其环境之险恶可想而知。就是在那样的情况下，我竟然还有心思撰写新著。我仅用了一年多的时间，一气呵成，写了这部《中国古代行政管理概要》。浙江古籍出版社于1989年11月出版了这本书。第一版印了2000册，1000册由作者自行售卖。一捆20本，我向三味书屋、中国人民大学新华书店、中共中央党校新华书局，各提送了一捆，没过多久，书都卖出去了，可见这本书还有一定的读者面。35年过去了，我自费再版这本书，只求奉献，不求回报。对于那段不平凡的人生经历，特别是奋发忘我的心灵，也是一份纪念。

顺便提一下，那场历时5年的官司，以原告的败诉作了终审宣判。一个公民的合法权益，受到了国家法律的保护。这也是改革开放、走向法制的一个成果吧！

左言东

2014年5月21日